白话資治通鑑

第九册

卷第一百九十九至卷第二百二十二

（唐纪十五至唐纪三十八）

〔宋〕司马光 著

萧祥剑 主编

团结出版社

目录

资治通鉴卷第一百九十九　唐纪十五

起戊申（公元648年）四月，止乙卯（公元655年）九月，共七年六个月。

【题解】本卷记录了公元648年四月至655年九月的史事，共七年五个月，正当太宗贞观二十二年至高宗永徽六年。此时期最大的事件是太宗李世民驾崩，高宗李治即位。太宗贞观之治，四夷归服，盛极一时，但直到太宗晚年，始终没有让高丽臣服，是太宗的一大遗憾。太宗晚年猜忌心重，因听信民间传言而想要杀尽后宫，致使大臣李君羡因小名“五娘”而被枉杀。高宗继位，初期勤政爱民，减缓刑狱，优待大臣，君臣和睦，百姓富足，有贞观之遗风。可惜好景不长，武则天出感业寺蓄发入宫，不久立为昭仪，野心勃勃，不惜杀死亲生女儿以谋夺皇后之位，对内贿赂宫中嫔妃，对外结交大臣李义府、许敬宗、崔义玄、袁公瑜，以此来对抗顾命大臣长孙无忌、褚遂良为首的官僚集团。

太宗文武大圣大广孝皇帝下之下

贞观二十二年（戊申，公元648年）

夏季，四月，丁巳日（初七），右武候将军梁建方攻打松外蛮，击败了对方。

起初，嶲州都督刘伯英上书说：“松外各蛮族暂时投降如今又反叛，请求出动军队加以征讨，以便打通前往西洱、天竺的道路。”唐太宗下敕令命梁建方调动巴蜀十三州的士兵加以讨伐。蛮族酋长双舍带领部众抵抗，梁建方击败对方，杀死及俘获一千多人。各蛮族震惊恐惧，逃亡到山谷里。梁建方分别派遣使者向他们晓谕利害，各蛮族都来归附了，前后来归顺的有七十部，十万九千三百户。梁建方任命各蛮族酋长蒙和等人为县令，各自统率所属的部众，众人感激涕零。梁建方顺便派遣使者前往西洱河，统帅杨盛十分害怕，准备好船只要逃跑，使者向他晓谕大唐的威信，杨盛请求投降。那地方共有杨、李、赵、董等好几十个姓，每姓都据守一州，大的有六百户，小的有二三百户，没有大君长，彼此互不统属，方言土语虽然有所不同，但他们的生产、风俗，大体上和中原相同，他们说自己本来就是中原人，所不同的是他们以十二月为一年的开始。

己未日（初九），契丹辱纥主曲据率领众人归附，唐朝在当地设置玄州，任命曲据担任刺史，隶属于营州都督府。

甲子日（十四日），乌胡镇将古神感率领军队渡海攻打高丽，遇到高丽步兵、骑兵五千人，双方在易山交战，古神感将对方打败。当天夜晚，高丽一万多人偷袭古神感的船只，古神感设下埋伏，又击败了对方才返回。

起初，西突厥乙毗咄陆可汗任命阿史那贺鲁担任叶护，住在多逻斯水，在西州北方一千五百里，统率处月、处密、始苏、歌逻禄、失毕等五姓的部众。乙毗咄陆可汗逃到吐火罗，乙毗射匮可汗派遣士卒侵迫、追逐，乙毗咄陆的部落因而逃亡离散。乙亥日（二十五日），贺鲁率领剩余的部众好几千帐归附大唐，唐太宗下诏令将他们安置在庭州莫贺城，任命贺鲁担任左骁卫将军。贺鲁听说唐兵征讨龟兹，请求作为向导，带领几十个骑兵入朝见唐太宗。唐太宗任命他为昆丘道行军总管，优厚地宴请赏赐他，派他前去。

五月，庚子日（二十日），右卫率长史王玄策攻打帝那伏帝王阿罗那顺，将对方打得大败。

起初，中天竺王尸罗逸多军队最为强大，四天竺全都臣服于他，王玄策奉令出使天竺，各国全都派遣使者入朝进贡。恰好尸罗逸多死了，全国大乱，大臣阿罗那顺自立为王，调动胡人士兵攻打王玄策，王玄策率领随从三十人和阿罗那顺作战，敌不过对方，全部被俘虏，阿罗那顺将各国进贡的物资全部劫走。王玄策在夜晚逃脱，到达吐蕃西部国境，发文书征调邻国的兵马，吐蕃派遣精锐士兵一千二百人，泥婆国派遣七千多骑兵前往。王玄策和副将蒋师仁带领两个国家的士兵，进攻到中天竺所住的茶傅和罗城，连续作战三天，大败中天竺，斩杀三千多敌人，淹死在水里的将近一万人。阿罗那顺丢弃茶傅和罗城逃走，再次收聚剩余部众，回头和蒋师仁作战，蒋师仁又打败对方，活捉了阿罗那顺。剩余的部众事奉阿罗那顺的妃子和王子，以乾陀卫江为险阻进行抵抗，蒋师仁加以进击，将对方击溃，擒获阿罗那顺的妃子和王子，俘虏男女一万两千人。于是天竺震动惊惧，城邑部落投降的有五百八十几处，王玄策等人俘虏了阿罗那顺，班师回朝。唐朝廷任命王玄策为朝散大夫。

六月，乙丑日（十六日），唐朝在白雨部所在地设立居延州。

癸酉日（二十四日），特进宋公萧瑀去世，太常建议的谥号为“德”，尚书建议的谥号为“肃”。唐太宗说：“谥号是品行的表现，应当要真实。可以给他的谥号是贞褊公。” 萧瑀的儿子萧锐继位，娶了唐太宗的女儿襄城公主。唐太宗要为他们建造宅第，公主再三辞谢，说：“媳妇事奉公婆，应该早晚侍奉在旁，假如住在别的宅第，那么对公婆的侍奉就会有很多缺失了。”唐太宗命令就在萧瑀的原住所为他们营建新居。

唐太宗因为高丽困窘疲敝，想利用机会，在第二年调动三十万部众，一次就加以消灭。有人认为大军讨伐东方，一定要储备一年的粮食，而这些粮食不是靠牲畜车辆所能运输的，应当准备舟舰，利用水路运输。隋朝末年只有剑南地区没有流寇盗贼，后来的辽东战役，剑南地区也没有受到波及，百姓富庶，可以命令剑南百姓建造舟舰。唐太宗接受了这个建议。秋季，七月，唐太宗派遣右领左右府长史强伟在剑南道砍伐木材，用来制造舟舰，大的长度有一百尺，宽度减半。造好后，另外派遣使者走水路，从巫峡抵达江、扬，再驶往莱州。

庚寅日，西突厥宰相屈利啜请求率领部众，跟随讨伐龟兹。

起初，左武卫将军武连县公武安人李君羡掌管玄武门（北门）宿卫，那时候太白星多次在白天出现，太史占卜的结果说："女皇帝兴起。"民间又传布《秘记》说："唐三代以后，女帝武王将取代李氏而据有天下。"唐太宗听了十分厌恶。恰好和武臣们在宫中宴客，行酒令为乐，要每个人说出自己的小名。李君羡自称名叫五娘，唐太宗十分惊讶，就笑着说："什么女人，怎么会这么勇敢强健？"又因为李君羡官位称号和所封县邑都有"武"字，非常厌恶，就将他外放为华州刺史。有个百姓名叫员道信，自称能够不食五谷，通晓佛法，李君羡特别尊敬他相信他，好几次在一起时，都屏退左右，讲些秘密话。御史奏报李君羡和妖人来往，有图谋不轨的行为。壬辰日（十三日），李君羡坐罪被杀，全家被抄没。

唐太宗暗中问太史令李淳风说："《秘记》所说的，是真的吗？"李淳风回答说："臣仰观天象，俯察历数，这个人已经在陛下的宫廷里，是陛下亲近的下属，从现在起不超过三十年，就会在天下称王，将大唐的子孙杀得快要完尽，征兆已经形成了。"唐太宗说："将所有类似的女子都杀掉，怎么样？" 李淳风回答说："这是天命，人力是无法违抗的。那个人不会被杀死，只不过多杀些无辜的人罢了。况且从现在起三十年后，那个人已经老了，或者还能有些仁慈心，为祸天下可能较为轻微。现在假如将那个人杀了，上天或许会降生更年轻的，来扩大怨恨狠毒，那时恐怕陛下的子孙，就没有能够遗留下来的了！"唐太宗听了才打消念头。

司空梁文昭公房玄龄在京师留守，病得非常严重，唐太宗征召他前往玉华宫，坐在轿子里进入宫殿，到了唐太宗座位旁边才停下，两人相对流泪，房玄龄就留宿在宫里。唐太宗听说他病稍稍转好，就表现得高兴；假如病情加重，唐太宗就很忧心。房玄龄对儿子们说："我蒙受主上深厚的恩典，现在天下太平无事，只是一直不停东征，大臣们都不敢进谏，我知道而不说的话，死了也有责任。"就呈上奏表劝谏，认为："《老子》说：'知道满足就不会遭到侮辱，知道适可而止才不会有危险。'陛下的功名威德也可以满足了，开疆拓土也可以停止了。而且陛下每次判决一个死刑犯，一定要命令下属再三查验而后奏报，然后进食素饭，停止弹奏，这些都是因为重视人命啊。现在要东征，驱使没有犯罪的士兵，让他们将生命付在锐利的刀刃下，让他们肝脑涂地，难道他们不值得陛下哀怜吗？假如高丽一向就违背了做臣子的礼节，杀他们是可以的；假如他们侵扰大唐百姓，消灭他们也可以；假如他们以后成为大唐的灾患，除掉他们也可以。现在他们并没有做这些事，却要无故烦劳中原百姓，对内说是为前朝复仇雪耻，对外说是替新罗报仇，这不是收益少而损失大的一件事吗？希望陛下允许高丽改过自新，将能凌波前进的船舰烧掉，停止招募士卒，那么华、夷自然就庆幸有了仰赖，远近平静安定。臣时日已经不多了，假如陛下能够接受臣临死前的这一番话，那么臣到死也不会忘了陛下的恩情！"房玄龄儿子房遗爱娶了唐太宗的女儿高阳公主，唐太宗对公主说："他病得那么严重，还能够忧虑国家。"唐太宗亲自前往探视，和他握手诀别，悲伤得不能自已。癸卯日（二十四日），房玄龄去世。

◆柳芳说：房玄龄辅佐太宗平定天下，直到死在宰相之位上，总共有三十二年，天下人称为贤相；可是无法寻求事迹形容他的伟大，德行可说是相当高深了。所以太宗平定外祸内乱，而房玄龄、杜如晦不谈论自己的功劳，王珪、魏徵劝谏国君，而房玄龄、杜如晦让位给他们，李勣、李靖善于统御军队而房玄龄、杜如晦采纳他们的意见，使得政治太平，却将善处归给国君。说他们是唐朝的宗社大臣，是很恰当的。◆

八月，己酉朔日（初一），出现日食。

丁丑日（二十九日），唐太宗下敕令命越州都督府以及婺、洪等州建造海船和双舫（两船相连）一千一百艘。

辛未日（二十三日），唐太宗派遣左领军大将军执失思力从金山道出发，攻打薛延陀剩余的部众。

九月，庚辰日（初二），昆丘道行军大总管阿史那社尔攻打处月、处密，击败对方，余下的部众全都投降。

癸未日（初五），薛万彻等人讨伐高丽归来。薛万彻在军队中恃才傲物，盛气凌人，裴行方奏报他对朝廷埋怨发牢骚，因而坐罪被除去官位，流放到象州。

己丑日（十一日），新罗奏报被百济攻击，有十三城被攻陷。

己亥日（二十一日），唐太宗任命黄门侍郎褚遂良担任中书令。

强伟等人征召百姓建造船只，徭役波及山獠，雅、邛、眉三州的獠人造反。壬寅日（二十四日），唐太宗派遣茂州都督张士贵、右卫将军梁建方调动陇右、峡中士兵两万多人攻打獠人。蜀人苦于造船的徭役，有人请求输纳工钱来雇请潭州人建造船只，唐太宗答应了。州县政府督促逼迫得十分紧急，老百姓卖田宅、子女也不能交付，使得粮谷价格大涨，剑外的百姓都骚动起来。唐太宗听到消息，派遣司农少卿长孙知人飞马前往巡视。长孙知人奏报说："蜀地人身体虚弱，承受不了繁重的劳役。一艘大船，雇工要支付一千一百三十六匹绢。山谷里面已经砍伐的木材，还没拖拽完毕，又征收造船的佣工之费，这两件事加一起，百姓们承受不了。应当都加以存恤安养。"唐太宗就下令潭州造船所雇佣工的钱，全部由官府出。

冬季，十月，癸丑日（初六），唐太宗车驾返回京师。

回纥吐迷度兄长的儿子乌纥娶其婶婶为妻。乌纥和俱陆莫贺达官俱罗勃，均是突厥车鼻可汗的女婿，两人互相谋划杀死吐迷度，来归顺车鼻可汗。乌纥在夜里带领十几个骑兵偷袭吐迷度，将吐迷度杀了。燕然副都护元礼臣派人引诱乌纥，答应乌纥向朝廷奏报任命他担任瀚海都督，乌纥就骑着马拜见元礼臣，元礼臣将他捉起来斩了，然后向朝廷禀告。唐太宗担心回纥部落分崩离析，就派遣兵部尚书崔敦礼前去安抚。过了好久，俱罗勃入朝觐见唐太宗，唐太宗将其留滞，不放他回去。

阿史那社尔已经攻陷处月、处密，率军从焉耆西方直达龟兹北方边境，将军队分成五路，乘对方不注意时进攻，焉耆王薛婆阿那支丢弃城池，逃奔到龟兹，保护东面的边境。阿史那社尔派遣军队追击，抓到薛婆阿那支，将他杀掉，立他的堂弟先那准为焉耆王，命先那准向唐朝称臣进贡。龟兹受到很大震动，守将大多放弃守城逃走。阿史那社尔进兵屯驻在碛口，距离都城三百里，派遣伊州刺史韩威带领一千多骑兵作为前锋，右骁卫将军曹继叔跟随在韩威后面。到了多褐城，龟兹王诃利布失毕、宰相那利、羯猎颠率领五万部众抵抗。双方刚刚打起来，韩威就率军假装逃走，龟兹所有部众都去追击，走了三十里，韩威的部众和曹继叔部队会合。龟兹害怕，要退却，曹继叔乘机进攻，龟兹大败，曹继叔向北追赶了八十里。

甲戌日（二十七日），唐太宗任命回纥吐迷度的儿子翊左郎将婆闰为左骁卫大将军、大俟利发、瀚海都督。

十一月，庚子日（二十三日），契丹的将帅窟哥、奚部的将帅可度者一起带领所属部队归附大唐。朝廷在契丹部落所在地设立松漠府，任命窟哥担任都督；又在契丹的别将达稽等的部落所在地设立峭落等九州，各自任命他们的辱纥主担任刺史。在奚部所在地设立饶乐府，任命可度者担任都督；又在别将阿会等部落所在地设立弱水等五州，也各自任命他们的辱纥主担任刺史。辛丑日（二十四日），朝廷在营州设置东夷校尉官。

十二月，庚午日（二十四日），皇太子为文德皇后所建造的大慈恩寺完成。

龟兹王布失毕失败后，退守都城，阿史那社尔命士兵前进，布失毕轻装乘骑向西逃走。阿史那社尔攻克都城，命令安西都护郭孝恪留下守城。沙帅史苏海政、尚辇奉御薛万备带领精锐骑兵追击布失毕，走了六百里路，布失毕被追得困窘急迫，据守拨换城，阿史那社尔命令士兵前进，攻打了四十天，在闰月，丁丑日（初一）时，将城被攻克，俘虏了布失毕和羯猎颠。那利脱身逃走，暗中率领西突厥的部众和他自己国家的士兵一万多人进攻郭孝恪的守城。郭孝恪在城外安营，有龟兹人告诉他情形，他毫不在意。那利突然攻到，郭孝恪率领部众一千多人要入城，但那利的部众已经先登上都城了，都城里投降的胡人和那利相应和，一起攻打郭孝恪，箭矢和刀刃如同雨一样射下来，郭孝恪无法对抗，想要再出城，被射死在西门。城中大乱，仓部郎中崔义超招募二百人，保卫军需物资，和龟兹在城中激战，曹继叔、韩威也在城外扎了营，从城的西北角进攻。那利打了一晚才退兵，唐军斩杀龟兹士兵三千多人，城里才安定下来。十几天后，那利又率领山北的龟兹士兵一万多人攻向都城，曹继叔迎头痛击，大败那利，斩杀八千人。那利单骑逃走，被龟兹人抓到，送到军门。

阿史那社尔前后攻陷龟兹五座大城，派遣左卫郎将权祇甫前往各个城市，向他们申明避祸趋福之道，每个城市都相继请求投降，一共得到七百多个城市，俘虏的男女有几万人。阿史那社尔就招来他们的父老，宣示大唐的声威，向他们讲明讨伐有罪的心意，又立龟兹王的弟弟叶护为王，龟兹人十分高兴。西域知道后，震惊恐惧，西突厥、于阗、安国抢着进贡骆驼、马匹和军粮，阿史那社尔刻石纪念军功，然后班师回朝。

戊寅日（初二），唐太宗任命昆丘道行军总管、左骁卫将军阿史那贺鲁担任泥伏沙钵罗叶护，赐给他鼓和旗，命令他招抚讨伐还没有降服的西突厥。

癸未日（初七），新罗宰相金春秋和他的儿子金文王入朝觐见。金春秋是金真德的弟弟。唐太宗任命金春秋为特进，金文王为左武卫将军。金春秋请求放弃新罗的章徽衣服而改从唐朝的衣饰，唐太宗就拿出冬服赐给他。

贞观二十三年（己酉，公元649年）

春季，正月，辛亥日（初六），龟兹王布失毕和宰相那利等人抵达京师，唐太宗责备他们，但又开释他们，任命布失毕担任左武卫中郎将。

西南徒莫祇等蛮族归附大唐，唐朝廷在那里设置傍、望、览、丘四州，隶属于朗州都督府。

唐太宗因为突厥车鼻可汗不入朝拜见，就派遣右骁卫郎将高侃调动回纥、仆骨等士兵打车鼻可汗。军队一进入突厥境内，各部落都陆续前来投降。拔悉密的首领肥罗察投降，唐朝在拔悉密设置新黎州。

二月，丙戌日（十一日），唐朝设置瑶池都督府，隶属于安西都护。戊子日（十三日），唐太宗任命左卫将军阿史那贺鲁担任瑶池都督。

三月，丙辰日（十二日），唐朝设置丰州都督府，唐太宗命令燕然都护李素立兼任都督。

去年冬天天旱，到这时才下雨。辛酉日（十七日），唐太宗带着疾病，奋力到了显道门外，宣示大赦天下。丁卯日（二十三日），唐太宗下敕令命太子在金液门听断政事。

夏季，四月，乙亥日（初一），唐太宗前往翠微宫。

唐太宗对太子说："李勣才智很高，可是你对他没有恩德，恐怕无法让他心服。我现在就罢黜他，假如他马上就走，等我死后，你就任用他为仆射，信任亲近他；假如他徘徊观望，就杀了他。"五月，戊午日（十五日），唐太宗任命同中书门下三品李勣担任叠州都督。李勣接受诏令，没有回家就前往叠州上任。

辛酉日（十八日），唐开府仪同三司卫景武公李靖去世。

唐太宗痢疾痛得更厉害，太子日夜不离唐太宗身旁，有时候好几天不吃东西，头发有的都变白了。唐太宗哭泣说："你能够这样孝顺敬爱我，我死了也没有遗憾！"丁卯日（二十四日），唐太宗病情加重，将长孙无忌召入含风殿。唐太宗躺着，用手摸着长孙无忌的面颊，长孙无忌痛哭，不胜悲痛。唐太宗竟然说不出话，就命令长孙无忌出去。己巳日（二十六日），唐太宗又召长孙无忌和褚遂良进入内室，对他们说："朕现在将以后的事情全部托付你们两位。太子仁爱孝顺，你们是知道的，好好辅佐他吧！"又对太子说："只要长孙无忌、褚遂良还在，你就不必担忧天下事！"又对褚遂良说："长孙无忌对我尽忠，我拥有天下，大多依靠他的力量，我死之后，不要让谗人离间他。"又命令褚遂良草写遗嘱。没过多久，唐太宗驾崩了。

太子抱住长孙无忌，痛哭哀号得死去活来。长孙无忌收了眼泪，请求处理所有事务，安定朝廷内外。太子仍旧不停地哀哭号叫，长孙无忌说："皇上将宗庙社稷付托给殿下，怎么可以如同匹夫一样，只知道痛哭呢？"于是秘不发丧。庚午日（二十七日），长孙无忌等人请求太子先回皇宫，飞骑、劲兵和旧将都在身旁跟随。辛未日（二十八日），太子进入京城；马舆载着大行皇帝（死去的太宗）的灵柩，好像平常一样护卫着，在太子后面抵达，安顿在两仪殿里。任命太子左庶子于志宁担任侍中，少詹事张行成兼任侍中，任命检校刑部尚书、右庶子、兼吏部侍郎高季辅兼任中书令。壬申日（二十九日），在太极殿举行丧礼，宣读唐太宗遗嘱，太子即帝位。军事、政治大事，不可以停下不办；日常细碎事务，委托给有关官员办理。在外地担任都督、刺史的诸王，都听凭他们前来奔丧，但濮王李泰不在奔丧的范围内。停止辽东的战役和各项土木工程。在朝担任官职的四方夷人和前来朝贡的夷人共有好几百人，听说唐太宗去世都痛哭起来，他们伤心得剪掉头发、割伤耳朵、面部，血洒满了地面。

六月，甲戌朔日（初一），唐高宗即帝位，大赦天下。

丁丑日（初四），唐高宗任命叠州都督李勣担任特进、检校洛州刺史、洛阳宫留守。

起初，太宗有两个名字，下令天下人只要两字不连用，就可以不避讳。到此时，才将犯先帝名讳的官名改掉。

癸未日（初十），唐高宗任命长孙无忌为太尉，兼检校中书令，掌管尚书、门下二省的事。长孙无忌再三辞谢掌管尚书省的事情，唐高宗答应了，仍旧任命他为太尉同中书门下三品。

癸巳日（二十日），唐高宗任命李勣为开府仪同三司、同中书门下三品。

阿史那社尔击败龟兹时，行军长史薛万备请求趁兵威大振的时候，游说于阗王伏阇信入朝归顺，阿史那社尔接受了。秋季，七月，己酉日（初六），伏阇信随着薛万备入朝归顺，唐高宗下诏令让他入宫觐见先帝之棺。

八月，癸酉日（初一），夜晚，发生地震，晋州灾情尤其严重，压死了五千多人。

庚寅日（十八日），唐高宗将文皇帝埋葬在昭陵，庙号太宗。阿史那社尔、契苾何力请求自杀殉葬，唐高宗派人告诉他们先帝不允许。蛮夷君长被先帝所俘虏而归顺的颉利可汗等十四个人，都为先帝雕琢石像，并且刻下自己的姓名，陈列在北司马门内。

丁酉日（二十五日），礼部尚书许敬宗奏报弘农府君（高宗七世祖）的庙位应当毁掉，将供奉的神主藏在太庙的西夹室，唐高宗依准。

九月，乙卯日（十三日），唐高宗任命李勣为左仆射。

冬季，十月，唐朝廷在突厥各部落所在地设置舍利等五个州（舍利、思辟、阿史那、绰、白登共五州），隶属于云中都督府，又设置苏农等六个州（苏农、阿德、执失、拔延，其他二州州名为逸），隶属于定襄都督府。

乙亥日（初四），唐高宗询问大理寺卿唐临被拘禁的犯人数，唐临回答说："现在拘囚五十多人，只有二人应当处死。"唐高宗十分高兴。唐高宗曾经审问犯人，前任大理寺卿所判决的犯人很多都哭着说冤枉，但现在唐临所判决的犯人却不叫。唐高宗感到奇怪，询问犯人为什么不叫。犯人说："唐卿判决的犯人，本来就没有冤枉的。"唐高宗感叹了很久，说："治理狱讼不是应该像唐临一样吗？"

唐高宗任命吐蕃赞普弄赞为驸马都尉，封为西海郡王。赞普弄赞送书信给长孙无忌等人说："天子刚刚即帝位，有不忠心的臣下，就要率兵前往征讨。"

十二月，唐高宗下诏令让濮王李泰开府第，设置僚属、车驾、服饰、珍馐等，特别加宠，和其他皇子不一样。

高宗天皇大圣大弘孝皇帝上之上

永徽元年(庚戌,公元650年)

春季,正月,辛丑朔日(初一),唐高宗改年号为永徽。

丙午日(初六),唐高宗立妃王氏为皇后。王氏是王思政的孙女。唐高宗任命皇后的父亲王仁祐为特进、魏国公。

己未日(十九日),唐高宗任命张行成为侍中。

辛酉日(二十一日),唐高宗召见各地方所派来的朝集使,对他们说:"朕刚即帝位,有对百姓不利的事情请详细陈述,说不完的回去之后再上密封奏报。"从此每天接见十个刺史,询问他们百姓的疾苦以及从政的措施。

有个洛阳人李弘泰诬告长孙无忌计划谋反,唐高宗命令立即斩杀李弘泰。长孙无忌和褚遂良同心协力,一起辅佐政事,唐高宗也尊敬礼待他们两人,非常尊敬地听从他们的意见,因此永徽时期的政治,百姓丰阜安康,有贞观遗留下来的政风。

唐太宗的女儿衡山公主应当嫁给长孙氏,有司认为丧服既然为了国家行事方便而解除了,就计划在今年秋天让公主完婚。于志宁上书说:"汉文帝立下的制度(指丧服随例解除),本来是为百姓方便。现在公主本来服的是五服重服斩衰,纵使丧服随着国家大事除去,但感情怎么可以随着事例而改变呢?请求三年丧服完毕后再完成婚事。"唐高宗接受了他的建议。

二月,辛卯日(二十二日),唐高宗立皇子李孝为许王,李上金为杞王,李素节为雍王。

夏季,五月,壬戌日(二十四日),吐蕃赞普弄赞去世,由于嫡子早就死了,就立他的孙子为赞普。赞普年幼,政事都由宰相禄东赞决定。禄东赞性情豁达、严肃稳重,统率部队合乎兵法,吐蕃能够强大,让氐、羌畏服,都是他的计谋。

六月,高侃攻打突厥,直攻到阿息山。车鼻可汗召集各部落的士兵,没有人前往,车鼻可汗只好率领几百个骑兵逃走。高侃率领精锐骑兵追到金山，将他捉住返回，车鼻可汗的部众大多投降了。

起初，阿史那社尔俘虏了龟兹王布失毕，立布失毕的弟弟为王。唐兵返回后，酋长们抢着自立为王，相互攻击。秋季，八月，壬午日（十六日），唐高宗下诏令又封布失毕为龟兹王，遣送他回国，安抚部众。

九月，庚子日（初四），高侃将车鼻可汗押送到京师，唐高宗释放了他，任命他担任左武卫将军，将他的部众安置在郁督军山，设置狼山都督府加以管辖。任用高侃为卫将军。于是突厥全部成为大唐国境内的臣民，唐朝分别设置单于、瀚海两个都护府。单于都护府统领狼山、云中、桑干三个都督，苏农等共十四州；瀚海都护府统领瀚海、金徽、新黎等七个都督，仙萼等共八州。各自任命他们部落酋长担任刺史、都督。

癸亥日（二十七日），唐高宗出发畋猎，遇到大雨，就问谏议大夫昌乐人谷那律说："油衣要怎样才能不漏水？"谷那律回答说："用瓦片做的，一定不会漏水。"唐高宗十分高兴，就停止了打猎。

李勣再三请求解除职务；冬季，十月，戊辰日（初三），唐高宗将李勣左仆射职务解除，任命他为开府仪同三司、同中书门下三品。

己未日（十月无此日），监察御史阳武人韦思谦弹劾中书令褚遂良压低价钱购买中书译语人（负责四夷使者语言翻译）的土地。大理寺少卿张睿册认为是按照估定的价钱购买，并没有犯罪。韦思谦奏报说："设定估定价格，是准备国家需要时征收用的，私下的交易，怎么可以依照估定的价格呢？张睿册舞弄法令条文，依附大臣来欺罔君上，所犯的罪应该处斩。"当天，唐高宗将褚遂良贬为同州刺史，将张睿册贬为循州刺史。韦思谦名叫仁约，以字号通行于世。

十二月，庚午日（初五），梓州都督谢万岁、兖州都督谢法兴和黔州都督李孟尝一起征讨琰州背叛的獠人。谢万岁、谢法兴进入各洞（獠的部落称为洞）里招降抚慰，被獠人所杀害。

永徽二年（辛亥，公元651年）

春季，正月，乙巳日（十一日），唐高宗任命黄门侍郎宇文节、中书侍郎柳奭为同中书门下三品。柳奭是柳亨哥哥的儿子，王皇后的舅舅。

左骁卫将军、瑶池都督阿史那贺鲁召集离散的部属，毡庐帐幕渐渐多了起来，听说唐太宗去世，计划偷袭，来夺取西、庭两州。庭州刺史骆弘义知道了阿史那贺鲁的计划，上表向唐高宗报告，唐高宗派遣通事舍人桥宝明飞驰前往宣慰安抚。桥宝明游说贺鲁让他的长子咥运入朝担任宿卫，唐高宗任用咥运为右骁卫中郎将，不久又派遣他返回故国。咥运劝他父亲率领部众向西遁走，击败了乙毗射匮可汗，合并了乙毗射匮的部落，在双河和千泉建立牙帐，自称沙钵罗可汗，咄陆五啜、努失毕五俟斤全都归附他，军队超过好几十万，和乙毗咄陆可汗的兵力联合，处月、处密和西域各国大多归附他。任命咥运为莫贺咄叶护。

焉耆王婆伽利去世，国人上表请求再封故王突骑支为王。夏季，四月，唐高宗下诏令加封突骑支为右武卫将军，派他返回国土。

金州刺史滕王李元婴骄纵淫逸，在守天子丧中，仍旧打猎遨游没有节制，好几次夜晚打开城门，惊扰百姓，有时拉弹弓加丸弹射人，有时候将人埋在雪里取乐。唐高宗赐给他书信，加以严切责备，并且说：“取得快乐的方法，应当有多种，晋灵公是荒淫的国君，他的所作所为，怎么可以仿效呢？朕因为你是朕最亲近的人，不能将你惩之以法，现在将你考核为下等内的上级，为让你感到羞愧而能够自我反省。”

李元婴和蒋王李恽都喜好聚敛财物，唐高宗曾经赐给各王五百段绢帛，单单不赐给二王，下敕令说：“皇叔滕王、皇兄蒋王能够经营财物，不必再行赏赐；就给他们两车麻，作为穿钱的绳贯。”二王心中十分羞愧。

秋季，七月，西突厥沙钵罗可汗进犯庭州，攻克了金岭城和蒲类县，杀伤掠夺好几千人。唐高宗下诏令任命左武候大将军梁建方、右骁卫大将军契苾何力担任弓月道行军总管，右骁卫将军高德逸、右武候将军薛孤、吴仁担任副大总管，调动秦、成、岐、雍等各府的士兵三万人以及回纥五万名骑兵加以征讨。

癸巳日（初二），唐高宗下诏令各礼官学士讨论明堂制度，将唐高祖和五天帝配祭。唐太宗和五人帝（东方帝太皞、西方帝少皞、南方帝炎帝、北方帝颛顼、中央帝黄帝）配祭。

八月，己巳日（初八），唐高宗任命于志宁为左仆射，张行成为右仆射，高季辅为侍中。于志宁、张行成仍旧是同中书门下三品。

己卯日（十八日），郎州白水蛮造反，进犯麻州，唐高宗派遣左领军将军赵孝祖等人调动军队讨伐。

九月，癸巳日（初三），唐高宗将玉华宫废为佛寺。戊戌日（初八），唐高宗将九成宫改名为万年宫。

庚戌日（二十日），左武候引驾（官名，谓导引大驾）卢文操跳墙窃取国库的财物。唐高宗认为引驾的职责在于纠正非法的人，却自己做强盗，就下令加以诛杀。谏议大夫萧钧劝谏说："卢文操犯罪情形虽然不可原谅，但是依照法令却还不至于判处死刑。"唐高宗就免了卢文操的死罪，对身边的侍臣说："这是真正的谏议大夫应该做的事啊！"

闰月，长孙无忌等人呈上删定的律令规范。甲戌日（十四日），唐高宗下诏令在四方颁布施行。

唐高宗对宰相说："听说各官司办事时相互看对方情面，大多无法做到公正无私。"长孙无忌回答说："这种情形是不敢说没有的；可是假如说完全徇私枉法，事实上也不敢做。至于说小小地收取对方人情，这种事恐怕陛下也免不了。"长孙无忌凭大舅的身份辅佐政事，凡是有所建议，唐高宗没有不嘉许采纳的。

冬季，十一月，辛酉日（初二），唐高宗在南郊祭祀。

癸酉日（十四日），唐高宗下诏令："从现在起京官和外州有人进献鹰隼和犬马的话，依犯罪论处。"

戊寅日（十九日），特浪羌酋长董悉奉求、辟惠羌酋长卜檐莫各自率领部落一万多户前往茂州归附唐朝。

窦州、义州的蛮族酋长李宝诚等人造反，桂州都督刘伯英加以讨伐平定。

郎州道总管赵孝祖征讨白水蛮，蛮族酋长秃磨蒲和俭弥于带领部众据守险要反抗，赵孝祖都加以攻击斩杀。恰好遇到大雪，蛮人又冷又饿，死得差不多了。赵孝祖奏报说："贞观中期征讨昆州乌蛮，才开辟青蛉、弄栋为州县。弄栋的西面有小勃弄、大勃弄两个川蛮，常常煽动引诱弄栋，要让弄栋造反。勃弄西面和黄瓜、叶榆、西洱河相交接，百姓富足，超过蜀川，没有大的首领，因而容易结下仇怨，现在就利用击败白水的军队，请求乘机向西方讨伐，抚慰他们，让他们安定。"唐高宗下敕令准了赵孝祖的请求。

十二月，壬子日（二十四日），处月朱邪孤注杀死招降抚慰的大使单道惠，和突厥贺鲁相互勾结。

这一年，百济派遣使者入朝进贡，唐高宗警告百济，要百济"不要和新罗、高丽相互攻击，不然的话，我就调动军队讨伐你们"。

永徽三年（壬子，公元652年）

春季，正月，己未朔日（初一），吐谷浑、新罗、高丽、百济全都派遣使者入朝进贡。

癸亥日（初五），梁建方、契苾何力等人在牢山将处月朱邪孤注打得大败。朱邪孤注乘夜晚逃走，梁建方派副总管高德逸率领轻便骑兵追击，追了五百多里，生擒了朱邪孤注，斩杀九千人。军队返回后，御史弹劾梁建方兵力足以追击讨伐，却逗留不进攻；高德逸在奉陛下命令买马时，自己取用好马。唐高宗因为梁建方等人有功，就释放他们不加查问。大理寺卿李道裕奏报说："高德逸的马，筋骨力量和一般马不一样，请他交出，来充实内宫马厩。"唐高宗对侍臣说："李道裕是个执法官吏，进用马匹不是他的职责，随便猜测天子的心意；难道朕所做的事不被臣下所信任吗？朕正在自责的时候，所以不愿再贬黜李道裕罢了。"

己巳日（十一日），唐高宗任命同州刺史褚遂良担任吏部尚书、同中书门下三品。

丙子日（十八日），唐高宗在太庙祭飨；丁亥日（二十九日），祭祀神农，唐高宗亲自在藉田耕种。

二月，甲寅日（二十七日），唐高宗前往安福门楼上，观赏各类不同的戏剧。乙卯日（二十八日），唐高宗对随从说："昨天朕登上安福门楼，是要察看人情和风俗的奢俭情形，并不是为了欣赏声色美乐。朕听说胡人特别会踢毽子，曾经看过一次。昨天朕登上城楼，就有许多胡人踢毽子，好像认为朕很喜欢踢，所以踢给朕看。帝王的所作所为，怎么可以那么随便轻率。朕已经将毽子烧了，希望胡人断绝窥测模仿朕嗜好的心理，也以此作为警戒。"

三月，辛巳日（二十四日），唐高宗任命宇文节为侍中，柳奭为中书令，任命兵部侍郎三原人韩瑗守（以卑位代理高位）为黄门侍郎、同中书门下三品。

夏季，四月，赵孝祖大败西南蛮，斩杀小勃弄酋长殁盛，生擒大勃弄酋长杨承颠。从此西南蛮余下的部众全都屯驻聚集，来据守险要地方，大的有部众几万人，小的有几千人，赵孝祖都加以击败降服，西南蛮就全部平定了。

甲午日（初七），唐澧州刺史彭思王李元则去世。

六月，戊申日（二十二日），唐高宗派遣兵部尚书崔敦礼等人统领并、汾的步兵、骑兵一万人前往茂州。征调薛延陀剩余的部众渡过黄河，设置祁连州来安置他们。

秋季，七月，丁巳日（初二），唐高宗立陈王李忠为皇太子，大赦天下。王皇后没有儿子，柳奭为王皇后谋划，认为李忠的母亲刘氏卑贱低微，劝王皇后将李忠立为太子，希望李忠能够感恩而亲近自己；在宫外又暗示长孙无忌等人，要他们向唐高宗请求。唐高宗依从了。乙丑日（初十），唐高宗任命于志宁兼任太子少师，张行成兼任少傅，高季辅兼任少保。

丁丑日（二十二日），唐高宗询问户部尚书高履行说："去年新增加的户口有多少？”高履行奏答说：“去年新增加的户口总共有一十五万。”又问高履行隋代和现在户口数目，高履行奏答说：“隋朝开皇中期，有户口八百七十万，现在有户口三百八十万。”高履行是高士廉的儿子。

九月，唐高宗任命代理中书侍郎来济为同中书门下三品。

冬季，十一月，庚寅日（十一月无此日），弘化长公主从吐谷浑来朝见唐高宗。

癸巳日（十一月无此日），唐濮王李泰在均州去世。

散骑常侍房遗爱娶了唐太宗的女儿高阳公主，公主非常骄纵，房玄龄去世，公主教房遗爱和兄长房遗直分家，不久又反过来诬告房遗直。房遗直向唐太宗解释，唐太宗严厉地责备公主，从此对公主的宠爱就少了；公主内心十分不满。恰好御史在查劾盗贼，搜到和尚辩机的宝枕，和尚辩机说是公主所赐。公主和辩机私通，赠给辩机的财物以亿来计算，又改让另外用两个女子侍候房遗爱。唐太宗十分生气，将辩机腰斩，杀死十几个奴婢；公主更加怨恨，因此在唐太宗去世时，没有哀伤。唐高宗即位后，公主又命令房遗爱和房遗直两人互相诉讼分家产，房遗爱因而获罪，被外放为房州刺史，房遗直被外放为隰州刺史。此外，又有和尚智勖等人私下侍候公主，公主命令掖庭令（官名，掌宫禁女工的事）陈玄运窥探宫里的吉凶消息。

起初，驸马都尉薛万彻因罪而被除去原有名位，降职为宁州刺史，到京城来，和房遗爱关系亲厚，对房遗爱有埋怨朝廷的话语，又说：“如今我虽然有脚病，安居在京城，那些人还不敢动我分毫呢！”就和房遗爱谋划，“假如国家有什么变故发生，应该尊奉司徒荆王李元景为国君”。李元景的女儿嫁给房遗爱的弟弟房遗则，因此就和房遗爱来往。李元景曾经说，做梦用手抓住太阳、月亮。驸马都尉柴令武是柴绍的儿子，娶了巴陵公主，被任命为卫州刺史，托词因为公主生病，留在京师医治，乘机和房遗爱互相串通谋划。高阳公主计划黜退房遗直，夺取房遗直的封号爵位，派人诬告房遗直对自己无礼。房遗直也告房遗爱和公主的罪，说："罪恶已经形成，恐怕会连累臣下的家门。"唐高宗命令长孙无忌查办，查获房遗爱和公主谋反的证据。

司空、安州都督吴王李恪的母亲是隋炀帝的女儿，李恪文武全才，唐太宗常常认为他很像自己，想要立他为太子，但因为长孙无忌再三劝谏而停止，因此李恪和长孙无忌就相互交恶。李恪的名位声望一向很高，是人心所归附的，长孙无忌十分忌惮他，想找寻机会将李恪杀掉，以断绝众人对他的期望。房遗爱知道长孙无忌要杀李恪这件事，便自称和李恪是同谋，借着密告李恪谋反，希望能像纥干承基密告太子李承乾谋反一样，免掉一死。

永徽四年（癸丑，公元653年）

春季，二月，甲申日（初二），唐高宗下诏令将房遗爱、薛万彻、柴令武处斩，李元景、李恪、高阳公主、巴陵公主都赐自尽。唐高宗哭泣着对侍臣说："荆王是朕的叔父，吴王是朕的兄长，朕想免他们一死，可以吗？"兵部尚书崔敦礼认为不可以，于是杀了他们。薛万彻临刑时大声地说："薛万彻是个男子汉，留下来为国尽忠效死，不是很好吗？居然被房遗爱牵连受死！"吴王李恪将死时，骂道："长孙无忌窃夺君威，耍弄权术，残害忠良，宗庙社稷假如有灵的话，不久他会遭到灭族！"

乙酉日（初三），侍中兼太子詹事宇文节，特进、太常卿江夏王李道宗、左骁卫大将军驸马都尉执失思力因为和房遗爱交往，同时被流放到岭表。宇文节和房遗爱亲近友善，房遗爱被关进监狱之后，宇文节常常为他开脱。江夏王李道宗一向和长孙无忌、褚遂良不和睦，所以也获罪了。戊子日（初六），唐高宗将李恪同母的弟弟蜀王李愔的王位废去，贬为庶人，安置在巴州；房遗直被贬为春州铜陵尉，薛万彻的弟弟薛万备被流放到交州。取消房玄龄在太宗庙陪从受祭的殊荣。

唐高宗任命开府仪同三司李勣为司空。

起初，林邑王范头利死了，儿子真龙被立为王，大臣伽独将真龙杀掉，并把范氏全部消灭。伽独自立为王，国人不服从他，就拥立范头利的女婿婆罗门为王。国人都想念范氏，又将婆罗门废了，拥立范头利的女儿为王。但范头利的女儿无法治理好国家，有一个名叫诸葛地的人，是范头利姑姑的儿子，父亲被范头利杀掉，逃奔到南方的真腊，林邑大臣可伦翁定派遣使者到真腊迎接他回来，立他为王，将女王嫁给他，国人才安定下来。夏季，四月，戊子日（初七），诸葛地派遣使者入朝进贡。

秋季，九月，壬戌日（十三日），右仆射北平定公张行成去世。甲戌日（二十五日），唐高宗任命褚遂良为右仆射，同中书门下三品和从前一样，仍旧掌理选拔人才的事务。

冬季，十月，庚子日（二十二日），唐高宗前往骊山温泉；乙巳日（二十七日），唐高宗回宫。

起初，睦州女子陈硕贞利用妖言迷惑百姓，和妹夫章叔胤起兵造反，自称文佳皇帝，任命章叔胤为仆射。甲子日（十月无此日）夜晚，章叔胤率领部众攻打桐庐，将桐庐攻克。陈硕贞撞打着钟，点着香，率领士兵两千人攻克睦州和於潜；进攻歙州时，没有攻下。唐高宗下敕令命扬州刺史房仁裕调动部队讨伐。陈硕贞派遣党羽童文宝率领四千人进犯婺州，刺史崔义玄调动士兵抵抗。民间谣传陈硕贞有神法，冒犯她的士兵的人会被杀光全家，士兵部众都十分害怕。司功参军崔玄籍说：“起兵作战一切都合乎正理，尚且有不成功的，更何况凭借妖言妄语作战，怎么会长久呢？”崔义玄任命崔玄籍为先锋，自己率领州里的士兵跟在后面，到了下淮戍，遇到贼人，双方作战。身边的卫士掌着盾保护崔义玄，崔义玄说：“身为刺史却躲避箭矢，有谁愿意效死！”命令亲信将盾拿开。于是士卒们都振作起来，贼人部众因此溃败，斩杀敌人好几千人。听任剩下的部众归顺投降；军队进攻睦州境内，投降的人以万来计算。十一月，庚戌日（初二），房仁裕的军队前来会合，俘虏了陈硕贞、章叔胤，加以斩杀，剩余的党羽都被平定了。崔义玄因为功劳大而被任命为御史大夫。

癸丑日（初五），唐高宗任命兵部尚书崔敦礼为侍中。

十二月，庚子日（二十三日），唐侍中蓚宪公高季辅去世。

这一年，西突厥乙毗咄陆可汗去世，他的儿子颉苾达度设号为真珠叶护，开始和沙钵罗可汗有嫌隙，和五个弩失毕一起攻打沙钵罗，将沙钵罗打败，斩杀一千多人。

永徽五年（甲寅，公元654年）

春季，正月，壬戌日（十五日），羌族酋长冻就归顺唐朝，唐高宗在他们的土地设置剑州。

三月，戊午日（十二日），唐高宗前往万年宫。

庚申日（十四日），唐高宗加赠武德时功臣屈突通等十三个人官位。

起初，王皇后没有儿子，萧淑妃获得唐高宗宠爱，王皇后嫉恨她。唐高宗是太子时，侍候唐太宗，看到才人武氏就喜欢上了。唐太宗去世，武氏和众人一起在感业寺做尼姑。唐太宗忌日，唐高宗到感业寺上香祭祀，看到武氏，武氏哭泣着，唐高宗也跟着哭泣。王皇后听说后，暗中命令武氏蓄长发，劝唐高宗将她接进后宫，要借武氏来疏离唐高宗对萧淑妃的宠爱。武氏心思聪慧，很会耍弄权变术数，刚入宫时，言辞卑逊、谦恭有礼地侍奉王皇后；王皇后很喜欢她，好几次在唐高宗面前赞美她。没过多久，武氏获得宠幸，被任命为昭仪，唐高宗对王皇后和萧淑妃的宠爱因此都减少了，两人反过来一起说武氏的坏话，但唐高宗都不听了。武昭仪想要追赠她父亲，但没有理由，就借口要褒奖功臣，武士彟也因此得到追赠。

乙丑日（十九日），唐高宗前往凤泉汤。乙巳日（三月无此日），唐高宗返回万年宫。

夏季，四月，大食调动部队进攻波斯，杀死波斯王伊嗣侯，伊嗣侯的儿子卑路斯逃到吐火罗。大食的军队一退回去，吐火罗就调动军队，立卑路斯为波斯王之后才返回。

闰月，丙子日（初二），唐高宗在处月部辖地设置金满州。

丁丑日（初三）夜晚，天下大雨，山洪暴发，河水大涨，溢出堤岸，直冲到玄武门，宿卫的士卒都四散逃走。右领军郎将薛仁贵说：“宿卫的武士怎么能在天子有急难时却贪生怕死的呢？”于是爬到门前横木上大叫，警告宫里的人。唐高宗很快出来，爬到高处，不久洪水冲入唐高宗睡觉的宫殿，溺死的卫士和住在麟游县的人，一共有三千多。

壬辰日（十八日），新罗女王金真德去世，唐高宗下诏令立她的弟弟金春秋为新罗王。

六月，丙午日（初二），恒州发生大水灾，呼沱河的水流溢出河道，淹没民宅五千三百家。

中书令柳奭因为唐高宗对王皇后的宠爱减少，内心很不安，请求解除政事。癸亥日（十九日），柳奭被免去原职，改任吏部尚书。

秋季，七月，丁酉日（二十四日），唐高宗车驾前往京师。

戊戌日（二十五日），唐高宗对五品以上的官吏说：“从前在先帝身边时，看到五品以上官员讨论政事，有的在卫仗之下当面陈述，有的退朝之后呈上密封奏章，可以说整天不停，难道现在没有事吗？为什么各位都不再奏言了呢？”

冬季，十月，唐朝廷招雇雍州四万一千人建筑长安的外城，三十天就修好了。癸丑日（十一日），雍州参军薛景宣上密封奏章说：“汉惠帝修建长安城，不久就去世；现在又营建，一定会有大灾祸。”于志宁等人认为薛景宣讲话不恭顺，请求将他杀掉。唐高宗说：“薛景宣虽然狂妄，假如因为上封事而获罪的话，恐怕会断绝进言的路。”就宽赦了他。

高丽派遣大将安固带领高丽、靺鞨的军队攻打契丹；松漠都督李窟哥领兵抵抗，在新城大败高丽。

这一年大丰收，洛州粮谷一斗才值两钱半，稻米一斗十一钱。

王皇后、萧淑妃和武昭仪相互进谗言毁谤，唐高宗不相信王皇后、萧淑妃的话，只相信武昭仪。王皇后不能委屈自己善待唐高宗身边的人，母亲魏国夫人柳氏和舅舅中书令柳奭进入皇宫拜见皇后时，又不礼待嫔妃。武昭仪看到王皇后不尊敬的人，用诚心和他们结交，将所得到的赏赐分送他们。因此王皇后和萧淑妃的一举一动，武昭仪一定知道，并将她们的行为向唐高宗报告。

唐高宗对王皇后的宠爱虽然衰减，但没有要废掉她的皇后之位之心。恰好武昭仪生下女儿，王皇后因怜爱而逗弄武昭仪女儿，王皇后出去后，武昭仪偷偷地将女儿杀了，用棉被盖着。唐高宗到时，武昭仪假装很开兴，将棉被打开一看，女儿已经死了，就惊恐地哭泣。问身边的人，身边的人都说："皇后刚刚来过这里。"唐高宗很生气地说："皇后将我女儿杀了！"武昭仪于是哭着述说王皇后的罪过。王皇后无法证明自己的清白，唐高宗因而有废后另立的心思。又担心大臣不接受，就和武昭仪前往太尉长孙无忌的家，酒喝得十分高兴，就在筵席上任命长孙无忌宠姬的三个儿子为朝散大夫，又用十辆车载了许多金银珠宝、缯帛锦缎赐给长孙无忌。唐高宗就很从容自然地谈到王皇后没有儿子，来暗示长孙无忌，但长孙无忌用其他话题回答，始终不承顺唐高宗的心意讲话，唐高宗和武昭仪都很不高兴地罢席回去。武昭仪又命母亲杨氏前往长孙无忌家，好几次向长孙无忌请求，长孙无忌始终不答应。礼部尚书许敬宗也好几次劝长孙无忌，但长孙无忌疾言厉色地反驳他。

永徽六年（乙卯，公元655年）

春季，正月，壬申朔日（初一），唐高宗进谒昭陵；甲戌日（初三），唐高宗回宫。

己丑日（十八日），巂州道行军总管曹继叔在斜山打败胡丛、显养、车鲁等蛮族，攻下十几个城市。

庚寅日（十九日），唐高宗封皇子李弘为代王，李贤为潞王。

高丽和百济、靺鞨联合军队，进犯新罗北面边境，夺取三十三个城市，新罗王金春秋派遣使者到朝廷请求援助。二月，乙丑日（二十五日)，唐高宗派遣营州都督程名振、左卫中郎将苏定方调动军队攻打高丽。

夏季，五月，壬午日（十三日），程名振等人渡过辽水，高丽看到他兵员少，就打开城门渡过贵端水和程名振正面对抗，程名振等人奋勇进击，大败高丽，杀死和俘获一千多人，焚毁了他们的外城和村落才返回。

癸未日（十四日），唐高宗任命右屯卫大将军程知节为葱山道行军大总管，征讨西突厥沙钵罗可汗。

壬辰日（二十三日），唐高宗任命韩瑗为侍中，来济为中书令。

六月，武昭仪诬告王皇后和她母亲魏国夫人柳氏用诅咒之术压伏人，唐高宗下敕令禁止王皇后母亲柳氏入宫。秋季，七月，戊寅日（初十），唐高宗将吏部尚书柳奭贬为遂州刺史。柳奭走到扶风，岐州长史于承素迎合武昭仪的旨意，奏报柳奭泄露了宫禁中的话，又被贬为荣州刺史。

唐朝因袭隋朝制度，后宫设有贵妃、淑妃、德妃、贤妃等，都比照一品官。唐高宗要特别设置宸妃，封给武昭仪，韩瑗、来济都加以劝谏，认为旧制度里并没有宸妃，唐高宗才打消了念头。

饶阳的中书舍人李义府为长孙无忌所厌恶，被贬为壁州司马。敕令还没有到达门下省，李义府就已经知道了，于是向幽州的中书舍人王德俭请教该怎么办，王德俭说："陛下要立武昭仪为皇后，一直在犹豫不敢决定的原因，只是担心宰相大臣们反对罢了。您假如能够建议立武昭仪为皇后，那么就可以将灾祸转为福运了。"李义府认为很对，就在当天，他代替王德俭轮值宿卫，趁机拜见唐高宗呈上奏表，请求废掉王皇后，另立武昭仪为皇后，来满足众人的愿望。唐高宗十分高兴，召见李义府，和他谈话，赐给他一斗珍珠，仍旧留任原有的职位。武昭仪又暗中派遣使者慰劳嘉勉他，不久李义府就被越级升为中书侍郎。于是卫尉卿许敬宗、御史大夫崔义玄、中丞袁公瑜都暗中向武昭仪表达支持她的诚心。

乙酉日(十七日),唐高宗任命侍中崔敦礼为中书令。

八月,尚药奉御蒋孝璋成为正式员额之外特别设置人员,品级仍旧和正式官员相同。这种正式员额之外特别设置人员和正式官员相同的情形,是从蒋孝璋开始的。

长安令裴行俭听闻要立武昭仪为皇后,认为国家的祸害一定从此开始,和长孙无忌、褚遂良私下议论这件事。袁公瑜听到了,告诉武昭仪的母亲杨氏,裴行俭因而被降职为西州都督府长史。裴行俭是裴仁基的儿子。

九月,戊辰日(初一),唐高宗任命许敬宗为礼部尚书。

唐高宗有一天退朝,将长孙无忌、李勣、于志宁、褚遂良召入内殿。褚遂良说:“今天陛下召见我们,多半是为皇后废立的事,陛下心意既然已经决定,违逆陛下心意的人一定会死。太尉是陛下的舅舅,司空是功臣,不能让陛下有杀舅舅和功臣的罪名,我褚遂良出身草莽之间,没有作战的功劳,得到这么好的地位,而且接受先帝临终的托付,不用生命力争到底,有什么颜面到地下去见先帝!”李勣借口生病没有入宫。长孙无忌等人进入内殿,唐高宗对长孙无忌说:“皇后没有儿子,武昭仪有儿子,现在想立武昭仪为皇后,怎么样?”褚遂良回答说:“王皇后是名家的女儿,是先帝为陛下所娶的媳妇。先帝临终时,抓着陛下的手对臣说:‘朕的好儿子好媳妇,现在托付给你。’这是陛下听到的,这些话仿佛还在耳边。王皇后没听过有什么过错,怎么可以轻易地将她废掉?臣不敢遵从陛下的意思,而违逆了先帝的遗命!”唐高宗十分不高兴,不再说话。隔天唐高宗又谈到皇后废立的事,褚遂良说:“陛下一定要废立皇后,就恭请陛下精选天下有名望的家族,何必一定要立武氏。武氏曾经侍奉过先帝,这是大家都知道的事,天下人的耳目,怎么可能遮蔽呢?万代以后,天下人会说陛下是怎样的国君!希望陛下能留意,仔细思虑后再做!臣现在忤逆了陛下,所犯的罪应该处死。”就将笏(手板)放在殿里台阶上,将头巾解下叩头到血流满面说:“退还陛下笏,请求陛下放臣返回故里。”唐高宗十分生气，命人将褚遂良带出去。武昭仪在帘幕后大叫说："为什么不将这可恶的东西杀掉？"长孙无忌说："褚遂良接受先帝的遗命，有罪也不可以用刑。"于志宁不敢讲话。

韩瑗乘有空闲时向唐高宗奏报，哭着劝谏，唐高宗仍不采纳。隔天又劝谏，不胜悲痛，唐高宗下令将他带出。韩瑗又上疏劝谏说："一般平民，还要选择合适对象才结合，何况是天子！皇后为万国妇女所效法，善恶好坏都从皇后产生，所以嫫母辅佐黄帝，妲己倾覆殷朝，《诗经》说：'伟大的周代，就灭在褒姒之手。'每次观览这些前朝史实，都会兴起感慨，但想不到这种事又要污渎了我们现在圣明的国君。所作所为不合礼法，让后代子孙观瞻什么！希望陛下仔细思虑，不要被后代人所讥笑！倘若臣这些话有益国家，就是被杀，也是臣应当做的！从前吴王不采用伍子胥的话，因而姑苏变成废墟，麋鹿到处漫游。臣担心四海臣民都失望之后，国家残破，宫庭长满荆棘，宗庙得不到子孙祭祀，这日子就已经为时不远了！"来济上表劝谏说："国君立皇后，应当效法乾坤之道，一定要选择有礼教的名门之女，幽静、闲雅、令美、淑善的女子，才能符合四海臣民的愿望，让神祇称心满意。所以周文王造船来迎接太姒，才能带来《关雎》所歌颂的美德教化，让百姓蒙受福泽；汉成帝放纵情欲，将婢女升为皇后，使得王者的大统沦亡断绝，社稷因而倾覆灭亡。周代的政治是那么兴隆，大汉的政治又是那么多灾祸，希望陛下仔细考虑！"唐高宗都不采纳。

过了几天，李勣入宫觐见唐高宗，唐高宗向他说："朕要立武昭仪为皇后，褚遂良一直固执认为不可以。褚遂良是先帝遗命要重用的大臣，事情应该就此停止了吗？" 李勣回答说："这是陛下的家务事，何必再问外人呢？"唐高宗心意就此决定。许敬宗在朝廷上大声说："小小的农夫多收百多斗的麦子，尚且想要换老婆；何况天子要立皇后，和别人有什么相干，而要随意发表反对的言论呢？"武昭仪命令身边的人将许敬宗的话报告唐高宗。庚午日（初三），唐高宗将褚遂良贬为潭州都督。

资治通鉴卷第二百　唐纪十六

起乙卯（公元655年）十月，止壬戌（公元662年）七月，共六年十个月。

【题解】本卷记录了公元655年十月至662年七月的史事，共六年又十个月，正当唐高宗永徽六年至龙朔二年。此时期最重大的历史事件是唐高宗李治废王皇后，新立武则天为皇后，伴随皇后的废立，接着产生了两大政治事件：其一，是武则天残酷迫害王皇后和萧淑妃。其二，是武氏党羽许敬宗、李义府等以谋反罪彻底毁灭了长孙无忌等士族集团的执政。唐高宗命人重修《氏族志》，以官品定门第高低，从根本上铲除了士族集团东山再起的社会基础，结束了门阀政治，对社会变迁产生了重大影响。这一时期也是唐高宗执政获得文治武功最鼎盛的时期。在军事上，唐高宗在北方平定铁勒九姓，巩固了对西域的统治，设置了安西都护府。在东方发重兵征讨高丽，灭百济，但唐军最终未能取胜。唐高宗因患风疾，大权逐渐落入皇后武则天之手。

高宗天皇大圣大弘孝皇帝上之下

永徽六年（乙卯，公元655年）

冬季，十月，己酉日（十三日），唐高宗下诏令说："王皇后、萧淑妃计划毒死天子，将她们废为庶人，她们的母亲和兄弟，全都废掉原有的名位，流放到岭南。"许敬宗奏报说："从前特进加赠司空的王皇后的父亲王仁祐官符还在，这等于是让逆乱的子孙还可以享受祖先余荫，这是不合理的，请求一并将王仁祐的官符除掉。"唐高宗接受请求。

乙卯日（十九日），百官呈上奏表请求立皇后，唐高宗就下诏令说："武氏家门显赫，功勋彪炳，出身良好高贵，从前因为才德美行被选入后宫，誉满宫闱，德被后庭。朕那时还是太子，特别蒙受先皇的恩宠，而得以侍候先皇，早晚不离身边。武氏在后宫之内，一言一行常深自反省，周旋在嫔嫱之间，从没有发生反目不愉快的事，先皇清楚了解武氏的为人，经常称赏赞叹，就将武氏赐给朕，就像汉宣帝替太子立王政君为太子妃一样，可立武氏为后。”

丁巳日（二十一日），唐高宗大赦天下。当天，皇后呈上奏表说：“陛下从前任命妾为宸妃时，韩瑗、来济在朝堂上当着陛下面折挠力争，这件事是那么凶险，他们力争阻挠，难道不是尽心为国吗？请求对他们加以褒奖封赏。”唐高宗将奏表给韩瑗等人看，他们都知晓皇后的心意，更加忧虑恐惧起来，多次请求辞官，但唐高宗不允许。

十一月，丁卯朔日（初一），唐高宗临轩（天子不御正座而御平台，称为临轩）命令司空李勣携带玉玺印绶册封武氏为皇后。当天，文武百官都在肃义门朝拜皇后。

前任皇后王氏和淑妃萧氏，一同被囚禁在别院，唐高宗曾经因为想念她们，私下行走到囚禁她们的别院，看到房间封闭得十分严密，只在墙壁上挖个洞传递食物，唐高宗心里哀恻悲伤，喊道：“皇后、淑妃在哪里？”王氏哭泣着答复说：“妾等犯罪，被贬为宫婢，怎么能够再有皇后、淑妃的尊称！”又说：“陛下假如还怀念以往的一段感情，让妾等重见天日的话，就请求陛下将这别院命名为回心院吧！”唐高宗说：“朕马上安排。”武后听了这个消息，十分生气，派人将王氏和萧氏各杖打一百下，砍断了她们的手足，放入酒瓮中，说：“把这两个老太婆骨头都浸醉！”几天之后两人都死了，又将她们的尸体斩首。王氏起先听到唐高宗的敕令时，再拜说：“愿陛下万岁！武昭仪蒙受恩宠，我自然难免一死。”萧淑妃骂道：“阿武妖惑狡猾，居然到如此地步！希望下辈子我变成猫，阿武变成老鼠，生生世世扼住阿武的咽喉。”从此宫内不再养猫。不久又将王氏的姓改为蟒氏，萧氏改为枭氏。武后好几次看见王氏、萧氏的鬼魂作祟，她们披散头发滴着血仿佛死时一样。武后后来迁居到蓬莱宫，又看到她们的鬼魂，因此武后一直住在洛阳，终其一生都没再回长安。

己巳日（初三），许敬宗奏报说："永徽初年，国家的根本还未产生（喻太子未立），暂时引用彗星，使之越升为日、月（喻永徽三年暂时立陈王忠为太子）。现在皇后即位，正统的子孙应当降临（喻武后之子代王李弘应该立为太子），让日月更加光明，而爝火自该熄灭。怎么可以让枝、干相反，好像天庭的日月、彗星地位互换；又像上衣下裳相互颠倒，使得嫡长子不得其位呢？况且父子之间的感情，别人是很难理解的，将来假如发生冒犯天威的事，一定会遭到严法酷刑。臣的话假如陛下不听，将臣放在鼎俎煎煮蒸染，臣死也无憾。"唐高宗召见许敬宗，询问他奏表的含意，许敬宗回答说："皇太子是国家的根本，根本还没有端正的话，天下人心必然无所归依。而且住在东宫的现任太子，出身本来就十分低微，他知晓现在国家已有正统的嫡长子，心里必定不会安宁。他窃据太子位而内心又抱着猜忌，可能做出不是宗庙之福的事情，希望陛下仔细加以谋划。"唐高宗说："陈王李忠已经自我让位了。"许敬宗回答说："他能效法周太伯的做法，希望陛下赶快接受。"

西突厥颉苾达度设好几次派遣使者请求朝廷出兵征讨沙钵罗可汗。甲戌日（初八），唐高宗派遣丰州都督元礼臣前往册封颉苾达度设为可汗。元礼臣到了碎叶城，沙钵罗调动军队抵抗，使得元礼臣无法前进。颉苾达度设的部落大多被沙钵罗吞并，剩下的部众既少又弱，颉苾达度设不被其他族姓所归附，元礼臣竟然无法册封而回去了。

中书侍郎李义府担任参知政事。李义府容貌温和恭敬，和人说话时面带微笑，而实际上却十分狡诈、阴险、忌妒、刻薄，因此当时人都说李义府笑里藏刀；又因为他表面温柔而内心狠毒，和猫相同，所以称他李猫。

显庆元年（丙辰，公元656年）

春季，正月，辛未日（初六），唐高宗任命皇太子李忠为梁王、梁州刺史；立皇后的儿子代王李弘为皇太子，太子当时四岁。李忠被废之后，他的属官都害怕罹罪而逃避躲藏起来，没有人敢与李忠见面；右庶子李安仁独自侍候李忠，李忠被任命为梁王、梁州刺史之后，李安仁才哭泣拜别离开。李安仁是李纲的孙子。

壬申日（初七），唐高宗大赦天下，改年号为显庆。

二月，辛亥日（十七日），唐高宗赠武士彟司徒的官位，并且赐给他爵位周国公。

三月，唐高宗任命度支侍郎杜正伦担任黄门侍郎、同三品。

夏季，四月，壬子日（十八日），矩州人谢无灵举兵反叛，黔州都督李子和讨伐并加以平定。

己未日（二十五日），唐高宗对侍候的大臣说："朕思考养育百姓的办法，但没有能够找到要领，各位为朕说明一下！"来济回答说："从前齐桓公出游，看到年老而挨饿受冻的人，就下令赐给老人食物，老人说：'希望能赐给全国挨饿的百姓。'齐桓公又赐给老人衣服，老人说：'希望能赐给全国受冻的百姓。'齐桓公说：'寡人的仓廪府库，怎么够用来赈济全国挨饿受冻的百姓呢？'老人说：'只要国君不侵夺百姓耕种的时间，那么全国人都有足够的粮食了；不侵夺百姓养蚕织布的要事，那么全国人都有足够的衣物了！'因而国君养育百姓，就在减省征召徭役罢了。现在山东服徭役的壮丁，每年增加数万，役使这些壮丁，百姓就大为劳苦；收取雇佣的金钱，百姓就耗费太大。所以臣希望陛下考量公家所需要的役丁数目，除所需要之外，其余都加以免除不再征召。"唐高宗接受了他的建议。

六月，辛亥日（十八日），礼官上奏请求停止太祖、世祖的配祀。在圜丘祭祀昊天时，以唐高祖配祀；在明堂祭祀五帝时，以太宗配祀。唐高宗接受了建议。

秋季，七月，乙丑日（初三），西洱蛮酋长杨栋附、显和蛮酋长王罗祁以及郎、昆、梨、盘四州酋长王伽冲等都率领部众归附大唐。

癸未日（二十一日），唐高宗任命中书令崔敦礼为太子少师、同中书门下三品。

八月，丙申日（初四），唐固安昭公崔敦礼去世。

辛丑日（初九），葱山道行军总管程知节攻打西突厥，和歌逻、处月两部在榆慕谷作战，将歌逻、处月打得大败，斩杀敌人一千多人。副总管周智度在咽城攻打突骑施、处木昆等部落，加以消灭，斩杀敌人三万人。

乙巳日（十三日），龟兹王布失毕入京朝拜唐高宗。

李义府因得到尊宠而专权用事。洛州妇人淳于氏容貌姣好，被拘禁在大理寺监狱里，李义府嘱咐大理寺丞毕正义枉法开脱淳于氏，准备纳她为妾，大理寺卿段宝玄产生怀疑而奏报唐高宗。唐高宗命令给事中刘仁轨等人加以审察，李义府担心事情外泄，逼迫毕正义在狱中自缢。唐高宗知道后，原谅李义府的罪不加过问。

侍御史涟水人王义方想弹劾李义府，先告诉他母亲说："义方身为御史，眼看奸臣作恶而不纠正，那就是不忠；但如果加以纠正却有被杀的危险，而让母亲忧虑，那是不孝。这两件事自己不能决定怎样做才好，怎么办？"母亲说："从前王陵的母亲牺牲自己而成就儿子的声名。你能够竭尽忠心侍奉君主，我就是死了也不会感到遗憾！"王义方就向唐高宗奏报说："李义府在陛下辇驾之旁，擅自杀害了六品寺丞；纵使毕正义是自杀而死，也是担心李义府靠权势杀他灭口才自杀的。这么一来，对臣子生杀的大权，不从陛下颁出，这种情势不能让它慢慢滋长，请求陛下再加勘验，以求确当！"于是王义方面对卫仗，呵斥叱李义府命他退下；李义府观望着不愿退下。王义方呵斥三声，唐高宗都没有说话，李义府才快步退出，王义方就开始诵读弹劾李义府的奏章。但唐高宗还是释放李义府不加追问，却反说王义方毁谤侮辱大臣，言语文辞不恭逊，将他贬为莱州司户。

九月，括州有暴风吹袭，海水涨溢，淹死了四千多家。

冬季，十一月，丙寅日（初六），生羌酋长浪我利波等人率领部众归附大唐，唐朝在那里设置柘州、栱州。

十二月，程知节领兵到达鹰娑川，遇到西突厥两万骑兵，其他部落鼠尼施等人也率领两万多的骑兵相继到达，前军总管苏定方带领五百名骑兵前往攻击，西突厥大败，苏定方追击逃奔的敌兵二十里，杀死俘虏的敌兵有一千五百多人，获得的马匹和兵械器物，堆满整个山野，数也数不清。副大总管王文度妒忌苏定方的功劳，对程知节说："现在虽说击败贼人，但官军也有死亡和受伤的，冒险进攻有失谨慎，可以成功也可能失败，何必急急做冒险的事情！从现在起集结好方形阵势，将辎重车放在阵势之内，遇到敌人才作战，这是最安全的计策。"又假装另外得到圣旨，认为程知节依恃勇力，轻敌冒进，因此委任王文度节度制裁，王文度就收聚部队，不允许深入敌境。士卒整天跨骑马匹，披挂甲衣来演练阵势，马匹受不了疲劳困顿，大都因瘦弱而死。苏定方对程知节说："出动军队的目的就是征讨贼寇，现在却困守在这里，等着让自己疲惫困乏，假如遇到敌人必定败亡；这样懦弱胆怯，又怎么能建立功勋？况且国君任命你为大将，怎么会再让副大总管专擅号令？事情一定不是这样的。请将王文度囚禁起来，用奏表飞快地向国君报告。"但程知节没有接受。

唐军到达恒笃城时，有许多胡人归附。王文度说："这些人等我们回师时，找机会再恢复贼寇面目，不如将他们全部杀了，夺取他们的物资钱财。"苏定方说："这样一来我们自己变成强盗了，还能称为讨伐叛贼吗？"王文度还是将归附的胡人杀了，分配胡人的财物，只有苏定方没有接受。军队回朝后，王文度因为犯了假造诏命罪而被判处死刑，特赦他免除了他的名位；程知节也因为逗留不进，致使追不到贼寇，减免死罪被免官。

这一年，唐高宗任命太常卿驸马都尉高履行为益州长史。

韩瑗呈上奏疏，替褚遂良诉冤说："褚遂良忠于朝廷忘记自己，抛弃性命为国事牺牲，有风霜一样的凛然节操，铁石一般坚硬的忠心，是社稷的老臣，也是陛下贤明的辅佐。没有听说有什么罪行，就被斥责离开朝廷，使得朝堂内外的臣民，都对这件事惋惜嗟叹。臣听说晋武帝心志弘大宽容，不杀刘毅，汉高祖有深厚的仁义，不对周昌的正直愤怒生气。而褚遂良被贬，已经过了一年，他忤逆违背陛下旨意，所受的惩罚也够了。臣请求陛下能仔细考察他的无辜，稍微宽谅而不要再责罚他，矜怜他对陛下的一片忠诚，来顺应人情。”唐高宗对韩瑗说：“褚遂良的心意朕也知道。但他悖逆乖戾，喜欢冒犯长上，因此才贬他官位，用来责备他，你何必说得这样严重呢？”韩瑗回答说：“褚遂良是尽忠社稷的大臣，却被谗佞阿谀的小人毁谤。从前微子一离开而殷国就灭亡，张华还在，而晋的纲纪得以不乱。陛下无缘无故背弃放逐老臣，恐怕不是国家的幸事！”唐高宗没有接纳他的请求。乾瑗因为建议不被采用，请求辞官回归乡里，但唐高宗没有答应。

刘洎的儿子替父亲诉冤，说他父亲在贞观末年（十九年），被褚遂良毁谤致死，李义府又帮助刘洎的儿子上诉。唐高宗问身边的近臣实际情况，那些近臣奉承李义府的心意，因而都说刘洎是冤枉的。只有给事中长安人乐彦玮说：“刘洎是个大臣，国君偶有疾病，怎么就轻易自比伊尹、霍光？现在要洗雪刘洎的罪，难道说先帝用刑不当吗？”唐高宗赞同乐彦玮的话，就暂时放下了这件事。

显庆二年（丁巳，公元657年）春季，正月，癸巳日（正月无此日），唐高宗将哥逻禄部分置成阴山、大漠两个都督府。

闰月，壬寅日（十三日），唐高宗巡行到了洛阳。

庚戌日（二十一日），唐高宗任命左屯卫将军苏定方担任伊丽道行军总管，率领燕然都护渭南人任雅相、副都护萧嗣业调动回纥等地军队，从北方的道路出发征讨西突厥沙钵罗可汗。萧嗣业是萧钜的儿子。

起初，右卫大将军阿史那弥射和他的堂兄左屯卫大将军步真，均是西突厥的酋长，在唐太宗的时代，率领部众前来投降；这时候，唐高宗下诏令任命阿史那弥射、步真为流沙安抚大使，在南道召集旧有部众。

二月，辛酉日（初三），唐高宗车驾到达洛阳宫。

庚午日（十二日），唐高宗任命皇子李显为周王。壬申日（十四日），唐高宗改封雍王李素节为郇王。

三月，甲辰日（十六日），唐高宗任命潭州都督褚遂良为桂州都督。

癸丑日（二十五日），唐高宗任命李义府兼任中书令。

夏季，五月，丙申日（初九），唐高宗到明德宫避暑。唐高宗即位后，每天都处理政事；庚子日（十三日），宰相奏报说天下没有大事，请求每隔一日处理政事，唐高宗答应了。

秋季，七月，丁亥朔日（初一），唐高宗回到洛阳宫。

王玄策打败天竺时，俘虏了方士那罗迩娑婆寐回归朝廷，那罗迩娑婆寐说他有令人长生不老的方术，唐太宗十分相信他，对他很礼貌恭敬，让他配长生的药物。派遣使者到四方去寻求珍奇的药石，又派遣使者到婆罗门几个国家去采药。那罗迩娑婆寐的言论大都迂阔怪诞不切实际，不过是在拖延时日，长生药最后还是没有配成，就放他返回天竺。唐高宗即位后，那罗迩娑婆寐回到长安，唐高宗又遣他回去。王玄策那时是道王的朋友，辛亥日（二十五日），向唐高宗奏报说："这个婆罗门真能配制长生药，他一定能够配成，现在放他回去，白白丧失机会，不免遗憾。"王玄策退下后，唐高宗对侍臣说："从古到今哪有神仙！秦始皇、汉武帝为了寻找神仙，使得百姓疲惫，民生凋敝，最后一无所获。假如真有不死的人，这些人现在在哪里？"李勣回答说："真如圣上所说的一样。这个婆罗门今番再来，容貌已经衰老，头发已经斑白，和从前已经不一样了，怎么能够长生！陛下遣送他回去，朝廷内外都十分高兴。"那罗迩娑婆寐最后死在长安。

许敬宗、李义府奉承皇后的意旨，向唐高宗奏报，诬告侍中韩瑗、中书令来济和褚遂良暗中图谋不轨，因为桂州是古今兵家必争之地，所以让褚遂良担任桂州都督，准备以褚遂良作为外援，进行反叛。八月，丁卯日（十一日），韩瑗因罪被贬为振州刺史，来济被贬为台州刺史，终身不能再朝拜觐见唐高宗。又将褚遂良贬为爱州刺史，荣州刺史柳奭被贬为象州刺史。

褚遂良到了爱州，呈上奏章辩白："从前濮王李泰、废太子李承乾相争的时候，臣不顾死亡的危险，诚心归依陛下。那时岑文本、刘洎奏报说：'李承乾作恶的情况已经明显，被幽禁在别宫，但东宫不能有短暂的空缺，请求派遣濮王李泰住到东宫。'臣又加以抗辩极力争取，这些都是陛下所亲见。最后臣还是和长孙无忌等四个人一同确定了国家大计。后来先皇将死之时，只有臣和长孙无忌一起接受先帝的遗命。陛下正在居丧之际，内心十分哀恸，臣劝陛下以社稷为重，让陛下宽心。陛下手抱着臣的头颈，表示感激。臣和长孙无忌处置政事，使朝政没有荒弃废缺的危险，不过几天的时间，就使得朝廷内外安定平静。臣的力量虽然小但职责很重，所以一有行动就容易犯过错，蝼蚁之躯，残暮之年，乞求陛下哀怜。"表奏上去，唐高宗不准。

己巳日（十三日），礼官奏报："四郊迎接五行精气，因而保存太微五帝的祭祀；南郊明堂，都祭祀昊天上帝，废弃纬书六天的说法。在方丘除祭祀地祇之外，原在北郊祭祀神州地祇，现在请求合并在方丘一同祭祀。"唐高宗批准了。

辛未日（十五日），唐高宗任命礼部尚书许敬宗为侍中，兼度支尚书杜正伦为兼中书令。

冬季，十月，戊戌日（十月无此日），唐高宗巡行到了许州。乙巳日（十月无此日），唐高宗在滍水南方打猎。壬子日（十月无此日），唐高宗到达汜水曲。十二月，乙卯朔日（初一），唐高宗车驾返回洛阳宫。

苏定方攻打西突厥沙钵罗可汗，到达金山北面，先进攻处木昆部，将他们打败了。处木昆部的俟斤（突厥大臣之称）懒独禄等人带领一万多帐前来投降，苏定方加以安抚，派遣一千骑兵和他们屯驻在一起。

右领军郎将薛仁贵上书唐高宗说："泥孰部一向不屈服于贺鲁，被贺鲁击败，妻子儿女都被俘虏了。现在唐兵击败贺鲁各部落，而如果有俘获泥孰妻子的人，就送还给泥孰，仍旧加以赏赐，让泥孰清楚地知道贺鲁是贼寇，而大唐是他们的父母，那么他们一定会人人为唐室效忠，不加保留。”唐高宗接受了，泥孰十分高兴，请求追随唐军一同攻打贺鲁。

苏定方到了曳咥河西边，沙钵罗带领十姓的士兵将近十万，前来抵抗作战。苏定方率领唐兵和回纥兵一万多人攻击。沙钵罗轻视苏定方士兵少，径直前进加以包围。苏定方命令步兵固守南原，将长矛密集排列，锋刃向外，自己带领骑兵在北原布阵。沙钵罗先攻打南原步兵，冲锋三次不能前进，苏定方带领骑兵加以攻击，沙钵罗大败，苏定方追击了三十里，斩杀俘虏了好几万人；隔天整顿军队再次进攻。于是胡禄屋等五个弩失毕都率领部众前来投降大唐，沙钵罗单独和处木昆屈律啜带领几百名骑兵向西逃走。那时候阿史那步真从南道出发，五咄陆部落听说沙钵罗被击败，就都向阿史那步真投降。苏定方命萧嗣业、回纥婆闰带领胡人军队赶往邪罗斯川，追击沙钵罗，苏定方和任雅相带领刚刚归附的部众作为后援。恰好天下大雪，平地高起二尺，军中士卒都请求等到天晴再出发。苏定方说：“敌人因为雪下得深，认为我们不能前进，必定会让士兵休息，我们快速追击可以追到，假如稍慢一些，敌人逃得更远，不可能再追得上，要能节省时间而功劳加倍的话，就在这个时候！”说完就踏着雪，部队日夜兼程赶路。经过的地方收聚投降的部众，到了双河，与弥射、步真会合，在距离沙钵罗所住二百里的地方，排好阵势，长驱直入，直接抵达沙钵罗的牙帐。沙钵罗和徒众正准备打猎，苏定方趁他不注意，进兵加以攻打，斩杀俘虏了几万人，并得到战鼓旗帜，沙钵罗和他的儿子咥运、女婿阎啜等人逃脱遁走，前往石国。苏定方于是停止进攻，命令各部落都回到各自居住的地方，开通道路，设置驿站，埋葬士卒的骸骨，慰劳士卒的疾苦，划定区域，恢复农业生产，凡是被沙钵罗所劫夺的财物全部归还，十姓的胡人照常安居。又命令萧嗣业率军追击沙钵罗，苏定方领兵返回。

沙钵罗到了石国西北的苏咄城，士卒马匹都已经饥饿困乏，派人拿着珍宝进城买马，城主伊沮达官欺骗他，拿着酒食出城迎接他，诱使他入城，然后关闭城门将他抓起来，送往石国。萧嗣业到达石国，石国人将沙钵罗交给了他。

乙丑日（十一日），唐朝将西突厥土地分开设置为濛池、昆陵两个都护府，任命阿史那弥射担任左卫大将军、昆陵都护、兴昔亡可汗，统率五咄陆部落；阿史那步真担任右卫大将军、濛池都护、继往绝可汗，统率五弩失毕部落。派遣光禄卿卢承庆拿着符节、册书前去表明圣意，仍命令弥射、步真和卢承庆根据投降的各姓部落的大小、地位声望高低，授给他们刺史以下的官职。

丁卯日（十三日），唐高宗把洛阳宫作为东都。洛州官吏人数品秩都与雍州相同。

这一年，唐高宗下诏令："从现在起，僧尼不得接受父母和地位尊贵人的敬礼跪拜，主管官吏明定法令加以禁止杜绝。"

唐高宗任命吏部侍郎刘祥道为黄门侍郎，仍旧担任吏部选事。刘祥道认为："现在选拔人才的有司选用人才有浮滥之病，每年入九品流内的超过一千四百人，流外官入九品流内的，都不加以铨选。现在朝廷内外文武官中一品到九品的，一共有一万三千四百六十五名，大略以三十年后为准，一万三千多人大约将要光了（死亡或罢官）。假如每年选拔进入九品流内的有五百人，也足以充任所需要的数目了。希望对这方面有所改革。"没过多久杜正伦也说录入九品流的人太多了。唐高宗就命令杜正伦和刘祥道讨论怎样改革，但大臣们害怕变革，这件事就废止不议了。刘祥道是刘林甫的儿子。

显庆三年（戊午，公元658年）春季，正月，戊子日（初五），长孙无忌等人呈上所修订的新礼仪，唐高宗下令朝廷内外遵照施行。早先有人说贞观时期礼节尚未完备，所以才命令长孙无忌等人重修。这时候许敬宗、李义府专擅用事，所以对礼节的增减大多奉承唐高宗的旨意，一般学者多有批评。太常博士萧楚材等人认为预先准备天子驾崩的凶事，不是身为臣子的人应该说的。许敬宗、李义府深以为是，就将

《国恤》一篇烧掉，从此凶礼就废缺了。

起初，龟兹王布失毕的妻子阿史那氏和他的宰相那利私通，布失毕无法禁止，从此君臣互相猜忌、阻挠，各自拥有徒众、党羽，并且互相到唐朝控告责难对方。唐高宗将两人都召来，他们来了之后，就拘禁了那利，派遣左领军郎将雷文成送布失毕回国，抵达龟兹东面边境泥师城时，龟兹的大将羯猎颠调动部众抵抗，又派遣使者向西突厥沙钵罗可汗投降。布失毕据守佳城，不敢前进。唐高宗下令左屯卫大将军杨胄调动军队讨伐。恰好布失毕病死了，杨胄和羯猎颠作战，大败羯猎颠，生擒了羯猎颠和他的党羽，全部杀掉，在当地设置了龟兹都督府。戊申日（二十五日），唐朝立布失毕的儿子素稽为龟兹王兼任都督。

二月，丁巳日（初四），唐高宗从东都出发。甲戌日（二十一日），唐高宗到达京师。

夏季，五月，癸未日（初二），唐朝将安西都护府迁徙到龟兹，将原先的安西又恢复为西州都督府，镇守高昌旧有的土地。

六月，营州都督兼东夷都护程名振、右领军中郎将薛仁贵率军攻打高丽的赤烽镇，攻克了赤烽镇，斩杀敌人四百多人，俘获一百多人。高丽派遣大将豆方娄带领部众三万人抵抗，程名振率领契丹士兵迎头攻击，大败对方，斩杀敌人两千五百人。

秋季，八月，甲寅日（初四），播罗哀獠酋长多胡桑等人率领部众归附大唐。

冬季，十月，庚申日（十一日），吐蕃赞普前来朝廷请求通婚。

中书令李义府受唐高宗宠爱，还在怀抱中的小儿子也都列入显贵之列。而李义府仍旧贪求财物不知满足，母亲、妻子和儿子、女婿们出卖官爵和狱讼，门庭若市，李义府有很多朋党，声势震动朝廷内外。中书令杜正伦经常以先辈自居，而李义府恃唐高宗尊宠，对他并不尊敬，因此两人有了嫌隙，有时在唐高宗面前争执。唐高宗认为是大臣不和，因而对两人都加以责备。十一月，乙酉日（初六），唐高宗将杜正伦贬为横州刺史，将李义府贬为普州帅史。杜正伦不久死在横州。

阿史那贺鲁被生擒之后，对萧嗣业说："我原本是该死的俘虏，被先帝宽赦，先帝对我恩厚而我却辜负了他。今天的失利，是上天生气在惩罚我。我听说中原处死犯人一定在街市上，希望能将我处死在昭陵之前，以向先帝谢罪。"唐高宗听了之后十分怜悯他。阿史那贺鲁到了京师，甲午日（十五日），他在昭陵领死。唐高宗下令赦免他的死刑，将他的种族、部落分成六个都督府，在依附他的各国都设置州府，向西一直到达波斯，都隶属于安西都护府。阿史那贺鲁没多久就死了，埋葬在颉利可汗的坟墓边。

戊戌日（十九日），唐高宗任命许敬宗为中书令，大理寺卿辛茂将为兼侍中。

开府仪同三司鄂忠武公尉迟敬德去世。尉迟敬德晚年闲居在家，学习长生的方术，整修园池楼台，奏唱清商歌乐来奉养自己，不与宾客相交往，一共有十六年，年龄七十四岁，因病而死，朝廷对他的恩待礼遇非常深厚。

这一年，爱州刺史褚遂良去世。

雍州司士许祎和来济友好，侍御史张伦和李义府有嫌隙，吏部尚书唐临上奏任命许祎担任江南道巡察使，张伦担任剑南道巡察使。那时候李义府虽然在朝廷外为官，皇后也经常加以保护，因此认为唐临挟带私情选任官职（李义府是普州刺史，为剑南道巡察使所管辖）。

显庆四年（己未，公元659年）春季，二月，乙丑日（十八日），唐高宗免除唐临官职。

三月，壬午日（初五），西突厥兴昔亡可汗和真珠叶护在双河交战，斩杀了真珠叶护。

夏季，四月，丙辰日（初十），唐高宗任命于志宁为太子太师、同中书门下三品；乙丑日（十九日），唐高宗任命黄门侍郎许圉师为参知政事。

武后因为太尉赵公长孙无忌接受贵重赏赐却不帮助自己，内心深深怨恨。后来讨论废黜王皇后的事，燕公于志宁中立，不替武后讲话，武后也不高兴。许敬宗多次用利害关系劝说长孙无忌，长孙无忌却经常当面给他难堪，所以许敬宗也怨恨长孙无忌。武后即任，长孙无忌内心不安，武后命令许敬宗找机会陷害长孙无忌。

恰好洛阳人李奉节上告唐高宗有关太子洗马韦季方、监察御史李巢朋党的事件，唐高宗下令许敬宗和辛茂将查办。许敬宗查办得非常紧急，韦季方自杀，但没有死。许敬宗就上奏唐高宗，诬告韦季方要和长孙无忌陷害忠臣和皇亲国戚，将大权集中在长孙无忌身上，然后找机会造反，现在事情已经被发觉，因此自杀。唐高宗吃惊地说："怎会有此事？舅舅被小人所离间，和朕稍微产生些猜疑和隔阂是有的，怎么会造反呢？"许敬宗说："臣从始至终推求研究，反叛的情形已经显露，陛下却还迟疑，恐怕不是社稷的幸事。"唐高宗哭泣说："我家真不幸，亲戚间老是有造反的心意，前几年高阳公主和房遗爱计划造反，现在舅舅（指无忌）又要造反了，这些事使得朕无颜见天下人。这件事假如是事实，怎么办呢？" 许敬宗回答说："房遗爱不过是乳臭未干的小孩，和一个女子计划造反，势必不可能成功。长孙无忌和先帝一起谋划而夺取了天下，天下人都佩服他的才智；他又做了三十年宰相，天下人都害怕他的权势；一旦他开始造反，陛下派遣谁去抵挡？现在靠着宗庙里的祖先神灵和皇天对他所作所为的厌恶痛恨，利用查办小事的机会，而察觉叛国的大奸人，实在是天下人的喜事。臣私下担心长孙无忌知道韦季方自杀之后，心里一急，发动反叛的计谋，登高一呼，所有为恶的同党汇聚在一起，必定会带来宗庙灭亡的灾祸。臣从前看过宇文化及父亲宇文述被隋炀帝所亲近信任，并且和他结了姻亲，将朝廷政事交托给他；宇文述去世后，宇文化及又掌管禁卫兵，但他只一个夜晚就在江都作乱反叛，先将不归附自己的人杀掉，臣的家也遭受了灾祸（许敬宗父亲许善心被宇文化及所害），于是大臣苏威、裴矩等人，都兴奋地加入其中，唯恐来不及响应，天明时就将隋室灭亡。这些事还不久远，希望陛下快点决定如何做！”唐高宗命令许敬宗更加仔细调查。第二天，许敬宗又奏告唐高宗说：“昨天夜晚韦季方已经承认和长孙无忌一起造反，臣又问韦季方：‘长孙无忌和天子是至亲，好几代都受尊宠信任，有什么怨恨而要造反呢？’韦季方回答说：‘韩瑗曾经告诉长孙无忌说：“柳奭、褚遂良劝说您立梁王为太子，现在梁王被废了，陛下也在疑心您，所以将高履行（长孙无忌舅舅的儿子）外放为官（益州刺史）。”从此以后，长孙无忌就担心害怕，慢慢地做些自我保全的计划。后来看到长孙祥又被外放为官，韩瑗也得罪朝廷，就日夜和韦季方等人计划造反了。’臣查验供词中的情状，全都彼此符合，所以请求陛下收捕他依法究办。”唐高宗又哭泣说：“舅舅果然这样做，朕决不忍心杀他，假如杀了他，天下人会说我是怎样的国君，后代人又会说我是怎样的国君呢！”许敬宗回答说：“薄昭是汉文帝的舅舅，汉文帝从代地来汉廷即帝位，薄昭也有功劳，所犯的罪只不过是杀人，汉文帝就命令百官穿着丧服到他门前痛哭，逼他自尽，到现在天下人还认为汉文帝是贤明的国君。现在长孙无忌忘记身受两朝的深厚恩典，阴谋改变社稷，他的罪和薄昭是无法相提并论的。幸亏他犯罪的情况已经被发现，叛逆的人自首服法了，陛下犹豫什么，还不快点决定！古人说：‘应该决断时不决断，反而会遭受到祸乱。’国家安定或危险的机微，其间已经间不容发。长孙无忌是现在的奸雄，和王莽、司马懿那一类人相同；陛下如果再稍微迟延，臣担心变乱立即在身边发生，那时候再懊悔也来不及了！”唐高宗认为很对，竟然不问长孙无忌。戊辰日（二十二日），唐高宗下诏令削夺长孙无忌太尉的官衔和封邑，改为扬州都督，在黔州安置，按一品官供给俸禄。长孙祥是长孙无忌伯父的儿子，从前由工部尚书外放为荆州长史，所以许敬宗用这件事来诬陷长孙无忌。

许敬宗又上奏说：“长孙无忌计划叛逆，是由于褚遂良、柳奭、韩瑗勾结煽动而成的；柳奭仍旧和宫内同党相通，计划下毒，于志宁也结党附和长孙无忌。”唐高宗于是下诏令削夺褚遂良的官爵，除去柳奭、韩瑗的官名，罢免于志宁的官职。派遣使者调动沿路军队接送长孙无忌到黔州。长孙无忌的儿子秘书监驸马都尉长孙冲等人都被除去官名，流放到岭表。褚遂良的儿子褚彦甫、褚彦冲被流放到爱州，在路上被杀。益州长史高履行接连被贬职为洪州都督。

五月，丙申日（二十日），兵部尚书任雅相、度支尚书卢承庆全都任参知政事。卢承庆是卢思道的孙子。

凉州刺史赵持满，有勇力擅长射箭，喜欢做任侠的行为，他的姨母是韩瑗的妻子，舅舅驸马都尉长孙铨是长孙无忌的堂弟，长孙铨因为长孙无忌犯罪的关系，也被流放到巂州。许敬宗担心赵持满发难反抗，就诬告他和长孙无忌一同谋反，用驿马召他到京师，抓进监狱，讯问拷打都做了，始终没有造反的口供，赵持满说：“性命可以不要，口供不可以改！”执法的官吏也无可奈何，就替他编造口供，而向唐高宗奏报。戊戌日（二十二日），赵持满被杀，暴尸在城西，亲戚中没有人敢探视。友人王方翼感叹说：“栾布痛哭彭越，是义的表现；文王安葬枯骨，是仁的表现。在下位的臣子不失义，在上位的君王不失仁，这不是很好的现象吗！” 王方翼就收赵持满的尸体加以埋葬。唐高宗听说后，也不怪罪他。王方翼是被废的王皇后的同一个曾祖的兄弟。长孙铨到了被流放的地方，县令奉承许敬宗的意思是用杖刑将他打死。

六月，丁卯日（二十二日），唐高宗下诏令改《氏族志》为《姓氏录》。

起初，唐太宗命令高士廉等人修撰《氏族志》，氏族等级的升降和废弃添加等，大多十分妥当。这时候，许敬宗等人认为《氏族志》没有记载武氏的本族声望，所以上奏唐高宗请求改正，唐高宗就命礼部郎中孔志约等按类划分氏族等级的高低，将皇后的族姓作为第一等，其他的全部以在唐朝担任官职品位的高低为准，一共分九等。于是士卒们凭借军功得到五品以上的官位，就可以参与士人之流，当时人称之为“勋格”（以功勋的高低作为升降的标准）。

许敬宗谋划封禅的礼仪，己巳日（二十四日），上奏说：“请求将高祖、太宗一同和昊天上帝配祭，太穆、文德两位皇后和皇地祇配祭。”唐高宗采纳了他的意见。

秋季，七月，唐高宗命御史前往高州追捕长孙恩，前往象州追捕柳奭，前往振州追捕韩瑗，一起套上枷锁押到京师，又命令州县按簿籍所记收押他们的家人。长孙恩是长孙无忌的堂弟。

壬寅日（二十七日），唐高宗命令李勣、许敬宗、辛茂将和任雅相、卢承庆等一同再重新调查长孙无忌谋反的事。许敬宗又派遣中书舍人袁公瑜等人前往黔州，再度查问长孙无忌谋反的情形，一到就逼长孙无忌自杀。又下诏令将柳奭、韩瑗在任所斩首。使者在象州将柳奭杀了。韩瑗已经死了，发棺验尸后回京复命。抄没长孙无忌、柳奭、韩瑗三家，将他们的近亲都流放到岭南做奴婢。常州刺史长孙祥因为犯了和长孙无忌通书信的罪，被判处绞刑。长孙恩被流放到檀州。

八月，壬子日（初八），唐高宗任命普州刺史李义府兼任吏部尚书、同中书门下三品。李义府宠贵之后，说自己是出生在赵郡，和李氏家族叙列行辈；那些想借助他的权势，而拜他为兄、叔的无赖汉很多。给事中李崇德早先将李义府列入同一家谱，后来李义府外放为普州刺史，李崇德又将他从家谱中删掉。李义府听说之后，内心衔恨，后来李义府又做了宰相，就派人诬陷李崇德，将他关在监狱，李崇德自杀。

乙卯日（十一日），长孙氏、柳氏因为长孙无忌、柳奭的案件而被贬降职的有十三人。高履行被贬为永州刺史。于志宁被贬为荣州刺史，于氏被贬的有九人。自此以后，一切政事都归到皇后手上。

九月，唐高宗下诏令在石、米、史、大安、小安、曹、拔汗那、北拔汗那、悒怛、疏勒、朱驹半等国设置一百二十七个州县府。

冬季，十月，丙午日（初三），唐高宗举行太子加冠礼，大赦天下。

起初，唐太宗不喜欢山东士人以门阀自夸，婚姻大多要求对方的彩礼，所以命令修撰《氏族志》时将山东士人降低一等。并且王妃、公主的夫婿都找有功勋的大臣，不和山东氏族通婚。但魏征、房玄龄、李勣等家族仍旧大多和山东士人通婚，常常对他们加以辅助，因此山东士族的声望仍不衰减。山东士族在一姓之中，有时又分为第几房第几眷，彼此声望的高低相差很远。李义府为他的儿子向山东士族求婚不成，心中怀恨，所以依据先帝的意旨，请求唐高宗改正现时的弊病。壬戌日（十九日），唐高宗下诏令要求后魏陇西人李宝，太原人王琼，荥阳人郑温，范阳人卢子迁、卢浑、卢辅，清河人崔宗伯、崔元孙，前燕博陵人崔懿，晋赵郡人李楷等的子孙，不可以自己联姻。仍旧定下天下士人百姓嫁女儿时接受财物的数目，男方不得收受女家陪嫁财物。可是那些望族受到风俗影响，始终禁止不了，有些人就载着女儿偷偷送到夫家，或者让女儿年老也不嫁人，始终不与其他氏族联姻。那些家道衰微不被望族谱牒所记录的，以及不够格被望族列为高下的宗族，经常冒称是被朝廷禁止自己联姻的望族，而向请求联姻的人要求更多的陪嫁财物。

闰月，戊寅日（初五），唐高宗从京师出发外出，命令太子在朝廷监国。太子很想念唐高宗，唐高宗知道后，就用传车召太子前往他停留的地方。戊戌日（二十五日），唐高宗车驾抵达东都。

十一月，丙午日（初四），唐高宗任命许圉师为散骑常侍、检校侍中。

戊午日（十六日），唐侍中兼左庶子辛茂将去世。

思结俟斤都曼率领疏勒、朱俱波、谒般陁三国造反，击败了于阗。癸亥日（二十一日），唐高宗任命左骁卫大将军苏定方担任安抚大使加以讨伐。

唐高宗任命卢承庆为同中书门下三品。

右领军中郎将薛仁贵等人和高丽将领温沙门在横山作战，击败了温沙门。

苏定方的军队抵达业叶水，思结据守马头川。苏定方挑选精锐士兵一万人、骑兵三千飞驰前往偷袭，一天一夜行军三百里，隔天天亮就到达城下，思结俟斤都曼吓了一跳。两方在城外大战，思结俟斤都曼战败，退守城池。到了黄昏，各路军马陆续赶到，包围了都曼，都曼心中害怕而出城投降。

显庆五年（庚申，公元660年）春季，正月，苏定方在乾阳殿献上俘虏。执法的有司请求将都曼杀掉。苏定方请求说："臣答应不杀他，因而都曼才出城投降，请求饶他一命。"唐高宗说："朕就不按照法令行事，现在就成全你的信诺。"释放了都曼。

甲子日（二十三日），唐高宗离开东都。二月，辛巳日（初十），唐高宗到了并州。三月，丙午日（初五），皇后在朝堂上宴请亲戚、故旧以及邻里。妇人在皇后所居内殿，所赐的官秩都有差别。下诏令说："年龄八十岁以上的并州妇人，都虚授给郡君之位。"

百济依恃高丽的帮助，好几次进犯新罗；新罗王金春秋呈上奏表向唐室求救。辛亥日（初十），唐高宗任命左武卫大将军苏定方担任神丘道行军大总管，率领左骁卫将军刘伯英等水陆军十万征讨百济，任命金春秋为嵎夷道行军总管，率领新罗的部队，和苏定方等会合。

夏季，四月，丙寅日（四月无此日），唐高宗离开并州。癸巳日（二十三日），唐高宗到达东都。五月，下令建造合璧宫。壬戌日（二十二日），唐高宗到达合璧宫。

戊辰日（二十八日），唐高宗任命定襄都督阿史德枢宾、左武候将军延陀梯真、居延州都督李合珠一起担任冷岍道行军总管，各自率领所属部众来征讨叛乱的奚人，又命令尚书右丞崔馀庆监护三路兵马，奚人不久就派遣使者投降。唐高宗又任命阿史德枢宾等人担任沙砖道行军总管，来讨伐契丹，生擒了契丹松漠都督阿卜固送回东都。

六月，庚午朔日（初一），出现日食。

甲午日（二十五日），唐高宗车驾返回洛阳宫。

房州刺史梁王李忠，慢慢长大，内心非常不安定，有时甚至私下穿着妇人衣服防备刺客；又多次占卜吉凶。有人将梁王李忠的事告诉唐高宗，秋季，七月，乙巳日（初六），唐高宗将梁王李忠废为庶人，迁徙到黔州，李忠被囚禁在李承乾原来住的地方。

丁卯日（二十八日），度支尚书、同中书门下三品卢承庆因犯了调派失策的罪而被罢免官职。

八月，吐蕃禄东赞派遣儿子起政率领军队攻打吐谷浑，这是因为吐谷浑归附唐朝。

苏定方率军从成山渡海，百济固守熊津江口进行防御。苏定方击败了百济，百济死亡的有数千人，剩下的都溃败逃走。苏定方从水陆齐头并进，一直攻向百济的都城。距离都城二十几里时，百济调动全国军民作战，苏定方大败百济，杀死一万多人，追逐逃脱的人，进入城郭。百济王义慈和太子隆逃往北方边境，苏定方进一步包围都城。义慈的次子泰自封为王，率领众人固守都城。太子隆的儿子文思说："大王和太子都还在，可是叔叔突然拥兵自封为王，就算能够打退唐兵，我们父子也一定会被杀。"文思就带领亲近的士卒越过都城投降，百姓都跟随他前来，泰禁止不了。苏定方命令军士爬上城墙插上旗帜，泰很无奈，只好打开城门请求投降。于是义慈、隆和所有城主全都投降了。百济原有五部，分别统领三十七郡、二百座城池、七十六万户，唐高宗下令在百济设置熊津等五个都督府（另四个为马韩、东明、金连、德安），任命他们的酋长担任都督、刺史。

壬午日（十四日），左武卫大将军郑仁泰带领军队征讨思结、拔也固、仆骨、同罗四个部落，三次作战都大胜，追逐敌人一百多里，将他们的酋长斩杀了才撤军。

冬季，十月，唐高宗起先因为头部昏眩沉重，十分痛苦；眼睛也看不见，官吏奏报政事，唐高宗有时就让皇后决定。皇后聪慧敏捷，又阅读过文史，所以处断政事很迎合唐高宗旨意。从此开始将政事委托给皇后处理，皇后的权力和唐高宗一样了。

十一月，戊戌朔日（初一），唐高宗到达则天门楼，接收百济的俘虏，从百济王义慈以下全都加以释放。苏定方前后一共消灭三个国家，都生擒了他们的国君（分别是贺鲁、都曼、义慈）。唐高宗大赦天下。

甲寅日（十七日），唐高宗到达许州。十二月，辛未日（初五），唐高宗在长社打猎。己卯日（十三日），唐高宗回到东都。

壬午日（十六日），唐高宗任命左骁卫大将军契苾何力担任浿江道行军大总管，左武卫大将军苏定方担任辽东道行军大总管，左骁卫将军刘伯英担任平壤道行军大总管，蒲州刺史程名振担任镂方道总管，率领部队分头攻打高丽。青州刺史刘仁轨坐镇督导海上运输时，因为船只倾覆失职被免官，就以普通人的身份从军效力。

龙朔元年（辛酉，公元661年）春季，正月，乙卯日（十九日），唐高宗招募黄河南北、淮河以南六十七州的兵员，得到四万四千多人，到达平壤、镂方的营房。戊午日（二十二日），唐高宗任命鸿胪卿萧嗣业担任未馀道的行军总管，率领回纥等各部的兵员抵达平壤。

二月，乙未晦日（三十日），唐高宗改年号为龙朔。

三月，丙申朔日（初一），唐高宗和群臣以及外国人在洛城门举行宴会，观赏军营里新教的歌舞，命名为《一戎大定乐》。那时候唐高宗要亲自出征高丽，以表示对敌人动用武力的威势。

起初，苏定方平定百济之后，留下郎将刘仁愿镇守百济府城，又任命左卫中郎将王文度担任熊津的都督，安抚百济剩余的群众。王文度刚渡过海就死了，百济的和尚道琛、从前的大将福信聚合了众人固守周留城，自倭国迎接从前的太子丰立为王，率领军队在府城将刘仁愿包围了。唐高宗下令刘仁轨担任检校（检阅考核之意，正官外之加官，位高于正官）带方州刺史，率领王文度的部队，找便路调动新罗的兵众，援救刘仁愿。刘仁轨高兴地说："老天要让我这老头子富贵了！"刘仁轨向州司请领了《唐历》和宗庙名号带走，说："我要扫平东夷，将大唐的历法颁布到海外！"刘仁轨带兵严厉整齐，在各地辗转作战前进，所到的地方都攻克了。百济在熊津江口设下两个栅寨，刘仁轨和新罗军队一起进攻，击败了百济，被杀以及溺死的百济士卒有一万多人。道琛就解除了府城的包围，后退据守任存城。新罗粮食已经用尽，只好率军返回。道琛自称领军将军，福信自称霜岑将军，召集徒众，势力更加强大。刘仁轨的兵众少，所以和刘仁愿的军队会合，让士卒暂时休息。唐高宗下令新罗出动军队，新罗王金春秋接受诏令，派遣将军金钦率军援救刘仁轨等人，到了古泗，福信突然袭击，金钦被他击败，从葛岭逃回新罗，不敢再出兵。福信不久杀死道琛，独自统率全国军队。

夏季，四月，丁卯日（初三），唐高宗到了合璧宫。

庚辰日（十六日），唐高宗任命任雅相担任浿江道行军总管，契苾何力担任辽东道行军总管，苏定方担任平壤道行军总管，和萧嗣业以及胡人军队一共三十五军，从水陆两路分途前进。唐高宗要亲自率领大军作为后援。癸巳日（二十九日），皇后上表劝止唐高宗亲征高丽；唐高宗下诏接受了。

六月，癸未日（十九日），唐高宗将吐火罗、嚈哒、罽宾、波斯等十六个国家，设置为八个都督府、七十六州、一百一十县、一百二十六个军府，全都隶属安西都护府。

秋季，七月，甲戌日（七月无此日），苏定方在浿江击败了高丽，多次作战都获得胜利，包围了平壤城。

九月，癸巳朔日（初一），特进新罗王金春秋去世；唐高宗封他的儿子金法敏为乐浪郡王、新罗王。

壬子日（二十日），唐高宗改封潞王李贤为沛王。李贤听说王勃擅长写文章，召他担任修撰。王勃是王通的孙子。当时那些王侯盛行斗鸡，王勃就用游戏笔墨写了一篇《檄周王鸡文》。唐高宗看见这篇文章之后，就生气地说："这会慢慢使人相互构陷。"就贬斥王勃离开沛王府。

高丽盖苏文派遣他的儿子男生，带领几万的精兵守住鸭绿江，使得大唐军队无法过江。契苾何力到达后，恰好冰雪凝固，契苾何力带领兵众利用凝冰渡过鸭绿江，击鼓呐喊前进，高丽大败，契苾何力追逐敌人几十里，斩杀敌人三万人，高丽其他的士卒都投降了，只剩男生脱逃。恰好唐高宗下令回师，契苾何力就率军返回。

冬季，十月，丁卯日（初五），唐高宗在陆浑打猎；戊申日（初六），唐高宗又在非山打猎；癸酉日（十一日），唐高宗回宫。

回纥酋长婆闰去世，他的侄儿比粟毒接替他统领部众，和同罗、仆固一起进犯边境，唐高宗下令任命左武卫大将军郑仁泰担任铁勒道行军大总管，燕然都护刘审礼、左武卫将军薛仁贵担任副大总管，鸿胪卿萧嗣业担任仙萼道行军总管，右屯卫将军孙仁师担任副总管，率领军队征讨回纥。刘审礼是刘德威的儿子。

龙朔二年（壬戌，公元662年）春季，正月，辛亥日（二十一日），唐高宗封波斯都督卑路斯为波斯王。

二月，甲子日（初四），唐朝改变百官的名称：将门下省改为东台，中书省为西台，尚书省为中台；侍中为左相，中书令为右相，仆射为匡政，左、右丞相为肃机，尚书为太常伯，侍郎为少常伯；其他的二十四司、御史台、九寺、七监、十六卫，都按照官名意义的解释而改变名称，但掌管的职责仍旧照常。

甲戌日（十四日），江道大总管任雅相在军中去世。任雅相身为将领，从没有向朝廷奏报他自己的亲戚和从前的部属来随军任职，反而将他们移交给掌管的官吏授予他们官职，他对人说："官位不分大小，都是国家公有的职位，怎么能够苟且方便自己的私欲呢？"从此军队里的赏罚都十分公平，大家都佩服任雅相的公正。

戊寅日（十八日），左骁卫将军白州刺史沃沮道总管庞孝泰和高丽在蛇水上交战，结果战败，和他的儿子十三人全都战死了。苏定方包围平壤很久，却久攻不下，恰好天下大雪，只好解除包围撤军。

三月，郑仁泰等人在天山将铁勒打败。

铁勒九姓部族听闻唐兵就要来了，集合十几万士卒对抗，挑选骁勇健壮的士卒几十个人向唐兵挑战，薛仁贵发射三箭，杀死三个人，其余的都下马请求投降。薛仁贵将其全部坑杀。唐军越过沙漠北方，攻打铁勒剩余部众，俘虏叶护兄弟三人班师回朝。军队中为此歌唱说："将军三箭定天山，壮士长歌入汉关。"

思结、多滥葛等部落先据守天山，听说郑仁泰等人将要到达，都投降了；郑仁泰放纵士卒加以攻打，劫夺他们的财物来奖赏士卒。敌虏只好相率远遁，将军杨志派军追击，被敌虏所击败。侦候的骑兵告诉郑仁泰说："敌人的辎重车就在附近，可以前往攻取。"郑仁泰率领轻便骑兵一万四千人，兼程赶路，越过大沙漠，到达仙萼河，看不到敌虏，粮食用尽只好返回。恰好天下大雪，士卒又冷又饿，丢弃甲衣武器，杀马吃，马被吃光，再吃人肉，等到进入边塞，剩余的士卒只剩八百人。

军队返回之后，司宪大夫杨德裔弹劾奏报说："郑仁泰等人杀死已经投降的士卒，使得敌虏逃亡分散，不安抚士卒，也没有计算清楚粮食物资，使得尸骸遍野，丢弃了甲衣武器，助长敌人力量。从圣明的朝廷开创以来到现在，从没有遭受到像今天这样的沮丧挫败。薛仁贵在监临的职位上，贪淫放纵自己，虽然自夸所得功劳，但实际上却弥补不了损失。请求将他们一起加以推问而判处应得之罪。"唐高宗下令以功劳偿赎他们所犯的罪，将他们都释放了。

唐高宗任命右骁卫大将军契苾何力担任铁勒道安抚使，左卫将军姜恪担任副安抚使，来安抚召集剩下的部众。契苾何力挑选精良的骑兵五百人，飞驰进入九姓当中，敌虏大为惊恐，契苾何力就对他们说："朝廷知晓你们都是受胁迫才反抗的，因此要赦免你们的罪，一切的罪都在酋长一人身上，只要抓到酋长，一切事情都可以解决。"各部落十分高兴，一起将叶护和设、特勒等二百多人抓起来交给契苾何力，契苾何力数说他们的罪过而杀死他们，九姓从此安定下来。

甲午日（初五），唐高宗车驾从东都出发。辛亥日（二十二日），唐高宗到达蒲州。夏季，四月，庚申朔日（初一），唐高宗到达京师。

辛巳日（二十二日），唐朝建筑蓬莱宫。

五月，丙申日（初八），唐高宗任命许圉师为左相。

六月，乙丑日（初七），唐朝首次命令和尚、尼姑、道士、女官要孝敬父母。

秋季，七月，戊子朔日（初一），唐高宗大赦天下。

丁巳日（三十日），熊津都督刘仁愿、带方州刺史刘仁轨在熊津的东面大败百济，攻克真岘城。

起初，刘仁愿、刘仁轨等人屯驻在熊津城，唐高宗给他敕书："平壤的军队已经返回，只剩熊津一城，不可能单独保全，应当开拔军队前往新罗。假如金法敏借重你，要你留下驻守，你就留在新罗。假如无须留下，就泛海回朝吧！"将士们也都要向西返回朝廷。刘仁轨说："人臣为了国家的利益，只有为国而死没有贰心，怎么可以先想到个人的私欲？陛下要消灭高丽，因而先诛灭百济，并且留下部队守御，控制住心腹要地；虽然剩余的敌寇到处充斥并且守备森严，只要我们磨好武器，喂饱马匹，做好准备，趁他们不注意的时候进攻，按理说没有不能攻克的。等到战胜之后，士卒内心安定，然后再分散军队，固守住险要，将有利的形势先设置好，再用快表向陛下报告，再请求多派军队。朝廷知道我们有了成就，必定会命令将军出动军队，只要援军一到，凶恶的敌人自然就会被歼。这样做不只是不放弃成功的机会，而且可以使海外的反抗永远消除。现在平壤的军队已然返回，熊津的部队又要离开，那么百济反抗的余力，就好比余烬，没有几天就会再次燃烧，而高丽那些逃亡的敌寇，什么时候才能够消灭呢？况且现在因为熊津城处于中央，假如有所行动，马上就会被生擒俘虏，纵使进入新罗，也是羁旅之客，万一发生不如意的事情，再懊悔也来不及了。再加上福信凶恶悖理、凶残暴虐，君臣相互猜疑叛离，彼此屠杀；我们正好可以坚守城池，等待变化，利用便利机会攻取，还是不离开熊津城较好。"众人都接受了。那时百济王丰和福信等人认为刘仁愿等人固守孤城没有后援，就派遣使者对他们说："大使们什么时候要返回西方的朝廷，我们会派人送你们。”刘仁愿、刘仁轨知道对方没有防备，就突然出兵攻打，攻克百济的支罗城和尹城、大山、沙井等栅寨，杀死和俘虏的敌人很多，然后分散兵力加以固守。福信等人认为真岘城形势险要，增派军队防卫。刘仁轨等待他们稍稍松懈时，引导新罗的士兵在夜晚靠近城下，攀着墙边草木，爬上城墙，等到天一亮，就入城占据了真岘城，打通了新罗运输粮食的道路。刘仁愿又向朝廷奏请增派军队。唐高宗下令征召淄、青、莱、海等地的士卒七千人前往熊津。

福信专权独断，和百济王丰慢慢产生猜忌。福信借口生病，躲在房中，要等待百济王丰前来问候他的病情时，杀了百济王。百济王丰知道后，带领亲信袭击，杀了福信，派遣使者前往高丽、倭国乞求增援，抵抗唐兵。

资治通鉴卷第二百一　唐纪十七

起壬戌（公元662年）八月，止庚午（公元670年），共八年五个月。

【题解】本卷记录了公元662年八月至670年的史事，共八年又五个月，正当唐高宗龙朔二年至咸亨元年。这一时期是唐高宗李治执政的中期，其个人事业达到了顶峰，具体表现在两个方面：一是对内颁布《麟德历》，完成了上泰山祭天，改元乾封，又完善了科举制度；二是对外征服了百济，高丽，这是隋炀帝、唐太宗两朝皇帝都没有完成的事业，因此是唐高宗最大的骄傲。此时期，也是唐高宗由明转昏的一个转折点，最突出的事件是唐高宗冤杀上官仪，屈从武则天，导致武则天由幕后走上前台，垂帘听政，此后帝后共同临朝掌政，人们称他们为"二圣"，唐高宗逐渐成为傀儡。

高宗天皇大圣大弘孝皇帝中之上

龙朔二年（壬戌，公元662年）八月，壬寅日（十六日），唐高宗任命许敬宗为太子少师、同东西台三品、掌管西台事。

九月，戊寅日（二十二日），唐朝首次命令八品、九品的官吏穿青绿色衣服。

冬季，十月，丁酉日（十一日），唐高宗到达骊山温泉，由太子监理朝政。丁未日（二十一日），唐高宗回宫。

庚戌日（二十四日），唐西台侍郎陕人上官仪担任同东西台三品。

癸丑日（二十七日），唐高宗下诏令在四年正月时，在泰山举行祭事，仍旧在来年二月到东都。

左相许圉师的儿子奉辇直长许自然，在游猎时侵犯了别人的田地，田地主人十分生气，许自然就用响箭射他。许圉师将儿子许自然杖打一百下，不向朝廷禀告。田主到司宪衙门起诉，执掌法令的司宪大夫杨德裔不按律办理。西台舍人袁公瑜派人更改姓名，呈上封事告到唐高宗那里，唐高宗说："许圉师身为宰相，儿子侵夺欺凌百姓，却隐匿不向朝廷报告，这不是乱用权势、横行霸道吗？"许圉师谢罪说："臣忝为中枢一分子，用正直之道侍奉陛下，不能让所有人称心满意，所以才被别人攻击。至于说乱用权势、横行霸道的人，是那些手中掌握兵权，或身担重大职任的人；臣不过是个掌管文物的官吏，专心侍奉圣明的君主，只知道闭门修身养性，怎么敢乱用权势、横行霸道？"唐高宗生气地说："你是在怨恨没有兵权吗？"许敬宗说："身为人臣，干出这种事，杀了也抵偿不了他的罪过。"就命人将许圉师带出依法论办。唐高宗下诏令特赦，罢免了他的官位。

癸酉日（十月无此日），唐高宗立皇子李旭轮为殷王。

十二月，戊申日（二十三日），唐高宗下诏令因为正在征讨高丽、百济，河北的百姓，苦于征召作战和力役，取消到泰山祭祀和巡幸东都。

𩥇海道总管苏海政接受诏令征讨龟兹，下令兴昔亡、继往绝两位可汗调动军队和苏海政一同前往。到了兴昔亡可汗境内，继往绝可汗一向和兴昔亡可汗有仇怨，就秘密地对苏海政说："兴昔亡可汗阿史那弥射计划造反，请杀掉他。"那时苏海政的军队只有几千人，就召集军中官吏计划说："阿史那弥射假如反叛，我们将没有活路，不如先将他杀掉。"就伪造唐高宗的命令，让大总管拿着数万段的布帛赐给兴昔亡可汗和各部落酋长，兴昔亡可汗率领徒众接受，苏海政将他们全数扣留斩杀。其中有鼠尼施、拔塞干两个部落逃走，苏海政和继往绝可汗追赶讨伐，加以平定。军队返回，到了疏勒南，弓月部再引来吐蕃的部众，要和唐兵交战。苏海政因为军队长久在外，不敢和吐蕃交战，就用军事物资贿赂吐蕃，订好和约才返回。从此以后，各部落都认为兴昔亡可汗受了冤枉，都有背叛的心理。继往绝可汗不久就去世了，十姓没有主人，后来阿史那都支和李遮匐的招募西突厥剩下的部众，附属于吐蕃。

这一年，西突厥进犯庭州，刺史来济率领军队抵抗，他对部众说："我本来早就应该死了，不但很庆幸还能够活到今日，我要用自己的生命来报答国家。"所以没脱甲胄，前往作战，最后战死。

龙朔三年（癸亥，公元663年）春季，正月，左武卫大将军郑仁泰征讨铁勒造反的余部，全部加以平定。

乙酉日（正月无此日），唐高宗任命李义府担任右相，仍旧掌管选举人才的事。

二月，唐朝将燕然都护府迁徙到回纥，改名为瀚海都护府；将从前的瀚海都护府迁徙到云中古城，改名为云中都护府。以大漠为边界，大漠以北的州府都隶属瀚海都护府，大漠以南都隶属云中都护府。

三月，许圉师再度被贬为虔州刺史，杨德裔因为和许圉师结党营私而被流放到庭州，许圉师的儿子许文思、许自然都被免官。

右相河间郡公李义府掌理选用人才之事，依恃皇后的势力，大肆卖官鬻爵，铨叙取用不按照次序，使得怨声载道，唐高宗好几次听到，就对李义府说："你的儿子和女婿们做事十分不谨慎，做了许多非法的事，我还为你掩盖，你应当戒惧警惕啊！"李义府立马生气起来，脸色突变，脖子和脸上的筋都暴起来了，说："是谁告诉陛下的？"唐高宗说："只要我说的是对的，何必向我询问是谁告诉我的！"李义府却不引咎告罪，只是慢慢走出去。唐高宗从此就不再喜欢李义府。

会看云气辨吉凶的杜元纪说李义府所住的宅第有监狱造成的怨气，应当积满二十万缗的钱加以压制，李义府相信了，开始大肆聚敛钱财。李义府为母亲守丧，朝廷在初一、十五给他丧假，他经常穿着便服和杜元纪一起从城东出发，爬上古墓，观望云气，有人告李义府偷偷窥测灾异，暗中有所图谋。又派遣他的儿子右司议郎李津招来长孙无忌的孙子长孙延，收受七百缗钱的贿赂，任命长孙延为司津监，右金吾仓曹参军杨行颖告到朝廷。夏季，四月，乙丑日（四月无此日），唐高宗将李义府关进监狱，派遣司刑太常伯（刑部尚书）刘祥道和御史、详刑（大理）一同审理，仍旧命令司空李勣监察。结果事情都有确凿的证据。戊子日（初五），唐高宗下令除掉李义府官名，流放到巂州；儿子李津除掉官名，流放到振州；其他儿子和女婿们都被除掉官名，流放到庭州。朝廷和民间没有不庆祝的。

有人制作了河间道行军元帅刘祥道击破铜山大贼李义府的捷报，贴在通衢大道上。李义府夺取许多人家的奴婢，等到李义府倒台时，奴婢们各自分散，返回家中，所以捷报上说："奴婢们混杂在一起，每个人都寻找自己家，抢着回去。"

乙未日（十二日）唐朝在新罗国设置鸡林大都督府，任命金法敏担任都督。

丙午日（二十三日），蓬莱宫含元殿修建完成，唐高宗开始迁移仪仗到那里住，将故宫改称西内。戊申日（二十五日），唐高宗开始到紫宸殿听理政事。

五月，壬午日（三十日），柳州蛮酋长吴君解造反。唐高宗派遣冀州长史刘伯英、右武卫将军冯士翙从岭南调动军队加以讨伐。

吐蕃和吐谷浑相互攻伐，各自派遣使者上表朝廷，请求裁断曲直，并请求援助。唐高宗都没有答应。

吐谷浑的大臣素和贵犯了罪，逃亡到吐蕃，将吐谷浑的军备虚实强弱都向吐蕃说了，吐蕃调动军队攻打吐谷浑，大败吐谷浑，吐谷浑可汗曷钵和弘化公主带领好几千毡帐徒众，弃国逃走，前往投奔凉州，请求迁徙到内地。唐高宗任命凉州都督郑仁泰担任青海道行军大总管，带领右武卫将军独孤卿云、辛文陵等人，分兵屯驻在凉州、鄯州，防备吐蕃的进攻。六月，戊申日（二十六日），唐高宗又任命左武卫大将军苏定方担任安集大使，节制调度各路兵马，作为吐谷浑的援助。

吐蕃禄东赞屯驻在青海，派遣使者论仲琮入朝见唐高宗，上表陈述吐谷浑的罪过，并且请求和唐室和亲，唐高宗没有答应。派遣左卫郎将刘文祥出使吐蕃，颁下玺书加以责备。

秋季，八月，戊申日（二十七日），唐高宗因为辽东地区接连几年战争，百姓被赋役所困，士兵因战争而死的也很多，就下令免除三十六州建造船只的任务，派遣司元太常伯窦德玄等人分别巡视十个地方，慰问百姓生活疾苦，并且黜退或陟升官吏。窦德玄是窦毅的曾孙。

九月，戊午日（初八），熊津道行军总管、右威卫将军孙仁师等人在白江击败了百济剩余的徒众和倭国军队，攻克周留城。

起初，刘仁愿、刘仁轨攻克真岘城后，唐高宗下诏令命孙仁师率领军队，从海上出发，帮助刘仁愿、刘仁轨。百济王丰从南方引导倭人抵抗唐兵。孙仁师、刘仁愿、刘仁轨会合部队，声势大振。各位将领认为加林城位于水路、陆路的要冲，要先攻打加林城，刘仁轨说："加林城形势险要坚固，急速进攻的话会损伤士卒，慢攻的话却要花费很长时间。而周留城是敌人的巢穴，是众多元凶集聚的地方，要除去恶人务必干净，最好先进攻，倘若攻下周留，所有城市就可攻克。"于是孙仁师、刘仁愿和新罗王法敏率领陆军前进，刘仁轨和其余的将军杜爽、扶馀隆率领水军和粮船，从熊津进入白江，和陆军会师，一同攻向周留城。在白江口遇到倭国军队，四次作战都获得胜利，烧毁对方四百艘船，火焰烧红天空，海水都变成赤色。百济王丰脱身逃跑到高丽，王子忠胜、忠志带领众人投降，百济全部平定，只有别帅迟受信据守任存城，不愿归降。

起初，百济西部有个名叫黑齿常之的人，身高有七尺多，勇敢而且懂得权谋兵略，在百济做官，官衔是达率兼郡将，和中原的刺史相同。苏定方攻克百济时，黑齿常之率领部众投降大唐。苏定方将百济王和太子拘缚起来，放纵军队抢掠劫夺，年壮的人大多死掉。黑齿常之十分害怕，和身边的十几个人逃回部队，招募逃亡分散的士卒，据守任存山，结好栅栏，一月之内，归附他的约有三万多人。苏定方派遣士卒进攻，黑齿常之抵抗到底，唐兵失利，黑齿常之又攻克两百多个城。苏定方久攻不下，只好撤军。黑齿常之和他的部将沙吒相如每人据守险要地区来呼应福信，百济失利之后，他们都带领部众投降。刘仁轨命令黑齿常之、沙吒相如率领部众，攻打任存城，仍然用粮食、器仗资助他们。孙仁师说："这些人内心像禽兽，怎么能够相信呢？"刘仁轨说："我看他们两个人都忠勇有谋略，看重信义；只因为从前他们所托付的，不是合适的人，现在正是他们感激立功的时候，不用怀疑。"于是给他们粮食、器仗，分派士卒跟随他们，攻克了任存城。迟受信丢弃妻子儿女，逃奔高丽。

唐高宗下诏令命刘仁轨率领部队镇守百济，召孙仁师、刘仁愿回朝。百济遭受战火之后，家家凋敝破败，到处是尸骸，刘仁轨下令掩埋尸骸、登记户口，修整村落，署置官长，开通道路，修建桥梁，补葺堤堰，修复陂塘，劝课耕种，赈济贫乏，抚养孤儿老人，建立大唐社稷，颁下正朔和庙讳；百济上下大为高兴，全国境内百姓都安心从事各自的行业。然后修好屯田，蓄积粮草，训练士卒，图谋攻打高丽。

刘仁愿回到京师，唐高宗问他说："你在辽东地区，前后所陈奏的事情，都十分合宜，而且又有文理。你本是个武人，怎么能写得这样好？"刘仁愿说："这些都是刘仁轨做的，臣是做不来的。"唐高宗十分高兴，加刘仁轨六阶，正式任命他担任带方州刺史，为刘仁轨在长安建造宅第，厚赐刘仁轨妻子儿女，派遣使者带着玺书勉励慰劳他。上官仪说："刘仁轨遭受罢黜削夺官位，仍旧能够尽忠于朝廷，刘仁愿执掌节制之权，而能够举荐贤人，都可以说是君子！"

冬季，十月，辛巳朔日（初一），唐高宗下令太子每隔五天在光顺门内视察各部有司所上奏的事情，比较小的事情都交给太子决定。

十二月，庚子日（二十一日），唐高宗下诏改明年年号为麟德。

壬寅日（二十三日），唐高宗任命安西都护高贤担任行军总管，率领军队攻打弓月援救于阗。

这一年，大食攻打波斯、拂菻，全都击败了。又向南侵犯婆罗门，吞并灭亡了各胡族，军队增加到四十几万人。

麟德元年（甲子，公元664年）春季，正月，甲子日（十六日），唐朝将云中都护府改为单于大都护府，任命殷王李旭轮担任单于大都护。

起初，李靖击败突厥，将三百毡帐迁到云中城，阿史德氏是各帐的酋长。从此以后，部落逐渐增加，阿史德氏觐见朝廷，请求像对待胡人一样，立亲王为可汗加以统治。唐高宗召见阿史德氏，对他说："现在的可汗，就是古代的单于。"所以改名为单于都护府，并且让殷王遥任都护。

二月，戊子日（初十），唐高宗到了万年宫。

夏季，四月，壬子日（四月无此日），卫州刺史道孝王李元庆去世。

丙午日（二十九日），魏州刺史郇公李孝协犯贪污罪，被赐自杀。司宗卿陇西王李博乂上奏李孝协父亲李叔良为朝廷而死的往事（李叔良在唐高祖时，攻打突厥被流矢所中而死），李孝协没有兄弟，可能断绝子嗣。唐高宗说："法令是一视同仁的，不因为亲疏远近而有所不同，假如伤害到百姓，就是皇太子也不能赦免。李孝协有一个儿子，何必担心没有子孙祭祀呢？"李孝协最后还是在宅第里自杀了。

五月，戊申朔日（初一），唐遂州刺史许悼王李孝去世。

乙卯日（初八），唐朝在昆明的弄栋川设置姚州都督府。

秋季，七月，丁未朔日（初一），唐高宗下诏令在三年正月时，将在岱宗（泰山）举行祭祀之事。

八月，丙子日（初一），唐高宗返回京师，抵达旧居的住宅，留住七天。壬午日（初七），唐高宗回到蓬莱宫。

丁亥日（十二日），唐高宗任命司列太常伯刘祥道兼任右相，大司宪窦德玄担任司元太常伯、检校左相。

冬季，十月，庚辰日（初六），检校熊津都督刘仁轨上奏唐高宗说:“臣看到目前戍边的士卒,大多疲老羸弱,勇敢健壮的很少,衣服也都破烂,只想返回家乡,没有心思建立功业,报效朝廷。臣问他们:‘从前在家乡时,看到百姓人人都响应招募,抢着要从军,有人甚至还自己准备衣物粮食,称为“义征”,为什么今天会变成这样?’他们都说:‘现在的官府和从前不同,人心也不一样。从前不管往东或往西征战,为朝廷牺牲时,都蒙受陛下派遣使者吊慰哀祭,追赠官爵给死者,或者将死者的官爵转授给死者的子弟,凡是渡过辽海的士卒,都赏给一级功勋。从显庆五年以来,征战的士卒多次渡海出征,官吏都不记录他们的功勋,死亡的也没有人问是谁,为什么而死。州县每次招募百姓当兵,年壮而有钱的,设法用钱财贿赂,都可以逃避而免掉征召;贫困的人虽然体弱衰老,一被征召就要出发。最近击败百济和平壤是经过艰苦作战的,当时将帅颁下命令,将按照功勋来进行奖赏并向士卒许诺,士卒的要求都答应了;等到到了西岸,却只听闻拘留、推问、囚禁犯人,夺回赏赐,撤销爵勋,州县追捕呼喝,使得士卒们无法存活,公家和私人方面所受到的疲敝困窘,无法说得完。因此昨天从海西出发时,已经有逃亡或者自我伤残的士卒,不只是到海外才这样。并且士卒都将战胜获得勋爵当作荣耀尊宠;但每年出征时,都让有功勋的士卒挽引舟车,所受的劳苦和平民一样,百姓不愿从军,大抵是为了这些。’臣又问:‘从前士卒留守五年,还能够支持度过,现在你们不过一年罢了,为什么衣装变得这么单薄破败?’他们都说:‘刚从家里出发时,只命令准备一年的衣服物资;现在已经两年了,却没有返回的日期。’臣检查士卒所留下的衣物,今年冬天尚可以应付,来年秋天以后,全没有准备好。陛下留下这些人在海外,要消灭高丽。高丽从前就和百济相互结党支援,倭国人距离虽然遥远,也互相支持,假如没有坐镇的军队,还是会成为独立的一国。现在既然凭借这些兵力戍守,又设置屯田制度,所要依赖的,是士卒们的戮力同心,但目前士卒却有这种不满的言语,怎么能够期望成功?必须改变以前做法,加以慰劳,阐明奖赏加重刑罚,振奋士卒的情绪,假如只像今天之前一样的做法，恐怕士卒部众疲惫衰老，不可能建立功业。这些不顺听的话，可能没有人向陛下讲说清楚，所以臣将内心披露在陛下眼前，冒死向陛下陈述。”

唐高宗十分认同他的建议，派遣右威卫将军刘仁愿带兵渡海，替代原来镇守的士兵，仍然敕令刘仁轨一同返回朝廷。刘仁轨对刘仁愿说：“国家派军在海外，是要攻打高丽，事情并不容易。现在农田的收割还没有完结，而军吏和士卒一下子全部替换离开，军中将领也要回去。夷人最近刚刚臣服，众人的内心还没有安定下来，必定会生变故。不如暂且留下原有的士兵，慢慢地命令他们收割完毕，准备物资、粮食，按等级派遣回返；军中将领暂且留下坐镇安抚，不能马上返回。”刘仁愿说：“我从前返回海西，大受诽谤，说我留下许多士兵部众，阴谋占据海东，差点大祸临头。现在我只知道依照陛下敕令去做，怎么敢擅自有所作为？”刘仁轨说：“为人臣子，假如对国家有利的事，知道了没有不做的，还担心什么个人遭遇！”就呈上奏表陈述对国家方便有利之事，请求留下镇守海东，唐高宗接受了。仍然任命扶馀隆担任熊津都尉，命令他招募剩余的部众。

起初，武后能够委屈自己，忍受耻辱，奉承顺应唐高宗心意，所以唐高宗排除众人的异议，立她为后；她得志之后，专门作威作福，唐高宗要有所作为，一有行动就被武后所压制，唐高宗内心禁不住愤怒。有个道士郭行真，在宫禁中出入，曾经用咒诅之术要伤害唐高宗，宦者王伏胜将事情揭发。唐高宗十分生气，暗中召来西台侍郎、同东西台三品上官仪一同讨论。上官仪就说：“皇后专权恣纵，为海内之士所不赞成，请求废掉后位。”唐高宗心里认为很对，就命令上官仪起草诏令。

近侍将消息告诉了皇后，皇后突然造访唐高宗表达自己清白。起草的诏令还在唐高宗处，唐高宗羞怯畏缩不忍废皇后之位，所以又像开始一样对待皇后；又担心皇后生气怨恨，就骗她说：“我原本没有废后位的心思，都是上官仪教我的。”上官仪原先替陈王谋议，和王伏胜一同侍奉从前的太子李忠，皇后于是指使许敬宗诬奏上官仪、王伏胜和李忠计划谋反。十二月，丙戌日（十三日），上官仪被判下狱，和他的儿子上官庭芝、王伏胜都被害死，抄没他们全家。戊子日（十五日），唐高宗赐李忠在流放的黔州自杀。右相刘祥道因为和上官仪关系亲厚，被废掌理政事的权力，改为司礼太常伯，左肃机郑钦泰等朝廷士人被流放贬退的有很多，都因为和上官仪有交往。

从此以后，唐高宗每次处理政事，皇后就垂帘听政，无论政事的大小，皇后都参与处置。决定天下事的大权，全部落到皇后手里，黜降、陟升、杀生的选择，由皇后决定，中外都认为唐室有两位天子。

太子右中护、检校西台侍郎乐彦玮、西台侍郎孙处约一同被任命为同东西台三品。

麟德二年（乙丑，公元665年）春季，正月，丁卯日（二十四日），吐蕃派遣使者入宫见唐高宗，请求再和吐谷浑和好结亲，仍然请求划赤水地给他们放牧，唐高宗没有答应。

二月，壬午日（初十），唐高宗车驾从京师出发。丁酉日（二十五日），唐高宗到达合璧宫。

唐高宗谈到隋炀帝，对身边侍臣说："隋炀帝拒绝劝告而灭亡，朕经常引以为戒，愿意虚心听取臣子的劝告，但竟然没有劝告朕的人，为什么呢？"李勣回答说："陛下所作所为都十分完善，群臣没有可进谏的。"

三月，甲寅日（十二日），唐高宗任命兼司戎太常伯姜恪为同东西台三品。姜恪是姜宝谊的儿子。

辛未日（二十九日），东都乾元殿修建完成。闰月，壬申朔日（初一），唐高宗车驾到东都。

疏勒弓月引导吐蕃攻打于阗，唐高宗下令西州都督崔知辩、左武卫将军曹继叔率领军队加以救援。

夏季，四月，戊辰日（二十七日），左侍极陆敦信任检校右相；西台侍郎孙处约、太子右中护检校西台侍郎乐彦玮一起被罢废掌理政事的权力。

秘阁郎中李淳风认为傅仁均的《戊寅历》推算天文错误越来越多，就增删刘焯的《皇极历》，重新撰写《麟德历》；五月，辛卯日（二十日），唐朝正式采用施行。

秋季，七月，己丑日（十九日），唐兖州都督邓康王李元裕去世。

唐高宗命令熊津都尉扶馀隆和新罗王金法敏消除从前的仇怨；八月，壬子日（十三日），双方在熊津城订立同盟。刘仁轨令新罗、百济、耽罗、倭国派出使者渡海前往西方，在泰山会合祭祠，高丽也遣送太子福男前来陪侍祭祠。

冬季，十月，癸丑日（十五日），皇后上表说："旧有的封禅礼仪，祭祀皇地祇时，用太后配祭，而命令公卿按此行事，但对礼来说是有所不妥的，到那天，妾请求带领内外命妇参与祭奠献酒。"唐高宗下诏令说："封禅祭祀时先以皇后为亚献，越国太妃燕氏为终献。"壬戌日（二十四日），唐高宗下诏令："封禅时坛台所设置的上帝、后土神位，从前所用的是枯干禾秸、陶器等，现在应当改用重席被褥和酒器，其他郊祀也应当按此办理。"又下诏说："从现在开始郊庙享神宴会时，文舞采用《功成庆善之乐》，武舞采用《神功破阵之乐》"

丙寅日（二十八日），唐高宗从东都出发，陪从唐高宗车驾的文武百官仪仗，绵延不绝。列置的营幕，弥漫遍布原野。东面从高丽，西面到达波斯、乌长等国，朝见唐高宗的使者，各自带领部属随从唐高宗，搭建毡帐居住，牛、羊、骆驼、马匹等，堵塞道路。当时每年谷类丰收，一斗米便宜到只值五个钱，麦、豆多到不列置在市场上。

十一月，戊子日（二十日），唐高宗到达濮阳，窦德玄骑马跟随。唐高宗问他说："濮阳称为帝丘，为什么？"窦德玄回答不出。许敬宗从后面跃马到唐高宗面前说："从前颛顼帝住在这里，因而称为帝丘。"唐高宗说好。许敬宗后退，对人说："大臣不能没有学问；我看到窦德玄回答不出，心里实在感到羞愧。"窦德玄听到后说："每个人各有他能做和不能做的，我不勉强回答我所不知晓的事，这就是我能做的事。”李勣说：“许敬宗见闻广，实在很好；但窦德玄的说法也不错。”

寿张人张公艺九代共同居住一起，齐、隋、唐时都表彰过他的门闾。唐高宗经过寿张，到了张公艺的住宅，询问他能够九代共住的缘故，张公艺书写一百多“忍”字呈进给唐高宗。唐高宗十分赞赏，赐给他缣帛。

十二月，丙午日（初九），唐高宗车驾到了齐州，停留十天。丙辰日（十九日），唐高宗从灵岩顿出发，抵达泰山脚下，有司在山的南面修建了圆坛，山上是登上封土祭天的祭坛，社首山上面是下山禅祭于地的方形祭坛。

乾封元年（丙寅，公元666年）春季，正月，戊辰朔日（初一），唐高宗在泰山南面祭祀昊天上帝。己巳日（初二），唐高宗登上泰山，用玉板封禅，将上帝的册书用玉匮收藏，配祭的皇帝的册书用金匮收藏，都拿金绳加以缠绕，用金屑涂饰封面，再印上玉玺，以石篋收藏起来。庚午日（初三），唐高宗下山禅祭于社首，祭祀皇地祇。唐高宗初献完毕，身边执事的人都退下。宦者拉着帘幕，皇后升上祭坛次献，帷帐帘幕都用锦绣做成；敬酒，装填俎豆，登坛歌舞，都用宫中的人。壬申日（初五），唐高宗驾临朝觐的坛台，接受祝贺；大赦天下，改年号为乾封。文、武官三品以上都赐爵位一等，四品以下官员加一阶。从前官阶是不随便加封的，都是按照功劳考核叙次，一升到五品三品，就奏报天子，由天子决定加或不加，从现在起官阶才有不按照功劳加封的情形；到了末后几年，穿红色服饰（四品五品之官）的官吏就充塞朝廷了。

当时大赦天下，只有长久流放的人不能返回，李义府内心羞愤，病亡。从李义府被流放开始，朝廷士人每天都担心他再次入朝为官，后来听闻他死了，众人内心才安定。

丙戌日（十九日），唐高宗车驾从泰山出发；辛卯日（二十四日）唐高宗到达曲阜，以太师官职赠孔子，再用少牢祭祀孔子。癸未日（十六日)，唐高宗到达亳州，谒见老君庙，尊称老君为太上玄元皇帝。丁丑日(初十)，唐高宗到达东都，停留六天；甲申日(十七日)，唐高宗入合璧宫；夏季，四月，甲辰日(初八)，唐高宗回到京师，进谒太庙。

庚戌日(十四日)，左侍极兼检校右相陆敦信因为年老多病而辞官，唐高宗任命他为大司成，兼左侍极，罢除政事。

五月，庚寅日(二十五日)，唐朝铸造乾封泉宝钱，一钱当十个旧钱用，等到满一年将旧钱全部废弃。

高丽泉盖苏文死了，长子泉男生继任为莫离支，首次掌管国家政事，出巡各都城，命令他的弟弟泉男建、泉男产负责留守后方的事。有人对两个弟弟说："泉男生不喜欢你们两个弟弟的逼迫，想要除掉你们，不如早早谋划。"两个弟弟开始不相信。又有人告诉泉男生说："你两个弟弟担心你剥夺他们的权力，准备对抗你。"泉男生暗中派亲近的人前去平壤窥伺，两个弟弟将泉男生派出的人加以掩袭收押，得知是泉男生指使，就称是国王的命令要召见泉男生。泉男生害怕，不敢回去；泉男建自封莫离支，调动军队讨伐泉男生。泉男生逃到别的城池自保，派遣儿子泉献诚到唐朝求救。六月，壬寅日(初七)，唐高宗任命右骁卫大将军契苾何力担任辽东道安抚大使，率兵救援；任命献诚担任右武卫将军，让他做向导。又任命右金吾卫将军庞同善、营州都督高侃担任行军总管，一起征讨高丽。

秋季，七月，乙丑朔日(初一)，唐高宗改封殷王李旭轮为豫王。

唐高宗任命大司宪兼检校太子左中护刘仁轨为右相。

起初，刘仁轨是给事中，调查毕正义的事情，李义府怨恨他，所以被外放为青州刺史。恰好朝廷在征讨百济，刘仁轨负责渡海运送粮食，不遇顺风船走不动，李义府督促他出发，结果遇风而沉船，运粮的丁夫有许多溺死。朝廷命令监察御史袁异式前去查办，李义府对袁异式说："你能够办好事，不用担心没官做。"袁异式到了之后，对刘仁轨说："你和朝廷什么人结了仇怨？你还是早早地为自己谋划好，自杀算了。"刘仁轨说："仁轨做官不称职，国家有一定的刑罚，你依照法令将我杀了，我逃也逃不掉。假如要让我自我了断来满足仇人，实在不甘心！”袁异式于是结案上报，走时还亲自上锁，怕刘仁轨逃脱。案情呈上之后，李义府对唐高宗说：“不杀刘仁轨，不能向百姓谢罪。”舍人源直心说：“海风突然吹起，不是人力所能挽救的。”唐高宗就命令免除刘仁轨官爵，以平民身份从军，为国效力。李义府又暗示刘仁愿害死刘仁轨，但刘仁愿不忍心加以杀害。后来刘仁轨做到大司宪，袁异式十分害怕，内心无法安宁，刘仁轨将酒杯里的酒倒光，告诉袁异式说：“仁轨假如还计较从前的事，就好像这酒杯一样！”刘仁轨掌理政事之后，袁异式不久也升迁詹事丞；当时士人议论纷纷，刘仁轨听到之后，就推举袁异式担任司元大夫。监察御史杜易简对人说：“刘仁轨这样做，未免矫枉过正了。”

八月，辛丑日（初八），唐司元太常伯兼检校左相窦德玄去世。

起初，武士彟娶相里氏为妻，生下儿子武元庆、武元爽；又娶了杨氏，生下三个女儿，老大嫁给越王府法曹贺兰越石，老二就是皇后，老三嫁给郭孝慎。武士彟死后，武元庆、武元爽和武士彟哥哥的儿子武惟良、武怀运等人，对杨氏无礼，杨氏十分记恨。贺兰越石、郭孝慎和郭孝慎的妻子都很早就死了，贺兰越石的妻子生下贺兰敏之和一个女儿才守寡。武后被立之后，杨氏被封为荣国夫人，贺兰越石的妻子被封为韩国夫人；武惟良从始州长史升为司卫少卿，武怀运从瀛州长史升任为淄州刺史，武元庆从右卫郎将升为宗正少卿，武元爽由安州户曹累次升迁到少府少监。荣国夫人曾经摆设酒席，对武惟良等人说：“你还常想从前的事吧？今天的荣华富贵，你感觉如何？”武惟良回答说：“惟良等人侥幸凭功臣子弟的身份，早年就做了官，考量自己的本领才能，实在不敢奢求显达荣耀，想不到因为皇后，而荷蒙朝廷恩宠，早晚都在忧心惶惧，不敢引以为荣耀。”荣国夫人听了内心十分高兴。皇后就上疏给唐高宗，请求外放武惟良等为远州刺史，表面上是显示谦虚抑制，实际上很讨厌武惟良。于是任命武惟良为检校始州刺史，武元庆为龙州刺史，武元爽为濠州刺史。武元庆到了龙州，因为忧心而死。武元爽因犯了罪流放振州而死。

韩国夫人和她的女儿因为武后的关系，出入宫禁之中，都得到唐高宗的宠幸。韩国夫人不久去世，女儿被赐为魏国夫人。唐高宗要任命魏国夫人为内宫之职，怕武后刁难，一时难以决定，武后很厌恶。恰好武惟良、武怀运和各州刺史到泰山朝见唐高宗，陪唐高宗回到京师，武惟良等人献祭品，武后暗中在肉里放置毒药，让魏国夫人吃，很快魏国夫人就被毒死了。武后就将罪推到武惟良、武怀运身上，丁未日（十四日），唐高宗杀了武惟良、武怀运，改他们的姓为蝮氏。武怀运的兄长武怀亮很早就死了，他的妻子善氏对荣国夫人最不礼貌，因此也因为武惟良等人的罪被收押入别殿，荣国夫人命令武后拿其他事情为借口，用有刺的棘鞭鞭打，将善氏打到肉被打光骨头现出才死。

九月，庞同善大败高丽的部队，泉男生率领众人和庞同善会合。唐高宗下令任命泉男生为特进、辽东大都督，兼平壤道安抚大使，封为玄菟郡公。

戊子日（二十五日），唐金紫光禄大夫纳还官职的广平宣公刘祥道去世，儿子刘齐贤继位。刘齐贤为人刚正，唐高宗十分器重他，任命他为晋州司马。将军史兴宗曾经陪从唐高宗在苑囿中打猎时，顺口谈到晋州出产很好的鹞鹰，刘齐贤是晋州司马，请派人命他收捕。唐高宗说："刘齐贤难道像捕鹞的人吗？你为什么这样看待他？"

冬季，十二月，己酉日（十八日），唐高宗任命李勣担任辽东道行军大总管，任命司列少常伯安陆人郝处俊担任副大总管，进攻高丽。庞同善、契苾何力一同被任命为辽东道行军副大总管兼安抚大使，和从前一样；水陆各军总管和运粮使窦义积、独孤卿云、郭待封等人，都接受李勣调度。河北各州的租金赋税全都送到辽东供给军队使用。郭待封是郭孝恪的儿子。

李勣要和他的女婿京兆人杜怀恭一起出发，希求能得到功勋。杜怀恭以贫穷为由推辞了，李勣供给他财物让他富足；杜怀恭又以没有奴仆车马为由推辞，李勣再满足他。杜怀恭再也没话可说，就逃亡躲藏到岐阳山中，对人说："李公不过是想利用我，来树立军法的权威罢了。"李勣听了之后，流泪说："杜郎个性散漫放任，才可能有这样的想法。"就停止而不再要求杜怀恭同行。

乾封二年（丁卯，公元667年）春季，正月，唐太宗耕种藉田，有司进献耒耜，耒耜上加有雕刻装饰。唐高宗说："耒耜是农夫所使用的，怎么能这样华丽？"命令换掉。不久就开始耕种，凡推犁九次才停止。

唐朝自从实施乾封泉宝钱之后，谷类丝帛涨价，使得商贾停止交易；癸未日（二十二日），唐高宗下诏令停止使用。

二月，丁酉日（初六），唐涪陵悼王李愔去世。

辛丑日（初十），唐再度将万年宫改为九成宫。

生羌十二州被吐蕃攻陷，三月，戊寅日（十八日），唐朝全部取消这些州的建制。

唐高宗多次责备侍候的大臣们不举荐贤人，众人都不敢回答。司列少常伯李安期回答说："天下从来不会缺少贤人，也不是群臣敢蒙蔽贤人不举荐。最近公卿有所推荐援引贤人，就被谗佞者指为结党营私，以致停留原位，而在位的官吏反而先获罪，因此大家才闭口不进贤！陛下假如要推广诚心来对待贤人，有谁不愿荐举他所认识的贤人呢？所以进贤要看陛下的做法，而不是看群臣啊！"唐高宗认为十分对。李安期是李百药的儿子。

夏季，四月，乙卯日（二十五日），西台侍郎杨弘武、戴至德、正谏大夫兼东台侍郎李安期、东台舍人昌乐人张文瓘、司列少常伯兼正谏大夫河北人赵仁本都被任命为同东西台三品。杨弘武是杨素弟弟的儿子；戴至德是戴胄哥哥的儿子。当时正修建蓬莱、上阳、合璧等宫殿，频频地征讨四方夷狄，马厩里的马有一万匹之多，而仓库的积粮却逐渐空了，张文瓘劝谏说："隋朝覆亡的借鉴是不远的，希望不要让百姓生出怨心。"唐高宗接纳他的建议，将马厩的马减少数千匹。

秋季，八月，己丑朔日（初一），出现日食。

辛亥日（二十三日），东台侍郎同东西台三品李安期出京担任荆州长史。

九月，庚申日（初三），唐高宗因为长久生病，命令太子李弘监国。

辛未日（十四日），李勣攻陷高丽的新城，让契苾何力镇守。李勣刚渡过辽河时，对各位将领说："新城是高丽西边的险要，不先攻取的话，其他的城就不容易攻克了。"就下令进攻，城里人师夫仇等将城主捆缚，打开城门投降。李勣带领军队进攻，十六个城市都被攻克。

庞同善、高侃还在新城，泉男建派遣军队袭击他们的军营，左武卫将军薛仁贵击败了泉男建。高侃进兵抵达金山，和高丽交战，战况不好，高丽趁着胜利追逐败北的唐兵，薛仁贵带兵截击，大败高丽军队，斩杀敌人首级五万多，攻克南苏、木底、苍岩三个城市，和泉男生军队会合。

郭待封率领水军从另外的道路向平壤前进，李勣派遣其他将领冯师本载着粮食器仗支援。冯师本船被击破，耽误交粮的日期，郭待封军中发生饥饿，要写信给李勣，却担心被敌人截去而知晓军中饥窘情形，就作离合诗（离析字画，合之成文，以说明己意）给李勣。李勣生气地说："军事正紧急的时候，还写什么诗？非杀不可！"行军秘书通事舍人元万顷为李勣解释诗的内容，李勣才派遣人运送粮食器仗前往支援。

元万顷写《檄高丽文》里面有一句："不知晓守住鸭绿江的险要之处。"泉男建回书说："我谨听从你的教诲！"就调动军队据守鸭绿江的津渡处，唐兵无法渡过。唐高宗听到后，将元万顷流放到岭南。

郝处俊在高丽城下，部队还没有整顿成列，高丽兵突然进攻，军队大为惊惧，那时郝处俊靠在胡床上，正在吃干粮，暗中挑选精锐士卒，击败了高丽军队，将士们都佩服他的胆识才略。

冬季，十二月，甲午日（初八），唐高宗下诏令："从今天起祭祀昊天上帝、五帝、皇地祇、神州地祇时，都用高祖、太宗配祭，仍然在明堂一同祭祀昊天上帝、五帝。"

这一年，海南獠攻克琼州。

总章元年（戊辰，公元668年是年三月始改年号为总章。）春季，正月，壬子日（二十八日），唐高宗任命右相刘仁轨担任辽东道副大总管。

二月，壬午日（二十八日），李勣等人攻克高丽扶馀城。薛仁贵在金山攻破高丽之后，趁着胜利率领三千人要攻打扶馀城，诸将认为兵员少，阻止薛仁贵。薛仁贵说："兵员不一定要多，要看怎样运用罢了。" 薛仁贵就担任前锋，和高丽交战，大败高丽，杀死俘获一万多人，攻克扶馀城。扶馀川中四十几城全都请求臣服。

侍御史洛阳人贾言忠奉令出使，从辽东回朝，唐高宗问他军事情况，贾言忠回答说："高丽一定会平定。"唐高宗说："你怎么知道？"贾言忠回答说："隋炀帝东征而无法胜利的原因，是人心背离怨恨的缘故；先帝东征而无法胜利的原因，是高丽没有缺失破绽的缘故。而如今高藏衰微势弱，权臣擅自发令，盖苏文死后，泉男建兄弟在国内互相攻打侵夺，泉男生诚心归附，做我们向导，对方的真假虚实，我们都知晓。靠着陛下的英明圣哲，国家富有强大，将士又尽心竭力，趁高丽内乱的时机，势必可以击败他们，不必再度举兵了。况且高丽连续几年发生饥荒，妖孽怪异的事情多次发生，人心危惧惊恐，它的灭亡是可以立足等待的。"唐高宗又问："辽东各位将领当中谁的才能最好？"贾言忠回答说："薛仁贵的勇敢冠绝三军；庞同善虽然不善于打仗，但治理军队严厉；高侃以勤勉俭朴自我惕励，忠勇果敢而富有谋略；契苾何力坚毅沉稳而能决断，虽然非常忌妒别人在自己之上，却有统御的才能；可是论早晚小心，忘记自身只忧心国事，就没有人可以赶得上李勣了。"唐高宗十分赞同他的话。

泉男建又派遣五万人救援扶馀城，和李勣等人在薛贺水相遇，双方会战，唐军大败泉男建，斩首俘获了三万多人，接着进攻大行城，并将它攻下。

朝廷讨论明堂制度大略已经定案；三月，庚寅日（初六），唐高宗大赦天下，改年号为总章。

戊寅日（三月无此日），唐高宗到九成宫。

夏季，四月，丙辰日（初二），有彗星出现在五车（五星之名）。唐高宗避开正殿，减少日常饮食，罢除音乐。许敬宗等人奏请唐高宗恢复正常饮食，说："彗星出现在东北，是高丽要被灭的预兆。"唐高宗说："由于朕的不德，被上天惩罚，怎么可以归罪小小的夷狄？而且高丽百姓，也是朕的百姓啊！"唐高宗不允许生活恢复正常。戊辰日（十四日），彗星消失。

辛巳日（二十七日），唐西台侍郎、同东西台三品杨弘武去世。

八月，辛酉日（初九），卑列道行军总管、右威卫将军刘仁愿因征讨高丽时逗留不进，被流放到姚州。

癸酉日（二十一日），唐高宗车驾返回京师。

九月，癸巳日（十二日），李勣攻克平壤。李勣已经攻下大行城，从其他道路出发的各路兵马都和李勣相会，进兵到达鸭绿江的栅寨，高丽调动军队抵抗，李勣等人奋勇进击，大败高丽军队，追逐逃奔的敌人二百多里，攻克辱夷城，各城逃跑和投降的人接连不断。契苾何力先带兵抵达平壤城下，李勣的部队接着到达，包围平壤一个多月，高丽王高藏派遣泉男产带领首领九十八人，拿着白旗向李勣投降，李勣依照礼节对待他们。泉男建仍旧关闭城门固守抵抗，频频派遣军队出战，都被击败。泉男建将军事委托给和尚信诚，信诚暗中派遣人拜访李勣，请求作为内应。五天后，信诚打开城门，李勣让士兵爬到城上击鼓喊叫，焚烧城内有四月之久，泉男建自杀，不死，被生擒。高丽全部平定。

冬季，十月，戊午日（初七），唐高宗任命乌荼国婆罗门卢迦逸多担任怀化大将军。卢迦逸多自称能配制长生不死的药物，唐高宗准备吃。东台侍郎郝处俊劝唐高宗说："人的寿数长短有命，不是药物可以延长的。贞观末年，先帝服食那罗迩娑婆寐的药，最后还是无效。将死的时候，名医不知怎么办，有人归罪到那罗迩娑婆寐身上，准备将他杀了，但担心被戎狄取笑才停止。前人的借鉴是不远的，希望陛下仔细想想。"唐高宗才打消吃药的念头。

李勣将回朝，唐高宗命令先将高藏等人献给昭陵，准备好军容，高奏凯旋之歌，进入京师，再献给太庙。十二月，丁巳日（初七），唐高宗在含元殿接受俘虏。因为高藏的政令并不是由自己颁布，所以赦免他，让他担任司平太常伯、员外，仍同正员。任用泉男产为司宰少卿，和尚信诚为银青光禄大夫，泉男生为右卫大将军。李勣以下，封爵奖赏各有等级。泉男建被流放到黔州，扶馀丰被流放到岭南。唐朝将高丽五部、一百七十六城、六十九万多户分成九个都督府、四十二州、一百县，在平壤设置安东都护府进行统治，升擢酋长将帅中有功劳的人担任都督、刺史、县令，和中原人一同治理。又任命右威卫大将军薛仁贵为检校安东都护，率领士兵两万人镇守安抚。

丁卯日（十七日），唐高宗到南郊祭祀，将平定高丽禀告神明，以李勣为次献。己巳日（十九日），唐高宗进谒太庙。

渭南县尉刘延祐，弱冠时就考中进士，政绩是各畿县中最好的。李勣对他说："足下年纪这么轻，就突然拥有大名，应当稍微自我贬退压抑，不要只想超越别人。"

当时唐高宗有敕令，征辽时逃亡的军兵，在限期内不自首，和自首后又逃亡的，判处斩刑，妻子儿女抄没入官府成为奴婢。太子上表认为："像这样的人太多了，有的恰好生病赶不上队伍，担心受罚而逃走；有的因为采薪柴而被敌人捉住；有的渡海时顺着水流漂走；有的深入贼人巢穴，而被敌人伤害杀死。军法严厉，同队的人担心一起获罪，就报告对方逃亡，在军事行动当中，又来不及勘验确定，只依据队伍中的官吏所呈上的报告，妻子儿女就被抄没官府为奴，这种情形实在令人哀伤。《书经》说：'与其杀死无罪的人，宁可放了他而自我承受失刑的缺失。’希望对逃亡士卒的家人，能免掉流配籍没的惩罚。”唐高宗接受了太子的建议。

甲戌日（二十四日），唐朝司戎太常伯姜恪兼任检校左相，司平太常伯阎立本代理右相。

这一年，京师长安和崤山以东地区、江淮流域发生旱灾，出现饥荒。

总章二年（己巳，公元669年）春季，二月，辛酉日（十二日），唐高宗任命张文瓘为东台侍郎，任命右肃机、检校太子中护谯人李敬玄为西台侍郎，两人都是同东西台三品。早先同三品不入官衔，从此以后才入官衔。

癸亥日（十四日），唐高宗任命雍州长史卢承庆为司刑太常伯。卢承庆经常考核内外官吏的能力，有一个官吏督办运粮工作，遭到风灾而损失米粮，卢承庆考核说：“监督运粮，而让粮食损失，考核得中下。”那个人容貌表情泰然自若，一句话不说就退出。卢承庆非常看重他的雅量，就改注说：“不是他的力量所能避免的，考核得中中。”那个人既没有高兴的神情，也没有惭愧的说辞。卢承庆又改注说：“宠辱不惊，考核得中上。”

三月，丙戌日（初八），东台侍郎郝处俊任同东西台三品。

丁亥日（初九），唐高宗下诏令定下明堂制度：堂的地基八觚（觚，方棱），屋宇上面为圆形，用清阳之色的瓦片之类覆盖，堂的门墙台阶、窗棂、门楣、门柱、短柱、斗拱、屋栌、大栿等，全都模仿天地阴阳律历的数目建造。诏令颁布之后，众人的议论还没有结果，又恰好遇到饥荒，最后还是没有建造完成。

夏季，四月，己酉朔日（初一），唐高宗到九成宫。

高丽百姓中有很多人离散反叛，唐高宗就下令迁徙高丽三万八千二百户住到江、淮的南方，和山南、京西等各州的空旷地带，只留下贫穷体弱的人，让他们守卫安东。

六月，戊申朔日（初一），出现日食。

秋季，八月，丁未朔日（初一），唐高宗下诏令在十月前往凉州。当时陇右财物空虚，很多人都认为唐高宗不适合前往游历。唐高宗听闻之后，就在辛亥日（初五）驾临延福殿，召集五品以上官吏说："自古以来的帝王，没有不到各地巡视的，所以朕要巡视远地的风俗。假如不可以，为什么不当面陈说，却退朝后才在背后议论，为什么呢？"从宰相以下，没有人敢回答。详刑大夫来公敏单独上前回答说："巡行境内虽然是帝王常做的事，但现在高丽刚刚平定，余下的敌寇还很多，西方边境正在经营之中，也没有停止用兵。陇右百姓生活凋丧疲敝，天子车驾所到的地方，要供应的东西太多了，陇右确实不容易供给。外间真的有所议论，但陛下的命令已行，因而群臣不敢陈述意见。"唐高宗称赞来公敏的话，因此打消西巡的念头。没过多久，擢升来公敏为黄门侍郎。

甲戌日（二十八日），唐朝将瀚海都护府改为安北都护府。

九月，丁丑朔日（初一），唐高宗下诏令迁徙吐谷浑部落到凉州南山。有人担心吐蕃侵犯凌暴吐谷浑，使得吐谷浑无法生存，要先调动部队攻打吐蕃。右相阎立本认为去年饥荒歉收，不可以出动军队。议论很久，无法决定，最后还是没有将吐谷浑迁徙。

庚寅日（十四日），刮大风，海水外溢，冲入永嘉、安固六千多户人家。

冬季，十月，丁巳日（十二日），唐高宗车驾回返京师。

十一月，丁亥日（十二日），唐高宗改封豫王李旭轮为冀王，改名为李轮。

司空、太子太师、英贞武公李勣病在床上，唐高宗将李勣在外地的子弟全部召回，让他们回来侍候李勣。唐高宗和太子所赐的药，李勣服用，他家子弟为他所延请的医生，都不准进见，说："我本是山东的农夫，遇到圣明国君，才得到三公的地位，年龄接近八十，这不是命吗？寿命虽然有长短，终究有完尽之期，哪能再向医生求活命呢！"有一天，李勣突然对他的弟弟司卫少卿李弼说："我今天稍微好些，可以一起摆设酒席作乐。”于是子孙们全部聚集，酒宴将尽之时，李勣对李弼说：“我知病一定不好，所以要与你们告别罢了。你们不要哀伤哭泣，要听我的吩咐。我看到房玄龄和杜如晦一生勤劳困苦，也只能自立门户罢了，偏偏遇到不肖子孙，使得家道荡涤倾覆，没有剩余。我所有的子孙，现在全都托付给你。在埋葬我之后，你马上迁入我家里，为我抚养年幼的子孙，仔细加以审视观察，如果有志气不佳、交结歹徒的，都先加以击杀，然后再奏报。”自此以后，就不再说话了。十二月，戊申日（初三），李勣去世。唐高宗听了之后，悲伤哭泣，埋葬的当天，唐高宗来到未央宫，到楼上望着丧车痛哭。为李勣起造的墓冢象阴山、铁山、乌德犍山，用来表扬他击破突厥、薛延陀的功勋。

李勣为将，有谋略而且善于决断，和人谈论事情，接受别人的善意仿佛流水一样。作战胜利就将功劳归给下属，所得到的金帛等赏赐，全都散发给将士，因而人人都想为他而死，而他所到达的地方都能取胜。临到战事选任将领时，一定考量选择对方容貌较为丰厚的才派遣。有人询问他原因，李勣说：“命薄的人，不能够和他一起成就功业。”

李勣家门雍容和睦，他姐姐曾经生病，李勣已经做到仆射，还亲自为姐姐煮稀饭，风将火吹回，烧到他的须鬓。他的姐姐说：“家里仆人下女很多，何必自己这么辛劳！”李勣说：“并不是因为没有人可以使唤，只因为姐姐年老，勣也老了，即便想长久为姐姐煮稀饭，怎能办得到呢？”

李勣常对人说：“我十二三岁时是个无赖的强盗，看见人就杀。十四五岁时是个难以抵挡的盗贼，有所不称意就杀人。十七八岁时是个好贼盗，临到作战才杀人。二十岁担任大将，带领军队来挽救人的性命。”

李勣的长子李震很早就死了，李震的儿子李敬业承继他的爵位。

此时因为长久太平，参与选举的人更多，这一年，司列少常伯裴行俭和员外郎张仁设长名姓历榜（按照铨选成绩的先后列名榜示，可防止有司从中凭私心决定先后次序），引用铨次注明的方法。又定下州县官吏升降和官阶高下的标准。后来这些措施变成固定的制度，没有人能变革。

唐朝选举人才的办法，大略是以身（体貌）、言（言辞）、书（楷法）、判（文理）为主，衡量资格高低，考量功劳大小再拟授官位。最开始时先集中考试，看书法的好坏，判词文理的优劣；试过之后再铨次高下，这时要察看体貌是否高大，言辞是否明白准确。已经铨次之后再加评注，询问对方的便利专长；评注好之后高声唱诵，集合众人，宣布铨选结果。然后分类定出甲乙次序，先呈送仆射，再由仆射报告门下省，由给事中审读，侍郎察核，侍中审定，对不适当的提出异议。审核好之后，呈送天子，主管其事的官吏再奉天子的旨意行事，每人给予符节，就是“告身”。兵部选拔武官也采用同样的办法。考试的方法，是以骑马射箭和举关（关是一种重物，长一丈七尺，径二寸半，考试时每人举十次）、负米（背负五斛的米粮，行走二十步）为主。因某种规定所限，未能参加上述铨选，能够应三篇文章考试的，称为“宏词”，应三条判文考试的，称为“拔萃”，考中的可以破格授官。黔中、岭南、闽中州县的官吏，不经由吏部考选，而委托给都督，选拔当地人补授官职。凡是任职官员，每任满一年考核一次，六品以下官员，经四次考核为任职期满。

咸亨元年（庚午，公元670年）是年三月始改年号为咸亨。春季，正月，丁丑日（初三），右相刘仁轨请求退休。唐高宗允许了。

三月，甲戌朔日（初一），因为旱灾，唐高宗大赦天下，改年号为咸亨。

丁丑日（初四），唐高宗将蓬莱宫改名为含元宫。

壬辰日（十九日），太子少师许敬宗请求退休。唐高宗允许了。

唐高宗下令突厥酋长子弟侍奉东宫。西台舍人徐齐聃上疏唐高宗，认为：“皇太子应该引用品行端正贤良的士人作为身边的侍臣，怎么可以让戎狄那些异族入侍宫中呢？”又上奏说：“齐献公长孙晟是陛下外祖父，虽然子孙犯了罪，怎么可以归罪到祖先？现在周忠孝公武士彟的庙修得很好，而齐献公长孙晟的庙却毁坏废弃，不知陛下怎样向海内交代，来表现孝道的作为？”唐高宗都接受了。徐齐聃是徐充容的弟弟。

夏季，四月，吐蕃攻陷西域十八州，又和于阗一起偷袭龟兹拨换城，将城攻克。唐朝罢废龟兹、于阗、焉耆、疏勒四镇。辛亥日（初九），唐高宗任命右卫大将军薛仁贵担任逻娑道行军大总管，左卫员外大将军阿史那道真、左卫将军郭待封担任副大总管，讨伐吐蕃，并且帮助吐谷浑返回旧有土地。

庚午日（二十八日），唐高宗到了九成宫。

高丽酋长剑牟岑造反，立高藏的外孙安舜为高丽王。唐高宗任命左监门大将军高侃担任东州道行军总管，调动军队讨伐。安舜杀了剑牟岑，逃往新罗。

六月，壬寅朔日（初一），出现日食。

秋，八月，丁巳日（十七日），唐高宗车驾回返京师。

郭待封起初和薛仁贵官位同等并列，后来征讨吐蕃，郭待封以官位居薛仁贵之下为耻，薛仁贵所说，郭待封大多违背不听。军队抵达大非川，将向乌海进发，薛仁贵说：“乌海形势险要遥远，军队行军困难，辎重车跟随在后，不容易得到便利。应当留下两万人，在大非岭上修建两个栅寨，辎重车全都放置栅寨内，我们再带领轻便精锐的士卒，加速赶路，趁他们没有防备进攻，一定可以将他们击败。”薛仁贵率领部众前进，在河口攻打吐蕃，大败吐蕃，斩杀俘获很多敌人，进兵驻扎在乌海，等待郭待封。郭待封不采用薛仁贵的计策，将辎重车慢慢地向前推进。还没到乌海，遇到二十几万的吐蕃军队，郭待封部队大败，退走，将辎重全部丢弃。薛仁贵后退屯驻在大非川，吐蕃宰相论钦陵带领四十几万士兵攻打薛仁贵，唐兵大败，死伤殆尽。薛仁贵、郭待封、阿史那道真都免于一死，和吐蕃宰相论钦陵谈和而后返回。唐高宗令大司宪乐彦玮到军中审问战败的情形，将他们拘送京师，三人都免掉一死，但被除掉官名。

论钦陵是禄东赞的儿子，和他的弟弟赞婆、悉多于、勃论都富有才华谋略。禄东赞死后，论钦陵继任禄东赞之位，三个弟弟带兵居留在外，邻国都非常畏惧他们。

关中发生旱灾，出现饥荒，九月，丁丑日（初七），唐高宗下诏令第二年正月要前往东都。

甲申日（十四日），皇后母亲鲁国忠烈夫人杨氏去世，下令文、武九品以上的官员和宫外有封号的外命妇都到杨氏宅吊唁哭祭。

闰月，癸卯日（初三），皇后因为长久旱灾，请求退位避灾，唐高宗没有允许。

壬子日（十二日），唐高宗加赠司徒周忠孝公武士彟为太尉、太原王，夫人为王妃。

甲寅日（十四日），唐高宗任命左相姜恪担任凉州道行军大总管，抵御吐蕃。

冬季，十月，乙未日（二十六日），太子右中护、同东西台三品赵仁本担任左肃机，免去朝政事务。

十二月，庚寅日（二十一日），唐高宗下诏令全部恢复旧有官名。

资治通鉴卷第二百二　唐纪十八

起辛未（公元671年），止辛巳（公元682年），共十一年。

【题解】本卷记录了公元671年至681年的史事，共十一年，正当唐高宗咸亨二年到开耀元年。此时期是唐高宗执政的后期，因身患风疾，大权落入皇后武则天之手。武则天步步紧逼皇权，发生了两次废立太子的事件。太子李弘突然去世，第六子李贤继立太子，五年之后也被废黜。此时期，唐高宗为长孙氏平反，恢复长孙晟、长孙无忌的官爵。高宗后期十一年间，国家边境不宁，风波不断。高丽、新罗时叛时服，西域动荡不安，吐蕃侵犯边境，北疆突厥侵扰。裴行俭威震西域，两次大破突厥，也是这一时期唐朝军事与政治的一大亮点。

高宗天皇大圣大弘孝皇帝中之下

咸亨二年（辛未，公元671年）

春季，正月，甲子日（二十六日），唐高宗到东都。

夏季，四月，甲申日（十八日），唐高宗任命西突厥阿史那都支担任左骁卫大将军兼匐延都督，安抚召集五咄陆的部众。

起初，武元庆等人死后，皇后上奏让她姐姐的儿子贺兰敏之成为武士彟的子嗣，承继周公的爵号，改姓武氏，累积升迁到弘文馆学士、左散骑常侍。魏国夫人被武后毒死时，唐高宗见了贺兰敏之，悲痛哭泣说："早上我出去临朝听政时还好好的，退朝时却已无法挽救，为什么死得这么突然？"贺兰敏之只是号哭不回答。武后听到后，说："这个小子在怀疑我。"从此就怨恶贺兰敏之。贺兰敏之容貌美丽，和太原王（武士彟号）的妃子，他的外祖母杨氏淫乱私通；后来为王妃杨氏守丧时，他又除掉丧服，弹奏妓乐。司卫少卿杨思俭的女儿，异常美貌，唐高宗和武后都选她为太子妃，已定婚期，贺兰敏之逼迫她加以奸淫。武后于是上表数说贺兰敏之前后所犯的罪过，请求加以流徙放逐。六月，丙子日（十一日），唐高宗下敕令将贺兰敏之流放到雷州，恢复他的本来姓氏贺兰。贺兰敏之走到韶州时，被马缰绞死。朝廷士人因和贺兰敏之交游而被流放岭南的很多。

秋季，七月，乙未朔日（初一），高侃在安市城击败高丽剩余的徒众。

九月，丙申日（初二），唐潞州刺史徐王李元礼去世。

冬季，十一月，甲午朔日（初一），出现日食。

唐高宗车驾从东都到达许、汝。十二月，癸酉日（初十），在叶县打猎。丙戌日（二十三日），回到东都。

咸亨三年（壬申，公元672年）

春季，正月，辛丑日（初八），唐高宗任命太子左卫副率梁积寿担任姚州道行军总管，率领军队征讨反叛的蛮人。

庚戌日（十七日），昆明蛮十四姓两万三千户归顺朝廷，唐朝在此地设置殷、敦、总三州。

二月，庚午日（初八），唐朝将吐谷浑迁徙到鄯州浩亹水的南面。吐谷浑畏惧吐蕃的强大，在鄯州住得不踏实，又因鄯州土地狭小，不久迁徙到灵州，将部落安置在安乐州，唐朝任命可汗诺曷钵担任刺史。吐谷浑旧有土地都被吐蕃吞并。

己卯日（十七日），唐侍中永安郡公姜恪去世。

夏季，四月，庚午日（初九），唐高宗来到合璧宫。

吐蕃派遣大臣仲琮到唐朝廷进贡，唐高宗询问吐蕃的风俗，仲琮回答说："吐蕃气候严寒土地贫瘠，风俗纯朴质鲁；然而法令严厉，上下一心，议事的程序从下面的百姓开始，百姓的议论有理的话在上者都遵从，对百姓有利的事就去做，因而吐蕃的国运才能维持这么久。"唐高宗询问他关于吞并吐谷浑、击败薛仁贵、侵逼凉州的事情，仲琮回答说："臣接受命令前来进贡罢了，军旅的事情，臣并没有听说。”唐高宗厚赐他，遣送他回去。癸未日（二十二日），唐高宗派遣都水使者黄仁素出使吐蕃。

秋季，八月，壬午日（二十四日），唐特进高阳郡公许敬宗去世。太常博士袁思古建议：“许敬宗将长子丢弃在边疆，将小女儿嫁给夷貊。按照《谥法》，‘名字和实际相乖违的就是缪’，请求给他谥号为缪。”许敬宗的孙子太子舍人许彦伯申诉说，袁思古和许氏有怨隙，请求更改谥号。太常博士王福畤建议，认为：“恩怨得失是短暂的事，而荣辱却是千载永久的事。假如袁思古和许氏有怨隙是确凿的，应该根据法令推究纠绳；假如没有，道理是不能侵夺违背的。”户部尚书戴至德对王福畤说：“高阳公许敬宗的官任宠遇这么高，怎么还谥为缪？”王福畤回答说：“晋司空何曾又忠又孝，只为了每天吃饭要花一万钱，秦秀就给他‘缪’的谥号。许敬宗的忠孝比不上何曾，而饮食男女的疵累却超过何曾，给他谥号‘缪’，并不亏负许氏。”唐高宗下诏令召集五品以上的官吏再次讨论，礼部尚书阳思敬建议：“按照《谥法》，有过错能够改正就是恭，请给他谥号‘恭’。”唐高宗下令接受。许敬宗曾经上奏请求流放他的儿子许昂到岭南，又将女儿嫁给蛮酋冯盎的儿子，为了多得财货，所以袁思古才提到这些事。王福畤是王勃的父亲。

九月，癸卯日（十五日），唐高宗将沛王李贤改封为雍王。

冬季，十月，己未日（初二），唐高宗下诏由太子监国。

壬戌日（初五），唐高宗车驾从东都出发。

十一月，戊子朔日（初一），出现日食。

甲辰日（十七日），唐高宗车驾回到京师。

十二月，高侃和高丽剩余的部众在白水山交战，击败高丽。新罗派遣部队救援高丽，高侃又击败了对方。

癸卯日（十二月无此日），唐高宗任命左庶子刘仁轨为同中书门下三品。

太子很少接见宫中大臣，典膳丞全椒人邢文伟经常减少供应太子的膳食，并且上书谏劝太子。太子又回信给邢文伟，以常常生病和入侍陛下因而少有空闲接见宫臣，向邢文伟谢罪，并且采纳他的意见。没过多久，有右史的缺额，唐高宗说："邢文伟侍奉我儿子，能用撤除膳食进谏，是正直的人士。"就擢升他为右史。

太子在宴集群臣时，命令宫中大臣跳掷倒舞（用头履地，倒行而足舞），轮到左奉裕率王及善，王及善说："掷倒舞自有伶官可以跳，臣假如奉令跳，恐怕不是辅助殿下的方法。"太子就向王及善谢罪。唐高宗听到之后，就赐给王及善缣一百匹，不久又升迁为左千牛卫将军。

咸亨四年（癸酉，公元673年）

春季，正月，丙辰日（二十九日），唐绛州刺史郑惠王李元懿去世。

三月，丙申日（初十），唐高宗下诏令命刘仁轨等改修国史，因为许敬宗等人所记的有很多不真实。

夏季，四月，丙子日（二十一日），唐高宗车驾到了九成宫。

闰五月，燕山道总管、右领军大将军李谨行在瓠芦河西面将反叛的高丽人击败，俘虏好几千人，剩下的部属都逃到新罗。当时李谨行的妻子刘氏留在伐奴城，高丽引领靺鞨攻打伐奴城，刘氏穿上甲衣率领众人守城，过了很长时间，敌人只得退走。唐高宗嘉奖她的功劳，封为燕国夫人。李谨行是靺鞨人突地稽的儿子，武力超过一般人，众夷畏惧。

秋季，七月，婺州发生大水灾，溺死的人有五千。

八月，辛丑日（十九日），唐高宗因犯了疟疾，命令太子在延福殿接受各位官员奏报政事。

冬季，十月，壬午日（初一），唐中书令阎立本去世。

乙巳日（二十四日），唐高宗车驾回返京师。

十二月，丙午日（二十五日），弓月、疏勒两个国王前来投降。西突厥兴昔亡可汗的时代，各个部落叛离分散，弓月和阿悉吉都背叛。苏定方西征时，生擒阿悉吉回朝。弓月结交南方的吐蕃，招来北方的咽面，一同攻打疏勒，疏勒投降。唐高宗派遣鸿胪卿萧嗣业调动部队讨伐。萧嗣业的军队还没抵达，弓月害怕，和疏勒一起到朝廷投降。唐高宗赦免他们的罪，遣送他们回国。

上元元年（甲戌，公元674年）是年八月方改年号为上元。

春季，正月，壬午日（正月无此日），唐高宗任命左庶子、同中书门下三品刘仁轨担任鸡林道大总管，任命卫尉卿李弼、右领军大将军李谨行担任副大总管，调动军队征讨新罗。当时新罗王金法敏接纳了高丽反叛的部众，又占据百济旧有的土地，派人守护。唐高宗十分生气，下诏令削夺金法敏官爵。金法敏的弟弟右骁卫员外大将军、临海郡公金仁问在京师，被立为新罗王，唐高宗让他回国就位。

三月，辛亥朔日（初一），出现日食。

贺兰敏之获罪被害之后，皇后奏请召回被流放岭南的武元爽的儿子武承嗣，承继周公爵位，拜为尚衣奉御；夏季，四月，辛卯日（十二日），武承嗣升迁为宗正卿。

秋季，八月，壬辰日（十五日），唐高宗追尊他的七世祖宣简公李熙为宣皇帝，七世祖母张氏为宣庄皇后；六世祖懿王李天赐为光皇帝，六世祖母贾氏为光懿皇后；祖父太武皇帝李渊为神尧皇帝，祖母太穆皇后为太穆神皇后；父亲文皇帝李世民为太宗文武圣皇帝，母亲文德皇后为文德圣皇后。为了回避已故皇帝、皇后的称号，唐高宗改称天皇，皇后改称天后。改年号为上元，大赦天下。

戊戌日（二十一日），唐高宗下敕令："文武百官三品以上的穿紫色服饰，佩金玉带；四品官员穿深红色服饰，佩金带；五品官员穿浅红色服饰，佩金带；六品官员穿深绿色服饰，七品官员穿浅绿色服饰，都佩银带；八品官员穿深青色服饰，九品官员穿浅青色服饰，都佩黄铜带。没有官爵的庶人百姓穿黄色服饰，佩铜带。其余工商杂户，不允许穿黄色服饰。"

九月，癸丑日（初七），唐高宗下诏令重新恢复长孙晟、长孙无忌的官爵，任命长孙无忌的曾孙长孙翼继承赵公的封号，准许长孙无忌的遗体从流放地黔州送回长安，陪葬在唐太宗的昭陵。

甲寅日（初八），唐高宗驾临翔鸾阁，观看大饮酒礼。将乐队分为东西两队，让雍王李贤担任东队首领，周王李显担任西队首领，东西两部分比赛胜负以取乐。郝处俊劝谏说："两个侯王年纪幼小，志向还没固定，应当'推梨让枣'，互谅互让，亲密无间。现在却分为两队，互相夸耀竞争，这些优伶言辞没有法度，担心他们在争夺胜负时，相互讥嘲诮骂而失去礼节，这样就不合推崇礼义、鼓励亲爱和睦的道理了。"唐高宗很惊惧地说："你的远见卓识，不是众人所能赶得上的。"于是立即下令停止比赛。

当天，卫尉卿李弼在宴所突然去世，为此停止饮酒集会一天。

冬季，十一月，丙午朔日（初一），唐高宗车驾从京师出发。己酉日（初四），唐高宗在华山的曲武原打猎。戊辰日（二十三日），唐高宗到达东都。

箕州录事参军张君澈等人诬告刺史蒋王李恽和儿子汝南郡王李炜谋划造反，下令通事舍人薛思贞乘传车前去调查。十二月，癸未日（初八），蒋王李恽害怕，自杀身亡；唐高宗知道他没罪，深感痛惜，将张君澈等四人斩杀。

戊子日（十三日），于阗王伏阇雄来朝见唐高宗。

辛卯日（十六日），波斯王卑路斯来朝见唐高宗。

壬寅日（二十七日），天后上奏，认为："国家的圣胤，出自玄元皇帝（李耳），请求下令王公以下都学习《老子》，每年明经科加试《老子》，考试方法同《孝经》《论语》一样。"又请求："从现在起父亲仍在世的，子女为去世的母亲服齐衰三年。另外在京的官吏八品以上的，应当酌量增加俸禄。"还有其他对国家方便有利的建议一共十二条。唐高宗下诏书褒奖赞美天后，全都加以采用。

这一年，有个叫刘晓的人，上疏讨论有关选拔人才的事，认为："现在掌理选举的官员，都认为能够考量功过、调查真伪就是公道，楷法文理优美就算人才，却不知晓考求德行才能。况且楷法文理有许多是假借他人手笔。而且礼部取士，专以文章定等次，所以天下士人，都舍弃修养德行而趋向文艺，因而有刚考上科甲，马上就犯了法的人，虽然每天诵读许多书籍，和治道有什么相干？走七步能写成好诗文，未必就能抚育百姓。何况竭尽心力在花卉草木之间，极力描绘烟雾云霞的景色，这种情况竟成为风气，岂不是太荒谬了！百姓的倾慕，就仿佛水向下流，上位的有所喜好，下位的一定更为喜欢。陛下假如取用士人，先注重德行，将文艺放在末后，那么众多的士人就会雷厉风行地修养德行，四方百姓没有不受影响的。”

上元二年（乙亥，公元675年）

春季，正月，丙寅日（二十一日），唐朝在于阗国设置毗沙都督府，分割于阗国为十个州，任命于阗王尉迟伏阇雄担任毗沙都督。

辛未日（二十六日），吐蕃派遣大臣论吐浑弥前来请求和解，并且请求和吐谷浑再结邻国之好。唐高宗没有答应。

二月，刘仁轨在七重城大败新罗的部队。又派靺鞨渡海，攻打新罗南方边境，斩杀俘虏很多敌人。刘仁轨率军返回，唐高宗下诏令任命李谨行担任安东镇抚大使，屯驻在新罗的买肖城，作为经营战略的要地。李谨行三次作战全都获胜，新罗就派遣使者入朝进贡，并且向唐高宗谢罪。唐高宗加以赦免，恢复新罗王金法敏的官爵。金仁问半路返回，改封为临海郡公。

三月，丁巳日（十三日），天后在邙山的南面祭祀先蚕；百官和各国使者全都陪位祭祀。

唐高宗因为眩晕十分痛苦，讨论要让天后代理国政。中书侍郎同三品郝处俊说：“天子掌理外事，皇后掌管内务，这是自然的道理。从前魏文帝曹丕定下法令，虽然国君幼小，也不允许皇后到朝廷听政，就是为了杜绝祸乱的发生。陛下奈何将高祖、太宗的天下，不传给子孙而委托给天后呢？”中书侍郎昌乐人李义琰说：“郝处俊说的是最忠心的话，陛下应当听从！”唐高宗于是放弃原来的打算。

天后武则天广泛招揽很多的文学之士，如著作郎元万顷、左史刘祎之等人撰写《列女传》《臣轨》《百僚新戒》《乐书》，共一千多卷。朝廷的奏议和百官的表疏，时常秘密地让他们参与裁决，以此来削减宰相的权力，当时人称他们为北门学士。刘祎之是刘子翼的儿子。

夏季，四月，庚辰日（初六），唐高宗任命司农少卿韦弘机为司农卿。韦弘机兼掌东都的营田（屯田制的耕作地），接受诏令修葺宫苑。有个宦官在宫苑中犯了法，韦弘机用杖毒打，然后奏报唐高宗。唐高宗认为他有才能，赐给他几十匹绢布，说："再有类似犯法的人，你就加以杖打，不必再奏报。"

起初，左千牛将军长安人赵瑰娶了唐高祖女儿常乐公主，所生的女儿就是周王李显的妃子。常乐公主为唐高宗所厚待，天后十分不高兴。辛巳日（初七），周王的妃子因犯罪被废黜，幽禁关闭在内侍省，送给她的食物都是生的，又命令监视的人候望烟囱是否有烟，已经有几天烟囱不冒烟，打开监门一看，人已死去并腐烂了。赵瑰从定州刺史被贬为括州刺史，命令常乐公主随赵瑰上任，不许他们回京师长安朝见唐高宗。

太子李弘仁慈孝顺恭谨谦逊，唐高宗非常喜爱；太子又以礼对待士大夫，中外全都归附他。天后武则天正要施展个人抱负，太子的奏报请求，好几次违逆她的旨意，从此失去天后的欢心。义阳、宣城两个公主是萧淑妃的女儿，因为母亲的关系也获罪，被幽禁在别宫，年龄超过三十岁还没有出嫁。太子看了十分惊讶，怜悯她们，就奏请唐高宗将她们出嫁，唐高宗答应了。天后非常生气，当天便把她们分别嫁给正在值班的翊卫权毅、王遂古。己亥日（二十五日），太子在合璧宫去世，当时人认为是天后武则天用毒酒害死的。

壬寅日（二十八日），唐高宗车驾返回洛阳宫。五月，戊申日（初五），唐高宗下诏令："朕正准备传位给皇太子，可是太子却突然一病不起，现在重申从前的命令，加给他尊崇的名位，可以封他谥号为孝敬皇帝。”

六月，戊寅日（初五），唐高宗立雍王李贤为皇太子，大赦天下。

天后不喜欢慈州刺史杞王李上金，有司秉承天后旨意奏报李上金的罪；秋季，七月，李上金因罪被解除官职，并且被安置到澧州。

八月，庚寅日（十九日），唐朝将孝敬皇帝埋葬在恭陵。

戊戌日（二十七日），唐高宗任命戴至德为右仆射；庚子日（二十九日），唐高宗任命刘仁轨为左仆射，两人都和从前一样，为同中书门下三品。任命张文瓘为侍中，郝处俊为中书令；李敬玄为吏部尚书兼左庶子，和从前一样，为同中书门下三品。

刘仁轨、戴至德每天轮番接受处理诉讼公文，刘仁轨遇到有人申诉，经常用好听的话答允办理；而戴至德一定根据道理，问难诘责到底，从不随便判决，实在有冤屈解不开的，都暗中奏报唐高宗解决。因此那时一般人的称誉都落到刘仁轨身上。有人问戴至德那样做的原因，戴至德说：“刑罚和赏赐都是国君的权柄，人臣怎么可以盗取？”唐高宗听了之后，十分敬重他。有个老妪要造访刘仁轨陈述诉状，结果错访了戴至德，戴至德还没看完，老妪说：“本以为是通人情的仆射，却原来是不通人情的仆射！将诉状还我！”戴至德笑着将诉状还给她。当时的人都说戴至德是忠厚长者。张文瓘当时兼任大理卿，犯人听说张文瓘改了官职（侍中），都痛哭起来。张文瓘个性严厉刚正，对于各有司的奏议，大多加以纠正驳斥，唐高宗十分信任他。

仪凤元年（丙子，公元676年）是年十一月始改年号为仪凤。

春季，正月，壬戌日（二十三日），唐高宗将冀王李轮改封为相王。

纳州獠造反，唐高宗下令黔州都督调动军队讨伐。

二月，甲戌日（初六），唐朝迁徙安东都护府到辽东原有的都城。在起初已经将担任东州（高丽、百济、新罗）官吏的中原人全部罢废。又将熊津都督府迁徙到原有的建安城。原先迁徙到徐州、兖州的百济户口，全都安置在建安。

天后武则天劝唐高宗到中岳举行封禅。癸未日（十五日），唐高宗下诏今年冬天在嵩山将举行祭祀。

丁亥日（十九日），唐高宗来到汝州温泉。

三月，癸卯日（初五），黄门侍郎来恒、中书侍郎薛元超都担任同中书门下三品。来恒是来济的兄长；薛元超是薛收的儿子。

甲辰日（初六），唐高宗返回东都。

闰月，吐蕃进犯鄯、廓、河、芳等州，唐高宗下令左监门卫中郎将令狐智通调动兴、凤等州的军队加以抵御。己卯日（十一日），唐高宗下诏令说由于吐蕃进犯边境，停止在中岳封禅。乙酉日（十七日），唐高宗任命洛州牧周王李显担任洮州道行军元帅，统率工部尚书刘审礼等十二位总管，任用并州大都督相王李轮为凉州道行军元帅，率领左卫大将军契苾何力等人，来征讨吐蕃。但李显、李轮都没有到任。

庚寅日（二十二日），唐高宗车驾回西方。

甲寅日（闰三月无此日），中书侍郎李义琰任同中书门下三品。

戊午日（闰三月无此日），唐高宗车驾到了九成宫。

六月，癸亥日（二十七日），黄门侍郎晋陵人高智周任同中书门下三品。

秋季，八月，乙未日（八月无此日），吐蕃进犯叠州。

壬寅日（初七），唐高宗下敕令："桂、广、交、黔等都督府，近来任用本地官吏，选拔得并不精细，从现在起，每四年派遣五品以上清正廉洁的官吏充当使者，仍旧命令御史一起前往选用官吏。"当时人称之为南选。

九月，壬申日（初七），大理寺上奏左威卫大将军权善才、左监门中郎将范怀义误砍了昭陵的柏树，所犯的罪应该除去官名，唐高宗特别下令判处斩刑。大理丞太原人狄仁杰上奏说："两人的罪不应该处死。"唐高宗说："权善才等人砍伐昭陵柏树，我假如不杀就是不孝。"狄仁杰仍旧坚持请求不杀，唐高宗变了颜色，命令狄仁杰出去，狄仁杰说："冒犯陛下威颜，正直极谏，自古以来都认为十分困难。臣却认为遇到桀、纣当然困难，但遇到尧、舜却非常容易。现在依照法令所规定，并不至于判处死刑，而陛下却特意处死他们，这使得法令不被人信任，人们要怎么办才好呢？况且张释之有句话说：'假如有人盗窃长陵（汉高祖坟墓）的一抔土，陛下要怎样处理？'现在因为一株柏树之故就杀了两位将军，后代人要说陛下是怎样的人物呢？臣不敢接受陛下诏令的原因，是担心陷陛下于不仁道的境地，并且在九泉之下羞于见到张释之啊。"唐高宗听了之后怒气稍微解除，二人被除去官名，流放岭南。几天后，唐高宗擢升狄仁杰为侍御史。

起初，狄仁杰是并州法曹，同僚郑崇质应该出使到绝远的地方。郑崇质的母亲年老而且生病，狄仁杰说："他母亲年老又生病，怎么可以让他有万里离别的忧愁呢？"就造访长史蔺仁基，请求代替郑崇质出使。蔺仁基一向和司马李孝廉不和睦，因此相互说："我们怎么可以不自我感到羞愧呢？"两人彼此和睦相处了。

冬季，十月，唐高宗车驾返回京师。

丁酉日（初三），唐高宗在太庙举行祫祭祭享祖先，采用太学博士史璨的建议，在禘祭后三年举行祫祭，祫祭后二年举行禘祭。

郇王李素节，是萧淑妃的儿子，聪敏机智而且好学。天后不喜欢他，从岐州刺史被贬为申州刺史。乾封初年，唐高宗下敕令说："李素节既然有旧病，不需要入朝觐见。"而李素节实在没病，因为长久不能入朝觐见唐高宗，就写了一篇文章《忠孝论》。他的王府仓曹参军张柬之暗中封好那篇《忠孝论》，借上计使进献给唐高宗。天后见到之后，诬告李素节贪赃受贿，丙午日（十二日），李素节被降封为鄱阳王，安置在袁州。

十一月，壬申日（初八），唐高宗改年号为仪凤，大赦天下。

庚寅日（二十六日），唐高宗任命李敬玄为中书令。

十二月，戊午日（二十五日），唐高宗任命来恒为河南道大使，薛元超为河北道大使，尚书左丞鄢陵人崔知悌、国子司业郑祖玄为江南道大使，分路巡视安抚地方。

仪凤二年（丁丑，公元677年）

春季，正月，乙亥日（十二日），唐高宗耕种藉田。

起初，刘仁轨带兵从熊津返回，扶馀隆畏惧新罗的逼迫，不敢停留，不久也返回朝廷。二月，丁巳日（二十四日），唐高宗任命工部尚书高藏担任辽东州都督，封为朝鲜王，派遣他返回辽东，安抚和召集高丽剩余部众。早先在各州的高丽人，都遣送他们和高藏一起回去。又任命司农卿扶馀隆担任熊津都督，封为带方王，也派遣他回去安抚和召集百济剩余部众，仍然将安东都护府移置到新城，以利方便统治。当时百济荒凉残破，就命令扶馀隆借住在高丽境内。高藏到了辽东，阴谋造反，暗中和靺鞨勾结。被朝廷召回，迁徙到邛州而后去世，唐朝分散迁徙他的部队到河南、陇右各州，贫穷的安置在安东城边。高丽旧城被新罗所消灭，余下的徒众分散逃入靺鞨和突厥，而扶馀隆也竟然不敢返回旧有土地，高氏、扶馀氏因此灭亡。

三月，癸亥朔日（初一），唐高宗任命郝处俊、高智周一起担任左庶子，李义琰担任右庶子。

夏季，四月，左庶子张大安成为同中书门下三品。张大安是张公谨的儿子。

唐高宗下诏令，因为河南、河北旱灾，派遣御史中丞崔谧等人分路安抚百姓，赈济灾民。侍御史宁陵人刘思立上疏说："现在麦已抽穗，蚕已吐丝，农事正忙的时候，陛下派令使者四处安抚巡视，百姓翘首期待，欢欣鼓舞，忘了生产，期望得到陛下的恩惠，聚集起来参拜、欢迎使者，对农事妨碍很大。既是为了赈灾，就必须建立簿籍文书，这样一来原本是为了要安慰百姓，反而变成烦琐困扰。希望暂且委派州县赈济灾民，等到秋天农务清闲时，再派出使者褒贬州县救济工作的效果。"疏文上奏，崔谧等人就不再出发了。

五月，吐蕃进犯扶州的临河镇，生擒了镇守的将军杜孝升，又命令杜孝升拿着书信劝说松州都督武居寂投降，杜孝升再三执意不肯接受。吐蕃军队返回，舍弃杜孝升离去，杜孝升再率领剩余部众抵抗防守。唐高宗下诏任命杜孝升为游击将军。

秋季，八月，唐高宗将周王李显改封为英王，改名为李哲。

唐高宗命令刘仁轨镇守洮河军。冬季，十二月，乙卯日（二十七日），唐高宗下诏令大肆出动军队征讨吐蕃。

唐高宗下诏令，因为显庆年间所推行的新礼，许多地方不师法古礼，所以规定五礼都依照《周礼》所规定的去做。从此以后，礼官更加没有依守的凭据标准，每当遇到有大的礼节仪式要举行，就临时撰写决定。

仪凤三年（戊寅，公元678年）

春季，正月，辛酉日（初四），文武百官和蛮夷酋长在光顺门朝见天后。

刘仁轨镇守洮河，每次有所奏报请求时，多被李敬玄压抑，因而怨恨李敬玄。刘仁轨知道李敬玄没有将帅的才干，为了陷害他，就向唐高宗奏言："西方边境的镇守防务，非李敬玄不能胜任。"李敬玄再三推辞。唐高宗说："刘仁轨如果需要朕的话，朕也会前往，你怎么可以推辞？"丙子日（十九日），唐高宗任命李敬玄接替刘仁轨担任洮河道大总管兼安抚大使，仍旧检校鄯州都督。又命令益州大都督府长史李孝逸等人，调动剑南、山南的军队前往。李孝逸是李神通的儿子。

癸未日（二十六日），唐高宗派遣金吾将军曹怀舜等人分头前往河南、河北招募勇猛的武士，不管平民和仕宦，都加采用。

夏季，四月，戊申日（二十二日），唐高宗大赦天下，改下一年年号为通乾。

五月，壬戌日（初七），唐高宗到九成宫。丙寅日（十一日），山中下雨，气候十分寒冷，随从的士卒中有冻死的。

秋季，七月，李敬玄奏报在龙支击败吐蕃。

唐高宗刚即位时，不忍心观看《破阵乐》，下令撤除不用。辛酉日（初七），太常少卿韦万石上奏说："长久废弃不用，担心变成荒废残缺，请求从今日起，在大宴会时再度弹奏。”唐高宗接受了。

九月，辛酉日（初七），唐高宗车驾返回京师。

唐高宗准备调动军队征讨新罗，侍中张文瓘卧病在家，自己乘坐轿子入见唐高宗，劝唐高宗说：“现在吐蕃进犯，正出动军队向西征讨；新罗虽说不顺服，但从没有进犯边境，假如又征讨东方，臣担心公私两方面都不能承受这种负担。”唐高宗才停止征讨新罗的计划。癸亥日（初九），张文瓘去世。

丙寅日（十二日），李敬玄统率十八万士兵在青海和吐蕃将军论钦陵作战，结果战败，工部尚书、右卫大将军彭城僖公刘审礼被吐蕃俘虏。当时刘审礼带领前军深入敌境，停驻在濠所，遭到敌人攻击，而李敬玄又胆怯懦弱，按兵不动，不前往救援。听说刘审礼战败被俘就狼狈不堪地后退，停驻在承风岭，挖掘泥沟作为险阻，以求自保；敌人驻军在高冈上，居上临下压制他。左领军员外将军黑齿常之，在夜晚率领五百个敢死之士，偷袭敌人营寨，敌军士众溃败混乱，敌将跋地设只好率兵逃走，李敬玄才收集剩余部众返回鄯州。

刘审礼的儿子们缚住自己前往皇宫，请求进入吐蕃赎回父亲，唐高宗敕令让第二个儿子刘易从到吐蕃省视父亲。到达时，刘审礼已经生病死亡，刘易日夜痛哭不停；吐蕃怜悯他，送还刘审礼尸身，刘易从徒手赤脚将尸体背负回家。

唐高宗嘉奖黑齿常之的功劳，擢升他为左武卫将军，充任河源军副使。

李敬玄西征时，监察御史原武人娄师德响应寻求猛士的诏令而从军，后来李敬玄兵败，唐高宗敕令娄师德收抚散亡的部队，军力才振作起来。就命令他出使吐蕃，吐蕃将领论赞婆在赤岭迎接他。娄师德宣导唐高宗的心意，用吉凶祸福晓谕论赞婆，论赞婆十分高兴，为此有好几年不侵犯边境。娄师德升迁为殿中侍御史，充任河源军司马，兼理屯田制度里的农田事宜。

唐高宗以吐蕃的战事为忧，将侍臣全部召来计议，有人主张和吐蕃和好结亲，让百姓安息；有人主张严厉设置防守的武备，等待公私都富足强大时再征讨；有人主张马上出动军队攻打吐蕃。计议结果最终不能做出决定，唐高宗只好赐给饭食后，遣走大臣们。

太学生宋城人魏元忠呈上封事，说明抵御吐蕃的策略，认为："治理国家的要务，在于文事和武备。现在谈到文事；全都认为文辞华丽重要，而不涉及筹划治理国家大事，说到武备，都以骑马射箭为先务，而不涉及计划谋略，这样对于整治乱事来说，又有什么益处呢？所以陆机写下《辨亡》的文章，总结孙吴兴亡的原因，救不了他在河桥的失败，楚国大夫养由基能射穿七层铠甲，挽救不了楚国军队在鄢陵败北，这些都是已经发生的明证。古人有话说：'人没有一成不变的习俗，政事却有治理得好和坏；军队无所谓强与弱，将领却有聪明和笨拙。'所以选将应当以智慧、谋略为主，勇气武力为末。现在朝廷选用的将领，大多是将门的子弟和死于王事者的子孙，这些全是庸才，怎么能够担当京城之外的国防大任！李左车、陈汤、吕蒙、孟观等人都出身卑贱，而建立了大功勋，却没有听闻他们家代代为将啊！

"奖赏和刑罚是军队和国家最重要的事务，假如有功劳不奖赏，有罪过不诛杀，就是尧、舜也不能使国家得到治理。大家都这样说：'最近的征伐，只是空有奖赏的规格但没有奖赏的事实。'这是由于一些才识短浅的官吏，眼光不够远大，只知珍惜勋奖酬值，害怕仓库财物变空，却不知晓战士在战场上不拼命，损失的有多少！百姓地位虽然卑微，也不能加以欺骗。怎么可以高悬那不信实的法令，设下奖赏不实的律条，而盼望百姓能够立功呢？自从苏定方讨伐辽东，李勣打败平壤以来，封赏已经停止不再施行，赐勋仍旧停滞，没听说过斩一个台郎，杀一个令史（台郎、令史都是司勋之人），向有功劳的人谢罪。大非川的败北，薛仁贵、郭待封等人没有接受重刑，假如起初早点诛杀薛仁贵等人，那么其他各将以后怎么会再次失利呢？臣担心吐蕃的平定，并非短期内能实现的。"

"而且出动军队最要紧的，在于马力。臣请求放开养马的禁令，让百姓都能够养马。假如官军大举出动，就委派州县官吏，用公家金钱，加高价钱向百姓购买，那么马匹全为国家所有。胡虏是专靠马力而强大的，假如听任民间向胡人购买加以畜养，那么就可以减少胡人的强大，而对中原有利了。”唐朝早先禁止百姓养马，所以魏元忠才谈到养马的事。唐高宗称赞魏元忠所说的话，召见他，任命他在中书省任职，并且账内供奉，朝会时可以随着百官入见。

冬季，十月，丙午日（二十三日），唐徐州刺史密贞王李元晓去世。

十一月，壬子日（三十日），唐黄门侍郎、同中书门下三品来恒去世。

十二月，唐高宗下诏令停止下一年通乾的年号，因为通乾的反语（反语是天穷）不吉利。

调露元年（己卯，公元679年）是年六月始改年号为调露。

春季，正月，己酉日（二十八日），唐高宗来到东都。

司农卿韦弘机建造宿羽、高山、上阳等宫殿，规模雄壮华丽。上阳宫靠近洛水，长廊连绵有一里长，宫殿建成后，唐高宗迁宫前往居住。侍御史狄仁杰弹劾韦弘机引导天子奢侈骄泰，韦弘机因而被免官。左司郎中王本立依恃唐高宗恩典，专权用事，朝廷士臣都畏惧他。狄仁杰奏报他作奸犯科，请求交给执法官吏处理，但唐高宗特意赦免他，狄仁杰说：“国家虽然缺少英才，但会缺少王本立这类人吗？陛下为什么要爱惜罪人的性命，而亏损王法呢？假如一定要曲意宽赦王本立，就请将臣放逐，给将来忠贞的人警戒！”王本立终于被判罪，自此朝廷士臣都很严肃，不敢为非作歹了。

庚戌日（二十九日），唐右仆射、太子宾客道恭公戴至德去世。

二月，壬戌日（十一日），吐蕃赞普去世，儿子器弩悉弄继位，年仅八岁。当时器弩悉弄和他的舅舅麴萨若正在羊同征调军队，器弩悉弄有一个六岁的弟弟，在论钦陵的军营里。吐蕃人畏惧论钦陵的强大，要立器弩悉弄的弟弟，论钦陵反对，和萨若一起拥立器弩悉弄。

唐高宗听说吐蕃赞普死了，命令裴行俭找机会图谋破坏，裴行俭说："论钦陵执政，大臣都很和睦，无法加以破坏。"唐高宗才打消念头。

夏季，四月，辛酉日（十二日），唐高宗任命郝处俊为侍中。

偃师人明崇俨，凭借符咒幻术被唐高宗和天后所重用，官位升到正谏大夫。五月，壬午日（初三），明崇俨被盗贼所杀，唐高宗下令搜捕盗贼，竟没有捕获。唐高宗追赠明崇俨为侍中。

丙戌日（初七），唐高宗命令太子监国。太子处理事务明晰，大家都称赞他。

戊戌日（十九日），唐朝在渑池西边营建紫桂宫。

六月，辛亥日（初三），唐高宗大赦天下，改年号为调露。

起初，西突厥十姓可汗阿史那都支和他的别部将帅李遮匐与吐蕃结盟和好，侵逼到安西，朝廷大臣建议调动军队讨伐。吏部侍郎裴行俭说："吐蕃侵寇，刘审礼全军覆没，到现在战争还没停，怎么可以再出兵西方呢？现在波斯王死了，他的儿子泥洹师在京城做人质，应当派遣使者送泥洹师回去，路上遇到阿史那都支和李遮匐时就进攻，可以不必血战就能活捉他们。"唐高宗接受了，命令裴行俭前去册封泥洹师为波斯王，裴行俭仍为安抚大食的使者。裴行俭上奏任命肃州刺史王方翼作为自己的副使，仍旧担任检校安西都护。

秋季，七月，己卯朔日（初一），唐高宗下诏令今年冬至将在嵩山举行祭事。

起初，裴行俭曾经担任西州长史，后来奉令出使路过西州，西州官吏百姓在郊外迎接，裴行俭召集全部的豪杰共一千多人，让他们跟随自己，并且扬言天气正炎热，不能走远，要等天气稍微转凉，才向西进发。阿史那都支侦知后，就没有设防。裴行俭就慢慢地召见四镇（龟玄、毗沙、焉耆、疏勒）各个胡族的酋长，对他们说："从前在西州，纵情打猎十分快乐，现在要重寻从前的快乐，有谁能跟我一同去打猎呢？"各胡族的子弟抢着要陪裴行俭出猎，差不多得到一万人。

裴行俭假装打猎，暗中校阅部队卒伍，几天后，就加速向西进发。距离都支部落十几里路时，先派遣都支所亲近的人，向都支问安，表面上很闲，好像不是要征讨袭击，又继续派遣使者敦促，召都支相见。都支起初已经和李遮匐约好，在秋季一起抗拒唐朝的使者，现在突然听说裴行俭带兵到达，想不出计谋应付，只好带领子弟们迎接晋见，裴行俭就捉了都支，顺便用箭传信，召来各部落的酋长，一起押送到碎叶城。挑选精良的骑士，携带轻便的物资，不分昼夜前进，偷袭李遮匐，在路上，俘虏了都支回还的使者和李遮匐的使者，他们正从李遮匐处一起回来。裴行俭释放了李遮匐的使者，派他向李遮匐晓示说明都支已经被捉。李遮匐听了后，也就归降了。于是将都支、李遮匐拘禁起来，带回朝廷。派遣波斯王自己返回故国，留下王方翼在安西，命令他修建碎叶城。

冬季，十月，单于大都护府突厥阿史德温傅、奉职两部落都造反了，立阿史那泥熟匐为可汗，二十四州的酋长都反叛来响应他，有好几十万的部众。唐高宗派遣鸿胪卿单于大都护府长史萧嗣业、右领军卫将军花大智，右千牛卫将军李景嘉等人带兵征讨。萧嗣业等人起先作战时多次获胜，因此不再防备；恰好遇到天下大雪，突厥在夜晚偷袭兵营，萧嗣业狼狈不堪，拔营逃走，部队因而大乱，被敌人所败，死的人不计其数。花大智、李景嘉带领步兵，一面退走一面作战，才能退入单于都护府。萧嗣业减免死罪，被流放到桂州，花大智、李景嘉一起被免除官职。

突厥进犯定州，刺史霍王李元轨命令打开城门，将旗卷放在地上，敌人怀疑城里有埋伏，心中恐惧，因而乘夜逃走。州人李嘉运和敌人通谋，事情泄露，唐高宗命令李元轨穷究李嘉运的同党，李元轨说："强敌还在境内，百姓心里不安，假如逮捕囚系太多人的话，等于是逼他们造反了。"就只杀掉李嘉运一个人，其他人都不加推问，再自我弹劾违背唐高宗命令。唐高宗看了霍王的奏表后，十分高兴，对使者说："朕也懊悔，假如没有霍王的话，就丢失定州了。"从此以后朝廷有重大事件，唐高宗大多暗中征询他的意见。

壬子日（初五），唐高宗派遣左金吾卫将军曹怀舜屯驻在井陉，右武卫将军崔献屯驻在龙门以防备突厥。突厥煽动引诱奚、契丹进犯掠夺营州，都督周道务派遣户曹始平人唐休璟派军击败对方。

庚申日（十三日），唐高宗下诏令因为突厥背叛，停止在嵩山举行封禅。

癸亥日（十六日），吐蕃文成公主派大臣论塞调傍前来报告赞普的丧事，并且请求和好结亲，唐高宗派遣郎将宋令文前往吐蕃参加赞普的葬礼。

十一月，戊寅朔日（初一），唐高宗任命太子左庶子、同中书门下三品高智周担任御史大夫，废止他掌理政事的权力。

癸未日（初六），唐高宗宴请裴行俭，对他说："卿有文武两方面的才华，现在就授给你两种职务。"任命裴行俭为礼部尚书兼检校右卫大将军。甲辰日（二十七日），唐高宗任命裴行俭担任定襄道的行军大总管，率领军队十八万人，和西军检校丰州都督程务挺、东军幽州都督李文暕两人，率领三十多万部众前去征讨突厥，两人都受裴行俭节制。程务挺是程名振的儿子。

永隆元年（庚辰，公元680年）是年八月始改年号为永隆。

春季，二月，癸丑日（初八），唐高宗前往汝州温泉。戊午日（十三日），唐高宗前往嵩山处士三原田游岩的住处。己未日（十四日），唐高宗前往道士宗城潘师正住处，唐高宗和天后、太子都向他行礼。乙丑日（二十日），唐高宗返回东都。

三月，裴行俭在黑山大败突厥，生擒突厥酋长奉职；可汗泥熟匐被他的部下所杀，部属拿着他的头颅前来投降。

起初，裴行俭到达朔川时，对他的部下说："用兵的方法是安抚士卒要真诚，制服敌人要用欺诈。前些日子萧嗣业转运粮食时被突厥所抢掠，使得士卒挨饿受冻，因此才失败。如今突厥一定会再用这种谋略，所以我们应当将计就计欺骗他们。"就制作假粮车三百辆，每车埋伏五个壮士，都携带长刀、强劲的弓弩，派老弱兵数百人跟车，并且在险要的地方埋伏精兵，来等待敌人。敌兵果然前来劫粮，那些羸弱的士兵就抛弃了粮车而四散奔逃。敌人将粮车赶到水草边，解下马鞍，放牧马匹，要夺取粮车中的军粮。埋伏的壮士就从车中跳跃而出，攻击敌虏，敌虏受惊逃走，又被埋伏的军队袭击，几乎全部被杀或者俘虏。从此以后运粮行走，敌虏再也不敢靠近。

军队抵达单于都督府北面，已经黄昏，就扎下营寨，挖掘沟渠，四面都已经挖好，裴行俭突然下令移兵驻扎到高冈；将军们都说士卒已经安住下来，不可以再动，裴行俭没有接受，催促赶快行动。当天晚上，风雨突然降临，起初的营地，水深一丈多，各位将领心生佩服，询问裴行俭原因，裴行俭笑着说："从现在起只要听我命令，不必问我为什么知道。"

奉职被生擒之后，余下的徒党逃走据守狼山。唐高宗诏令，派户部尚书崔知悌以传车飞快地前往定襄，来宣慰将士，并且负责对付剩余的敌寇；裴行俭带兵回返。

夏季，四月，乙丑日（二十一日），唐高宗前往紫桂宫。

戊辰日（二十四日），黄门侍郎闻喜人裴炎、崔知温，中书侍郎京兆人王德真一同被任命为同中书门下三品。崔知温是崔知悌的弟弟。

秋季，七月，吐蕃进犯河源，左武卫将军黑齿常之加以击退。唐高宗擢升黑齿常之为河源军经略大使。黑齿常之认为河源是险要之地，要加派部队驻守，但军队的运输既危险又遥远，因此就设立七十几个烽火防卫，开辟五千多顷的屯田，每年收获五百多万石的粮谷，从此出战和防守都有足够的粮食贮备。

起初，剑南在茂州招募兵员，在西南营建安戎城，来切断吐蕃和诸蛮相通的道路。吐蕃以生羌为向导，攻陷安戎城，派兵占据，从此西洱的各蛮族全都投降吐蕃。吐蕃将羊同、党项和各羌族的土地都占领了，东面和凉、松、茂、巂等州相接，南面和天竺为邻，向西攻克了龟兹、疏勒等四个镇，北面直到突厥，共有一万多里，在胡族之中最为盛大，没有其他胡族可以相比。

丙申日（二十四日），唐郑州刺史江王李元祥去世。

突厥剩余部众包围云州，代州都督窦怀悊、右领军中郎将程务挺率军击败他们。

八月，丁未日（初五），唐高宗返回东都。

中书令、检校鄯州都督李敬玄，军队被打败之后，多次以生病为由请求返回朝廷。唐高宗允许了。但回朝之后，并没有生病，还到中书视察政事；唐高宗十分生气，于丁巳日（十五日），将他贬为衡州刺史。

太子李贤听到宫里暗中议论，说李贤是天后的姐姐韩国夫人所生，内心十分怀疑、恐惧。明崇俨凭借符咒之术被天后信任，经常暗中向天后说“太子能力不能够继承皇位，英王相貌像太宗”，又说“相王的相貌最为高贵”。天后曾经命令北门学士撰写《少阳正范》和《孝子传》赐给太子，又写信责备他，太子心中更加不安。

后来明崇俨死了，查不到凶手，天后怀疑是太子所为。太子特别喜好声乐、美色，和家奴赵道生等人狎习亲昵，赐给赵道生等人许多金帛，司议郎韦承庆上书给太子进行劝告，但太子不听。天后派人告诉唐高宗有关太子的事。唐高宗下诏令给薛元超、裴炎和御史大夫高智周等人，让他们一起审问，在东宫马坊里搜到黑色铠甲好几百件，认为是造反用的。赵道生又说是太子命令自己杀死了明崇俨。唐高宗一向宠爱太子，迟疑不决，想要宽宥太子。天后说：“为人子怀藏叛逆的阴谋，是天地所不能容许的；大义灭亲，也是应当的，怎么可以赦免？”甲子日（二十二日），唐高宗将太子李贤废为庶人，派遣右监门中郎将令狐智通等人押送李贤到京师，将太子幽禁在别宫，太子的同党都伏法被杀；又将那些黑色铠甲在天津桥南焚毁，向士民显示叛乱者的下场。韦承庆是韦思谦的儿子。

乙丑日（二十三日），唐高宗立左卫大将军、雍州牧英王李哲为皇太子，改年号为永隆，大赦天下。

太子洗马刘讷言曾经撰写《俳谐集》献给李贤，李贤事败之后，这本书被搜到，唐高宗生气地说："用《六经》教育人，还担心无法感化对方，居然还进献粗鄙的笑话，这算辅导太子的做法吗？"将刘讷言流放到振州。

左卫将军高真行的儿子高政担任太子典膳丞，和李贤的事件有所牵连，唐高宗将他交付给他父亲，由高真行自己教训督责。高政一入家门，高真行就拿佩刀刺他的咽喉，高真行的哥哥户部侍郎高审行又刺向他的腹部，高真行哥哥的儿子高琁砍断他的头，抛弃在路上。唐高宗听到后，心里不高兴，将高真行贬为睦州刺史，高审行贬为渝州刺史。高真行是高士廉的儿子。

左庶子、中书门下三品张大安因为附和太子的罪，被降为普州刺史。其他的官吏僚属，唐高宗都开释了他们的罪，让他们恢复原来的官位，左庶子薛元超等人都手舞足蹈来拜谢皇恩。只有右庶子李义琰认为自己确有罪过，因而哭泣流泪，得到当时舆论的称赞。

九月，甲申日（十三日），唐高宗任命中书侍郎、同中书门下三品王德真为相王府的长史，罢除政事。

冬季，十月，壬寅日（初一），苏州刺史曹王李明，沂州刺史后嗣蒋王李炜，都被认为是前太子李贤的同党，李明被降职，封为零陵郡王，安置在黔州；李炜被除掉官名，安置在道州。

丙午日（初五），唐文成公主在吐蕃去世。

己酉日（初八），唐高宗车驾从西方返回。

十一月，壬申朔日（初一），出现日食。

开耀元年（辛巳，公元681年）是年十月始改年号为开耀。

春季，正月，突厥进犯原、庆等州。乙亥日（初五），唐高宗派遣右卫将军李知十等人屯驻在泾、庆二州以防备突厥。

庚辰日（初十），因为刚立太子，唐高宗下敕令在宣政殿欢宴百官和命妇，领九部乐队和民间乐舞杂技艺人由宣政门进入宣政殿。太常博士袁利贞上疏给唐高宗，认为：“天子治事的正殿（古代天子、诸侯所居治政的所在）不是命妇宴会的地方，正殿的大门（路寝之门，路寝即正寝）也不是倡优进入献技的场所，请求让命妇在别殿宴会，九部歌伎从东西门进入，其他百戏希望陛下停用，作为简省。”唐高宗就更改命令，在麟德殿摆设宴席，宴会当天，赐给袁利贞布帛一百段。袁利贞是袁昂的曾孙。

袁利贞的族孙袁谊是苏州刺史，自认为祖先从宋朝太尉袁淑以来，都尽忠于帝王之家，而认为琅邪王氏虽累世居于三公的高位，而且好几代都辅佐国君创业，但仍然将和琅邪王氏为伍当作耻辱，曾经说：“一个名门家庭被珍视的原因，是世代笃厚忠贞，才德、品行相继的缘故。而那种向人索取婚礼，追求俸禄财物，又有什么尊贵的呢？”当时人士都赞同他的说法。

裴行俭带领军队返回之后，突厥阿史那伏念又自立为可汗，和阿史德温傅一起进犯大唐。癸巳日（二十三日），唐高宗任命裴行俭担任定襄道大总管，右武卫将军曹怀舜、幽州都督李文暕担任副总管，率兵征讨。

二月，天后上表请求宽赦杞王李上金、鄱阳王李素节的罪。任命李上金为沔州刺史，李素节为岳州刺史，仍旧不让他们朝谒会集。

三月，辛卯日（二十二日），唐高宗任命刘仁轨兼任太子少傅，其他官衔照常。任命侍中郝处俊担任太子少保，罢除政事。

少府监裴匪舒，善于营求财利，上奏唐高宗将苑中马粪卖掉，每一年得到二十万缗钱。唐高宗拿这件事询问刘仁轨，刘仁轨回答说：“利是很丰厚的，但担心后代人说唐朝皇家是售卖马粪的，不是好名声。”唐高宗才停止出售马粪。裴匪舒又为唐高宗建造镜殿，建造完成时，唐高宗和刘仁轨一起观看，刘仁轨害怕得赶快离开。唐高宗询问他原因，刘仁轨回答：“天上没有两个太阳，地上也没有两个天子，刚刚看到四面墙壁有好几位天子，这是最不祥的事啊！”唐高宗就很快下令废除。

曹怀舜和裨将窦义昭率领前军攻打突厥。有人报告说："阿史那伏念和阿史德温傅在黑沙，身边只有不满二十人的骑兵，可以直接前往攻取。"曹怀舜等人相信了，将老弱士卒留在瓠芦泊，率领轻便精锐的士卒，加速前进，到了黑沙，什么都没看到，人员、马匹都困顿疲倦，才率兵返回。

恰好薛延陀的部落要向西前往拜见伏念，遇到曹怀舜的军队，因此请求投降。曹怀舜等人带兵慢慢返回，到了长城北面，遇到温傅，两方进行一阵小战，后各自带兵离开。到了横水，遇到伏念，曹怀舜、窦义昭和李文暕以及裨将刘敬同四人的部队集结成方形战阵，一面作战一面行走。经过一天，伏念利用顺风进攻，军中受到惊扰混乱，曹怀舜等人只好丢弃部队逃走，部队因而大败，死亡的士卒难以计数。曹怀舜等人收拾分散的士卒，聚敛黄金布帛用来贿赂伏念，和他订约和好，杀牛作为盟誓。伏念向北离去，曹怀舜等人才返回。

夏季，五月，丙戌日（十八日），曹怀舜被赦免死罪，流放到岭南。

己丑日（二十一日），河源道经略大使黑齿常之率军在良非川攻打吐蕃论赞婆，将他打败，收聚吐蕃的粮食牲畜而后返回。黑齿常之在军队中七年，吐蕃非常畏惧他，不敢进犯边境。

起初，太原王妃（荣国夫人）去世时，天后请求任命太平公主为女官，来求得冥福。后来吐蕃请求和好结亲，希望迎娶太平公主，唐高宗就为公主建立太平观，任命公主担任太平观住持，作为拒绝的借口。到这时候，唐高宗才选择光禄卿汾阴人薛曜的儿子薛绍为对象而出嫁。薛绍的母亲是唐太宗的女儿城阳公主。

秋季，七月，太平公主出嫁薛氏，从兴安门南面直到宣阳坊西边，燃烧的火炬连绵不断，沿途两旁的槐木都被烧死。薛绍的哥哥薛顗因太平公主恩宠太盛，十分忧虑，就请教族中长辈户部郎中薛克构怎么办。薛克构说："皇帝甥儿迎娶公主，是国家经常有的事，假如以恭敬、谨慎的态度去做，有什么妨害呢？可是有谚语说：'娶妻若是公主，无事抓进官府。’这是不能不戒惧警惕的一件事。”

天后认为薛顗的妻子萧氏，和薛顗弟弟薛绪的妻子成氏都不是贵族，要休掉她们，说：“我女儿怎么可以与农家女做妯娌呢？”有人说：“萧氏是萧瑀的侄孙，和国家早有姻亲关系（萧瑀儿子萧锐迎娶唐太宗女儿襄城公主）。”天后才没有下旨休掉她们。

夏州群牧使安元寿上奏：“从调露元年九月以来，夏州损失了十八万多马匹，监管放牧的官吏士卒，被敌虏杀死掠走的有八百多人。”

薛延陀达浑等五州，一共四万多帐幕前来投降大唐。

甲午日（二十七日），左仆射兼太子少傅、同中书门下三品刘仁轨再三请求解除自己仆射的官职，唐高宗允许了。

闰七月，丁未日（十一日），命裴炎任侍中，崔知温、薛元超担任中书令。

唐高宗征召田游岩为太子洗马，他在东宫没有什么规谏裨益。右卫副率蒋俨用书信责备他说：“足下有巢父、许由的清俊节操，傲视唐尧、虞舜那样的圣君，声誉超越宇内各位名士，声名流满四海之内。国君委屈万乘的尊崇，给您三顾茅庐的荣幸，待您像汉高祖对商山四皓那样，对您不以臣下之礼相待，是为了辅导太子，让太子能受到美善的熏陶。皇太子正当盛年时候，圣明之道德还没有完备，我虽不才，仍然在宫廷中加以诤谏，而足下接受调理、保护太子的重托，是可以谏言的时候，却恭敬顺从而没有一次进言，就这样悠悠然一直下去。假如足下一向像伯夷不食周粟一样不做官，我就不敢说什么！但足下的俸禄足以养亲，又用什么来酬报朝廷？我的想法很浅陋，请足下写信启发教诲我。”结果田游岩无言以对。

庚申日（二十四日），唐高宗因为吃药的关系，命令太子监国。

裴行俭的军队驻扎在代州的陉口，多用反间策略，从此阿史那伏念和阿史德温傅慢慢地相互猜疑。伏念将妻子儿女和运送物资的辎重车留在金牙山，率领轻便的骑兵袭击曹怀舜。裴行俭派遣裨将何迦密从通漠道，程务挺从石地道前往偷袭、攻取金牙山。伏念和曹怀舜订好和约而后返回，到金牙山时，失去了妻子儿女和辎重，士卒有很多人生病，只好率军向北逃到细沙，裴行俭又派副总管刘敬同、程务挺等人率领单于府的士兵追踪。伏念请求捉拿温傅报效唐朝，可是心中还在犹豫不决，并且又认为路途遥远，唐兵一定到达不了，因而就不再防备。刘敬同等人的部队到达时，伏念狼狈不堪，无法再整顿部众，就抓捕了温傅，从小路前往裴行俭处投降。侦候的骑兵回来报告说尘埃漫天而来，将士们都非常震惊害怕，裴行俭说："这是伏念擒拿温傅前来投降，不是其他盗贼。可是接受投降就如同接受作战一样，不能没有防备。"就下令严加戒备，派遣一个使者前去迎接慰劳。没过多久，伏念果然率领酋长捆缚温傅来到军门请罪。裴行俭将突厥余党全部平定，把伏念、温傅押回京师。

冬季，十月，丙寅朔日（初一），出现日食。

壬戌日（十月无此日），裴行俭等人献出定襄所捉的俘虏。乙丑日（十月无此日），唐高宗改年号为开耀。丙寅日（初一），唐高宗将阿史那伏念、阿史德温傅等五十四人都被斩杀。

起初，裴行俭许诺不杀伏念，伏念才投降。但裴炎嫉妒裴行俭的功劳，上奏说："阿史那伏念是被副将张虔勖、程务挺所逼迫，加上回纥从大漠北面向南进逼，走投无路才投降。"因此就杀了伏念。裴行俭感叹说："王浑、王浚争夺功劳，是古今引以为耻的。只恐怕杀死投降的人，将来没有人再敢投降了。"因此就借口生病不出门。

丁亥日（二十二日），新罗王金法敏去世，唐高宗派遣使者立他的儿子金政明为新罗王。

十一月，癸卯日（初八），唐高宗将前太子李贤迁徙到巴州。

资治通鉴卷第二百三　唐纪十九

起壬午（公元682年），止丙戌（公元686年），共五年。

【题解】本卷记录了公元682年至686年的史事，共五年，正当唐高宗永淳元年到武则天垂拱二年。本卷是记载唐朝政治从唐高宗到武则天称制的一个过渡时期。此时期，武则天废中宗李显，杀废太子李贤，立傀儡皇帝睿宗李旦，垂帘听政，平定徐敬业的叛乱，杀辅臣裴炎，杀功臣程务挺、王方翼，唐朝政治发生了极大的动荡。在唐高宗晚年，政权已完全掌握在武则天手中，但高宗的权威仍能控制时局，可惜高宗明知武氏擅权而不忍制止。武则天在平定徐敬业的叛乱后，借势推行酷吏政治，启动告密之法，实行血腥的高压手段威服政敌，排除异己，从而开启了唐朝政治的武则天时代。

高宗天皇大圣大弘孝皇帝下

永淳元年（壬午，公元682年）

春季，二月，唐朝在蓝田修筑万泉宫。

癸未日（十九日），唐高宗改年号为永淳，大赦天下。

戊午日（二月无此日），唐高宗立皇孙李重照为皇太孙。唐高宗要下令为皇太孙开府设官属，询问吏部郎中王方庆的意见，王方庆回答说："晋和齐都曾立过太孙，那时太子官属就是太孙的官属，从没听说过太子在东宫而再为太孙设置官署的事情。"唐高宗说："我不拘古礼自己创作，可以吧？" 王方庆回答说："三代的礼节不相承袭，为什么不可以？"就上奏设立师傅等官职。没过多久，唐高宗怀疑这样做不合礼法，最后还是没有任命。王方庆是王裒的曾孙，名叫綝，以字通行。

西突厥阿史那车薄率领十姓造反。

夏季，四月，甲子朔日（初一），出现日食。

唐高宗因为关中地区发生饥荒，米价一斗涨到三百钱，而准备前往东都。丙寅日（初三），唐高宗从京师出发，留下太子监国，派刘仁轨、裴炎、薛元超辅佐。当时因为唐高宗的出行来得十分仓促，随从人员有在中途饿死的。唐高宗考虑到路上有许多草贼窃盗，就命令监察御史魏元忠检查清理车驾前后地方的治安。魏元忠接受诏令，就察看赤县的监狱，找到一个盗贼，神采语言与一般人不同。魏元忠下令解开盗贼的刑械，让他穿上冠带衣饰，乘坐驿车跟从，和他一同吃饭睡觉，请他防止盗贼，那人微笑答应。一直到东都，士卒马匹以万计，一文钱都没有遗失。

辛未日（初八），唐高宗任命礼部尚书闻喜宪公裴行俭担任金牙道行军大总管，率领右金吾将军阎怀旦等三个总管分路征讨西突厥。军队还没出发，裴行俭去世。

裴行俭有知人的识见，刚担任吏部侍郎时，前进士王勮、咸阳尉栾城人苏味道都还没有出名，裴行俭一见他们，就说："你们两位将来会相继掌管人才的铨叙考量，我有弱子，希望托付你们照顾。"那时王勮的弟弟王勃和华阴的杨炯、范阳的卢照邻、义乌的骆宾王等人，都因为文章而有美名，司列少常伯李敬玄尤其尊重他们，认为他们将来一定会飞黄腾达。裴行俭说："士人要能达到深远的境界，一定要先有气度见识，然后才是才艺。王勃等人虽然有文章才华，可是暴躁轻浮，见识也浅薄贫乏，没有具备享受爵禄的才器！杨炯稍微深沉稳重，应当可以做到令长（大县是令，小县是长）；其他的能够得到善终就很幸运了。"没过多久王勃渡海时落水而死，杨炯死在盈川令任内，卢照邻生了病一直不好，跳水而死，骆宾王因为谋反被诛，王勮和苏味道则像裴行俭所预料的一样，都做到典选（掌选举人才）的官。裴行俭做将帅时，所引用的偏将裨将如程务挺、张虔勖、王方翼、刘敬同、李多祚、黑齿常之等人，后来大都成为著名将领。

裴行俭曾经命令随从取来犀角、麝香，结果遗失了。唐高宗赐给他马匹和马鞍，礼部令史在送给他时因为马跑得太快，马匹跌倒，将马鞍弄破了。两人都畏罪逃走，裴行俭派人召回他们，对他们说："你们都想错了，为什么将我看得这么小气？"对待他们仍旧和从前一样。裴行俭击败阿史那都支时，得到玛瑙盘，有二尺多宽，拿给将士看，军吏王休烈捧着玛瑙盘，走上台阶，跌倒而打破了玛瑙盘，心中恐惧，用头叩地，直到流血。裴行俭笑着说："你不是故意的，何必这样呢？"不再有追悔惋惜的脸色。唐高宗下令将阿史那都支等人的资产黄金宝器等三千多件和同样数目的各种牲畜赐给裴行俭，他分别送给亲戚故友和偏将裨将们，几天内全都送光。

阿史那车薄包围弓月城，安西都护王方翼带兵救援，在伊丽水击败敌虏部众，斩杀一千多人。不久三姓咽面和车薄会合兵力，抗拒王方翼，王方翼在热海和对方作战，流矢射穿了王方翼的臂膀，王方翼拿佩刀斩断箭矢，身边的人都不知道。他所率领的胡兵计划捉住王方翼，来响应车薄，王方翼知道后，召他们参加会议，佯装拿出军中物资赐给他们，依次引导他们出去斩杀，恰好遇到大风，王方翼振击金鼓，使声音混乱，乘机杀死七十几个人，这些胡人都没有察觉。不久就分别派遣裨将偷袭车薄、咽面，大败对方，生擒了他们的酋长三百人，西突厥因而平定。阎怀旦等人因此没有出发。王方翼不久升迁为夏州都督，被征召入朝，讨论边境战事。唐高宗看到王方翼衣服上有血渍，就询问他原因，王方翼将热海苦战的情况详细讲了，唐高宗看到他的疮伤而叹息。最后因为是废后的近支亲属，不被重用而返回夏州。

乙酉日（二十二日），唐高宗车驾到达东都。

丁亥日（二十四日），唐高宗任命黄门侍郎颍川人郭待举、兵部侍郎岑长倩、秘书员外少监兼检校中书侍郎鼓城人郭正一、吏部侍郎鼓城人魏玄同等都为中书门下同承受进止平章事。唐高宗要任用郭待举等人时，对韦知温说："郭待举等人资格能力还浅，暂且让他们参与政事，不可以和你们名位相等。”自此以后廷外官司四品以下掌管政事的，才以平章事为名。岑长倩是岑文本哥哥的儿子。

起初，魏玄同是吏部侍郎时，上书谈到铨次选拔人才的弊病，认为：“人君的根本，是在委任人才而后责求百官成就事功，假如所委任的人妥当，那么所任用的官吏就自然精良了。因此周穆王任命伯同担任太仆正时说：‘小心选择你的僚属。’这是让各部门各自寻找职位低的官员，而天子任命职位高的官员。到了汉代，人才都是从州县之中署任补充，由五府（太仆、太尉、司徒、司空、大将军）辟除征召，然后提拔给朝廷任用，从魏、晋以来，才专门交托给选部去做。天下这么大，士人这么多，将选拔大权委托给几个人，用刀笔簿书衡量才能高低和考察品行好坏，纵使能和权衡（量轻重的器具）一般公平，和水镜一样明亮清楚，仍然力量有所不足，观察有所不到，何况所委任的人不合适，而有昏聩不明、阿谀自私的弊病呢？希望能够大略仿照周、汉的规章，来挽救魏、晋的缺失。”疏文上奏唐高宗，没有被采纳。

五月，东都雨下个不停。乙卯日（二十三日），洛水泛滥，淹没居民一千多家。关中地区先发生水灾后发生旱灾、蝗灾，接着又有疾病流行，一斗米涨到四百钱，两京之间饿死病死的人在道路上互相枕藉，出现了人吃人的现象。

唐高宗在泰山封禅后，想要将五岳全部封禅，秋季，七月，在嵩山南方修建奉天宫。监察御史里行（官名，资历还没有到，暂时在监察御史里行走）李善感进谏说：“陛下在泰山封禅，告诉神祇天下太平无事，招来许多祥瑞，可以和三皇五帝比较了。近几年以来，豆类谷粟都不成熟，饿死的人多到可以前后相望，四方夷族交相进犯，兵车每年都出动；陛下应当恭敬沉默，思考治国之道，来寻求消除；现在反而加倍建筑宫室，使百姓劳役不停，天下百姓都很失望。臣忝为天子的耳目，私下很为这件事忧虑！”唐高宗虽不采纳他的建议，但也十分宽容。从褚遂良、韩瑗死后，朝廷内外的士臣全都忌讳进谏，没有人敢违背唐高宗的心意而正直强谏，几乎已经有二十年；到李善感开始谏劝唐高宗时，天下都非常高兴，称之为“凤鸣朝阳”（喻高才逢时）。

唐高宗派遣宦官顺着长江移徙奇异的竹子，要种在皇宫中。宦官征发舟楫以便运载竹子，所到的地方都大肆暴虐。路过荆州时，荆州长史苏良嗣将宦官囚禁起来，上疏劝谏：“为了得到远方的奇异之物，而烦扰沿途百姓，恐怕不是圣君爱惜百姓的心意。况且主事的小人弄权作福，污了陛下的圣哲英明。”唐高宗对天后说：“我对官吏约束不严，果然被苏良嗣责怪。”就亲自下诏令安慰晓示苏良嗣，要苏良嗣将竹子抛到江里。苏良嗣是苏世长的儿子。

黔州都督谢祐迎合天后的心意，逼零陵王李明自尽，唐高宗非常惋惜，黔府的官吏僚属都因此而被免官。谢祐后来睡在平阁里，和婢妾十几个人在一起，一夜之间丢了脑袋。天后垂拱中期，李明的儿子零陵王李俊、黎国公李杰被天后武则天所杀，有司抄没他们家时，找到谢祐的头颅，已经被漆成便溺的器具，上面有谢祐的姓名，才知道是李明的儿子指派刺客割取的。

太子留守京师，经常游玩畋猎，薛元超上疏规谏劝导。唐高宗听到了，派遣使者慰劳薛元超，因而召他前往东都。

吐蕃大将论钦陵进犯柘、松、翼等州。唐高宗下诏令左骁卫郎将李孝逸、右卫郎将卫蒲山调动秦、渭等州的军队，分路加以抵御。

冬季，十月，丙寅日（初七），唐朝任命黄门侍郎刘景先为同中书门下平章事。

这一年，突厥剩余党徒阿史那骨笃禄、阿史德元珍等人招募逃亡离散的人，据守黑沙城造反，侵入并州和单于府的北方，杀死了岚州刺史王德茂。右领军卫将军、检校代州都督薛仁贵率军在云州攻打元珍，敌虏询问唐军大将是谁，回答说：“是薛仁贵。”敌虏说：“我听说薛仁贵被流放到象州，死很久了，为什么欺骗我？”薛仁贵脱下盔甲，让他们看清楚面貌，敌虏面面相觑，大惊失色，下马罗列而拜，渐渐地领兵离去。薛仁贵利用机会奋勇进攻，大败对方，斩杀一万多人，俘虏两万多人。

吐蕃侵扰河源军，军使娄师德在白水涧率兵进攻，作战八次都胜了。唐高宗任命娄师德为比部员外郎、左骁卫郎将、河源军经略副使，说："你有文武两方面的才能，不要推辞！"

弘道元年（癸未，公元683年）

是年十二月改年号为弘道。春季，正月，甲午朔日（正月乙丑朔日，甲午当为初六），唐高宗前往奉天宫。

二月，庚午日（十二日），突厥进犯定州，刺史霍王李元轨予以击退。乙亥日（十七日），突厥又进犯妫州。三月，庚寅日（初二），阿史那骨笃禄、阿史德元珍包围了单于都护府，抓捕司马张行师，加以杀害。唐朝廷派遣胜州都督王本立、夏州都督李崇义领兵分路救援。

太子右庶子、同中书门下三品李义琰将父母坟墓改葬，让他舅舅家迁移旧坟。唐高宗听到后，十分生气地说："李义琰凭借权势，欺凌舅舅，不可让他再掌管政事！"李义琰听到之后，内心不安稳，就以脚病为借口，请求告老返乡，庚子日（十二日），唐高宗任命李义琰为银青光禄大夫，准许退休。

癸丑日（二十五日），唐守中书令崔知温去世。

夏季，四月，己未日（初二），唐高宗车驾返回东都。

绥州步落稽白铁余将铜佛埋在地里，长久之后，上面长满杂草，就欺骗乡人说："我在这里好几次看到佛光。"挑选吉日集合众人挖掘地面，果然挖到铜像，因而说："能够看见圣佛的人，所有病痛都会好。"结果不管远近，大家都前来礼佛。白铁余用各种颜色的囊袋将铜佛盛了好几十层，假如得到优厚的施舍，就拿一囊施舍给信徒，几年的时间，归附的人很多，就要叛乱造反。占据城平县，自称光明圣皇帝，设置各种官吏，攻打绥德、大斌两县，杀死官吏，焚烧百姓住宅。朝廷派遣右武卫将军程务挺和夏州都督王方翼前去征讨，甲申日（二十七日），唐军攻下城平县县城，擒了白铁余，将剩下的叛党都平定了。

五月，庚寅日（初三），唐高宗前往芳桂宫，到达合璧宫，遇到大雨只好返回。

乙巳日（十八日），突厥阿史那骨笃禄等人进犯蔚州，杀死刺史李思俭。丰州都督崔智辩率军在朝那山北面截击，战败，被敌虏生擒。朝廷建议废除丰州，将百姓迁移到灵、夏两州。丰州司马唐休璟向唐高宗进言，认为："丰州以黄河为险阻，形势险固，处在敌人冲要地带，从秦、汉以来，都将它列为郡县；土地适宜耕种放牧。隋朝末年发生丧亡战乱，将百姓迁徙到宁、庆两州，以致胡虏深入侵扰，将灵、夏两州当成边境。"贞观末年，招募百姓充实人口，西北才安定。现在废弃的话，那么濒临黄河的土地，将再度被贼人所占据，灵、夏等州的百姓也不能安居乐业，这不是对国家有利的事！"朝廷才停止废弃丰州。

六月，突厥的另一部族侵犯抢掠岚州，偏将杨玄基将对方击退。

秋季，七月，己丑日（初四），唐高宗封皇孙李重福为唐昌王。

庚辰日（七月无此日），唐高宗下诏令今年十月要在嵩山举行祭祀；不久因为唐高宗身体不适，改在第二年正月举行。

甲辰日（十九日），唐高宗将相王李轮改封为豫王，改名为李旦。

中书令兼太子左庶子薛元超患有说不出话的毛病，因此乞求告老回乡，唐高宗允许了。

八月，己丑日（八月无此日），为了即将在嵩山封禅，唐高宗将太子召回前往东都；留下唐昌王李重福守住京师，任命刘仁轨为副手辅助唐昌王。冬季，十月，己卯日（二十六日），太子抵达东都。

癸亥日（初十），唐高宗车驾前往奉天宫。

十一月，丙戌日（初三），朝廷下诏令废止第二年在嵩山举行封禅，因为唐高宗病得厉害。唐高宗以头昏为苦，看不见东西，召来侍医秦鸣鹤诊治，秦鸣鹤说把头部刺出血，就可以好。天后在帘幕里，不希望唐高宗病好，就生气地说："说这话的人应该斩杀，居然要在陛下头上刺出血！"秦鸣鹤叩头请求饶命。唐高宗说："你就刺刺看，未必就不好啊。"秦鸣鹤就刺百会、脑户两穴。唐高宗说："我的眼睛好像可以看清楚了。"天后举起手放在额头上说："这是上天赐的洪福啊！"天后亲自背负彩帛（有彩色的丝织品）一百匹赐给秦鸣鹤。

戊戌日（十五日），唐高宗任命右武卫将军程务挺担任单于道安抚大使，前往招抚征讨阿史那骨笃禄等人。

唐高宗下诏令由太子监国，任命裴炎、刘景先、郭正一兼领东宫平章事。

唐高宗自从到奉天宫后就病得十分严重，宰相都不见。丁未日（二十四日），唐高宗返回东都，在天津桥南接见百官。

十二月，丁巳日（初四），唐高宗改年号为弘道，大赦天下。唐高宗要到则天门楼宣布赦免令，由于气上逆而无法乘坐马车，就宣召百姓进入宫殿前宣布。当天晚上，召裴炎入宫，接受遗命来辅佐政事，唐高宗就在贞观殿去世。遗命要太子在唐高宗灵柩前即皇帝位，有关军事、政治大事有无法决定的，可以让天后一同处理。废除万泉、芳桂、奉天等宫殿。

庚申日（初七），裴炎上奏，认为太子还没即帝位，不适宜宣布敕令，有重要和须快速处理的事情，希望把天后的命令在中书、门下省宣布施行。甲子日（十一日），唐中宗即帝位，尊称天后武则天为皇太后，一切政事都由皇太后决定。太后因为泽州刺史韩王李元嘉等人地位尊崇，德高望重，担心他们造反，就都增加三公等官衔抚慰他们。

甲戌日（二十一日），唐中宗任命刘仁轨为左仆射，裴炎为中书令。戊寅日（二十五日），唐中宗任命刘景先为侍中。

依照旧例，宰相是在门下省计议政事，称之为政事堂，因此长孙无忌任司空，房玄龄任仆射，魏征任太子太师时，都在门下省处理政事。后来裴炎升任中书令，才将政事堂迁到中书省。

壬午日（二十九日），唐中宗派遣左威卫将军王果、左监门将军令狐智通、右金吾将军杨玄俭、右千牛将军郭齐宗分头前往并、益、荆、扬四个大都督府，与各大都督府负责官员一起主持镇守事务。

中书侍郎同平章事郭正一被任为国子祭酒，罢除理政事务。

则天顺圣皇后上之上

光宅元年（甲申，公元684年）是年九月改年号为光宅。

春季，正月，甲申朔日（初一），唐中宗改年号为嗣圣，大赦天下。

唐中宗立太子妃韦氏为皇后，将皇后父亲韦玄贞从普州参军升迁为豫州刺史。

癸巳日（初十），唐中宗任命左散骑常侍杜陵人韦弘敏为太府卿、同中书门下三品。

唐中宗要任命韦玄贞担任侍中，又要授给乳母的儿子五品官；裴炎再三劝谏，唐中宗生气地说："我将天下送给韦玄贞又有什么不可以！我还吝惜侍中这一个职位吗？"裴炎害怕，告诉太后武则天，暗中图谋废掉唐中宗另立帝位。二月，戊午日（初六），太后在乾元殿召集百官，裴炎和中书侍郎刘祎之、羽林将军程务挺、张虔勖，领兵入宫，宣读太后命令，将唐中宗废为庐陵王，扶着走下宫殿。唐中宗说："我犯了什么罪？"太后说："你要将天下送给韦玄贞，怎么会没罪？"就将唐中宗幽禁在别宫。

己未日（初七），唐朝立雍州牧豫王李旦为皇帝。一切政事都由太后决定，将唐睿宗安置在别宫，不能参与政事。立豫王妃刘氏为皇后。刘皇后是刘德威的孙女。

有飞骑（官名，贞观十二年置左右屯营飞骑，由将军率领）十几人在妓院饮酒，其中有一人说："早知道没有什么功劳赏赐，不如去侍奉庐陵王。"有一个人站起来，到北门去密告。在座几位飞骑还没有散离，全部被拘捕，关在羽林狱里。说话的那个飞骑被判斩刑，剩下的因为知道谋反不告的罪名，都被判处绞刑。密告的人被任命为五品官。告密的事端从此兴起。

壬子日（二月无此日），唐朝封永平郡王李成器为皇太子，是唐睿宗的大儿子。大赦天下，改年号为文明。

庚申日（初八），将皇太孙李重照废为庶人，命令刘仁轨专门掌管西京留守的事。流放韦玄贞到钦州。

太后给刘仁轨去信说："从前汉朝将关中的事务委托给萧何，现在将西京事托付你，和汉朝委托萧何一样。"刘仁轨上疏，以体衰年老，不能胜任为由而推辞，顺便陈述吕后祸害败坏朝纲的事情，来申明对太后的劝诫之意。太后命令秘书监武承嗣，带着印玺书信，晓谕慰问刘仁轨说："现在因为陛下在居丧，不能处理政事，所以由眇身（微眇之身，喻自己）暂时代理政事；烦劳您这么远仍加以劝诫，又以年老体衰推辞职务。您又说'吕氏被后人所嗤笑，吕禄、吕产留下祸害给汉朝'，所引的事例寓义非常深刻，使我羞愧、安慰齐集心头。您忠爱贞正的节操，自始至终都没有改变，坚劲刚直的作风，也是古往今来少有能相比的。开始听到您的话时，不能不感到迷惑不解，但冷静思考，实在可以借鉴。何况您是对先朝有恩德的人，远近的人士都共同瞻仰您，希望您能怀抱匡正挽救大唐的心理，不要因为年老而请求告退。"

辛酉日（初九），太后命令左金吾将军丘神勣前往巴州，检查前太子李贤的住宅，防备外忧，其实是暗示丘神勣将太子李贤杀掉。丘神勣，是丘行恭的儿子。

甲子日（十二日），太后驾临武成殿，唐睿宗率领王公以下大臣，呈上尊崇的名号。丁卯日（十五日），太后驾临轩槛，派遣礼部尚书武承嗣拿册书封继任皇帝。从此太后经常驾临紫宸殿，垂着浅紫色的帘幕，来听视朝政。

丁丑日（二十五日），唐朝任命太常卿、检校豫王府长史王德真为侍中；中书侍郎、检校豫王府司马刘祎之为同中书门下三品。

三月，丁亥日（初五），唐朝将杞王李上金改封为毕王，鄱阳王李素节改封为葛王。

丘神勣来到巴州，将前太子李贤幽禁在别室，逼他自尽。太子自尽后，太后就将罪归到丘神勣身上，戊戌日（十六日），在显福门举办丧事，将丘神勣贬为叠州刺史。己亥日（十七日），唐朝追封故太子李贤为雍王。丘神勣不久再次入朝，官位仍是左金吾将军。

夏季，四月，唐开府仪同三司、梁州都督滕王李元婴去世。

辛酉日（初十），唐朝将毕王李上金改封为泽王，拜为苏州刺史；葛王李素节改封为许王，拜为绛州刺史。

癸酉日（二十二日），唐朝将庐陵王迁到房州。丁丑日（二十六日），又迁到均州濮王从前的住宅。

五月，丙申日（十五日），唐高宗的灵车西返长安。

闰月，唐朝任命礼部尚书武承嗣为太常卿、同中书门下三品。

秋季，七月，戊午日（初九），广州都督路元睿被昆仑人所杀。路元睿昏庸、懦弱，幕僚官属恣肆残暴。有商船来到时，僚属们侵扰渔猎不止，经商的胡人向路元睿报告，路元睿拿出枷锁，要将胡商捉起来治罪。胡商们十分生气，有个昆仑人袖中藏剑，直上厅堂，将路元睿和随从十几个人杀死离开，没有人敢靠近，然后他们上船入海，路元睿部下追也追不到。

温州发生大水灾，洪水冲走四千多家。

突厥阿史那骨笃禄等人进犯朔州。

八月，庚寅日（十一日），唐朝将天皇大帝埋葬在乾陵，庙号高宗。

起初，尚书左丞冯元常被唐高宗所委任，唐高宗晚年经常生病，常常说："朕身体不好，可让冯元常辨明政事要点，再向朕禀告。"冯元常曾经暗中说："后宫威势权力太重，应当稍微压制。"唐高宗虽然不能采用他的话，但认为他说的话十分正确。后来太后代理政事，四方都在说符应祥瑞的事情。嵩阳令樊文进献祥瑞的石头，太后命令在朝廷听政的大堂里给百官看，冯元常上奏说："看样子像是在欺诈谄媚，不可以欺罔天下人。"太后听了不高兴，将冯元常外放为陇州刺史。冯元常是冯子琮的曾孙。

丙午日（二十七日），太常卿、同中书门下三品武承嗣被罢为礼部尚书。

括州发生大水灾，冲走两千多家。

九月，甲寅日（初六），大赦天下，改年号为光宅。旗帜都改用金色。八品以下官员，从前穿青色的衣服，都改穿碧色（深青色）衣服，将东都的名字改为神都，宫殿的名称是太初。又将尚书省改为文昌台，左、右仆射改名为左、右丞相，六曹就是天、地、四时六官；门下省改为鸾台，中书省改为凤阁，侍中改称纳言，中书令改称内史；御史台改称左肃政台，增设右肃政台；其他省、寺、监、率的名称，都依照相似的意义和种类更改。

唐朝任命左武卫大将军程务挺担任单于道安抚大使，防备突厥。

武承嗣请求太后追封自己的祖先为王，建立供奉武氏七代祖先的宗庙，太后接受了。裴炎进谏说："太后母仪天下，应该向百姓表示至公，不能私爱自己的亲人。没看见汉代吕氏的败亡吗？"太后说："吕后将大权委托给活人，因此才导致败亡。现在我只是追尊死去的人，有什么关系？" 裴炎回答说："凡事应该从细微处加以防范，不可让它成长变大！"太后没有接受。己巳日（二十一日），太后追尊自己的五代先祖武克己为鲁靖公，五世祖母为夫人；高祖武居常为太尉、北平恭肃王；曾祖武俭为太尉、金城义康王；祖父武华为太尉、太原安成王；父亲武士彟为太师、魏定王；高祖以下，祖母都封为王妃。裴炎从此得罪太后。太后又在文水修建五代先祖的祠堂。

当时武氏专权用事，唐朝宗室里每个人都提心吊胆，大家心里都非常愤怒哀伤。恰好眉州刺史英公李敬业和弟弟盩厔令李敬猷、给事中唐之奇、长安主簿骆宾王、詹事司直杜求仁都因犯了罪，李敬业被贬为柳州司马，李敬猷被免除官位，唐之奇被贬为括苍令，骆宾王被贬为临海丞，杜求仁被贬为黟县令。杜求仁是杜正伦的侄子。盩厔尉魏思温曾经做御史，这时又再度被贬黜。他们都在扬州集聚，每个人都为了失去职位而怨恨，因此谋划造反，以挽救恢复庐陵王的帝位作为借口。

魏思温成为他们谋划的主持人，指使他的党羽监察御史薛仲璋请求奉命出使江都，再指使雍州人韦超造访薛仲璋告诉他有紧急事件，说“扬州长史陈敬之计划造反”。薛仲璋将陈敬之囚禁在监狱里。几天后，李敬业乘着传车到达，假意说自己是扬州司马前来赴任，说“接到太后密旨，因为高州酋长冯子猷阴谋造反，调动军队讨伐”。于是打开官府仓库，命令士曹参军李宗臣就在铸钱的场坊里，驱使场里的囚徒、工匠造反，授给他们甲衣。在监狱里将陈敬之斩杀；录事参军孙处行反抗，也将他杀死，僚属官吏没有人敢反抗。于是动员了一州的军队，又使用唐中宗的年号嗣圣元年。设置三府：一是匡复府，二是英公府，三是扬州大都督府。李敬业自称是匡复府的上将，统领扬州大都督。任命唐之奇、杜求仁为左、右长史，李宗臣、薛仲璋为左、右司马，魏思温为军师，骆宾王为记室（参谋），十日之间就得到十几万军队。

李敬业传檄给州、县，大略说：“僭窃帝位的武氏，本性并不温和恭顺，出身也非常贫寒低微。从前充当过太宗的后列（才人），曾经因为替先帝更衣的机会而入侍先帝。等到太宗晚年，污秽的行为扰乱了东宫（喻与太子私通）。暗中隐藏当过太宗才人的秘密，秘密谋求高宗的宠爱；得到皇后的宝位，使我们的君主陷于形同禽兽的乱伦境地。”又说：“杀死兄姐，害死国君毒死皇后，所作所为是人神共愤，也是天地不容的。”又说：“包藏着为祸天下的心理，暗中想窃取帝位。将国君宠爱的儿子（中宗），幽禁在别宫；而对自己的宗族盟党，用重要的职任（大官）委任他们。”又说：“先帝一堆黄土（指坟墓）还没干燥，幼小的国君在哪里？”又说：“请看当今的天下，究竟是哪家的天下？”太后看到檄文内容，就询问说：“谁写的？”有人回答说：“是骆宾王。”太后说：“这是宰相的过失。有这么好的才华，却让他漂泊失意，不得重用！”

李敬业找到一个容貌像故太子李贤的人，欺骗众人说：“李贤并没有死，他逃亡到城中，命令我们起兵。”于是侍奉他来号令天下。

楚州司马李崇福所管辖的三县都响应李敬业。盱眙人刘行举单独据守县城不顺从，李敬业派遣将军尉迟昭进攻盱眙。天后下诏任命刘行举为游击将军，让刘行举的弟弟刘行实担任楚州刺史。

甲申日（九月无此日），唐朝任命左玉钤卫大将军李孝逸担任扬州道大总管，率领三十万士兵，让将军李知十、马敬臣担任副总管，讨伐李敬业。

武承嗣和他的堂弟右卫将军武三思认为韩王李元嘉、鲁王李灵夔在皇族中是长辈，地位高，好几次劝说太后找事将他们杀掉。太后和执政大臣商议。刘祎之、韦思谦都不说话；只有内史裴炎再三力争，太后更加不高兴。武三思是武元庆的儿子。

等到李敬业起兵，因为薛仲璋是裴炎的外甥，裴炎要想表示国家闲暇无事，不急着讨论征讨叛党的事。太后向裴炎问计，裴炎回答说：“皇帝已经长大，却不能亲理政事，因此那些反叛的小子才能找到借口。假如太后将政事还给皇帝，那么不必征讨自然就平定了。”监察御史蓝田人崔詧听到了，上前说：“裴炎受先帝临终嘱托，大权握在手上，假如没有反叛的计谋，为什么要请求太后将政事归还？”太后下令左肃政大夫金城人骞味道、侍御史栎阳人鱼承晔审理此案，将裴炎收系监狱。裴炎被收系之后，讲话的语气仍旧不屈服。有人劝裴炎讲话谦逊一点，以求免罪，裴炎说：“宰相被关进监狱里，怎么会有保全的道理？”

凤阁舍人李景谌做证裴炎谋反。刘景先和凤阁侍郎义阳人胡元范都说：“裴炎是社稷的老臣，对国家有功，专心侍奉天子，是天下人所知晓的，臣敢证明他没有谋反。”太后说：“裴炎有反叛的端兆，只是你们不知晓罢了。”两人回答说：“假如裴炎造反，那么我们也造反了。”太后说：“朕知道裴炎造反，也知道你们没有造反。”文武百官乘机做证裴炎没有谋反的人很多，但太后都不听。不久将刘景先、胡元范一起关进监狱。丁亥日（九月无此日），朝廷任命骞味道为检校内史同凤阁鸾台三品，李景谌为同凤阁鸾台平章事。

魏思温劝李敬业说：“明公以挽救恢复大唐天下为借口，应当率领部众击鼓进兵，一直攻向洛阳，那么天下人知道公的心意是在为王室靖难，四方就都会响应了。”薛仲璋说：“金陵有王者之气，并且有长江的天险，足可固守，不如先攻打常州、润州，作为定下霸业的基础，然后向北图谋进攻中原，这样前进的话可以获胜，后退的话也能有退守的地方，这是很好的计策啊！”魏思温说：“山东豪杰认为武氏专制，内心愤怒无法平静，听说公起事，都蒸好麦饭作为干粮，拉直锄头作为兵器，等待南军的到达。不利用这种形势建立大功业，还藏起来，自己构筑巢穴，远近豪杰百姓听到之后，还有谁会不心散呢？”李敬业没有接受，命唐之奇守住江都，率军渡过长江攻打润州，魏思温对杜求仁说：“用兵的形势是兵力聚合就强大，分散就衰弱，李敬业不集中兵力渡过淮河，来收聚山东的部众直取洛阳，我看很快就会败亡了。”

壬辰日（九月无此日），李敬业攻陷润州，生擒了刺史李思文，任命李宗臣接替。李思文是李敬业的叔父，知道李敬业反叛的计谋，先派人从小路密告朝廷，被李敬业所攻击，守御抵抗了很久，最后力量用尽而被攻陷。魏思温请求把李思文斩了，李敬业没有答应，对李思文说：“叔父和武氏结党，应当改姓武。”润州司马刘延嗣不投降，李敬业要加以斩杀，魏思温加以援救，才能免于一死，和李思文一起被关在监狱里。刘延嗣是刘审礼的堂弟。曲阿令河间人尹元贞带兵救援润州，结果战败，被李敬业生擒，李敬业用白刃威逼他，尹元贞仍然不投降而被杀死。

丙申日（九月无此日），唐朝廷在都亭将裴炎斩杀了。裴炎将死时，对兄弟们说：“兄弟们的官位都是自己获得，我裴炎没有尽一点力，现在却因为我裴炎的关系而被流放外地，怎不令人悲痛？”抄没裴炎的家，发现没有多少积蓄。刘景先被贬为普州刺史，胡元范被流放琼州后死去。裴炎的侄子太仆寺丞裴伷先，十七岁，上封事求见太后来谈论事情。太后召见他，质问他说：“你伯父谋划造反，你还有什么话说？”裴伷先说：“臣不过是为陛下筹划计策罢了，怎么敢申诉冤情？陛下是李家的媳妇，先帝驾崩，一下子拥有朝政大权，就变换继位的人，疏远斥退了李氏家人，封爵尊崇武氏宗族。臣的伯父尽忠社稷，反而被诬告有罪，连子孙都要诛戮。像陛下这样作为，臣实在惋惜！陛下应当早点恢复先帝子孙的帝位，安闲地住在深宫，不管政事，那么武氏宗族还可以获得保全；不然的话，天下一有变故发生，就不可再挽救了！”太后生气地说：“胡言乱语，小子居然敢说这样的话！”命令将裴伷先带出，裴伷先回头看着太后说：“现在就听臣的话，还不太迟。”像这样讲了三次。太后命令在朝廷厅堂上杖打裴伷先一百下，然后长久流放瀼州。

裴炎被关在监狱里时，郎将姜嗣宗出使长安，刘仁轨询问他有关东都所发生的事情，姜嗣宗说：“嗣宗发觉到裴炎和平日不同已经很久了。”刘仁轨说：“你是真的发觉了吗？”姜嗣宗说：“是的。”刘仁轨说：“仁轨有上奏太后的事，希望请您顺路带回。”姜嗣宗说：“好。”隔天，接受刘仁轨的奏表回去，奏表说：“姜嗣宗知道裴炎谋反而不说。”太后看了之后，命令将姜嗣宗拉到殿外庭院，就在都亭把他绞死。

丁酉日（九月无此日），唐朝追削李敬业祖先的官职爵位，并挖掘墓冢，砍断棺木，恢复其本姓徐氏。

太后武则天将李景谌贬谪为司宾少卿，任命右史武康人沈君谅、著作郎崔詧为正谏大夫、同平章事。

徐敬业听说李孝逸马上就到，就从润州调回军队加以抵抗，屯驻在高邮的下阿溪；派遣徐敬猷进逼淮阴，另外派遣别将韦超、尉迟昭屯驻都梁山。

李孝逸军队抵达临淮，偏将雷仁智和徐敬业作战，结果失利，李孝逸很害怕，按住部队不敢进兵。殿中侍御史魏元忠对李孝逸说："天下安定或危殆，就在这一次行动。天下承平已经很久了，现在突然听说有狂乱狡黠之徒造反，大家都专心聆听，等待这些叛徒被杀的消息，而您却让大军长久留在此停滞不前，使得远近的臣民都感到失望，万一朝廷另外派遣其他将领来接替您，那时您用什么借口，来逃避逗留阻挠大军前进的罪名呢？"李孝逸只好率领军队前进。壬寅日（九月无此日），马敬臣在都梁山将尉迟昭斩杀了。

十一月，辛亥日（初四），太后武则天任命左鹰扬大将军黑齿常之担任江南道大总管，来征讨徐敬业。

韦超带领部众据守都梁山，各位将领都说："韦超凭借险要而固守，军兵无法施展勇力，骑士也无法展现快速的脚程；况且韦超的部卒已经是穷寇，必定会拼死作战，进攻的话，我方军兵会死伤很多，不如分派兵力加以守御，将大军直接开往江都，清除徐敬业的巢穴。"支度使薛克构说："韦超虽然据守险要，但他的部众并不多。现在多留下军队的话，那么前面的军力势必分散，少留下军队的话，韦超终究还是会带来祸患，因此先攻击韦超，按情势看，必定可以攻下，攻克都梁之后，那么淮阴、高邮就可顺便攻取了！"魏元忠请求先攻打徐敬猷，各位将领说："不如先攻打徐敬业，徐敬业一败，那么徐敬猷不必作战，就可擒拿。假如攻击徐敬猷，那么徐敬业率军救援，等于是腹背都受到敌人攻击了。"魏元忠说："不对。贼人的精锐全都在下阿，他们仓促聚集而来，利在一次决战，万一我军决战不利的话，就大事不好了！徐敬猷的出身是赌徒，不熟悉军队里的事务，军力薄弱，士卒的心情容易动摇，凭我们的大军进攻，短时间就可攻下。那时徐敬业想要援救，计算路程也赶不上。我方先攻下徐敬猷，利用胜利的情势再进兵，就是有韩信、白起也无法抵挡！现在不先攻取衰弱的一方，却去进攻强大的一方，不是好计谋。"李孝逸采纳魏元忠的意见，率军攻击韦超，韦超在夜晚逃走；再进攻徐敬猷，徐敬猷逃走。

庚申日（十三日），徐敬业率领军队以溪水为险阻，加以拒守。后军总管苏孝祥在夜晚带领五千士卒，乘坐小舟渡过溪流加以攻击，结果被击败，苏孝祥战死，士卒被赶到溪里而后溺死的，超过一半。左豹韬卫果毅渔阳人成三朗被徐敬业生擒。唐之奇欺骗众人说："这个人是李孝逸！"正要将他处死时，成三朗大叫说："我是果毅成三朗，不是李将军。官军现在就要到了，你们的覆灭就在眼前。我死之后，妻子子女都蒙受荣耀，而你们死了，妻子子女都要被抄没，你们终究比不上我啊！"就被斩杀了。

李孝逸等人的军队接着来临，交战数次，李孝逸都失利了。李孝逸害怕，要率兵后退，魏元忠和行军管记刘知柔对李孝逸说："风是顺风，荻草也干了，这种情况用火攻有利。"再三请求决一死战。徐敬业因为已经布置很久，士卒大多疲惫，盼望回家，所以战阵不整齐。李孝逸继续前进进而攻击，利用风向放火，将徐敬业打败，斩杀七千人，溺死在水里的难以计数。徐敬业等人轻装骑马逃入江都，携带妻子儿女逃奔润州，准备进入海洋逃往高丽。李孝逸进一步屯驻江都，分别派遣诸将追击。乙丑日（十八日），徐敬业到达海陵边界，被风所阻，他的部将王那相将徐敬业、徐敬猷和骆宾王斩了前来投降。剩余的党羽唐之奇、魏思温都被捕杀，将他们的首级传送到神都，扬、润、楚三州都平定了。

◆陈岳评论说：徐敬业假如能够采用魏思温的计策，大军直向河、洛进攻，专以匡正恢复大唐天下为己任，那么纵使军事失败而被杀，忠义的精神还在。但他却妄想希求金陵的王者之气，以致成为真正的叛逆，不失败更待何时！◆

徐敬业起兵时，派徐敬猷率兵五千，沿着长江向西前进，攻略和州。前弘文馆学士历阳人高子贡带领乡里几百个壮丁抵抗，使得徐敬猷不能向西进发。高子贡因为这个功劳而被任命为朝散大夫、成均助教。

丁卯日（二十日），郭待举被贬谪为左庶子。天后任命鸾台侍郎韦方质为凤阁侍郎、同平章事。韦方质是韦云起的孙子。

十二月，刘景先又被贬谪为吉州员外长史，郭待举被贬谪为岳州刺史。

起初，裴炎被关在监狱里，单于道安抚大使、左武卫大将军程务挺秘密上奏表替裴炎申诉，因此忤逆了天后旨意。程务挺一向和唐之奇、杜求仁友善，有人毁谤程务挺说："程务挺和裴炎、徐敬业通谋造反。"癸卯日（二十六日），太后武则天派遣左鹰扬将军裴绍业在军中斩杀了程务挺，抄没他的家人。突厥听说程务挺被杀，各地都举行宴饮庆祝；又替程务挺建立祠堂，每次出发作战，必定先在祠前祷告一番。

太后武则天认为夏州都督王方翼和程务挺职务相连，两方一向非常亲近友善，而且又是废后亲近的亲属，因而召他回朝关在监狱里，最后流放到崖州而死。

垂拱元年（乙酉，公元615年）

春季，正月，丁未朔日（初一），唐朝大赦天下，改年号为垂拱。

太后武则天认为徐思文非常忠心，特别免予因受徐敬业的牵连而治罪，任命他为司仆少卿，对他说："徐敬业将你的姓改为武氏，朕现在就不再改你的姓了。"

庚戌日（初四），太后武则天任命骞味道为守内史。

戊辰日（二十二日），唐文昌左相、同凤阁鸾台三品乐城文献公刘仁轨去世。

二月，癸未日（初七），唐朝下令："朝堂所设置的登闻鼓和肺石，不必派人防守，有百姓击鼓站在肺石上喊冤时，命令御史接受百姓诉状，向天子禀告。"

乙巳日（二十九日），太后武则天任命春官尚书武承嗣、秋官尚书裴居道、右肃政大夫韦思谦等人都为同凤阁鸾台三品。

突厥阿史那骨笃禄等人多次进犯边境，太后武则天任命左玉钤卫中郎将淳于处平担任阳曲道行军总管，前往讨伐。

唐正谏大夫、同平章事沈君谅被罢官。

三月，唐正谏大夫、同平章事崔詧被罢官。

丙辰日（十一日），太后武则天将庐陵王迁徙到房州。

辛酉日（十六日），武承嗣被罢职。

辛未日（二十六日），唐朝颁布《垂拱格》（垂拱时所制定的法条格式）。

朝廷士臣中，有人因官位被贬降而拜访宰相，自我申诉，内史骞味道说："这是由太后裁决的。"同中书门下三品刘祎之说："因为坐罪而改官，是由臣下奏请处置的。"太后武则天听说后，夏季，四月，丙子日（初一），将骞味道贬为青州刺史，加给刘祎之太中大夫的爵位。对侍臣说："君臣是同一体的，怎么可以将过错归给国君，而好处由自己获得呢？"

癸未日（初八），突厥进犯代州。淳于处平率兵救援；到达忻州，被突厥击败，损失五千多人。

五月。丙午日（四月无此日），太后武则天任命裴居道为内史。纳言王德真被流放到象州。

己酉日（四月无此日），太后任命冬官尚书苏良嗣为纳言。

壬戌日（四月无此日），唐朝下令朝廷内外九品官以上和百姓，都可以自我举荐，以谋求进用。

壬申日（四月无此日），太后任命韦方质为同凤阁鸾台三品。

六月，太后任命天官尚书韦待价为同凤阁鸾台三品。韦待价是韦万石的兄长。

同罗、仆固等各部落造反，太后武则天派遣左豹韬卫将军刘敬同调动河西的骑士，经过居延海加以征讨，同罗、仆固等部落败乱分散。太后下令在同城设置安北都护府来招纳投降的人。

秋季，七月，己酉日（初五），太后武则天任命文昌左丞魏玄同为鸾台侍郎、同凤阁鸾台三品。

太后下诏令以后祭祀天地时，高祖、太宗、高宗都配祭。这是采纳凤阁舍人元万顷等人的建议。

九月，丁卯日（二十四日），广州都督王果征讨反叛的獠人，成功平定。

冬季，十一月，癸卯日（初一），太后武则天任命天官尚书韦待价担任燕然道行军大总管征讨吐蕃。起初，西突厥兴昔亡、继往绝可汗死后，十姓没有首领，很多部落分散流亡，太后就擢升兴昔亡的儿子左豹韬卫翊府中郎将元庆为左玉钤卫将军，兼昆陵都护，承继兴昔亡可汗统领五个咄陆部落。

麟台正字（原秘书省）射洪陈子昂上疏，认为："朝廷派遣使者巡视四方时，所任用的使者不可不适当，任用刺史、县令时也不可不选择。近年百姓为军旅的事筋疲力尽，不可不加以安抚。"内容大略说："派出的使者不选择适当的人选，那么官位的升降就不能公正，刑罚也就不合理，结党营私的人被重用，而正直的人被罢黜。只命百姓把使者经过的道路修整好，来迎送使者，这是没什么好处的。俗谚说：'要了解对方，只需看他所派出的使者。'这是不能不慎重小心的。"又说："宰相是陛下的心腹；刺史、县令是陛下的手足；从没有听说过没有心腹、手足，却能够单独将天下治理好的！"又说："天下假如有危机发生，就会产生祸福，'机'静则有福，'机'动则有祸，这'机'就是百姓。民心安稳百姓就乐于生存，民心不安稳就会看轻生死，一旦百姓有轻易赴死的心理，就什么事都做得出来，而妖逆叛乱的事情乘机发生，天下就会大乱了！"又说："隋炀帝不知道天下有危机存在，并且亲近贪心谄佞的大臣，希望能够消灭夷狄，收到好处，终于灭亡，这种警戒，难道还不大吗？"

太后武则天重修从前的白马寺，任命和尚怀义为住持。怀义是鄠地人，原本姓冯，名叫小宝，在洛阳市卖药，因为千金公主（唐高祖女儿安定公主）的关系被进用，而被太后所宠幸。太后想让他在宫禁中自由出入，就让他去做和尚，法名怀义。又因为他家里卑贱贫寒，就命令他和驸马都尉薛绍（娶太后女太平公主）互认为同族（昭穆相通），又命令薛绍以叔父事奉怀义。薛怀义出入宫禁时乘坐天子的马车，十几个宦官侍候陪从；士人百姓遇到都奔走躲避，假如有人靠近马车，经常被打得头破血流，再丢弃离开，不管生死。看见道士就故意殴打，将道士头发剃掉才离开。朝廷显贵全都跪地爬行，向他敬礼拜谒，武承嗣、武三思都用童仆的礼节侍奉他，为他拉马缰赶车，薛怀义好像他们不存在一样。他又聚集许多无赖少年，剃发为僧，到处触犯法禁，没有人敢说话。右台御史冯思勖依照法令加以办理，薛怀义在路上遇到冯思勖，命令随从殴打冯思勖，差点将他打死。

垂拱二年（丙戌，公元686年）

春季，正月，太后武则天下诏令要将政事还给皇帝。唐睿宗知道太后不是诚心，上表再三推让。太后又垂帘听政。辛酉日（二十日），大赦天下。

二月，辛未朔日（初一），出现日食。

右卫大将军李孝逸击败徐敬业后，声望非常大。武承嗣等人十分不喜欢他，好几次在太后面前毁谤他，武则天就将他贬为施州刺史。

三月，戊申日（初八），太后武则天下令用铜铸造箱子：东面的箱子称为“延恩”，进献赋颂、请求做官的人可将奏表投入；南面的箱子叫作“招谏”，议论朝廷政治得失的人可将奏表投入；西面的箱子叫作“申冤”，有冤屈的人可将奏表投入；北面的箱子叫作“通玄”，谈天象灾变和军机以及秘密计划的人可将奏表投入。命令正谏、补阙、拾遗各一人掌管，要先找到认识自己的官员作保，然后才可以将章表奏疏投入。

徐敬业造反时，侍御史鱼承晔的儿子鱼保家教徐敬业制作刀车和弓弩，徐敬业败亡后，只有鱼保家免于死罪。天后要尽知人间的事物，鱼保家就上书给天后，请求铸造铜箱，接受天下人秘密的奏章。这些箱子一起放在房间中，箱子中间有四个隔子，上面都有孔，用来接受章表奏疏，只能放进去，不能取出来。太后武则天十分高兴。没过多久，鱼保家的仇家将奏章投到箱子里，告他替徐敬业制造兵器，杀伤很多官兵，鱼保家就被杀了。

太后武则天自从徐敬业造反之后，怀疑天下人都图谋背叛自己，而且长期专掌国政，宫廷内的行为也不端正，知道宗室大臣都在怨恨她，心中不服，于是就想大肆诛杀，加以威慑。因此就大开告密的门户，有人告密的话，臣下不得过问告密者的一切，都供给驿马，用五品官的食物款待，送往太后的驻地，就是农人樵夫，武则天也召见，在客馆里招待，所说的和自己的旨意相合，就破格任用为官吏，不真实的话也不查办。因此四方告密的人蜂拥出现，大家都害怕得不敢迈步，不敢出声。

有一个胡人名叫索元礼，了解太后的心意，就因为告密而被太后召见，擢升为游击将军，太后命令他审理奉诏令特设的监狱里的囚犯。索元礼生性残忍，讯问一个人一定要牵连几十上百人，太后多次召见他，加以赏赐，来扩大他的权力。于是尚书都事长安人周兴、万年人来俊臣之类的人，都加以仿效，纷纷兴起。周兴连续升迁到秋官侍郎，来俊臣连续升迁到御史中丞，彼此都豢养了几百个无赖，专门从事告密；要陷害一个人，就命令好几处一起控告，所告的事都一样。来俊臣和司刑评事洛阳人万国俊一起撰写《罗织经》，一共几千字，教导他们的党徒如何搜罗无罪人的言行，编成谋反罪状，捏造安排得都像真有其事。太后得到告密的案件，就命令索元礼等人审问，索元礼等人抢着设计审问犯人的方法，有“定百脉”“突地吼”“死猪愁”“求破家”“反是实”等各种名称。或者用木板串连人的手足，加以转动，叫作“凤皇晒翅”；或者用物体牵制住人的腰部，再将颈上枷锁拉向前，叫作“驴驹拔撅”；或者命令犯人跪着，用手托住枷锁，将砖头堆累在上面，叫作“仙人献果”；或者命令犯人站在很高的木头上，将枷锁的尾巴往后拉，叫作“玉女登梯”；或者将犯人倒挂着，在脑袋上挂石头，或者用醋倒灌鼻子，或者用铁圈束着头，再加上木楔，以至于有脑壳破裂脑髓流出。每次捉住犯人，经常先将刑具放在犯人眼前让犯人看，犯人都吓得颤抖流汗，只好自认有罪了。每次有赦免令时，来俊臣经常命令狱卒先将重犯杀了，然后再宣布赦令。太后武则天认为他非常忠心，更加宠信他。朝廷内外害怕这几个人，超过虎狼。

麟台正字陈子昂上疏认为："执掌刑法的人恨徐敬业带头造反，为了阻止奸乱的根源，穷究徐敬业的党羽，就唆使陛下大开狱讼，设下许多严刑酷罚，有涉嫌疑事迹的人，没有不穷追到底，加以审讯的。以至于有奸人迷惑主上，利用主上心危的时候诬陷正人君子，检举告发疑似的犯人，希望求得封爵赏赐，这样恐怕不是讨伐有罪哀怜百姓的人所应该做的。臣私下观察当今天下，百姓祈盼安定已经很久了，因而扬州的叛逆，虽然差不多有五十天之久，但这期间四海之内安静无事，一点都不受惊扰。陛下不追求清静无为，来挽救疲惫的百姓，反而采用严厉的刑罚，让百姓失望，臣愚昧不明，私下深感疑惑。臣看到四方的告密，被囚禁的犯人累积千百之多，但到最后，一百人中没有一个是真实的。陛下宽恕仁爱，却枉屈律令，纵容这些执法者，因而使得这些作恶的党徒称心快意，更加恨别人，一点点的嫌隙就说对方有造反，一个人被起诉，就将一百人关进监狱，使者前往各地审问捕捉犯人，车马多得像闹市一般。有人说陛下爱一人而害了一百人，天下人议论纷纷，不知道什么地方才是安宁之地。臣听说隋朝末年，天下还很平静，杨玄感叛乱，没有超过一个月就失败了。天下的败坏，还没有达到如土崩瓦解不可收拾的局面，百姓的心里，仍旧希望安居乐业。但隋炀帝没有醒悟，就指使兵部尚书樊子盖大肆屠戮，追究杨玄感的党徒，四海之内的豪杰之士，没有不遭殃的；以至于杀人如麻，流的血汇成沼泽，天下百姓都受影响，才想到要叛乱，于是英雄豪杰揭竿而起，隋朝就灭亡了。大的狱讼一旦兴起之后，不可能不泛滥，受冤的人感叹，就伤害了和谐之气，而疠疫就群起发生，水灾旱灾也接着到来，导致百姓失业，那么为祸作乱的心理就受诱产生了。古代圣明的国君慎重使用刑罚，就是担心这一点。从前汉武帝时巫蛊的狱讼发生，使得太子出逃，武装冲突就发生在宫阙里，无辜被害的人以千万算，江山社稷几乎被倾覆了；幸亏汉武帝得到壶关三老的书信，心里才能够豁然觉悟，将江充三族加以诛杀，其他的狱讼不加以追究，天下因此才安定下来。古人说：'前事不忘，后事之师。'诚恳希望陛下想想！”太后没有听取他的劝告。

夏季，四月，太后武则天铸造大仪，放置在北阙。

太后任命岑长倩为内史。六月，辛未日（初三），太后任命苏良嗣为左相，同凤阁鸾台三品韦待价为右相。己卯日（十一日），太后任命韦思谦为纳言。

苏良嗣在朝堂遇到和尚薛怀义，薛怀义骄傲得不向苏良嗣作礼。苏良嗣大为生气，命身边侍卫抓住薛怀义拖过来，打了几十下面颊。薛怀义告诉太后武则天，武则天说：“阿师你应该从北门出入，南衙是宰相所来往的地方，不要冒犯。”

太后武则天借口薛怀义有灵巧的心思，故意让他进入宫禁做事。补阙长社王求礼上表给太后，认为：“太宗时，有位名叫罗黑黑的善于弹奏琵琶，太宗将他阉割后充当内侍，让他教导宫人。陛下倘若认为薛怀义有灵巧的个性，要让他在宫中作为驱使使唤的话，臣请求将他阉割（去势）了，这样才可能不淫乱宫闱。”奏表上去没有消息。

秋季，九月，丁未日（初十），太后武则天任命西突厥继往绝可汗的儿子斛瑟罗担任右玉钤卫将军，继承继往绝可汗管理五个弩失毕部落。

己巳日（九月无此日），雍州上奏说新丰县东南有山踊出，所以将新丰县改为庆山县。四方都来恭贺。江陵人俞文俊上书说：“天气不和谐，寒和暑就并行，人气不和谐，肿瘤、赘物就会长出，地气不和谐，高起的丘阜就会出现。现在陛下一个女子却处在阳位，当了国君，刚和柔颠倒，因此地气闭塞隔绝，而山岭变化成为灾害。陛下还称之为'庆山'，臣认为没有什么值得庆贺的。臣认为陛下应当虔诚修德，来回应上天的谴责；不然灾难就来临了。”太后十分生气，将他流放到岭外，后来他被六道使杀了。

突厥进犯边境，左鹰扬卫大将军黑齿常之加以抵抗。到了两井，遇到三千多突厥人，他们一看到唐兵，都下马穿上铠甲，黑齿常之率领二百多骑兵冲过去，这些突厥人丢弃铠甲逃走。黄昏时，突厥兵大量赶到，黑齿常之命令军营中燃起火，东南又有火光出现，敌虏怀疑有唐军相呼应，就在夜晚逃走。

狄仁杰担任宁州刺史。右台监察御史晋陵人郭翰到陇右巡察，所到之地对官吏多所按察弹劾。进入宁州境内，歌颂刺史狄仁杰美德的老人到处都是；郭翰向朝廷荐举，朝廷就征召狄仁杰担任冬官侍郎。

资治通鉴卷第二百四　唐纪二十

起丁亥（公元687年），止辛卯（公元691年），共五年。

【题解】本卷记录了公元687年至691年的史事，共五年，正当武则天垂拱三年到天授二年。这一时期是武则天前期执政最重要的阶段。武则天以刑杀立威，推行血腥政治来镇压反对派。一是建立告密制度。二是大量起用酷吏。武则天借惩治徐敬业余党的名义，大兴冤狱，大杀唐宗室和不满武氏专政的大臣。但在这样的背景下，有狄仁杰、徐有功、杜景俭等执法宽平的大臣，仍有陈子昂的直谏，武则天也能兼容，甚至对狄仁杰十分敬重，表现了武则天政治的多面性与雄才。这也是武周政权得以存在的一个方面。本卷还记述了武则天明堂建成，行大礼，既尊号武氏列祖列宗，也尊礼唐室李氏祖宗，表现了武则天的政治权谋老练成熟。

则天顺圣皇后上之下

垂拱三年（丁亥，公元687年）

春季，闰正月，丁卯日（闰正月初二），唐朝封皇子李成美为恒王，李隆基为楚王，李隆范为卫王，李隆业为赵王。

二月，丙辰日（二十二日），突厥骨笃禄等人进犯昌平，太后武则天命令左鹰扬大将军黑齿常之率领军队讨伐。

三月，乙丑日（初一），唐纳言韦思谦以太中大夫身份退休。

夏季，四月，武则天命令苏良嗣在西京留守。那时尚方监裴匪躬正在西京的苑囿查核政事，准备出卖苑囿中的菜蔬水果而获利。苏良嗣说："从前公仪休做鲁国宰相时，尚且能够拔掉葵菜，休掉织帛的妻子，不愿与百姓争利，我就没听说过万乘国君卖菜蔬水果的。"裴匪躬才不做。

壬戌日（二十九日），裴居道的职位改为纳言。五月，丙寅日（初三），夏官侍郎京兆人张光辅改任凤阁侍郎、同平章事。

凤阁侍郎、同凤阁鸾台三品刘祎之私下对凤阁舍人永年人贾大隐说：“太后已经废昏庸立贤明，何必再莅临朝堂而发号施令呢？不如将政事还给皇帝，来安定天下的人心。”贾大隐将刘祎之的话暗中向太后奏报，太后十分不高兴，对身边大臣说：“刘祎之是我所引用的人，居然又背叛我！”有人诬陷刘祎之收受归诚州都督孙万荣的金钱，又和许敬宗的小妾有暧昧关系，太后命令肃州刺史王本立审讯刘祎之。王本立向刘祎之宣示太后敕令，刘祎之说：“不经过凤阁（中书省）和鸾台（门下省），怎么能够称为敕令？”太后特别生气，认为刘祎之抗拒天子使臣，庚午日（初七），将刘祎之在家里赐死。

刘祎之刚被关在监狱时，唐睿宗替他上疏申诉办理，亲戚朋友都向他恭贺，刘祎之说：“这样做更会加速我的死期了。”临死时，刘祎之先沐浴一番，神态像平日一样，亲自拟写谢表，很快就写了好几张纸。麟台郎（原为秘书郎）郭翰，太子文学周思钧称赞他写的文章。太后武则天听到后，就将郭翰贬为巫州司法，将周思钧贬为播州司仓。

秋季，七月，壬辰日（三十日），魏玄同任检校纳言。

岭南俚户从前只缴赋税的一半，交趾都护刘延祐命他们缴纳全额，俚户不接受，刘延祐将为首的杀掉。党羽李思慎等人造反，攻陷了安南府城，将刘延祐杀了。桂州司马曹玄静率军讨伐李思慎等人，将他们杀死。

突厥骨笃禄、元珍进犯朔州，武则天派遣燕然道大总管黑齿常之加以攻击，任命左鹰扬大将军李多祚为副将，在黄花堆大败突厥，追逐突厥败军四十多里远，突厥分散逃到沙漠的北面。李多祚世代担任靺鞨的酋长，因为战功才能进入朝廷担任宿卫。黑齿常之每次得到赏赐，全都分给将士。他有一匹好马被军士弄伤了，僚属请求鞭笞军士，黑齿常之说："怎么可以为了私人的马受伤，就鞭打士兵呢？"最终也没有追究。

九月，己卯日（十九日），虢州人杨初成撒谎说自己是郎将，假托太后的敕令在都市招募人，前往房州迎接庐陵王，事情被发觉，杨初成伏罪被杀。

冬季，十月，庚子日（初九），右监门卫中郎将爨宝璧和突厥骨笃禄、元珍交战，结果全军覆没，只有爨宝璧率领轻骑逃回来。

爨宝璧看见黑齿常之立了大功，上表请求追剩余的敌寇。太后武则天下诏令要他和黑齿常之一起计划商议，遥遥地作为声援。爨宝璧想独贪功劳，不等黑齿常之到达，就率领精兵一万三千人出发，离开边塞两千多里，袭击突厥部落，到达之后，又先派人通知对方，使得突厥严加戒备，然后爨宝璧和对方交战，就被击败了。太后杀了爨宝璧；将骨笃禄改为不卒禄。

太后武则天命令魏玄同在西京留守。

武承嗣又派人诬告李孝逸，揭发他说"名字中有兔，兔子是月亮中的东西，应该有天子的名分"。太后武则天因为李孝逸有功劳，十一月，戊寅日（十八日），减免他死罪，削除名籍，将他流放到儋州，最终死在那里。

太后武则天要派遣韦待价率兵攻打吐蕃，凤阁侍郎韦方质上奏，请求依照从前的制度，派遣御史监察军队，太后说："古代贤明的君主派遣大将，京师以外的事情全部交托给大将处理。最近听说御史监察军队时，军中的事情不管大大小小，都要禀告他。变成以下属控制长上，不是好的典制；况且这样做，又怎能责求大将有事功呢？"就废止设立监军的事。

这一年，天下发生大饥荒，山东、关内地区尤其严重。

垂拱四年（戊子，公元688年）

春季，正月，甲子日（初五），唐朝在神都（洛阳）设立高祖、太宗、高宗三庙，四时祭祀都依照西庙（西京宗庙）的礼节，又设立崇先庙来祭祀武氏祖先。太后武则天命有司讨论崇先庙房间即“室”的数目，司礼博士周悰请求设立七室，又减少李唐的太庙为五室。春官（礼部）侍郎贾大隐上奏说：“礼制规定天子七庙，诸侯五庙，这是百代不能更改的礼仪。现在周悰另外引用不切实际的议论，广泛陈述异文，只为推崇太后临朝代行国事的礼仪，不依照国家的常法去做。皇太后亲自承受先帝托付天下的责任，正是大显伟大谋划的时候，因此崇先庙的室数应当和诸侯相同，而国家的宗庙不应当随意改变。”太后听了才打消了念头。

太宗、高宗在位的时候，好几次要设立明堂，因为儒者们讨论制度，没有结果才停止。太后武则天临朝听政后，就只和北门学士讨论明堂制度，不再询问儒者们的意见。儒者们认为明堂应该设在国都南方丙己的土地上，三里外、七里内的范围。太后认为距离宫廷太远。二月，庚午日（二月无此日），下令拆毁乾元殿，在原地建造明堂，任命和尚薛怀义为监造明堂的使者，役使民间的劳力共有几万人。

夏季，四月，戊戌日（十一日），太后武则天将太子通事舍人郝象贤杀掉。郝象贤是郝处俊的孙子。

起初，太后对郝处俊不满意（上元二年劝唐高宗不要让太后临朝称制），恰好有罪奴诬告郝象贤谋反，太后命令周兴察办，判郝象贤灭族的罪。郝象贤的家人前往朝廷，向监察御史乐安人任玄殖陈述冤情。任玄殖上奏说郝象贤没有谋反的罪状，任玄殖因而坐罪免官。郝象贤临刑时，极力地大骂武则天，将宫中隐私淫乱的事都揭发出来，夺取市上百姓的木棒来攻击行刑的人。左右金吾兵一起把郝象贤杀掉。太后下令肢解他的尸体，掘开他父亲及祖父的坟墓，毁了棺木烧了尸体。从此以后，直到太后去世，法官每次处决犯人时，都要先用木头做的丸子塞住犯人的嘴巴。

武承嗣派人凿开白石，刻上文字说：“圣母降临人间，帝业永远昌盛。”槌碎紫石，混杂着药物将字填平。庚午日（四月无此日），武承嗣指使雍州人唐同泰拿着奏表进献太后，说是在洛水中得到的。太后非常高兴，将石头命名为“宝图”；擢升唐同泰为游击将军。五月，戊辰日（十一日），太后下诏令要亲自前往洛水祭拜，接受“宝图”。在南郊举行祭祀，来告谢上天。祭礼完毕，前往明堂，接受文武百官朝拜。太后命令各州都督、刺史和宗室、外戚等，在祭拜洛水的前十天，在神都集合。乙亥日（十八日），太后武则天替自己加尊号为圣母神皇。

六月，丁亥朔日（初一），出现日食。

壬寅日（十六日），唐朝制作了神皇三种印玺。

东阳大长公主（唐太宗的女儿）被削夺封邑，连同两个儿子一起迁徙巫州。公主嫁给高履行，太后因为高氏是长孙无忌舅舅家族的人，所以十分厌恶。

河南道巡抚大使、冬官侍郎狄仁杰认为吴、楚两地有许多淫滥不正当的祠庙，奏告太后焚毁一千七百多所，只保留夏禹、吴太伯、季札、伍员四种祠庙。

秋季，七月，丁巳日（初一），武则天大赦天下。将“宝图”改名为“天授圣图”；洛水改名为永昌洛水，封洛水之神为显圣侯，加封特进的官衔，禁止打鱼垂钓，祭洛水的礼仪如同四渎一样。将圣图所出的地方称为“圣图泉”，泉的边侧设立永昌县。又将嵩山改名为神岳，封嵩山的神为天中王，拜为太师、使持节、神岳大都督，禁止在山上砍柴放牧。又因为起初在汜水县得到瑞石，所以将汜水县改为广武县。

太后暗中图谋取代唐朝，渐渐除去唐朝宗室的力量。绛州刺史韩王李元嘉、青州刺史霍王李元轨、邢州刺史鲁王李灵夔、豫州刺史越王李贞和李元嘉的儿子通州刺史黄公李譔，李元轨的儿子金州刺史江都王李绪、虢王李凤的儿子申州刺史东莞公李融、李灵夔的儿子范阳王李蔼、李贞的儿子博州史琅邪王李冲，这几个人在宗室中，都因为才识德行而拥有美名，太后尤其忌恨他们。李元嘉等人内心不安，暗中有挽救恢复大唐天下的心志。

李譔写信给李贞，欺骗他说：“我妻子病情逐渐加重，应该快点治疗，假如拖到今年冬天，担心会变成痼疾。”后来太后召集宗室朝见明堂，诸王就互相警告说："神皇要在举行大飨礼时，指使人告密，将宗室全部拘禁起来，然后杀掉。"李譔伪造皇帝的玺书，对李冲说："朕遭到拘禁，各王要调动军队来救我。"李冲又伪造皇帝的玺书说："神皇要将李氏的天下交给武氏。"八月，壬寅日（十七日），李冲召来长史萧德琮等人，命他们招募士兵，分头通知韩、霍、鲁、越各王以及贝州刺史纪王李慎，命令他们各自起兵，一同攻向神都。太后听闻后，任命左金吾将军丘神勣担任清平道行军大总管，进行讨伐。

李冲招募士兵五千多人，要渡过黄河攻打济州。先进攻武水县，武水县令郭务悌前往魏州求救。莘县县令马玄素率领士兵一千七百人在半路突击李冲，但害怕敌不过，进入武水，关闭城门，抵抗李冲的军队，只守不攻。李冲推了很多装满草的车子塞住南城门，利用风势纵火焚烧，想利用火势攻进去；火烧起后风却转向，李冲的军队无法前进，因而士气沮丧。堂邑人董玄寂替李冲带领士兵攻打武水，对人说："琅邪王和朝廷作战，这是造反。"李冲听到了，就将董玄寂斩杀了，众士兵害怕被杀而逃入草泽中，李冲不能禁止，只有家童和身边侍卫几十个人没有跑。李冲退走博州，戊申日（二十三日），李冲来到博州城门下，被守城门的士兵杀掉，总共起兵七天就失败了。丘神勣抵达博州，官吏穿着素服出城迎接，丘神勣全部斩杀，共使一千余家家破人亡。

越王李贞听说李冲起兵，也在豫州起兵举事，派遣部队攻克上蔡。九月，丙辰日（初一），太后武则天命令左豹韬大将军麴崇裕担任中军大总管，岑长倩担任后军大总管，率领十万士兵前往征讨，又命令张光辅担任各军的节度（节制支度）。削夺李冲宗属的名籍，改为虺氏。李贞听闻李冲失败，想锁住自己前往宫廷请罪，恰好部属新蔡令傅延庆招募了勇士两千多人，李贞就对众人宣布说："琅邪王李冲已经攻陷了魏、相几个州，有士兵二十万，早晚就要来了。"李贞征召属下各县士兵，共得到五千人，分做五个营，派遣汝南县丞裴守德等人率领，任用九品以上的官吏五百多人，所任用的官吏都受到威胁逼迫，没有斗志，只有裴守德和李贞一起谋划，李贞将女儿嫁给裴守德，任命他为大将军，将他当成心腹。李贞命道士和和尚诵经，来求得事情能够成功，身边的侍从和士兵也都带着可以避免兵器伤害的符箓。麹崇裕等人领兵到达豫州城东四十里，李贞派遣最小的儿子李规和裴守德前去抵抗，士兵溃败逃回。李贞十分害怕，关闭阁楼守着不出。麹崇裕等人来到城下，身边的侍从对李贞说："大王怎么可以坐着等待被杀被污辱？"于是李贞、李规、裴守德和他们的妻子都自杀了。他们和李冲等人的尸体都在东都宫廷下被砍头。

起初，范阳王李蔼派遣使者告诉李贞和李冲说："假如四方的诸王同时起事，事情没有做不成的。"诸王来来往往相互约会，但事情还没定案李冲就先起事，只有李贞狼狈响应他，诸王都不敢动，因此才失败。

李贞将要起兵时，派遣使者密告寿州刺史赵瑰，赵瑰的妻子常乐公主（唐高祖女儿）对使者说："替我转告越王：从前隋文帝要篡夺周室时，尉迟迥是周的外甥，尚且能够起兵挽救周的社稷，功业虽然没有成，声威却震动四海，足够称为忠烈。何况你们各位王爷，都是先帝的儿子，怎么能够不关心国家社稷呢？如今李氏的形势危险得像早晨的露水一样，你们诸王不能做到舍生取义，还在犹豫不举事，想等待什么呢？灾祸马上就要到了，大丈夫应当为忠义而死，不要死得没有价值。"

后来李贞失利之后，太后要将韩、鲁诸王全部杀掉，命监察御史蓝田人苏珦调查秘密造反的情状。苏珦再三讯问，都没有明显的证据，有人密告苏珦和韩、鲁诸王一同密谋，太后召见苏珦诘问，苏珦据事力争，不屈服，太后说："卿是大雅的士人，朕会有另外的任用，这件犯案卿不必管了。"就令苏珦前往河西监督军队，重新派遣周兴等人查办，于是就在东都将韩王李元嘉、鲁王李灵夔、黄公李譔、常乐公主等人收监，威胁逼迫他们全部自杀，将他们的姓氏改为虺，所有亲戚党羽都予以处死。

太后武则天任命文昌左丞狄仁杰担任豫州刺史。当时查办越王李贞的同党，应当坐罪的有六七百家，籍没官府充当奴婢的有五千人，司刑（大理寺之官）催促豫州执行判决。狄仁杰暗中奏报说："这些人都是被连累了，臣想明白公开地奏报，似乎是替反叛的人申辩；但是知道真情却不报，又担心违背了陛下仁慈怜恤的旨意。"太后听了狄仁杰的奏报，就特别宽恕了这些人，将他们全都流放到丰州。路过宁州时，宁州父老迎接他们，并且慰劳他们说："是我们的狄使君让你们活命的吗（狄仁杰曾做过宁州刺史，有德政）？"这些人相互携手在德政碑下痛哭，斋戒三日，以表谢恩后才离开。

当时张光辅还在豫州，将士们自认为有功，多方地索求财物，狄仁杰没有答应。张光辅生气地说："你是州将（汉代称刺史为州将）就轻视我这全军主将吗？"狄仁杰说："扰乱河南的不过是越王李贞一人罢了，现在一个李贞死了，一万个李贞却活了！"张光辅询问这话的意思，狄仁杰说："您带领士兵三十万，所杀的人不过是越王李贞。城里百姓听说官军到了，翻越城墙出来投降的人很多，四面都踩成道路了，您却放纵将士暴虐掠夺，杀死已经投降的人，血流染红了原野，这些人不是变成一万个李贞了吗？我恨不得拿到尚方斩马剑，架在您的头颈上，我虽死也没有遗憾！"张光辅没有办法责问，回朝后，奏告太后说狄仁杰傲慢不恭逊，太后将狄仁杰贬为复州刺史。

丁卯日（十二日），左肃政大夫骞味道、夏官侍郎王本立都任同平章事。

太后召集宗室朝拜明堂时，东莞公李融暗中派遣使者询问成均（国监子）助教高子贡，高子贡说："来一定会死。"李融就借口生病没有去。越王李贞起兵时，派遣使者约李融，李融仓促间不能够答应，被手下官属逼迫，只好拘捕李贞的使者向朝廷报告，朝廷擢升拜授他为右赞善大夫。没过多久，被亲属牵连，冬季，十月，己亥日（十四日），被杀死在市朝上，家产也被抄没。高子贡也坐罪被杀。

济州刺史薛顗、薛顗的弟弟薛绪、薛绪的弟弟驸马都尉薛绍，都和琅邪王李冲一起谋划造反。薛顗听说李冲起兵，就制作了兵器，招募士兵；李冲失败时，他们就杀了录事参军高纂以免泄露消息。十一月，辛酉日（初六），薛顗、薛绪伏罪被杀，薛绍因为是太平公主的丈夫，被判处杖打一百，最终饿死在监狱中。

十二月，乙酉日（初一），司徒、青州刺史霍王李元轨坐罪和越王通谋，官位被废并流放黔州，用囚车押送，走到陈仓时就死了。江都王李绪、殿中监郧公裴承先都在市朝被处死。裴承先是裴寂的孙子。

太后武则天命令裴居道留守西京。

左肃政大夫、同平章事骞味道一向对殿中侍御史周矩无礼，经常说他不能办事。恰好有人罗织罪名控告骞味道，太后命令周矩查办。周矩对骞味道说："你常责备我周矩不会办事，今天就办给你看。"乙亥日（十二月无此日），骞味道和他儿子骞辞玉都伏罪被杀。

己酉日（二十五日），太后来到洛水拜受"圣图"，皇帝、皇太子都跟随着，朝廷内外文武百官、蛮夷等，各自按照方位和次第站立，珍禽、奇兽、各种宝物陈列在祭坛前，礼乐仪仗的盛大，是唐开国以来，从来没有过的。

辛亥日（二十七日），明堂落成，高有二百九十四尺，三百尺见方。一共分三层：下层按照四季划分，四方各用本方的颜色；中层模仿十二时辰；上层是圆顶，有九条龙拱捧着。顶上安置铁质的凤鸟，高一丈，外表用黄金涂饰；中有十围的巨头，上下贯通，斗斜柱屋檐都依仗它为根基；下面设有铁做的渠道，作为辟雍的象征，号称万象神宫。太后设宴款待群臣，大赦天下，准许百姓进入观赏。将河南改为合宫县。又在明堂北面建造五层天堂放佛像；到第三层时，就已经可以俯瞰明堂了。薛怀义因为有功被拜为左威卫大将军、梁国公。

侍御史王求礼上书说："古代的明堂，用茅草做屋顶，不加修剪，以栎木为椽，不加斫伐修饰。现在的明堂却用珍珠宝玉装饰，再用丹青涂抹，铁凤高入云端，金龙藏进云雾，从前商纣建造的琼台，夏桀营建的瑶室，都无法超过它。”太后没有理睬。

太后准备征召梁、凤、巴蜑等地百姓劳役，从雅州开辟山道，以便出兵攻打生羌，顺便袭击吐蕃。正字（官名，掌详定典籍，订正文字）陈子昂上书朝廷，认为：“雅州边境紧邻生羌，开国以来从没有发生过盗贼。现在一旦没有罪过而加以杀戮，他们一定十分怨恨；而且他们担心被杀，一定群起而成为盗贼。西山的盗贼一发生，那么蜀的边境县邑就不得不集结军队防备守御，战事长久不停，臣认为西蜀的祸患，从此就结下了。臣听闻吐蕃贪图蜀地的富饶，要入侵的念头早就有了，只因为山川险阻隔绝，障塞关隘不相通，因而才不敢有所动。现在朝廷挑起边境生羌的乱事，打通隘道，使吐蕃能够收留逃亡的生羌，让他们担任向导而进攻边境，这就是借助贼兵（生羌）替敌人（吐蕃）开路，将整个蜀地送给敌人。蜀是国家的宝库，还能够救助中原，现在当权的人居然贪图侥幸的利益，要去征讨西羌，胜利了得到他们的土地，也不能耕种，所得财物也不足以使国家富有，徒然耗费国力，对天子的美德也没什么好处，何况成败还不知道呢！蜀地所依赖的是险阻，百姓之所以能够安居，是因为没有征役；现在朝廷要辟除掉蜀地的险阻，劳役当地的百姓，险阻一被辟除，就方便了敌人，百姓一受劳役，就损耗了财物，臣担心还没看见羌戎，蜀地就先有了奸人盗贼了。况且蜀人身体尫弱陋劣，不习惯用兵交战，山川阻绝旷远，距离中原十分遥远，现在无缘无故挑起西羌、吐蕃的祸患，臣看得出不超过百年，蜀地就会变成戎羌的土地了。朝廷最近废弃了安北、单于都护府，放弃龟兹、疏勒二镇，天下人之所以一致称之为盛德，是因为陛下注重在养育百姓，不在增广土地。现在山东地区发生饥荒，关、陇等地凋敝，却顺从贪心人的议论，计划要挑起战争，兴动大劳役，自古以来国家的灭亡，没有不是因为穷兵黩武的，希望陛下仔细考虑。”没过多久果然不再兴动劳役了。

永昌元年（己丑，公元689年）

春季，正月，乙卯朔日（初一），唐朝合祭于万象神宫，太后穿戴帝王的礼服礼帽，腰带上插着大圭，拿着镇圭（所以安四方之圭）做初献，皇帝做亚献，皇太子做终献。首先到昊天上帝的灵座，其次是唐高祖、唐太宗、唐高宗，再次是魏国先王（太后的父亲武士彟），最后是五方帝的灵座。太后亲自来到则天门，大赦天下，改年号为永昌。丁巳日（初三），太后驾临明堂，接受朝臣恭贺。戊午日（初四），太后在明堂敷布政事，颁布九条法令来训勉百官。己未日（初五），太后驾临明堂，大宴群臣。

二月，丁酉日（十四日），太后尊称先父魏忠孝王为周忠孝太皇，先妣为忠孝太后，将文水的陵墓（武氏祖先所葬处）称为章德陵，咸阳陵（武士彟和妻所葬处）称为明义陵，设置尊崇先府的官员。戊戌日（十五日），太后尊称鲁公为太原靖王，北平王为赵肃恭王，金城王为魏义康王，太原王为周安成王。

三月，甲子日（十一日），张光辅代理纳言。

壬申日（十九日），太后询问正字陈子昂有关当今处理政事的要点。陈子昂退朝后，呈上奏疏，认为“应当减轻刑法、崇尚道德，停止战争，减轻赋役，安抚宗室，让他们各自安心”。言辞委婉，词意恳切，言论十分优美，共有三千字。

癸酉日（二十日），太后任命天官尚书武承嗣为纳言，命张光辅代理内史（中书令）。

夏季，四月，甲辰日（二十二日），太后将辰州别驾汝南王李炜、连州别驾鄱阳公李諲等宗室十二人杀掉，迁徙他们的家族到巂州。李炜是蒋王李恽的儿子，李諲是道王李元庆的儿子。

己酉日（二十七日），太后将天官侍郎蓝田人邓玄挺杀掉。邓玄挺的女儿是李諲的妻子，又和李炜友善。李諲计划在庐陵迎立唐中宗，询问邓玄挺的意见；李炜又曾经问邓玄挺说：“要做紧急计划，怎么做呢？”邓玄挺都没有回答。所以因知道谋反而不告坐罪，一同被杀。

五月，丙辰日（初五），太后任命文昌右相韦待价担任安息道行军大总管，攻打吐蕃。

浪穹州蛮族酋长傍时昔等二十五个部落，先是依附吐蕃，这时候前来归降。太后武则天任命傍时昔担任浪穹州刺史统领他的部队。

己巳日（十八日），太后任命和尚薛怀义担任新平军大总管，征讨北方的突厥。行军到紫河，见不到敌人，就在单于台上刻字记功，然后返回。

诸王起兵造反时，贝州刺史纪王李慎唯独没有参与谋划，但也坐罪被关入监狱。秋季，七月，丁巳日（初七），用囚车将他流放到巴州，改姓氏为虺氏，走到蒲州就死了。他的八个儿子，如徐州刺史东平王李续等人，相继被杀，家族被流放到岭南。

李慎的女儿东光县主李楚媛，年幼时就因为孝顺谨慎出名，嫁给司议郎裴仲将，夫妇相敬如宾。婆婆生病时，李楚媛亲自尝喂膳食药物；对待妯娌，都能得到对方欢心。当时宗室女子都以骄奢作为时尚，讥笑李楚媛节俭朴素，说："人所以看重富贵，是因为能满足欲望；现在只有你守着勤苦，你到底追求什么？"李楚媛说："我年幼时就喜欢礼节，现在付诸行动，这不是很顺适我的心意吗？我看从古以来的女子，都以节俭恭谨为美德，以奢侈放纵为恶行。我只担心给亲人带来羞辱，又有什么追求呢？富贵是偶然得来的，怎么值得向人夸耀呢？"大家听了，都感到既羞愧又佩服。后来李慎死亡的凶信到达，李楚媛哭号哀恸，吐血好几升；守丧期满后，不用润发的油脂近二十年。

韦待价军队到了寅识迦河，和吐蕃交战，被击败。韦待价没有才能，作战时被打得狼狈不堪，失去据点，士卒受冻挨饿，死了很多人，就率领军队返回。太后非常生气，丙子日（二十六日），将韦待价官名废除，流放到绣州，处死副大总管安西大都护阎温古。安西副都护唐休璟收聚剩余的部众，安抚西方国土，太后任命唐休璟为西州都督。

戊寅日（二十八日），太后任命王本立为同凤阁鸾台三品。

徐敬业失败时，弟弟徐敬真被流放到绣州，他逃回来，准备逃往突厥。路过洛阳时，洛州司马弓嗣业、洛阳令张嗣明用财物遣送他。到了定州，被官吏所查获，弓嗣业在狱中自缢而死。张嗣明、徐敬真牵引了许多海内相知相识的人，说他们有造反的企图，希望因此能够免于一死。于是朝野的士人被牵连判死罪的很多。张嗣明诬陷内史张光辅，说“讨伐豫州的时候，私立论断图录谶纬、天文，暗中怀有异心”。八月，甲申日（初四），张光辅和徐敬真、张嗣明等人一起被杀，并被查抄家产。

乙未日（十五日），秋官尚书太原人张楚金、陕州刺史郭正一、凤阁侍郎元万顷、洛阳令魏元忠等人，一起被免除死罪，流放岭南。张楚金等人都是徐敬真所牵引，说他们和徐敬业串通谋反。临刑时，太后派凤阁舍人王隐客骑快马传声赦免，声音传到市朝上，受刑的人都高兴得欢呼跳跃，欢呼声辗转不停；只有魏元忠安心自如地坐着，有人让他起身，魏元忠说：“真实情况还不知晓。”王隐客到了后，又要他起身，魏元忠说：“等宣过敕令吧！”宣读敕令后，才慢慢起身，拜了两拜，竟然没有忧虑或高兴的神情。当天，阴沉的乌云四下聚合，释放张楚金等人后，天气转为晴朗。

九月，壬子日（初三），太后任命和尚薛怀义担任新平道行军大总管，率领士兵二十万征讨突厥骨笃禄。

起初，在唐高宗时代，周兴以河阳令的身份受召觐见唐高宗，唐高宗要加以擢升任用，有人奏报说周兴不是出身清流，唐高宗就不任用他。周兴不知道，好几次在朝堂等候唐高宗的任命。各位丞相都默默不讲话，地官（户部）尚书、检校纳言魏玄同当时担任同平章事，对他说：“周明府（唐朝称县令为明府）你可以离去了。”周兴认为魏玄同阻止自己升迁，衔恨在心。魏玄同一向和裴炎友善，当时人因为他们的友情始终不渝，称他们是“耐久朋”。周兴奏告太后，诬陷魏玄同说过：“太后年老了，不如奉立嗣君，时间较为持久。”太后十分生气，闰月，甲午日（十五日），赐他在家里自尽。监刑御史房济对魏玄同说：“老丈你为什么不上书告密，以求得太后召见，可以自我申诉，而得清白！”魏玄同感叹说：“被人杀被鬼杀（有病而死），又有什么不同，怎么能做告密人呢？”于是自尽。又将夏官侍郎崔詧在隐秘处（不在市朝）杀了。其他内外大臣坐罪而死以及被流放贬官的非常多。

彭州长史刘易从也被徐敬真诬陷；戊申日（二十九日），在彭州被处死。刘易从的为人，仁慈、孝顺、忠君、谨慎，在市朝将要被处死时，吏属百姓同情他无辜，不论远近都奔去观看，争着脱掉衣物投在地上说：“替长史祈求冥中的福禄。”有司公平地将衣物估价，价值有十几万。

周兴等人诬告右 武卫大将军燕公黑齿常之计划造反，太后就征召他，将他关在监狱。冬季，十月，戊午日（初九），黑齿常之自缢而死。

己未日（初十），太后将宗室鄂州刺史嗣郑王李璥（李璥为郑王李元懿的儿子）等六人处死。庚申日（十一日），滕王的子嗣李脩、李琦（李脩、李琦为滕王李元婴的儿子）等六人被免除死罪，流放到岭南。

丁卯日（十八日），春官（礼部）尚书范履冰、凤阁侍郎邢文伟都任同平章事。

己卯日（三十日），太后下诏令将太穆神皇后（唐高祖的皇后）、文德圣皇后和皇地祇配祭，忠孝太后（太后母）随着配享。

右卫胄曹参军陈子昂呈上疏文，认为：“周朝时成王、康王被人称颂，汉朝时文帝、景帝被人赞美，都是因为能放弃刑法不用。如今陛下治政，虽然说是十分完善了，可是太平的朝代，上下都乐于陛下的政化，不应当有乱臣贼子，天天触犯帝王的刑律被处死。最近大案增加很多，叛逆的人也越来越多了，愚臣冥顽不灵，最先认为犯人犯罪都是事实，可是上月十五日，陛下特别审查出来关在监狱的犯人李珍等人没有罪，百官欢喜庆贺，都恭贺圣上的英明，臣才知晓在陛下宽大的法网下，也有无罪被冤枉的人。陛下极力地在使刑法宽和，狱官却急切地要处罚人，因此伤害了陛下的仁政，而诬害了太平的政事，臣私下感到非常遗憾。并且在九月二十一日下敕令免除张楚金等人死罪的时候，起初有风雨，后来变为卿云（祥云）。臣听说天空阴惨暗淡是用刑的缘故，阳和舒泰是美德造成的；圣人效法天，天也帮助圣人，天意既然如此，陛下怎么可以不恭承顺应天意呢？现在天又阴沉下雨，臣担心过错又出现在狱官身上。凡是被关入监狱的犯人，大多被判处死刑，行路之人的议论，可能对也可能不对，陛下为什么不全部召见犯人，亲自审问他们的罪呢？犯罪而有实据的犯人，判处死刑，向众人昭示，作为警诫；淫滥无度的话就严厉惩处执法的狱吏，让天下百姓都能心悦诚服，人人都知晓政刑不滥，如此难道不是至德大光明的政治吗？”

天授元年（庚寅，公元690年）是年九月始改年号为天授。

十一月，庚辰朔日（初一），冬至。太后在万象神宫祭祀，大赦天下。开始使用周的历法，将永昌元年十一月改为载初元年正月，将十二月作为腊月，夏正月为一月。将周、汉的后代作为二王之后，舜、禹、成汤的后代为三恪（周武王封虞舜、夏、商的后代为三恪，唐朝时将后周和隋作为二王之后），周（后周）、隋皇室的子孙和列国诸侯地位同等。

凤阁侍郎河东人宗秦客，改造“天”“地”等十二字呈献，丁亥日（初八），唐朝下令开始施行。太后自己命名为“曌”，为避讳改“诏”为“制”。宗秦客是太后堂姐的儿子。

乙未日（十六日），司刑少卿周兴奏请废除唐朝帝室亲属的家族名册。

腊月，辛未日（二十三日），太后任命和尚薛怀义担任右卫大将军，赐爵号为鄂国公。

春季，一月，戊子日（初十），武承嗣升任文昌左相，岑长倩升任文昌右相、同凤阁鸾台三品，凤阁侍郎武攸宁担任纳言，邢文伟代理内史，左肃政大夫、同凤阁鸾台三品王本立被降为地官尚书。武攸宁是武士彟哥哥的孙子。

当时武承嗣、武三思执掌大权，连宰相都自居在他们之下。地官尚书、同凤阁鸾台三品韦方质有病，武承嗣、武三思前往慰问，韦方质靠在床上没有答礼。有人劝他，韦方质说："死生命中已经注定，大丈夫怎么能够委屈地侍奉太后的近亲以求幸免呢？"不久被周兴等人诬告陷害，甲午日（十六日），流放儋州，抄没其家。

二月，辛酉日（十四日），太后亲自在洛城殿策试贡士。贡士的殿试从这时候开始。

丁卯日（二十日），唐地官尚书王本立去世。

三月，丁亥日（初十），唐特进、同凤阁鸾台三品苏良嗣去世。

夏季，四月，丁巳日（十一日），春官尚书、同平章事范履冰因为曾经举荐犯大逆之罪的人，因而坐罪被判下狱处死。

醴泉人侯思止，起初是以卖饼为职业，后来侍奉游击将军高元礼，做高元礼的仆人，侯思止一向诡诈轻薄。恒州刺史裴贞杖打一个判司（州曹各司的参军），判司指使侯思止密告裴贞和舒王李元名谋划造反，秋季，七月，辛巳日（初七），李元名坐罪官位被废，迁徙到和州；壬午日（初八），太后将李元名的儿子豫章王李亶杀掉，裴贞也遭受灭族。擢升侯思止为游击将军。当时告密的人经常得到五品官，侯思止请求担任御史，太后说："你不识字，怎能做御史？"侯思止回答说："獬豸（一种野兽，个性十分忠直，看见人打斗，能够用角触那不正直的人）也不识字，却能够触那不正的邪人。"太后非常高兴，马上就任命他担任朝散大夫、侍御史。过了几天，太后将从前所抄没的房宅赐给他，侯思止不接受，说："臣讨厌那些叛逆的人，不愿住到那种人的宅院。"太后越发赏识他。

衡水人王弘义，品行一向不好，曾经向邻居要瓜吃，邻居不给，就报告县官说瓜田中有白兔。县官派人搜捕白兔，立即将瓜田践踏。他又游过赵、贝，看见闾里老人做斋饭布施僧侣，就控告说他们在谋反，杀死两百多人。太后擢升他为游击将军，不久又升迁他为殿中侍御史。有人密告胜州都督王安仁计划造反，太后下敕令王弘义查办。王安仁不服，王弘义就在王安仁的刑枷上将他的头砍掉。又捕杀王安仁的儿子，恰好王安仁的儿子来了，也砍掉他的头，用封套装着回朝。路过汾州时，司马毛公和王弘义对坐饮食，没过多久，将毛公叱下台阶，加以斩杀，用枪将毛公头颅挑入洛水，看见的人没有不震惧颤抖的。

当时在丽景门内设置诏狱（关押奉诏逮捕的犯人的监狱），进入那个监狱的犯人，不死不可能出去，王弘义开玩笑地说那是“例竟门”（“竟”就是死的意思，进入这门照例一定会死）。朝廷官员人人自危，见面时不敢交谈，在路上用眼色示意。有人因为入宫朝见，却暗地被逮捕了，因此官员每次早朝时，常常要和家人诀别说：“不晓得能否再相见？”

当时法官争着显现严酷，只有司刑丞徐有功、杜景俭抱着宽恕平和的态度办案，被告发的人都说：“遇到来俊臣、侯思止一定死，遇到徐有功、杜景俭一定生还。”

徐有功是徐文远的孙子，名叫弘敏，人们习惯称呼他的字。起初，徐有功做蒲州司法，以宽和处理政事，不用杖击打犯人。手下属吏互相约好，违背徐司法的规定而用杖击打犯人的，大家一起斥责。等到他任职期满时，没有杖打过一个人，但职务也办得很好。累积升迁到司刑丞，凡是酷吏所诬告陷害的，徐有功都替他们平反，前后所救活的有数百家。他曾经在朝廷争辩有关刑狱的事情，太后严厉责问他，左右大臣都恐惧颤抖，只有徐有功神色仍然不变，争辩得更加坚决。太后虽然好杀，但知道徐有功正直，特别敬重他。杜景俭是武邑人。

司刑丞荥阳人李日知也崇尚平和宽恕。少卿胡元礼要杀一个犯人，李日知认为不可以，双方多次反复争执，胡元礼生气地说：“只要我胡元礼不离开刑曹，这犯人绝没有存活的道理。”李日知说：“我李日知一天不离开刑曹，这犯人终究不会有判死刑的法令！”最后将两人的不同意见呈报上级，李日知果然判断正确。

东魏国寺和尚法明等人撰写《大云经》四卷，奉表呈献太后，说太后是弥勒佛下世，应该代唐而成为人世的主人，太后就下诏令颁布天下，让天下人知晓。

武承嗣命周兴罗织罪名诬告隋州刺史泽王李上金、舒州刺史许王李素节谋反，而上告太后，太后征召他们前往洛阳。李素节从舒州出发时，听到有人遇丧事而痛哭，感叹说："生病而死，怎能轻易得到啊，为什么还痛哭呢？"丁亥日（十三日），到了龙门，被吊死。李上金也自杀了。太后武则天将他们的儿子宗支党羽全部杀掉。

太后要将太平公主嫁给自己伯父武士让的孙子武攸暨，武攸暨当时是右卫中郎将，太后暗中派人杀掉武攸暨的妻子，而将公主嫁给武攸暨。公主额头面颊都十分宽大，很有权谋才略，太后认为她特别像自己，特别宠爱她，经常和她一起暗中商议天下事。依照旧有的制度，诸王所封食邑不超过一千户，公主不超过三百五十户；但太平公主的食邑却单独连续追加到三千户之多。

八月，甲寅日（十一日），太后杀了太子少保、纳言裴居道。癸亥日（二十日），太后杀了尚书左丞张行廉。辛未日（二十八日），太后杀了南安王李颍等唐宗室十二人，又鞭打死了故太子李贤的两个儿子，唐宗室到此几乎死光了，那些还活着的年幼的人也都被流放到岭南，又杀了他们的亲戚党羽好几百家。只有千金长公主因为谄媚而保全性命，她请求做太后的女儿，改为武氏。太后宠爱他，更改名号为延安大长公主。

九月，丙子日（初三），侍御史汲人傅游艺带领关中百姓九百多人前往宫廷呈上奏表，请求改国号为周，赐给皇帝姓武氏。太后没有答应；擢升傅游艺为给事中。于是百官和皇帝宗族的亲戚、远近的百姓、四方夷狄的酋长、和尚、道士等共六万多人，都呈上奏表提出和傅游艺一样的请求，皇帝也呈上奏表，请求赐他姓武氏。戊寅日（初五），群臣上书说："有凤凰鸟从明堂飞进上阳宫内，还停留在左台（左肃政台）梧桐之上，停了很久，才向东南飞去；又有赤雀好几万只飞来聚集在朝堂上。"

庚辰日（初七），太后答应了皇帝和群臣的请求。壬午日（初九），太后驾临则天门楼，大赦天下，将唐改为周，又改年号为天授。乙酉日（十二日），太后尊崇自己的名号为圣神皇帝，将皇帝改为皇位继承人，赐给他姓武氏；又以皇太子为皇孙。

丙戌日（十三日），太后在神都洛阳设立武氏七庙，追尊周文王为始祖文皇帝，妣姒氏为文定皇后；追尊周平王最小的儿子姬武为睿祖康皇帝，妣姜氏为康睿皇后；追尊太原靖王为严祖成皇帝，妣为成庄皇后；追尊赵肃恭王为肃祖章敬皇帝，魏义康王为烈祖昭安皇帝，周安成王为显祖文穆皇帝，忠孝太皇为太祖孝明高皇帝，妣都和考的谥号一样，称作皇后。太后加封武承嗣为魏王，武三思为梁王，武攸宁为建昌王。武士彟哥哥的孙子武攸归、武重规、武载德、武攸暨、武懿宗、武嗣宗、武攸宜、武攸望、武攸绪、武攸止都封为郡王，所有姑姐（父亲的姐姐）都封为长公主。

太后又任命司宾卿（鸿胪卿）溧阳人史务滋为纳言，凤阁侍郎宗秦客为检校内史，给事中傅游艺为鸾台侍郎、平章事。傅游艺和岑长倩、右玉钤卫大将军张虔勖、左金吾大将军丘神勣、侍御史来子珣等人都被赐姓武。宗秦客暗中劝太后改掉唐的国名，所以第一个被封为内史。傅游艺一年之中，穿过青、绿、朱、紫四种颜色的官袍（一年之间由九品升到一品），当时的人称他为“四时仕宦”（每季一迁官职）。

太后下敕令将州改为郡。有人对太后说：“陛下刚刚更改国号就废了州，不吉利。”（州、周同音）太后立即追回成命。

太后命令史务滋等十人巡视安抚各道。太后封自己哥哥的孙子武延基等六人为郡王。

冬季，十月，甲子日（二十一日），检校内史宗秦客因贪赃坐罪，被贬为遵化尉，宗秦客的弟弟宗楚客也因枉法贪污而被流放到岭南。

丁卯日（二十四日），太后将流放的韦方质杀死。

辛未日（二十八日）内史邢文伟因为附和宗秦客而坐罪，被贬为珍州刺史。不久，有朝廷的使臣来到珍州，刑文伟认为是来杀自己的，很快就自缢而死。

壬申日（二十九日），太后下敕令两京各州，每州修建大云寺一座，收藏《大云经》，让和尚升座讲解经文内容，撰写《大云经义疏》的和尚云宣等九人，都被赐予爵位，称为县公，仍旧赐给紫袈裟、银龟袋（和尚一般穿缁色的袈裟，有恩赐才穿紫袈裟。唐朝五品以上官吏原来佩鱼，天授二年改佩龟）。

太后下诏令天下姓武的都免了赋税徭役。

西突厥十姓部落，从垂拱年间以来，一直被东突厥侵占掠夺，分散逃亡得差不多了。濛池都护继往绝可汗斛瑟罗收聚残余部众六七万到内地居住，唐朝廷拜授他为右卫大将军，改名号为竭忠事主可汗。

道州刺史李行褒兄弟被酷吏诬陷，应当灭族，秋官郎中徐有功再三力争而不能为他们平反。秋官侍郎周兴奏报徐有功出脱谋反的囚犯，应当判死刑，太后虽没有杀徐有功，但也罢免了徐有功。可是太后十分推重徐有功，过了一段时间，又任用他为侍御史。徐有功跪伏地上，流着泪再三辞谢说："臣听说鹿在山林中奔走，而生命却系在庖丁厨师身上，这是形势逼迫而形成的。陛下任命臣为法官，臣不敢歪曲了陛下的法令，臣必定会死在职位上。"太后一定要授给他，远近士民听说这件事的，都相互庆贺。

这一年，太后任命右卫大将军泉献诚为左卫大将军。太后拿出金银珠宝，命令挑选南北二牙文武百官中善于射箭的人参加比赛，结果泉献诚得第一，他将第一要让给右玉钤卫大将军薛咄摩，薛咄摩又要让给泉献诚。泉献诚就奏告说："陛下命令选拔善于射箭的人，选拔的结果，获胜的多不是汉官，臣私下担心四方夷狄因此轻视汉人（泉献诚是高丽泉男生的儿子；薛咄摩是薛延陀族人），请求陛下停止这种射箭比赛吧！"太后认为很对，采纳了他的意见。

天授二年（辛卯，公元691年）

正月，癸酉朔日（初一），太后在万象神宫正式接受尊号，旗帜崇尚赤色。甲戌日（初二），太后在神都洛阳改设社祭坛。辛巳日（初九），太后将武氏神主供奉在太庙；在长安的唐太庙改为享德庙。四时只祭祀唐高祖以下的先帝，剩下的四个祭室都关着不举行祭礼（四室是宣帝、元帝、光帝、景帝），又将长安的崇先庙改为崇尊庙。乙酉日（十三日），太阳从南方出现，太后合祭于明堂，祭祀昊天上帝，百神陪祭，武氏祖宗配祭，唐朝三位已故皇帝也一同配享。

御史中丞代理大夫政事的李嗣真因为酷吏横行无忌，就呈上疏文说："如今密告的案件繁多，但是虚妄的多，真实的少，担心有奸邪的小人，阴谋离间陛下的君臣关系。在古代案件形成之后，公卿可以参与听断，决断之后，国君一定要宽恕三次，不能再宽恕时才行刑。最近狱官一个人奉命担任使者，独自推究审问，案子完结之后，法官依据狱吏的决断判案，不让案子重新推问；有时狱官自己临时裁决，不再呈报上奏。像这样下去，权柄就会落在臣子手里，这不是严谨的方法，假如有冤情发生，怎么可能知晓呢？何况凭借九品官的身份，却专责推问犯案的事情，掌握生杀大权，窃夺人主的威势，审讯定案既不在刑部，检查审定又不经过门下省，国家的利器（指的是刑罚），轻易地交给别人，担心会给社稷带来祸害。"太后没有接受。

饶阳尉姚贞亮等好几百人上表请求为太后上尊号为"上圣大神皇帝"（原为圣神皇帝），太后没有答应。

侍御史来子珣诬陷尚衣奉御（官品，掌管天子衣服、进御之事）刘行感兄弟谋划造反，兄弟二人因此被处死。

春季，一月，地官尚书武思文以及朝集使两千八百人，上表请求前往中岳（嵩山）封禅。

己亥日（二十七日），太后废除唐兴宁陵、永康陵、隐陵等官署（兴宁陵是元帝陵，永康陵是景帝陵），但酌量设置守陵户。

左金吾大将军丘神勣因为犯罪被杀。

纳言史务滋和来俊臣一起审讯刘行感的案件，来俊臣奏告史务滋和刘行感十分亲近，想要息止刘行感谋反的讼案。太后命令来俊臣将史务滋一起加以推问。史务滋因害怕而自杀。

有人告文昌右丞周兴和丘神勣一同造反，太后命来俊臣审问，来俊臣和周兴审案后一起吃饭，来俊臣对周兴说："犯人有很多不肯招认，应该用什么方法呢？"周兴说："这很容易！取一个大缸，用炭在缸的四周烤，将犯人放入缸里面，还有什么事情不招认呢？"来俊臣就找来大缸，用炭火围住，就如同周兴所说的那样，然后起身对周兴说："有宫内的文书要审问老兄，请老兄进入这大缸里吧！"周兴害怕得叩头认罪。按法应该处死，太后宽恕了他，二月，将周兴流放到岭南，在路上被仇人杀害。

周兴和索元礼、来俊臣争着显示残暴、苛刻，周兴、索元礼杀害的各有几千人，来俊臣毁灭的家庭有一千多家。索元礼的残酷尤其厉害，太后将他杀了，以抚慰人们的怨望情绪。

太后武则天将左卫大将军千乘王武攸暨改封为定王。

太后立前太子李贤的儿子李光顺为义丰王。

甲子日（二十二日），太后将始祖墓命名为德陵，睿祖墓命名为乔陵，严祖墓命名为节陵，肃祖墓命名为简陵，烈祖墓命名为靖陵，显祖墓命名为永陵，将章德陵改为昊陵，显义陵改为顺陵。

太后恢复李君羡的官爵。

夏季，四月，壬寅朔日（初一），出现日食。

癸卯日（初二），太后下诏令因为佛教为朝代的改换开辟阶梯（指《大云经》），所以将佛教地位提升到道教之上。

太后命令建安王武攸宜在长安留守。

丙辰日（十五日），太后下令铸造大钟，放置在北面宫阙上。

五月，太后任命岑长倩担任武威道行军大总管，攻打吐蕃，半路又召回，军队最后还是没有出动。

六月，太后任命左肃政大夫格辅元为地官尚书，和鸾台侍郎乐思晦、凤阁侍郎任知古一起都是同平章事。乐思晦是乐彦玮的儿子。

秋季，七月，太后武则天迁徙关内户口好几十万，用来充实洛阳的人口。

八月，戊申日（初十），纳言武攸宁官位被废，改任左羽林大将军；夏官尚书欧阳通担任司礼卿，兼管纳言的政事。

庚申日（二十二日），玉钤卫大将军张虔勖被杀。来俊臣审问张虔勖的案件，张虔勖在徐有功面前自我辩白。来俊臣非常生气，命令卫士将张虔勖乱刀砍死，斩首示众。

义丰王李光顺、嗣雍王李守礼、永安王李守义、长信县主等人都被赐姓武氏，和唐睿宗的儿子们被幽禁在宫廷，十几年没有走出宫门一步。李守礼、李守义是李光顺的弟弟。

有人告发地官尚书武思文起初曾和徐敬业合谋造反。甲子日（二十六日），太后将武思文流放到岭南，恢复他本来姓氏徐氏。

九月，乙亥日（初八），太后杀了岐州刺史云弘嗣。来俊臣审问时，不看云弘嗣的辩词，先砍了他的头，再伪造口供奏报。起初杀张虔勖时也是一样。太后下敕令都准了，天下人全都不敢开口讲话。

鸾台侍郎、同平章事傅游艺梦到自己爬上湛露殿，他将做梦的事告诉自己亲近的人，结果被上奏朝廷。壬辰日（二十五日），傅游艺被关入监狱，自杀而死。

癸巳日（二十六日），太后任命左羽林卫大将军建昌王武攸宁担任纳言，洛州司马狄仁杰担任地官侍郎，和冬官侍郎裴行本为同平章事。太后对狄仁杰说：“你在汝南，有很好的政声（指垂拱四年做豫州刺史时），你想知道诬陷诽谤你的人是谁吗？”狄仁杰谢罪说：“陛下认为臣有过失，臣就请求改正；知晓臣没有过错，是臣的幸运，臣不愿知晓诽谤者的名字。”太后深深感叹并欣赏他。

起初，凤阁舍人修武人张嘉福，曾经派遣洛阳人王庆之等好几百人呈上奏表，请求立武承嗣为皇太子。文昌右相、同凤阁鸾台三品岑长倩认为皇嗣在东宫，不应该有这样的议论，奏告请求严词谴责上书的人，并且告示他们，命令他们解散。太后又询问地官尚书、同平章事格辅元的意见，格辅元再三认为不可以。因此忤逆了诸武掌权者的心意，所以他们排斥岑长倩，命令他西征吐蕃，军队还没到达吐蕃，又召他回来，下诏令关进监狱。武承嗣又诬陷格辅元。来俊臣又威胁岑长倩的儿子岑灵原，要他供出司礼卿兼管纳言政事的欧阳通等几十人，说他们一起造反。欧阳通被来俊臣审问，虽遍受五种毒刑，始终没有不同的供词，来俊臣就伪造欧阳通的口供。冬季，十月，己酉日（十二日），岑长倩、格辅元、欧阳通等人坐罪被杀。

王庆之见了太后，太后说："皇嗣是我的儿子，为什么要废黜？"王庆之回答说："'神灵不享用不同族类的人的祭祀，百姓也不祭祀不同家族的鬼神。'当今谁拥有天下，怎么反以李氏作为后嗣呢？"太后指示臣下遣走王庆之。王庆之跪伏在地，以死哭请，不肯离去，太后就将盖印的字条送给王庆之说："要见我的话，就拿着这张字条给守门人看。"从此以后王庆之好几次求见，太后十分生气，命令凤阁侍郎李昭德杖打王庆之。李昭德把王庆之带出光政门外，向朝廷士臣说："这个贼要废黜我们皇嗣，另立武承嗣。"命令手下扑打，打得王庆之耳朵、眼睛都流血了，然后再用杖击杀，王庆之的党羽才逃散。

李昭德因而对太后进言说："天皇是陛下的丈夫，皇嗣是陛下的儿子。陛下拥有天下，应该传给子孙，使之成为万世的基业，怎么可以让侄子成为后嗣呢？从古到今没听说侄子身为天子，却替姑姑立庙的事！况且陛下接受天皇的托付，假如将天下让给武承嗣，那么天皇就不能庙飨了。"太后也赞同他的话。李昭德是李乾祐的儿子。

壬辰日（十月无此日），太后杀了鸾台侍郎、同平章事乐思晦和右卫将军李安静。李安静是李纲的孙子。太后想改大唐国名时，王公百官都呈上奏表劝勉，只有李安静颜色端正，加以拒绝，后来下诏令将李安静关进监狱，来俊臣诘问他谋反的情状，李安静说："因为我是唐朝老臣，要杀就杀吧！假如问我谋反的事实，实在没有什么可说的。"来俊臣还是将他杀掉了。

太学生王循之呈上奏表，要求休假返乡。太后答应了。狄仁杰说：

“臣听说国君只有生杀的大权不予人，其他的都交给有司办理。因而凡是左、右丞，士庶以下的事，就不必处理；左、右相以上的事，才加以处置，因为这些人地位稍为尊贵的关系。学生请求休假，这是丞、簿（国子监丞、主簿）的事情，假如天子还替他发下敕令，那么天下的事要发布多少敕令才能处理完！一定要不违背人们心愿的话，请为他们建立全面的制度就可以了。”太后认为很对。

资治通鉴卷第二百五　唐纪二十一

起壬辰（公元692年），止丙申（公元696年），共五年。

【题解】本卷记录了公元692年至696年的史事，共五年，正当武则天长寿元年到万岁通天元年。这是武则天执政中期的前段。一方面是恐怖的酷吏政治达到了顶峰，七位名臣被来俊臣诬告谋反，差点冤死狱中。武则天明知是诬告，为了鼓励酷吏，仍然将他们全部贬官降职。另一方面，武则天已觉察恐怖政治造成人人自危的负面影响，开始着手清除酷吏政治。来俊臣失势，王弘义被杖杀，狄仁杰、姚元崇、徐有功等贤臣被重新起用，可以说是武则天政治转变的一个信号。这一时期，也是武则天个人志得意满的时期，加尊号称“金轮圣神皇帝”，武周国力强盛。但也边境不宁，吐蕃时服时叛，契丹反叛，战费支出，以及大兴土木，给人民带来了沉重的负担。

则天顺圣皇后中之上

长寿元年（壬辰，公元692年）

正月，戊辰朔日（初一），太后在万象神宫举行春祭。

十二月，太后立于阗故国王尉迟伏阇雄的儿子尉迟瑕为于阗国王。

春季，一月，丁卯日（初一），太后接见派往安抚各地的使臣所举荐的人，不论贤愚，一律加以录用。才能上等的，试用（不正式任命）为凤阁舍人、给事中；次等的试用为员外郎、侍御史、补阙、拾遗、校书郎。试用官的制度从这时候开始。当时人对这种情形的批评是：“补阙接连用车载，拾遗平平常常用斗量；用耙子才能推拢的侍御史，一个模子脱出的校书郎。”（补阙、拾遗、侍御史、校书郎人数多而滥杂）举人沈全交，便续了两句：“面糊心的存抚使，眯了眼睛的圣神皇。”（糊涂的存抚使，眼花的贤明君）御史纪先知将他拘捕，劾举他诽谤朝政，请求在朝廷的议事厅仗责，然后交给法官论罪。太后笑着说：“只要你们自己称职，哪里怕人说话！应当免他的罪。”纪先知大感羞愧。太后虽然滥用官职来笼络天下的人心，然而对不称职的，不久也就罢职了，或加罪处罚。她掌握着刑罚和赏赐的权力以驾驭天下人，政策由自己决断，观察精细，判决妥当，所以当时的人才也积极地为她效劳。

宁陵丞庐江人郭霸，凭借谄媚太后谋求官位，官拜监察御史。中丞魏元忠病了，郭霸前去慰问，亲口尝魏中丞的粪便，高兴地说：“大夫，您的粪便甜就可忧；现在粪便是苦味，病不要紧了。”魏元忠十分厌恶他，逢人就说这件事。

戊辰日（初二），太后任用夏官尚书杨执柔为同平章事。杨执柔是杨恭仁弟弟的孙子，太后因他是母家人而任用他。

当年隋炀帝修建东都，没修筑外城，只有矮墙罢了，到这时，凤阁侍郎李昭德才修筑外城。

左台中丞来俊臣，诬告同平章事任知古、狄仁杰、裴行本、司礼卿崔宣礼、前文昌左丞卢献、御史中丞魏元忠、潞州刺史李嗣真密谋造反。起初，来俊臣上奏请敕命：凡一审就承认造反的可以免除死刑。任知古等人入狱后，来俊臣便拿这条敕令引诱他们招认。狄仁杰答：“大周改朝换代，万物都是新的；我是唐朝的旧臣，甘愿被杀头。造反是实情！”来俊臣就没怎么对他用刑些。判官王德寿对狄仁杰说：“尚书爷一定减免死罪了。我已受到指使，也想升级，烦请尚书爷将杨执柔拉下水来，可以吗？”狄仁杰说：“天地神明，叫我狄仁杰干这种勾当！”一头撞在柱上，血流满面；王德寿害怕而向他道歉。

侯思止审问魏元忠，魏元忠义正词严。侯思止发怒，命令在地上倒着拖他。魏元忠说：“我命薄，如同从驴子背上滚下来，足还挂在镫上，被驴子拉着走。”侯思止更加生气，下令接着拖他。魏元忠说：

"侯思止，你如果要魏元忠的脑袋便砍吧，何必要我承认谋反！"

狄仁杰已经承认造反，有关部门只等待判罪执行刑罚，不再严加防备。狄仁杰撕了块被面写成申冤的状子，放在棉衣里面，对王德寿说："天气正热，请交给我家人拿回去抽掉棉花。"王德寿答应了。狄仁杰的儿子狄光远得到这状子，拿去申冤，得到召见。武则天看了，便问来俊臣。来俊臣回答说："狄仁杰等人入狱，臣并未除掉他们的巾带，住得也好；倘若不是事实，他怎肯承认造反？"太后派遣通事舍人周綝去探看，来俊臣暂还给狄仁杰等人的巾带，一齐站在西边，让周綝去看。周綝不敢看，只向东看了下，口中应诺着罢了。来俊臣又伪造狄仁杰等谢死表，让周綝给太后。

乐思晦的儿子不满十岁，被籍没入司农寺为奴，请求报告特别情况，被太后召见。太后询问他，他回答说："我的父亲已死，家也被抄，只可惜陛下的法治被来俊臣等玩弄。陛下如果不相信我的话，请挑选朝廷中忠良清廉而且被陛下一向信任的臣子，说他们有谋反的嫌疑，交来俊臣去审问，没有不承认谋反的啊！"太后听后稍稍醒悟，召见狄仁杰等，问："你为何承认谋反呢？"答："不承认，便已经死在拷打中了。"太后说："为什么作谢死表？"答说："没有。"太后将表给他看，于是知道表是伪造的，因此放出狄仁杰等七人。庚午日（初四），任知古降职为江夏县令，狄仁杰降职为彭泽县令，崔宣礼降职为夷陵县令，魏元忠降职为涪陵县令，卢献降职为西乡县令。裴行本、李嗣真流放到岭南。

来俊臣和武承嗣等一再请求杀死他们，太后没有答应。来俊臣于是说裴行本罪行更重，请求杀死他。秋官郎中徐有功反驳，认为"贤明的君主有再生的恩典，来俊臣不能承顺君主的旨意，有损主上的恩信"。

殿中侍御史贵乡人霍献可，是崔宣礼的外甥，向太后说："陛下不杀崔宣礼，臣愿死在殿前。"用头撞殿上石阶，血流满地，表示做臣子的不偏私自己的亲戚。太后都没有答应。霍献可经常用绿绢包头上伤口，故意露出一些在帽子外，希望太后看到而认为他忠诚。

甲戌日（初八），补阙薛谦光上奏，认为："选拔人才的原则，在于使朝廷能得到有真才实学的人，录取和舍弃什么样的人关系国家的教化。现在选人，都赞同访察推举，而引发竞相活动，吵闹争讼，自我夸耀而不以为耻。至于文官是应该能治理国家的，不过下令用策题考试罢了；武官必须能够克敌制胜，却止于考验箭法。从前汉武帝看到了司马相如的赋，恨不能和他生在同一时代，等到得知他是当代人，征召司马相如到朝廷做官，不过是主管孝文帝陵园罢了，因了解他不能做大臣。吴起将要出战，身边的人献上剑来，吴起说：'为将军的掌握鼓槌，打仗时判断攻守；兵刃格斗，不是将军的事。'这样看来，空谈的文章怎能济世，擅长射箭不足击败敌人。文官要考查他的品行才能，武官要考查他的勇气谋略，考核任职的优劣，再对举荐的人加以赏罚。"

来俊臣向左卫大将军泉献诚要钱，没有得到，诬告他谋反，将他逮捕入狱。乙亥日（初九），勒死了泉献诚。

庚辰日（十四日），唐司刑卿、检校陕州刺史李游道任冬官尚书、同平章事。

二月，己亥日（初三），吐蕃党项部落一万多人归降朝廷，唐朝分别将他们安置在十州居住。

戊午日（二十二日），太后任命秋官尚书袁智弘为同平章事。

夏季，四月，丙申日（初一），太后大赦天下；改年号为如意。

五月，丙寅日（初一），太后禁止天下屠杀畜生以及捕鱼虾。江淮间发生旱灾，出现饥荒，百姓不敢捕鱼虾，饿死的人很多。

右拾遗张德，生儿子三天，偷偷杀羊请同事吃饭，补阙杜肃藏了一块，上奏章揭发他。第二天，太后在正殿当着仗卫，对张德说："听说你生了个儿子，真为你高兴。"张德拜谢。太后说："肉从哪里弄来的？"张德叩头认罪。太后说："我禁宰杀牲畜，吉凶礼不在此例；但是你今后请客，也要选择客人。"将杜肃的表章给他看。杜肃大为羞愧，全朝的臣子都想将痰吐到他脸上。

吐蕃酋长曷苏带领部落归附朝廷，太后派右玉钤卫将军张玄遇担任安抚使，率领精兵两万前去迎接。六月，大军行至大渡河西面，曷苏事机泄露，被国人生擒。别的部落酋长昝捶率领羌蛮八千多人来奔。张玄遇将他们安置在莱川州而后回朝。

辛亥日（六月无此日），万年县主簿徐坚上奏章说："古书上有五听的法则，明令规定裁断死刑要经过三次覆勘奏闻。臣发现近来审讯谋反的嫌犯，下令使者一得实情，立刻处死。人命至关重要，死不能复生，万一含冤，被灭族而怀怨不敢出声，怎不痛心？这不足以整肃奸逆而昭明法治，反而助长执法的威福，而使百姓疑惧朝廷。臣希望废止这道敕令，依法复审奏报。还有法官的任命，要加以选择。有用法公正，为百姓称道的，请亲信他，任用他；有办案苛刻残忍，不被百姓信赖的，请疏远他，罢退他。"徐坚是徐齐聃的儿子。

夏官侍郎李昭德秘密向太后上奏说："魏王武承嗣的权太大。"太后说："他是我侄子，因此托以重任。"李昭德说："侄儿跟姑母的关系能比子跟父亲的关系亲近吗？儿子仍旧有杀死父亲而篡位的，何况是侄子呢！武承嗣既是陛下的侄子，贵为亲王，又担任宰相，权力等于国君，臣担心陛下不能长久安坐帝位了。"太后吃惊地瞪着眼说："我没料到。"秋季，八月，戊寅日（七月无此日），太后任命文昌左相、同凤阁鸾台三品武承嗣为特进，纳言武攸宁为冬官尚书，夏官尚书、同平章事杨执柔为地官尚书，并一同罢去他们的宰相职务。又任命秋官侍郎新郑人崔元综为鸾台侍郎，夏官侍郎李昭德为凤阁侍郎，检校天官侍郎姚璹为文昌左丞，检校地官侍郎李元素为文昌右丞，和司宾卿崔神基一同任同平章事。姚璹是姚思廉的孙子；李元素是李敬玄的弟弟。辛巳日（七月无此日），太后任命营缮大匠王璿担任夏官尚书，同平章事。武承嗣也在太后面前诽谤李昭德。太后说："我任用李昭德，才得以安睡；他分担我的劳苦，你不必说了。"

这时，酷吏恣意横行，百官都惧怕躲避，李昭德独在宫廷中奏明他们的非法行径。太后迷信祥瑞，有人进献的白石上有红斑纹，执政官询问他祥异在哪里，回答说："因为它有赤心。"李昭德大怒说："这石头赤心，别的石头都造反吗？"身边的人都笑。襄州人胡庆用红漆在龟腹上写："天子万万年。"来到朝廷呈献。李昭德用刀把它刮掉了，奏请对他加以刑罚。太后说："他的动机并不坏。"命人将他放了。

太后训练猫，让它和鹦鹉相处，带它们出来供百官观赏。观赏还没结束，猫饿了，抓起鹦鹉就吃。太后很不好意思。

太后自垂拱年间以来，任用酷吏，先杀害唐宗族以及贵显的亲戚几百人，再杀害了大臣几百家，杀刺史、郎将以下，难以计数。每次任命一位官吏，值宫的婢女私下说："鬼板子又来了。"不到一个月，这些官吏即遭突然逮捕，全族被杀。监察御史朝邑人严善思，公正坦诚敢于直谏。当时告密的人很多，太后也厌倦事烦，便派严善思去审问。告密不实而遭到判罪的有八百五十多人，罗织罪名害人的集团为之丧气。于是他们勾结起来诬陷严善思，他因此受罪被流放到州。太后知道他受了冤枉，不久再召他回来担任浑仪监丞。严善思名叫譔，用字行于世。

右补阙新郑人朱敬则知晓太后原是用高压刑法来禁止别人对她的非议，现在已经即位，人心也安定了，应当减省刑戮，崇尚宽政。于是上表说："李斯担任秦国的宰相，用刻薄欺诈手段来杀害诸侯，不知道及时改变为宽大温和，结果遭致失败，这是不知晓变通的恶果。汉高祖平定天下，陆贾、叔孙通劝说他用礼义治天下，而能传十二代之久，这是知晓变通的好处。自文明年间陛下执政之初，一切刚刚开始，三位亲王散布谣言，四个恶徒起兵造反，不施用武力，便不能上应天心，下顺民意；不厉行刑法，便无法破奸止暴。因此设置意见箱，开始告密，那么善恶的况状必然呈现，隐藏的心思全都显露；天道帮助善人，有罪必罚，百姓安乐，皇上即位。然而快走不会有完整的脚印，短的琴柱奏不出和声，从前的好政策，今日便不管用了。敬请陛下参照考察秦、汉的得失，根据现在情势而制定适宜措施，明白糟粕应当抛弃，了解草屋应该毁弃，拔除文巧的牙角，挫折奸险的锋芒，堵住诬陷的源头，扫除结党的现象，让天下百姓皆大欢喜，哪有不高兴的呢？”太后嘉许他，赐给他帛三百段。

侍御史周矩上奏说：“审问犯人的官吏都以残暴自夸，泥塞耳朵，笼罩脑袋，用枷锁磨脖颈，用铁圈紧束头再打入楔子，打断肋骨，用竹签挟指头，吊头发，熏耳朵，叫作‘狱持’。或多日减少供应食物，连夜慢慢审问，日夜疲劳轰炸，让被告无法睡眠，这叫作‘宿囚’。被告同是肉身，姑且为了眼前，便认罪谋求晚一点死去。臣曾听到百姓的话，都说天下太平，何苦去造反！难道被告都是英雄，想做皇帝吗？只是受不了酷刑自己承认罢了。请陛下明察。现在满朝官吏睡不安寝，都认为陛下早晨亲信他，晚上便将他当作仇敌，不能活命了。周代用仁政而强盛，秦朝用刑政而灭亡。请陛下放松刑罚，施行仁政，那么天下人就非常幸运了！”太后颇采纳他的意见，讼案稍微减少。

太后年纪虽高，很会打扮，亲随们都看不出她有老态。丙戌日（七月无此日），太后下令，为了牙齿脱落后长出新的，九月，庚子日（初九）那天，驾幸则天门，大赦天下，改年号为长寿。改在九月祭祀后土。

太后下令在并州设立北都。

癸丑日（二十二日），同平章事李游道、王璿、袁智弘、崔神基、李元素、春官侍郎孔思元、益州长史任令辉，都被王弘义陷害，流放到岭南。

左羽林中郎将来子珣，因事获罪，流放到爱州，不久就死了。

起初，新丰人王孝杰跟随刘审礼出征吐蕃，担任副总管，不幸和刘审礼一同沦陷在吐蕃。赞普（吐蕃王）见王孝杰便流泪说：“你像我的父亲。”十分礼遇他，后来竟能回到朝廷，官位升到右鹰扬卫将军。王孝杰在吐蕃很久，知道吐蕃的实情。遇到西州都督唐休璟建议再次攻取龟兹、于阗、疏勒、碎叶四镇，太后命王孝杰担任武威军总管，和武卫大将军阿史那忠节率军征讨吐蕃。冬季，十月，丙戌日（二十五日），大败吐蕃军队，再次得到四镇。唐朝在龟兹设立安西都护衙门，征兵驻守在那里。

长寿二年（癸巳，公元693年）

正月，壬辰朔日（初一），太后在万象神宫举行春祭，魏王武承嗣担任亚献官，梁王武三思担任终献官。太后自作祭祀神宫的乐曲，用了九百个人跳舞。

宫中守门的婢女团儿得到太后的信任，对皇储（唐睿宗）有怨，因此诬陷皇储的妃子刘氏、德妃窦氏用邪术诅咒太后。癸巳日（初二），刘妃和德妃在嘉豫殿朝见太后，告退后，同时将她们杀了，埋在宫中，确切地点不详。德妃是窦抗的曾孙女。皇储怕违逆太后的心意，不敢申辩。在太后面前，表情和平常一样。团儿又想谋害皇储，有人将实情禀告太后，太后就处死了团儿。

当时，告密的人都调唆奴婢去揭发主人，而求得功劳和赏赐。德妃的父亲窦孝谌担任润州刺史，有家奴妄作妖异吓唬德妃的母亲庞氏，庞氏害怕，家奴便建议她夜间向神祈祷以消除妖异，家奴又告发这件事。太后令监察御史龙门人薛季昶审理。薛季昶诬奏庞氏与德妃共同求神降祸于太后，他一见太后就哭泣得四肢无力，之后才说：“庞氏的这种做法，下官不忍说出口。”太后便擢升薛季昶为给事中。庞氏被判处斩刑，她的儿子窦希瑊面见侍御史徐有功申冤，徐有功发出公文通知执法部门停止行刑，上奏章申辩，认为她没罪；薛季昶便奏告徐有功偏袒庞氏，请求将徐有功交付法司，法司判徐有功绞刑。令史将这宣判告诉徐有功，徐有功叹息说：“难道只有我一人会死，他们永远不会死吗？”吃完饭，掩户就睡。人们认为徐有功外表勉为刚强，内心一定害怕，暗中窥视他，徐有功正呼呼大睡呢。太后召见徐有功，当面说：“你近来审理案件，重罪不办或轻办的失误为何多起来了？”徐有功回答说：“错放了人，是为臣子的小过失；爱惜人命，是主上的大恩德。”太后便不再说。因此庞氏得以免死，同她的三个儿子都被流放到岭南。窦孝谌被贬为罗州司马，徐有功也被免职。

戊申日（十八日），姚璹上奏，建议命宰相撰写《时政记》，每月送交史馆。太后下诏许可。《时政记》从这时开始。

十二月，丁卯日（十二日），太后降皇孙李成器为寿春王，恒王李成义为衡阳王，楚王李隆基为临淄王，卫王李隆范为巴陵王，赵王李隆业为彭城王，他们都是唐睿宗的儿子。

春季，一月，庚子日（初十），太后任命夏官侍郎娄师德为同平章事。娄师德宽宏厚道，谨慎明察，不计较别人对他的侵犯。与李昭德一同上朝，娄师德体肥走得慢，李昭德多次等他还赶不上，便怒骂说：“种田的！”娄师德微笑说：“我不做农夫，谁做呢？”他的弟弟拜为代州刺史，将要上任，娄师德对他说：“我在相位上充数，你又担任刺史，恩宠太过，别人会嫉恨，将用什么避免呢？”弟弟耸起身恭敬地说：“从现在起，有人将痰吐在我脸上，擦掉罢了，希能不让哥哥担忧。”娄师德脸忽变色说：“这正是让我担心的！人家吐痰到你脸上，是生你的气；你擦去，便是忤逆人家的意思，更加让人家怨恨。痰不擦自己会干的，应该笑着承受。”

甲寅日（二十四日），前任尚方监裴匪躬、内常侍范云仙犯了私自拜见皇储的罪被处死。从此大臣以下都不能见到皇储。又有人禀告太后，说皇储暗地有非常的举动。太后命来俊臣审问皇储身边的人，都受不了严刑拷打，而屈从。太常工人京兆人安金藏大声对来俊臣说：“大人既不相信我的话，愿意剖心来证明皇储的确没有造反。”便用佩刀自己剖开胸腹，内脏都出来了，血流满地。太后听说，命人抬进宫中，教医师将内脏放回胸腔，用桑皮线缝合，敷上药，经过一夜才苏醒过来。太后亲自去探视他，叹息说：“我的儿子自己不能来解释，而让你到这步田地！”立即命来俊臣停止审问。唐睿宗因此保住了性命。

朝廷停止举人研读《老子》，改为研读太后所撰的《臣轨》。

二月，丙子日（十六日），新罗王金政明死了，太后派遣使者前去立他的儿子金理洪为国王。

乙亥日（十五日），太后禁止民间用锦。侍御史侯思止暗地蓄积锦，李昭德弹劾他，将他打死在朝堂上。

有人告发岭南那些流放的人密谋造反，太后派遣司刑评事万国俊代理监察御史前去查问。万国俊抵达广州，召集所有流放的人员，假传太后的诏命命他们自尽。流放的人哭叫不承认谋反，万国俊将他们赶到水边，全部杀死，一天杀了三百多人。然后伪造流放人的供词，回奏太后，趁机说各地方被流放的人，也一定有愤恨而想谋反的，不可不早些将他们杀掉。太后深慰，擢升万国俊任朝散大夫、行侍御史。另外让右翊卫兵曹参军刘光业、司刑评事王德寿、苑南面监丞鲍思恭、尚辇直长王大贞、右武威卫兵曹参军屈贞筠都代理监察御史，前往各地审问流放的人。刘光业等因为万国俊杀人多而得到赏赐擢升，竞相效法，刘光业杀了七百人，王德寿杀了五百人，其他少的也不下百人，那些早年间因各类罪犯被流放的也遭了殃。太后稍稍知道他们滥杀，于是下令："六道流放的人没死的以及他们的家属，都准许返回家乡。"万国俊等接着也就死了，有的因犯罪被流放。

来俊臣诬陷冬官尚书苏干，说他在魏州和琅邪王李冲一起串通谋反，夏季，四月，乙未日（四月无此日），太后将他处斩。

五月，癸丑日（二十五日），棣州河水泛滥成灾。

秋季，九月，丁亥朔日（初一），出现日食。

魏王武承嗣等五千人上表，请求太后加尊号为金轮圣神皇帝。乙未日（初九），太后驾临万象神宫，接受尊号，大赦天下。制作了金轮等七件宝器，每次朝会，就陈列在殿上。

庚子日（十四日），太后追尊昭安皇帝为浑元昭安皇帝，文穆皇帝为立极文穆皇帝，孝明高皇帝为无上孝明高皇帝。皇后的尊号与帝号相应。

辛丑日（十五日），太后任用文昌左丞、同平章事姚璹为司宾卿，免除他宰相的职务。又任命司宾卿万年人豆卢钦望为内史，文昌左丞韦巨源为同平章事，秋官侍郎吴人陆元方为鸾台侍郎、同平章事。韦巨源是韦孝宽的玄孙。

延载元年（甲午，公元694年）是年五月改年号为延载。

正月，丙戌日（初二），太后在万象神宫举行春祭。

突厥可汗骨笃禄去世，他的儿子年纪尚小，骨笃禄的弟弟默啜就自立为可汗。十二月，甲戌日（二十五日），默啜进犯灵州。

室韦（契丹在北方的一个种族）造反，太后派遣右鹰扬卫大将军李多祚击败了他们。

春季，一月，太后任命娄师德为河源等军检校营田大使。

二月，武威道总管王孝杰在冷泉以及大岭击败吐蕃教论赞刃、突厥可汗饶子等各三万多人。碎叶镇守使韩思忠击败泥熟俟斤等一万多人。

庚午日（十六日），太后任命和尚薛怀义担任代北道行军大总管，去征讨默啜。

三月，甲申日（初一），太后任命凤阁舍人苏味道为凤阁侍郎、同平章事，李昭德为检校内史。改任和尚薛怀义为朔方道行军大总管，又任命李昭德为长史，苏味道为司马，率领契苾明、曹仁师、沙吒忠义等十八将军讨伐默啜，还没有出兵，突厥兵退走而作罢。李昭德曾经和薛怀义商量事情，不符合薛怀义的意思，被薛怀义打了一顿，李昭德害怕便请罪。

夏季，四月，壬戌日（初九），太后任命夏官尚书、武威道大总管王孝杰为同凤阁鸾台三品。

五月，魏王武承嗣等两万六千多人给太后上尊号为越古金轮圣神皇帝。甲午日（十一日），太后驾临则天门楼接受尊号，大赦天下，将年号改为延载。

天授年间，朝廷派遣监察御史寿春人裴怀古招募安抚西南蛮。六月，癸丑日（初一），永昌蛮酋长薰期率部落二十多万户归降朝廷。

河内有一位老尼姑住在神都麟趾寺，和嵩山人韦什方等用妖邪诈术欺骗百姓。老尼姑自称为净光如来，自吹能够预知未来的事情；韦什方自称是三国时孙吴赤乌年间出生的人；又有一个年老的胡人，自称有五百岁了，说二百年前就见过薛师（怀义），薛怀义的面貌愈来愈年轻。太后十分信任他，赐韦什方姓武。秋季，七月，癸未日（初一），太后任用韦什方为正谏大夫、同平章事。下制书说他“超过轩辕时期的广成子，胜过汉代的河上公”。八月，韦什方请求回山，于是下令免除职务，遣送他回去。

戊辰日（十七日），太后任命王孝杰为瀚海道行军总管，仍旧接受朔方道行军大总管薛怀义指挥。

己巳日（十八日），太后任命司宾少卿姚𤧟为纳言，左肃政中丞原武人杨再思为鸾台侍郎，洛州司马杜景俭为凤阁侍郎，都任同平章事。

豆卢钦望建议在京城的九品以上官员捐两个月的薪水补助军队费用，写了一份通知让百官传阅，令他们入朝上奏章。众官只是聚在一起，不知表请什么事。拾遗王求礼向豆卢钦望说：“阁下俸禄高，捐点不碍事，下级官员靠薪水生活，怎么可以不让他们知道是捐月俸而欺骗他们呢？”豆卢钦望却正色不接受劝告。表奏呈上后，王求礼上前进言：“陛下拥有四海之内的财富，军队国家均有预算，何必依靠九品官这微薄的薪水并且用欺蒙手段扣除呢？”姚𤧟说：“王求礼不识大体。”王求礼说：“像你姚𤧟，是识大体的人吗？”事情最终没有实施。

戊寅日（二十七日），鸾台侍郎、同平章事崔元综因犯罪被流放振州。

武三思率领四夷酋长上书建议熔铸铜铁制作天枢（纪功德柱），立在端门（洛阳皇城南门）外，刻文字记述功德，贬唐扬周；任用姚𤧟担任督工。胡人纳钱百万亿，买铜铁尚且不足用，征收民间的农具来补充。

九月，壬午朔日（初一），出现日食。

殿中丞来俊臣因犯贪赃罪被贬为同州参军。王弘义被流放琼州，假说有诏命让他返回东都，行至汉水北部，侍御史胡元礼遇到他，审讯他，发觉诏命是伪造的，将他打死了。

内史李昭德依仗太后重用他，颇专权而意气用事，人们大多怨恨他。前任鲁王府功曹参军丘愔上奏攻击他，疏上大略说：“陛下在天授年间以前，独决政事；自长寿年间以来，委任李昭德，让他参与大事，提出可行的事，否决不可行的事；一些对国家便利的事，他事先不参与商议，待到已批示将要推行时，然后李昭德才提出异议，扬才露己，专断，向人炫耀。善事归于君主，过失自己承担，是人臣行为的原则，哪像李昭德这样。”又说：“臣看他的胆子比身体还大，鼻孔里出的气，都冲到天上去了呢。”又说：“蚂蚁穴虽小可以毁坏大堤，针尖会将球的气泄光，大权旁落，要收回却不容易。”长上果毅（官职名）邓注又撰写《石论》几千字，写李昭德专权的情况。凤阁舍人逄弘敏拿了呈给太后，太后因此厌恶李昭德。壬寅日（二十一日），贬李昭德为南宾县尉，不久又减免死罪，将他流放。

太后拿了一枝梨花给宰相们看，宰相们都认为是祥瑞。杜景俭不同意，说：“现在是草木凋谢时节，梨树却开花了，表示阴阳失序，过失在我们这些人。”因而下拜告罪。太后说：“你是真正的宰相！”

冬季，十月，壬申日（二十二日），太后任命文昌右丞李元素为凤阁侍郎，左肃政中丞周允元为检校凤阁侍郎，都任同平章事。周允元是豫州人。

岭南獠人反叛，太后派遣容州都督张玄遇担任桂、永等州经略大使前去征讨。

天册万岁元年（乙未，公元695年）是年九月改年号为天册万岁。

正月，辛巳朔日（初一），太后加尊号为慈氏越古金轮圣神皇帝，大赦天下，更改年号为证圣。

周允元和司刑少卿皇甫文备上奏说内史豆卢钦望、同平章事韦巨源、杜景俭、苏味道、陆元方依附李昭德，不能匡正他的专权。豆卢钦望被贬为赵州刺史，韦巨源被贬为麟州刺史，杜景俭被贬为溱州刺史，苏味道被贬为集州刺史，陆元方被贬为绥州刺史。

起初，明堂建成了，太后命和尚薛怀义制夹层麻布大佛像，佛像的小指里都能够容纳几十个人，在明堂的北方修筑一幢叫“天堂”的房屋放置。天堂初建时，被风吹坏了，再次建造，每天工人有上万人，到长江山区采伐木材，几年内，花费上万亿，国库都因这件事空了。薛怀义用钱像扫弃粪土，太后全都依准他，不加过问。每次做公开法会，用钱万贯；等四方男女汇集，又散发十车钱，让人们竞相拾取，有人因捡钱被踩死。各地公私田宅，多被和尚占有。薛怀义不喜欢进宫，多数住在白马寺中，剃度壮士做和尚的达一千人。侍御史周矩怀疑他心怀不轨，一再请求审问他。太后说：“你暂且回去，我立即派他到你那去。”周矩回到办公处，薛怀义也到了，骑马近台阶才下来，露着肚皮坐在椅子上。周矩令官吏拘捕他，他立即跳上马跑了。周矩写了奏折禀告他的无礼，太后说：“这道人有疯病，不值得追查；他剃度的那些和尚，任由你去处分。”周矩将那些和尚全部流放到遥远的地方。太后擢升周矩为天官员外郎。

乙未日（十六日），太后在明堂做公开法会，掘个地坑，五丈深，结扎彩绸为宫殿，佛像从坑中拉出来，说是从地内涌出的。又杀牛，用牛血画大佛像，佛像的头高二百尺，说是薛怀义刺腿的血画的。丙申日（十七日），将佛像挂在天津桥南，设斋。当时御医沈南璆也是太后宠幸的人，薛怀义怨怒，当晚，暗地纵火烧毁天堂，波及明堂，火照得城内像白天一样明亮，到天亮才烧完。暴风将血像吹成几百段。太后羞愧而不敢说明真相，只说工人误烧到麻像，并且烧到明堂。当时正在会餐，左拾遗刘承庆奏请停止朝会以及会餐来表示对天罚的反应，太后打算允许。姚璹说：“从前成周宣榭宫失火，占卜的结果是朝代更加兴盛；汉武帝时柏梁台失火后再造建章宫，美德更长。现在明堂只是发布政令的地方，不是宗庙，遭遇火灾，也不宜减少平常的礼数。”太后于是驾临正门，像平常一样观会餐，下令再建造明堂、天堂，仍旧派薛怀义负责。又铸铜鼎九个，用九州命名；铸十二生肖神像，都有一丈高，按照它们所属的方位安置。此前，河内有一位老尼白天只吃一麻一米，夜晚却大鱼大肉宴饮作乐，徒弟一百多人，淫荡而且坏事做尽。武什方说能配制长生药，太后派驿车送他前往岭南采药。后来明堂失火，老尼入宫慰问太后，太后愤怒地责备她说：“你经常说能够预知未来事，为何没有预知明堂火灾？”因此驱逐她回河内，她的徒弟们和老胡全都逃走。又有人揭发她们作奸犯科的事，太后于是再次召老尼回到麟趾寺，她的徒弟们又回来了。太后下旨派人前去逮捕，全部抓到了，都没入官府做婢女。武什方在回程中，到了偃师县，听说事情已经败露，便自尽而死。

庚子日（二十一日），太后将明堂火灾向宗庙祭告，下诏征求坦率进言的人。刘承庆上奏说：“火既然从麻布佛像烧起，后来延烧到明堂总章三室，恐怕再次建造也没有益处，请求停工。而且，明堂是调和天人关系的场所，一旦遭到焚毁，为臣下的哪有心情大会餐呢？忧愁和喜悦两种心情相互争斗，会伤害性情。还有陛下降旨广求谏言，允许人们陈述真理；然而左史张鼎竟说火烧帝殿，更可以显示大周的祥瑞。通事舍人逄敏上奏说：‘弥勒佛成道的时候，有天魔来烧毁他的宫室，七宝台立即被毁。’这些实是谄媚荒诞的邪说，不是君臣的正大道理。恳请陛下自强不息，小心翼翼，不要违天意，逆人心，而做些不切实际的事，那么天下人都受到嘉惠，福禄久长。”

获嘉县主簿彭城人刘知几上表陈述四件事：他认为，第一，“皇业起始，天地开辟，嗣君即位，百姓重新开始耕作。常恃国家的大喜庆，颁给他们重新做人的恩典。今天下清平，而赦令仍不断发布，密则一年赦两次，疏则每岁都有。那些犯法背礼的，无赖不仁的，假如是民众，便以抢劫为业，假如是官吏，便以贪赃求贿为目标。而到新年初一，指望皇恩；重阳佳节，盼降赦令，到时就如他们所想，都可以得到释免。有的罪名确定了，将要行刑，暗中贿赂；有司乘机贪求，因此得以拖延时间，终于获得宽赦。以致社会顽劣悖理的人多，廉洁方正的人少，行善的人，得不到朝廷的嘉奖，为恶的人反而享受非分的恩典。古话说：“小人的幸运，就是君子的不幸。’就是这意思。请陛下今后，要稍微节制赦令，让百姓知道禁令，作奸犯科的人才会肃清。”第二，“国家九品以上的官吏，每年遇赦，必赐他们官阶勋级。造成朝野宴会、公私集会时，穿红衣的多于穿青衣的，拿象板的多过拿木板的。大都是荣耀不起于德行，高位不因才能升得；不晓得什么是美丑，什么是善恶。臣请陛下自今天起，稍微停止以私意赏赐官阶和勋级，使贤能的臣子更加效忠于朝廷，无才能的都知勉励。”第三，“陛下即位听政，用人太多，六品以下掌事清官，就像泥土草芥一样微不足道，像沙砾一样数不清。如果不加以载撤，臣担心有污陛下的德化。”第四，“现在的州长调任太快，匆匆来去，像飞蓬浮萍，因而有得过且过的想法，哪有时间推行善政？请从今以后，刺史不到三年以上，不要迁调，仍要考核他们的功过，分别加以赏罚。”奏疏呈上，太后颇嘉许他。当时，官爵容易获得，但法刑严酷，争着求取官爵的人多，被杀害的也多。刘知几便作《思慎赋》来讽喻当时人而申明他的意见。

丙午日（二十七日），太后任命王孝杰为朔方道行军总管，攻打突厥。

春季，二月，己酉朔日（初一），出现日食。

和尚薛怀义愈来愈骄傲放肆，太后厌恶他。明堂烧毁后，他内心不安，言语多不恭顺。太后暗中挑选有武力的一百多个宫人防备他。壬子日（初四），太后在瑶光殿前的树下逮捕他，命建昌王武攸宁率领壮士打死他，尸体送往白马寺，烧毁后以建塔。

甲子日（十六日），太后除去“慈氏越古”的尊号。

三月，丙辰日（初九），唐凤阁侍郎、同平章事周允元逝世。

夏季，四月，朝廷铸造天枢柱完成，高一百零五尺，直径十二尺，八个面，每面宽五尺。柱子下面基台为铁山，周围一百七十尺，环绕铁山的是铜做的蟠龙和麒麟；顶上做一个腾云承露盘，直径三丈，做四个龙形人站立捧火珠，火珠高一丈。工人毛婆罗造模型，武三思撰写文章，刻有百官以及四夷酋长名字。太后亲写枢题："大周万国颂德天枢"。

秋季，七月，辛酉日（十五日），吐蕃进犯临洮，太后任命王孝杰担任肃边道行军大总管前去征讨。

九月，甲寅日（初九），太后在南郊合祭天地，加尊号为天册金轮大圣皇帝，大赦天下，更改年号为天册万岁。

冬季，十月，突厥默啜派遣使者前来投降，太后很高兴，用册授予默啜左卫大将军、归国公。

万岁通天元年（丙申，公元696年）

十二月，甲戌日（初六），太后从神都出发。甲申日（十六日），太后封祀嵩山为神岳。大赦天下，更改年号为万岁登封。免除天下百姓今年的租税，大会餐九天。丁亥日（十九日），太后禅祀少室山。己丑日（二十一日），太后驾临朝觐坛接受百官朝贺。癸巳日（二十五日），太后回宫。甲午日（二十六日），太后告祀太庙。

右千牛卫将军安平王武攸绪，从小就有志向品行，恬静安适，淡泊名利，侍从太后封禅中岳回来，立即请求辞职，隐居在嵩山的南面。太后疑心他隐居是假，应允他辞官，而观察他的行为。武攸绪于是优游水山，冬天住在茅椒庐，夏天住在石洞，完全像真的隐士。太后所赐和王公大臣所送的隐居用的衣服物品，武攸绪全部不用，被尘埃封积。自己买田，命奴仆耕种，跟百姓相同。

春季，一月，甲寅日（十一日），太后任命娄师德担任肃边道行军副总管，进兵吐蕃。己巳日（二十六日），太后任命娄师德为左肃政大夫，仍旧知政事。

太后将长安崇尊庙改为太庙。

二月，辛巳日（初九），太后尊神岳天中王为神岳天中黄帝、灵妃为天中黄后；夏启为齐圣皇帝；封启母神为玉京太后。

三月，壬寅日（初一），王孝杰、娄师德和吐蕃将领论钦陵赞婆在素罗汗山交战，唐军大败。王孝杰因此免官成为平民，娄师德被贬为原州员外司马。娄师德在签署送来的公文时，吃惊地说："官爵全免了呀！"签好后说："也好，也好。"不再介意。

丁巳日（十六日），新建的明堂落成，高二百九十四尺，方三百尺，规模比原来的略微小些。上面立黄金镀饰的铁凤，高二丈，后被大风吹毁，换上一个铜质火珠，有几条龙捧着火珠。题名叫"通天宫"。大赦天下，更改年号为万岁通天。

大食国请求前来进献狮子。姚璹上奏疏说："狮子吃肉，老远送来，肉不容易得，消耗太多。陛下不养鹰犬，禁止渔猎，难道容许对自己菲薄而对野兽优厚吗？"于是没有接受。

太后任命检校夏官侍郎孙元亨为同平章事。

夏季，五月，壬子日（十二日），营州契丹松漠都督李尽忠、归诚州刺史孙万荣起兵反叛，攻克营州，杀了都督赵文翙。李尽忠是孙万荣的妹夫，都住在营州城边。赵文翙刚愎自用，契丹饥荒不去赈济，将酋长看成奴仆，因此李、孙二人怨恨他而造反。乙丑日（二十五日），太后派遣左鹰扬卫将军曹仁师、右金吾卫大将军张玄遇、左威卫大将军李多祚、司农少卿麻仁节等二十八将前去征讨。秋季、七月，辛亥日（十一日），太后派遣春官尚书梁王武三思担任榆关道安抚大使，姚璹担任副使，来防备契丹。将李尽忠的名字改为李尽灭，将孙万荣的名字改为孙万斩。

李尽忠不久自称无上可汗，占据营州，任用孙万荣为前锋，攻占土地，所到之处全都攻克，十天之间，拥兵数万，进而包围檀州。清边前军副总管张九节击退他们。

八月，丁酉日（二十八日），曹仁师、张玄遇、麻仁节和契丹在硖石谷交锋，唐兵大败。起初，契丹攻陷营州，俘虏唐兵几百人，囚禁在地牢里，契丹听说唐兵快要来了，让一个守牢的族人欺骗他们说：

“我们的家属，饥寒交迫，只等朝廷大军一到便投降。”不久契丹便放出唐军俘虏，供应米糠粥，慰劳他们说：“我们要养你们，但没有食物，杀掉你们又不忍心，只好放你们回去。”便释放了唐军俘虏。唐军俘虏回到幽州，将听到的话全都报告给众将，众将听了，都想先行进攻，到了黄獐谷，契丹又派了老弱残兵前来投降，故意丢弃了些老牛瘦马在路边。曹仁师等三军便留下步兵，率领骑兵先行。契丹埋伏从侧面突然进攻。用套索投出，生擒了张玄遇、麻仁节；将士死尸填满山谷，逃走的很少。契丹获得军印，便伪造公文叫张玄遇等人签署，送给总管燕匪石、宗怀昌等，说：“官军已经攻破契丹，如果你们不能到达营州，那么将军要论斩，军兵不论功。”燕匪石等得到公文，日夜兼程而行，连吃饭睡觉都顾不上，兵马疲乏，契丹在路上埋伏拦截他们，燕匪石等全军覆没。

九月，太后下诏：“天下罪犯以及庶民士人有家奴勇敢的，由朝廷出钱代抵身资，征发去攻打契丹。”开始命令山东靠近边塞各州设置武骑团兵，任命同州刺史建安王武攸宜为右武威卫大将军，担任清边道行军大总管，来征讨契丹。

右拾遗陈子昂担任武攸宜军府的参谋，上奏说：“陛下施恩，下令赦免天下囚犯，以及招募各类奴役当兵讨伐契丹，这是应急的办法，不是国家正规部队。况且近来清治刑狱已久，囚犯不多，奴仆多数胆小，不熟悉行伍战阵，即使募集，也不堪实用。何况现在天下的忠臣义士很多，万分之一都未能任用；契丹是弱小的反叛，苟活待死罢了，何须劳动赦免罪人，赎买奴役，有损国家的体制。臣恐怕这政策不适宜颁行。”

丁巳日（十八日），突厥进犯凉州，掳去都督许钦明。许钦明是许绍的曾孙子；当时正出去巡视部下，突厥几万人突然来到城下，许钦明奋战，被俘。

许钦明的兄长许钦寂，当时任龙山军讨击副使，和契丹在崇州交战，失败被俘。契丹将围攻安东，叫许钦寂去游说原先自己管辖而尚未被契丹攻克的城。安东都护裴玄珪在城中，许钦寂对他说：“狂贼必遭天谴，破灭就在早晚，公只严兵谨守可保全忠国志节。”契丹便将许钦寂杀了。

吐蕃再次遣使前来请求和亲，太后派遣右武卫胄曹参军贵乡人郭元振去察看虚实。吐蕃将领论钦陵请求撤去安西四镇的戍兵，并要求分给他们十姓突厥的土地。郭元振说：“四镇、十姓和你们吐蕃本是不同种族；现在请求唐朝撤兵，这不是有兼并的企图吗？”论钦陵说：“吐蕃如果贪求土地，要使唐朝边境不安，便向东进犯甘、凉州，怎么会求利于万里外的地方呢？”于是派遣使者随郭元振入朝。

朝廷仍犹豫不决，郭元振上奏，认为：“论钦陵请求撤兵割地，这是利害的关键，实不可轻易决定。如果直接拒绝他的善意，那么为害边境必深。四镇的利益远，甘州、凉州的受害近，不可不仔细考虑。应当用计来延缓，使他对和亲不绝望便可妥当。那四镇、十姓，是吐蕃最想获得的，而青海、吐谷浑也是我国重要的地方。现在应当回答他说：‘四镇、十姓的地方，本来对中国无用，派兵戍守的原因，在镇守安抚西域，分散吐蕃的力量，使它不能合力向东进犯。现在假如没有向东侵略的企图，当还给我吐谷浑各部以及青海原地，那么五俟斤部也可还给吐蕃。’这样便足够使论钦陵无言，而也没有让两国决裂。假如论钦陵稍有违理，那么曲在他们。况且四镇、十姓降顺已久，现不知吐蕃的动机，事情的利害，就舍弃他们，恐怕会伤害到各国前来归附之人的心，不是统御四夷的办法。”太后依他的意见而行。

郭元振又上奏说：“吐蕃百姓徭役劳乏，早就想要和亲；论钦陵想掌握兵权专断而行，独不愿和亲。如果朝廷常派和亲大使前去，而论钦陵常不遵命，那么吐蕃人怨恨论钦陵日益加深，而期望我国的恩遇也日甚，论钦陵想大量调动吐蕃人马，自是十分困难，这也是逐渐离间的办法，可以让他们上下猜忌，内部起祸乱。”太后深表赞同。郭元振名叫震，用字行世。

庚申日（二十一日），太后任命并州长史王方庆为鸾台侍郎，和殿中监万年人李道广一起任同平章事。

突厥默啜请求做太后的干儿子，并且替他的女儿请求，让她嫁到唐朝来；还要全部归还河西的降民，率领他的部众为朝廷征讨契丹。太后派遣豹韬卫大将军阎知微、左卫郎将代司宾卿田归道册授默啜为左卫大将军、迁善可汗。阎知微是阎立德的孙子，田归道是田仁会的儿子。

冬季，十月，辛卯日（二十二日），契丹李尽忠去世，孙万荣接替他统率契丹。突厥默啜乘机袭击松漠，俘获李尽忠、孙万荣的妻子儿女而后离去。太后加封默啜为颉跌利施大单于、立功报国可汗。

孙万荣集合残余部队，军队声势又壮大起来，任用支部将领骆务整、何阿小为先锋，攻克冀州，杀了刺史陆宝积，屠杀官吏百姓几千人。又攻打瀛州，河北震动。太后下制书，起用彭泽令狄仁杰担任魏州刺史。前任刺史独孤思庄害怕契丹突然来攻，将百姓全部迁入城池，做好防备工事。狄仁杰到了，全部命他们回家，宣告说："贼现在还远呢，何必这样劳烦百姓；万一贼军来了，我自己去抗贼。"百姓大为欢喜。

当时契丹进犯，军方公文堆积很多，夏官郎中硖石人姚元崇很快处理，而且都有条理，太后认为他不同寻常，擢升他为夏官侍郎。

太后念徐有功执法公正，擢升他为左台殿中侍御史。听到这消息的人全都向他道贺。鹿城县主簿宗城人潘好礼写文章，称赞徐有功循依仁道，固守诚节，不因贵贱死生更改操行。文章中假借客人提问说："徐公在今天可跟谁相比？"主人说："天下甚大，人物很多，有的怀才隐行，我不敢轻下断语；如所听闻，那么只有徐有功一人而已，应当在古人中才找得到。"客人说："跟张释之相比如何？"主人说："张释之所做的容易，徐公所做的很难，难易之间，可以看出二人的优劣。张公在汉文帝的时代，天下太平，至于像偷汉高祖庙中的玉环，渭桥惊汉文帝的车驾，张释之按法处理罢了，难道不是很容易吗？徐公适逢变革时代，在惟新的风气中，唐朝的遗老，有的心怀叵测，使国君生疑。像周兴、来俊臣，相当于尧时的四凶，大饰谗言而构陷贤良；徐公固执善道，深知原委，几乎被囚，常系法网，这是足下所知的，难道不是十分困难的吗？”客人说：“假使让他做司刑卿，便可发挥他的才能。”主人说：“足下只见到徐公用法平允，认为可任司刑；我看他，心量无所不容，如果要任用他，任何职位都行，岂止适合任司刑卿！”

资治通鉴卷第二百六　唐纪二十二

起丁酉（公元697年），止庚子（公元700年）六月，共三年六个月。

【题解】本卷记录了公元697年至700年六月的史事，共三年又六个月，正当武则天神功元年到圣历二年六月。这一时期是武则天执政中期的后段，酷吏政治已经结束，姚元崇、狄仁杰、韦嗣立等一批贤臣受到武则天的重用。在狄仁杰、吉顼等人的努力下，武则天最终做出了弃侄立子的决定，庐陵王李显被迎接回朝，重新立为太子，河北民众踊跃参军击贼，人心所向，志在复辟唐朝。这时期，武则天的个人生活更加荒唐，设置控鹤监蓄养男宠，由张易之、张昌宗兄弟掌管，两人与武周外戚武氏各王结成朋党，仍在政治上有重大的负面影响。

则天顺圣皇后中之下

神功元年（丁酉，公元697年）

时以契丹破灭、九鼎就成，以九月大享，改年号为神功。正月，己亥朔日（初二），太后在通天宫举行春祭。

突厥默啜进犯灵州，让许钦明同行。许钦明到城下大喊，说要美酱、粱米和墨，话中的意思是让城中选良将，带精兵，黑夜突袭突厥的营地。可惜城中无人了解他的意思。

箕州刺史刘思礼向张憬藏学习相术，张憬藏预言刘思礼会担任箕州刺史，官位可做到太师。刘思礼想到太师在大臣中非常显贵，不是辅佐国君成就大业的人就不能做到，便和洛州录事参军綦连耀密谋造反，暗中交结朝廷官员，托言看相，说他们都会大富大贵；等到对方高兴，就说：“綦连耀有帝王的命，足下一定能依靠他而大富贵。”

凤阁舍人王勮兼任天官侍郎，便任用刘思礼做箕州刺史。

明堂县尉吉顼听说刘思礼的阴谋，告诉了合宫县尉来俊臣，让他检举。太后派遣河内王武懿宗审理此案。武懿宗命刘思礼多多地将朝廷官员拉进这起案中，答应不判处刘思礼死刑，凡是稍不合武懿宗意的都牵连上。于是刘思礼牵入凤阁侍郎同平章事李元素、夏官侍郎同平章事孙元亨、知天官侍郎事石抱忠、刘奇、给事中周譒，以及王勮的哥哥泾州刺史王勔、弟弟监察御史王助等，一共三十六家，全是天下知名的人，用尽酷刑，屈打成招。壬戌日（二十五日），太后将他们灭族，亲友受牵连被放逐的有一千多人。

起初，武懿宗法外宽恕刘思礼，命他诬陷李元素等人。等杀害他们后，又收杀刘思礼，刘思礼非常后悔。武懿宗自天授年间以来，太后几次命他审理讼案，他喜欢陷害人，当时人认为他是周兴、来俊臣第二。

来俊臣想要独居这次的功劳，再罗织吉顼的罪名而告发他。吉顼将刘思礼等谋叛的事禀告武则天，得到召见，得以脱罪。来俊臣因此再次被重用，而吉顼也因此得到迁升。

来俊臣的党人罗织罪名构陷司刑府史樊惎，诬告他谋反，杀了樊惎。樊惎的儿子到朝廷上申冤，竟没有人敢受理，他便抽刀剖腹。秋官侍郎上邽人刘如璿看了，暗自叹息落泪。来俊臣便上奏，说刘如璿为叛逆一党，将他逮捕入狱，判处绞刑。太后裁定将他流放瀼州。

尚乘奉御张易之，是张行成的族孙。年少，容貌俊美，精于音乐。太平公主推荐张易之的弟弟张昌宗入宫侍奉太后。张昌宗再引荐张易之。兄弟俩都得到太后的宠幸，常常涂抹脂粉，穿着锦绣。张昌宗官升到散骑常侍，张易之做司卫少卿。太后封他们的母亲臧氏、韦氏为太夫人，赏赐多得不可胜数。仍命凤阁侍郎李迥秀做臧氏的情夫。李迥秀是李大亮的族孙。武承嗣、武三思、武懿宗、宗楚客、宗晋卿都到张易之家去恭候，争着替他牵马执鞭，称张易之为五郎，张昌宗为六郎。

癸亥日（二十六日），突厥默啜进犯胜州，平狄军副使安道买击败他们。

甲子日（二十七日），太后让原州司马娄师德代理凤阁侍郎、同平章事。

春季，三月，戊申日（十二日），清边道总管王孝杰、苏宏晖等领兵十七万，和孙万荣在东硖石谷交战，唐军大败，王孝杰殉国。

王孝杰遇到契丹军队，率精锐军担任先锋，奋勇作战。契丹兵退，王孝杰追赶，走到靠近悬崖的地方，契丹回兵反迫他，苏宏晖先行逃走，王孝杰跌下崖谷而殁，将士几乎全部殉国。节度使的记室洛阳人张说急奏这事。太后追赠王孝杰官爵，派遣使者去杀苏宏晖示众。使者还没有到，苏宏晖因立了功，获得抵免。

武攸宜的部队在渔阳，听闻王孝杰等战败而死，军中震惊恐惧，不敢前进。契丹乘胜进犯幽州，攻克城镇，杀掳官吏百姓，武攸宜派将领去攻打，不能取胜。

阎知微、田归道一起出使突厥，册封默啜为可汗。阎知微在半路上遇到突厥的使者，便送他红袍、银带（官服），并且派人送奏书到朝廷，说："突厥使臣抵达京城，应该好好款待他。"田归道的奏书则说："突厥处事反复荒唐，现在悔过，应当等圣上的恩典宽恕他。而阎知微擅自授给他袍带，使朝廷无法再加赐更贵重的物品，应当命令他穿原来使者的衣服，来等待朝廷的恩赐。还有小小番国的使臣，不值得大为准备供给。"太后同意田归道的意见。阎知微入见默啜，行跪拜礼，吻他的靴头；田归道只拱手鞠躬，不跪拜。默啜囚禁田归道，将要杀死他，田归道毫不屈服，责备默啜不知足，并陈说利害。阿波达干元珍说："大国的使臣，不可以杀死。"默啜怒气稍消，但扣留他不放回。

起初，咸亨年间，突厥有投降的人，唐朝全都安置在丰、胜、灵、夏、朔、代六州。到这时，默啜要求赐给他六州的降户以及单于都护府的地方，还有谷种、缯帛、农具、铁，太后没有答应。默啜生气，言辞傲慢无礼。姚璹、杨再思因为契丹没有平定，建议依照默啜所求的给他。麟台少监、知凤阁侍郎赞皇人李峤说："戎狄贪婪而不守信，这叫作'借兵器给敌人，供粮食给盗匪'。不如准备军队防备他。"姚璹、杨再思建议给他，于是将六州降户几千帐全给了默啜，并且送给谷种四万斛，各种彩帛五万段，农具三千件，铁四万斤，并且答允通婚。默啜因此更加强盛。

田归道才得回国，和阎知微在太后面前辩论。田归道认为默啜一定背约，不可依赖和亲，应当做好防备。阎知微认为和亲一定可以保证他不背约。

夏季，四月，唐朝铸九鼎成功，搬放在通天宫。豫州鼎高一丈八尺，容一千八百石；其余的高一丈四尺，容一千二百石。上面各自铸刻有山川物产，一共用了铜五十六万七百多斤。太后想用千两黄金镀鼎，姚璹说："九鼎是神圣的东西，贵在质朴自然。而且臣看鼎上五色光芒相互辉映，不需金色作为光彩。"太后听从了他的意见。九鼎从玄武门拖入，命令宰相、各王率领南北牙的宿卫兵十多万，以及仗内的大牛、白象一同来拖。

前益州长史王及善已经退休，恰逢契丹作乱，山东动荡，再次出任滑州刺史。太后召见他，询问他朝政的得失。王及善陈述治乱的大要十多条。太后说："外州事轻，中枢是根本，你不要去担任刺史。"癸酉日（初八），太后留他做内史。

癸未日（十八日），太后命右金吾卫大将军武懿宗担任神兵道行军大总管，和右豹韬卫将军何迦密领兵征讨契丹。五月，癸卯日（初八），太后又让娄师德担任清边道副大总管，右武威卫将军沙吒忠义担任前军总管，领兵二十万征讨契丹。

起初，有个叫朱前疑的人，上奏书说："臣梦见陛下活到八百岁。"太后当即授给他拾遗职务。又自说："梦到陛下头发白了又黑，牙齿掉了再生。"太后擢升他为驾部郎中。出使回朝，上奏书说："听到嵩山呼万岁。"太后赐给他绯算袋；他当时还不是五品官，便佩戴在绿色官服上。等到发兵征讨契丹，敕告京官，出一匹马为军需，赏给五品官。朱前疑买马捐纳，多次上表求升阶；太后讨厌他贪心，六月，乙丑日（初一），下敕令退还他的马，将他逐回家乡。

右司郎中冯翊人乔知之有一位美妾名叫碧玉，乔知之为了她而不结婚。武承嗣就接她回来教导自己的姬妾，于是留住她不放她回去。乔知之作《绿珠怨》诗寄给她，碧玉便跳井自杀了。武承嗣在她的裙带中找到诗，大为生气，指使酷吏构陷乔知之入狱，杀了他全族。

司仆少卿来俊臣，依仗权势贪色，朝臣庶民有美丽妻妾的，他都千方百计弄来。或命人捏造他们有罪，假传圣旨夺取他们的妻妾，前前后后被罗织罪名所杀的人，不可胜数。从宰相以下，他登记姓名按顺序夺取他们的妻妾，自称才能可跟石勒相比。监察御史李昭德一向厌恶来俊臣，李昭德又曾经在朝堂面辱秋官侍郎皇甫文备（一本作文备），二人共同诬告李昭德谋反，将他逮捕入狱。

来俊臣想诬告武氏诸王以及太平公主，又想诬陷皇储以及庐陵王和南北牙一同造反，企图借此窃取国家权柄。河东人卫遂忠告发他。武家各王以及太平公主恐惧，一同揭发来俊臣的罪状，将他逮捕入狱，审判官判处他死刑，太后想赦免他，处死来俊臣的奏书呈上去，过了三日都不见批复。王及善说：“来俊臣凶恶奸猾贪婪残暴，是国家的首恶，不杀他，一定会危害朝廷。”太后在御苑中游赏，吉顼牵着马辔头，太后询问朝廷的事，吉顼回答说：“朝臣只奇怪奏杀来俊臣的公文没有批下来。”太后说：“来俊臣对国家有功，朕正在考虑。”吉顼说：“于安远告发虺贞谋反，而后虺贞果然造反；（于安远）今天只是成州司马。来俊臣聚集不法的人，诬陷良善，贪赃受贿的财物堆积如山，被他冤屈而死的鬼魂堵满了道路，是国家的大祸根，不值得怜惜！”太后于是批准处死来俊臣。

丁卯日（初三），李昭德、来俊臣同时被处死，当时人无不痛惜李昭德的死，而认为来俊臣的死大快人心，仇家争着咬来俊臣的肉，片刻便被撕光了，挖出眼珠，剥下面皮，开腹掏心，踏践成泥浆。太后晓得天下人恨来俊臣，于是降制书指责他的罪恶，而且指示：“应当杀他的族人，来昭雪百姓的愤恨，可依法抄没他的家。”朝臣庶民都在路上相互庆贺，说：“从今天起，睡觉时背可以贴着席子了。”

来俊臣因为告发綦连耀有功，赏给他奴婢十人。来俊臣看了司农寺中的婢女没有中意的，知道西突厥可汗斛瑟罗家有一位小婢，擅歌舞，来俊臣想得到她为赏赐婢，竟指使人诬告斛瑟罗造反。各酋长到朝廷割耳裂面替斛瑟罗申辩冤屈的有几十人。恰好俊臣被斩，才得以逃脱。

来俊臣掌权的时候，每次铨选，吏部受他嘱托越级授官的有数百人。来俊臣死后，侍郎都向朝廷自首。太后怪罪他们，这些人回答说：“臣辜负陛下，罪该万死！但臣紊乱国家法令，罪只及本身；违逆来俊臣的话，便马上全族被杀。”太后于是宽恕了他们。

上林署令侯敏素来谄媚来俊臣，他妻子董氏规劝他说：“来俊臣是国贼，不久将会坏事，你应当疏远他。”侯敏听从，来俊臣生气，调他出去做武龙县令，侯敏不想去，他妻子说：“快去不要停留。”来俊臣死了，他的党羽都被流放到岭南，唯独侯敏没有获罪。

太后征召于安远担任尚食奉御，擢升吉顼为右肃政中丞。

太后任命检校夏官侍郎宗楚客为同平章事。

武懿宗的军队抵达赵州，听说契丹部将骆务整的几千骑兵将要到达冀州，武懿宗害怕，想向南逃跑。这时有人建议：“敌人没有辎重，必以抢劫作为军需，如果我们布防坚守，兵力便分散，合力迎击他，可以建立大功。”武懿宗没有采纳，退守相州，将许多军需品兵器丢弃。契丹于是屠杀赵州。

甲午日（三十日），孙万荣被奴仆杀死。

孙万荣击败王孝杰后，想在柳城西北四百里处依险筑城，留下老弱妇女以及缴获的器械物资，命妹夫乙冤羽守护，亲自带精兵进犯幽州。担心突厥默啜偷袭他的背后，派遣五个人去黑沙，对默啜说：“我已经消灭王孝杰的百万军队，唐人胆破了，愿和可汗乘胜同去攻取幽州。”三个人先到，默啜欢喜，赐给他们红袍；两个人后到，默啜因为他们稽留延缓而生气，将要杀死他们，那两个人说：“请让我们说一句话再死。”默啜询问他们原因，二人告诉他契丹的情形，默啜便将先来的三人杀了而赐红袍给后两人，命他们做向导，发兵攻克契丹新城，杀死俘获的凉州都督许钦明用来祭天。围攻新城三日，攻下了，全俘而回。叫乙冤羽急去报告孙万荣。

当时孙万荣正和唐军相持，他的军队听到这个消息，惊骇不安。奚人背叛孙万荣，神兵道总管杨玄基攻打孙万荣的前军，奚兵攻打他的后军，俘虏他的将领何阿小。孙万荣的军队大败逃走，孙万荣率领轻骑兵几千向东奔去。前军总管张九节派兵拦截，孙万荣穷急窘蹙，和奴仆逃到潞水东面，在林下休息，叹息说：“现在想要投降唐朝，罪过已经很大。投降突厥也是死，投降新罗也是死，将要去哪里呢？”奴仆杀了他，拿头投降唐朝，悬挂在京城四方馆门示众。孙万荣没有降唐的部众，以及奚、霫人都投降突厥。

戊子日（二十四日），特进武承嗣、春官尚书武三思都任同凤阁鸾台三品。

辛卯日（二十七日），太后下制书，因为契丹初平定，命河内王武懿宗、娄师德以及魏州刺史狄仁杰分路安抚河北。武懿宗所到的地方都受到残害，有被契丹裹胁再反正的百姓，武懿宗都认为是反叛，生生剖取他们的胆。最初是何阿小喜欢杀人，河北人说他们是：“唯此两何，杀人最多。”（只有这两个何，杀的人最多）（武懿宗封河内王）。

秋季，七月，丁酉日（初三），昆明归附朝廷，唐朝在此设置窦州。

武承嗣、武三思一同被免除宰相职务。

庚午日（七月无此日），武攸宜从幽州凯旋。武懿宗奏请将河北百姓曾经服从契丹的全族处斩，左拾遗王求礼在朝廷上驳斥他说：“这些人本来没有经过军事训练，力量比不过贼人，暂且听从贼人来求活命，哪有叛国的心？武懿宗有强兵几十万，看到贼人来了便跑，使贼众越来越多，又想推诿罪过到被牵累而犯错的百姓身上，身为大臣而不忠于社稷，请先斩武懿宗来向河北百姓谢罪。”武懿宗无法回答。司刑卿杜景俭也上奏：“这些都是被胁迫而随从敌虏的人，请全部赦免他们。”太后答应了。

八月，丙戌日（二十三日），纳言姚璹因罪被贬为益州长史，太后任命太子宫尹豆卢钦望为文昌右相、凤阁鸾台三品（“凤”上当有“同”字）。

九月，壬辰日（九月无此日），太后大祭通天宫，大赦天下，改年号为神功。

庚戌日（十七日），娄师德代理纳言。

甲寅日（二十一日），太后对侍从大臣说：“近来，周兴、来俊臣审理案件，多牵连朝廷官员，说他们造反。国家有不变的大法，朕怎么敢违背？曾经疑心他两人作假，派了亲信臣子去狱中查问，得到嫌犯的亲笔供状，都承认了，朕便不再怀疑。自从周兴、来俊臣死后，便不再听到有造反的人；那么从前处死的人不是很冤枉吗？”夏官侍郎姚元崇答道：“自垂拱年间以来，因犯谋反罪而处死的，大多数都是周兴等人设圈套使其入罪，来谋求功劳。陛下派亲信臣子前去查问，他们连自己都无法保全，怎敢动摇原判？被问的嫌犯假如翻供，也怕遭受酷刑，不如快些死掉。仰赖上天使圣上明白，周兴等伏法。臣用全族向陛下保证，今后朝廷内外的臣子不再有谋反的了。假如稍有事实的情况，臣愿领受明知不告的罪。”太后很高兴，说：“之前宰相全都纵容附和以促成其事，使人认为朕是滥用刑罚的君主；听你所说，深深合于朕的本心。”于是赐给姚元崇一千贯钱。

当时有很多替魏元忠申冤的人，太后再召回他担任肃政中丞。魏元忠前前后后犯死刑及放逐刑共有四次。曾在某次宴会上，太后询问他说：“你从前几次遭到毁谤，原因是什么？”魏元忠回答说：“臣就好像鹿，设圈套的人只想得到臣的肉做羹，臣往哪里逃避？”

冬季，闰十月，甲寅日（二十一日），太后任用幽州都督狄仁杰为鸾台侍郎，司刑卿杜景俭为凤阁侍郎，一起任同平章事。

狄仁杰上奏疏："上天让四夷生活在我国历代封疆以外，因而东面隔有沧海，西面隔有流沙，北面隔有大沙漠，南面隔有五岭，这是上天阻隔夷狄而分离中原与外国。自书籍有记载以来，声威教化所能够到达，夏、商、周不能到的地方，现在国家全都拥有了。诗人夸耀周宣王北伐太原，周文王将美好的教化推行到江、汉流域，可见三代的边疆，现在都处在国家的范围内了。如果还向域外用武，求功于绝远的地方，竭尽国库的财物，夺取五谷不生的土地，得到那些百姓不能增加国家的赋税，拥有那些土地也无法耕种纺织，只是求得使远方夷人拥有冠带一族的名号，不从事巩固根本安定百姓的方法，这是秦始皇、汉武帝所推行的方针，不是五帝、三王的事业。秦始皇穷兵黩武，专求拓土，死人如麻，造成天下逃亡叛乱。汉武帝讨伐四方夷狄，造成百姓穷困，盗贼蜂起，晚年明白而悔改，停止军事行动，罢除徭役，所以得到上天的保佑。近来国家连年出兵，费用颇多，西南边防有四镇，东面边防有安东，征兵日益增加，百姓空虚疲乏。现在关东发生饥荒，蜀、汉也有百姓逃亡的情况，江、淮以南地方，征发求取不止，百姓不能恢复本业，便结伙为强盗，根本一动摇，忧患就不浅。造成这种现象的原因，正是因为用武力去争取荒蛮不长五谷的土地，违背爱养百姓的道理。以前汉元帝采纳贾捐之的谋略而罢弃朱崖郡，汉宣帝采用魏相的计谋而放弃车师的田，难道是不想崇尚虚名？只是害怕劳苦百姓，近代在贞观年间，平服九姓，立李思摩为可汗，让他统领各部落，就是因为夷狄叛乱便去征讨，降顺就去安抚，合乎《尚书》中除去乱亡的，巩固存在的道理，没有驻防边远、劳苦人役的事情，这是近代的政令，经略边疆的旧策。臣认为当立阿史那斛瑟罗为可汗，委任他管理四镇，恢复已灭亡的高丽国，委任他的国王镇守安东。节省用于远方的军费，集中军力在长城上，使夷狄不生侵侮的企图便可以了，何必深入他们的巢穴，与蚂蚁争胜呢！只要戒令边防军，严加守备，远派侦察，储蓄军需，等敌人自来，再攻打他们。以逸待劳，战士的力气便倍增，以主御客，我方便占据上风，坚壁清野，敌寇就空无所得，自然突厥、吐蕃二夷深入内地就会有败灭的顾忌，浅入边区就没有掠夺的利益，这样几年之间，可以让这两方敌人不用征讨便归服了。”建议虽没有被采用，有见识的人却认为十分正确。

凤阁舍人李峤主管天官铨选职官之事，设置正式员额以外的官员几千人。

这以前，朝廷历法官以此月为正月，以腊月为闰月，太后想定正月甲子日初一为冬至，于是下制书，认为“前月晦日仍见到月亮，有违天道，可用本月为闰月，下月为正月”。

圣历元年（戊戌，公元698年）

正月，甲子朔日（初一），冬至，太后祭祀通天宫，大赦天下，更改年号为圣历。

夏官侍郎宗楚客被免除相职。

春季，二月，乙未日（初四），文昌右相、同凤阁鸾台三品豆卢钦望被免职，改任太子宾客。

武承嗣、武三思想做太子，多次请人去劝说太后：“自古以来的天子，没有立外姓人做继承人的。”太后没有决定。狄仁杰经常在适当时规劝太后说：“文皇帝辛勤劳苦，不避风雨，亲冒刀箭的危险，而平定天下，将帝位传给子孙。大帝将两个儿子托付陛下，陛下现在竟想将帝位转移给别姓，难道不违背天意吗？而且姑侄与母子，哪一种关系亲近呢？陛下立儿子为后嗣，那么离开人间后，神主安置在太庙里与先帝一起受到祭祀，代代不息；如果立侄子为后嗣，那么从没听过侄子为天子，而将姑母供在庙里的。”太后说：“这是朕的家事，你不要参与。”狄仁杰说：“帝王以天下为家，四海之内，谁不是他的臣仆，哪一件不是陛下的家事？国君是头脑，臣子是手足，同是一身而不能分离，何况臣处在宰相的职位，怎么可以不参与呢？”又规劝太后召回庐陵王。王方庆、王及善也劝说太后。太后心里稍有些省悟。一天，又对狄仁杰说："朕梦见一只大鹦鹉两只翅膀都折断了，这是什么意思？"狄仁杰回答："武是陛下的姓，两翼是陛下的两位皇子，陛下起复两位皇子，那么两翼就不会折断了。"太后没有立武承嗣、武三思为储君的意思了。

孙万荣围攻幽州时，发公文给朝廷说："为什么不召回庐陵王？"吉顼和张易之、张昌宗都担任控鹤监供奉，张易之兄弟和他很熟。吉顼在适当时对二人说："尊兄弟这般显贵，受到陛下宠幸，不是靠功德得来的，天下恨你们的人有很多。没有对国家立下大功，将来用什么保全自己？我替足下担忧啊！"二人害怕，流着眼泪请他想法子。吉顼说："天下士人百姓没有忘记唐朝的恩德，仍在思念庐陵王。陛下年纪大了，帝位必须传下去；武氏的几个王陛下都不满意，足下为什么不慢慢劝陛下立庐陵王来维系天下人心！这样，不仅可以免祸，也可以永远保全富贵。"二人认为很对，乘机经常劝说太后。太后知晓是吉顼出的主意，便召他来询问，吉顼又替太后详说利害，太后的主意才最后定下来。

三月，己巳日（初九），太后借口庐陵王生病，派遣职方员外郎瑕丘人徐彦伯召回庐陵王和他的妃子、儿子，到京城医病。戊子日（二十八日），庐陵王返回神都。

夏季，四月，庚寅朔日（初一），太后前往太庙祭祀。

辛丑日（十二日），太后任命娄师德代理陇右诸军大使，仍负责检校营田的事务。

六月，甲午日（初六），太后派淮阳王武延秀前往突厥，迎娶默啜的女儿为妃子。太后又命豹韬卫大将军阎知微代理春官尚书，右武卫郎将杨齐庄代理司宾卿，携带金银丝帛送他去。武延秀是武承嗣的儿子。

凤阁舍人襄阳人张柬之进谏说："自古以来没有中原的亲王迎娶夷狄的女儿的。"因此忤逆帝意，太后调他出任合州刺史。

秋季，七月，凤阁侍郎、同平章事杜景俭被免职，改任秋官尚书。

八月，戊子日（初一），武延秀抵达黑沙南庭。突厥默啜对阎知微等说：“我是要将女儿嫁给李氏，哪里轮得着武氏的孩子！他难道是天子的儿子吗？我突厥世世代代受李氏的恩典，听说李氏人被杀光了，只有两个孩子还在，我现在要率兵前去辅佐他即位。”于是将武延秀拘禁在另一个地方，任命阎知微做南面可汗，扬言让他统治唐朝的百姓。默啜便发兵袭击静难、平狄、清夷等地大周的军队，静难军使慕容玄崱带领五千兵投降。突厥的声势更大，进兵侵犯妫、檀等州。从前跟随阎知微进入突厥的人，默啜全都赏赐他们五品、三品的官，太后全都予以没收。

默啜写公文给朝廷，责备说：“给我蒸熟过的五谷种子，种下去不能发芽，这是第一件事。金银器皿全是粗劣的，不是精纯的，这是第二件事。我赐给唐朝派来使者的官服都被抄没了，这是第三件事。送来的丝帛全都粗劣，这是第四件事。我是可汗，女儿应当嫁给唐朝天子的儿子，武氏是小姓，门不当户不对，却来假冒骗婚，这是第五件事。我为这五件事而出兵，要夺取黄河以北的地方。”

监察御史裴怀古跟随阎知微到达突厥，默啜想给他官做，他没有接受。默啜囚禁他，要杀害他，裴怀古逃出来，走到晋阳，身体消瘦，面容枯槁。骑兵突击队呐喊着包围他，认为他是间谍，要拿他的头去求功。有位曾经受冤枉，被裴怀古平反的果毅官大声喊道：“这是裴御史！”救了他并且保全了他的性命。裴怀古入京都，太后召见，擢升他为祠部员外郎。

当时各州听到突厥进犯，又值秋天，急征百姓修理城郭。卫州刺史太平人敬晖对部属说：“我听说坚固的防御没有粮食也守不住，怎么可以舍弃收获粮食而修城郭呢？”下令全都免除劳役，要他们返回田庄，百姓全都欢天喜地。

甲午日（初七），鸾台侍郎、同平章事王方庆被免职，改任麟台监。

太子太保魏宣王武承嗣，因没有被立为太子，心中郁闷，戊戌日

（十一日），因病去世。

庚子日（十三日），太后任用春官尚书武三思为检校内史，狄仁杰兼任纳言。

太后要宰相各自推举尚书郎一人，狄仁杰举荐他的儿子司府丞狄光嗣，任命他为地官员外郎，不久狄光嗣就将事情办得十分妥当。太后高兴地说："你真够得上祁奚了。"

通事舍人河南人元行冲，博学多才，狄仁杰看重他。元行冲几次规劝狄仁杰，并且说："凡居家的人必定储备干肉、肉酱以适应口味，储备人参、白术等药材以治病，我认为足下家内，珍味很多，我元行冲愿意成为府上的药材。"狄仁杰笑说："你是我药箱中的东西，怎可一日缺少你呢！"元行冲名澹，用字通行于世。

太后任命司属卿武重规担任天兵中道大总管，右武卫将军沙吒忠义担任天兵西道总管，幽州都督下邽人张仁愿担任天兵东道总管，领兵三十万讨伐突厥默啜。又任用左羽林卫大将军阎敬容担任天兵西道后军总管，领兵十五万作为后援。

癸丑日（二十六日），默啜进犯飞狐。乙卯日（二十八日），默啜攻陷定州，杀死刺史孙彦高以及官民几千人。

九月，甲子日（初七），太后任用夏官尚书武攸宁为同凤阁鸾台三品。

太后将默啜的名字改为斩啜。

默啜派遣阎知微前去招降晓谕赵州，阎知微在城下跟突厥人拉着手跳《万岁乐》舞。将军陈令英在城上对他说："尚书官位不小，竟然替敌人歌舞，难道不惭愧吗？"阎知微低声吟唱："不得已唱《万岁乐》。"

戊辰日（十一日），默啜围攻赵州，长史唐般若翻越城墙附从他。刺史高叡和妻子秦氏服药装死。敌人抬着去见默啜，默啜拿出金狮子带、紫色官服给他看，说："投降便拜你为官，不降就杀死你！"高叡回头看他夫人，夫人说："报答国恩，就在今日。"于是闭目不再说话。经过两夜，敌人知道他不屈服，便杀了他。敌人退走，太后杀了唐般若全族；追赠高叡为冬官尚书，谥号为节。高叡是高的孙子。

皇储一再请求将太子让给庐陵王，太后答应了。壬申日（十五日），太后立庐陵王李哲为皇太子，恢复原来的名字显。大赦天下。

甲戌日（十七日），太后任命太子担任河北道元帅，去讨伐突厥。此前，招募一个多月还没有到一千人，这时听说太子担任元帅，应招的人像云一般聚集，不久就超过五万人。

戊寅日（二十一日），太后任命狄仁杰担任河北道行军副元帅，右丞宋玄爽担任长史，右台中丞崔献担任司马，左台中丞吉顼担任监军使。届时，太子没有去，太后命狄仁杰主持元帅职务，并且亲自送给他。

蓝田县令薛讷，是薛仁贵的儿子。太后擢升他为左威卫将军，安东道经略。将要出发，薛讷向太后上奏说："太子虽立，朝外的议论仍然犹豫不决。如果不再改换太子，外敌不容易被安抚。"太后认为说得很对。王及善请求让太子到外庭接受百官拜谒，来安定人心，太后答应了。

太后任命天官侍郎苏味道为凤阁侍郎、同平章事。苏味道前前后后做了几年宰相，曲意逢迎，取悦于人，曾对人说："处理事情不应当明白，只模棱两可就行了。"当时人称他"苏摸稜"。

癸未日（二十六日），突厥默啜将掳去的赵、定等州男女一万多人杀光，从五回道返回。经过的地方，杀掳无法详细记述。沙吒忠义等只是带兵追踪，不敢接近。狄仁杰领兵十万追赶他，没有追到。默啜返回漠北，拥有军队四十万，控制的地域有一万里，西北各夷都归顺他，有轻视中原的意思。

冬季，十月，太后下制书：都城的驻军，由河内王武懿宗、九江王武攸归统领。

癸卯日（十七日），太后任命狄仁杰担任河北道安抚大使。当时被突厥驱使逼从的河北人，突厥走后，害怕杀头，往往逃亡藏匿。狄仁杰上奏疏，认为："朝廷上议论的人，都说被契丹、突厥所胁迫的人有罪，说他们行迹虽然有所不同，本心实没有差异。其实是因为山东近年军事征调过重，百姓家产全都破败，有的甚至逃亡。再加上地方官利用朝廷法令侵夺吞没，借着军事而发生，官吏对百姓囚禁、拷打，痛切皮肉，事情紧迫，情况紧急，百姓便违背礼义。在愁苦的环境中，不能安居乐业，只追求利益，希望慢些死亡，君子以为这是羞辱，而却是小人经常会做的事。还有各城沦陷时，有的等待朝廷的军队前来救援，将士们为求功，都说是作战攻取的，臣担心赏功太过泛滥，又恐怕惩罚降敌诸城的官民是无辜被罚。因为各城曾经沦入敌手，所以被认为是坏地方，以至于又有污辱百姓的妻子，劫取百姓的财物的事情发生，兵士也知道这是暴行，官吏却不能禁止，就这样，贼寇平定以后，作恶更加厉害了。而且贼寇专事招抚有贰心的人，对他们秋毫不取；现在他们既然返归朝廷，便与一般百姓无异，现在反而被杀害破坏，怎能不令人悲痛呢！人就像水一样，堵塞它便成泉，疏导它就成河，因为顺形势而动，没有一定不变的性质。现在有罪的部队，一定不在家中，在田野间活动，出没山泽地带，赦免他们就会出来，不赦他们就会乱来，山东的很多盗贼，因此聚在一起。臣认为边塞偶有进犯，不足以构成大患，国内不安宁，才是严重的事。如果将他们判刑，那么他们害怕；宽恕他们，附逆的人就会自安。敬请宽赦河北各州，全都既往不咎。"太后下制书同意了。狄仁杰于是安抚慰勉百姓，救回被突厥强迫胁从的人，全都遣回原籍，散发粮食赈济贫乏的人，修整邮传驿站以利官军撤回。担心各位将领以及使者乱索供应品，于是自己吃粗粟饭，禁止部下侵扰百姓，违反命令的人处斩。黄河以北于是安定下来。

太后任命夏官侍郎姚元崇、秘书少监李峤一起任同平章事。

突厥默啜离开赵州，便释放阎知微让他返回朝廷。太后下令在天津桥南对他处以裂刑，命百官一同射他的尸体，后来又刮他的肉，斫他的骨，杀了他的三族，远亲中竟有不识阎知微的也被杀了。

褒公段瓒，是段志玄的儿子，早先在突厥沦陷，突厥军在赵州时，段瓒邀请杨齐庄一同逃走，杨齐庄胆小，不敢行动。段瓒先返回，太后赏赐他。杨齐庄不久也回来了，太后敕令河内王武懿宗审讯他。武懿宗认为杨齐庄心怀观望，便将他和阎知微一同处死。众人射他，身上箭像刺猬毛般那么密，气息微弱未断，于是剖开他的肚，割出心，丢在地上，心仍跳动不停。

太后擢升田归道为夏官侍郎，太后非常信任田归道。

蜀州每年派军五百人去戍守姚州，路途危险而且遥远，死了很多人。蜀州刺史张柬之上奏章，认为："姚州原本属哀牢国，是荒服以外绝远的地域，山高水深，国家开辟它成为州府，没有收过盐布的税，也没有征用过那里的士兵，而只是耗尽府库的钱财，驱使一般百姓，在蛮、夷族地区受役使，惨遭死难，臣很为国家哀怜他们。请求废黜姚州，而改属巂州，年节入朝觐贺，如同藩属地区一样对待。泸水以南各镇也全都裁并，在泸水北部设置关卡，百姓如果不是奉命差遣，不准相互往来交通。"奏疏呈上，太后没有采用。

圣历二年（己亥，公元699年）

正月，丁卯朔日（初一），太后在通天宫举行"告朔"之礼。

壬戌日（初六），太后封皇储为相王，兼领太子右卫率。

甲子日（初八），太后设置控鹤监丞、主簿等官，大抵是太后宠幸的人，同时也任用一些有才能以及文学修养的人参与其中。任命司卫卿张易之担任控鹤监，银青光禄大夫张昌宗、左台中丞吉顼、殿中监田归道、夏官侍郎李迥秀、凤阁舍人薛稷、正谏大夫临汾人员半千，都担任控鹤监内供奉。薛稷是薛元超的侄子。员半千因为古代没有这一官职，而且所任命的多是轻薄的人，上奏疏请求裁撤，因此忤逆了太后意旨，被贬为水部郎中。

十二月，戊子日（初八），太后任命左台中丞吉顼担任天官侍郎，右台中丞魏元忠担任凤阁侍郎，一起任同平章事。

文昌左丞宗楚客和弟弟司农卿宗晋卿，因为贪污一万多贯钱，以及府第超越制度，宗楚客被贬为播州司马，宗晋卿被流放到峰州。太平公主看见他们的宅第，叹息说："见了他们的住宅，我们简直是白过了一辈子。"

辛亥日（十二月无此日），太后赐太子姓武；大赦天下。

太后眉上又生眉，呈"八"字形，众官都来道贺。

唐朝在黄河南、北设置武骑兵团来防备突厥。

春季，一月，庚申日（初四），夏官尚书、同凤阁鸾台三品武攸宁被免职，改任为冬官尚书。

二月，己丑日（初四），太后驾临嵩山，经过缑氏县，谒见升仙太子庙。壬辰日（初七），太后生病，派遣给事中栾城人阎朝隐去少室山祈求。阎朝隐扮成祭品，沐浴后伏在俎案上，请求代替太后去死。太后病稍好，重赏他。丁酉日（十二日），太后从缑氏县还宫。

起初，吐蕃赞普器弩悉弄年幼，论钦陵兄弟掌权，都有勇有谋，各部胡族都畏惧他们。论钦陵在中枢掌握大权，各位兄弟掌握兵权分驻各个地方，其中论赞婆常在东边，为患唐朝三十多年。器弩悉弄逐渐长大，暗中和大臣论岩计划杀死论钦陵等人。当论钦陵外出时，赞普器弩悉弄假托出去打猎，集合军队逮捕论钦陵的亲信党羽两千多人，全部杀掉，派遣使者前去召回论钦陵兄弟，论钦陵等发兵不接受诏命。赞普器弩悉弄领兵征讨他，论钦陵兵败，自杀。夏季，四月，论赞婆率领部属一千多人来朝廷投降，太后派遣左武卫铠曹参军郭元振和河源军大使夫蒙令卿带领骑兵迎接他。封论赞婆为特进、归德王。论钦陵的儿子论弓仁，带领所属的吐谷浑七千帐人马来降，太后封他为左玉钤卫将军、酒泉郡公。

壬辰日（初八），太后任命魏元忠担任检校并州长史，代理天兵军大总管，来防备突厥。

娄师德担任天兵军副大总管，仍旧兼任陇右各军大使，专门掌理怀徕招抚吐蕃前来归降的人。

太后年事高，担心自己死后太子与武家不能和平相处。壬寅日

（十八日），太后命令太子、相王、太平公主和武攸暨等立下互不伤害的誓约，在明堂祭告天地，刻在铁券上，藏在史馆。

秋季，七月，太后命令建安王武攸宜驻守西京，接替会稽王武攸望。

丙辰日（初四），吐谷浑部落一千四百帐归降朝廷。

八月，癸巳日（十二日），突骑施乌质勒派遣他的儿子遮弩前来朝觐。太后派遣侍御史元城人解琬抚慰安置乌质勒以及十姓部落。

太后下制书："州县长官，没有奉到敕令圣旨，不准擅自立碑。"

内史王及善虽然没有学问，但清廉自守，正直不屈，有大臣风度。张易之兄弟每次侍内宫宴饮，不遵守臣下的礼数，王及善多次上奏。太后不高兴，对王及善说："你年纪大，不适宜再陪侍宴饮游乐，只要检查所管理的官署就可以了。"王及善因此告病，请假一个多月，太后不召他问事。王及善叹息说："哪有天子可以一日不跟中书令见面的？其他的事情就可想而知了。"于是上奏疏请求退休。太后不准。庚子日（十九日），太后任用王及善为文昌左相，太子宫尹豆卢钦望为文昌右相，仍旧一起共同任凤阁鸾台三品。鸾台侍郎、同平章事杨再思被免职，改任左台大夫。丁未日（二十六日），相王兼任检校安北大都护。太后任命天官侍郎陆元方为鸾台侍郎、同平章事。

唐纳言、陇右诸军大使娄师德去世。

娄师德在河陇前后四十多年，勤勉恭敬不懈怠，百姓蕃夷都能安居，性情稳重忠厚，心胸宽广，乐于助人。狄仁杰担任宰相，实由娄师德所推荐，而狄仁杰还不知道，心中有轻视娄师德的意思，一再排挤他到外地。太后察觉，曾问狄仁杰："娄师德贤德吗？"狄仁杰回答说："担任将领能够严守边防，是否贤德臣不知道。"又问："娄师德有知人之明吗？"狄仁杰回答说："臣曾和他同事，没有听说他能知人。"太后说："朕所以知道你，就是娄师德推荐的，也可以说他是知人的啊！"狄仁杰出宫，叹息说："娄公盛德，我被他包涵宽容已经很久了，我还看不到他盛德的边际。"当时罗织罪名构陷他人的风气很盛，娄师德长期担任将相，唯独能保全功名而善终，人们因此敬重他。

戊申日（二十七日），太后任用武三思为内史。

九月，乙亥日（二十四日），太后驾临福昌县。戊寅日（二十七日），太后返回神都。

庚子日（九月无此日），邢贞公王及善去世。

黄河泛滥，冲走济源县百姓房屋一千多户。.

冬季，十月，丁亥日（初六），论赞婆来到京城，太后优待，赏赐得十分丰盛，任用他为右卫大将军，派遣他率领所属去镇守洪源谷。

太子、相王的几个儿子解除幽禁出宫。

太后自从称帝以来，多用武氏诸王及驸马都尉担任成均监祭酒，博士、助教也多数不任用学者。又因为祭圜丘、祀明堂、拜洛水、封嵩山，都用弘文馆学生做赞礼生，因此这些学生得以选补为官。从此学生不再修习课业，二十年之间，学校几乎停办。而从前被酷吏诬陷的人，他们的亲友被流放，没有获得赦免。凤阁舍人韦嗣立上奏疏，认为："现在社会风气日益轻视儒学，古代帝王的圣道，都荒废不再讲习。应当令王公以下的子弟，都入国子监学习，不许从别的不正当的途径任官。还有自扬州、豫州起兵叛乱以来，决狱愈来愈多，酷吏乘此机会，专想杀人来求得升官，仰赖陛下圣明，周兴、丘神勣、王弘义、来俊臣，先后被处死，全国庆贺，好似再看到春天的阳光。至于像狄仁杰、魏元忠从前遭到审判，也都出于自我诬陷，不是陛下明察内情，那么他们也成肉酱了；现在陛下擢升而任用他们，全是好的辅臣，为何从前他们不好而后来就好了呢？实在是由于冤枉诬陷与甄别清明罢了。臣料想以前含冤获罪的很多，也都如同这种情形。敬请陛下弘扬天地一般的仁心，广施雷雨一般的恩泽，自垂拱年间以来，不论罪行轻重，全部洗雪，死了的都追赠原官爵，仍然活着的准许他返回家乡。这样一来，天下人都知道从前的枉法滥刑，不是陛下的本意，都是主持狱讼者的罪恶，死者生者皆大欢喜，相互感通而产生祥和的气象。"太后没有采用。

韦嗣立是韦承庆的异母弟弟。母亲王氏，对待韦承庆十分苛刻，每次打韦承庆，韦嗣立一定脱下衣服请求代替受责罚；母亲不同意，便杖击自己，母亲为了他而逐渐宽待韦承庆。韦承庆担任凤阁舍人，因病离职。韦嗣立当时担任莱芜县令，太后召见他说："你父亲曾经说：'臣有二子，可以服侍陛下。'你兄弟俩在任上，确实如你父亲所说的一样称职。朕现在用你代替你哥哥，不再任用别人。"当天任用他做凤阁舍人。

这一年，突厥默啜立他的弟弟咄悉匐为左厢察，骨笃禄的儿子默矩为右厢察，各自统兵两万多人；立自己的儿子匐俱为小可汗，官位在两察之上，统领处木昆等十姓，统兵四万多人，又号称拓西可汗。

久视元年（庚子，公元700年）

正月，戊寅日（二十八日），武三思被免除内史职，改任特进、太子少保。天官侍郎、同平章事吉顼被贬为安固县尉。

太后因为吉顼有才干智谋，所以委托重任。吉顼与武懿宗在太后面前争平定赵州的功劳。吉顼身高口才好，武懿宗矮小背弯，吉顼对武懿宗，词气高而严厉。太后因此不高兴，说："吉顼在朕面前，尚且轻视武家人，那么将来怎么可以倚赖他？"一天，吉顼奏事，正引取古今事，太后生气说："你所说的，朕听腻了，不必多说！太宗有马名叫狮子骢，肥大俊逸，无人能驯服控制它，朕当时做宫女在旁边侍奉，向太宗说：'我能制服它，然而要三件东西，一是铁鞭，二是铁檛，三是匕首。铁鞭打它不服，便用铁檛打它的头，又不服，便用匕首割断它的头。'太宗赞赏我的意见。今天你难道值得玷污朕的匕首吗？"吉顼恐惧得汗都流出来，跪伏请求饶命，太后才息怒。武家诸人怨恨他拥护太子，一同检举他的弟弟假冒得官的事，吉顼因此受牵连而被贬官。

吉顼辞行那天，得到召见，悲伤地说："臣今天远离朝堂，永无再见的时日了，请容许再说一句话。"太后命他坐下，问他说什么。吉顼说："水和土混合成了泥，有争斗吗？"太后说："没有。"吉顼又说："分一半给佛教，一半给道教，有争斗吗？"太后说："这就有争斗了。"吉顼叩头说："宗室、外戚各自依其名分，那么天下安。现在已经立了太子，而外戚仍旧封为王，这是陛下驱使他们将来一定争斗，两方都不能和睦相处。"太后说："朕也知道。然而事情已经这样，无可奈何。"

十二日，辛巳日（十二月无此日），太后立前太孙李重润为邵王，立他的弟弟李重茂为北海王。

太后询问鸾台侍郎陆元方外间的事，陆元方回答说："臣担任宰相，有大的事情不敢不报告；民间小事，不足以烦劳圣上知晓。"因此违背太后意旨。庚寅日（十二月无此日），陆元方被免职，改任司礼卿。

陆元方为人清廉严谨，又担任宰相，太后每次升迁任命官员，多询问他，陆元方用密封进呈意见，从不泄露。临死时，将奏章的草稿全都烧掉，说："我对人多有阴德，恐怕子孙不致败落吧！"

太后任命西突厥竭忠事主可汗斛瑟罗担任平西军大总管，镇守碎叶。

丁酉日（十二月无此日），太后任命狄仁杰担任内史。

庚子日（十二月无此日），太后任用文昌左丞韦巨源为纳言。

乙巳日（初一），太后驾临嵩山。春季，一月，丁卯日（十七日），太后驾临汝州的温泉。戊寅日（二十八日），太后返回神都。朝廷在告成县的石淙营建三阳宫。

二月，乙未日（十五日），同凤阁鸾台三品豆卢钦望被免职，改任太子宾客。

三月，太后封吐谷浑青海王宣超为乌地也拔勤忠可汗。

夏季，四月，戊申日（二十九日），太后驾临三阳宫避暑，有西域和尚邀请太后观看安葬舍利子，太后允许。狄仁杰在马前跪着进谏说："佛是夷狄的神，不值得让天下的君主屈尊驾临。那个胡僧奸诈，只想请天子来蛊惑远近的百姓罢了。山路危险狭隘，容不下侍卫队，不是天子所该驾临的。”太后走到半路返回说：“成全我直谏臣子的风节吧。”

五月，己酉朔日（初一），出现日食。

太后派遣洪州和尚胡超配制长生药，经历三年完成，花费了上万银钱。太后吃了，病稍好。癸丑日（初五），大赦天下，更改年号为久视；除掉天册金轮大圣的尊号。

六月，太后改控鹤监为奉宸府，任命张易之担任奉宸令。太后每次在内殿小宴，往往召武家人、张易之以及弟弟秘书监张昌宗饮酒博弈，嘲笑戏谑。太后想掩饰这种行迹，便派遣张易之、张昌宗和文学人士李峤等人在内殿修纂《三教珠英》。武三思奏说张昌宗是古代周灵王太子晋转世。太后命张昌宗穿上羽毛衣，吹笙，在庭中骑木鹤；文学侍从们都作诗赞美他。

太后又挑选了许多俊美少年充任奉宸府内供奉。右补阙朱敬则进谏说：“陛下房事有张易之、张昌宗侍候已经够了。近来听说右监门卫长史侯祥等人，明目张胆自我荐举，丑恶轻薄不知羞耻，谋求充当奉宸府内供奉，无礼无仪，传遍朝廷。臣担任谏官，不敢不上奏。”太后慰勉他说：“不是你直言进谏，朕尚不知这回事呢。”赏赐给他彩帛一百段。

张易之、张昌宗争着比生活的奢侈。他们的弟弟张昌仪担任洛阳县令，私下送贿赂求他办事没有不答应的。某次早朝，有位薛姓的候选官，拿五十两金并同履历表拦住他的马而行贿。张昌仪收下了金子，来到朝廷大堂，将履历表交给天官侍郎张锡。几天后，张锡遗失了这份履历表，而询问张昌仪，张昌仪骂道：“糊涂人！我也不记得，但见姓薛的便给他。”张锡害怕，告退，找出等待铨选的六十多个薛姓的人，全都保留拟发表任官。张锡是张文瓘哥哥的儿子。

起初，契丹将领李楷固，善于使用套索以及骑着马射箭，使用槊矛，每次进入战阵，好像鹰隼飞入乌鸦群中，所向无敌。黄獐谷之战，张玄遇、麻仁节都被他套中。还有骆务整，也是契丹的将领，多次击败唐军。等到孙万荣死后，两人都来投降。主管官员责备他们没有及早投降，上奏请求杀他们全族。狄仁杰说："李楷固等都骁勇过人，既能为他的主上尽力，必能竭力为我朝服务。假如用恩德安抚他们，都能为我所用。"上奏请求赦免他们。狄公的亲信全都劝阻他，狄仁杰说："只要对国有利，就不能顾及自身利害。"太后采纳他的话，赦免他们。狄仁杰又请求授给他们官职，太后任用李楷固为左玉钤卫将军，骆务整为右武威卫将军，让他们领兵征讨契丹剩余的部队，全部平定。

资治通鉴卷第二百七　唐纪二十三

起庚子（公元700年）七月，止乙巳（公元705年）正月，共四年七个月。

【题解】 本卷记录了公元700年七月至705年正月的史事，共四年又七个月，正当武则天久视元年到唐中宗神龙元年正月。这一时期是武则天执政的晚期，酷吏政治已转轨为宽平政治。这一时期主要有四大政治事件：第一件是武则天平反冤假错案，被错判重罪的人可以重新做官，缓解了社会矛盾。第二件是武则天一再起用贤才，如狄仁杰、宋璟、张柬之等人。第三件是朝官与武则天男宠张易之、张昌宗的三次争斗，最终激化了朝官与武则天的直接对抗。第四件是以张柬之为首的神龙政变，推倒了武周政权，诛杀二张，结束了武则天的政治生涯，还政李唐，中宗李显即位。

则天顺圣皇后下

久视元年（庚子，公元700年）

秋季，七月，李楷固在含枢殿献俘。太后任用李楷固为左玉钤卫大将军、燕国公，赐姓武氏。太后设宴款待诸位公卿，她举杯向狄仁杰令他饮酒说："这是你的功劳。"将要赏赐他，狄仁杰回答说："这是陛下的威武神灵以及将帅的努力，臣有什么功劳！"再三推辞没有接受。

闰月，戊寅日（初二），太后自三阳宫回到洛阳宫。

己丑日（十三日），太后任用天官侍郎张锡为凤阁侍郎、同平章事。鸾台侍郎、同平章事李峤被免职，改任成均监祭酒。张锡是李峤的舅父，所以免除李峤的宰相职务。

丁酉日（二十一日），吐蕃将领麴莽布支进犯凉州，包围昌松县，陇右诸军大使唐休璟和他在洪源谷交战。麴莽布支的部队甲胄非常华丽，唐休璟对各位将军说："几个姓论的已经死了，麴莽布支初次担任将军，不熟军事，看他的部队虽然精锐，其实容易对付，愿为各位击败他。"于是披上战甲，率先陷阵，六战都胜，吐蕃溃不成军，唐休璟率军斩首两千五百人，俘虏了两个副将而后回军。

司府少卿杨元亨、尚食奉御杨元禧都是杨弘武的儿子。杨元禧曾经违逆张易之，张易之对太后说："杨元禧，是杨素的族人，杨素父子是隋朝的叛臣，子孙不应当做供奉官。"太后同意了，壬寅日（二十六日），下制令："杨素及他兄弟的子孙都不可以担任京官。"将杨元亨贬为睦州刺史，将杨元禧贬为贝州刺史。

庚戌日（八月初五），太后任命魏元忠担任陇右诸军大使，讨伐吐蕃。

庚申日（八月十五日），太后要建造大佛像，下令天下和尚、尼姑每天出一文钱帮助完成工程。狄仁杰上奏疏劝谏阻止，大意是说："现在的伽蓝（佛寺），规模超过宫殿，工程神鬼不会出力，只有劳役百姓；材料不会从天上掉下来，终须来自地上，不劳役老百姓，将从哪里获取呢？"又说："化缘的和尚都假托佛法，牵累百姓，巷子里到处都有诵经的场所，市场里也有佛堂，教化诱导的紧急，比朝廷征税还迫切，做法事所要求的，比政令还要严苛。"又说："梁武帝、简文帝的施舍无数，等到三淮地方作乱，五岭一带举兵，满街寺刹，对挽救危亡毫无帮助，僧尼塞路，何来勤王的军队！"又说："虽命令僧尼出钱，一百天所缴纳的钱财不能支付一天的费用。佛像既很大，又不可露天，盖一百层高的楼，还恐怕遮不住，其他的廊庑，不能全不盖。如来佛的教义，以慈悲为主，怎会要劳苦百姓，而贪图华美的外形？"又说："近来水旱不调，目前边境不安，如果耗费公帑，又竭尽民力，一方有难，将用什么去救急呢？"太后说："你劝导我做善事，怎能违背你！"于是停止修建佛像的事。.

阿悉吉薄露反叛，太后派遣左金吾将军田扬名、殿中侍御史封思业前去讨伐。大军行到碎叶，阿悉吉薄露在夜晚从城旁劫掠而去，封思业率领骑兵追他，反被击败。田扬名带领西突厥斛瑟罗的部众攻阿悉吉薄露的城十多天，不能攻下。九月，阿悉吉薄露假装投降，封思业引诱并杀掉他，于是俘虏了他的部众。

太后信任尊重内史梁文惠公狄仁杰，超过所有的臣子，常称他为“国老”（国家的元老）而不叫他的名字。狄仁杰喜欢当面以及在朝廷上诤谏，太后常自抑己见而顺从他。狄仁杰曾随从太后游玩，风吹下狄仁杰的头巾，坐马受惊奔跑不能停止，太后教太子赶上去抓住马的辔头并且替他将头巾系好。狄仁杰多次因老疾请求退休，太后不准。狄仁杰觐见，太后常不让他下拜，说：“每次看见您下拜，朕的身体也觉得痛。”太后还免除他到殿中值夜，告诫他的同事说：“如果不是军国大事，不要去烦扰狄公。”辛丑日（九月二十六日），狄仁杰去世。太后流泪说：“朝廷上无人了。”从此朝廷有大事，群臣如果无法决定，太后便叹息说：“上天为什么夺走了我的国老那么早呀”！

太后曾问狄仁杰：“朕想得到一位优秀人才而任用他，谁可以呢？”狄仁杰说：“不知陛下任用他做什么事？”太后说：“想任用他做将军、宰相。”狄仁杰答说：“文学深厚，那么苏味道、李峤是上选人才。一定要选取特异非常的人才，那么荆州长史张柬之，他年纪虽老，却是宰相的才能。”太后擢升张柬之担任洛州司马。几天后，又问狄仁杰，狄仁杰回答：“前日推荐张柬之，陛下还没任用他。”太后说：“已经擢升他了。”狄仁杰回答说：“臣所推荐的人是可以担任宰相的，不是做司马的。”于是擢升张柬之为秋官侍郎；后来，张柬之做到宰相。狄仁杰又曾举荐夏官侍郎姚元崇，监察御史曲阿人桓彦范。太州刺史敬晖等几十个人，最终大多成为名臣。有人对狄仁杰说：“天下的桃李，都在先生的门下。”狄仁杰说：“举荐贤才是为国家，不是为我一人。”

起初，狄仁杰担任魏州刺史，有德政，百姓修建祠堂崇敬他。后来他的儿子狄景晖担任魏州司功参军，贪污残暴被百姓厌恶，人们于是毁去了狄公的塑像。

冬季，十月，辛亥日（初七），太后任用魏元忠为萧关道大总管，用来防备突厥。

甲寅日（初十），太后下制书，再以正月为十一月，一月为正月。大赦天下。

丁巳日（十三日），纳言韦巨源被免职，太后任用文昌右丞韦安石为鸾台侍郎、同平章事。韦安石是韦津的孙子。

当时武三思、张易之兄弟当权，韦安石多次当面驳斥他们。韦安石曾经在内庭宴会侍奉太后，张易之将四川商人宋霸子等人带入宴会一起博弈。韦安石跪着向太后启奏说："商贾身份低微，不应当参加这宴会。"回视侍从示意将宋霸子等人逐出去，在座的人都惊惧得变了脸色；太后因他的话正直，慰勉他，同僚都感叹佩服。

丁卯日（二十三日），太后驾临新安。壬申日（二十八日），太后回宫。

十二月，甲寅日（初十），突厥劫掠陇右各监的马一万多匹而后离去。

当时禁屠的命令没有解除，凤阁舍人全节人崔融上奏，说："杀煮牲畜，猎取禽兽，圣人定在礼制中，不能废止缺失。还有，江南地区的人以鱼为食，河西地区的人以肉为食，每天不可缺少；富人无法改变吃肉的习惯，穷人难以忍受长久没有肉吃，更何况是贫贱人家，依赖屠宰为生。即使因为违犯禁屠的命令每天杀掉一人，终究不能完全禁止私自宰杀，而只靠恐吓，不过是助了长虚伪欺诈的风气。为政的人只依时序，合于常礼，自然可以让万物顺应本身的规律，百姓也能够依照本性生活了。"戊午日（十四日），太后再次解除禁屠令，祠祭还像以前一样用牲畜。

长安元年（辛丑，公元701年）

春季，正月，丁丑日（初三），太后因为成州传言发现佛足迹，更改年号为大足。

二月，己酉日（初六），太后任命鸾台侍郎柏人李怀远为同平章事。

三月，凤阁侍郎、同平章事张锡犯主持选铨泄露宫中议谈，并贪赃达数万，被处斩刑，临刑时减为流放到循州。同时苏味道也因犯法和张锡一同被关入下司刑寺监狱，张锡骑马，神气不改，住在三品院，帷帐屏障饮食，与平常毫无差异。苏味道步行前往系拘所，打地铺睡，吃粗劣食物。太后听说，赦免苏味道，让他恢复原职。

这月，雪下得很大，苏味道认为是吉祥之兆，带领众官入宫朝贺。殿中侍御史王求礼阻止他说："三月下雪是瑞雪，那么腊月打雷便是瑞雷吗？"苏味道不听，入宫，只有王求礼一人不去朝贺，上奏说："现在时令正值春阳，草木发芽开花，下大雪是灾害，怎么可以妄说成祥瑞？祝贺的人都是谄媚阿谀的人。"太后因此停止朝会。

当时又有人进献三足的牛，宰相再次入贺。王求礼大声说："凡是事物违反常道都是妖孽，这是因为三公不是适当人选，政治教化不通行而出现的乱象。"太后因此不高兴。

夏季，五月，乙亥日（初三），太后驾临三阳宫。

太后任用魏元忠为灵武道行军大总管，防备突厥。

天官侍郎盐官人顾琮担任同平章事。

六月，庚申日（十九日），太后任用夏官尚书李迥秀为同平章事。

李迥秀本性纯孝，他的母亲出身低贱寒微，他的妻子崔氏经常喝骂婢女，他的母亲听了不高兴，李迥秀立刻休掉她。有人说："你的夫人虽然不善避开嫌疑，但并未犯七出的规条，何必立刻休掉？"李迥秀说："娶妻本来是奉养父母的，现在竟然违逆母亲的脸色，怎敢留她！"最终休掉了妻子。

秋季，七月，甲戌日（初三），太后回宫。

甲申日（十三日），李怀远被免职，改任秋官尚书。

八月，突厥默啜进犯边地，太后任命安北大都护相王为天兵道元帅，统领各军进讨突厥，还没有成行而敌寇已经退走。

丙寅日（二十六日），武邑人苏安恒上奏疏说："陛下受到高宗的顾命托付，受到皇储的推让，上顺天命下应人情，二十年了。难道陛下没有听说过帝舜撩起衣裳、离开帝位和周公归政于成王的事情吗？舜和禹的关系只是同一宗族，周公和成王不过是叔侄之亲。族亲怎比得上对儿子的爱护，叔父怎比得上母亲的恩情？现在太子最崇尚孝道，年纪也过了三十岁，如果命他即位执政，跟陛下亲身治国没有差别！陛下年高德劭，身居帝位将会感到疲倦，而要事繁多，会使您心神耗竭，为什么不让位给太子，使圣体安乐？自古治理天下，不见有二姓同时封王。现在梁、定、河内、建昌诸王，仰承陛下的恩荫庇佑，都得以封为王爵。臣认为陛下登仙后，事情便会麻烦。臣建议黜降他们为公、侯，调任清闲的官职。臣又听说陛下有二十多位皇孙，到现在还没有被封爵，这都不是长久的办法。臣建议分封他们为王，挑选师父，教导他们孝敬的道理，将来辅佐周室，保卫皇家，这就太好了。"奏疏呈上，太后召见，赏给膳食，用好话慰解之后送他出宫。

太后年龄渐高，政事多托付给张易之兄弟。邵王李重润和他妹妹永泰郡主、郡主的丈夫魏王武延基私下批评这件事。张易之告诉太后，九月，壬申日（初三），太后逼他们自尽。武延基是武承嗣的儿子。

丙申日（二十七日），太后任命相王李旦主持左、右羽林卫大将军的事务。

冬季，十月，壬寅日（初三），太后西行进入函谷关，辛酉日（二十二日），太后抵达京师；大赦天下，更改年号为长安。

十一月，戊寅日（初十），太后改含元宫为大明宫。

天官侍郎安平人崔玄暐，秉性刚直，不曾去拜候权贵，执政者厌恶他，将他调任为文昌左丞。一个月后，太后对崔玄暐说："自从你调职以来，听说天官的令史们聚餐庆祝，这是他们想大肆作奸贪污；现在你还是调任原职。"于是再次任用他为天官侍郎，赏赐他彩帛七十段。

太后任用主客郎中郭元振为凉州都督、陇右诸军大使。

从前，凉州南北境不过四百余里，突厥、吐蕃连年突袭城下，百姓受害，郭元振才在南边硖口修筑和戎城，北边沙漠中设置白亭军，控制险要的交通要道，开拓了一千五百多里，从此敌寇不再侵扰城下。郭元振又命令甘州刺史李汉通开垦田地，开始屯田，开发了水利和田土的功能。原来凉州粟、麦一斛卖到几千钱，到了李汉通招募百姓耕作之后，一匹缣可买几十斛粮食，准备的军粮可用几十年。郭元振善于安抚统御军民，在凉州任职五年，夷人、国人全都敬畏他，下令则行，施禁便止，牛羊遍布山野，东西掉在路上也无人捡起据为己有。

长安二年（壬寅，公元702年）

春季，正月，乙酉日（十七日），朝廷初次设立武举科。

突厥进犯盐、夏二州。三月，庚寅日（二十三日），突厥攻克石岭关，侵扰并州。太后任命雍州长史薛季昶代理右台大夫，充任山东防御军大使。沧、瀛、幽、易、恒、定等州各军全都受薛季昶的节制调度。夏季，四月，太后下令让幽州刺史张仁愿专门主持幽、平、妫、檀四州防务，仍和薛季昶相互照会，来抵抗突厥。

五月，壬申日（初六），苏安恒再次上奏疏说："臣听说天下是唐高祖、唐太宗的天下，陛下虽在帝位，实在是凭借唐氏原来的基业。现在太子复位东宫，年龄道德都适宜，陛下贪恋帝位而忘记母子的恩情，将有什么颜面去见唐家的宗庙，将用什么身份去祭告高宗的陵寝？陛下为什么还要忧虑国事，不明白自己已到了迟暮之年。臣不才，认为天意人心，仍旧向着李家。陛下虽安居帝座，殊不知物到极盛便会转向衰微，容器装满就会倾倒。臣可以不爱惜短暂的性命，却不可不为天下安定考虑啊！"太后也没有加罪他。

乙未日（二十九日），太后任命相王为并州牧，代理安北道行军元帅，任命魏元忠担任副元帅。

六月，壬戌日（二十六日），太后将神都留守韦巨源召到京师长安，用副留守李峤接替他的职务。

秋季，七月，甲午日（二十九日），突厥进犯代州。

司仆卿张昌宗兄弟全都显贵，权势压倒全国的臣吏。八月，戊午日（二十三日），太子、相王、太平公主上表请求封张昌宗为王爵，太后下制书不准；壬戌日（二十七日），又请求，太后便封他为邺国公。

太后下敕书："从今天起，如果有人检举扬州以及豫州、博州起兵时的残余党羽，全不追问，朝内以及各地方政府不得受理。"

九月，乙丑朔日（初一），出现日食，只剩下一弯如钩，神都见到日全食。

壬申日（初八），突厥进犯忻州。

己卯日（十五日），吐蕃派遣臣子论弥萨前来求和。

庚辰日（十六日），太后任命太子宾客武三思担任大谷道大总管，洛州长史敬晖担任副总管。辛巳日（十七日），太后又任命相王李旦担任并州道元帅，武三思与武攸宜、魏元忠担任副帅；任命姚元崇为长史，司礼少卿郑杲为司马。然而最后没有赴任。

癸未日（十九日），太后在麟德殿设宴款待论弥萨，当时凉州都督唐休璟入朝，也参加宴会。论弥萨几次偷看他。太后询问他缘故，论弥萨回答说："洪源之战，这位将军勇猛厉害无比，所以想结识他。"太后擢升唐休璟为右武威、金吾二卫大将军。唐休璟熟悉边境事务，从自碣石以西直到安西四镇以外，连绵万里的地方，其中山川要害的地方，全都记得。

冬季，十月，甲辰日（初十），天官侍郎、同平章事顾琮去世。

戊申日（十四日），吐蕃赞普率领一万多人进犯茂州，都督陈大慈和他打了四次仗，都击败了他，斩首一千多人。

十一月，辛未日（初八），监察御史魏靖上奏疏，认为："陛下既然知道来俊臣作奸犯科，判处他死刑，请详细复查来俊臣等所审的大讼案，为那些冤死的人昭雪。"太后于是命监察御史苏颋查验来俊臣等过去判决的狱案，因此免罪的很多。苏颋是苏夔的曾孙。

戊子日（二十五日），太后在南郊祭天，大赦天下。

十二月，甲午日（初二），太后任命魏元忠担任安东道安抚大使，羽林卫大将军李多祚担任检校幽州都督，右羽林卫将军薛讷、左武卫将军骆务整担任副使。

戊申日，朝廷在庭州设置北庭都护府。

侍御史张循宪担任河东采访使，有疑难事无法决断，正担忧着，询问侍从官员说："这里有可以和我参商事情的人才吗？"官吏告诉他，曾任平乡县尉的猗氏人张嘉贞有奇才。张循宪召见他，询问他难决的事情；张嘉贞替他随条析解，按理分疏，无不清楚明白。张循宪因此请他撰写奏章，都是自己未想到的。张循宪回朝，觐见太后，太后说他奏章写得好，张循宪说是张嘉贞所撰，并且请求将自己的官职让给他。太后说："朕难道没有一个官位引进贤才吗？"因此召见张嘉贞，入内殿接见，谈论后，大为高兴，立即任用为监察御史；擢升张循宪为司勋郎中，嘉奖他发现人才的功劳。

长安三年（癸卯，公元703年）

春季，三月，壬戌朔日（初一），出现日食。

夏季，四月，吐蕃派遣使者进献马一千匹、金两千两请求通婚。

闰月，丁丑日（十七日），太后命韦安石留守神都。

己卯日（十九日），太后改文昌台为中台。任用中台左丞李峤主持纳言事职。

新罗王金理洪去世，太后派遣使者立他的弟弟金崇基为国王。

六月，辛酉日（初一），突厥默啜派遣他的臣子莫贺干前来，请求将女儿许给皇太子的儿子为妻。

宁州发生大水灾，淹死两千多人。

秋季，七月，癸卯日（十四日），太后任命正谏大夫朱敬则为同平章事。

戊申日（十九日），太后任用相王李旦为雍州牧。

庚戌日（二十一日），太后任用夏官尚书、检校凉州都督唐休璟为同凤阁鸾台三品。当时突骑施酋长乌质勒和西突厥诸部互相攻战，通往安西的道路阻绝。太后命唐休璟和各位宰相商讨这事，不久，呈上奏章，太后批准依奏议施行。十几天后，安西各州请求增兵接应，路程日期全如唐休璟所计划的一样。太后对唐休璟说："遗憾任用你太迟了。"对各宰相说："唐休璟熟悉边防事务，你们不及他十分之一。"

当时西突厥可汗斛瑟罗用刑残酷，他的部落不服。乌质勒原属斛瑟罗，号莫贺达干，能够安抚他的部众，各部落都依附他，斛瑟罗无法控制他。乌质勒设立都督二十员，各领兵七千人，屯驻在碎叶西北。后来乌质勒攻陷了碎叶，将大本营迁到碎叶居住。斛瑟罗的部众分散逃走，因此他到内地来，不敢再回去。乌质勒将他原有的土地全都兼并了。

九月，庚寅朔日（初一），出现日全食。

起初，左台大夫、同凤阁鸾台三品魏元忠担任洛州长史，洛阳令张昌仪仗着几位哥哥的权势，每次进入州府议事，径直走上长史办公厅；魏元忠到达后，喝他下去。张易之家奴在集市上横行不法，魏元忠派人打杀他。魏元忠做宰相后，太后召张易之的弟弟岐州刺史张昌期，想任用他为雍州长史，朝议时，询问宰相说："谁适合任雍州刺史？"魏元忠回答说："现在朝廷内的臣子没有比薛季昶更为适合的人选。"太后说："薛季昶在中枢任职久了，朕想另外授予他官职；张昌期可以吗？"其他宰相都说："陛下选对人了。"只有魏元忠回答："张昌期不合适。"太后询问他原因，魏元忠说："张昌期年轻，不熟悉民政事务，在岐州刺史任内，人逃亡得差不多了。雍州是国都所在，事务繁重，张昌期比不上薛季昶，薛季昶果毅能干而且老练。"太后便不再提了。魏元忠又曾面对太后上奏说："臣在先帝时蒙受厚恩以来，到今日担任宰相，没能在职位上竭尽忠心，容忍小人在国君身旁，是臣的罪过。"太后听后不高兴。张氏兄弟也因此非常恨他。

司礼丞高戬是太平公主宠幸的人。正值太后有病，张昌宗害怕太后一旦撒手，会被魏元忠杀掉，于是在太后前诬告魏元忠和高戬暗中商议说："太后老了，不如辅佐太子做长久的打算。"太后发怒，将魏元忠、高戬关入大牢，要让他和张昌宗在朝堂当面对质。张昌宗暗中联络凤阁舍人张说，用给他肥缺为诱饵，让他做伪证；张说答应了。第二天，太后召来太子、相王以及几位宰相，让魏元忠跟张昌宗对质，论辩不能下定论。张昌宗说："张说听到了魏元忠的话，请召他来查问。"

太后召来张说。张说将入宫时，凤阁舍人南和人宋璟对张说道："名誉正义是最重要的，神明难以欺瞒，不可以阿党邪恶而陷害正人君子来求得苟且偷生！即使获罪被放逐，比这也光荣很多。假如有不可预测的灾祸，宋璟自会求见太后力争，跟你一起死。努力从事，后人能否敬你，就在这一去！"殿中侍御史济源人张廷珪说："朝闻道，夕死可矣！"左史刘知几说："不要在历史上留下污点，牵累子孙！"

张说进入内朝，太后问他，张说尚未答话。魏元忠害怕，对张说道："张说，你想跟张昌宗一同设圈套陷害我吗？"张说骂道："魏元忠做宰相，怎么竟跟陋巷小人讲的话一样！"张昌宗在旁逼迫催促张说，让他快说。张说道："陛下看到了，在陛下面前，尚且这样逼我，何况在外面呢！我今天在大庭广众之下，不敢不据实回答。我实在没有听见魏元忠说过这样的话，只是张昌宗逼我要做伪证罢了。"张易之、张昌宗立即叫道："张说和魏元忠一同谋反！"太后询问他们的罪。张家兄弟回答说："张说曾说魏元忠是伊尹、周公；伊尹流放了太甲，周公做了摄政王，不是想造反是什么？"张说道："张易之兄弟是小人，只听过伊尹、周公的传说，哪里知道伊尹、周公的行事！从前魏元忠初任三品官，我作为郎官去向他道贺，魏元忠对客人说：'无功而得到恩宠，惭愧恐惧得很！'我真的说过：'先生担负伊尹、周公的责任，做三品官有什么可惭愧的？'那伊尹、周公都是臣子中最忠心的，古今尊敬仰慕。陛下任命宰相，不让他学伊尹、周公，让他学谁呢？而且我怎会不知道今日附和张昌宗立即可做宰相，附和魏元忠连族人也会被杀！但我惧怕魏元忠的冤魂，不敢冤枉他。"太后说："张说是反复小人，应当一并关入牢狱审问他。”过了几天，再次提审张说，对答跟前语一样。太后发怒，命宰相和河内王武懿宗一同审问他，张说的回答没有改变。

朱敬则上奏疏申明说：“魏元忠一向以忠诚正直著称，张说被牵连的罪名无法成立，假如给他们判刑，天下人都会失望。”苏安恒也上奏疏，认为：“陛下即位初年，人们认为是位能够容纳规谏的君主；晚年以来，人们认为是接受奉承的君主。自从魏元忠入狱，四处都在议论，都认为陛下宠信内外奸臣，斥责放逐贤良的臣子，忠臣烈士，都在家里拍着大腿唉声叹气，而不敢进言给朝廷，怕违逆张易之等人的意见，只会招致死亡而没有任何好处。如今赋税徭役繁重，民生凋残疲敝，加上谗人恶徒专权放肆，刑罚奖赏失去公正，臣担心人心不安，会发生别的变故，以致在朱雀门内发生交战，谋夺帝位的人来到大明殿前，陛下将用什么言辞来罪己，用什么办法来平息战争？”张易之等人看到他的奏疏，大为气恼，想杀死他，依赖朱敬则以及凤阁舍人桓彦范、著作郎陆泽人魏知古担保救助而免于一死。

丁酉日（初九），太后将魏元忠贬为高要县尉。高戬、张说都被流放到岭南。魏元忠辞行那天，对太后说：“我老了，现在去岭南，九死一生。陛下将来一定会有想到我的时候。”太后询问他原因，当时张易之、张昌宗都侍奉在太后身旁，魏元忠指着二人说：“这两个小子，终究是祸端。”张易之等人下殿，捶胸投地大喊冤枉。太后说：“魏元忠去吧！”

殿中侍御史景城人王晙，再次上奏替魏元忠申辩，宋璟对他说：“魏公幸运能够保全性命，现在你又再去冒犯威怒，能不倒霉吗？”王晙说：“魏公因忠心获罪，我为正义愤慨，就是颠沛流离也不遗憾。”宋璟叹息说：“我不能申明魏公的冤枉，很对不起国家。”

太子仆崔贞慎等八人在郊外替魏元忠饯行，张易之冒充告密人柴明写了一封检举书，说崔贞慎等跟魏元忠谋反。太后派遣监察御史丹徒人马怀素审问他们，并且对马怀素说：“这事都是事实，大略审一审，赶快奏报。”一会儿，宫中使者来催促好几回，说：“谋反的事情明明白白，为什么这般延缓？”马怀素要求让柴明出来对质，太后说：“我也不知道柴明在哪里，你只依据状子审问他们，何必原告呢？”马怀素将饯行的事实奏上，太后发怒说：“你要放纵谋反的人吗？”马怀素回答说：“臣不敢纵容谋反的人。魏元忠是宰相，被贬官，崔贞慎等因亲友的关系送他，如果妄说他们造反，我实在不敢这么做。从前栾布出使齐国回来，在反贼彭越的头下面奏报国事，汉高祖却不认为他有罪，何况魏元忠的罪不像彭越那样严重，难道陛下反而想杀为他送行的人吗？再说陛下握有生杀大权，如果要加罪他们，由陛下决定就可以了；如果让臣来审问，臣不敢不将事实上奏。”太后说：“这么说对这些人你是打算一个也不治罪了？”马怀素回答说：“臣智低识浅，实在找不出他们的罪过。”太后气消了，崔贞慎等人因此得以免罪。

太后曾经命朝廷的显贵聚餐，张易之兄弟的座位都在宋璟之上。张易之一向惧怕宋璟，想取悦他，空出自己的座位向他作揖说：“您是当朝第一人，为何在下座？”宋璟说：“我才能低，官位小，张卿认为是第一人，为什么呢？”天官侍郎郑杲对宋璟说：“中丞为什么称呼五郎为卿？”宋璟说：“以官品来说，正应当是卿。足下不是张卿的家奴，怎么可以叫他郎呢？” 所有在座的人听到这话都为他提心吊胆。当时从武三思以下，都谨慎奉承张易之兄弟，只有宋璟对他们毫不客气。张氏兄弟心中早已恼他，常常想陷害他；太后清楚这一点，宋璟才得以免罪。

丁未日（十九日），太后命左武卫大将军武攸宜代理西京留守。

冬季，十月，丙寅日（初八），太后武则天从西京出发。乙酉日（二十七日），太后抵达神都。

十一月，突厥派遣使者来答谢朝廷应允通婚。丙寅日（十一月无此日），太后在宿羽台设宴款待，太子参加宴会。宫尹崔神庆上奏疏，认为：“现在五品以上官员佩戴龟袋的原因，是为了区分敕命征召，怕有假冒作伪，大内中拿出龟来对验符合，然后被召之人才可以应命入宫。何况太子是国家的根本，古代征召太子，都用玉契。这是非常谨慎的。昨天因为接见突厥使者，太子应当出席朝见参拜，只有文符下达东宫，而没有另外由陛下降敕征召，我认为太子如果不是初一、十五日朝见参拜陛下，应当另外召见时，请下赐墨敕令以及玉契。”太后认为他的意见很正确。

始安郡獠族人欧阳倩率领几万人攻陷了州、县，朝廷想选拔优秀的官员前去镇压。朱敬则称司封郎中裴怀古文武全才。太后下制命，任命裴怀古为桂州都督，仍然代理招慰讨击使。裴怀古才行到五岭，写了一通文告快速传送给欧阳倩，晓谕利害，欧阳倩等立即前来投降，并且说：“被官员逼迫，所以起兵自救罢了。”裴怀古轻车简从，骑马前去受降，随从的人说：“夷獠人不守信诺，不可大意。”裴怀古说：“我凭恃忠信，连神明都可以相通，而何况他是人呢！”便到獠人的营地去，獠人大喜，全部归还所劫取的财物；各洞酋长一向时降时叛的，都来投诚，岭外全部安定了。

这一年，朝廷分派使者依据六条标准去视察州、县。

吐蕃南边各部落叛离，赞普器弩悉弄亲自率军攻打他们，死在军中。他的儿子们争位，后来，吐蕃人立器弩悉弄的儿子弃隶蹜赞为赞普，他当时年仅七岁。

长安四年（甲辰，公元704年）

春季，正月，丙申日（初十），太后册封右武卫将军阿史那怀道为西突厥十姓可汗。阿史那怀道是斛瑟罗的儿子。

丁未日（二十一日），朝廷拆除三阳宫，用它的木材在万安山修建兴泰宫。三阳宫和兴泰宫都是在武三思建议下修建的，请太后每年去小住，工程耗费极大，百姓受害。左拾遗卢藏用上奏疏，认为：“陛下身边的近侍臣子，多认为阿顺旨意便是忠诚，朝廷上的官员都以违逆旨意为戒惕，以致陛下不知晓百姓失业，伤害了陛下的仁心。陛下如果能以劳苦百姓为理由，下制令停止建造，那么天下全都了解陛下是苦自己而爱惜百姓了。”太后没有采纳。卢藏用是卢承庆的侄孙。

壬子日（二十六日），太后任命天官侍郎韦嗣立为凤阁侍郎、同平章事。

夏官侍郎、同凤阁鸾台三品李迥秀广受贿赂，监察御史马怀素上奏弹劾他。二月，癸亥日（初八），李迥秀被贬为庐州刺史。

壬申日（十七日），正谏大夫、同平章事朱敬则因为年老退休。朱敬则担任宰相，以用人为重，其他琐事全都不管。

太后曾跟宰相们讨论刺史、县令等地方官吏的选用问题。三月，己丑日（初四），李峤、唐休璟等上奏：“我们私下发现朝廷官僚们的议论，不管远处还是近处，人们的心理都是看重朝廷官职，而轻视地方官的。每次任命各州刺史，被任命人都再三陈情不想上任。近来所任命的各地方官员，多是受到降职处分的人，风俗不清正，实由于这个原因。希望台、阁、寺、监，妥善简选贤良的人，分别派遣他们掌理大州，共同成就各种功业。臣等请求停休近侍的职务，为各官的先导。”太后命他们签写名单，得到韦嗣立以及御史大夫杨再思等二十人。癸巳日（初八），太后下制书：韦嗣立等二十人各以本官检校刺史；韦嗣立为汴州刺史。可是后来政绩好的，只有常州刺史薛谦光、徐州刺史司马锽罢了。

丁丑日（三月无此日），太后改封平恩王李重福为谯王。

太后任命夏官侍郎宗楚客为同平章事。

凤阁侍郎、同凤阁鸾台三品苏味道觐见太后，请求辞归去安葬他父亲。太后下制书，令州县供应安葬所需物品。苏味道趁机侵占毁坏同乡百姓的田地坟墓，工程逾越制度。监察御史萧至忠上奏弹劾他，将苏味道贬为坊州刺史。萧至忠是萧引的玄孙。

夏季，四月，壬戌日（初七），太后命同凤阁鸾台三品韦安石主持纳言职务，李峤主持内史事官职。

太后驾临兴泰宫。

太后再次向天下的和尚尼姑征税，在白司马阪修建大佛像，令春官尚书武攸宁为检校，耗资亿万。李峤上奏疏，认为：“天下户口，贫弱的多。修建佛像的钱现有一十七万多贯，如果拿来赈济百姓，每人一千，可济助一十七万多户。救了饥寒的灾难，省了劳役的辛苦，合乎佛慈悲的教义，百姓受到圣君的恩泽，人神都欢喜，功德无量。陛下修造佛像以成就未来因缘，怎比得上赈济百姓得到现在的果报？”监察御史张廷珪上奏疏劝谏说：“依据目下的政情来说，就应当先重边防，充实国库，蓄养民力。依据佛教教义来说，就应当救助苦难，破灭诸相，崇尚无为。敬请陛下了解臣的愚见，奉行佛的心愿，务必以治国为重，而不是因人废言。”太后因此下令停建，并且召见张廷珪，大大赏赐嘉勉他。

凤阁侍郎、同凤阁鸾台三品姚元崇因为母亲年老，坚决请求回家侍奉。六月，辛酉日（初七），太后以姚元崇为相王府长史，禄位都和三品官相同。

乙丑日（十一日），太后任命天官侍郎崔玄暐为同平章事。

太后召请凤阁侍郎、同平章事、检校汴州刺史韦嗣立来到兴泰宫。

丁丑日（二十三日），太后任命李峤为同凤阁鸾台三品。李峤上书请求免除内史职务。

壬午日（二十八日），太后任命相王府长史姚元崇兼理夏官尚书、同凤阁鸾台三品。

秋季，七月，丙戌日（初三），太后任命神都副留守杨再思为内史。

杨再思做宰相，一味谄媚取悦于人。司礼少卿张同休，是张易之的兄长，曾经召集公卿宴饮，酒兴正浓时，和杨再思开玩笑说：“杨内史的脸好像高丽人。”杨再思很高兴，便剪纸帽子戴上，反披着紫袍，跳起高丽舞。满座都笑起来。当时有人夸赞张昌宗的美貌，说：“六郎的脸像莲花。”唯独杨再思说：“不对。”张昌宗问为什么不对，杨再思说：“是莲花像六郎。”

甲午日（十一日），太后返回宫中。

乙未日（十二日），司礼少卿张同休、汴州刺史张昌期、尚方少监张昌仪都因犯贪赃罪入狱，太后派左右台共同审理此案。丙申日（十三日），太后下敕书：张易之、张昌宗作威作福，也一起受审。辛丑日（十八日），司刑正贾敬言上奏说："张昌宗强买人田地，应征铜二十斤。"太后下制："准。"乙巳日（二十二日），御史大夫李承嘉、中丞桓彦范上奏疏："张同休兄弟赃款一共四千多贯，张昌宗依法应当被免职。"张昌宗上奏说："臣对国家有功劳，犯的罪不至于被免职。"太后询问几位宰相："张昌宗有功吗？"杨再思说："张昌宗调配神丹，圣上吃了有效，这是天大的功劳。"太后欢喜，赦免张昌宗的罪，恢复他的官职。左补阙戴令言作了一篇《两足狐赋》讽刺杨再思，杨再思将他调出京城去做长社县令。

丙午日（二十三日），夏官侍郎、同平章事宗楚客因罪被贬为原州都督，代灵武道行军大总管。

癸丑日（三十日），张同休被贬为岐山县丞，张昌仪被贬为博望县丞。

鸾台侍郎、知纳言事、同凤阁鸾台三品韦安石揭发张易之等有罪，上奏太后，敕命交付韦安石以及右庶子、同凤阁鸾台三品唐休璟审理，还没有结案而事情却有了变化。八月，甲寅日（初一），太后命韦安石兼任检校扬州刺史。庚申日（初七），命唐休璟兼任幽营都督、安东都护。唐休璟将上任，秘密对太子说："二张仗着太后的宠幸而没有人臣的礼节，必将为乱，殿下应当防备他们。"

相王府长史兼知夏官尚书事、同凤阁鸾台三品姚元崇上奏说："臣在相王府任职，不应当掌管兵马。臣不敢爱惜自己的性命，只怕对相王不利。"辛酉日（初八），改任兼春官尚书，其他职位不变。姚元崇字元之，当时突厥叱列元崇反叛，太后命姚元崇用字行世。

突厥默啜已经和朝廷和亲，戊寅日（二十五日），才放淮阳王武延秀回朝。

九月，壬子日（二十九日），太后任命姚元之代理灵武道行军大总管；辛酉日（初十），太后任命姚元之为灵武道安抚大使。

姚元之将要出发，太后让他推荐外朝各司官中可以担任宰相的人。姚元之回答说："张柬之深沉稳重有智谋，能决断大事，而且他年纪已大，希望陛下快点任用他。"冬季，十月，甲戌日（二十二日），太后任命秋官侍郎张柬之为同平章事，当时他将近八十岁了。

乙亥日（二十三日），太后任命韦嗣立为检校魏州刺史，其他职位不变。

壬午日（三十日），太后任命怀州长史河南人房融为同平章事。

太后命令宰相各自推荐能担任员外郎的人，韦嗣立举荐广武令岑羲，说："只恨为他的伯父岑长倩所连累。"太后说："如果真是有才干，这点事情又有什么可连累的？"便任命他为天官员外郎。从此那些受连坐的人才得以进用。

十一月，丁亥日（初五），太后任命天官侍郎韦承庆为凤阁侍郎、同平章事。

癸卯日（二十一日），成均监祭酒、同凤阁鸾台三品李峤被免职，改任地官尚书。

十二月，甲寅日（初三），太后下敕书停止设立所有大足年间以来新设的官职。

丙辰日（初五），凤阁侍郎、同平章事韦嗣立被免职，改任成均监祭酒，原来的职务检校魏州刺史仍保留；这是他的兄长韦承庆担任宰相的缘故。

太后卧病，住在长生院。宰相有好几个月不能入宫觐见，只有张易之、张昌宗侍奉在太后身旁。病稍好，崔玄暐上奏说："皇太子、相王，明德仁厚孝顺友爱，足可侍奉陛下，试汤进药，宫禁里事关重大，请不要让皇家以外的人进出。"太后说："我十分感激您的厚意。"张易之、张昌宗见太后病重，怕将来大祸临头，结引党助，暗中做准备。多次有人写匿名信及将匿名信贴在交通要道，说："张易之兄弟谋反。”太后都不受理。

辛未日（二十日），许州人杨元嗣控告：“张昌宗曾找术士李弘泰占卜、看相，李弘泰说张昌宗有天子相，让他在定州建佛寺，天下人就都会拥戴他”。太后命令韦承庆和司刑卿崔神庆、御史中丞宋璟审理此案。崔神庆是崔神基的弟弟。韦承庆、崔神庆上奏说：“张昌宗招认说：‘李弘泰的话，不久前已经奏知陛下。’依法律自首的可以减罪。李弘泰妖言惑众，请求逮捕他法办。”宋璟和大理丞封全祯上奏说：“张昌宗已经受到陛下如此恩宠，再召请术士看相占卜，内心究竟想做什么？李弘泰说筮卦得纯《乾》卦，是天子的卦。张昌宗倘若认为李弘泰是妖妄不实，为什么不逮捕他送官？虽说曾经奏知陛下，终归是有非分的心，依法应当处斩抄家。请收押他，将他的罪刑审理清楚。”太后很久没有答复。宋璟又说：“如果不马上收押，恐怕影响人心。”太后说：“你暂且停止审讯，等我仔细看一看有关的文书诉状再说。”宋璟退出，左拾遗江都人李邕上奏说：“刚才听了宋璟的奏言，我知道他意在安定国家，不是为他个人，请陛下批准他的奏言。”太后没有答应。不久太后敕令宋璟去扬州审理案件，又敕令宋璟审察幽州都督屈突仲翔贪污的案件，又敕命宋璟协助李峤安抚陇、蜀；宋璟都不肯去，上奏说：“依照成例，州县官有罪，官阶高的由侍御史、低的由监察御史审问他。中丞如果不是军国大事，不应该派出去。现在陇、蜀没有变故，不知陛下将臣派出去的原因是什么？臣不敢接受您的命令。”

司刑少卿桓彦范上奏疏，认为：“张昌宗没有功劳而受到陛下宠幸，却心怀不轨，自招罪逆，这是皇天发怒要惩罚他。陛下不忍心杀他，是违逆天意，是不吉利的。况且张昌宗既说奏告了陛下，他便不应该再跟李弘泰往来，反而让他祈福消灾，这显示他原本就没有悔改的心意。他奏禀陛下知道的原因，猜度事情如果被告发了，就借口先奏告了陛下，如果没有被告发便等待时机谋反，这是奸臣的诡计，如果说他都可以免刑，那么谁不可以免刑？何况事情已经一再发生，陛下全都搁置不予追究，让张昌宗更自负他的主意很好，天下认为天命他不死，这是陛下姑息养奸而导致他作乱啊。如果叛逆的臣不杀，国家就会覆亡。请求将张昌宗交付鸾台凤阁三司，审讯清楚他的罪状。”奏疏呈上，没有得到答复。

崔玄暐也多次上言，太后命令司法官署审理张昌宗的罪刑。崔玄暐的弟弟司刑少卿崔昪，判处他极刑。宋璟再次上奏请收押张昌宗入狱。太后说：“张昌宗已向我自首。” 宋璟应道：“张昌宗被匿名信逼迫，无法隐藏自己而向陛下禀告，情势使他不得已。况且谋反是大逆不道，不能因为自首而得以宽免，如果张昌宗不被判极刑，国法有什么用？”太后温和地劝解。宋璟更加大声正色道：“张昌宗过分受到陛下宠爱，臣知道话说出来，大祸便降临了，然而公理在心中激荡，虽死也不遗憾！”杨再思害怕他违逆圣意，立刻宣布敕命要他出去，宋璟说：“圣上在这里，用不着你这个宰相擅自宣布敕命！”太后于是答允了他的奏请，命张昌宗去应讯。宋璟在庭下站着审讯他。事情还没有结束，太后派遣宫中使臣宣召张昌宗并且特赦他。宋璟叹息道：“没先将这小子的脑袋打碎，此恨难消！”太后于是命张昌宗亲自去向宋璟道歉，宋璟拒绝接见他。

左台中丞桓彦范、右台中丞东光人袁恕已共同推举詹事司直阳峤为御史。杨再思说：“阳峤不喜欢担任这种弹劾他人的官职怎么办呢？” 桓彦范说：“替某官职选择合适的人，何必看他想担任什么职务！不想做，更要给他，只有这样才能助长视进取为难事的风气，抑止急于求进的门路。”于是擢升阳峤为右台侍御史。阳峤是阳休之的玄孙。

在此之前，李峤、崔玄暐上奏疏：“过去陛下刚刚登基的时候，很多臣子没有操守气节，因而造成刻薄的官吏肆无忌惮实行严酷的刑罚。那些被周兴等酷吏所举发而家破人亡的，一并请予以昭雪赦免。”司刑少卿桓彦范也上奏疏陈述此事，奏章前后上了十次，太后于是准了。

中宗大和大圣大昭孝皇帝上

神龙元年(乙巳,公元705年)

春季,正月,壬午朔日(初一),太后大赦天下,更改年号为神龙。自文明年间以来,获罪的人倘若不是在扬、豫、博三州举兵的以及各反叛的首领,全都赦免。

太后病得很重,麟台监张易之、春官侍郎张昌宗在宫中掌权,张柬之、崔玄暐和中台右丞敬晖、司刑少卿桓彦范、相王府司马袁恕己相互商议杀死他俩。张柬之对右羽林卫大将军李多祚说:“将军今日的富贵,是谁给的?”李多祚流泪说:“是高宗大帝。”张柬之说:“现在高宗的儿子要被两个宫中小子加害,将军不想报答高宗的恩德吗?”李多祚说:“只要有利于国家,听相公您吩咐,不敢为自己以及妻子儿女打算。”于是指着天地发誓,并且与张柬之、崔玄等人一起定下了铲除张易之和张昌宗的计划。

起初,张柬之和荆州长史闅乡人杨元琰职位对调,同船在长江中时,谈到太后以周代唐的事,杨元琰慷慨有复兴唐室的心愿。等到张柬之做宰相,举荐杨元琰做右羽林将军,对他说:“足下还记得在长江江心泛舟时说的话吗?今天给你的职位,不是随便给的。”张柬之又任用桓彦范、敬晖以及右散骑侍郎李湛都担任左、右羽林将军,将宫中的卫戍部队交给他们指挥。张易之等怀疑而恐惧,于是又任用了张易之一党的武攸宜做右羽林大将军,张易之等才不怀疑。

不久姚元之从灵武回来,张柬之、桓彦范相对说:“大事就要成功了。”便将他们的计划告诉姚元之。桓彦范将事情禀告母亲,母亲说:“忠孝不能两全,应当先考虑国家大事,再考虑自家小事。”当时太子都从北门去向太后请安,桓彦范、敬晖觐见,秘密禀报所计划的大事,太子答允。

癸卯日(二十二日),张柬之、崔玄暐、桓彦范与左威卫将军薛思行等率领左右羽林军五百多人来到玄武门,派遣李多祚、李湛以及内直郎、驸马都尉安阳人王同皎前往东宫迎接太子。太子犹疑不肯出来，王同皎说：“先帝将帝位传给殿下，殿下无故而遭到幽禁罢黜，天人共愤，已经二十三年了。现在上天诱导人心，北门、南牙的禁军同心协力，要铲除凶恶的竖逆，光复李氏的天下，请殿下暂到玄武门来满足众人的期望。”太子说：“凶贼实在应当铲除，然而圣上生病，不可以惊吓到她，各位另作延后的计划。”李湛说：“各位将军、宰相不顾身家性命为国尽忠，殿下怎么要推他们进入死地呢？请殿下自己去阻止他们好了。”太子这才出来。

王同皎扶太子上马，跟随他来到玄武门，破门而进入宫禁。太后在迎仙宫，张柬之等将张易之、张昌宗杀死在庑廊上，进入太后居住的长生殿，围绕着侍卫。太后惊觉起身，问：“谁在作乱？”回答说：“张易之、张昌宗谋反，臣等奉太子的命令杀了他们，恐怕走漏消息，因而不敢奏禀。在宫禁中举兵，罪该万死。”太后召见太子说：“是你呀！这些人既然已经除掉，可以回东宫去了。”桓彦范上前说：“太子怎能再回去！昔日天皇将爱子托给陛下，现在已经长大，久居东宫，上天和百姓思念李家已经很久了，臣子们不忘太宗、天皇的恩德，所以拥护太子诛灭贼臣。请陛下传位给太子，顺应天心和百姓的愿望。”李湛是李义府的儿子，太后见了他，说：“你也是杀张易之的将军吗？我对你们父子不薄，竟然有今天！”李湛羞愧无话回答。又对崔玄暐说：“别人都是人家推荐而升官，只有你是朕亲自提拔的，也参与了呀！”崔玄暐回答说：“我这样做就是为了报答陛下的大恩大德。”

于是逮捕了张昌期、张同休、张昌仪，全都斩首，跟张易之、张昌宗的头一起挂在天津桥南。当天，袁恕己跟随相王率领南牙的禁兵防止有变。逮捕韦承庆、房融以及司礼卿崔神庆入狱，都是张易之一党的人。起初，张昌仪建新宅，十分华美，超过各王以及公主，有人乘夜在他家门上写：“一日丝能作几日络？”（将要断灭诛绝，能作乐几日呢）张昌仪让人把字擦掉，又被写上，这样六七次，张昌仪拿笔注在字下：“一日也够了。”此后才没有人写了。

甲辰日（二十三日），太后下制书令太子监理国政，大赦天下。任命袁恕己为凤阁侍郎、同平章事，分派十位使者携带公文去各州宣告抚慰。乙巳日（二十四日），太后传位给太子。

丙午日（二十五日），太子李显即帝位（即唐中宗），大赦天下，只有张易之一党的人不予赦免。那些被周兴等所冤枉的人，都令进行清理和昭雪，子女被抄没的全都放归。唐中宗加相王李旦的封号为安国相王，担任太尉、同凤阁鸾台三品。太平公主加封号镇国太平公主。皇族从前被抄没的，子孙都恢复宗籍，并依据具体情况封官授爵。

丁未日（二十六日），太后移居上阳宫，李湛留下负责警卫。戊申日（二十七日），唐中宗率领众官去上阳宫觐见，上给太后的尊号为则天大圣皇帝。

庚戌日（二十九日），唐中宗任用张柬之为夏官尚书、同凤阁鸾台三品，崔玄暐为内史，袁恕己为同凤阁鸾台三品，敬晖、桓彦范都为纳言，上述有功之臣都赐爵为郡公。李多祚被赐爵为辽阳郡王，任命王同皎为右千牛将军，并赐爵琅邪郡公，任命李湛为右羽林大将军，并赐爵赵国公；其余有功人员也给予不同的官爵和赏赐。

张柬之等人诛杀张易之的时候，殿中监田归道统领一千骑兵驻守玄武门，敬晖派遣使者要这一千骑兵，田归道没有事先参加计划，拒不交付。事情平息，敬晖要杀他，田归道据理陈诉，于是被免官回家。唐中宗嘉许他忠贞不屈，将他召回，任命为太仆少卿。

资治通鉴卷第二百八　唐纪二十四

起乙巳（公元705年）二月，止丁未（公元707年），共二年十一个月。

【题解】本卷记录了公元705年二月至707年的史事，共两年又十一个月，正当唐中宗神龙元年二月到景龙元年。唐中宗李显两度被立为皇太子，两度即帝位，本卷是他初即位的前三年，主要写了四大政治事件：第一，韦皇后效法武则天干政，中宗成了傀儡皇帝；第二，中宗猜忌心重，不信任政乱五王，而用武氏外戚控制五王，导致武三思东山再起，五王遭残害；第三，滥封官职，韦氏外戚势力迅速膨胀，并与武氏外戚同流合污，迫害忠良；第四，皇太子李重发动兵变诛杀武三思，重演西汉的戾太子事件，无意间为睿宗李旦的上台铺平了道路。

中宗大和大圣大昭孝皇帝中

神龙元年（乙巳，公元705年）

二月，辛亥日（初一），唐中宗带领朝臣们到上阳宫探望太后的生活；自此以后每十天去探望一次。

甲寅日（初四），恢复国号为唐。郊庙、社稷、陵寝、百官、旗帜、服色、文字都跟永淳年之前的旧制一样。再恢复神都原名称为东都，把北都重新称为并州，把老君重新称为玄元皇帝。

乙卯日（初五），贬凤阁侍郎、同平章事韦承庆做了高要县尉；正谏大夫、同平章事房融除名，流放到高州；流放司礼卿崔神庆到钦州。杨再思担任户部尚书、同中书门下三品、西京留守。

太后迁到上阳宫居住之时，独有太仆卿、同中书门下三品姚元之哭泣。桓彦范、张柬之对他说："此刻哪是让你哭泣之时？只怕你的祸事自此以后就开始了。"姚元之说："元之替则天皇帝办事已经很长时间了，突然辞别，因而无法抑制自己的悲伤。而且元之前些天和各位一块诛奸除逆，是为了人臣的道义；今日为旧君送别，也是人臣的道义，即便获罪，也无怨恨。"当天，调他出任亳州刺史。

甲子日（十四日），将妃子韦氏立为皇后，赦免天下。追赠韦后的父亲韦玄贞为上洛王、母崔氏为王妃。

左拾遗贾虚己上奏折，认为："不同姓的不封王，是古往今来一贯的制度。现在是中兴的开始，万民崇敬，注视着陛下施政，您却先封亲族的人做王，这不是在天下弘扬德政美治的方法。且先朝赠武后父做太原王，这就是不远的'殷鉴'，一定得防范这种开端。如果由于已下达了恩泽的制书，就应该让皇后坚决推辞，那么更增添了皇后谦逊的德行。"唐中宗没有采纳他的建议。

起初，韦后生下邵王李重润和长宁、安乐二位公主，唐中宗降居房陵，安乐公主是在旅途中出生的，唐中宗尤其喜爱她。唐中宗与韦后在房陵一起被幽禁，饱尝了艰苦危险，有深厚的感情。唐中宗每每听到奉敕命的使者来了，常常害怕得想要自杀，皇后阻止他说："祸福不定，迟早都是一死，何须匆忙自杀呢！"唐中宗曾经私底下与皇后立下誓言说："如果将来有幸再见天日的话，会让你想做什么就做什么，不加禁止。"等到她再次成为皇后，便开始干预朝廷政治，像武后在高宗时那样。桓彦范上表奏章，认为："《易经》说：'女子在外没有成就远大的成就，但能在内主持妥当膳食，安分守己，是正当而且吉利的。'《尚书》说：'母鸡早晨代替雄鸡打鸣，家庭必定会衰败。'臣见陛下每次主持朝会，皇后必定隔着帷幔坐在殿上，参与朝政。臣私下观察自古帝王，没有哪个与女人共同执政而不导致身死国破的。而且阴在阳上，与天理相违背；妇人凌驾丈夫，与人道不合。恭请陛下察看古今的鉴戒，以国家民生为重，让皇后专门在内宫居住，主持内职女教，不要出来外朝干预国家的政事。"

起初，胡僧慧范靠妖异怪诞的法术结交权贵，同张易之兄弟关系要好，韦后也看重他。等到易之被杀，再次称慧范参与了策划，因为有功而封为银青光禄大夫，赐爵为上庸县公，出入内宫，唐中宗多次私行驾临他的寓所。桓彦范再次上表奏章说慧范使用邪道使得国政扰乱，请求将他杀掉。唐中宗对他的意见都没有采用。

起初，武后杀害唐宗室，那些有才能德行的人先被杀，唯吴王李恪的儿子郁林侯李千里，褊躁无才，又多次献吉兆的象征物，因而免于被害。唐中宗登基，将他立为成王，封他担任左金吾大将军。武后所杀的唐各王、王妃、公主、驸马等人都无人埋葬，子孙有的流放到岭南，或多年囚禁在牢中，或逃亡藏在民间，替人帮佣。到这个时候，下制书到各州县访求他们的灵柩，按照礼制改葬，追赠恢复官爵，还把他们的子孙召回来，让他们继承爵位；没有子孙的替他们立后嗣。没有多久宗室子孙陆陆续续回到京师，全部召见，悲喜得一边哭一边舞，各据亲疏而袭爵封官不等。

二张被杀后，洛州长史薛季昶对张柬之、敬晖说：“二凶虽然已经除掉，吕产、吕禄（武三思等人）还在，斩草而不除根，最后还会再生。”二人说：“大事已定，他们跟俎上的肉没什么两样，还能做什么呢？杀戮已经很多了，不要再杀了。”季昶叹息说：“我不知自己会怎么死了！”朝邑县尉武强人刘幽求也对桓彦范、敬晖说：“武三思还在，诸位最后将会死无葬身之地；如果不及早做准备，会后悔莫及的。”他的意见不被接受。

唐中宗的女儿安乐公主嫁给武三思的儿子崇训。上官婉儿是上官仪的孙女，上官仪死了，上官婉儿被抄没进入内宫，她才智敏慧擅长作文，又熟悉政治。则天喜爱她，圣历年之后，各部门的表章奏书多叫她从旁协助裁断。等到唐中宗登，又叫她专门掌理制命，更委任她，封为婕妤，在宫中当权。武三思与她私通，所以和武氏一党，又向韦后举荐武三思，带他入内宫，唐中宗便跟武三思商讨政治事务，张柬之等人都受到三思的钳制。唐中宗叫韦后和三思下双陆棋，自己坐在一旁计分；三思便和韦后私通，由此武氏的势力又大起来了。

张柬之等人数次劝说唐中宗把武氏几个权要铲除，唐中宗没有接受。柬之等说：“则天革命之时，李氏宗室被杀害将尽；而今仰赖天地神灵，陛下得以复位，而武氏曾尸位窃据高爵，安居原官不动，这难道会是天下人所期盼的吗？请把他们的官爵稍稍降减以安抚天下人心！”又没有采用。柬之等人有的拍打着床叹息愤慨，有的弹击手指弹出了血，说：“当初皇上做英王时，人赞扬他勇敢英烈，我之所以不把这几个武姓杀死，是想让皇上把他们杀掉，以发挥天子的权威罢了。眼下反倒这样，事情的形势已不复存在，明知也没法子对付他们了！”

唐中宗几次便装私自驾临武三思府第，监察御史清河人崔皎秘密上奏疏谏止说：“起初国家光复之时，则天皇帝在西宫，仍有人拥护她。周朝的旧臣，多在朝廷，陛下怎么可以轻易到宫外游玩，却不晓得龙困于豫且的典故！”唐中宗居然泄露此事，三思一党的人恨得咬牙切齿。

丙寅日（十六日），任命太子宾客武三思担任司空、同中书门下三品。

左散骑常侍谯王李重福，是庶出的皇子，他的妃子，是张易之的外甥女。韦后讨厌他，在唐中宗面前进谗言毁谤他说：“重润的死，是重福造成的。”因此他被贬为濮州员外刺史，又改为均州刺史，常下令给州官对他加以防范。

丁卯日（十七日），任命右散骑常侍安定王武攸暨担任司徒、定王。

辛未日（二十一日），相王坚决推辞太尉及知政事，予以准许。又立他为皇太弟，相王坚辞而作罢。

甲戌日（二十四日），任命国子监祭酒始平人祝钦明担任同中书门下三品，黄门侍郎、知侍中事韦安石担任刑部尚书，免除知政事职。

丁丑日（二十七日），武三思、武攸暨坚决推辞新任命的官爵和政事，唐中宗批准，而加封开府仪同三司衔。

将皇子义兴王李重俊立为卫王，北海王李重茂立为温王，仍旧任命重俊做洛州牧。

三月，甲申日（初五），下制书："自文明年以来被抄家的子孙都恢复其原有的资历荫封，唯独徐敬业、裴炎家人在赦免之外。"

丁亥日（初八），下制书："酷吏周兴、来俊臣等人，已死的取消其官爵，尚在人世的则流放到岭南凶险恶劣之地。"

己丑日（初十），任命袁恕己担任中书令。

用小软车到嵩山征召安平王武攸绪，到了之后，任为太子宾客。他坚决请求回山，予以准许。

下制书："枭氏（萧淑妃家）、蟒氏（王皇后家）都恢复原姓。"

术士郑普思、尚衣奉御叶静能都因妖异怪诞的法术而为唐中宗信赖，夏季，四月，下墨敕书，任命普思担任秘书监，静能担任国子监祭酒。桓彦范、崔玄暐坚持认为不可用此二人，唐中宗说："已经用了，不容立即做出改变。"彦范说："陛下即位之初，下制书说：'政令都依照贞观年的成例。'贞观年间，魏征、虞世南、颜师古担任秘书监，孔颖达担任国子监祭酒，岂是普思、静能可以相媲美的？"庚戌日（初一），左拾遗李邕上表奏章，认为："《诗经》三百篇，可以用一句话来概括，是'思无邪'（思想情感是纯正的）。如果有神仙能让人不死，那么秦始皇、汉武帝早就成为神仙了；佛主能随意给人赐下福利，那么梁武帝便得到保佑了。尧、舜之所以被尊为帝王中的顶尖人物，他们也只是修人事罢了。尊荣宠信这类人，对国家有什么好处呢？"唐中宗对他的建言都不采纳。

唐中宗即位当天，急令到高要召回魏元忠；丁卯日（十八日），到达京师，任命他担任卫尉卿、同平章事。

甲戌日（二十五日），任命魏元忠担任兵部尚书，韦安石担任吏部尚书，李怀远担任右散骑常侍，唐休璟担任辅国大将军，崔玄暐检校益府长史，杨再思检校杨府长史，祝钦明担任刑部尚书，都是同中书门下三品。元忠等人由于都是唐中宗在东宫时的旧部而予他们以褒奖。

乙亥日（二十六日），任命张柬之担任中书令。

戊寅日（二十九日），追赠已故邵王李重润为懿德太子。

五月，壬午日（初四），把周朝宗庙七个神主迁到西京崇尊庙。下制书："武氏三代的名，奏事人都不准用。"

乙酉日（初七），在东都建立太庙、社稷。

因为张柬之等及武攸暨、武三思、郑普思等十六人都是立功之人，给他们颁赐铁券，如果并非造反之事，各赦免死罪十次。

癸巳日（十五日），敬晖等率领百官上表奏章，认为："五德运行轮替兴旺，事势无法两强并立。天授年革命之时，宗室被杀及流放将尽，怎能跟各武氏同封！如今天命更新，然而各武氏封爵却跟以前一样，同住在京师，自从有天地以来还没这个道理。恳请陛下替国家着想，顺从远近人心，降改他们的王爵来安定朝野。"唐中宗没有准许。

敬晖等人畏惧武三思进谗言，让考功员外郎崔湜替他们打听，察看他的动静。崔湜见唐中宗亲信三思而顾忌敬晖等人，居然把敬晖等人的计划全都告诉三思，反而被三思利用，三思举荐他担任中书舍人。崔湜，是崔仁师的孙子。

在此之前，殿中侍御史南皮人郑愔谄媚依附二张，二张死后，被降为宣州司士参军，犯贪污罪，逃回东都，私下里去见武三思。一见到三思，就哭得十分悲伤，过后便大笑。三思素来威重，觉得非常奇怪，郑愔说："刚一见到大王而哭泣是为大王即将被杀且全家性命不保而悲伤；之后又开怀大笑，是为大王得到我而高兴。大王虽然于天子心意很合，而那五个人都手握将军宰相的权力，胆量谋略也在别人之上，废去太后就像翻掌一样容易。大王权衡一下同太后相比，谁的分量重呢？那五个人整天咬牙切齿恨得想要吃大王的肉，假如不灭掉大王的家族，就无法畅快。大王如果不把那五个人除去，就会危险得像早晨的露水一样，竟然稳得像泰山，这是愔为大王担心的原因。”三思大为高兴，同他上楼，向他询问自保的计谋，荐引他担任中书舍人，和崔湜都做了三思的智囊。

三思跟韦后成天进谗言毁谤敬晖等人，说：“他们自恃有功而专权，将会对国家不利。”唐中宗信以为真。三思等人因而替唐中宗出谋划策：“不如封敬晖等人为王，罢免他们知政事，表面上不失尊荣功臣，骨子里却已将他们的实权夺去。”唐中宗同意了。甲午日（十六日），封侍中齐公敬晖为平阳王，桓彦范为扶阳王，中书令汉阳公张柬之为汉阳王，南阳公袁恕己为南阳王，特进、同中书门下三品博陵公崔玄暐为博陵王，免除知政事，赐予金帛鞍马，令他们初一、十五上朝，仍旧赐彦范姓韦氏，与皇后同宗籍，没过多久又任玄暐检校益州长史，主持都督事，又改任为梁州刺史。三思命令朝臣再次推行则天的政治，不依附于武氏的人都加以排斥，被五王（敬晖等五人）所逐出的人官复原职，大权全部掌握在三思手中了。

五王请求将武氏各人的王爵削去，找人撰写奏章，大家都不愿意写。中书舍人岑羲撰写，词义激昂恳切。中书舍人偃师人毕构轮到宣读，声调铿锵。三思得志后，岑羲改任秘书少监，调毕构出任润州刺史。

易州刺史赵履温是桓彦范的妻兄。彦范将二张杀死的时候，说履温参与策划，召他担任司农少卿，履温赠送两个婢女给他。等到彦范被免知政事，履温却再次把两个婢女抢了回来。

唐中宗嘉许宋璟忠心正直，经过多次调迁，任命他担任黄门侍郎。武三思曾托他谋事，宋璟严词拒绝他说：“现太后既然已经让儿子登位，侯王理当以侯爵居家，怎能仍旧干涉朝政？难道不知道吕产、吕禄的故事吗？”

任命韦安石兼检校中书令，魏元忠兼检校侍中，又任命李湛担任右散骑常侍，赵承恩担任光禄卿，杨元琰担任卫尉卿。

在此之前，元琰知晓三思一天天当权，恳请辞去官职去当和尚，唐中宗没有答应。敬晖听到，笑说："要是我早知你如此，就劝皇上恩准了，把你的胡人发须给剃掉，不是很妙吗？"元琰须多像胡人，因而敬晖戏谑他。元琰说："功成名就，如果不退便会有危险，这个请求是出于诚心的，并非毫无缘由的啊！"敬晖懂了他的意思，吃惊地瞪着眼而心中不悦。等到敬晖等人获罪，而独有元琰得免。

上官婕妤劝说韦后循则天成例，上表奏章要求天下士大夫、庶民为被休的母亲服三年丧，又请求让百姓二十三岁成丁，五十九岁免役，更改制度来收揽人心。下制书都准予颁行。

癸卯日（二十五日），下制书，降几个武氏爵，梁王三思做德静（县）王，定王攸暨做乐寿（县）王，河内王武懿宗等十二人都做公爵，以使人心满足。

甲辰日（二十六日），任命唐休璟担任左仆射，同中书门下三品仍旧；豆卢钦望担任右仆射。

六月，壬子日（初四），任命左骁卫大将军裴思说代灵武军大总管，以防范突厥。

癸亥日（十五日），给右仆射豆卢钦望下令，如果遇到军国大事，可以在中书门下共同辨明。

先前，仆射是正宰相，之后对中书门下的职务多有兼任，在中午之前裁定朝廷政事，在午后裁定尚书省的政事。到这个时候，钦望担任仆射，不敢参与朝廷政事，因而有这道命令。自此以后专任仆射的人，就不再是宰相了。

又任命韦安石担任中书令，魏元忠担任侍中，杨再思检校中书令。

丁卯日（十九日），奉祀孝敬皇帝（李弘，帝兄）入太庙，号义宗。

戊辰日（二十日），洛水涨决堤口，两千多家漂失。

秋季，七月，辛巳日（初四），任命太子宾客韦巨源担任同中书门下三品，西京留守不变更。

特进汉阳王张柬之上表奏章，请求恩准他返回襄州养病。乙未日（十八日），任柬之担任襄州刺史，不主持州事，给全额薪俸。

黄河南、北十七个州发生水灾。八月，戊申日（初一），因为水灾征求直言不讳的意见。右卫骑曹参军西河人宋务光上表奏疏，认为“水是阴类，象征臣妾，可能后宫之中有人干预外朝听政，应当防止此类事情发生。现如今大雨连绵不停，居然关闭街坊北门求晴，使得市民举得坊门象征宰相，说朝廷命令它协调阴阳。又，太子是国家的根本，应当及早选出贤能立为储君。又，外戚太过显贵，譬如武三思等人，应当免除执政，加重禄赏。又，郑普思、叶静能运用小的技艺而获得大的官位也是朝廷的害虫。”奏疏呈上，没有予以重视。

壬戌日（十五日），追封赵氏妃为恭皇后，孝敬皇帝妃裴氏为哀皇后。

九月，壬午日（初五），唐中宗拜祭昊天上帝、皇地祇在明堂，奉高宗配祀。

起初，唐中宗在房陵，州官看管得很紧，只有刺史河东人张知謇、灵昌人崔敬嗣按照礼节对待唐中宗，补给丰富。唐中宗感念他们这份恩德，将知謇从贝州刺史任上调升为左卫将军，赐爵为范阳公。敬嗣已经死去，找到他儿子崔汪，崔汪好喝酒，治理不了政事，任命他担任五品闲散官。

改葬上洛王韦玄贞，礼仪都参照太原王的成例。

癸巳日（十六日），太子宾客、同中书门下三品韦巨源被免职，担任礼部尚书，是他叔父安石担任中书令的缘故。

任命左卫将军上邽人纪处讷检校太府卿，因为处讷是武三思襟兄的关系。

冬季，十月，任命唐休璟担任京师留守。

癸亥日（十七日），唐中宗驾临龙门。乙丑日（十九日），在新安狩猎然后返回。

辛未日（二十五日），任命魏元忠担任中书令，杨再思担任侍中。

十一月，戊寅日（初二），群臣上唐中宗尊号为应天皇帝，皇后为顺天皇后。壬午日（初六），唐中宗和皇后赴太庙告谢，大赦天下。增加相王、太平公主的实封，都满一万户。

己丑日（十三日），唐中宗登上洛阳皇城南楼，观看胡人乞寒泼水戏。清源县尉吕元泰上表奏章，觉得“君能谋，则时令寒气顺常，何须赤身裸体泼水，打鼓跳舞在街上求它呢！”疏奏上，唐中宗没有采纳。

壬寅日（二十六日），武则天在上阳宫逝世，享寿八十二岁。遗嘱命：“将帝号去掉，称为则天大圣皇后。王（皇后）、萧（淑妃）两族人和褚遂良、韩瑗、柳奭的亲属全部赦免。”

唐中宗守制，由魏元忠总领百官摄政三天。元忠向来有忠直的声名，朝廷和州县都相信他。武三思畏惧他，假造太后遗命，嘉慰晓谕元忠，给他赐实封一百户。元忠手捧制书，感动得哭泣了。旁观的人说：“大事已去！”

十二月，丁卯日（二十一日），唐中宗才会见群臣于同明殿。

太后即将在乾陵被合葬，给事中严善思上表奏章，认为：“乾陵玄宫用石做门，用铁封闭石缝，现在要打开陵宫门，一定得凿开。神明的灵气，崇尚幽静玄默；劳役很多人再施工，恐怕多有惊扰和亵渎。何况合葬并非古制，汉代各陵，皇后多半都不合葬，自魏、晋以来，才有合葬的。恳请在乾陵的附近另外挑选一块吉地为陵，如果神明有知，到了阴间自然会相见；假如无知，合葬又有什么好处？”唐中宗没有听从他的意见。

这一年，户部上表奏章，天下有六百一十五万户，三千七百一十四万多的人口。

神龙二年（丙午，公元706年）

春季，正月，戊戌日（二十三日），任命吏部尚书李峤担任同中书门下三品，中书侍郎于惟谦担任同平章事。

闰月，丙午日（初一），下制书：“太平、长宁、安乐、宜城、新都、定安、金城公主皆开府，编置属官。”

武三思因为敬晖、桓彦范、袁恕己仍在京师，心中恐惧，乙卯日（初十），调他们出任滑、洺、豫三州刺史。

赐闅乡和尚万回号法云公。

甲戌日（二十九日），封突骑施酋长乌质勒担任怀德郡王。

二月，乙未日（二十一日），任命刑部尚书韦巨源担任同中书门下三品，仍然与皇后联宗。

丙申日（二十二日），加和尚慧范等九人五品阶，赐爵担任郡公、县公；加道士史崇恩等人五品阶，任命为国子监祭酒，同正员；加叶静能金紫光禄大夫。

选拔派遣左、右台和中央、地方五品以上官员二十个人担任十道巡察使，职责是观察吏治，安抚人民，举荐贤能，平反冤狱，两年一轮，对他们的功过进行考核并进而升迁或降贬。易州刺史魏人姜师度、礼部员外郎马怀素、殿中侍御史临漳人源乾曜、监察御史灵昌人卢怀慎、卫尉少卿滏阳人李杰全都被选为巡察使。

三月，甲辰日（初一），免去中书令韦安石的职位，担任户部尚书；户部尚书苏瓌担任侍中、西京留守。苏瓌，是苏颋的父亲。唐休璟退休。

起初，少府监丞弘农人宋之问同弟弟兖州司仓宋之逊都因为附会张易之遭受连坐而贬到岭南，他们偷偷逃回了东都，在朋友光禄卿、驸马都尉王同皎的家里藏身。同皎痛恨武三思与韦后的所作所为，每每与亲近的人谈起，常常咬牙切齿。之逊在帘下面听到，秘密派出他的儿子宋昙和外甥校书郎李悛去给三思告密，想要借此得到赎赦。三思派宋昙李悛，和抚州司仓冉祖雍上书控告同皎与洛阳人张仲之、祖延庆、武当丞寿春人周憬等私底下结交壮士，策划谋害三思，趁此时机带兵入朝，把皇后废掉。唐中宗命令御史大夫李承嘉、监察御史姚绍之审理此事，又命令杨再思、李峤、韦巨源参加问验。仲之把三思的罪状说了，事情牵连到韦后。再思、巨源便假睡装作没有听到；峤与绍之吩咐缚绑送进监牢，仲之回头看，仍在说。绍之便叫人打他，打断了他的手臂，仲之大叫说："我被你（绍之）出卖而死，当在天庭控告你！"庚戌日（初七），同皎等人都被判处斩刑，他们的家也被抄没了，周憬逃进比干庙里，大声说："比干是古代的忠臣，知悉我的心意。三思同皇后淫乱，危害国家，要不了多久就会被斩首示众，只遗憾我等不及看到罢了！"便自杀了，之问、之逊、昙、悛、祖雍都在京师担任官职，加为朝散大夫。

武三思和韦后成天不停地谗言毁谤敬晖等人，于是把敬晖再降为朗州刺史，崔玄暐为均州刺史，桓彦范为亳州刺史，袁恕己为郢州刺史。与敬晖等人一起将张易之、张昌宗诛灭而立下功劳的人，都视为一党全部贬官。

扩大编制员外官，从朝中各司到各州一共两千多人，宦官超升七品以上员外官的，又将近一千人。

魏元忠由端州返回，担任宰相，不再极力劝谏了，只是随波逐流，没有主见，朝廷内部和地方上的人都对他很失望。酸枣县尉袁楚客给元忠写信，认为："皇上刚刚即位，思日新德政，应当引进君子，罢退小人，以兴盛政治教化，怎么可以安享荣禄，只是一味循顺缄默？现今还没及早立太子，挑选师傅辅导他，这是第一件错事。公主开设府衙设置僚属，是第二件错事。尊礼放纵僧徒，让他们进出权贵人家，依仗权势获取财贿，是第三件错事。倡优戏子，滥给官禄，是第四件错事。铨选官员引进贤才，全部都要把贿价和身份背景当作标准，是第五件错事。宠信升任宦官，近乎达到一千人，变乱的祸根由此埋下，是第六件错事。对待王侯以及贵显的亲戚，不按照制度赏赐，争着奢侈华靡，是第七件错事。扩大设置员外官，损耗财力，损害百姓，是第八件错事。上一代君主的宫女，让她们在宫外居住，不禁止她们进出内宫，导致了奔走请托之风，是第九件错事。歪门邪道的人，迷惑皇上，窃取官禄，是第十件错事。这十件过失，阁下若不匡正，又有谁来匡正呢？”元忠收到信看过，惭愧道歉了事。

夏季，四月，将皇后父韦玄贞改封赠为酆王，赠封皇后的四个弟弟为郡王。

己丑日（十六日），左散骑常侍、同中书门下三品李怀远退休。

处士京兆人韦月将上书控告武三思暗地里与后宫私通，一定会造反。唐中宗震怒，下令杀他。黄门侍郎宋璟上表奏章要求交由司法审理查究。唐中宗更加气恼，还没来得及把头巾整理好，趿趿鞋子就从侧门出来，对宋璟说：“朕已经说过斩他，竟然没有执行？”下令马上斩杀他。宋璟说：“有人告发皇后与武三思通奸，陛下审都不审就杀他，臣恐怕天下人一定会在背后批评。”坚决请求交由司法审判，唐中宗不予批准。宋璟说：“假如非斩月将不可的话，请先斩了臣！不然的话，臣终究也不敢奉行陛下的诏命。”唐中宗的怒气稍稍消解。左御史大夫苏珦、给事中徐坚、大理卿长安人尹思贞都认为夏季执行斩刑，与天时相违背。唐中宗这才下令责打，把他流放到岭南。过了秋分一日，天刚刚亮，广州都督周仁轨就把他杀了。

御史大夫李承嘉对武三思阿谀附从，在朝廷上诋毁尹思贞。思贞说：“足下迎合奸臣，将会意图不轨，先要杀害忠臣吧！”承嘉恼怒，上表奏章揭发思贞有罪，调他出任青州刺史。有人对思贞说：“足下平时不善于言辞，倒是在朝廷上当面斥责承嘉，为什么说得那般流利？”思贞说：“不能鸣的东西，受到激动便会鸣。承嘉依仗威势和权力欺压我，我激于正义不能容忍他对人的欺压，也不知道自己的话是从哪里来的。”

武三思痛恨宋璟，调他出京担任检校贝州刺史。

五月，庚申日（十八日），将则天大圣皇后安葬于乾陵。

武三思让郑愔告发朗州刺史敬晖、亳州刺史韦彦范、襄州刺史张柬之、郢州刺史袁恕己、均州刺史崔玄暐与王同皎私下串通密谋。六月，戊寅日（初六），贬敬晖降做了崖州司马，贬彦范做了泷州司马，贬柬之做了新州司马，贬恕己做了窦州司马，贬玄暐做了白州司马，都是员额外的编制，长期留在任上，削去封爵；让彦范恢复姓氏为桓。

起初，流放韦玄贞到钦州后玄贞死去，蛮族酋长宁承基兄弟强逼着要娶他的女儿，韦妻崔氏不同意，承基等杀了她以及四个儿子洵、浩、洞、泚，唐中宗遣派广州都督周仁轨带领两万士兵前去讨伐。承基等逃亡到海上，仁轨追上并且把他们杀死，用头去祭奠崔氏的墓，杀害并且掠取他的部众。唐中宗大悦，加封仁轨为镇国大将军，代五府大使，赐爵为汝南郡公。韦后隔着帘子向仁轨拜谢，认他当了义父。等到韦后败亡，仁轨被视为同党遭到诛杀。

秋季，七月，戊申日（初七），将卫王李重俊立为太子。太子本性聪颖果决，但是绝大多数东宫的官员都是贵家游手好闲的子弟，做事时常不守法纪。左庶子姚珽规谏数次，没有采用，姚珽是姚璹的弟弟。

丙寅日（二十五日），任命李峤担任中书令。

唐中宗将要返回西京，辛未日（三十日），左散骑常侍李怀远同中书门下三品，代东都留守。

武三思暗地里教人罗列写出皇后的丑事，并在天津桥张贴，请求把皇后废掉。唐中宗极为震怒，派御史大夫李承嘉追查此事。承嘉上奏说："敬晖、桓彦范、张柬之、袁恕己、崔玄暐教人干的，虽然表面上说是废后，其意图实则在谋反，请求陛下将他们全族诛杀。"三思又让安乐公主（三思子媳）到宫里进谗言，侍御史郑愔在朝廷又说，唐中宗便下令司法部门定谳。大理丞三原人李朝隐上表奏章说："敬晖等人还未经审讯，不能马上就执行杀戮。"大理丞裴谈上奏说："敬晖等人应当按照皇上的制书处斩抄家，不该另行侦审。"唐中宗因为曾赐给敬晖等人铁券，准许他们不死，于是把敬晖长期流放到琼州，彦范在瀼州，柬之在泷州，恕已在环州，玄暐在古州，子弟凡是十六岁以上的都流放到岭南。升承嘉担任金紫光禄大夫，进爵襄武郡公，推荐为刑部尚书。调派李朝隐担任闻喜县令。

三思又教唆太子上表奏章，请求诛杀敬晖等三族，唐中宗没有应允。

中书舍人崔湜游说三思道："敬晖等将来返回中原，终究必定成为后患，不如派人假造圣旨将他们杀死。"三思问可以派谁前去，湜推荐大理正周利用（贞）。起初利用为五王所厌恶，把他降为嘉州司马，于是任命利用代右台侍御史，携带使命去岭南。快要到达，而柬之、玄暐已经去世；遇彦范在贵州，下令让左右的人将他绑住，拖到竹槎上面，肉磨到见骨，然后将他打死。捉住敬晖，将他剐杀。恕己素来服食丹药，利用就逼他喝下有毒的野葛汁，喝完几升毒汁还没死，恕己忍受不了毒发，疼得用手扒土，指甲都快要磨尽了，再把他打死。利用返回京师，升为御史中丞。薛季昶逐次降为儋州司马，服毒而死。

三思已经把五王除去，权力超过唐中宗，常常说："我不晓得世间什么叫善人，什么叫恶人；只知道与我关系好的就是善人，与我关系坏的就是恶人。"

当时兵部尚书宗楚客、将作大匠宗晋卿、太府卿纪处讷、鸿胪卿甘元柬都是三思的党羽。御史中丞周利用、侍御史冉祖雍、太仆丞李俊、光禄丞宋之逊、监察御史姚绍之都是三思的侦探，人们把他们称为"五狗"。

九月，戊午日（十七日），左散骑常侍、同中书门下三品李怀远过世。

起初，李峤担任吏部侍郎，想树立起个人的恩德声望，而再度担任宰相，上表奏章建议扩大设置员额外的官员，多多引进贵显亲戚和自己熟悉的人。后来真又拜相，铨选官吏与法规不合，减损了国库，这才上表奏章说泛滥用官多的弊端，并且请求辞去官职。唐中宗安抚他留任，对他的请求不予批准。

冬季，十月，己卯日（初九），唐中宗自东都出发，任命前任检校并州长史张仁愿担任检校左屯卫大将军兼洛州长史。戊戌日（二十八日），唐中宗抵达西京。十一月，乙巳日（初五），大赦天下。

丙辰日（十六日），任命蒲州刺史窦从一担任雍州刺史。从一，是窦德玄的儿子，最初名叫怀贞，因为避皇后父亲的名讳，改名为从一，时常谄媚逢迎权贵。太平公主同和尚寺院争夺水力磨，雍州司户李元纮把水力磨判给佛寺。从一大为恐惧，急忙让元纮改判。元纮在判决书后大写："南山可以移动，这判不能改动！"从一也无计可施。元纮，是李道广的儿子。

起初，秘书监郑普思送女儿入后宫，监察御史灵昌人崔日用上表奏章劾举他，唐中宗置之不理。普思在雍、岐两州聚集党徒，谋划反叛之事。事情泄露，西京留守苏瑰将他收押，推究审判。普思的妻子第五氏凭借鬼灵术而为皇后所亲信，因而唐中宗降下敕书让苏瑰不要对他依法处置。后来唐中宗返回西京，苏瑰在朝廷上争论此事，唐中宗对苏瑰压抑而对普思偏袒。侍御史范献忠上前奏报说："请杀苏瑰！"唐中宗说："为什么？"献忠答："瑰作为留守大臣，不能先斩普思，而后上奏，使得他迷惑了圣上的视听，他的罪过大得不得了啊！而且普思谋反之事态已经很清晰，陛下却偏为他找理由。臣听闻贵为王侯是不会死的，就说的是他吧！臣宁愿先被赐死，也不当普思的臣民。"魏元忠说："苏瑰是长者，执行律法从不枉滥。普思依照律法应该处以死刑。"唐中宗迫不得已，戊午日（十八日），把普思流放到儋州，其党羽都被杀死。

十二月，己卯日（初九），突厥默犯鸣沙，灵武军大总管沙吒忠义跟他交战，兵败，六千多人死亡。丁巳日（十二月无此日），突厥进犯原、会等州，抢劫陇右一万多匹牧马而去。忠义被罢免官职。

安西大都护郭元振前往突骑施乌质勒大本营商谈军事，这时有大风雪，元振在帐前站着同乌质勒谈论。过了很长时间，下的雪已经很深了，元振的脚不动。乌质勒年老，抵挡不了寒冷，谈完就过世了。他的儿子娑葛统兵将要攻击元振，副使御史中丞解琬获悉，劝告元振趁夜逃走，元振说："我待人诚心，有什么害怕的！况且我们深处敌人的巢穴，还能逃到哪里去呢？"安睡不动。第二天一早，前去吊祭，哭得十分伤心，娑葛为他的义气所动容，对待元振还跟以前一样。戊戌日（二十八日），任命娑葛承袭嗢鹿州都督、怀德王。

安乐公主依仗帝后的爱宠而骄傲放肆，卖官揽讼，权倾朝廷内外。有的时候自己写制敕，将正文掩盖，要求唐中宗签字，唐中宗笑着依从了她，居然连内容都不看一眼。自己请求立为皇太女，唐中宗虽然没有应允，也不加以责罚。

景龙元年（丁未，公元707年）是年九月始更改年号为景龙。

春季，正月，庚戌日（十一日），下制书，因突厥默啜侵略边境，令中央地方各上平复突厥的计策。右补阙卢俌上奏，认为："郤縠喜爱礼乐，崇尚《诗》《书》，担任晋国的统帅；杜预射箭不能射穿一层铠甲，能建立平定东吴的功绩。因而知晓军中定策，不取决于一人的勇力，就像沙吒忠义，是英勇的将领，原本就无法承担重大的任务。而且，鸣沙战役，主将（沙吒）先逃跑，应交国法处罚。奖惩已分明，则没有打不败的敌人。再者，边地的州刺史，应该精挑细选而任命，让他集合兵、车，储蓄粮草，敌来便抵御，敌去便守卫。去年各地旱灾，不要草率动兵。应该先整治好内部再治理外患，安定国内以使远方诸国前来进贡，等到仓廪充实，士兵精练，之后再大举去讨伐他。"唐中宗认为很好。

二月，丙戌日（十七日），唐中宗派遣武攸暨、武三思前往乾陵求雨。没过多久雨下了，唐中宗高兴，下诏书，将武氏崇恩庙及昊陵、顺陵恢复原名，因此将酆王庙名为褒德庙，陵名为荣先陵。又下诏书，崇恩庙的斋郎选择五品官的孩子担当。太常博士杨孚说："太庙都是用七品以下官的孩子担任斋郎，现今崇恩庙用五品官的孩子，不知太庙该怎么办呢？"唐中宗命太庙也按照崇恩庙办理。杨孚说："用臣和国君对比，尚且还是僭越不道，更何况拿皇帝比照臣下呢？"唐中宗这才收回那个决定。

庚寅日（二十一日），下诏书，将各州中兴寺、中兴观改名为龙兴寺、龙兴观；从现在起，上书不能说"中兴"。右补阙权若讷上奏疏，认为：“天、地、日、月等字皆为则天皇后的杰作，奸佞之臣敬晖等草率地扰乱前朝的制度。现在削改对淳美的教化并无益处，保留它就能弘扬陛下的孝道。而且神龙元年制书，命无论办理任何事情都要参照贞观年的成例，怎可近处舍弃母亲的仪轨，反而远尊祖宗的规定呢！”呈上奏疏后，唐中宗亲下诏书嘉奖他。

三月，庚子日（初二），吐蕃派遣他的大臣悉薰热来进贡。

夏天四月，辛巳日（十四日），选择唐中宗抚育的雍王李守礼的女儿金城公主嫁给吐蕃赞普。

五月，戊戌日（初一），任命左屯卫大将军张仁愿担任朔方道大总管，以防范突厥。

唐中宗因旱灾谷价高，召太府卿纪处讷商讨。第二天，武三思让主持太史职位的迦叶志忠上书说：“今夜，摄提（六星）入太微宫，到帝座，兆象显示有大臣空闲觐见效忠于天子。”唐中宗以为对，下诏书说纪处讷忠心，知晓天人的现象，赏赐一件衣服，六十段帛。

六月，丁卯朔日（初一），日食。

姚嶲道讨击使、监察御史晋昌人唐九征征讨姚州的叛蛮，将他们击败，斩杀三千多名俘虏。

皇后因为太子李重俊并非她所生，所以讨厌他。特进德静王武三思非常害怕太子。上官婕妤因三思的关系，每次下制敕，尊崇武氏。安乐公主跟驸马左卫将军武崇训时常欺负侮辱太子，有的时候叫他奴。崇训又唆使公主对唐中宗说，请求将太子废掉，册立自己为皇太女。太子越来越不平。

秋天七月，辛丑日（初六），太子跟左羽林大将军李多祚、将军李思冲、李承况、独孤祎（一本祎下有“之”字）、沙吒忠义等，伪造圣旨发派三百多名羽林千骑的军队，斩杀武三思、武崇训在他们的府邸及亲戚党羽十多人。又让左金吾大将军成王千里与他儿子天水王禧分兵驻守宫城各门，太子与李多祚领兵从肃章门破关而入，敲宫门要捉拿上官婕妤。婕妤大声说：“看他的意思是想先把我捕获，之后是皇后，再者就是唐中宗。”唐中宗就和韦后、安乐公主、上官婕妤为避祸患登上玄武门楼，派遣右羽林大将军刘景仁率领一百多名快骑兵镇守楼下。杨再思、苏瑰、李峤与兵部尚书宗楚客、左卫将军纪处讷率领两千多人在太极殿前屯驻，闭门自守。多祚先到玄武楼下，想要上楼，卫队阻拦他。多祚跟太子犹豫，停止进攻，希望唐中宗问他。宫闱令石城人杨思勖在唐中宗身边，请求下令进攻。多祚的女婿羽林中郎将野呼利担任前锋总管，思勖举刀斩杀他，多祚的部队士气立刻消退。唐中宗倚在栏杆上欠身向多祚率领的军队说：“你们都是朕的宿卫部队，为什么要追随多祚叛乱？若能杀掉反叛的人，不怕没有富贵。”因而千骑兵斩杀多祚、承况、祎之、忠义，剩下的部众都逃了。成王千里、天水王禧攻击右延明门，打算将宗楚客、纪处讷杀了，还没完成就死了。太子带领一百骑兵逃到终南山，到鄠西时，只有几个人跟上来，在树下歇息，被左右斩杀。唐中宗用太子头祭告太庙及祭武三思、武崇训的棺柩，之后在政事堂悬挂。改成王千里姓蝮氏，同党皆被斩首。

东宫的属官没有人敢靠近太子的尸体，只有永和县丞宁嘉勖解衣将太子的头颅包裹住大声痛哭，被贬为兴平县丞。

太子领兵经过的各门，守门的流放了。韦氏一党上书请求将他们全部斩首，唐中宗改命司法部门审核裁办。大理卿宋城人郑惟忠说：“刚刚判完大案，民心不稳，假如再改发更审，心中不安的人就愈加多了。”唐中宗这才作罢。

任命杨思勖担任银青光禄大夫，兼内常侍。癸卯日（初八），大赦天下。

追谥武三思做太尉、梁宣王，武崇训为开府仪同三司、鲁忠王。安乐公主乞求用永泰公主先例，号崇训的墓为陵，给事中卢粲反驳说：“永泰公主是特殊的恩典，今鲁王是公主的丈夫，不能同她相比较。”唐中宗亲自写下诏书：“安乐与永泰无区别，夫妻合葬，古今一样。”卢粲又上书说：“陛下疼爱亲生女而推爱于她的丈夫，怎么能让上下没有区别，君臣相同呢？”唐中宗无可奈何地依从他的奏议。公主恼怒，将卢粲调走担任陈州刺史。

襄邑县尉襄阳人席豫听说安乐公主请求册立为皇太女，哀叹：“汉代梅福斥责汉城帝冤杀王章（外戚专权），这是个勇敢的人！”于是上奏请求册立太子，言辞恳切。太平公主想上奏推举他为谏官，席豫引为耻，逃跑了。

八月，戊寅日（十三日），皇后及王、公以下上奏进尊号为应天神龙皇帝，把玄武门改名为神武门，楼名制胜楼。宗楚客又带领众官上奏请求加皇后尊号为顺天翊圣皇后。唐中宗全都允了。

当时，右台大夫苏珦审问太子李重俊的党羽，罪犯中有牵连到相王的人，苏珦私下为他申辩，唐中宗这才没有追究。此后安乐公主与兵部尚书宗楚客成天谋划诋毁相王，唆使侍御史冉祖雍诬赖相王及太平公主，说是“与重俊合谋，请求收押入狱”。唐中宗召见吏部侍郎兼御史中丞萧至忠，命他审查。至忠哭着说：“陛下有四海的财富，却不能容忍一个弟弟一个妹妹，而让人设计构陷他俩吗？相王以前曾为皇储，请求则天皇太后把天下传给陛下，一连几天都不吃饭，这是全天下都知道的。怎能因为祖雍的一句话对他心怀猜忌呢！”唐中宗与相王向来友爱，于是就放置不管了。

右补阙浚仪人吴兢听说祖雍的图谋，上奏疏，认为：“自文明年来，国家的继位统绪，仅系于一线不断罢了，陛下重登帝位之后，恩惠普及皇室九族，访求失散于烟瘴之地的皇族子孙让他们重返朝廷。更何况相王是最亲的兄弟，天地间没有第二人跟陛下的关系像他那样亲近；但是奸佞整天勾结谋害，竟想陷害他于极刑，祸害的根源，就是从这件事开始的。若赋予权力，则纵然血统关系疏远也举足轻重，解除权力则纵然血统亲近也没有影响。自古任命宠信不同姓的人，猜忌怀疑亲人，而致使国家灭亡的，有很多啊！更何况国家宗人不多，陛下即位没有多久，如果一位皇子因为举兵而被杀害，一位皇子因为有罪流放，仅有一位皇弟早晚陪在身边，汉文帝被百姓讥为不能容忍唯一的弟弟，不能不谨慎，《青蝇》讽刺幽王信谗言的诗，确实是借鉴啊。”

相王宽仁恭顺谨慎，安然恬淡崇尚谦让，因此历经武后、韦后的时代，竟免遭毒手。

当时，右仆射、中书令魏元忠因武三思专政，经常恼恨郁闷。到太子重俊起兵，在永安门口遇到元忠的儿子太仆少卿魏升，就挟他一块行动；太子死了，一起为乱兵所斩杀。元忠宣称：“为首的（三思）已经死了，即便是受到国家刑杀也在所不惜！只可惜太子死了。”唐中宗因为元忠有功，并且高宗、武后都看重他，因此把他放了不予追究。兵部尚书宗楚客、太府卿纪处讷等人一起指证元忠，说：“他和太子串通反叛，恳请将他三族诛杀。”唐中宗下诏书不予准许。元忠恐惧，上书请求辞官，准许散官回乡。丙戌日（二十一日），唐中宗亲自写下敕令准解除仆射官职，而以特进、齐公退休，依旧在初一、十五上朝。

九月，丁卯日（九月无此日），任命吏部侍郎萧至忠担任黄门侍郎，兵部尚书宗楚客担任左卫将军，兼太府卿纪处讷担任太府卿，并为同中书门下三品；中书侍郎、同中书门下三品于惟谦免职，担任国子监祭酒。

庚子日（初五），大赦天下，把年号改为景龙。

宗楚客等人把右卫郎将姚廷筠引进担任御史中丞，唆使他上书弹劾魏元忠，认为：“侯君集是国家的元勋，他造反，太宗向众位臣子肯求免去他的死罪而群臣不愿意，最终哭着斩了他。之后房遗爱、薛万彻、齐王祐等人谋反叛逆，即使是至亲，都依照国法处置。元忠的功绩比不上君集，身份又不是国戚，和李多祚等一干人等谋反叛逆，儿子在谋反行列，应该满门抄斩，把家宅夷为池沼。可是有同党申辩营救，迷乱圣上的视听，陛下仁厚施恩，要遮掩他的罪责。臣冒犯龙威、违背圣旨的缘由，正是此事关系到国家的命运罢了。”唐中宗以为他的话很对。元忠受牵连收押在大理寺，贬为渠州司马。

宗楚客唆使给事中冉祖雍上书说：“元忠既然犯谋逆罪，不应该调走做渠州的僚佐。”杨再思、李峤也帮他。唐中宗对再思等说：“元忠报效国家多年，朕宽免他，命令已下达了，怎么能再改变！决定权应在朕手中。诸位频频上书，实在与朕意不相符合！”再思等害怕叩拜而谢罪。

监察御史袁守一不断上书弹劾元忠说：“重俊是陛下的儿子，尚且还予以处罚来昭明国法；元忠并非元勋，又非国戚，怎能破例不受重刑裁办？”甲辰日（初九），又把元忠贬为务川县尉。

没过多久，宗楚客又唆使袁守一上书说：“则天太后以前卧病在三阳宫，狄仁杰上书肯请陛下监管政事，元忠秘密上书以为不行，这就可见元忠违背陛下时日不短。请求将他判处死刑！”唐中宗对杨再思等说：“依朕看来，人臣为国君服务，必须要忠贞不贰，怎能因为皇帝身患小病，就立即请求太子主持政事？这是仁杰想要讨好我，不一定元忠有错。守一想引介以往这件事情来构陷元忠，怎么行呢？”楚客这才作罢。

魏元忠前往任所，走到涪陵县就死去了。

银青光禄大夫、上庸公、圣善、中天、西明三寺住持慧范，在东都建圣善寺，在长乐坡建大佛像，国库因此白白消耗。唐中宗与韦后都看重慧范，他的权势足以把朝野的臣子压倒，没人敢对他有所指摘。戊申日（十三日），侍御史魏传弓揭发慧范贪污四十多万，请求依法办理。唐中宗想宽赦他，传弓说：“刑赏是国家的重要事情，陛下已赏赐太过，难道刑罚却要不及吗？”唐中宗这才把慧范的职禄削去，放逐他返乡。

宦官左监门大将军薛思简等是安乐公主喜爱的人，残忍霸道做违法的事，传弓上书请求斩杀他，御史大夫窦从一惧怕他，坚决阻挠。那时宦官掌权，从一担任雍州刺史与御史大夫，看见诉讼的人没有胡须，误认为是宦官，反而曲意巴结。

任命杨再思为中书令，韦巨源、纪处讷一同担任侍中。

壬戌日（二十七日），左、右羽林千骑名字改为万骑。

冬天十月，丁丑日（十三日），命左屯卫（大）将军张仁愿代替朔方道大总管，以征讨突厥。等到达之时，虏已离开，追赶，击败突厥。

习艺馆的宫中教习官苏安恒，骄傲好奇，太子重俊斩杀武三思时，安恒自己说："这是我谋划的。"太子死后，有人揭发他。戊寅日（十四日），被斩首。

十二月，乙丑朔日（初一），发生日食。

这年，唐中宗派遣使者，分几路去江、淮一带赎鱼鳖放生。中书舍人房子人李又上书进谏说："江南地方百姓，捕鱼为生，鱼鳖的利益，是百姓生活的来源。纵然唐中宗广施恩惠的爱心，对小动物有益，而生养成长的恩泽并没有均施给百姓，为什么呢？江和湖有很多，鱼类的生育是无数的；国库的财用，支出供给容易枯竭。若支出的钱太少，则放生的有限，就没有用！若支出的钱太多，多次这样国库就会短缺。与其救水中物，倒不如体恤百姓！并且那批做放生买卖的人，唯利是图，银钱天天来，渔网也年年增，放生一天，他们就赚钱百倍。不如把这笔放生的钱追回，减抵贫困而无法维持生计之人的役税，充实国库，爱泽百姓，这恩惠超过放生。"

资治通鉴卷第二百九　唐纪二十五

起戊申（公元708年），止庚戌（公元710年）七月，共两年七个月。

【题解】本卷记录了公元708年至710年的史事，共两年又七个月，正当唐中宗景龙二年到唐睿宗景云元年七月。中宗李显治国无方，治家无策，忠奸不辨，是非不明。中宗还滥封官职，封邑也违反制度，大肆佞佛，广建寺塔，奢侈无度，耗费了无数的国家资财，加重了人民的负担。并且他纵容韦皇后干预朝政，纵容长宁、安乐两公主卖官鬻爵，横行不法，最终中宗被韦后和安乐公主毒杀。之后临淄王李隆基发动兵变，诛除韦后，歼灭其党羽，睿宗李旦即位。

中宗大和大圣大昭孝皇帝下

景龙二年（戊申，公元708年）

春季，二月，庚寅日（二十七日），宫内传闻皇后衣箱中裙子上产生五色云彩，唐中宗让人画下来给百官看。韦巨源建议向天下百姓宣布，准许了，因而大赦天下。

迦叶志忠上奏：“以往神尧皇帝还没有登上帝位，天下已唱《桃李子》的歌；文武皇帝还没有继承帝位时，天下已流行《秦王破阵乐》的歌；天皇大帝还没有登基，天下人唱《堂堂》歌；则天皇后还没有当上皇帝，天下歌唱《娬媚娘》；应天皇帝还没有登位，天下歌唱《英王石州》；顺天皇后未受天命，天下歌唱《桑条韦》，可能上天以为顺天皇后当为国母，主持蚕桑的事，敬唱《桑韦歌》十二篇，请求采编入乐府，在皇后祭祀先蚕时演奏。”太常卿郑愔又引申这意思。唐中宗很高兴，两人都受到奖赏。

右补阙赵延禧上书说：“周、唐的统绪是一贯的，天心符命同归在一人，因此高宗封陛下为周王。则天皇帝时，唐同泰献《洛水图》。孔子说：‘将来有继承周朝的，即使是历经百代也能类推而知晓的。’陛下继则天皇帝，子孙百代当会全部成为天下君主。”唐中宗高兴，晋升延禧为谏议大夫。

丁亥日（二十四日），萧至忠上书，认为：“承恩而侥幸的人，仅可以赏赐他金钱、布帛，送他肉米，不能把官位作为对宠信的人的奖赏。现今在职的官员很多，冗余的官吏又加倍，干请谒求的人不满足，每天在增加，陛下赐无量的恩惠，亲近的人及亲戚有无限的请求，卖官自肥，徇私舞弊。中枢各台各寺，高官挤满了，玩忽职守到不理政务，仗势到公开违反法律，只是白白侮辱官职，对政事毫无帮助。”唐中宗虽然赞许他的建议，最终没有采纳。

三月，丙辰日（二十三日），朔方道大总管张仁愿在黄河边上建造三座受降城。

当时，朔方军和突厥以黄河为界，河北有拂云祠，突厥将侵略，一定先到祠中祷告，喂马阅兵而后渡过黄河。那时默啜用全部兵力向西攻突骑施，仁愿请求乘虚夺回漠南地区，在黄河北岸建立三座受降城，前后相呼应，以斩断突厥南侵的路线。太子少师唐休璟认为：“两汉以来都是以大河为天然防线，现今在敌人境内筑城，只怕徒劳人力，耗费工程，终究会落入敌人手中。”仁愿坚决不止，唐中宗最终应允了。

仁愿上书留服役期满的镇兵帮忙建城工程，两百多名咸阳籍的戍兵潜逃回去，仁愿全都捉回，在城下斩杀了，军中恐惧，六十天城就建成了。在拂云祠所筑的名为中城，与东西两城相距各四百多里，扼守军事重地，开拓三百多里疆土。在牛头朝那山北设置一千八百个烽火守候瞭望所，任命左玉钤卫将军论弓仁担任朔方军前锋游弈使，驻守诺真水为巡逻部队。此后突厥不敢渡山来狩猎放牧，朔方不再受到入侵，减少几万名守兵。

张仁愿建三城，不建城门外的矮挡墙和防攻设备。有人问他，仁愿说："兵贵于攻打，不以退守为利。敌人来袭，应合力战斗，回头看城的，应当出斩，怎能用得着守备的器具徒增士兵退缩怯懦的心呢！"之后常元楷担任朔方军总管，才建上城门外的短墙。人因而重视仁愿而蔑视元楷。

夏季，四月，癸未日（二十一日），编制修文馆大学士四员，直学士八员，学士十二员，选择公卿以下文章好的如李峤等担当。每次游玩御花园，或与宗室、国戚宴会，学士们都全体侍奉，作诗命他们和诗，派遣上官昭容评判等第，优秀的赏钱及布帛；一同参加宴会的，唯有中书、门下及长久参谒的王公、亲近的显贵几人罢了；到宴会，才召集八座、九列、各司五品以上的官参与。此后天下一致争着看重辞藻诗赋，儒学及忠谏进言的士大夫不能再有这份荣耀了。

秋季，七月，癸巳日（初三），任命左屯卫大将军、朔方道大总管张仁愿为同中书门下三品。

甲午日（初四），清源尉吕元泰上奏，认为："边地不安宁，驻守防卫的事不能停息，士兵困顿辛劳，补给运输疲劳浪费，而建造佛寺，每天增多，劳苦百姓，消耗钱财，没有尽头。以前黄帝、尧、舜、禹、汤、文、武是靠节约仁厚立德留名，晋、宋以来，佛塔寺庙争着建造，而战争不断，缘由是君主好尚不当，尊崇奢华靡费，民不聊生。请求追回建造佛寺的钱财，拨给边塞的军费，让战争永止，百姓富裕，那如来慈悲的恩泽，主张平等的意愿，怎能比过这功德呢！"疏呈上，不予理睬。

安乐、长宁公主以及皇后的妹妹郕国夫人、上官婕妤、婕妤的母亲沛国夫人郑氏、尚宫柴氏、贺娄氏、女巫第五英儿、陇西夫人赵氏，都依仗权势，接纳请托而贿赂为之洗脱罪名，虽然是屠户酒家奴婢，花费三十万的钱财，就能从禁宫内下墨敕书担任官职，歪斜封缄送交中书省，当时人把他们称作"斜封官"。出三万钱就能剃度当个和尚尼姑。正员额外官、同正官、试官、摄官、检校官、判官、知官一共有几千人。西京、东都各设立两吏部侍郎，增为四铨，每年有几万人应选。

上官婕妤和宫中嫔妃大都有外宅，进出不加管制，朝廷士大夫经常跟随她们游玩居息，以求升官。安乐公主特别骄蛮横行，宰相以下多为她提升。与长宁公主争着建造房屋，以奢侈华丽相比，府邸像皇宫，而精致超过大内。安乐公主想要昆明池，唐中宗以百姓仰仗它种蒲养鱼，不予准许。公主不高兴，竟然强抢民田做定昆池，绵延伸展有好几里，石块堆积起来的假山，造型像华山，导入的水流像银河，想要压过昆明池，因此命名为定昆。安乐公主有一条织成的裙子，价值一亿，裙子上绣着的花卉鸟兽，精致小巧像粟粒突出，从不同角度和不同的光下看，颜色也不一样。

唐中宗喜爱打球，因而成为风尚，驸马武崇训、杨慎交洒油来建筑球场。慎交，是杨恭仁的曾孙。

唐中宗与皇后、公主建造许多佛寺。左拾遗京兆人辛替否上书进谏，大意是说："臣听说古代设置官位，人员不必补满，让士人有品德，家有廉节的人，朝廷有丰裕的俸禄，百姓有剩余的粮食。敬思陛下奖赏容易且量多，大量增加官员，金银不足铸造官印，布帛不够行赏，而让有钱的商人，都买了高官做；卖艺施巫术等鄙陋的人，占据肥沃田地。"又说："公主是陛下的爱女，但是让她们用度与古制不相符合，做事不体恤民心，只怕陛下对她们的爱将变成恨，把福变成祸患。为什么呢？竭尽百姓的气力，损耗人民的财物，抢夺百姓的家宅，因为爱几个孩子而招来三大怨，让边疆的战士不愿意尽心竭力，朝廷的官员不愿意尽忠职守，人心已经失散，陛下独自守着自己的所爱，又有什么凭靠和保障呢？君王把人民当根本，根本强固国家才能安稳，国家安定则陛下夫妇母子才能永远团聚。"又说："若以建造佛寺作为治国的根本，培养的士民无法安邦，那么商、周以上政治都黑暗纷乱，汉、魏以下政治都圣明安稳；商、周以往国祚都不长，汉、魏以下国祚都为不短了。陛下把不重要的看作重要，重要的看作不重要，重来世而轻当前，摒弃真实的而求取虚无的，重一般人的行事，而轻皇帝的功绩，即用阴阳为炭，万物为铜，使役不用吃穿的工人，仍然不够供给，更何况是需要天地的养育，风雨的滋润，之后才获得的东西呢！万一战争再发生，天灾又来，和尚不能去打仗，寺塔不能果腹，臣甚为痛心！”奏疏呈上后，唐中宗不予理会。

那时“斜封官”都不经中书、门下两省委任，两省不敢再回奏，立刻布达各部司。吏部员外郎李朝隐前前后后扣压剔除一千四百多人，有很多人恼怨诋毁他，然而朝隐毫不顾忌。

冬季，十月，己酉日（二十一日），修文馆直学士、起居舍人武平一上书请求压制减少外戚的揽权宠爱，不敢直说韦氏，只是恳请压制减少自己的家人。唐中宗下诏书褒奖他而没有允许。平一名甄，人们通常称呼他的字，是武载德的儿子。

十一月，庚申日（初二），突骑施酋长娑葛自立为可汗，斩杀唐朝使者御史中丞冯嘉宾，派遣他的弟弟遮努等带领部众入侵边塞。

当时，娑葛代乌质勒率领了部众，他父亲时的宿将阙啜忠节不服，几次互相攻战。忠节部下少，不能御敌，金山道行军总管郭元振上书速诏忠节入朝廷担任护卫。

忠节走到播仙城，经略使、右威卫将军周以悌劝说他：“朝廷不惜册封你高官厚禄的原因是你有部落群众。现今一人入朝，不过一个没有力量的胡人罢了，岂止保不住皇上对你的宠信与官位，估计性命也保不住。现今宰相宗楚客、纪处讷当权，不若行贿给那二位，要求不返回朝廷，而征调安西的部队及联合吐蕃去攻击娑葛，求取阿史那献做可汗以招安十姓，让郭虔瓘征调拔汗那军来援助，既可不失掉部落，又能报仇，与入朝廷相比，是不可同日而语的！”郭虔瓘是历城人，那时担任西陲守将。忠节认为他所说的在理，派遣走小路的使者贿赂楚客、处讷，按照以悌的计划请求。

元振听见这计划，上奏，认为：“以往吐蕃侵犯的缘由，正是为了求取十姓、四镇的地方而得不到。近来停战请和，不是因为喜欢中国的礼节，只是由于他本国多灾，人畜流行瘟疫，担忧中国趁机进攻，因此暂时压制野心而求和亲，让他的国家稍微安稳，怎会忘了求取十姓、四镇的领土呢！现今忠节不忧虑国家大计，仅仅想当吐蕃的向导，只怕四镇的危险，要从这事开始了。最近因默啜依势辱人，有很多人依附着他，加上四镇的兵力衰弱，势力不够替忠节经营，并不是爱突骑施。忠节不体恤国家内外的大计而请求吐蕃，吐蕃一得意，忠节就在他掌握之中，怎能再为唐朝做事！以往吐蕃对中国无礼，还求取十姓、四镇的领地；现今若击败娑葛而有功绩，要求割让于阗、疏勒的话，不知朝廷用要什么理由去搪塞他！还有，他管辖中的诸蛮及婆罗门等不服气，假如向朝廷借兵帮忙去讨平，也不知朝廷要用什么话推辞！因而古代圣明的君主都不愿接受夷狄的恩惠，即是担忧他们的请求不会满足，最终会变成中国的祸患的缘故。又，他请阿史那献为可汗，岂是因为献为可汗的子孙，想凭借他以安抚十姓吗？查献的父亲元庆，叔父仆罗，兄俀子以及斛瑟罗、怀道等人，都是可汗的子孙。之前我朝及吐蕃部曾一一立他们为可汗，想要以此来招安十姓，都没有招安成功，没过多久便各自被毁灭，为什么呢？就是这几人没有出类拔萃的才干，恩威影响不了群众，虽然是可汗的子孙，众人终究没有依附归于他们，更何况献又跟他的父兄疏离呢？假如忠节的兵力足够威慑十姓，那不必请求立可汗的子孙。又，想派遣郭虔瓘进拔汗那去征调他的军队，虔瓘在这之前曾与忠节自作主张去拔汗那调拨军队，没能调动他一兵一卒，而拔汗那无法忍受我方扰乱他，南引吐蕃，拥着倭子，进攻四镇。在那时，拔汗那周边没有强大的部落援助，虔瓘等大肆掠夺，就像进入无人之境，拔汗那还知道结引俀子为我边患。现今他北边有娑葛，形势危急便和娑葛合力（对虔瓘来说），内部有各胡坚守防，外部有突厥找机会突击。臣料定虔瓘等这一趟，定不能像以往那样得心应手。内外受敌，陷入危亡的境地，白白与敌人结仇，导致四镇不安。依臣的愚见看待这事，确实不是好计。”

宗楚客等不接受，建议“派遣冯嘉宾领命去抚慰忠节，侍御史吕守素安排四镇，任命将军牛师奖担任安西副都护，征调甘、凉州以西的军队，且征调吐蕃，去讨伐娑葛”。娑葛派遣使者娑腊在京师献马，听说了这计策，赶紧返回报告娑葛。于是娑葛派出五千骑兵出安西，五千骑兵出拨换，五千骑兵出焉耆，五千骑兵出疏勒，入侵。元振在疏勒，他在河口建造栅栏，不敢出兵。忠节在计舒河口迎接冯嘉宾，娑葛派出士兵突袭他，虏获忠节，斩杀嘉宾，在僻城捉住吕守素，绑在驿站的柱上，将他剐杀。

唐中宗因为安乐公主将嫁给左卫中郎将武延秀，派遣使者前去嵩山召太子宾客武攸绪。攸绪快到时，唐中宗给掌礼司官下敕，在两仪殿特别设座，准备行问道的礼节，允许他穿在野修道者的冠服觐见，不称姓名也不叩拜。仪仗队进到殿前，通事舍人带了攸绪坐在特设的座位，攸绪快步走，站在“辞见班”之列，二拜如平时的礼节。唐中宗很惊讶，居然没行成原打算行的礼仪。唐中宗多次在内殿延见他，频繁劳问奖赏，都推辞不收；亲戚显贵前来问候他，除却寒暄几句，一句话都不多讲。

当时，武崇训娶公主的时候，延秀常得陪伴她宴会。延秀容貌风姿俊美，擅长歌舞，公主喜爱她。等到崇训死了，就改嫁延秀。

己卯日（二十一日），婚礼完成，借取皇后的仪仗队，分派禁卫军来增加她的仪队，派遣安国相王护车驾。庚辰日（二十二日），大赦天下。任命延秀为太常卿，兼右卫将军。辛巳日（二十三日），和群臣会餐在两仪殿，命令公主出来拜见各大臣，各大臣都伏地叩首。

癸未日（二十五日），牛师奖与突骑施娑葛在火烧城大战，师奖兵败而死。娑葛就攻占了安西，将四镇的交通斩断。派出使者上书，要求将宗楚客斩杀。楚客又上奏请求任命周以悌代替郭元振去统领边军，把元振召回朝廷。册封阿史那献做十姓可汗，设立军队于焉耆用来征讨娑葛。

娑葛给元振写信说：“我与唐国初时没有怨恶，只以阙啜为仇敌。宗尚书接受阙啜的贿赂，想突然攻打我的部落；冯中丞、牛都护陆续前来，我怎能坐着等死？又听闻阿史那献要来，只突然打乱守军及州郡罢了，只怕和平之时不会再有。请大使思考决定吧。”元振把娑葛的信上呈朝廷。楚客恼怒，上书说元振有野心，召回来，将治罪。元振让儿子郭鸿从密路到朝廷细细把真相上奏，请求留下来平定西域，不敢返回朝廷。周以悌竟然获罪，流放白州，再命元振取代以悌，宽免娑葛罪，册封为十四姓可汗。

任命婕妤上官氏为昭容。

十二月，御史中丞姚廷筠上书说：“最近发现各司不遵循法律政令程式，事情不论大小，全都上奏。臣听闻，国君委托臣子，臣子依照法令。政务积累，不可能一一批奏，怎能修个水洞或砍伐一根枯木，都要唐中宗决定！从今往后，若属军国大事以及法令程式上没有明文制度的，可上奏听取行与不行，剩下的各依法处理。有意推托不决，导致延误，请命令御史更正弹劾。”依所奏实施。

丁巳晦日（二十九日），下诏书，命中书、门下和学士、诸王、驸马进入内殿守岁，庭中燎火，摆设酒宴，奏乐曲。酒兴浓时，唐中宗对御史大夫窦从一说：“听闻你没有妻子，朕很替你担心，今天晚上是除夕夜，帮你完成婚礼。”从一只是应诺叩谢。一会内侍官领着拿灯笼、步障、金缕罗扇的人，从西廊走来，扇后有身着礼服的一个人，头插花钗，让她与从一对坐。唐中宗下令让从一背了几首《却扇诗》。放下罗扇，脱掉花钗，把衣服换了，仔细来看，竟然是皇后的老奶妈王氏，本是蛮族人而在宫内为婢女的。唐中宗与侍从的臣子都大笑。下诏书，封为莒国夫人，嫁于从一当妻子。乳母的丈夫俗称为“阿奢”，从一每次拜见唐中宗或上书，自称“翊圣皇后阿奢”，当时人称他为“国奢”，从一却愉快而有骄傲的神情。

景龙三年（己酉，公元709年）

春季，正月，丁卯日（初九），下诏书，扩建东都圣善寺，有几十家百姓因此失业。

长宁、安乐几位公主，大都允许家奴去争抢百姓子女做奴婢，侍御史袁从之捉拿他们入罪，惩罚他们。公主告知唐中宗，唐中宗下令释放他们。从之上书说：“陛下纵奴去强抢百姓，怎么治理天下？”唐中宗最终还是放了他们。

二月，己丑日（初二），唐中宗驾临玄武门，与亲近的臣子看宫女们拔河比赛。又让宫女摆设商铺，让大臣当客人，与宫女做买卖，假意讨价还价吵闹，说脏话，唐中宗与皇后观看，以此为乐。

丙申日（初九），监察御史崔琬对着仗卫弹劾宗楚客、纪处讷私通戎狄，收受贿赂，致使边境不稳。按照旧制，大臣被弹劾，要低头弯腰快步走出去，站在朝堂等待治罪。到现在，楚客却将恼怒表现在脸上，自己说他是忠诚的，是被崔琬诬赖的。唐中宗竟然不追究，让崔琬与楚客结拜为兄弟而和解，当时人称他为“和事天子”。

壬寅日（十五日），韦巨源担任左仆射，杨再思担任右仆射，都同中书门下三品。

唐中宗经常与近臣学士宴会，下令各献技艺取乐。工部尚书张锡跳《谈容娘》舞，将作大匠宗晋卿表演《浑脱》舞，左卫将军张洽表演《黄獐》舞，左金吾将军杜元谈念《婆罗门咒》，中书舍人卢藏用模仿道士给天神上书求消灾。只有国子监司业河东人郭山恽说：“臣不懂这些，愿唱古诗。”唐中宗允许。山恽便唱《鹿鸣》《蟋蟀》。第二日，唐中宗赏赐山恽敕书，褒奖他唱诗的用意，将一套流行的衣服赏赐给他。

唐中宗曾经宴会侍臣，让他们每人都唱《回波辞》。大家都唱奉承的词，有的要求高官厚禄，谏议大夫李景伯唱道：“大家于此刻摆宴喝酒，唱《回波辞》。臣执掌规谏，侍宴已超过三钟酒，吵闹恐怕于理不合！”唐中宗心中不悦，萧至忠说：“这才是真正的谏官！”

三月，戊午日（初一），任命宗楚客担任中书令，萧至忠担任侍中，太府卿韦嗣立担任中书侍郎、同中书门下三品。中书侍郎崔湜、赵彦昭都是同平章事。崔湜与上官昭容私通，因此昭容推荐他做宰相。彦昭，是张掖县人。

当时权势分散，冗余的官员爆满，百姓说三府寺办公的地方，挤得没法设置座位，指宰相、御史及员外官而言。韦嗣立上书，认为："近来寺庙建造得太多，专事奢侈华丽，大的损耗上百几十万钱，小的也有三五万，大致损耗千万以上，百姓疲劳困苦，怨声载道。佛教教义，在制约身心，难道在雕梁画栋，夸赞壮丽上？一旦发生水旱灾害，戎狄兴兵进犯，即使龙象多如天云，将拿什么去拯救呢？又，食户的封爵豪家，数量太多了，昨天问户部，回报说用六十余万丁，一丁每年纳绢二匹，一共要一百二十余万匹。臣近来在太府任职，每年入库的绢数，最多也超不过一百万，少则只有六七十万匹，与封爵人家比，则收入得太少。那些帮助皇帝登位有功劳的人，才能分封爵禄。国家初立时，功臣食封的不过二三十家，现今靠关系食封的竟然超过一百之数。国家的税役，大都支在私家，私家富饶，更奢靡；公家不足用，就会导致忧患，治国的策略，怎能说这样是对的！封给他们食产的税收，由他们征收，家奴依势，欺负州县，大都索要盘费，转为贸易的资金，烦扰压迫，百姓困苦不堪。不若全都算入丁税收入太府，令食户爵家到左藏库去领取，比他们自己去征收要好。而且员额外设立官吏，数目是正员几倍，各官署的小职位，苦于供奉侍候，国库公仓，为支薪俸而竭尽无余。又，刺史、县令，近年以来，不用心选择任命，京中官吏犯了法或威望不高的才派遣出任刺史、州长；吏部的选举，年老不擅长辞章的才补县令，用这种方法治理百姓，怎能盼望他们可治理百姓？请之后在任命三省、两台以及五品以上清望官的时候，都先从刺史、县令里面挑选，则天下可安稳了。"唐中宗不予理会。

戊寅日（二十一日），任命礼部尚书韦温担任太子少保、同中书门下三品，太常卿郑愔担任吏部尚书、同平章事。温，是皇后的兄长。

太常博士唐绍，因武氏昊陵、顺陵设置守户五百，和昭陵数目一样，梁宣王、鲁忠王墓的守户超过亲王五倍，韦氏的褒德庙卫兵比太庙还多，就上书请求酌情减少，唐中宗不听从。绍，是唐临的孙子。

中书侍郎兼知吏部侍郎、同平章事崔湜与吏部侍郎同平章事郑愔同掌理人事选铨，全力巴结权势贵族，以贪污出名，常超额录用人，职位空缺不足，就预先支用下三年的空缺，选拔制度被大大破坏。湜的父亲担任司业，收受参选人的贿赂，湜不知晓，长名榜内签在放（不中）列，这人去告知他说："令亲戚接纳了我的钱财，为什么没有选择我？"湜恼怒说："亲戚是谁？应该捉来打死他！"这人说："你不可以把他打死，不然的话你要守孝啊！"湜非常羞愧。侍御史靳恒和监察御史李尚隐在仗卫之前弹劾他，唐中宗下令收湜等人狱，派遣监察御史裴漼审问他们。安乐公主劝说漼放他们一马，漼又在朝廷的仗卫前弹劾他。夏季，五月，丙寅日（十一日），愔赦免死刑，流放吉州，湜贬为江州司马。上官昭容暗地里与安乐公主、武延秀偏袒替他辩明。第二日，任命湜为襄州刺史，愔为江州司马。

六月，右仆射、同中书门下三品杨再思逝世。

秋季，七月，突骑施娑葛派使前来请求归降；庚辰日（二十六日），封他做钦化可汗，赐名守忠。

八月，己酉日（二十五日），任命李峤为同中书门下三品，韦安石为侍中，萧至忠为中书令。

至忠的女儿嫁给皇后舅父的儿子崔无诐，成婚那天，唐中宗担任新娘的主婚人，皇后担任新郎的主婚人，那时人称为"天子嫁女，皇后娶媳"。

唐中宗打算去南郊祭天，丁酉日（十三日），国子监祭酒祝钦明、国子司业郭山恽进谏："古代大祭祀，皇后用瑶爵杯祼（guàn，即灌祭，以郁鬯之酒献祭，受祭后将酒灌于地。）献。皇后应该在祭祀天地的礼中担当助祭。"太常博士唐绍、蒋钦绪反驳："郑玄注《周礼内司服》，唯有助祭先王先公，并无助祭天地的记录。皇后不应助祭南郊。"国子司业盐官人褚无量进言："祭天只用始祖为主，不用祖妣配享，因此皇后不应参与祭典。"韦巨源决定仪式，请求依照钦明的建议。唐中宗恩准，用皇后担当亚献，因任命宰相女作为斋娘，帮忙拿礼器。钦明又想让安乐公主为终献，绍、钦绪一再反驳，才没成。而任命巨源代太尉任终献。钦绪，是胶水县人。

己巳日（八月无此日），唐中宗驾临定昆池，让随行官吏们作诗。黄门侍郎李日知诗有“所愿暂思居者逸，勿使时称作者劳”（希望暂时考虑百姓的安逸，不让人们经常称道建筑工人的辛苦）。到睿宗登位，对日知说：“在那个时候，即便是我也不敢说那样的话！”

九月，戊辰日（十五日），任命苏瓌担任右仆射、同中书门下三品。

太平、安乐公主各自树立党羽，相互诋毁，唐中宗很担心。冬季十一月，癸亥日（十一日），唐中宗对修文馆直学士武平一说：“最近听闻内外亲戚显贵多不和谐，用什么办法让他们和谐？”平一以为：“这是由于诋毁与阿谀奉承的人暗中挑拨，应该深加教诲，斥退奸佞小人。假如还不能制止，敬请放弃当前，顾全将来，压抑慈爱心怀，运用严肃手段，明示他们让其害怕，不使他们多做恶事。”唐中宗赏赐平一绢帛，却没能采纳他的建议。

唐中宗召见前任修文馆学士崔湜、郑愔进入京师陪侍举行大礼。乙丑日（十三日），唐中宗祭祀南郊，大赦天下，就连十恶犯也都予以宽免，流放的人都准许返乡，斋娘有丈夫的，丈夫都任官调职。

甲戌日（二十二日），开府仪同三司、平章军国重事豆卢钦望去世。

乙亥日（二十三日），吐蕃赞普派遣他的大臣尚赞咄等一千多人前来迎娶金城公主。

河南道巡察使、监察御史宋务光，认为：“现今共有一百四十多家被实封，应该出封户的共五十四个州，都是取最肥沃的田，或一封分食几州，而太平、安乐公主又取资财多丁多的，压榨太过，应纳的比朝廷的征役还多。滑州地方产绫缣，人多去求取，尤其遭受迫害，百姓多流亡离开。请稍微把封户分散到其他各州。而且去征收财税的使者打扰地方官府及百姓，建议附在国家租庸中统收，每年统支。”唐中宗没有采纳。

当时流放的人都允许回乡，只有均州刺史谯王李重福不准许，于是陈情上书说："陛下焚柴行礼，祭祀上天，百姓都得赦免，儿子却更加摒弃，上天对百姓公平施下的恩惠，原来竟是像这样的吗？天下的人知晓的都替臣悲痛，更何况陛下以慈悲为怀，难道不可怜臣忧迫？"表呈上，没有回复。

前右仆射退休的唐休璟，八十多岁了，更想求得名位，把贺娄尚宫的养女娶为儿媳妇。十二月，壬辰日（初十），任命休璟担任太子少师、同中书门下三品。

甲午日（十二日），唐中宗驾临骊山温泉。庚子日（十八日），驾临韦嗣立别墅。因为韦嗣立跟北周高士韦复同族，赐号逍遥公。嗣立，是皇后的远房宗族。因而爱顾奖赏更多。乙巳日（二十三日），回宫。

这年，关中饥荒，一斗米价格一百钱。把山东、江、淮一带的粮食运送到京师，牛死了十分之八九。群臣大都请求唐中宗再去东都，韦后家本在杜陵，不想东迁，于是让巫人彭君卿等劝谏唐中宗，说："今年不宜东行。"之后再有意见的，唐中宗恼怒说："哪里有就食的天子！"自此才没人敢提了。

睿宗玄真大圣大兴孝皇帝上

景云元年（庚戌，公元710年）是年七月始改年号为景云。

春季，正月，丙寅日（十四日）夜晚，中宗和韦后穿便服私行观赏街市花灯，又放几千名宫女出宫游玩，大都没有返回宫中。

唐中宗派遣纪处讷送金城公主嫁到吐蕃，处讷辞谢。又派遣赵彦昭去，彦昭也推脱。丁丑日（二十五日），下令让左骁卫大将军杨矩去。己卯日（二十七日），唐中宗亲自为公主送行到始平县。二月，癸未日（初二），赶回宫中。公主到达吐蕃，赞普为她另外筑城让她居住。

庚戌日（二十九日），唐中宗驾临梨园球场，让文武三品以上官员抛球以及分批拔河。韦巨源、唐休璟年老体弱，随着大绳而摔倒在地，很长时间都没能爬起来。唐中宗和皇后、妃子、公主都看着大笑。

夏季，四月，丙戌日（初五），唐中宗游赏芳林园，让大臣们在马上采樱桃。

以前，则天时代，长安城东边市民王纯家中的井冒出水来，逐渐扩大为几十顷大的水池，名为隆庆池。在池的北岸是相王五个封王爵的儿子府邸。占候云气的人说："常蔚起象征帝王的云气，近来特别强盛。"乙未日（十四日），唐中宗驾临隆庆池，用彩帛结成楼（船），宴会侍从的臣子，乘舟游池，牵大象去踩戏，用来压制风水。

定州人郎岌上奏说："韦后、宗楚客即将反叛。"韦后向唐中宗告状，便将他打死。

五月，丁卯日（十七日），许州司兵参军偃师人燕钦融再上书说："皇后淫秽，干涉朝政，她的宗族强盛；安乐公主、武延秀、宗楚客谋划危害国家。"唐中宗把钦融召来当面问他。钦融磕头上书，容色不屈，唐中宗无话可说。宗楚客假造圣旨，派遣人快马过去打杀他，投在殿庭的石上，颈断而死，楚客大声叫好。唐中宗虽然没有追究，但心里也不高兴，因而韦后与她的爪牙开始担忧惧怕。

己卯日（二十九日），唐中宗宴会亲近的臣子，国子祭酒祝钦明请求表演《八风舞》，摇头溜眼，种种丑陋的姿势都有，唐中宗大笑。钦明向来以儒学闻名，吏部侍郎卢藏用暗中对各学士说："祝公所擅长的《五经》都扔得一干二净了！"

散骑常侍马秦客精通医术，光禄少卿杨均善于烹饪，二人因而进出内宫，被皇后垂青，怕事被泄露而遭杀害。安乐公主想要韦后当上皇帝，自己当皇太女，就与他们串通，在饼里下毒。六月，壬午日（初二），唐中宗在神龙殿驾崩。

韦后封锁消息，不公布中宗的死讯，自己统揽大权。癸未日（初三），召集宰相们进大内，征调各府兵五万人进驻京城，派遣驸马都尉韦捷、韦灌、卫尉卿韦璿、左千牛中郎将韦锜、长安令韦播、郎将高嵩分别率领。璿，是温的族弟；播，是温的侄子；嵩，是温的外甥。中书舍人韦元巡视六街。又派遣左监门大将军兼内侍薛思简等带兵五百急乘驿马赶赴均州镇守，为防御谯王李重福。任命刑部尚书裴谈、工部尚书张锡皆为同中书门下三品，仍代东都驻守。吏部尚书张嘉福、中书侍郎岑羲、吏部侍郎崔湜都为同平章事。岑羲，是岑长倩的儿子。

太平公主和上官昭容计划拟写遗命，把温王李重茂立为皇太子，皇后把持政务，相王李旦参议政务。宗楚客暗中对韦温说："相王辅助政务，在道理上不合适；而且和皇后是叔嫂，不便互相问候，在朝廷商议之时，该怎么行礼？"就带领宰相们上书，请皇后坐朝主持，免除相王辅政的职责。苏瑰说："遗诏怎可更改呢！"温、楚客恼怒，瑰害怕而顺从他们，于是委任相王为太子太师。

甲申日（初四），唐中宗灵柩移到太极殿，召集众官正式宣布唐中宗去世，皇后坐朝代行政权，大赦天下，把年号改为唐隆。把相王李旦升为太尉，雍王李守礼升为豳王，寿春王李成器升为宋王，以顺应群众的期望。命令韦温主管内外守捉兵马的职务。

丁亥日（初七），殇帝登位，当时十六岁。把皇后尊为皇太后；把陆妃立为皇后。

壬辰日（十二日），分派纪处讷拿着节符巡查关内道，岑羲巡查河南道，张嘉福巡查河北道。

宗楚客与太常卿武延秀、司农卿赵履温、国子祭酒叶静能，以及韦姓诸人劝说韦后依照武后的旧例，南北卫军、台阁各司，都用韦氏的子弟统领，大结党羽，朝廷内及各地方结合。楚客又暗中上奏称引图篆谶纬，说韦氏应革唐朝的命。欲害殇帝，十分顾忌相王和太平公主，暗中与韦温、安乐公主谋划除去他们。

相王的儿子临淄王李隆基，开始被罢免了潞州别驾的职位，暗中在京城聚集有才能的人，计划匡复唐室。开始，太宗选拔骁勇善战的蕃人，穿带有老虎纹饰的服装，骑用画有豹斑点的鞍鞯，随从狩猎，在御马的前面射禽兽，号称"百骑"。则天时稍稍增加点称为"千骑"，隶属左右羽林军。中宗的时候称作"万骑"，还安排官员管理他们。隆基和这里面的人都有很深厚的交情。

兵部侍郎崔日用一向附和韦氏、武氏，与宗楚客相互交好，当他知道楚客的计划，害怕自己会因此遭到连累，让宝昌寺和尚普润私下求见隆基告诉他这件事，让他赶紧发动兵变。于是隆基与太平公主和公主之子卫尉卿薛崇暕、御花园总监赣县人钟绍京、尚衣奉御王崇晔、上任朝邑县尉刘幽求、利仁府折冲麻嗣宗，商量先下手杀他们（万骑统领）。韦播、高嵩经常打营兵借以树立自己的威信，因此“万骑”对他们非常怨恨。果毅葛福顺、陈玄礼见隆基就陈述冤情，隆基告谕他们将要杀死韦氏等人，听了这些他们都情绪激昂，并且愿意为之效命。万骑果毅李仙凫也参加了这个计划。有人给隆基说应该告诉国相，隆基说：“做这事，我们是在为国牺牲，如果事情成功，那么就归功于相王，如果大事不成，那么我们也就仅仅是让自己身死而已，不要连累王爷。如果现在告诉他，并且他还允许了，则王爷就参加了这次危险的行动；如果他不答应，那么就会坏事了。”因此没有告诉他。

庚子日（二十日），申时，李隆基穿着便服和幽求等一起进入禁苑，与钟绍京在官舍中会合。绍京反悔了，不想让他们进入，他妻子许氏说：“舍身救国，神明肯定会庇护他的。并且你已经答应参与，即使现在反悔，也免不了一死。”绍京这才赶忙出来拜谒，隆基握他的手并坐着。此时，羽林军将士都在玄武门屯守，等到天黑，葛福顺、李仙凫都到隆基面前，请求暗号动手。将近二鼓时分，天上布满星星，像雪花一样闪亮，刘幽求说：“这是天意啊，让我们行事便利，机不可失！”福顺拔剑直冲入羽林营，斩韦璿、韦播、高嵩示众，说：“韦后害死先皇，图谋危害国家，今天该和我们一起杀死韦氏等，只要是高于马鞭的都不能留。待到相国评定天下时，如果有人胆敢有贰心并且帮助叛逆者，罪加到三族！”羽林军们乐于从之。因此将韦璿等的头送给隆基，隆基拿火看，因此和幽求等从禁苑南门出去，绍京带领二百多园工，带着斧头锯子跟着；让福顺带左万骑进攻玄德门，仙凫统领右万骑进攻白兽（虎）门，相约在凌烟阁前聚集。随后大声叫喊，福顺等一起将守门将军杀死，破关而入。隆基在玄武门外布兵，三鼓时分，听到里面呐喊，就带领总监及羽林兵进宫，在太极殿卫护灵柩的军队，听到呐喊声，都穿上盔甲回应。韦后非常害怕，逃到飞骑营，飞骑军有人将她的头割下献给隆基。安乐公主正在照镜子描眉，军士将她杀死。在肃章门外杀武延秀，斩内将军贺娄氏在太极殿西边。

起初，上官昭容推荐她姨母的儿子王昱做左拾遗，王昱游说昭容的母亲郑氏道："武氏是天废的，不能够兴（疑'兴'当作'与'，附从之意）。如今婕妤归附三思，是要被灭族的啊，请您好好想想！"郑氏拿王昱的话提醒昭容，昭容不从。等到太子重俊攻打三思，追究昭容的责任，昭容才恐惧，想起王昱的话，因此开始心向唐中宗，和安乐公主组建自己的势力。到中宗驾崩，昭容拟定遗嘱立温王，让相王辅佐，宗楚客、韦后将原稿改了。等到隆基进宫，昭容拿着火把来迎接他，将草稿给刘幽求看。幽求替她说好话，隆基不同意，斩在旗下。

那个时候，少帝在太极殿，刘幽求说："大家相约今日立相王为帝，怎么不早点定！"隆基立即阻止他，在宫中捕搜韦氏诸人和各门的卫士，并且将韦后的党羽都杀掉。将近天亮的时候，宫内外都已经安定了。辛巳日（六月无此日），隆基出宫见相王，以没有预先告知他向他请罪。相王拥抱他流泪说："国家社稷不至于倾覆，全靠你啊。"因此迎立相王入宫辅佐少帝。

禁闭城门和宫门，派遣万骑去搜韦氏的亲族党羽。斩太子少保、同中书门下三品韦温在东市北。中书令宗楚客穿着斩衰、骑青驴子出逃，到了通化门，守卫的说："你是宗尚书。"将他的布帽拽掉，抓住他杀了，并斩他弟弟晋卿。相王拥着少帝到安福门，安抚晓谕百姓。起初，赵履温将国库的钱给安乐公主，为她盖府第，组高台挖池毫不停止，将紫袍拉低，以颈子为公主挽牛车。公主死后，履温赶紧到安福楼下拜谒相王，高呼万岁，然而相王让万骑将他斩杀。为他做苦役的百姓对他恨之入骨，抢着割他的肉，不一会儿就割完了。秘书监汴王李邕娶韦后的妹妹为崇国夫人，与御史大夫窦从一，都亲手将妻子杀了，将头献上。李邕，是李凤之孙。左仆射、同中书门下三品韦巨源闻说政变，家里人劝他躲起来，巨源说：“我做大臣，哪能听说朝廷有变而不做任何事呢！”刚到京城大街，就被乱兵杀死，那时他已经八十岁了。后来将马秦客、杨均、叶静能等斩杀，将他们的头悬挂示众，韦后被曝尸于大街。崔日用带领军队在杜曲将韦氏宗族杀死，连小孩都没有幸免，杜家被枉杀的也不止一个。

就在那天，赦免天下，布告：“逆贼已经被杀，剩下的同伙都不追究。”任命临淄王李隆基做平王，同时任主管内外马政，管理左右厢万骑军队。薛崇暕被赏赐爵位封为立节王。任命钟绍京同时担任中书侍郎，刘幽求兼任中书舍人，共同参与国家大事。麻嗣宗兼右金吾卫中郎将。武氏一族人，几乎都被杀死流放了。侍中纪处讷逃到华州，吏部尚书同平章事张嘉福逃亡怀州，将他们全部抓获并且杀死了。

壬寅日（二十二日），刘幽求在太极殿，有宫人和宦官让幽求撰制书（为少帝）立太后，幽求说：“国家正处于危难之中，民情未定，（中宗）陵寝还没建好，不能马上就立太后！”平王李隆基说：“这不可轻易为之。”

派遣十道使臣携带公文去宣抚各地，还到均州宣慰谯王李重福。贬窦从一为濠州司马。罢免了各公主开府的属官。

癸卯日（二十三日），太平公主转述少帝的命令，逊位给相王，相王又一次推辞。任命平王李隆基做殿中监、同中书门下三品，任命宋王李成器做左卫大将军，衡阳王李成义做右卫大军，巴陵王李隆范做左羽林大将军，彭城王李隆业做右羽林大将军，光禄少卿嗣道王李微兼右金吾卫大将军。李微，是李元庆之孙。任命黄门侍郎李日知、中书侍郎钟绍京都做同中书门下三品。太平公主之子薛崇训做右千牛卫将军。隆基的两个仆人王毛仲和李守德，都跑得快，富有大力，擅长骑射，经常跟着他。隆基进入禁苑的时候，毛仲躲避不跟着去，事平之后好几天，隆基却不责罚他，依然将他超擢做将军。毛仲，以前是高丽人。汴王李邕贬做沁州刺史，左散骑常侍、驸马都尉杨慎交贬为巴州刺史，中书令萧至忠贬为许州刺史，兵部尚书、同中书门下三品韦嗣立贬为宋州刺史，中书侍郎、同平章事赵彦昭贬为绛州刺史，吏部侍郎、同平章事崔湜贬为华州刺史。

刘幽求向宋王李成器、平王李隆基说："相王从前就做过皇帝，众望所归。现在民心不稳，国家的事重大，相王怎么能拘泥于小节，不早早登位呢？"隆基说："王爷生性淡泊，不将俗事记在心上。虽然做过皇帝，仍让别人，何况是自己亲兄弟的儿子呢，哪里肯取而代之！"幽求说："人心所向，他也无法回避，王爷虽想清高独有所好，哪里比得上国家啊！"成器、隆基入宫求见相王，力谏，相王才同意。甲辰日（二十四日），少帝在太极殿东边角向西，相王站在（中宗）灵柩旁，太平公主说："皇帝将皇位让给叔父行吗？"幽求跪下说："国家多难，皇帝仁孝，应当仿效尧、舜，合乎常理。相王代他的责任重大，对他的慈爱更深。"于是少帝下制书传位给相王。那时少帝还在位，太平公主走近对他说："现在相王众心所向，这里不属于你了。"于是将他牵下来。唐睿宗李旦即位，驾临承天门，大赦天下。又封少帝做温王。

任命钟绍京做中书令。钟绍京在少年的时候曾经做过司农录事，现在掌管政事，随意赏罚，大家都很讨厌他。太常少卿薛稷劝说让他退位让贤，绍京采行。薛稷进京对皇帝说："虽然绍京有功劳，但他没有才能，并且出身卑贱，突然擢升宰相，恐怕有损圣朝万民景仰的美德。"唐睿宗深以为是。

丙午日（二十六日），改任钟绍京为户部尚书，过一段时间后，又将他调出做蜀州刺史。

唐睿宗想要立太子，但是由于宋王李成器是嫡长子，平王李隆基的功劳却最大，经常犹豫，不能决定。成器推辞说："如果国家安定就立嫡长子，如果国家危难就要立有功劳的；假如违背因时制宜的原则，天下人便会失望。臣就算死也不敢高居在平王之上。"流泪坚决恳求，一连几天都是这样。多数大臣也觉得平王功大应立为太子。刘幽求说："臣听说，消除天下之祸的人，应该享有国家的福。平王拯救国家于危难之中，挽救了君父的危难，谁也没有他功劳大，他又是最贤能的人，这更不用怀疑了。"唐睿宗同意了。丁未日（二十七日），立平王李隆基为太子。李隆基又上表让给成器，唐睿宗不同意。

则天大圣皇后恢复以前的称号天后。追谥雍王李贤为章怀太子。

戊申日（二十八日），任命宋王李成器为雍州牧、扬州大都督、太子太师。

将温王李重茂安置在内宅。

任命太常少卿薛稷做黄门侍郎，参加国家机要之事。因为薛稷书法好，是唐睿宗为相王时的下属，其子伯阳娶仙源公主，因此任命他做宰相。

废武三思、武崇训爵位谥号，打开石棺暴尸，将其坟墓夷平。

任命许州刺史姚元之做兵部尚书、同中书门下三品，宋州刺史韦嗣立、许州刺史萧至忠做中书令，绛州刺史赵彦昭任命为中书侍郎，华州刺史崔湜为吏部侍郎，都是同平章事。

越州长史宋之问，饶州刺史冉祖雍，因为依附韦、武的过错，都被流放到岭南。

己酉日（二十九日），让衡阳王李成义为申王，巴陵王李隆范为岐王，彭城王李隆业为薛王；升太平公主实封满一万户。

太平公主为人老谋深算并且爱好权势，武后认为像自己，因此在各儿女中特别喜爱她，让她参与机要事务，但是她害怕武后，不敢招权揽势。等到张易之被杀的时候，公主又立了功。中宗时代，韦后、安乐公主都非常害怕她，她又和太子一起杀了韦氏。已经多次建立大功，越来越受尊重，唐睿宗经常和她商量国家大事，每次入宫奏事，都谈很久。有时没有到朝廷拜谒，宰相就要到她府第问询。宰相每次奏事，唐睿宗都要问："和公主商量过吗？"又问："和三郎商量过吗？”然后批准。三郎，就是说太子。公主想的，唐睿宗都无不听许，自宰相以下，进退基本上由她定夺，由她推荐而立马就能做到高官的人非常多，她的权力高过君主，归附她的人很多。儿子薛崇行、薛崇敏、薛崇简都封王，田园遍野，收购买卖营造各种器物玩好，远到岭南、四川，并且往来送货的人连绵不断，她的居家开支，可跟皇宫相比。

追赠郎岌、燕钦融为谏议大夫。

秋季，七月，庚戌朔日（初一），追赠韦月将为宣州刺史。

癸丑日（初四），任命兵部侍郎崔日用做黄门侍郎，参与国家大事。

将李重俊追复为前太子位号，洗雪敬晖、桓彦范、崔玄暐、张柬之、袁恕己、成王千里、李多祚等的罪名，恢复了他们的官爵。

丁巳日（初八），任命洛州长史宋璟检校吏部尚书、同中书门下三品；将岑羲免职，任命为右散骑常侍，兼任刑部尚书。宋璟与姚元之齐心协力去除中宗时候的弊端，引进忠良，罢退奸臣，赏罚公正，拜托行不通，伸张法理，那时国家清明，人们都认为有贞观、永徽年间的气象。

壬戌日（十三日），崔湜被罢免职务为尚书左丞，任命张锡为绛州刺史，萧至忠做晋州刺史，韦嗣立做许州刺史，赵彦昭做宋州刺史。丙寅日（十七日），姚元之同时担任中书令，兵部尚书、同中书门下三品李峤贬为怀州刺史。

丁卯日（十八日），太子少师、同中书门下三品唐休璟告老还乡；右武卫大将军、同中书门下三品张仁愿被免官，任命左卫大将军。

黄门侍郎、参知机务崔日用和中书侍郎、参知机务薛稷在天子面前相互争辩。薛稷说：“日用为人不正，从前附从武三思，不是忠臣；出卖朋友，不是义士。”崔日用说：“虽然臣以前犯过错，但现在也立了功。薛稷明为国戚，但是暗地里却偏向张易之、宗楚客，不是不正又是什么？”因此唐睿宗将这两个人免官。戊辰日（十九日），任命日用为雍州长史，薛稷做左散骑常侍。

己巳日（二十日），大赦天下，将年号改为景云。尚未执行刑罚的韦氏的所有党羽，都赦免。

乙亥日（二十六日），将武氏崇恩庙和昊陵、顺陵废除，将韦后追贬为庶人，贬安乐公主悖逆庶人。

韦后执掌国家大权时，将吏部侍郎郑愔贬为江州司马，在均州做暗访，与刺史谯王李重福以及洛阳人张灵均计划发兵将韦氏杀死，还没有出发，韦氏就兵败了。重福调任集州刺史，还没有出发，灵均游说重福说："大王是嫡长子，该做皇帝。虽然相王有功劳，但是不应该登上皇位。东都士大夫和百姓，都希望您能来。如果秘密到达洛阳，招募左右屯营兵，将留守官杀死，占领东都，就像从天上落下来一样。之后向西夺取陕州，向东夺取黄河南北的地方，那么就可以得天下了。"重福听从了他的建议。

于是张灵均暗地里和郑愔勾结，拥众几十人。当时郑愔从秘书少监贬官为沅州刺史，在洛阳等李重福，草拟制书，立重福为帝，将年号改为中元克复。尊唐睿宗为皇季叔，让温王做皇太弟，郑愔做左丞相，主要管理朝廷内外的文事，灵均做右丞相、天柱大将军，掌管武事，右散骑常侍严善思做礼部尚书，管理吏部事。重福和灵均假装乘着驿马到达洛阳，郑愔已经布置好驸马都尉裴巽府而等待重福。洛阳县官隐约了解他们的计谋。

资治通鉴卷第二百一十　唐纪二十六

起庚戌（公元710年）八月，止癸丑（公元713年），一共三年五个月。

【题解】本卷记录了公元710年八月至713年的史事，共三年又五个月，正当唐睿宗景云元年到唐玄宗开元元年。睿宗李旦平庸仁厚，因其第三子临淄王李隆基与太平公主联手发动兵变诛杀韦后集团，阴差阳错地被推上皇帝宝座，李隆基也因此被立为皇太子。睿宗即位，大权落入太平公主手中。太平公主与太子李隆基两派势力明争暗斗，长达三年之久。后来太平公主公然谋划废立皇帝，唐玄宗于是在先天二年七月用兵诛灭太平公主及其同党，玄宗完全掌控政权，改元开元。

睿宗玄真大圣大兴孝皇帝下

景云元年（庚戌，公元710年）

八月，庚寅日（十二日），（洛阳县令）到裴巽府查询。突然李重福到了，洛阳县令飞奔出门，告知留守官。众官员都躲起来了，洛州长史崔日知一个人带领很多人攻打重福。

留洛阳御史台侍御史李邕在天津桥与重福相遇，已经有好几百人都归附他了。李邕快马到达屯守军营，宣布："在先帝时谯王犯罪了，现在没有任何理由就回来了，肯定会叛乱的，你们应该赶紧立功以求富贵。"又向皇城禀告，将城门紧闭。重福首先攻打左、右屯守营地，营中向他射箭，箭如雨下。因此转而进攻左掖门，想要攻下留守军，一看大门关了，很是生气，下令将门烧了。还没点着火，左屯营兵冲出营地进攻，重福十分窘迫，策马出东门，逃到山谷中藏起来。第二天，留守派大军搜捕，重福跳水溺死。崔日知，是崔日用的堂兄，因为有功封为东都留守。

郑愔面目丑陋但是胡须很多，事情失败了，梳髻，穿妇女的衣服，躲于车中，被擒。提审时，双腿战栗不能言。张灵均神态自然，回头对郑愔说："和这样的人起义，真是该失败啊！"在东都市上和郑愔一起被斩首。起初，郑愔归附来俊臣而高升；俊臣死后，归附张易之；易之死了，归附韦氏；韦氏失败了，又归附谯王重福，后来灭族。严善思免于一死，流放静州。

万骑自恃讨灭韦氏的功劳，很多人行为恶劣，不守法，长安人深以为苦；下诏全调任为地方官。又中止了让奴隶当万骑兵；还设置飞骑，属于左、右羽林军。

姚元之、宋璟和御史大夫毕构上报："先朝斜封官全该废止。"唐睿宗同意了。癸巳日（十五日），将几千斜封官都罢免了。

刑部尚书、同中书门下三品裴谈被贬为蒲州刺史。

将苏安恒追赠为谏议大夫。

九月，辛未日（二十三日），任命以太子少师退休的唐休璟做朔方道大总管。

冬季，十月，甲申日（初七），礼仪使姚元之、宋璟上报："大行皇帝的神主，本应该太庙祭祀，请求将义宗的神主移到东都，再立庙。"唐睿宗同意了。

乙未日（十八日），恢复天后的尊号大圣天后。

丁酉日（二十日），任命幽州镇守经略节度大使薛讷做左武卫大将军并任幽州都督。节度使这个官位始于薛讷。

因太子年纪轻，太平公主颇轻视；之后又害怕他圣明，想要再选一个弱的来保持她的权力，几次散布谣言说："太子不是长子，不该立。"己亥日（二十二日），下制书告诫内外，以平不实之论。公主经常侦察太子的作为，连小事也要上奏，太子周围常有公主的人，太子深感不安。

追谥故太子李重俊为节愍。太府少卿万年人韦凑上书，认为：“奖罚不施与死人，需要考虑到他的作为立谥号来褒贬他。故太子重俊，和李多祚等发兵入宫，中宗登上玄武门避他，太子骑在马上指挥军队自若；等到他的士兵死了，多祚等人都死了，太子才逃。如果守卫不力，这次祸乱何可忍心说出！第二天，中宗泪下如雨，对供奉官说：‘无颜面对你们了。’危险至此。现在圣上以礼葬他，谥他为节愍，我们不懂。那为臣下的礼仪，过宗庙必下车，过君位必趋行。汉成帝为太子，不敢越过驰道。然而重俊发兵进宫，骑马立于君父前，无礼至极。若因他杀了武三思父子而奖励他，也只有在保君王杀奸臣的时候可以；但想自取帝位，是跟三思一样的谋逆，哪里值得嘉奖呢！若因他想废韦氏而奖励他，但韦氏当时反状未明，母子的名义未断，如没有中宗的命令而废黜她，是逼父废母，是不行的！汉朝戾太子被江充的谗言所逼，发怒杀充，虽然发兵，并不是围困逼迫父亲；兵败而死，到他的孙子做天子，才得改葬，仍谥号为戾。况且重俊，怎可谥他为节愍呢？臣担心以后的乱臣贼子，会援以为例，大开叛逆违逆的方便之门，这不能扬善惩恶，请改谥号。多祚等依附重俊举兵，有罪。现在如果您想宽恕他也行，而名为雪洗，也不妥。”唐睿宗以为对，但是执政人以为已经下达制书了，不方便再改，只是不追赠给多祚等人官衔罢了。

十一月，戊申朔日（初一），任命姚元之做中书令。

己酉日（初二），在定陵安葬孝和皇帝，庙号中宗。因韦后有罪大臣们觉得不应合葬。追谥故英王妃赵氏做和思顺圣皇后，寻她所葬之处，无人知晓，因此招魂，盖上尸衾，合葬定陵。

壬子日（初五），韦安石免去侍中一职，做太子少保，左仆射、同中书门下三品苏瑰也免官，做少傅。

甲寅日（初七），恢复裴炎的官爵。

起初，裴伷先从岭南逃回，又刑杖一百，改而流放到北庭。到流放地后，经商行侠，经常派人探听京城动向。武后杀流放之人时，伷先预先知道，逃至胡地。北庭都护逮到他时，将他囚禁后上奏。使者到的时候，流人全部死亡，因等待回复的公文伷先没有被杀。之后武后下制书安抚放逐的人，还没死的人都让回来，因此伷先得回。这时，唐睿宗寻找裴炎的子嗣，只有伷先还在，任命他做詹事丞。

壬戌日（十五日），恢复王同皎官爵。

庚午日（二十三日），许文贞公苏瓌死。下制书，让其子苏颋担任工部侍郎，颋辞。唐睿宗又改派李日知宣旨，日知到他家里坐着，没说一句话就回去了，上奏："臣看他悲伤难抑，不忍心宣达圣意，怕他晕倒。"于是唐睿宗准许他为其父服满三年丧期。

十二月，癸未日（初七），唐睿宗让两个女儿西城、隆昌公主做女官道士，希求增添皇太后的冥福，因此想在城西建立道观。谏议大夫宁原悌上书，认为："先朝悖逆庶人（安乐）是中宗爱女，过分骄纵而遭祸患，因为新都、宜城公主是庶出自知抑制减损才得保全。再之，释、道二家都是主张清修，不应劳民伤财，大建寺观。以前梁武帝就是因为这才失败的，往近说，因为这些，先帝爷遭受祸患，殷鉴不远。如今两位公主做道士，要建观，不需要华美，以免世人指责。还有，前朝亲近的和尚还住在那里，应该疏逐。"唐睿宗看了大加称赞。

宦官闾兴贵要长安令李朝隐办事，朝隐将他逮捕。唐睿宗知晓后，召见朝隐，嘉慰他说："你为京畿县长吏，能这样，我就高枕无忧了！"因此到承天门，召众官和各州入朝觐见汇报的使臣，宣示朝隐的做法。而且下制说："宦官在仁主慈君的时期，必定玩弄权术。朕每看到史书所记，常叹。现在能让我称心的，就是像李朝隐这样的人，可以升官做太中大夫，赐中上等的考绩和一百匹绢帛。"

壬辰日（十六日），奚、霫族侵犯边塞，洗劫渔阳、雍奴县，自卢龙塞出。幽州都督薛讷追讨，未胜。

按照旧制，三品以上的官使用册书任命，五品以上使用制书任命，六品以下使用敕书授予官职，都要交给尚书省奏闻注拟，文官属于吏部，武官属于兵部，尚书掌授官的称为中铨，侍郎掌授官的称为东西铨。中宗末，亲宠当道，选拔之事混乱，没有常度。这时，任命宋璟为吏部尚书，李乂、卢从愿做侍郎，都是不害怕强梁阻挠的人，托关系的门路由此断了。候选者一万多人，最后留在三铨的还不到两千，人人叹服。任命姚元之做兵部尚书，陆象先、卢怀慎做侍郎，武举也步入正轨。卢从愿，是卢承庆的族侄；象先，是陆元方的儿子。

侍御史藁城人倪若水，弹劾国子祭酒祝钦明、司业郭山恽违法乱纪，为了迎合帝后使得中宗圣德亏损。因而将钦明降调成饶州刺史，山恽为括州长史。

侍御史杨孚，弹劾稽查不论贵贱，权贵的人向唐睿宗指责他，唐睿宗说："老鹰抓狡兔，须要赶紧救兔子，否则肯定会被吃掉。御史弹纠奸臣也是这样。如果国君不保护他，就会被奸恶的人干掉。"杨孚，是隋文帝的侄孙。

建立河西节度、支度、营田等使，掌管凉、甘、肃、伊、瓜、沙、西七个州，在凉州设办公署。

姚州各蛮族，以前归附吐蕃，代理监察御史李知古请求出兵攻击他们。已降服，又请求筑城，设立州县，施以重税。黄门侍郎徐坚认为不行，唐睿宗不听劝阻。将知古调出剑南军队去筑城墙，因而想将蛮族的人才杀死，夺掠其子女为奴婢。群蛮怨恨，蛮族酋长傍名带吐蕃军队进攻知古，将他杀死，用其尸祭天，因而姚州、嶲州与中原断绝往来，多年未通。

安西都护张玄表侵掠吐蕃北边地区，虽吐蕃怨恨，但是不断绝和亲政策，因此贿赂鄯州都督杨矩，让河西九曲的地方当作公主的汤沐邑，杨矩上奏请赐。

景云二年（辛亥，公元711年）

春季，正月，癸丑日（初七），突厥可汗默啜来使求和，同意。

己未日（十三日），任命太仆卿郭元振、中书侍郎张说都做同平章事。

任命温王李重茂做襄王，代理集州刺史，派遣中郎将五百士兵去监视他。

乙丑日（十九日），刘氏妃被追立为肃明皇后，墓陵称作惠陵；德妃窦氏是昭成皇后，墓陵称为靖陵。在东都城南招魂并安葬，在京城建庙，称仪坤庙。窦氏，是太子生母。

太平公主和益州长史窦怀贞等结盟，要加害太子，派其女婿唐晙邀请韦安石到她府第，安石坚辞。唐睿宗曾秘召安石，告诉他说："听说朝臣拥立太子，你该查查。"答说："陛下怎么能说灭国的话！这肯定是太平公主的诡计。太子对社稷有功，仁慈明智孝顺友爱，所有人都知道，请你不要被谗言迷惑。"唐睿宗瞪着眼说："朕知道了，别说了。"那时公主在帘子后偷听到，就用谣言陷害安石，要收监审问，靠郭元振的救助，免于一难。

公主曾经还在光范门内乘辇等宰相，劝说改立太子，大家都变脸了。宋璟高声说："太子于国家有功，是宗庙社稷的中心，公主怎么这样说呢？"

宋璟和姚元之秘奏："宋王是陛下长子，豳王是高宗长孙，太平公主离间他们，会使太子不安。请您将宋王、豳王调出去做刺史，罢免岐、薛二王左、右羽林军的职务，改为左、右率归太子掌控。太平公主与武攸暨到洛阳去住。"唐睿宗说："朕没有兄弟，只太平一位妹妹，怎么能让她远走呢？其他王照你们的意见调度。"就先下制书说："诸王、驸马从今天起不可掌管禁卫军，在任的都改调别的职位。"

之后，没过多久，唐睿宗对近臣说："术士说，五天之内会有军队突袭进宫，你们替我防备着。"张说说："这必定是谗人要离间太子。请陛下叫太子监理国政，谣言自会消止。"姚元之说："张说的话，是国家的上好计策。"龙心大悦。

二月，丙子朔日（初一），任命宋王李成器做同州刺史，豳王李守礼做豳州刺史，左羽林大将军岐王李隆范做左卫率，右羽林大将军薛王李隆业做右卫率；太平公主到蒲州去住。

丁丑日（初二），让太子监督国政，六品以下任官和徒刑以下，交由太子处理。

殿中侍御史崔莅、太子中允薛昭素对唐睿宗说：“斜封官都是先帝所授予的，恩德的制命早已颁布，今天却因姚元之等的意见，如果将他们全解除，说明先帝错了，为您引来尤怨。如今人们议论纷纷，遍布天下，担心出事。”太平公主也这样说，唐睿宗觉得也是。戊寅日（初三），下制书：“那些由斜封敕命任用的官员，已经罢免的，一律根据才能录用。”

太平公主听到姚元之、宋璟的谋划，很生气，借此责备太子。太子恐惧，上奏说姚元之、宋璟挑拨他和姑、兄的感情，请求以极刑处置。甲申日（初九），将姚元之贬为申州刺史，宋璟为楚州刺史。丙戌日（十一日），也搁置不发布对宋王、豳王作刺史的任命。

中书舍人、参知机务刘幽求卸任，担任户部尚书。让太子少保韦安石做侍中。韦安石和李日知代替姚、宋执政，自此朝纲混乱，又像景龙时代。前右率府铠曹参军柳泽上奏，认为：“斜封官都是从宫中妇仆提携的，怎么是出自中宗！陛下罢黜全部，天下人都说皇上圣明。如果重新起用，善恶无准，如此反复，可见您政令不一！反对的人都说太平公主让胡僧慧范暗地里串通这些人，欺瞒您。臣害怕积小成大，酿成祸害。”唐睿宗不同意。柳泽，是柳亨的孙子。

左、右万骑和左、右羽林做北门四军，任命葛福顺等统领。

三月，封宋王李成器的女儿做金山公主，许配给突厥默啜。

夏季，四月，甲申日（初九），宋王李成器辞去司徒；获准，为太子宾客。任命韦安石做中书令。

唐睿宗召集三品以上的官员，说：“朕一向心性平和，不以天子位尊为贵，开始做皇位继承人，后来又做皇太弟，都推辞，现在想传位于太子，你们有什么想法？”众臣不答。太子让右庶子李景伯坚决推辞，唐睿宗不同意。亲附太平公主的殿中侍御史和逢尧，向唐睿宗进言：“陛下年轻，正为百姓仰赖，怎可突然如此！”唐睿宗才作罢。

戊子日（十三日），下制书：“一切政务交由太子处理。军中死刑和五品以上官员的任免，都先向太子商议，再奏。”

辛卯日（十六日），让李日知代理侍中。

壬寅日（二十七日），大赦天下。

五月，太子请求让位于宋王李成器，不允许。请求召回太平公主，同意了。

庚戌日（初六），下制书：“则天皇后父母的墓室，仍然叫昊陵、顺陵，酌情设管理官吏。”这是太平公主为武攸暨求来的。

辛酉日（十七日），将西城公主改名金仙，将隆昌换名玉真公主，分别为她们筑道观，强取许多民房，工程耗资数百万。右散骑常侍魏知古、黄门侍郎李乂建议停止，都不接纳。

壬戌日（十八日），殿中监窦怀贞做御史大夫、同平章事。

慧范和尚依仗太平公主的势力，强取百姓家产，御史大夫薛谦光和殿中侍御史慕容珣弹劾他。公主向唐睿宗诉说，将谦光调走做岐州刺史。

那时，派使者去巡视十道，议论的人觉得山南道所辖地区过于宽，因此分为东西二道，再分陇右为河西道。六月，壬午日（初八），又重新划分，设立汴、齐、兖、魏、冀、并、蒲、鄜、泾、秦、益、绵、遂、荆、岐、通、梁、襄、扬、安、淮、越、洪、潭（州）二十四都督，各纠察所属刺史之下官吏的善恶，只有洛阳和近畿州不归都督府。太子右庶子李景伯、舍人卢俌等上奏：“都督有生杀大权，权力过重，如果用人不当，为害很大。现御史品位俸禄都很低，但是有很高的声望，定时巡察，奸宄自然就禁绝。”之后就废除都督，只设立十道按察使。

秋季，七月，癸巳日（十一日），将上官昭容的职位追复，谥号惠文。

乙卯日（七月无此日），因为高祖旧宅枯柿又活了，大赦天下。

己巳日（七月无此日），任命右御史大夫解琬做朔方大总管。解琬考核按察三城守城士兵，上奏裁员十万人。

庚午日（七月无此日），任命中书令韦安石做左仆射兼任太子宾客、同中书门下三品。因安石不附从太平公主，所以表面上升他官，实则降他权力。

九月，庚辰日（初八），任命窦怀贞做侍中。每次怀贞退朝，都要拜访太平公主。那时修金仙、玉真两道观，多数人奉劝不要，只有怀贞劝唐睿宗建，自己监工。那时人们都说怀贞以前是皇后的阿奢，如今是公主的邑司。

冬季，十月，甲辰日（初三），唐睿宗到承天门，率韦安石、郭元振、窦怀贞、李日知、张说宣布制书，责道："政教多失，水旱成灾，国库亏空，官员日多，虽然我的德行不厚，还因为辅佐大臣不称职。安石应该做左仆射、东都留守，元振应该担任吏部尚书，怀贞应该担任左御史大夫，日知担任户部尚书，说应为左丞；全部罢权。"任吏部尚书刘幽求做侍中，右散骑常侍魏知古做左散骑常侍，太子詹事崔湜做中书侍郎，都是同中书门下三品；中书侍郎陆象先做同平章事。这些都是太平公主的意见。

陆象先清心寡欲，言论高远，为世人敬重。崔湜因为太平公主升官，公主想举荐他做宰相，崔湜请求和象先一起提升，公主不允许，崔湜说："如果这样，我不敢做宰相。"因此公主替他们一并向唐睿宗说，唐睿宗不想任用崔湜，公主哭泣请求，才允许。

右补阙辛替否上奏疏，认为："古来施政无道，国破家亡的事，口说难以和亲身经历比，耳闻不如目睹。臣从您看到的说：太宗皇帝是陛下的祖父，攘除奸凶，平定天下，建立国家法度，不轻易任命官职，不白白浪费钱财，没有建造很多寺庙却很有福祉，没有供养很多的僧尼也没有灾害，上天保佑，风调雨顺，物产富足，四夷相服，在位日久，享誉古今。陛下为什么不效仿他呢？中宗皇帝是您的哥哥，抛弃祖宗的制度，听从子女，给予无能者官禄的有几千人，给无功的人封爵户的一百多家；不停地兴建寺庙，耗资巨大，不断地给人剃度，免几十万赋税，天天增加支出，天天减少收入；拿人们的口粮养贪污残忍的人，剥百姓的衣服去装饰建筑的寺观，因此民怨日甚，众叛亲离，水旱灾发生了，国家及人民困顿，在位短暂，祸降本身。为什么陛下不引以为戒？目前，水旱灾相继发生，加上霜害蝗灾，人民无食，也未闻救济抚恤，却为两个女儿建道观，用一百多万贯钱。陛下怎么不算算国库积蓄，朝廷、地方的经费有多少，而率性使用一百多万贯，去做无用的事？陛下将韦氏的家族灭了，却不改韦氏的过错，抛弃太宗的法制，却不抛弃中宗的政治措施吗？并且在韦氏掌权的时代，陛下和太子，日夜忧患，对凶恶的政要深恶痛绝，幸运的是现在能除掉他们，竟然不改变他们的措施，臣害怕还有人怨恨您。像这样那么您当初为什么要杀那些人呢？以前先帝爱悖逆（安乐公主），宗晋卿为她建造府第，赵履温为她修花园，耗尽国库，竭尽民力，没来得及住新房子，没来得及游花园，就被杀了。如今建造道观，崇尚奢侈，肯定不是陛下、公主的本意，大概是有宗、赵之流的意见，这个得明察啊！如果陛下不停止，我担心人们积怨，不比先帝的时代少。人们都知道这件事的坏处，却不敢说，说了便会被杀。韦月将、燕钦融等人，前朝将他们杀了，现在您追赠他们，难道不是因为您知道直言进谏对国家大有裨益吗？臣现在所说的，就像以前的人所为，请陛下明察。”唐睿宗虽然没有采纳，但嘉奖他恳切直言。

御史中丞和逢尧代理鸿胪卿，到突厥做使臣，劝说默啜：“处密、坚昆听到可汗和唐通婚，都表示顺服。您怎么不穿唐朝衣冠，让各胡族知道，不是很好吗？”默啜同意了，第二天，戴了襆头，穿上紫衣，南面拜了又拜，自称臣，派遣他的儿子杨我支和国相随从逢尧入朝，十一月，戊寅日（初八），抵京。逢尧因为奉命出使有功，调任户部侍郎。

壬辰日（二十二日），下令所有二十五岁的服兵役，五十五岁的免除兵役。

十二月，癸卯日（初三），任命兴昔亡可汗阿史那献为招抚十姓的使臣。

唐睿宗与天台山道士司马承祯见面，询问阴阳数术，答：“道是减之又减，直到心静，哪里需要费心学习？”唐睿宗说：“用无为修身很高明，怎么治国呢？”答说：“国如身，顺其自然，心不存私，天下便治。”唐睿宗叹道：“广成子之言，也难比啊。”承祯多次请归，唐睿宗同意了。

尚书左丞卢藏用指着终南山对承祯说：“其中大有妙处，哪里要到天台山！”承祯说：“据我看，这是做官的捷径吧！”藏用曾经在终南山隐居，则天时征他做左拾遗，因此承祯这样说。

玄宗至道大圣大明孝皇帝上之上

先天元年（壬子，公元712年）这年八月将年号改为先天。

春季，正月，辛巳日（十一日），唐睿宗在南郊祭天，始据谏议大夫贾曾的建议合祭天地。贾曾，是贾言忠之子。

戊子日（十八日），唐睿宗亲临产水东岸，耕藉田。

己丑日（十九日），大赦天下，将年号改为太极。

乙未日（二十五日），唐睿宗至安福门，设宴款待突厥杨我支，让金山公主出来见面；后来逢唐睿宗传位，没能通婚。

任命左御史大夫窦怀贞、户部尚书岑羲都做同中书门下三品。

二月，辛酉日（二十二日），废除右御史台。

蒲州刺史萧至忠主动亲附太平公主，公主荐他做刑部尚书。华州刺史蒋钦绪，是他的妹夫，对他说：“以尔才，何忧不至显贵！不要做非分之想。”至忠不回答。钦绪告退感叹：“九代大臣的家族，败于一件错事，可悲呀！”至忠一直有声望，曾从公主府第门出来时，遇到宋璟，宋璟说：“不希望您这样。”至忠笑说：“宋先生说得好听。”立即策马而去。

幽州大都督薛讷镇守幽州二十多年，人民安居乐业，没有发过兵，敌人也未敢犯。和燕州刺史李琎有梁子，琎对刘幽求说讷不好，幽求推荐左羽林将军孙佺取代他。三月，丁丑日（初八），任命孙佺做幽州大都督，将薛讷调为并州长史。

夏季，五月，益州獠人叛变。

戊寅日（初九），唐睿宗在北郊祭天地。

辛巳日（十二日），大赦天下，将年号改为延和。

六月，丁未日（初九），右散骑常侍武攸暨死，将他追封为定王。

因节愍太子作乱之时，岑羲护驾有功，癸丑日（十五日），任命岑羲做侍中。

庚申日（二十二日），幽州大都督孙佺和奚人酋长李大酺在冷陉交战，全军覆没。

那时，孙佺率领左骁卫将军李楷洛、左威卫将军周以悌，带领两万士兵、八千骑兵，分三军袭击奚族、契丹。将军乌可利谏说："路险且天热，孤军深入，必败。"佺说："薛讷在边镇多年，竟不能收复营州。现攻其不备，必成。"派遣楷洛率骑兵四千为先锋，和八千奚人骑兵交战，失利。佺胆小，不敢救，想带兵返回，敌人乘势攻击，大败之。佺依山险列成方阵来防守，大酺派人对佺说："既然朝廷已与我和亲，为何有大军前来？"佺说："我奉敕命来招抚慰问。楷洛不以命令，就和你斗，我愿意将他斩首向你告罪。"大酺说："这样说的话，国家的信物在哪里？"佺将军中的帛斗收上来，一万多段，连同紫袍、金带、鱼袋送给他。大酺说："请你向南退到镇守地，不要来扰我。"将士恐惧，不成行伍，敌人追击，士兵败散。佺、以悌被虏捉，献给突厥，默啜全杀了。楷洛、可利脱险返回。

秋季，七月，彗星现于西天，过轩辕星入太微星界，抵大角星。

有位相士告诉同中书门下三品窦怀贞："你大祸将至。"怀贞害怕，请求辞职做安国寺奴。准。乙亥日（初八），又任怀贞做左仆射兼御史大夫、平章军国大事。

太平公主叫星相家告诉唐睿宗："彗星象征除旧立新，因为帝星和心前星都有变，皇太子应该当皇帝。"唐睿宗说："将皇位传于有才者，就这么定了。"太平公主和她的同党都争谏，认为不可。唐睿宗说："中宗时，奸臣当道，天屡现异象。朕当时请求中宗选贤子立为太子以应灾祥，中宗不高兴，朕忧心恐惧，寝食难安。怎么那时候可以说，现在不可以做呢？”太子听闻，紧急入朝，跪伏在地，叩头请求：“臣因立小功，承蒙擢立为太子，害怕不能担任，不知您现在急着传位干吗？”唐睿宗说：“国家之所以能够安定，我之所以能得天下，都是因为你。现帝座有灾象，因此传位，希求变祸为福，你担心什么！”太子多次推辞。唐睿宗说：“你是孝子，为什么偏要等我死后登位？”太子流着泪出来。

壬辰日（二十五日），下制书传位于太子，太子上表请辞。太平公主劝唐睿宗即使卸任，还应该将大权总揽。唐睿宗竟然对太子说：“你还想用天下事繁多重大，和我一起治理吗？古时舜禅禹，还亲去巡守。我虽传位，怎能忘国家！军国大事，应该兼省视。”

八月，庚子日（初三），唐玄宗李隆基登基，尊睿宗为太上皇。太上皇自称“朕”，命令为“诰”，每五日临太极殿接受朝见。唐玄宗自称“予”，命令为“制”“敕”，在武德殿每天受朝见。三品以上官员的去留和重大刑案政事由太上皇定夺，剩下的由皇帝决定。

壬寅日（初五），改大圣天后尊号称圣帝天后。

甲辰日（初七），大赦天下，将年号改为先天。

乙巳日（初八），在漠州北部建立渤海军，恒、定州境内建立恒阳军，妫、蔚州境内建立怀柔军，驻扎五万人。

丙午日（初九），将王氏妃立为皇后。任命国丈王仁皎为太仆卿。仁皎，下邦人。戊申日（十一日），册立皇子许昌王李嗣直为郯王，真定王李嗣谦做郢王。

任命刘幽求做右仆射、同中书门下三品，魏知古做侍中，崔湜做检校中书令。

起初，河内人王琚参加了王同皎（杀武三思）的谋划，逃亡，在江都替人抄写糊口。唐玄宗做太子了，琚回长安，选任为诸暨主簿，到太子宫面谢。到廷中，故意慢步昂头，宦官说：“殿下在帘子后。”琚说：“殿下？现在唯有太平公主！”太子立即召见，与之交谈。琚说：

“韦庶人弑君叛逆，人心向背，杀她简单；太平公主是武后的女儿，凶狠狡诈，大臣多听她行事，我心担忧。”太子延请他同榻而坐，流着泪说：“与皇上同胞的，现在也只剩下太平公主了，说呢，怕伤皇上的心，不说，又害怕出事，该怎么办啊？”琚说：“天子的孝，难比百姓，应以国家社稷为重。盖主，是汉昭帝的姐姐，从小备受礼遇，犯罪了尚且要杀；治理天下，怎能拘泥小节？”太子大喜：“您有什么才能，能和我同游？”琚说：“可以炼丹，诙谐讽喻。”因此太子上奏让他担任詹事府司直，形影不离，以资历当太子中舍人。等到太子登位，任为中书侍郎。

这个时候，宰相大多是太平公主的同伙，刘幽求和右羽林将军张暐想用羽林军将她杀死，派张暐秘奏：“窦怀贞、崔湜、岑羲都是靠公主上位，整天为她献计。应该提前准备，一旦事发，太上皇怎可安居？请将她杀死！臣已跟幽求定计，只等陛下下令。”唐玄宗同意了。张暐将这计策透露给侍御史邓光宾，唐玄宗恐惧，立马对太上皇陈奏。丙辰日（十九日），幽求被捕。主管官员上报：“幽求等离间亲情，依法当死。”唐玄宗替他说情，说幽求有功绩，不可杀。癸亥日（二十六日），将幽求流放到封州，张暐到峰州，光宾到绣州。

起初，崔湜任命为襄州刺史，私下里和谯王李重福通信，重福将金带送给了他。重福失败后，湜按理说应该被处死，还好张说、刘幽求营救，才得以免死。后来崔湜归附太平公主，和公主计划张说主政事，做左丞职分管东都。待幽求被流放到封州，湜鼓动广州都督周利贞，想要将他杀死。桂州都督景城人王晙知道他的诡计，留着幽求不放。利贞多次用公文催促，王晙置之不理，利贞上报朝廷。湜屡催促逼迫晙，要他放幽求去广州，幽求对晙说：“您违背宰相的命令保护被流放的人，现在形势不利，我只是拖累你。”多次请求到广州去，晙说：“你犯并不是让朋友跟你绝交的罪。我因为你而获罪，没有任何怨恨。”最终将他留下。因而幽求才得逃生。

九月，丁卯朔日（初一），日食。

辛卯日（二十五日），把皇子李嗣升立为陕王。嗣升的母亲杨氏，是杨士达的曾孙女。王皇后没有儿子，把他当儿子抚养。

冬季，十月，庚子日（初四），唐玄宗祭拜太庙，大赦天下。

癸卯日（初七），唐玄宗大驾新丰，在骊山下狩猎。

辛酉日（二十五日），沙陀金山派遣使者前来朝贡。沙陀，是处月的支种，姓朱邪氏。

十一月，乙酉日（二十日），奚族、契丹有两万寇骑侵入渔阳，幽州都督宋璟关闭城门不出战，敌人大肆抢掠离开。

太上皇降下诰书，差遣唐玄宗去巡察边防，西从河、陇，东到燕、蓟，挑选将领，训练士兵。甲午日（二十九日），任命幽州都督宋璟担任左军大总管，并州长史薛讷担任中军大总管，朔方大总管、兵部尚书郭元振担任右军大总管。

十二月，刑部尚书李日知恳请退休。

日知在职，不需要鞭策就能把事情办成。刑部有位官员，收到唐玄宗敕命三天，忘了去办理。日知生气，让人把杖拿来，聚集僚属要处罚他；不久后说："我要是打你，天下人定然说你可以惹得我生气，受到我的杖责，为人所不齿，妻子儿女也将会远离你了。"因此放了他。群吏全部都感动高兴，不敢延误，只要有耽搁的，大家一起指责他。

开元元年（癸丑，公元713年）是年十二月方更改年号为开元。春季，正月，乙亥日（十一日），下诰书："卫士从今年起二十五岁服兵役，五十岁除役；羽林飞骑都从卫士中选拔。"

任命吏部尚书萧至忠担任中书令。

唐玄宗巡察边防改变日期，招募来的兵士分别遣散，大概在八月再聚集，后来竟然没有去成。

二月，庚子日（初七），夜晚，开门点燃千百个灯，又追行去年（即位之时赐天下）大宴饮，大合演伎乐。太上皇和唐玄宗驾临门楼上欣赏，有的时候夜以继日，总共一个多月。左拾遗华阴人严挺之上奏疏规谏，觉得："宴饮是依靠人民有盈利，凑钱喝酒助欢乐。如今竟然消耗万民的劳动成果，来供给各种戏艺的花销，不是光大圣德、美正风教的做法。”因此取消。

那时，高丽被消灭之后，它的支族大祚荣搬到营州居住。等到李尽忠造反，祚荣和靺鞨酋长乞四北羽聚集部众向东离去，依靠险要的地势自卫。尽忠死后，武后差遣将军李楷固去讨平李尽忠的余党。楷固攻打乞四北羽，杀了他，率领士兵越过天门岭，进逼祚荣。祚荣迎战，楷固大败，勉强逃跑。祚荣于是就带领他的部众占据了东牟山，筑城而居。祚荣骁勇善战，高丽、靺鞨人渐有归附，两千平方里土地，十多万户，几万名强兵，自称振国王，依附突厥。那时奚、契丹都反叛唐朝，交通阻断，武后没有办法征讨。中宗即位，差遣侍御史张行岌招抚慰劳他。祚荣也差遣他的儿子入朝廷做事。到了这个时候，命祚荣为左骁卫大将军、渤海郡王；以他所辖的地方为忽汗州，任命祚荣兼任都督。

庚申日（二十七日），下敕书，由于严挺之忠直，晓谕众官，大大嘉赏了他。

三月，辛巳日（十八日），皇后亲自祭祀先蚕。

晋陵县尉杨相如上奏疏提出对时政的建议，大概是说：“炀帝自认为国家强盛，不忧虑当时的政事，虽然政令多次下达，而言辞与实际不同，话说得像圣君，行事竟然像暴君，将大好的江山，一下子抛弃。”又说：“隋帝纵欲而使国家灭亡，太宗控制欲望而强盛，恳请陛下仔细考察而挑选效法！”又说：“国君没有不喜欢忠正的人而讨厌邪佞小人的，可是忠正的人常常被疏离，佞邪的人经常被亲近，因此导致国家灭亡、本身危险而不醒悟，是什么原因呢？实是因为忠正的人多数是不顺从君意，佞邪的人大多是顺从君意，违背阻止多了君主便憎恨他们，顺从多了君主就会产生喜爱他的心，这就是亲疏分别的原因。圣明的君主便不会这样。喜欢违逆的意见就可以获得忠贤的臣子，讨厌顺从的意见便可以排除佞邪的小人。如此达到太宗太平之治，也就不远了！”还说：“法律最难能可贵的是简易却可以禁止暴乱，惩罚最珍贵的是轻宽而可以执行；陛下现在刚开始推崇至高的道德，广泛开展新的政策，恳请去除一切琐碎繁密的法令，不要过分追究一些小过错。小的错误不追究深察，就不会有烦琐苛刻的政令，大的罪责不错漏，奸邪作恶的事情就会得到遏制，使得法令虽然简易却不会触犯，政策疏宽却可以纠恶，这样就非常好了。”唐玄宗看过之后大为赞赏。

在这之前，修筑大明宫还没有完工，夏季，五月，庚寅日（二十八日），下敕书由于农事正忙碌，停工以等待农闲时再继续。

六月，丙辰日（二十四日），任命兵部尚书郭元振为同中书门下三品。

太平公主凭借着太上皇的势力，专权干政，与唐玄宗有怨，宰相七人里面，有五位是由她提拔起来的。文武群臣，大多数附和她，和窦怀贞、岑羲、萧至忠、崔湜以及太子少保薛稷、雍州长史新兴王晋、左羽林大将军常元楷、主管右羽林将军的李慈、左金吾将军李钦、中书舍人李猷、右散骑常侍贾膺福、鸿胪卿唐晙，还有和尚慧范等谋划废除唐玄宗另立，又和宫人元氏谋划在赤箭粉中下毒进献给唐玄宗服用。王晋，是王德良的孙子。元楷、慈经常到公主府第，互相结盟商量讨论。

王琚对唐玄宗谏言道：“事情已经非常急迫，不得不赶快采取行动。”左丞张说从东都差遣人赠送佩刀给唐玄宗，意思是让唐玄宗当机立断。荆州长史崔日用入朝奏事，对唐玄宗说：“太平公主策划造反已经很长时间了，陛下之前在东宫的时候，还是臣下的身份，假使想讨伐她，一定要用智力。现在已经即位，仅仅需要下一道制书，谁敢不遵守呢？假如外奸内宄得如心愿，后悔就来不及了！”唐玄宗说：“按照你的话去做，恐怕会惊动太上皇。”日用说：“天子的孝道在于安定天下，如果小人得志，那么国家就毁灭了，孝道又在哪里？恳请先控制北军，再收拾叛党，便不至于惊动太上皇了。”唐玄宗觉得很对。任命崔日用为吏部侍郎。

秋季，七月，魏知古向唐玄宗报告，公主准备在本月四日造反，差遣常元楷、李慈率领羽林兵猛然进入武德殿，怀贞、至忠、羲等在南牙发兵接应。唐玄宗因此和岐王李隆范、薛王李隆业、郭元振还有龙武将军王毛仲、殿中少监姜皎、太仆少卿李令问、尚乘奉御王守一、内给事高力士、果毅李守德等决心计划谋杀她。姜皎，是姜謩的曾孙；令问，是李靖弟弟客师的孙子；守一，是王仁皎的儿子；力士，是潘州人。

甲子日（初三），唐玄宗依靠王毛仲取闲厩中的马及士兵三百多人，从武德殿进入虔化门，召入元楷、李慈，先将他两人杀死。在内客省抓捕膺福、猷出来，在朝堂内擒获至忠、羲，全部都杀了。怀贞逃跑到沟里，自杀而死，割斩他的尸体，改姓为毒。太上皇听闻有事变，登上承天门楼。郭元振上前奏说："皇帝仅仅奉诰书杀窦怀贞等人，没有其他的意图。"唐玄宗没多久就来到承天门楼上。太上皇因此下诰书列明怀贞等人的罪行，于是大赦天下，只有作乱的众人的亲族党羽没有赦免。薛稷在万年县监狱中赐死。

乙丑日（初四），太上皇下诰书："从今日起，军事以及国事的政令、刑罚，全部由皇帝决定。朕喜欢无为清净以此来养心，以达平生愿望。"当天，搬迁到百福殿居住。

太平公主逃到山中寺庙里面，三天才出来，在府里将她赐死；公主的几个儿子以及党羽被杀的有几十人。薛崇简由于多次奉劝阻止他的母亲而被打，特别下令免除死刑，赐姓李，官爵和之前一样。抄没公主的家产，财货像山一样多，宝物不少于皇帝的府库，厩养的羊马，田地的利息，收了几年还没有收完。慧范家中也有数十万贯。改新兴王晋的姓为厉。

那时，唐玄宗策划杀灭窦怀贞等人，召见崔湜，把重任托付给他，湜的弟弟涤对湜说："皇上询问你，不要隐藏。"湜不顺从。怀贞等被杀，湜跟右丞卢藏用都犯了私下附从太平公主的罪行，湜流放到窦州，藏用流放到泷州。新兴王晋等到被杀时哀叹："本来计划的是崔湜，如今我死掉而湜反而得以生存，不是非常冤枉吗？”后值主管司法官审讯宫女元氏，元氏供出湜为一起计划进献毒药的人，因此追令在荆州赐死他。薛稷的儿子伯阳，由于娶公主而豁免死刑，流放到岭南，在途中自杀。

那时候，太平公主和她的党羽计划废除唐玄宗另立，窦怀贞、萧至忠、岑羲、崔湜都认同，只陆象先反对。公主说：“（如今）废除长子而立少子（唐玄宗），已经是不合乎常理；况且他又没有德行，为何不废黜他？”象先说：“既然（唐玄宗）是因为有功而得立，应当由于他有罪而罢黜。如今既没有罪行，我象先终究不敢赞同。”公主大怒而离去。唐玄宗已经杀了怀贞等人，召见象先对他说：“岁寒然后知松柏（的不凋），的确是这样！”当时全力追究公主的党羽，应该获罪的人非常多，象先暗自替他们理清，保全了许多人的性命，然而没有说怎么替人脱罪，当时没有人了解。众官中一向被公主善待或者被公主所讨厌的，有的降官有的升官，到年尾还没有完。

丁卯日（初六），唐玄宗驾临承天门楼，大赦天下。

己巳日（初八），赏赐功臣郭元振等人官爵、府第、金银、布帛不等。任命高力士为右监门将军，主管内侍省的事务。

以前，太宗定制，内侍省没有设置三品官，只穿黄色官服供给廪食，守卫宫门传达诏命而已。天后虽然是女皇帝，宦官也不可以当权。中宗时，爱宠的人非常多，宦官七品以上的有一千多人，可是穿红色官服的仍然很少。唐玄宗在王位时，高力士尽心奉承，等到做太子时，上奏荐他任内给事，到现在由于参与杀萧、岑等有功而赏赐他。从这时候起宦官稍为增加到三千多人，任命三品将军的日渐增多，穿红、紫官服的达到一千多人，从此宦官的势力开始强盛起来。

壬申日（十一日），差遣益州长史毕构等六人去宣慰十道。

乙亥日（十四日），任命左丞相张说担任中书令。

庚辰日（十九日），中书侍郎、同平章事陆象先免职，任命益州长史、剑南按察使。八月，癸巳日（初二），任命流放封州的刘幽求为左仆射、平章军国大事。

丙辰日（二十五日），突厥可汗默啜差遣他的儿子杨我支前来求婚，丁巳日（二十六日），答应把蜀王的女儿南和县公主嫁给他做妻子。

中宗去世时，同中书门下三品李峤秘密上表给韦后，建议把相王的几个儿子调到各个地区。唐玄宗即位，在内宫找到奏章，给亲近的臣子看。李峤此时是以特进的品位退休的，有人建议把他杀掉，张说说："峤纵然不知道什么是顺什么是逆，可是当时的策划也算是忠心耿耿。"唐玄宗觉得是这样的。九月，壬戌日（初二），任命李峤的儿子率更令李畅为虔州刺史，命李峤跟随李畅上任所居住。

庚午日（初十），任命刘幽求为同中书门下三品。

丙戌日（二十六日），再设立右御史台，督察各州，免除各道的按察使。

冬季，十月，辛卯日（初一），召见京畿县令们，告诉他们年岁饥荒要赈养人民。

己亥日（初九），唐玄宗驾临新丰。癸卯日（十三日），在骊山下进行军事演练，征兵二十万，旌旗连在一起有五十多里长。由于军容不齐整，在大旗下捆绑兵部尚书郭元振，要斩他。刘幽求、张说跪在马前劝告阻止："元振对国家有大的功劳，不应该杀他。"因此流放到新州。杀给事中、管理礼仪事务的唐绍，因为他治军不严。唐玄宗刚开始为了树立威严，也没有杀绍的意向，金吾卫将军李邈马上宣敕令斩了他。唐玄宗不久罢免了李邈的官职，终身不得录用。此时两位大臣获罪，各军大多数由于恐惧而失去了常度。只有左军节度薛讷、朔方道大总管解琬两个军队不为所动，唐玄宗差遣骑兵去召集他俩，都没有进入他们的营地。唐玄宗为此非常欣赏，嘉奖鼓励他们。

甲辰日（十四日），唐玄宗到渭川狩猎。想用同州刺史姚元之为宰相，张说讨厌他，让御史大夫赵彦昭弹劾他，唐玄宗没有听从。又让殿中监姜皎对唐玄宗说："陛下曾经想任命河东总管却没有找到合适的人才，臣如今发现了。"唐玄宗询问是谁，姜皎说："姚元之文武全才，真是合适的人。”唐玄宗说：“这是张说的想法，你怎么可以欺君，可以判死刑了！”姜皎磕头自首服罪。唐玄宗马上差遣了宫中使臣去召元之来见驾。元之到了后，唐玄宗正在狩猎，接见了他，立时任命他为兵部尚书、同中书门下三品。

姚元之政务明察、反应快速，三次任宰相，兼兵部尚书，沿边塞的屯守谍报，兵马粮械，没有不暗暗记在心中的。唐玄宗刚开始即位，励精图治，每次有事询问元之，元之对答如同钟的应声，同僚只答“是”而已，因此唐玄宗一心委任他。元之建议压制权贵亲宠，看重爵禄赏赐，接受规谏，拒绝人贡献财物，不跟臣下玩乐；唐玄宗全部采纳。

乙巳日（十五日），唐玄宗车驾返回京师。

姚元之曾经上奏建议依照顺序升迁中低级官吏，唐玄宗仰头只看宫殿的瓦顶；元之多次说，唐玄宗总是不回答。元之惶恐，快速走出去。散朝后，高力士谏言：“陛下亲理万机，宰相奏事，应当当面决定，怎么可以全部都不理不睬？”唐玄宗说：“朕任用元之总理各项政务，大事应当奏上来一起商议；中下级官吏的品级事，都要来打扰朕吗？”后来等到力士到省去宣旨，顺便跟元之谈唐玄宗这话，元之这才高兴。听闻此事的人都钦佩唐玄宗懂得治天下的道理。

左拾遗曲江人张九龄，由于元之有崇高的威望，被唐玄宗所信任，致书劝告他远离谄媚浮躁的人，推荐纯洁厚道的人。大概是说：“用人要依据才学，为政的大原则，是和群僚共治，没有第二条路，然而之前所任用的才能，并不是没有知人之明，之所以有缺失，是因为由于感情而引进官吏。”还说：“从阁下担负宰相重任，掌握用人的权力以来，胸中肤浅，学识浅薄的人，已经急切地到来，对你亲戚们说谄言，期盼他们向阁下延誉，向门下的宾客献媚，希望得到阁下喜欢，其中肯定有富有才干的人，不足之处在于无耻。”元之称赞而采用他的建议。

新兴王晋被杀之时，部属都逃跑了，唯独司功李捴步行跟随，没有失去部属的礼数，依然在尸前哭吊。姚元之听闻这件事，就说道：“他是栾布一类的人啊！”及至元之当了宰相，升任他做尚书郎。

己酉日（十九日），任命刑部尚书赵彦昭担任朔方道大总管。

十一月，乙丑日（初五），刘幽求兼任侍中。

辛巳日（二十一日），群臣上表章请求加尊号为开元神武皇帝。照准。戊子日（二十八日），接纳册书。

中书侍郎王琚是唐玄宗最信任看重的人，众臣都不能到这个程度。每次进见，陪伴唐玄宗谈笑，等到夜晚才出来。有时休假，唐玄宗经常派遣宫中使臣去召他。有人对唐玄宗说：“王琚有权变诡谲谋略策士的才干，可以和他平定祸乱，不易于和他守治和平。”唐玄宗于是慢慢远离他。于是就任命他兼御史大夫，按察北边防守各军。

十二月，庚寅日（初一），赦免天下，更改年号为开元。尚书左、右仆射改为左、右丞相。更改中书省为紫微省。门下省为黄门省，侍中为监。更改雍州为京兆府，洛州为河南府，长史为尹，司马为少尹。

甲午日（初五），吐蕃差遣大臣来求和。

壬寅日（十三日），任命姚元之兼紫微令。元之避开元尊号，恢复原名为崇。

下敕书：“都督、刺史、都护，即将上任，全部引入向唐玄宗面辞，完毕，从侧门进退。”

姚崇已经任宰相，紫微令张说恐惧，于是私下去拜访岐王表达诚意。一天，姚崇在便殿回答唐玄宗的话，走路有一点跛，唐玄宗询问道：“脚有病吗？”回答说：“臣有心里的病，不是脚有疾病。”唐玄宗问他原因。回答说：“岐王是陛下的爱弟，张说作为辅政大臣，而悄悄坐车进入王府，害怕为他所陷害，因此忧虑。”癸丑日（二十四日），张说贬为相州刺史。右仆射、同中书门下三品刘幽求也罢免职位，担任太子少保。甲寅日（二十五日），任命黄门侍郎卢怀慎同紫微黄门平章事。

资治通鉴卷第二百一十一　唐纪二十七

起甲寅(公元714年),止丁巳(公元717年),共四年。

【题解】本卷记录了公元714年至717年的史事,共四年,正当唐玄宗开元二年到开元五年。这一时期是唐玄宗李隆基全权施政的最初四年,励精图治,给唐朝终于带来了新气象。第一,君臣和睦,贤相辈出。姚崇与卢怀慎,宋璟与苏颋相继为相,同心协力。第二,君明臣贤,政见一致,雷厉风行。唐玄宗选贤任能,量才授职,裁减多余官员,削减僧尼数量。第三,唐玄宗倡导节俭,友爱兄弟,清除韦皇后余党,平稳进行去武氏、韦氏运动。第四,整武备,强化边防,设立节度使,防备边境动荡。第五,唐玄宗精通音律,设置左右教坊和宫苑梨园,被后世尊称为梨园之祖。

玄宗至道大圣大明孝皇帝上之中

开元二年(甲寅,公元714年)

春季,正月,壬申日(十三日),下制书:"选拔京中官员有才能的任都督、刺史;都督、刺史历年有政治绩效的任为京中官员,让中枢地方平衡,永为常法。"

己卯日(二十日),任命卢怀慎检校黄门监。

以前的制度,雅俗音乐,都属于太常寺管。唐玄宗精通音律,觉得太常寺司掌管礼乐,不应该掌理戏曲杂技,因此另外设立左右教坊用来教习普通通俗的音乐,差遣右骁卫将军范及为使官。又选拔几百名乐工,唐玄宗亲自在梨园中教道观曲子,称为"皇帝梨园弟子"。又教宫中人让她们学习。又挑选伎女,安放在宜春院,补给赐予她们的家属。礼部侍郎张廷珪、酸枣县尉袁楚客都上奏疏,认为:"皇上处在青年时期，应该崇尚经术，亲近正大的人，提倡朴素，要深切以喜靡靡之音、爱好游猎为警惕。”唐玄宗虽然没有接受他们的建议，但都称赞赏赐了他们。

自中宗以来，贵显的国戚相互竞争修建佛寺，上奏化度人去当和尚，加以诈伪虚妄，富家壮丁多剃发为僧用来躲避力役，哪里都是僧人。姚崇上奏：“佛图澄没有办法保全后赵，鸠摩罗什没有得以保存后秦，齐襄帝、梁武帝没有避免受祸遭殃。只要让民生安乐，就是对本身有福，何必乱度小人，让他们把佛法破坏掉！”唐玄宗采纳了建议。丙寅日（初七），命令主管单位淘汰天下和尚尼姑，因为诈伪虚妄而让他们还俗的有一万两千多人。

那时候，营州都督以柳城为镇守安抚奚、契丹治事的地点，则天时期，都督赵文翙政事有错误，奚、契丹攻破柳城，从那之后把衙门寄在幽州东的渔阳城。有人说：“靺鞨、奚、霫非常想归顺唐朝，正是由于唐朝不建置营州，没有地方依靠，被默啜侵扰，因此归顺突厥。假使唐再建置营州，就会一起来归顺从化了。”并州长史、和戎大武等军州节度大使薛讷相信，上奏恳请讨伐契丹，重新建置营州。唐玄宗也由于冷陉之役战败，想要讨伐契丹，姚崇等众臣大多数上奏阻止。甲申日（二十五日），任薛讷为同紫微黄门三品，带领士兵讨伐契丹，众臣才不敢说话了。

薛王李业的舅父王仙童，侵害百姓，御史弹劾他而上奏。李业替他求情，唐玄宗下敕书给紫微、黄门省复验。姚崇、卢怀慎等上奏：“仙童罪行清楚，御史所指出陈述的没有冤枉，不可以宽恕。”唐玄宗答应了。从那时起贵显的国戚都不敢放肆了。

二月，庚寅朔日（初一），太史上奏今天太阳应该食却没有食。姚崇上表庆贺，恳请记在史书上。被答应了。

乙未日（初七），突厥可汗默啜差遣他的儿子同俄特勒及妹夫火拔颉利发、石阿失毕带领士兵围攻北庭都护府，都护郭虔瓘迎击而打败他们。同俄一人驰马临近城下，虔瓘埋伏壮士在路边，猛然出来杀了他。突厥请求把军中的粮食物资全部给唐军以赎换同俄，听闻他已经去世了，伤心痛哭地离去。

丁未日（十九日），下敕书："从今日起各地不可以兴建佛寺。旧寺崩坏需要修建的，到官厅呈公文检查属实，然后准许。"

闰月，任鸿胪少卿、朔方军副大总管王晙兼安北大都护、朔方道行军大总管，下令丰安、定远、三受降城和旁侧各军全部都受王晙指挥。迁移大都护府到中受降城，部署军队屯田。

丁卯日（初九），再设立十道按察使，用益州长史陆象先等担任。

唐玄宗记起徐有功执法公平，乙亥日（十七日），任命他的儿子大理司直徐惀为恭陵令。窦孝谌的儿子光禄卿豳公希瑊等恳请将自己的官爵让给徐惀，用来报他父亲的恩德，于是徐惀又升为申王府司马。

丙子日（十八日），申王成义恳请升任他的府录事阎楚珪为他的府参军，唐玄宗答应了。姚崇、卢怀慎上奏："之前曾经得旨，说王公、驸马有奏请的事情，不是墨敕书的都不可以。臣觉得考察才能授予官职，应当属于主管单位；假使由于亲戚故旧的恩情，能用官爵来赏赐恩惠他们，走上中宗时的覆辙，确实是紊乱制度。"于是这件事情就搁置了。因为这样请托都行不通。

突厥石阿失毕因同俄已死，不敢回去。癸未日（二十五日），和他的妻子来投降，任为右卫大将军，封燕北郡王；封他的妻子为金山公主。

有人上奏说太子少保刘幽求、太子詹事钟绍京有埋怨的话，唐玄宗下令紫微省去审问，幽求等不服从罪行。姚崇、卢怀慎、薛讷对唐玄宗说："幽求等全部都是功臣，突然任闲职，稍微有一些沮丧，是人情都会有的。功业非常大，皇上对他的恩宠也就应该深，一旦入狱，恐怕会震惊天下人。"戊子日（二月无此日），贬幽求为睦州刺史，绍京为果州刺史，紫微侍郎王琚巡视边塞军没回京，也由于幽求一党被连坐，贬为泽州刺史。

下敕书："涪州刺史周利贞等十三人，都是天后时代的残酷官吏，比周兴等的情况稍微轻一点，应放归田野，永不录用。"

西突厥十姓酋长都担反叛。三月，己亥日（十二日），碛西节度使阿史那献攻取碎叶等镇，逮捕都担并杀了他，降服了他的部落两万多帐。

御史中丞姜晦觉得宗楚客改写中宗遗诏，青州刺史韦安石、太子宾客韦嗣立、刑部尚书赵彦昭、特进退休的李峤，在当时都担任宰相，没有办法改正，让监察御史郭震弹纠他们。并且说彦昭拜女巫赵氏为姑，穿戴妇人的衣服，与妻坐车来他家。甲辰日（十七日），贬安石做了沔州别驾，嗣立做了岳州别驾，彦昭做了袁州别驾，峤做了滁州别驾。安石来到沔州，姜晦又奏安石曾检校定陵，偷取并私藏公物，下令沔州查赃。安石叹着气说："这只是想让我死罢了。"气愤而死。姜晦，是姜皎的弟弟。

把天枢拆毁，征集工匠熔它的铁钱（它本作"铜钱"），经过一个月仍然没有熔尽。在这之前，韦后也在天街设立石台，有几丈高，用来颂扬功德，到这个时候一起毁坏。

夏季，四月，辛巳日（二十五日），突厥可汗默啜再差遣使者来求婚，自称"乾和永清太驸马、天上得果报天男、突厥圣天骨咄禄可汗"。

五月，己丑日（初三），由于年岁饥荒，员外、试官、检校官全部撤除。从今日起，没有战功以及特别敕令，不可以签拟任官。

己酉日（二十三日），吐蕃宰相坌达延致宰相信，请求先派解琬到河源勘正两国边界，然后缔结盟约。琬曾任朔方大总管，因此吐蕃恳请派他。在此之前，琬任金紫光禄大夫退休，再召入任为左散骑常侍而差遣他去。又让宰相回坌达延的信，招抚慰劳他。琬上奏，说："吐蕃肯定有阴谋造反，恳请预先屯兵十万在秦、渭等州来防范他。"

黄门监魏知古，原本出身小吏，由于姚崇的推荐，升到同为宰相。崇心中小看他，建议知古代吏部尚书、主管东都选铨事务；差遣吏部尚书宋璟在门下省审定拟选官员。知古怀恨在心。

姚崇两个儿子各自在东都任职，倚仗父亲对知古有恩惠，招纳权贿，替人请托。知古回朝，全部报告唐玄宗。一日，唐玄宗悠闲地问姚崇："你的儿子才能秉性怎么样？现任什么官职？"姚崇猜到唐玄宗的意思，回答说："臣有三个儿子，两个在东都，做人欲望多而且不仔细；现在肯定有事情托求魏知古，臣还没有来得及问他们。"唐玄宗刚开始时觉得姚崇肯定会替子隐瞒，等到听完崇的奏言，喜悦地说："你如何知道的？"答说："知古没有发达时，臣提拔他，臣的儿子愚蠢鲁莽，觉得知古会报臣的恩惠，允许他们为非作歹，因此胆敢请求他。"唐玄宗因此以姚崇为不自私，而蔑视知古违背姚崇的恩德，想要罢斥他。姚崇一再恳请说："臣的儿子不像话，触犯陛下法令，陛下宽免他们的罪行，已是幸运了；假使由于臣而逐斥知古，天下人肯定会觉得陛下偏私于臣，连累到陛下的圣明政治。"唐玄宗思考了一会儿答应了他。辛亥日（二十五日），撤销知古工部尚书。

宋王李成器，申王李成义，对唐玄宗来说是哥哥；岐王李范，薛王李业，是唐玄宗的弟弟；豳王李守礼是唐玄宗的堂兄。唐玄宗一直和兄弟们相互爱护，近代的帝王都比不上他。刚刚即位时，制作长枕头大被子，和兄弟一起睡觉。诸王每天早上在侧门上朝，退朝就聚在一起吃饭、斗鸡、打球或者到近郊打猎，到别墅游玩欣赏；差遣宫中使臣过去慰问，一路上络绎不绝。唐玄宗下朝后，多和各王一块游玩，在内宫，行礼像普通人家一般，饮食起居和各王一起。在殿里设置五个帷帐，和各王一起坐在其中，有时谈论作诗，有时喝酒、下棋、打猎，有时亲自操作管弦乐器。成器擅长吹笛，范擅长弹琵琶，和唐玄宗交替演奏。各王有时生病，唐玄宗因此整天吃不下饭，整夜睡不着觉。业曾经生病，唐玄宗正在朝堂，立刻差遣使者相问，来来回回有十次之多。唐玄宗亲自给他熬药，回风吹火，误把唐玄宗的胡须烧掉了，旁边的人惊骇地为他灭火，唐玄宗说："只是希望这药给王喝了便会痊愈了，胡须算什么？"成器非常恭敬小心，出来不谈政治以及和人交往，唐玄宗对他更加信任敬重，因此谗言挑拨的话都没有地方下手。然而专门用（他本有"衣食"二字）声色供养和娱乐他们，不用他们担任职官。众臣觉得成器等身份对唐玄宗有压迫感，建议按照旧制出任外州刺史。六月，丁巳日（初二），任宋王李成器兼岐州刺史，申王李成义兼幽州刺史，幽王李守礼兼虢州刺史，只让他们到职总管大事，实际州务都交由高级幕僚主持。从此以后各王任都护、都督、刺史的，全部依从此令。

丙寅日（十一日），吐蕃差遣他的宰相尚钦藏来献结盟书。

唐玄宗由于风俗奢靡，秋季，七月，乙未日（初十），下制书："皇帝的衣服用具，金银玩物，该令主管单位销毁，用来供应军队及国家的需用。珠玉、锦绣在殿前烧毁。后妃以下宫内人，都不准许穿戴珠玉锦绣。"戊戌日（十三日），降下敕书："众官所穿戴的衣、带，以及酒器、马辔头、马镫，三品官以上，准许使用玉饰，四品使用金饰，五品使用银饰，剩下的人全部都禁止使用。妇人的服饰按照丈夫、儿子之例。之前的锦绣，允许染成黑色。自今日起，天下人不可以再采珠玉、织锦绣等物；违反的处罚一百杖刑，工人减一等（减二十杖）。"取消两京织锦坊。

◆臣司马光说：唐明皇即位之初，想要平治天下，自己能够带头刻苦节俭到这样的程度，晚年仍然由于奢侈而失败；奢靡的容易陷溺人心，真是非常严重的呀！《诗经》说："靡不有初，鲜克有终。"（凡事莫不有开始，坚持到底的却很少）怎么可以不慎重呢？◆

薛讷和左监门卫将军杜宾客、定州刺史崔宣道等带领六万兵马出檀州袭击契丹。宾客觉得："士兵在炎炎夏日穿甲荷戈，携带粮食，深入敌境，非常难以成功。"讷说："炎夏草肥，小羊小牛都生出来，就把敌人的粮畜当作军队的需用，正合天时，可一举消灭敌人，不可以丢失机会。"军队行到滦水峡里，契丹潜埋的军队阻拦他们的前后，从山上攻下来，唐兵大败，死了十分之八九。讷和几十人骑马突围，得免于困，敌人嘲笑他，叫他“薛婆”。薛（或作“崔”）宣道领后队，听闻讷败，也逃跑了。讷归罪于宣道以及胡人将军李思敬等八人，下制书在幽州把他们全部斩杀。庚子日（十五日），下敕书免除讷死罪，削除他的官爵；独独将杜宾客的罪赦免了。

壬寅日（十七日），任命北庭都护郭虔瓘担任凉州刺史、河西诸军州节度使。

果州刺史钟绍京心中怀有怨恨，多次上奏疏胡说祥瑞凶兆。乙巳日（二十日），降为溱州刺史。

丁未日（二十二日），房州刺史襄王李重茂去世，停止朝会三日，追谥他为殇皇帝。

戊申日（二十三日），禁止众官家人，不可以和和尚、尼姑、道士来往。壬子日（二十七日），禁止民间铸造佛像、抄写佛经。

宋王李成器等人恳请进献兴庆坊的房舍作为唐玄宗的别馆。甲寅日（二十九日），下制答应，开始修建兴庆宫，依然个别赐给成器等人府第，围绕在皇宫周围。又在宫的西南建置楼房，西面题“花萼相辉之楼”（兄弟和睦的楼），南面题“勤政务本之楼”。唐玄宗有时登楼，听见各王演奏音乐，就会召他们到楼上来一同宴会，偶尔驾临他们府第一起欢乐，赏赐丰厚。

乙卯日（三十日），任命岐王李范兼任绛州刺史，薛王李业兼任同州刺史。仍下敕命宋王以下每季二人入朝，接连不断。

民间误传，说唐玄宗选拔女子进入后宫。唐玄宗了解后，八月，乙丑日（初十），让主管部门准备好牛、车，到崇明门，自己亲自挑选后宫没有用处的女子把她们载回家，下敕书说：“后宫里面的女子尚且下了遣散令；不要民间的女子，足够知道了。”

乙亥日（二十日），吐蕃的将领坌达延、乞力徐带领十万士兵进犯临洮，占据兰州，抵达渭源，抢夺居民牧放的马。下令薛讷以平民身份代行左羽林将军，担任陇右防御使，任命右骁卫将军常乐人郭知运担任副使，跟太仆少卿王晙带领士兵去讨伐他。辛巳日（二十六日），招募大量勇士，到河、陇薛讷那里去训练。

之前，鄯州都督杨矩把九曲地方给了吐蕃，那里土地肥沃，吐蕃用它来畜养放牧，因此而入侵。矩后悔恐惧之下自杀。

乙酉日（八月无此日），太子宾客薛谦光献上武后所制的《豫州鼎铭》，文末说："上玄降鉴，方建隆基。"（上苍赐降明鉴，预示着可以建立隆盛的帝业）以为是唐玄宗受天命的符瑞。姚崇上表庆贺，而且请求明示给史官，颁文书布告天下。

◆臣司马光说：一日食不准，是太史的过错；而君臣相互庆贺，是欺骗上天。采用偶然巧合的文句当成符命，是小人谄言媚主做的事情；宰相借这件事而把他事实化，是侮辱他的国君。上欺罔天，下侮弄君，以唐明皇的英明，姚崇的贤能，况且不能免除，怎不可惜呢！◆

九月，戊申日（二十四日），唐玄宗驾临骊山温泉。

下敕书，丰收却危害到农家，下令各州修常平仓法。江、岭、淮、浙、剑南等地低湿，不可以储存积累，不在这法令之中。

突厥可汗默啜衰老，昏昧暴虐更加厉害。壬子日（二十八日），葛逻禄等部落来凉州归顺。

冬季，十月，吐蕃再来侵略渭源。丙辰日（初二），唐玄宗下诏要亲自去征伐，动用十多万人的军队，四万匹马。

戊午日（初四），唐玄宗返回宫中。

甲子日（初十），薛讷和吐蕃在武街作战，大败吐蕃。那时候太仆少卿陇右群牧使王晙带领所属的两千人和薛讷聚集攻击吐蕃。坌达延带领吐蕃兵十万驻扎在大来谷，王晙挑选勇士七百人，穿了胡人衣服，在夜间偷袭他，在后五里的地方多具备鼓角，等到前军遇敌大呼时，后面的人便击鼓吹响号角响应前军，敌人认为主力军抵达，惊慌害怕，自相残杀，死了万人以上。薛讷那时在武街，距大来谷二十里，敌人在中间拦截唐军。王晙再趁夜出去突袭他们，敌人大败逃跑，才得以跟薛讷的军队聚集。追打逃走的敌人抵达洮水，再在长城堡交战，又将他们击败，前前后后一共杀死及俘虏了几万人。丰安军使王海宾战死。乙丑日，停止亲征。

戊辰日（十四日），姚崇、卢怀慎等上奏："最近吐蕃以黄河为边界，神龙年间娶我国的公主，便越过黄河筑城，设立了独山、九曲两军，与积石相距三百里，又在黄河上修建桥梁。如今吐蕃已经造反，应该把桥梁和城堡毁掉。"唐玄宗准许了。

任王海宾的儿子忠嗣为朝散大夫、尚辇奉御，在宫中抚养他。

己巳日（十五日），突厥可汗默啜又差遣使者来求婚，唐玄宗答应他明年来迎娶公主。

突厥十姓胡禄屋等各部到北庭恳请投降，下令都护郭虔瓘安慰他们。

乙酉日（十月无此日），命左骁卫郎将尉迟瑰出使吐蕃，宣示抚慰金城公主。吐蕃派了大臣宗俄因矛到洮水恳请讲和，行两国一样的礼仪；唐玄宗不答应。从那时起连年侵犯边境。

十一月，辛卯日（初七），殇皇帝下葬。

丙申日（十二日），差遣左散骑常侍解琬到北庭宣旨慰问突厥降顺的人，按照当时情况做出适宜的处置。

十二月，壬戌日（初九），沙陀金山来朝。

甲子日（十一日），设立陇右节度大使，须（当作"领"）嗣（衍字）鄯、奉、河、渭、兰、临、武、洮、岷、郭、叠、宕十二州，任陇右防御副使郭知运为节度大使。

乙丑日（十二日），立皇子李嗣真为鄫王，李嗣初为鄂王，李嗣主（当作"玄"）为鄄王。辛巳日（二十八日），将郢王李嗣谦立为皇太子。嗣真，是唐玄宗的长子，母亲是刘华妃。嗣谦是次子，母亲是赵丽妃；丽妃原来是乐伎，纳为妃，被唐玄宗宠爱，因此立他。

这一年，设立幽州节度、经略、镇守大使，领幽、易、平、檀、妫、燕六州。

突骑施可汗守忠的弟弟遮弩，憎恨分到的部落比他哥哥少，于是就叛离进入突厥，愿意担任攻伐守忠的向导。默啜差遣两万士兵前去攻打守忠，虏获了他然后回来，对遮弩说：“你叛离哥哥，对我会忠心吗？”于是就把他们一起杀了。

开元三年（乙卯，公元715年）

春季，正月，癸卯日（二十日），任卢怀慎为检校吏部尚书兼黄门监。怀慎淡泊谨慎勤俭朴素，不管理资财产业，即使贵为宰相，所得到的薪俸赏赐，随时分配给亲戚故友，妻、子难免会饥饿寒冷，住屋也破败年久失修。

姚崇曾经有孩子去世，请了十几天的假，政事堆积，怀慎不能够裁决，害怕而进宫向唐玄宗告罪。唐玄宗说：“朕把天下事托付给姚崇，不过是想让你安坐而镇抚雅士俗人而已。”姚崇假满复出之后，没多大会儿，全部裁决好了，感到非常得意，回头向紫微舍人齐澣说：“我担任宰相，能够跟谁相比较？”齐澣没回答他。姚崇说：“和管仲、晏婴相比如何？”齐澣说：“管仲、晏婴的办法，虽然没有施行到后代，但尚且可以施行到他们去世之时。阁下所做的方法，没过多久又变更，好像比不上他俩。”姚崇说：“那么到底我是什么样的宰相呢？”齐澣说：“阁下可以说是救一时的宰相。”姚崇高兴，丢下笔说：“救一时的宰相，岂是容易得到的！”

卢怀慎和姚崇同时做宰相，自己认为才能不及姚崇，什么事情都推给他，那时候人称怀慎为“伴食宰相”（只陪伴吃饭的宰相）。

◆臣司马光说：忆起鲍叔牙与管仲，子皮与子产间的关系，都是地位在后者的上面，因为可以了解他们的才能而甘愿当作他们的僚属，将国政让他们管理，孔子称赞他们。曹参自认为比不上萧何，完全按照萧何的办法，没有能够变更，汉代的帝业得以完成。那些不贤的执政之人，当他僚属的人，因为自私想要保住禄位而顺从他，不管国家的安危，就确实是罪人了。贤能才智的人执政，当他僚属的人，愚蠢惑乱而打扰他治事，自专固执而分散他的权力，妒忌他而毁谤他的作为，刚愎乖戾而损害他的声誉，这也是罪人了。姚崇是唐代的贤达宰相，怀慎与他同心协力，用来达成明皇太平之治，哪里有罪过呢！《秦誓》说："假使有一个臣子，诚实勤恳一心，并不见他的特长，可是他心地善良，宽大能容纳他人；别人有特长，看作为自己有的一样，别人聪明智慧，他心里高兴羡慕他，（别人有嘉言）好像是自己所说的一样重视，这是有雅量容物的人，能够保护我的子孙后代和百姓，则他在职位是有利于国家的。"便是可用此说明怀慎的吧。◆

御史大夫宋璟触犯了在朝堂上监督杖刑时施刑轻于罪犯所应得之刑的罪，降为睦州刺史。

突厥十姓投降朝廷的先后有一万多帐。高丽莫离支文简，是十姓的女婿，二月，与都督思泰等也从突厥率领部众来投降，下制书，全部在河南的地方安置他们。

三月，胡禄屋酋长支匐忌等前来朝见。唐玄宗由于十姓来降的人逐渐增多，夏季，四月，庚申日（初九），任命右羽林大将军薛讷担任凉州镇大总管，赤水等地的军队都受他管理，驻扎在凉州；左卫大将军郭虔瓘为朔州镇大总管，和戎等地的军队都由他管理，驻扎在并州，部署军队以预防默啜。

默啜发兵攻打葛逻禄、胡禄屋、鼠尼施等，多次打败他们。下敕书北庭都护汤嘉惠、左散骑常侍解琬等出兵营救他们。五月，壬辰日（十二日），敕令嘉惠等与葛逻禄、胡禄屋、鼠尼施以及定边道大总管阿史那献相互会和援助。

山东闹蝗灾，人民在田旁烧香膜拜设祭而不敢去把蝗虫杀灭，姚崇上奏差遣御史督促州县逮捕埋掉蝗虫。参议的人觉得蝗虫太多，杀不完灭不掉。唐玄宗也困惑。姚崇说："现在蝗虫满山东，黄河南、北部的人民，快逃跑完了，怎么可以坐视蝗虫吃苗不管，不去救农作物呢？虽然杀不完，依旧比养蝗成灾好多了。"唐玄宗因此准许。卢怀慎觉得杀蝗太多，害怕会把天地的和气损伤。姚崇说："以前楚庄王吞蛭而病愈，孙叔敖杀蛇而得到福报，怎么不忍心把蝗虫杀灭而忍心让人民饿死呢！如果杀害蝗虫会造成灾祸，我姚崇宁愿承受这灾祸。”

秋季，七月，庚辰朔日（初一），日食。

唐玄宗对宰相说：“朕每次读书碰见有疑惑而解不开的地方，没有人可以询问；可挑选儒学的人士，每天命他入宫来陪侍朕读书。”卢怀慎荐引太常卿马怀素。九月，戊寅日（九月无此目），任命马怀素为左散骑常侍，让他跟右散骑常侍褚无量轮流逐日侍读。每次抵达阁门，下令他坐轿进来。或者在别的宫室路远，准许他在宫中骑马。亲自迎接送走，用对待老师的礼数对他。由于无量弱衰年老，特别替他造了腰轿，在内宫让宦官侍奉他。

九姓思结都督磨散等人来投降。己未日（九月无此日），全封他们为官而遣回。

西南蛮侵犯边境，差遣右骁卫将军李玄道出动戎、泸、夔、巴、梁、凤等州兵三万人，集合当地屯兵讨伐他。

壬戌日（九月无此日），任命凉州大总管薛讷为朔方道行军大总管，太仆卿吕延祚、灵州刺史杜宾客为副大总管，去讨伐突厥。

甲子日（九月无此日），唐玄宗驾临凤泉汤。十一月，乙卯日（十一月无此日），返回京师。

刘幽求从杭州刺史调任郴州刺史，气愤憎恨，甲申日（初六），死在路上。

丁酉日（十九日），任命左羽林大将军郭虔瓘兼安西大都护、四镇经略大使。虔瓘恳请自行招募关中兵一万人到安西去讨伐，全部供给运输兽力及煮熟粮食；下敕书答应。将作大匠韦凑上奏疏，觉得：“如今西域各国顺服朝廷，虽然有时候有小规模的盗窃，原地镇守兵力足够可以平定。关中常常要保持充实，用来强固主干弱小枝末。近来西、北二敌入侵边境，只要是壮丁，征召入伍将达全数，怎么可以另募骁勇，远助边荒？又，一万名征人行走六千多里路，全部供给运输兽力以及熟食物，路上夜晚住在州县，将拿什么补给他们？秦、陇的西边，人口逐渐减少，过了凉州以后，到处都是戈壁沙漠，差遣那些居民，怎样才能够补给到呢？就算是必胜，又能获得多少？假使延迟取胜，岂不是消耗太大了吗？请求计算所花的费用、所得，比较多少，便知道是利还是害了。以前唐尧时代，并爱夷狄和华夏，天下治安；汉武帝穷兵远征，虽然多战胜俘获，而国内也耗损疲弊。如今谈论帝王的大德，都称赞唐尧，不称赞汉武；何况求功不成的，又怎么足够跟他讨论呢！”那时姚崇也觉得虔瓘的策略不恰当。虔瓘最终没有胜利。

起初，监察御史张孝嵩奉命出使廓州，返回，描述沙漠以西的好处，愿意去查看那边的情势。唐玄宗准许，许他权宜行事。

枝汗那，古称乌孙国，归顺中国日久。吐蕃与大食一起立阿了达为王，发兵攻枝汗那，枝汗那王的军队战败，急忙赶来安西请求救援。张孝嵩对都护吕休璟说：“不救便没有办法指挥西域。”于是就率领旁近的戎落兵一万多人，西出龟兹几千里，将几百座城攻克，长驱直入。当月，攻打在连城的阿了达。孝嵩亲自穿甲上阵监督士兵急攻，从巳时到酉时，攻破三个城，俘获及斩杀一千多人。阿了达率领几个人骑马逃跑进入山谷。孝嵩向各国传布公文，气势震惊西域，大食、康居、大宛、罽宾等八国都差遣使臣来恳请投降。张孝嵩刻石记功返回。正好那时候有人状告他贪污受贿，判系在凉州监狱，降为灵州兵曹参军。

京兆尹崔日知贪婪残暴不遵守法令，御史大夫李杰将要弹劾他，日知反而捏造李杰有罪。十二月，侍御史杨玚在朝堂上奏说：“假使职司弹纠的人，让奸人能够吓阻他，那么御史台可以免除了。”唐玄宗立刻命令李杰照旧执事，降日知为歙县丞。

有人上奏说：“按察使仅仅是白白打扰地方官府以及人民，恳请精选刺史、县令，停派按察使。”唐玄宗下令召集尚书省的官员议论。姚崇觉得：“如今仅选十位使臣，尚且考虑不能够完全得到恰当人选，何况天下有三百多个州，县又比州多出几倍，怎么能够使刺史、县令全部都称职呢？”因此停止议论这提案。

尚书左丞韦玢上奏：“台省的郎官多数不称职，恳请加以淘汰，改任其他的官职。”韦玢没过多久就调出去任刺史，宰相奏请签任冀州，下敕更改为小州。姚崇上表奏章说：“台省郎官松懈以及不称职，韦玢建议把他们淘汰掉，本来是忠于公家。台郎们刚刚调职，韦玢也就降为外任，讨论的人都说是郎官们诽谤污蔑他；臣担心以后左右丞以此事为警戒，那么省、台的事就没有办法办得好了！伏请皇上仔细考察，让在职的人不至于怀疑害怕。”因此任韦玢为冀州刺史。

突骑施守忠去世后，默啜的军队回去了，守忠部将苏禄聚集剩下的部众，做他们的酋长。苏禄较擅长安抚，十姓部落逐渐归附他，有二十万名部众，因此占据西方，没过多久差遣使者来朝。这年，任命苏禄为左羽林大将军、金方道经略大使。

皇后的妹夫尚衣奉御长孙昕，由于小事和御史大夫李杰闹了矛盾。

开元四年（丙辰，公元716年）

春季，正月，长孙昕和他的妹夫杨仙玉在街巷等候李杰而殴打他。李杰上表章诉苦说：“头发皮肤被损害，即便痛苦也仅仅是肉身，可是冠冕被凌辱，实在是等同于侮辱国家。”唐玄宗感到非常生气震惊，下令在朝堂上用杖打死长孙昕，用来向众官谢罪。趁机下敕书安慰李杰说：“昕等是朕的亲戚，没有能够教导他们，以至于触犯到礼法，虽然处以极刑，但不足以向你谢罪。你应该秉承刚强的意志去纠举恶人，不要因为这几个囚徒介怀。”

丁亥日（初十），宋王李成器改名宪，申王李成义改名捴。

乙酉日（初八），陇右节度使郭虔瓘上奏疏，奴隶石良才等八人都有战功，恳请任他们为游击将军。给宰相下敕，卢怀慎等奏说：“郭虔瓘倚仗他对国有小功，往往违背常规，代替奴隶请用为五品官，实在是扰乱法纪，不可以答应他。”唐玄宗顺从了卢议。

丙午日（二十九日），任命鄫王李嗣真为安北大都护、安抚河东、关内、陇右各蕃族的大使，以安北大都护张知运为副使。陕王李嗣升为安西大都护、抚慰河西四镇诸蕃族的大使，以安西都护郭虔瓘为副使。二位王爷都不出院门。各王虚领节度官衔从这个时候开始。

二月，丙辰日（初九），唐玄宗驾临骊山温泉。

吐蕃围攻松州。

丁卯日（二十日），唐玄宗回宫。

辛未日（二十四日），任命尚书右丞倪若水为汴州刺史兼河南采访使。

唐玄宗虽然想要重视都督、刺史，挑选京城官员中有才干威望的人去做，可是那时的士大夫尚且瞧不起到地方上去做官。扬州采访使班景倩入京任大理少卿，途经大梁，倪若水设宴饯行，站着看他离去后扬起的尘土，很久之后才回衙，对僚属说："班先生这一去，跟升仙没什么不一样的啊！"

癸酉日（二十六日），松州都督孙仁献在城下攻打吐蕃，将他们打败。

唐玄宗曾经差遣宦官去江南取鸡鹊、䴔䴖等，想饲养在禁苑中，使者所到之处造成烦扰。途经汴州，倪若水上奏说："现在正是农忙时期，而逮捕禽鸟用来供园囿池塘玩乐，从遥远的江、岭，水陆路传递，用粱肉饲养，途中看到的人，难道不会觉得陛下贱人民而贵禽鸟吗？陛下正当以为凤凰是普通的鸟，麒麟是一般的兽，何况鸡鹊、䴔䴖，有什么值得珍贵的呢？"唐玄宗亲手书写敕书向倪若水道歉，赏赐给他帛四十段，放散捕来的鸟。

山东蝗灾又大作，姚崇再次下命捕杀。倪若水说："蝗是天灾，并非人力可以阻挡的，应该修德来禳去它。刘聪时代，常常抓捕蝗虫将之掩埋，为害更大。"违背御史，不遵从命令。姚崇致公文给若水说："刘聪是非法的君主，道德不能制妖；如今圣人在位，妖不敌圣德。古代的好太守，蝗虫不进他们的守区，假使修德可以免去蝗灾，现在难道是因为没有德行而导致的蝗灾？"若水才不敢违背。夏季，五月，甲辰日（二十九日），下敕书委任使者详察州县捕杀蝗虫勤惰的人，各自报上名册。从那时起连年蝗灾才不至于导致大饥荒。

有人对唐玄宗说："今年的选官叙职非常滥，县令不得其才。"等当选者进入朝中面试，唐玄宗召集全部的县令到宣政殿，出治民计策考他们。唯独鄄城令韦济文理第一，升为醴泉令。剩下二百多人没有及格，勉强令他们去上任；四十五人让他们回家求学。吏部侍郎卢从愿降为豫州刺史，李朝隐降为滑州刺史。从愿掌选铨六年，和朝隐都以能够称职而闻名。起初，在高宗时代，马载、裴行俭在吏部最为著名，那时人称吏部前有马、裴，后有卢、李。韦济，是韦嗣立的儿子。

有个胡人上书说海南有很多珍珠翡翠奇异宝物，可以前去营取，因此说通商的利益；又想去师子国，求得好药及擅长医术的妇人，安置在内宫。唐玄宗差遣监察御史杨范臣跟胡人一起前去求取，范臣从容不迫地奏说："陛下前年焚烧销毁珠玉、锦绣，表明不再用这些。如今想去求取的跟所烧去的有不一样的吗？那通商和生意人竞争利益，好像不是帝王的作为。胡药的功能，中国人大多数都不了解，何况胡女医，怎么可以安置在内宫？御史是天子视听的官员，如果有国家大事，臣虽然冒着炎暑瘴气，身死也不敢推辞。但这是胡人眩惑献媚，对圣上的德政没有一点益处，臣认为并不是陛下的本意，恳请仔细思考。"唐玄宗立刻自责，安慰他而停止去求得珠宝。

六月，癸亥日（十九日），太上皇在百福殿去世。己巳日（二十五日），任唐玄宗的女儿万安公主为女道士，以此来给太上皇祈求冥福。

癸酉日（二十九日），拔曳固斩下突厥可汗默啜的首级来献。当时默啜北伐拔曳固，在独乐水打了大胜仗，于是就恃胜轻心回师，没有设下防备，路上碰见拔曳固的散兵颉质略，从柳林猛然出来攻打，杀死默啜。那时大武军小将郝灵荃正出使在突厥，颉质略把默啜的头给他，和他一起来京朝谒，将头悬挂在大街上。拔曳固、回纥、同罗、霫、仆固五部都来投降，在大武军北部安置了。

默啜的儿子小可汗即位，骨咄禄的儿子阙特勒刺杀他，并将默啜各子、亲信人等大略杀尽了；立他的哥哥左贤王默棘连，就是毗伽可汗，国人叫他“小杀”。毗伽多次让位给阙特勒，阙特勒不接纳，因此任他为左贤王，专门掌管军队。

秋季，七月，壬辰日（十八日），太常博士陈贞节、苏献由于太庙七室已满，恳请挪移中宗的神主在其他的庙，供奉睿宗的神主祔在太庙；唐玄宗采纳。又上奏迁昭成皇后祔在睿宗一室，肃明皇后留在仪坤庙祭祀。八月，乙巳日（初二），立中宗庙在太庙的西边。

辛未日（二十八日），契丹李失活、奚李大酺率领部众来投降。降下制书，封李失活为松漠郡王兼左金吾大将军、松漠都督，用他的八部落酋长，全部任命为刺史；又任命将军薛泰督率军队监守安慰他们。李大酺为饶乐郡王、行右金吾大将军兼饶乐都督。失活，是李尽忠的堂弟。

吐蕃再来恳请议和，唐玄宗答应了。

突厥默啜已经去世，奚、契丹、拔曳固等各部都归附于朝廷，突骑施苏禄再自立为可汗。突厥的部落大多数是分散的，毗伽可汗担心忧虑，因此召默啜时的牙官暾欲谷，任命他为主要智囊。暾欲谷七十多岁，非常的聪明有谋略，国人相信顺从他。突厥降户住在河曲地方的部落，听闻毗伽即位，多再背叛朝廷而回去。

并州长史王晙上奏疏说：“这些人仅仅因为他们的国家遭到丧乱，因此陆续前来投降；假使他们本国安宁，肯定会再背叛而回去。如今安置他们在河曲，他们奸诈不驯，实在是难以控制，常常不受军州的约束，起兵抢劫；听闻那些逃跑的人大多数已经跟敌人互通声气，递送情报。相当于养这些人反而成了间谍，时间越长，奸诈越深，窥伺边防有事之隙，将会成为我国的大患。敌人南下，他们肯定是内应，来威胁军州，则里外受攻，虽然有良将如韩信、彭越，也没有办法获取成功。恳请在秋、冬之际，大大召集兵员，知道他们利害，供给粮食，迁他们到内地来。二十年后，逐渐旧俗改变了，于是就成为强兵；虽然只是暂时的劳苦，但是可以换来长久的安定。最近守边的将领官吏和出境的使者，大多数说奉承的话，都不是真实的，有人说北面的敌人已经消灭，有人说投降的人都可靠，全部都是自夸功劳，没有竭尽忠心求得国家的利益。恳请明察这些花言巧语，不要忘记做长远的计划。评论的人肯定说：‘国家以前已曾安置降户在河曲，都获得和平，现在为什么怀疑？’这是事同时异，不得不加以明察。以前，颉利灭亡后，投降的人不再有他心，因此久安而无事变。如今北面敌人还存在着，这些人有的恐惧他的势力，有的念及他的恩惠，有的是他的亲戚，怎么会乐意搬迁到内地来？和那个时期相比较，自然不一样。以臣的愚见，迁移到内地来，是上策；多屯驻兵马，大做防备，华、夷参杂，人劳苦而且费用大，是次策；而像现在这样，是下策。请仔细考察这三策，挑选有利的去实行，尽管由于迁徙而有逃亡，但没有逃亡的都是归于唐所有的；如果等到黄河结冰，害怕一定有变动。”

疏呈至唐玄宗，没有答复。降户跌跌思泰、阿悉烂等果然造反。冬季，十月，甲辰日（初二），命令朔方大总管薛讷发兵去追打。王晙率领并州兵西渡黄河，昼夜不停地赶路，追攻反叛的人，击败了他们，斩首三千多人。

这件事以前，单于副都护张知运全缴纳了降户的武器，让他们渡黄河到南面去，降户埋怨恼怒。御史中丞姜晦为巡边使，降户向他控告没有武器，没有办法狩猎，姜晦把武器全还给他们；降户得到手，却立刻反叛。张知运没有设防准备，和他们在青刚岭交战，被敌人俘虏，想要送到突厥。到达绥州地方的时候，将军郭知运用朔方兵拦截攻打，在黑山呼延谷大败他们，敌人放了张知运而逃跑。唐玄宗由于张知运战败，将他斩首示众。

毗伽可汗已得思泰等部众，想要南下侵夺。暾欲谷说：“唐皇帝英勇神武，百姓安定、五谷丰收，没有机会，不可以轻举妄动。我们的部众刚刚集结，力量仍然疲软，应该生息几年，才可以观察情势而行事。”毗伽又想修建城墙，及建寺观。暾欲谷说：“不可以。突厥人口稀少，不到唐朝百分之一，能和他相持，正是由于我们逐水草而没有固定的居处，射猎为营生，人人都练习武艺，强的时候便进兵去抢劫，弱的时候便逃跑躲藏在山林里，唐军虽多，但没有办法发挥力量。如果筑城而居，改变了原来的风俗，只要失败，肯定会被他们灭掉。释家、老子的理论，教导人仁爱柔弱，不是用武力来获取成功的方法，不可以崇尚。”毗伽才作罢。

庚午日（二十八日），安葬大圣皇帝在桥陵，庙号为睿宗。御史大夫李杰监桥陵工，判官王旭贪污，李杰前去查问他，反而被他捏造罪名，并且被降为衢州刺史。

十一月，己卯日（初七），黄门监卢怀慎病情危急，上书推荐了宋璟、李杰、李朝隐、卢从愿，都是昌明时代的人才，所犯的罪比较小，贬弃他们的损失会更大，请求垂赐怜惜升用。唐玄宗接纳他的谏言。乙未日（二十三日），去世了。家中没有剩下积蓄，只有一名老仆人，表示愿意卖身为他办理丧事。

丙申日（二十四日），任命尚书左丞源乾曜作为黄门侍郎、同平章事。

姚崇没有地方住，就寄居在罔极寺，因为疟疾请假。所以唐玄宗派使者询问他饮食起居的情况，一天有几十次。源乾曜上书所说的事情符合唐玄宗的心意，于是唐玄宗便说：“这一定是姚崇的计划。”有时不符合心意的时候，就说：“为什么不和姚崇商量？”乾曜常常道歉说确实是这样的。一遇到大事，唐玄宗常常让乾曜到寺中去问姚崇。癸卯日（十二月初一），乾曜请求让姚崇迁来四方馆住，并且允许他的家人入馆服侍他养病；唐玄宗答应了。姚崇因为四方馆有文书，不适合生病的人住，不停地推辞。唐玄宗说：“设立四方馆就是为了官吏；要你住在那里，就是为了国家。恨不得让你在内宫居住，这又有什么值得推辞的呢？”

姚崇的儿子光禄少卿姚彝、宗正少卿姚异，广交宾客，很能接受人家赠送物品，被当时一些人嘲笑。主书赵诲是姚崇亲信的人，他接受了胡人的贿赂，事情被揭发，唐玄宗亲自去审问，入狱之后应当处死，姚崇又去营救他，唐玄宗为此十分不高兴。恰好因为特殊情况去赦免京城的罪犯，降下敕书特别标明了赵诲的姓名，打一百杖，并且流放到岭南。姚崇因此担心害怕，几次请求辞去宰相职位，并且举荐广州都督宋璟来代替他。

十二月的时候，唐玄宗将到达东都，任命宋璟作为刑部尚书、西京留守，命令他急速到京城，派内侍、将军杨思勖前去迎接他。宋璟风度稳重而闲逸，让人觉得莫测其高深，在路上的时候，竟然没有与思勖交谈一句话。杨思勖一向高贵，身受唐玄宗的钟爱，返回宫中之后，向唐玄宗提及这件事儿，唐玄宗叹赏了很长时间，对宋璟更加重视。

丙辰日（十四日），唐玄宗到了骊山温泉。乙丑日（二十三日），回到了宫中。

闰月，己亥日（二十八日），姚崇被免除了职位，封为开府仪同三司；源乾曜免除了职位，任京兆尹、西京留守。任刑部尚书的宋璟代任吏部尚书兼黄门监，紫微侍郎苏颋同平章事。

宋璟做宰相的时候，致力于选拔人才，因为才能而授官，使各个官员各能称职，赏罚没有徇私，并且敢于当面直谏。唐玄宗十分敬畏他，虽然不太符合心意，也能够勉强地听从他。

突厥默啜从则天时开始，世代为患中国，朝廷忙得把吃饭的时间延后，动员天下的力量也不能取得胜利；郝灵荃得到了他的头，自以为是非常大的功劳。宋璟因为天子喜武功，怕好事的人都生出了侥幸的念头，故意把给他的赏赐压低，过了一年才任命他做郎将；灵荃哀哭而死。

宋璟与苏颋相处得十分融洽，颋遇到事情多让璟去裁定，璟每次评论事情，颋就协助他。璟曾经对人说："我和苏家父子都在宰相府担任职位，仆射（苏瓌）为人宽宏厚道，实在是国家的栋梁，然而建议决策，政事精练敏捷，则黄门（颋）超过了他的父亲。"

姚、宋相继担任宰相的职位，姚崇善于应变成事，宋璟擅长守法秉公，二人虽然志向操守不同，但是同心辅佐，才使得赋税力役宽缓而公平，刑罚清明而简省，百姓富裕。唐代的贤良宰相，前称房、杜，后称姚、宋，别的宰相都没有比得上他们的。二人每一次进宫见圣，唐玄宗就起身迎接他们，告别的时候就走到轩廊去送他们。等到李林甫做宰相的时候，虽然宠爱信任超过了姚、宋，但是对他的礼遇却特别低薄。紫微舍人高仲舒博览群书，齐澣对时事十分熟练，姚、宋每次请二人在座来解疑难，后来就赞叹他俩说："要知古，就问高君，想知今，就问齐君，就可以没有缺失的事情了。"

辛丑日（三十日），停设十道按察使。

以前的规矩，六品以下的官员都委付尚书省签拟任命，这一年才开始制定，员外郎、御史、起居、（拾）遗、补（阙）没有让尚书省签拟。

开元五年（丁巳，公元717年）

春季，正月，癸卯日（初二），太庙四周的房子腐朽坏了，唐玄宗穿着素服避正殿不坐。当时唐玄宗将去东都，因此问宋璟、苏颋，他们答道："陛下您三年守孝没有满，立即出去，恐怕不符合天意，灾变异兆应该避免；请暂时避免出行。"然后又问姚崇，他答道："太庙的那些屋材，都是些苻坚时的东西，时间太长朽腐而塌坏，刚好和陛下出行的时间相吻合，哪里值得惊异？并且帝王以四海为家，陛下因为关中歉收然后才去东都，各部门的主管准备的东西都供给好了，不可以失信；只适合把神主迁到太极殿，然后再修建太庙，然后依照原来订的日期出发吧。"唐玄宗心中十分的高兴，依言而行，并且赐给姚崇绢二百匹。已酉日（初八），唐玄宗在太极殿举行了祭享礼，命令姚崇五天来上朝一次，仍然在内殿供奉参见，恩遇接礼更加的重厚，有大的政事就去问他。右散骑常侍褚无量上书："隋文帝那么富有，迁都的时候，难道会拿苻坚旧材去建筑太庙吗？这只是谄谀的说法而已。请求陛下能谨记上天的垂戒，接纳忠谏，远离那些谄谀的人。"唐玄宗没有听从。

辛亥日（初十），出行去东都。经过崤谷的时候，道路隘狭没有整修。唐玄宗想要免除河南尹及知顿使的官职，宋璟谏言说："陛下正在巡行各个地方，现在因为这件事儿要罪罚两位臣子，臣害怕将来人民会受到困弊。"唐玄宗立刻命令去释放他们。宋璟说："陛下惩罚他们，因为臣的话而免除了罪责，是臣代替陛下受到他们的感恩；请交给朝堂议论之后再赦免他们。"唐玄宗答应了。

二月，甲戌日（初三），到达东都，然后赦免天下。

奚、契丹已经归顺了朝廷，贝州刺史宋庆礼建议，请求再次设立营州。三月，庚戌日（初十），下诏书在柳城设置营州都督，兼平卢军使，所管辖的州县镇戍都和以前一样。任命太子詹事姜师度为营田、支度使，跟庆礼等修筑城池，三十天之后完工。庆礼清明勤勉而严肃，开拓屯田八十多个地方，招安那些流亡散离的人，几年之间，仓库充实，市街慢慢地繁荣起来了。

夏季，四月，甲戌日（初五），赐奚王李大酺的妃子辛氏号为固安公主。

己丑日（二十日），皇子嗣一去世了，追立作为夏王，谥号为悼。嗣一母亲武惠妃就是武攸止的女儿。

突骑施酋长左羽林大将军苏禄部众日益强大，虽然朝贡不缺，暗中有企图边地的心。五月的时候，十姓可汗阿史那献想调用葛逻禄兵去攻打他，唐玄宗没有允许。

起初，唐玄宗没得势时，和太常卿姜皎关系很好，等到杀了窦怀贞等，因为姜皎参预这次行动有功，所以唐玄宗对他的宠爱待遇，是所有的臣子都比不上的，经常进出唐玄宗的内室，和后妃坐榻相连宴饮，赏赐很难去记录。弟弟姜晦，也因为皎的缘故累积官资升到了吏部侍郎。宋璟说姜皎兄弟权力以及宠遇太好，不是安荣他们的好的途径，唐玄宗也有一样的感觉。秋季，七月，庚子日（初三），任命姜晦作为宗正卿，因下诏书说："西汉的各个将军，因为权重位高所以不得保全生命；光武的老友，能因优游闲散而得尽天年。姜皎适合回乡，散官、勋阶、封爵仍然和以前一样。"

壬寅日（初五），陇右节度使郭知运在九曲大败吐蕃军队。

安西副大都护汤嘉惠上奏说，突骑施带领大食、吐蕃要攻取四镇，包围钵换城和大石城；已经派了三姓葛逻禄兵和阿史那献去进攻他们。

并州长史张嘉贞上书说："突厥九姓新来降附的，都散居在太原的北边，请屯驻大量的军队来镇守他们。"辛酉日（二十四日），设置了天兵军在并州，集合了八万兵员，任嘉贞作为天兵军大使。

太常少卿王仁惠上书说，天后建立明堂不符合古代的制度；又因为明堂贵在朴质，然而（现在明堂）十分奢侈，紧紧接着内宫，人神交杂混乱。甲子日（二十七日），下诏书，再次改明堂作为乾元殿，冬至、初一接受群臣的朝贺，季秋的大享礼，再次到圜丘举行。

九月，中书、门下省以及侍中都恢复用旧名。

贞观时的制度，中书、门下省及三品官入内朝上奏，必须让谏官、史官一块儿去，有过失就去加以匡正，好坏一定会有所记录；各司都在正牙上奏，御史弹纠众官，戴獬豸冠，并且当着仗卫读那些弹纠的文书，因而大臣不能单独地在君前奏事，所以小臣无法进谗为恶。后来许敬宗、李义府当权，政事多隐私邪僻，奏事官大部分等仗卫百官退散，在唐玄宗的宝座前把身边的人摒开而秘密奏上。监察奏事的御史以及待制官远远地站着然后等他退下；谏官、御史都随着仗卫出去了，仗卫下来后的事情，就不再知道了。武后用法制裁决群官，谏官、御史可以因为传闻而奏事，从御史大夫到监察可以互相弹纠上奏，大多数险诈偏诐并且相互攻击。等到宋璟做宰相的时候，要恢复贞观时期的政治制度，戊申日（十二日），下制书："从现在开始，如果事情不是确须秘密的，都要在仗卫的前面上奏，史官自然也依照以前的制度。"

冬季，十月，癸酉日（初七），伊阙人孙平子上书说："《春秋》讥鲁国升僖公的神主在闵公的上面；现在迁中宗在别庙而祀睿宗，正好跟鲁国的一样。兄曾经是弟的臣，尚且不能够升，何况弟是兄的臣，可以升在兄上吗？若和兄弟同列，就不应该把兄的神主安置在别的庙。请交给群臣广泛地议论，迁中宗进入太庙。”这事下付礼官，太常博士陈贞节、冯宗和苏献议论，认为：“七代的庙，不数兄弟在内。商朝有兄弟四人相继作为唐玄宗，如果数兄弟为代，就没有祖、考的祭了。现今睿宗的庙室应当次于高宗，因此替中宗特地立一庙。中宗既然已经升置新庙，睿宗便祔于高宗，怎么能升在中宗的上面呢？而平子引升僖公为证，诬妄欺蒙圣上，这种风气不能够让它养成。”当时评论大多数都认为平子是对的，唐玄宗也觉得是这样的，因而议论久久还没有决定。苏献就是颋的堂兄，所以颋佑助他，结果按照礼官的商议。平子议论不停，降为康州都城尉。

新太庙刚刚建成。戊寅日（十二日），神主祔在太庙。

唐玄宗命令宋璟、苏颋为几位皇子制名号以及封国的号，又命令另外制一佳名和佳号呈上。宋璟等人上奏说：“七个雏子同等地养育，都著在《国风》篇中。现在臣等所制订的名号各自都有三十多个，便总合在一块儿呈上去，以彰陛下如天一般公正无偏私的博爱。”唐玄宗认为非常的好。

十一月，丙申日（十一月无此日），契丹王李失活进入朝廷。十二月，壬午日（十七日），封东平王的外孙女杨氏作为永乐公主，并且嫁给了契丹王。

秘书监马怀素上书：“省中的书籍散乱，并且错误缺失，请求挑选二十名有学问的官员，去整理校勘并且把它们补完。”唐玄宗答应了。于是搜求访致散佚的书，选官吏编写，派国子博士尹知章、桑泉尉韦述等二十人一块儿去订正，派遣左散骑常侍褚无量担任专使，在乾元殿前编辑并且校理众书。

资治通鉴卷第二百一十二　唐纪二十八

起戊午（公元718年），止乙丑（公元725年），共八年。

【题解】本卷记录了公元718年至725年的史事，共八年，正当唐玄宗开元六年到开元十三年。此时期沿袭开元初年君臣励精图治的政治格局。宋璟、张嘉贞、源乾曜、张说相继为相，唐玄宗李隆基坚持选贤任能，慎重选举，绝不滥任官职，还检括户口，加强对流民的管制，并且惩治贪官，从重从速。玄宗严禁诸王与百官结交。此时期仍有边患，突厥、契丹大败唐军，兰池州夷人叛乱。

玄宗至道大圣大明孝皇帝上之下

开元六年（戊午，公元718年）

春季，正月，辛丑日（初六），突厥毗伽可汗来请交和；唐玄宗答应了。

广州官民为宋璟立遗爱碑。宋璟上书说："臣在州并无别的好的政绩，现在因为臣荣受皇上宠爱和信任，而造成他们谄谀的借口；所以要改这种风气，请从臣开始，请下诏书禁止。"唐玄宗答应了。于是其他各州都不敢再去立碑。

辛酉日（二十六日），下诏书禁止用粗劣的钱币，重量在二铢四分以上的才可以通用。收集民间劣钱熔化，重新铸成合式官钱。于是京城骚乱，交易几乎已经停止了。宋璟、苏颋建议拨出太府钱两万贯分别放置在南北市，用平价收购百姓售不出而可以充官方用的物品，以及允许两京百官先借薪俸，可以使好的钱币流行民间。唐玄宗采取了他的建议。

二月，戊子日（二十三日），征调蔚州横野军到山北，驻扎军队三万人，作为九姓的后援。任命拔曳固都督颉质略、同罗都督毗伽末啜、霫都督比言、回纥都督夷健颉利发以及仆固都督曳勒歌等各出骑兵担任前、后、左、右军的讨击大使，都接受天兵军的指挥。所要讨伐追捕之人，根据情况追集；没有战事就各自返回部落经营生业，依旧经常去存问和抚慰。

三月，乙巳日（初十），征嵩山处士卢鸿进入朝堂召见，任命为谏议大夫。卢鸿坚决推辞并且谢绝了。

天兵军使张嘉贞进入朝堂，有人控告他在军中过度奢侈以及贪污，查验后不是实情。唐玄宗想要治诬告人的罪，嘉贞上书说："现在如果治他罪，恐怕会阻绝检举的事情，让天下的事情没有办法上达朝廷，请求专门把他赦免。"这个诬告的人才得以减免死刑。唐玄宗由此觉得嘉贞是忠心的，所以心中有了重用他的意思。

有人推荐隐士范知璿说他是擅长文学的人，并且献上了他做的文章，宋璟批语说："看他的《良宰论》，有过美之嫌，隐士应当强谏直言，怎么能够苟且迎合取悦于人？文章假如高妙，应该从选举而求用世，不可以从别的路子求进。"

夏季，四月，戊子日（二十四日），河南参军郑铣、朱阳丞郭仙舟投入意见箱并且献诗，下诏书说："看诗的内容，就是崇尚道法的；假如说道经时致用，就是不切实际的。应该让他们各从自己喜好。"二人一块儿免职，度化为道士。

五月，辛亥日（十八日），任命突骑施都督苏禄作为左羽林大将军、顺国公，代理金方道经略大使。

契丹王李失活去世了，癸巳日（五月无此日），封他的弟弟娑固代继王位。

秋季，八月，颁布乡饮酒礼到州县，命令每年十二月举行。

唐朝的初期，州县官的薪俸，都命令富户掌管公廨本金而后来出利息作为他们的薪俸；利息高到了几倍，有很多人由此破产。秘书少监崔沔上书说："请求统计州县官所得的薪俸，在百姓固定赋税之外，稍稍增加一点来供给薪俸。”唐玄宗采取了他的意见。

冬季，十一月，辛卯日（初一），唐玄宗到达西京。

戊辰日（十一月无此日），吐蕃上表章请求媾和，要求舅父外甥（二国国君）亲自签署誓约文书，命令彼此两国的宰相都把名字写在誓文上。

宋璟上书：“括州员外司马李邕、仪州司马郑勉，都有才学谋略文辞，只是性情不定，好是非多改变；假如全力晋升，就会招致悔罪，假如长期舍弃，他们的才干又十分可惜。请求任命为渝、硖二州的刺史。”又上书：“大理卿元行冲早年因为才干德行被人所称，刚任职的时候，真的能够符合大家的评论；当权之后，十分的不称职。请求再次用为左散骑常侍，任用李朝隐去代替他。陆象先对时政熟悉，宽大但是不容人为恶。请求任命他作为河南尹。”唐玄宗答应了。

开元七年（己未，公元719年）

春季，二月，俱密王那罗延、康王乌勒伽、安王笃萨波提都上表章，说是被大食国所侵略和劫夺，请求派兵加以救援。

下诏给太府以及近畿的府县，出粟十万石出售，以便于收回民间的劣币，送到少府销毁。

三月，乙卯日（二十六日），任用左武卫大将军、检校内外闲厩使、苑内营田使王毛仲兼太仆卿。毛仲严明并且有干才，万骑功臣、闲厩官吏都十分怕他，苑内的收获常常很多。唐玄宗以为他有才能，所以很喜欢他。他虽然在外面有府第，但是常常住在闲厩的旁边内室，唐玄宗有时没有看到他，就默默地若有所失的样子；宦官杨思勖、高力士都很害怕他，因此不敢冒犯。

渤海王大祚荣去世了；丙辰日（二十七日），命令他的儿子武艺继承王位。

夏季，四月，壬午日（二十四日），开府仪同三司祁公王仁皎去世了。他的儿子驸马都尉王守一请求援窦孝谌例，筑墓高五丈二尺，唐玄宗答应了。宋璟、苏颋不停地争谏，以为：“按照规定，一品官墓高一丈九尺，陪葬在帝陵旁边的不过高出三丈而已。窦太尉的墓，批评者一直讥议它高大过分，当时没有人力谏它的过度，今日怎么可以又跟着错下去？从前太宗嫁女儿，嫁妆就超过长公主，魏征觐见，太宗采取了他的意见，文德皇后也赏赐了魏征，难道要像韦庶人那样把她父亲的坟墓加高，名为酆陵，从而自己招来祸亡吗？以皇后父亲的尊贵，要是把坟墓做得很高大，哪里容我们为难？并且臣等再三上奏的原因，就是想促成皇后的美好的品德。何况今天的行为，当传到永远，以为法度，怎么可以不谨慎呢？”唐玄宗高兴地说：“朕每想本身守法来作为臣下的表率，何况对于妻子，怎么敢徇私呢？然而这是一般人所不容易说出的，你们能够坚守礼制，来成全朕的美誉，为将来所取法，确实是朕所希望的。”赏赐宋璟、苏颋绢帛四百匹。

五月，己丑朔日（初一），日食。唐玄宗穿素服来待变，将音乐撤去，并且减少了膳食，下令中书、门下去检视囚犯，救赈饥饿困乏的人，并且劝勉农事。辛卯日（初三），宋璟等上书说：“陛下勤政爱恤民众，这实在是百姓的福祉。然而臣等听说日食去修养德行，月食去修明法治；亲近君子，而疏远小人，杜绝妇女的干求，除去那些谗言恶徒，这就叫作修德。君子因为言过而行为耻，假如本着至诚的心去推行，不一定要常常下诏书。”

六月，戊辰日（十一日），吐蕃再次派遣使者请求唐玄宗亲自签署盟誓文书；唐玄宗没有允许，说：“往年誓约已经定好，假如信守不发自内心，多次签誓约有什么好处呢？”

秋季，闰七月，右补阙卢履冰上书说：“按照礼制，父在替母亲服丧一年，则天皇后改为服齐衰三年，请求恢复原来的礼制。”唐玄宗下来和群臣一块儿议论。左散骑常侍褚无量认为履冰的意见是：很多人争辩，几年都没有定论。八月，辛卯日（初六），下诏书从现在开始五服全依《丧服传》文。然而士大夫的议论仍然没有停止，各照自己的意愿去施行。褚无量感叹说：“圣人怎么不知道母恩的厚重呢？抑降的礼，目的在明确尊卑、区别戎狄。一般人思想十分的肤浅，不了解圣人的良苦用心，一乱了这制度，又有谁能够改正它呢？”

九月，甲寅日（九月无此日），调用宋王李宪作为宁王。唐玄宗曾经从阁道里看见卫士吃完饭，然后把剩下的食物丢弃在了洞里，十分生气，要用杖打死他；身边的人都不敢讲话。李宪不慌不忙地上谏说：“陛下从阁道中窥见人家的过失而去杀他，臣担心人人都不会有安全感的。并且陛下讨厌把食物弃之于地的原因，是食物可以养活人；现在因为剩余的食物而去杀人，难道不是失掉了根本吗？”唐玄宗幡然醒悟，忽然站了起来说：“假如不是兄长，几乎就造成滥用刑罚。”马上释放了卫士。那天，唐玄宗宴饮尽欢，自己解下了红玉带，以及所坐的马赐给李宪。

冬季，十月，辛卯日（初七），唐玄宗到了骊山温泉；癸卯日（十九日），回到宫中。

壬子日（二十八日），册封突骑施苏禄为忠顺可汗。

十一月，壬申日（十八日），唐玄宗因为岐山县令王仁琛是他为王爵时官邸的旧部下，下墨敕命为五品官。宋璟上书说：“旧部下有个人的恩情，但是法有大例；任官要按照资历，并不是没有共同遵循的途径。仁琛以前因为旧恩，已经获得从优改叙了，现在如果再蒙不次的奖掖，就跟众官不平等了；因为又是皇后族人，所以必须防止舆论的批评。请求交付吏部检验，假如没有犯错，从法理上说应该留任，请依照资历稍从优而签拟。”唐玄宗听从了他的意见。

候选任官的宋元超在吏部里说他自己是侍中宋璟的叔父，希望能够从优任用。宋璟听到了这事之后，用公文给吏部说：“元超，就是璟的三从叔父，常年居住在洛城，我很少去参见他。既不敢因为他是我的长辈就更加隐讳，又不愿意因私而妨害公事。以前不说，自可依大例行事；现在既然有了这传说，就必须矫正枉曲；请求放降他。”

宁王李宪上奏候选官的薛嗣先请求授予小官，这事交给了中书、门下。宋璟上书说：“嗣先两次入选斋郎，即便不是明白应留，因为是皇亲的缘故，自然应当稍稍给予官资。在景龙年间，曾经有墨敕书安置，叫作斜封（官）。自打大明的新君即位的时候，这事就禁绝了，实行一件赏事，任命一个官吏，一定是因为功劳和才干，都是经过中书、门下。最公正的办法，唯独圣君能够实行。嗣先有幸是姻戚的身份，没有因此而枉屈法令，允许臣等过来商量，请求交付给吏部知照处理，不用直接下诏书任命。”唐玄宗同意了。

在这个以前，朝集使往往带了货品进入京师，到了春天就要回任所，大部分都升官；宋璟上奏全部要求带回去，来革除这一种弊端。

这一年，设置了剑南节度使，管辖益、彭等二十五个州。

开元八年（庚申，公元720年）

春季，正月，丙辰日（初三），左散骑常侍褚无量去世了。辛酉日（初八），任命右散骑常侍元行冲继续整理编次群书。

侍中宋璟十分讨厌那些有罪但是却不断缠诉的人，就全部交给御史台前去审理。对中丞李谨度说：“服罪但是却不再上诉的就放了他，仍上诉不止就关在牢狱里。”因此很多人就怨恨他。刚好赶上天旱有旱神出现，唱戏的就扮作旱神在唐玄宗面前表演，唐玄宗问：“为什么出现？”答曰：“奉宰相的命令出来。”然后又问：“这是什么原因？”旱神说：“含冤总共三百多人，宰相全部都押在了牢狱中，然后压制他们，因而旱神不得不出。”唐玄宗认为他说的是对的。

当时宋璟和中书侍郎、同平章事苏颋建议严禁劣质的钱币，江、淮这一地区劣钱十分厉害，于是宋璟派遣监察御史萧隐之代使去收聚劣钱，隐之严厉并且急切地烦扰人民，道路上都是一些埋怨叹息的人。唐玄宗由此就降了隐之的官职。辛巳日（二十八日），免除了宋璟的职务，任命为开府仪同三司，苏颋作为礼部尚书。任命京兆尹源乾曜作为黄门侍郎，并州长史张嘉贞作为中书侍郎，都是同平章事。由此把钱禁放松，恶劣的钱币又再一次地流行起来了。

二月，戊戌日（十五日），皇子敏去世了，追封他为怀王，谥号为哀。

壬子日（二十九日），下诏书因为徭役没有比军府里面更重的，一旦做了卫士，六十岁才解除徭役，应该缩短服役的年限，让百姓轮次服役。

夏季，四月，丙午日（二十四日），派遣使臣去赐给乌长王、骨咄王、俱位王册命。三国都是在大食的西边。大食想引诱他们背叛大唐，三国没有听从他，所以就褒扬他们。

五月，辛酉日（初九），再次设置十道按察使。

丁卯日（十五日），任命源乾曜作为侍中，张嘉贞作为中书令。

乾曜上书说："显要家的人大多都在京都担任官职，从而使得优秀的人才抑废在各个地方。臣的三个儿子都是在京城的，请求将其中的两个人调出去。"唐玄宗采取了他的意见。因此下诏书称赞乾曜的公正，命令文武百官去效法他，于是调出去任地方官的有一百多人。

张嘉贞政事干练并且反应快捷，然而刚愎暴躁从来不肯接受别人的意见。中书舍人苗延嗣、吕太一、考功员外郎员嘉静、殿中侍御史崔训都是嘉贞所招引和推荐的，常常跟他议论政事。四人都招揽权势，用当时的话说："中书令公四才俊，苗、吕、崔、员。"

六月，瀍、谷水涨满溢泛，漂流淹死大约有两千人。

突厥降户仆固都督勺磨和跌跌部落散居在受降城附近，朔方大使王晙说他们暗中勾结突厥，计划去攻陷军城，秘密上奏请求杀了他们。诱勺磨等都在受降城宴饮，埋伏的军队把他们都给杀了，河曲投降的部落几乎都被杀光了。拔曳固、同罗各部都在大同、横野军的旁边各部，听到这个消息惊恐忧惧。秋季，并州长史、天兵节度大使张说带了二十骑，拿着旌节到他们的部落里去慰问和安抚，因此就住宿在了他们的营帐里。副大使李宪认为蕃人不能够信任，急忙地送书信去阻劝他。张说回的信上说："我的肉又不是獐子肉，一定不害怕人吃；血又不是野马的血，一定不怕人刺。您见危难的时候献身给国家，这正是我效死的时候。”拔曳固、同罗因此就安定了下来。

冬季，十月，辛巳日（初二），唐玄宗出行去长春宫。壬午日（初三），在下邽地区打猎。

唐玄宗约束各王，不让他们与众臣交往。光禄少卿驸马都尉裴虚己和岐王李范游玩宴会，因为私自挟有谶纬，戊子日（初九），流放虚己到了新州，让公主和他离婚。万年县尉刘庭琦、太祝张谔几次和李范喝酒并且作诗，降庭琦作为雅州司户，谔作为山茌县丞。然而对待李范依然和以前一样。对身边的人说：“我们兄弟自然不会有间隙，只是趋炎奔走的人一定要攀附罢了。我绝对不会因此去责罚兄弟。”唐玄宗曾经有病，薛王李业妃子的弟弟内直郎韦宾跟殿中监皇甫恂私下谈论吉凶的事情。事情被发觉之后，韦宾被杖给打死了，皇甫恂降为锦州刺史。业与妃子害怕自己请求处分，唐玄宗走下台阶握着业的手说：“我如果有心猜忌兄弟，天地一定会诛灭。”立即跟业餐宴饮酒，因此安慰业的妃子，让她复位。

十一月，乙卯日（初七），唐玄宗回到了京师。

辛未日（二十三日），突厥侵扰甘、凉等一些州，打败了河西节度使杨敬述，抢掠了契苾部落然后离开。

在这以前，朔方大总管王晙上书请求在西方征发拔悉密，东方征发奚、契丹，约定在今年秋天乘突厥不注意的时候去袭击毗伽牙帐在稽落水上；毗伽听到这个消息之后，十分恐惧。暾欲谷说：“不值得害怕。拔悉密在北庭，跟奚、契丹离得很远，兵力不能会合，推测朔方的兵也不能来到这里。如果能够来到，等他快到的时候，就将大本营迁往北方三日路程远的地方，唐军粮食吃完了自己就会离开。而且拔悉密轻忽并且好利，得到王晙的通知，一定高兴并且先到。王晙跟张嘉贞关系不好，请求大多不会准，一定不敢出兵。王晙没有出兵，拔悉密单独过来，攻打并且击败他，情势看来是十分容易的。”

后来拔悉密果然发兵进攻突厥的大本营，但是朔方和奚、契丹的军队都没有来，拔悉密心中害怕，带兵退走了。毗伽想攻击他，暾欲谷说："他们离家千里，一定会尽力死战，不可以攻打他。倒不如出兵跟踪他。"距北庭二百里，暾欲谷分兵从小路先包围北庭，因此发兵攻拔悉密，大败他。拔悉密的部众溃散逃走了，逃往北庭，又不能进入，全部被突厥军队所俘虏了。

暾欲谷带兵回去，出了赤亭，掠夺凉州的羊马，杨敬述派了裨将卢公利、判官元澄带领士兵去拦截他。暾欲谷对他的部下说："我们乘胜而来，敬述出兵，打败他是肯定的。"公利等到了删丹，跟暾欲谷相遇，唐兵吃了个大败仗，公利、澄逃走了。毗伽因此变得更加的强盛，全部都有了默啜的部众。

契丹牙官可突干因为骁勇，所以得到了众人的拥戴，李娑固十分猜忌害怕，想杀了他。这一年，可突干发兵攻打娑固，娑固战败逃往营州，营州都督许钦澹派遣安东都护薛泰带领骁勇的士兵五百人和奚王李大酺拥护娑固前去讨伐他，战败了，娑固、李大酺都被可突干给杀死了，并且活捉了薛泰，营州震惊。许钦澹调用士兵进入渝关，可突干立娑固的堂弟郁干作为君主，派遣使者前来请罪。唐玄宗赦免了可突干的罪，任用郁干任松漠都督，任用李大酺的弟弟鲁苏作为饶乐都督。

开元九年（辛酉，公元721年）

春季，正月，下诏书削除杨敬述的官爵，用平民的身份检校凉州都督，并且依旧让他充任节度、支度、营田等使。

丙辰日（初七），改蒲州作为河中府，设置了中都官属，完全依照京兆、河南府。

丙寅日（十七日），唐玄宗去了骊山温泉；乙亥日（二十六日），回到宫中。

监察御史宇文融上奏说："天下的户口逃散迁徙，作假伪冒的非常的多，请求去检查和搜捕。"融是宇文弼的玄孙，源乾曜向来爱惜他的才华，赞同他的意见。二月，乙酉日（初八），下敕书主管部门商议招集流动户口和推按审问巧逃作伪的方法上书。

丙戌日（初九），突厥毗伽再次派遣使臣前来求和。唐玄宗写信告诉他："从前本国跟突厥和亲的时候，华、夷安乐，战事就停止了；本国就买突厥的羊和马，突厥得到了本国的缯帛，彼此的生活互相不缺。自打近几十年来，不再像以前一样，正是因为默啜没有信用，嘴里讲和，内心叛离，经常发兵为盗，入侵劫夺边境，使得人怨神怒，遭到身头割裂的报应，吉凶的验证，都是可汗可以看到的。现在去走他以前的路子，趁着不备偷袭甘、凉，随后又派遣使者来求和。本国像天一般地庇护众生，像海一样地包容群流，只看从今往后的情况，不追究先前的罪责。可汗假如真有诚心的话，就可以共保幸福；不然的话，就没有必要劳动使者徒然往返。如果来侵扰边境，也会防备你的到来。可汗要仔细考虑！"

丁亥日（初十），下诏书："州县逃亡的那些人口，允许在一百天之内自首。要么在现居地附入户籍，要么取公文回到本乡，各自顺从自己的志愿。过期不自首的，就加以检查搜刮，降遣到边疆；公家或私人如果敢收容包庇的判罪。"任命宇文融代任使臣，搜刮逃迁流动户口和簿籍以外的田地，所查获的巧逃伪冒的有很多，升为兵部员外郎兼侍御史。融上书设置劝农判官十人，同时代理御史，分别巡行天下。对于那些新附籍的寄居户口，免除了六年的赋税。使者相互苛刻急求，州县乘势劳烦扰动，人民因为他们而受苦。阳翟县尉皇甫憬上疏举述这情况，但是唐玄宗正在重用融，降憬为盈川县尉。州县承望唐玄宗的旨意，专门致力于获得更多赋税，于是就虚报数字，有的把实户也列为客居，一共得户八十多万，田地也相当于这个数目。

兰池州胡康待宾诱惑各降户一同反叛，夏季，四月，攻陷了六个胡州，有部下七万人，进攻逼近夏州；朝廷命令朔方大总管王晙、陇右节度使郭知运一块儿去征讨他。

戊戌日（二十二日），下诏书："凡是京城官员五品以上的，地方官刺史、四个近畿府的高级僚佐，各自推举县令一人，看他们政务的好坏，当作推荐人赏罚的依据。"

任命太仆卿王毛仲作为朔方道防御讨击大使，和王晙及天兵军节度大使张说相照会进讨康待宾。

六月，己卯日（初三），撤销了中都，恢复为蒲州。

蒲州刺史陆象先为政注重宽和简要，官吏人民犯罪的时候，大多训谕他们之后就放回。州录事对象先说："您不用鞭打，怎么能够显示威势呢？"象先说："人情都相近，他们难道会不懂得我说话的意思吗？一定要用鞭打来显示我的威势，应该从你开始！"录事惭愧所以告退。象先曾经对别人说："天下本来就没有事儿，只是一般人自我找麻烦罢了。假如能够澄清根源，怎么用忧愁治不好呢？"

秋季，七月，己酉日（初四），王晙大败了康待宾，并且活捉到他，杀叛离的胡人一万五千名。辛酉日（十六日），集合四方的酋长，在西市把康待宾腰斩。

在这之前，叛离的胡人暗中和党项勾结，去进攻银城、连谷，占有了两地的仓库，张说率领步兵骑兵一万人出了合河关，乘他们不备的时候去攻击，然后大败他们。追到骆驼堰，党项竟然转而去攻击胡人，胡人大败，向西走入了铁建山。张说安抚并且集合党项，让他们恢复住地营生。讨击使阿史那献因为党项反复，请求一同杀了他们，张说说："王者的军队，应当讨伐叛逆然后安抚降服，怎么能够杀已降顺的呢？"因此上奏设置麟州，来镇守安抚党项余下的部众。

九月，乙巳朔日（初一），日食。

康待宾造反的时候，下诏郭知运和王晙相互照会前去讨伐；王晙上奏说，朔方兵自己有力量去完成任务，请求下诏书叫知运回本军。公文还没有回报，知运已经到了，因此与王晙不和。王晙所招降顺的，知运再次发兵去攻击他们；番人认为王晙出卖了他们，因此一再反对。唐玄宗认为王晙不能够顺利平定那些胡族，丙午日（初二），降王晙为梓州刺史。

丁未日（初三），梁文献公姚崇去世，遗嘱命令家属："佛把清净慈悲当作根本，但是那些愚笨的人写经造像，希望求得福分的降临。

从前周、齐分别占据天下，周就毁去佛经佛像然后修战备，齐就建塔兴庙然后废弛刑政，一天两国交战，齐国被灭亡但是周国却始兴盛。近代的武家、韦家等一些人，建立寺庙，度人为僧尼，很难纪写，可是已经无法挽救被族灭的命运。你们不可以效法那些见解幼稚的人一辈子也没有觉悟，为我诵经超度来求死后的福分！道士看见和尚获利，就去效法他们，尤其不可以请回家中。要永远地教导后人来遵行我的话！”

癸亥日（十九日），任命张说为兵部尚书、同中书门下三品。

冬季，十月，河西、陇右节度大使郭知运逝世了。知运和同县（或作郡）人右卫副帅王君㚟，都因为骁勇并且善于骑马射箭然后闻名于西方边境，胡人十分害怕，当时的人称他们为王、郭。㚟就从知运的部下代河西、陇右节度使，兼任凉州都督。

十一月，丙辰日（十三日），国子祭酒元行冲呈上《群书四录》，一共有四万八千一百六十九卷。

庚午日（二十七日），赦免了天下。

十二月，乙酉日（十三日），唐玄宗到了骊山温泉；壬辰日（二十日），回到宫中。

这一年，各王任都督、刺史的，全部都被召回京师。

新建蒲津桥，熔铁成牛形用来系大绳。

安州别驾刘子玄逝世。子玄就是刘知几，为了避唐玄宗名里音同的字，所以就用字行世。

著作郎吴兢撰写《则天实录》，说宋璟激使张说让他证明魏元忠的（受张昌宗谮）事。张说修史的时候见到了，知道是吴兢所写的，故意说：“刘五（知几）是最不能宽容我的！”兢站起来说：“这是兢写的，史料的草稿全在这里，不能让足下冤枉死去的刘君。”同僚都十分的惊讶。后来张说暗中求兢稍微地改动几个字，兢始终没有同意，说：“如果顺从足下的请托然后改动，那么这史料就不是真实的记录，那么靠什么让后世人相信呢？”

太史上书说："《麟德历》慢慢地有差失，日食时常不准。"唐玄宗命令一些和尚另外造订新历。率府兵曹梁令瓒造了黄道游仪来测量日月五星的运行。

然后设置了朔方节度使，让他管辖单于都护府，夏、盐等六个州，定远、丰安两个军队，以及三个受降城。

开元十年（壬戌，公元722年）

春季，正月，丁巳日（十五日），唐玄宗出行去东都，任命刑部尚书王志愔作为西京留守。

癸亥日（二十一日），命令主管单位征收公署的（田、园、地）税钱，来作为众官的薪俸。

乙丑日（二十三日），收回官员的田地，每亩大概贴给太仓粟二斗。

二月，戊寅日（初六），唐玄宗到达了东都。

夏季，四月，己亥日（二十八日），任命张说兼领朔方军节度使。

五月，伊水、汝水上涨，流淹了几千人家。

闰月，壬申日（初二），张说到朔方前去巡视边防。

己丑日（十九日），封馀姚县主的女儿慕容氏作为燕郡公主，并且嫁给契丹王郁干作为他的妻子。

六月，丁巳日（十八日），博州境内黄河决口，然后命令按察使萧嵩等一些人前去治水。嵩就是梁明帝的孙子。

己巳日（三十日），下诏书增加太庙达到九室，然后把中宗神主迁到了太庙。

秋季，八月，癸卯日（初四），武强县令裴景仙犯了贪赃五千匹布帛的罪，事被发现之后，逃跑了；唐玄宗十分生气，下令集合很多的人去杀害他。大理卿李朝隐上书说景仙的那些赃物都是乞求来的，罪不至死；又说，他的曾祖父裴寂，有很大的功劳，载初年间因为不实的罪名然后破了家，现在只有景仙一人存在，现在是承祖的嫡裔，应该宽恕他的死刑，放逐到偏远的地方。奏书大概的意思是说："贤者有罪，受宽恕应当减到十代，是因为有功的人确实应当受到考虑；一家没有人去继承香火，实在是值得哀悯。”下诏书命令用杖把他打死。朝隐又上书说：“生杀大权，全在君主一人的手中，罪责有轻重的法令，臣下应当谨守。现在如果因为乞取赃物而犯错，就处以死刑，以后有犯法当判刑，那么要根据什么样的法条判呢？臣是替国家遵守法令，希望不去破坏法律的明文，不是敢用法因人而异，歪曲法律而怜悯景仙的性命。”接着又说：“如果抛弃裴寂的全部的功勋，特别加重仙的惩罚，那么叔向的贤，就不能够称道；那么敖氏的鬼魂，就没有后人去祀奉了！”唐玄宗才答应。打景仙一百杖，然后流放到岭南的偏远地区。

安南贼人的首领梅叔焉等攻打并且包围州县，派遣骠骑将军兼内侍杨思勖前去讨伐。思勖招募很多蛮人的子弟，得到了十多万兵，然后去袭击贼人，大败他们，同时杀死了叔焉，将他们的尸体堆高，盖上泥土筑为坟茔然后就回来了。

刚开始的时候，唐玄宗杀除韦氏，王皇后就参预秘密计划，到了即位的几年之后，美貌慢慢减弱，唐玄宗对她的爱也开始减退了。武惠妃被唐玄宗所宠爱，暗中有取代的念头，皇后心中觉得十分不公平，常常对唐玄宗有不谦恭的话。唐玄宗就更加不高兴，暗中和秘书监姜皎商议，想拿皇后没有生男孩作为理由去废罢她。皎泄露了唐玄宗的话，嗣滕（当作濮）王李峤是皇后的妹夫，就把这件事儿奏给了唐玄宗。唐玄宗十分生气，张嘉贞迎合唐玄宗的心意，捏造了皎的一些罪名，说：“皎乱说吉凶祥瑞。”甲戌日（八月无此日），打了皎六十杖，然后流放到了钦州，他的弟弟吏部侍郎姜晦被降为春州司马；亲族们连坐被流放以致死去的有几位，皎死在路途中。

己亥日（八月无此日），下诏书：“宗室、外戚、驸马，不是很亲的就不准交往；卜卦相命占候等一些人，都不允许到众官家中随便地走动。”

己卯日（十一日）的晚上，左领军兵曹权楚璧以及他的党羽李齐损等一些人作乱，拥立楚璧的侄子梁山为光帝，并且冒充襄王的儿子，带领左屯营兵几百人进入宫城，找留守王志愔，最后没有找到。等到天亮的时候，屯营兵逃跑了，杀害了楚璧等，然后把头传送到了东都。志愔害怕恐怖而死。楚璧是权怀恩的侄子；齐损是李迥秀的儿子。壬午日（八月无此日），派遣河南尹王怡到京师，审讯人犯以及宣慰人心。

癸未日（十五日），吐蕃包围小勃律王没谨忙，谨忙赶紧向北庭节度使张嵩求救说："勃律是唐的西方门户，勃律一旦灭亡，那么西域就都是吐蕃的地方了。"嵩派疏勒副使张思礼带领蕃、汉步兵骑兵四千人前去营救，日夜赶路，和谨忙一块儿攻击吐蕃，大败他们，斩首俘获了几万人。自此以后好几年的时间，吐蕃都不敢进犯边境。

王怡审理权楚璧的案件，牵连逮捕的有很多，很长时间都不能判决。唐玄宗于是任命开府仪同三司宋璟作为西京留守。璟到任的时候，只杀了同谋的几个人，其余的人都上奏宽恕了他们。

康待宾的剩余党羽康愿子发动叛乱，自己称作可汗；张说出兵追讨并且活捉到他，他的部众全部都被平定了。把河曲六个州所剩下的胡人五万多人迁移到许、汝、唐、邓、仙、豫等一些州，留下黄河南岸、朔方千里的地方没有了人烟。

在这事之前，缘边守戍的军队常常有六十多万，张说因为当时没有强大的敌人，上书请裁减二十多万人叫他们返回去务农。唐玄宗有些不相信。张说上书说："臣在边境的时间长了，知道实情，将帅只需要用兵自卫和役使士兵经营私事就行了。假如抵抗敌人获得了胜利，没有必要多拥有冗闲的士兵然后妨害了农事。陛下要是还不相信，臣愿意拿全家的性命去担保。"唐玄宗这才采取了他的意见。

起初，各卫府的军队，自成丁的那一年从军，六十岁废除徭役，家属又不能够免除各种杂役，由此家中慢慢贫苦，士兵逃亡得都快完了，民众受到他们的迫害。张说建议说，请求招募精壮的士兵任值宿守卫，把他们家属的各种徭役予以免除，定一些优待的条例，那么逃亡的一定争着出来应募；唐玄宗采取了他的意见。十天的时间，得到十三万精兵，分属各卫，轮流值班。兵农的区分，就是从这个时候开始的。

冬季，十月，癸丑日（十五日），再以乾元殿为明堂。

甲寅日（十六日），唐玄宗到了寿安县兴泰宫，在上宜川狩猎；庚申日（二十二日），回到宫中。

唐玄宗想要在北方的边界上显耀兵力，丁卯日（二十九日），任命秦州都督张守洁等一些人为各卫将军。

十一月，乙未日（二十八日），首次下令订定宰相一共食实封三百户。

前广州都督裴伷先入狱，唐玄宗和宰相商量定他的罪。张嘉贞建议用杖打，张说说道："臣听说刑不加在大夫的身上，是因为大夫接近君主的缘故，并且用这个可以培养大夫的廉耻之心。所以士大夫可以杀害但是不可以羞辱。臣以前巡守北方边境的时候，听说在朝堂之上用杖打姜皎，皎的官位是三品，也有小小的功劳，有罪应该判死刑就判死，应该放逐的时候就放逐，怎么可以轻易地去鞭打和羞辱，待他和奴隶一样呢？姜皎的事情已经过去了，不能再去追回，伷先根据罪情应当判决去流放，怎么可以重复之前的错误。"唐玄宗认为很对。嘉贞很不高兴，退朝后就对张说说："为什么把事情说得那么严重？"张说回答："宰相，时运好的时候就当上了。如果国家大臣都可以鞭辱，只是害怕将来到我们身上。我这些话不是为了伷先，而是为全天下的士大夫啊！"嘉贞无话可说。

十二月，庚子日（初三），封十姓可汗阿史那怀道的女儿为交河公主，并且把她嫁给了突骑施可汗苏禄。

唐玄宗将去晋阳，因此回到了长安。张说就对唐玄宗说："汾阴脽丘上有汉朝的一些后土祠，祀礼废缺了很长时间，陛下应当趁着巡行的时候，命令修复这庙，替农民祈求丰收。"唐玄宗采纳了他的意见。

唐玄宗的女儿永穆公主快要出嫁，下诏书嫁妆依照太平公主的旧例。和尚一行上书说："武后只有太平公主这一个女儿，所以嫁妆特别丰厚，结果她因为骄泰然后自取败亡，怎么可以她的嫁妆作为法式呢？"唐玄宗立即停止比照办理。

开元十一年（癸亥，公元723年）

春季，正月，己巳日（初三），唐玄宗从东都往北出巡；庚辰日（十四日），到达潞州，免除了当地的租赋徭役五年。辛卯日（二十五日），到达了并州，设置了北都，改并州为太原府，刺史为尹；二月，戊申日（十二日），又回到晋州。

张说与张嘉贞关系不好，恰巧嘉贞的弟弟金吾将军嘉祐贪赃泄露了，张说劝嘉贞穿着平常的衣服在外面待罪。己酉日（十三日），降嘉贞为幽州刺史。

壬子日（十六日），在汾阴祭祠后土。乙卯日（十九日），降平遥县令王同庆作为赣县尉，原因为屯积货物，所以烦扰了百姓。

癸亥日（二十七日），任命张说兼中书令。

己巳日（二月无此日），撤销了天兵、大武等军，改大同军为太原以北的节度使，管理太原、辽、石、岚、汾、代、忻、朔、蔚、云十个州。

三月，庚午日（初五），唐玄宗到达京师。

夏季，四月，甲子日（三十日），任命吏部尚书王晙作为兵部尚书、同中书门下三品。

五月，己丑日（二十五日），任命王晙兼朔方军节度大使，监视河西、陇右、河东、河北几支军队。

唐玄宗设立了丽正书院，聚集文学人士。秘书监徐坚、太常博士会稽人贺知章、监察御史鼓城人赵冬曦等一些人，有的人修书，有的人侍讲；派张说作为修书使总理书院事。主管部门供给他们很高的费用。中书舍人洛阳人陆坚以为这些人对国家没有好处，只是浪费，要求全部奏请罢退他们。张说说："古往今来，帝王在太平年间，很少有不大建宫室，多事声色的；现今皇上唯独接纳礼遇文士儒者，发扬经典，所获的好处大，所花费的损失很小。陆先生的话，多么说不通！”唐玄宗听说了之后，重视张说从而看轻陆坚。

秋季，八月，癸卯日（初十），下诏书：“以前有命令查抄逃亡的人口，担心造成烦扰；现在天下已经大同，理应从各人所乐，让他们就在所居的州县安置管理，来形成他们营生的事业。”

戊申日（十五日），追尊宣皇帝庙号献祖，光皇帝庙号懿祖，一同祭于太庙九室。

从前，吐谷浑怕吐蕃的强势，依附于吐蕃有几年的时间；九月，壬申日（初十），带领部众到达沙州来降顺，河西节度使张敬忠安抚和接纳他们。

冬季，十月，丁酉日（初五），唐玄宗到了骊山，建筑了温泉宫。甲寅日（二十二日），回到了皇宫。

十一月，礼仪使张说等一些人上书，让高祖配祀昊天上帝，取消了三祖一同配祀的礼制。戊寅日（十六日），唐玄宗在南郊祭天，大赦天下。

戊子日（二十六日），任命尚书左丞萧嵩和京兆、蒲、同、岐、华州长官选府兵和平民壮丁十二万，称为“长从宿卫”，一年两次轮流更换，州县不能用各种徭役去差使他们。

十二月，甲午日（初三），唐玄宗到了凤泉温泉；戊申日（十七日），返回了宫中。

庚申日（二十九日），兵部尚书、同中书门下三品王晙犯引疏远的族人为党，降成了蕲州刺史。

这一年，张说上书，修改政事堂名称为中书门下，列了五（吏、枢机、兵、户、刑礼）房在中书门下的后面，分别管理各种政事。

刚开始的时候，监察御史濮阳人杜暹因为查验事情而到突骑施，突骑施送给他金钱，杜暹一再推辞不接受。他身边的人都说：“您托身异地，不应该违逆他们的心意。”于是就收下了，埋在了帐幕之下，出境之后，用公文让突骑施取出，胡人感到十分惊慌，穿过沙漠追送，没有赶上。到了安西都护空缺的时候，有的人荐举杜暹出使安西，人们十分钦佩他的廉明和谨慎。当时杜暹任给事中并且母死守制。

开元十二年（甲子，公元724年）

春季，三月，甲子日（初五），唐玄宗征召为母亲守制尚未满期的杜暹出任安西副大都护和碛西节度等使。

神龙初年，追复泽王李上金的官爵，并且找到了他的庶出儿子义询在岭南，继承他原来的封爵。许王李素节的儿子瓘，贪图义殉的爵位，与自己的弟弟璆计谋，派人报告义珣不是上金的儿子，胡乱假冒是为了袭官封爵，然后又把他再次流放到岭南，让璆去继承上金的后嗣然后封为嗣泽王。到这个时候，玉真公主上表指明义珣确实是上金的儿子，被瓘兄弟所排斥。夏季，四月，庚子日（十一日），再次立义殉为嗣泽王；削去了璆的爵封，降瓘为鄂州别驾。壬寅日（十三日），下诏书凡是宗室旁系继承为嗣王的，都让归宗。

壬子日（二十三日），命令太史监南宫说等一些人在黄河南、北的平地上去观测日影和北极星，夏至日，在正当中建立八尺的水准绳墨植表，在相同的时间内分别加以测量。阳城日影长是一尺四寸八分弱，夜晚观察到北极星离地三十四度十分度之四；浚仪岳台的日影长一尺五寸多，北极星的高度是三十四度八分；南到朗州的日影长是七寸七分，北极星的高度是二十九度半；北到蔚州，日影的长度是二尺二寸九分，北极星的高度是四十度。南北之间的距离是三千六百八十八里九十步，日影相差一尺五寸二分，北极星相差十度半。又南到交州，日影在表南的三寸三分；八月，从海上向南看见老人星下，很多的星星都很明亮，都是古代所没有见到的，大概距南极星二十度以上的星都可以看得见。

五月，丁亥日（二十九日），停派各个地区的按察使。

六月，壬辰日（初五），下诏书允许逃亡的户口自首，开垦他们所居住地区的闲田，看情况收税，不能分别课定赋役，租及庸也一概免除。仍然命令兵部员外郎兼侍御史宇文融作为劝农使，检查州县，与官民计议订定田赋丁役。

唐玄宗因为山东的旱灾，命令朝廷有名望的大臣去外调刺史；壬午日（六月无此日），任命黄门侍郎王丘、中书侍郎长安人崔沔、礼部侍郎、知制诰韩休等五人外调为刺史。王丘就是王同皎伯叔父的儿子；休就是韩大敏的孙子。

那个时候，张说引荐崔沔作为中书侍郎，依照以前的法制，承制书、宣制书都由宰相、侍郎副署。沔说："设官分职，只有上面和下面相联通，各自表示自己的意见，事情才能够没有差错。侍郎，是令的副手，怎么能够只是拱手沉默而已？"因此一旦遇到事情两个人的意见大多不相同，张说不高兴，所以就把他给调出去了。

秋季，七月，突厥可汗派遣他的臣子哥解颉利发前来求婚。

溪州蛮人覃行璋发动叛乱。派遣监门卫大将军杨思勖作为黔中道招讨使，带兵去征讨。癸亥日（初六），思勖活捉到行璋，杀死了三万蛮人然后回来了。升思勖为辅国大将军，俸禄、防阁（护卫差役）都依照品级供给。赦免行璋，任命为洵水府别驾（当为别将）。

姜皎已经获得罪罚，王皇后更加忧虑和害怕，然而因为对臣下有恩，所以没有立即谮毁她的人，唐玄宗犹豫不决了好几年的时间。皇后的哥哥太子少保王守一，因为皇后没有生男孩，让和尚明悟替皇后祭祀南北斗，解剖了一块雷劈过的木，并且写上了天地字和唐玄宗的名，合木然后佩在身，祝愿祷告说："佩上这物就会有儿子，就会像则天皇后那样。"事情被发觉以后，己卯日（二十二日），废除皇后成为平民，迁居到了别室；降守一做潭州别驾，并且在途中赐死。户部尚书张嘉贞犯与守一交接罪，降为台州刺史。

八月，丙申日（初九），突厥哥解颉利发返回本国；因为他派遣的使臣身份不够，礼数不够周全，没有允许他的求婚。

己亥日（十二日），任命宇文融担任御史中丞。

宇文融坐了驿车然后周行天下，各州的事情不论大小，都先用公文呈给劝农使，然后呈报中书，党司也等融指挥之后，再给予处分和裁决。当时唐玄宗将要大肆攘排四方，急求财用，州县害怕融，多报了虚数，所以一共得八十多万寄居户，籍外的田地也相当于这个数目。岁末的时候，增加了缗钱数百万，全部送入了宫中；因而也被唐玄宗爱重。批评的人大多都说他烦扰地方，对百姓造成了很多的不方便。唐玄宗也开始下令群集各个官员到尚书省来讨论这事。大臣之下，害怕融的恩遇和权势，不敢提出一些反对的意见，只有户部侍郎杨玚敢于单独上书，认为："检查寄居户并且免除他们的税，不利于本地的居民；征收田籍之外的田税，让百姓困苦，所得的东西弥补不了所失去的。"不久之后，玚就调出去任华州刺史。

壬寅日（十五日），任命开府仪同三司宋璟作为西京留守。

冬季，十月，丁酉日（十一日），谢飓王特勒派遣使臣入朝，然后上奏说："去年五月，金城公主派遣使臣去求见个失密国，说是'要往归附你'。个失密王向本国国王借兵，一同抗拒吐蕃。国亡派遣了臣进入朝中请求指示如何做。"唐玄宗认为是对的，赐给绢帛，然后送他回去了。

废后王氏去世之后，后宫的人很思念皇后，唐玄宗也十分后悔。

十一月，庚午日（十四日），唐玄宗御车驶往东都；戊寅日（二十二日），到达了东都。

辛巳日（二十五日），司徒申王李撝去世了，赠谥惠庄太子。

众臣多次上表建议封禅，闰月，丁卯日（十二日），下诏书第二年十一月十日在泰山进行祭祀。当时张说刚开始建议封禅，然而源乾曜不想让唐玄宗去举行，因此跟说关系不好。

这一年，契丹王李郁干去世了，他的弟弟吐干继承王位。

开元十三年（乙丑，公元725年）

春季，二月，庚申日（初六），任命御史中丞宇文融兼任户部侍郎。下诏书把所得的寄居户税钱都作为所在常平仓的本钱；又派遣劝农使司和州县商量建立劝农社，使得贫富相济相助，耕耘依据时节。

乙亥日（二十一日），长从宿卫的人改称为“彍骑”，分管十二卫，共十二万人分为六班。

唐玄宗亲自从各司的长官中选出了一些有声望的人如大理卿源光裕、尚书左丞杨承令、兵部侍郎寇泚等十一人作为刺史，命令宰相、诸王和各司长官、台郎、御史在洛水边为他们饯行，宴乐的场面十分盛大。唐玄宗下令赏赐给他们御膳房做的食物，太常给他们演奏音乐，大内教坊还派出了歌妓；唐玄宗亲手写了十韵诗赏给他们。光裕是源乾曜的侄孙。

三月，甲午日（初十），太子嗣谦把名字改为鸿；调郯王李嗣直成为庆王，改名为潭；陕王李嗣升为忠王，改名字为浚；鄫王李嗣真成为棣王，改名为洽；鄂王李嗣初把名字改为涓；鄄王李嗣玄做荣王，改名滉。之后又立皇子李琚做光王，李潍做仪王，李沄做颍王，李泽做永王，李清做寿王，李洄做延王，李沭做盛王，李溢做济王。

丙申日（十二日），御史大夫程行湛给朝廷上奏书说：“周朝（指武则天）时期的酷吏来俊臣等二十三人，他们的情节十分严重，他们的子孙后代应该全部不被录用；傅游艺等四个人所犯的罪轻些，他们的子孙应该不许任命为朝廷附近地区的官吏。”唐玄宗采纳了他的建议。

汾州的刺史杨承令不愿意被调到外面任职，由于意愿得不到满足，于是自己便说：“我被皇上调出去担任刺史是有缘由的。”唐玄宗得知这件事，很生气。壬寅日（十八日），把他降职为睦州别驾。

张说起草拟定封禅礼仪呈给唐玄宗。夏季，四月，丙辰日（初三），唐玄宗和中书门下以及其他礼官学士们在集仙殿这个地方举行宴会。唐玄宗说：“仙人是凭空捏造出来的，朕不赞成。贤人才是济世治民的青年才俊，朕今天和各位一起宴饮，所以应该把这个地方改名为集贤殿。”书院官五品以上的封为学士，六品以下的为直学士；委派张说主持院事，右散骑常侍徐坚担任副职。唐玄宗想要任命说为大学士；但是由于说一再推辞，这件事就此作罢。

张说因为唐玄宗去东方巡视，害怕突厥乘这个机会突然入侵，于是建议增派军队去防守边界地区，召集兵部郎中裴光庭一同商议此事。光庭说："封禅是个向上天告成功的祭礼，但是现在却要封泰山，害怕戎狄，这不是彰明大德的表现。"张说说："那怎样办呢？"光庭说："在四方蛮夷之中，突厥的实力最强大，近些时间来数次来朝廷求和亲，而朝廷为了牵制他，没有得到肯定的允许。不如现在派去一个使臣，召集他的大臣陪同唐玄宗一起去封泰山，他肯定会很高兴地秉承诏命；要是突厥能来的话，那么戎狄君长们便没有不会来的，这样就可以偃旗息鼓，高枕无忧了。"张说说："很好！我的计策比你的计策差太远了。"于是就马上上奏给唐玄宗请他施行这个计策。光庭是裴行俭的儿子。

唐玄宗于是派中书直省袁振代鸿胪卿，去突厥那儿传旨告诉他们这件事，小杀跟阙特勒、暾欲谷他们围坐在帐中，摆设有酒宴，对振说："吐蕃是犬戎的后代，奚、契丹原来是突厥的臣属；他们这些部落都能娶到公主，但是突厥前后向朝廷求婚唯独不能得到准许，这是为什么呢？而且我也知道嫁给蕃族的公主其实都不是当朝天子的女儿，但是现在不管真假公主，只是数次请求赐婚都不获准，实在是没有面子见到其他各蕃族。"袁振答应替他向唐玄宗上奏申请准许。小杀于是派了他手下的大臣阿史德颉利发去朝廷进贡，由此他们便随从唐玄宗去东巡。

五月，庚寅日（初八），妖贼刘定高率领士兵趁夜去攻击通洛门；但是全部被捕到了然后被处斩。

秋季，八月，张说谈论封禅礼仪这件事，建议唐玄宗以睿宗配祀皇地祇；唐玄宗采行了他的提议。

九月，丙戌日（初六），唐玄宗对宰相说："《春秋》不记载祥瑞的事，只记录丰年。"于是下敕书从现在起各州县不得再上奏禀告祥瑞的事。

冬季，十月，癸丑日（初三），建造的用水运转的浑天仪成功了，上面有各星宿，向轮子注水冲下轮子便转动，一天一夜旋转一周。另外设置了两个轮，系在浑天仪的天外面，挂上日月，跟天运行的方向相反而行，迟速与实际运行的度数相符合。此外还设置木柜为地平，令仪一半在地下，还建立了两个木人，每到一刻就会击鼓，每过一时辰便会敲钟，机械都隐藏在柜里。

辛酉日（十一日），唐玄宗由东都出发，百官、贵戚、四夷的酋长都跟随着。每次设顿驻休舍，几十里都是人员和畜牲，主管部门用辇车运载的供给物品，绵延几百里路不间断。

十一月，丙戌日（初六），唐玄宗到达泰山下，骑着马去登山。随从的一些官员留在山谷口，唐玄宗和宰相以及祠礼官一同攀登，仪仗队护卫军包围列阵在山下一百多里。唐玄宗询问礼部侍郎贺知章说：“前代的那些玉牒的文章，为什么不能公开？”回答说：“或许是在暗地祈求神仙保佑，因此不愿让他人知道。”唐玄宗说：“我来就是为了给人民求福的。”于是命令他取出玉牒，向群臣宣布里面的内容。庚寅日（初十），唐玄宗在山顶上祭祀昊天上帝，群臣在泰山脚下的坛上祭祀五帝众神；其余的则仿照乾封年间的旧有制度。辛卯日（十一日），祭皇地祇在社首。壬辰日（十二日），唐玄宗莅临帐殿，接受众大臣的朝觐，下令赦免天下，封泰山神为天齐王，礼数加三公一等。

张说多携带了两省（中书、门下）官员以及他所亲信的代理官攀登泰山。典礼完成后受到赏赐，往往加阶级超升到五品官，但是其他众位官员没有受到这种恩典；于是中书舍人张九龄给唐玄宗上谏，不被采纳。另外，护驾的士卒只得到加策勋，但是没有赏赐给他们实物，因此朝廷内外都有很多心里怀有怨恨的人。

隋末的时候，国有马匹都被盗贼还有戎狄掠夺去了，到了唐初的时候只得到三千匹雌雄马在赤岸泽，后来迁到陇右，唐玄宗命令太仆少卿张万岁管理这些马匹。万岁十分善于管理马，打贞观年间一直到麟德年间这么长时间里，马繁殖到了七十万匹，后来分为八坊、四十八监，各设置使者去管理。当时天下出现用一匹缣换一匹马的情况。垂拱年后，马因为不注意而消耗一大半。唐玄宗刚即位的时候，有二十四万匹牧马，让太仆卿王毛仲担任内外闲厩使，少卿张景顺担任副使。到现在有了四十三万匹马，牛羊差不多也是这个数目。唐玄宗去封泰山之时，带了牧马几万匹跟随着，依照马的毛色分成了几队群，远远看去就像是彩色的锦绣。唐玄宗嘉奖王毛仲的功劳，癸巳日（十三日），给毛仲加官做了开府仪同三司。

甲午日（十四日），唐玄宗于泰山出发；庚申日（十一月无此日），驾临孔子的故居去祭奠。

唐玄宗在回京的路途中，到达宋州的时候，在楼上设宴款待随从官员，刺史寇泚也参预这次宴会。当大家酒兴正浓时，唐玄宗对张说说："以前数次派使臣到各道去巡察，去查明官吏的好坏；现在因为封禅经过各州，才明白使臣辜负了我很多。怀州的刺史王丘，除了向朝廷供应米粮牲口之外，其他的贡物一无所有；魏州的刺史崔沔，迎接我的时候排场中缺少了锦绣，以此来向我宣示节俭；济州刺史裴耀卿，上表的几百字文章中，全是一些规谏的话，而且说：'人民有的被大事所骚扰，便不可向上天报告成功。'朕经常放在左右，而且常用来告诫左右的人。像这三个人，不劳苦人民来获取朕的恩赐，真可以称得上是好的官吏了。"回头向寇泚说："近些年来也有因为酒食不丰盛而向朕报告的，知道你不贿赂朕的左右以希望他们能够称扬你。"于是就亲自举杯赐给他。宰相带领着群臣一起起立向他表示祝贺，楼上的大臣都呼喊万岁。因此用丘担任尚书左丞，沔任命为散骑侍郎，耀卿成为定州刺史。耀卿是裴叔业的第七代孙子。

十二月，乙巳日（十二月无此日），唐玄宗返回了东都。

突厥颉利发告辞回去，唐玄宗给了他很厚重的赏赐而让他回去，结果还是没有准许通婚。

王毛仲被唐玄宗宠信，巴结他的文武官员数不胜数。毛仲的女儿出嫁，唐玄宗问他有什么要求，毛仲叩头回答说："臣一切都准备好了，只是没有客人。”唐玄宗说：“张说、源乾曜等这一类人怎么不可以叫他们呢？”回答说：“他们这些人可以请到。”唐玄宗说：“朕知道你所请不到的有一位，那一定是宋璟。”回答说：“是他。”唐玄宗笑着说：“朕明天就替你召集他当你的客人。”第二天，唐玄宗对宰相说：“朕的奴才毛仲家有婚事，你应该跟各高官一起到他的府第去表示祝贺。”后来到了中午，客人们都不敢动筷子，只为等待宋璟，过了很久才来到，先执酒向西（对唐玄宗的命令）拜谢，喝酒但是没有干杯，马上说肚子痛便又回去了。宋璟的刚强正直，到了年老后变得更加坚定。

在此之前，契丹王李吐干与可突干再一次彼此猜忌，带了公主过来投靠朝廷，不敢再回契丹，唐玄宗另外封他为辽阳王，留在京都担任宿卫。可突干把李尽忠的弟弟邵固立为君。唐玄宗东行去巡视，邵固到驾前朝谒，由此而跟随唐玄宗到泰山，唐玄宗任命他为左羽林大将军、静折军经略大使。

唐玄宗怀疑吏部选举考试存在不公平的现象，但当时选期临近，御史中丞宇文融私下上奏，请求唐玄宗把吏部划分为十铨。甲戌日（二十五日），唐玄宗派礼部尚书苏颋等十个人去管理吏部选试之事，考试书判完后，就马上召集他们进大内商定，吏部尚书、侍郎都不能参加商讨。左庶子吴兢上表给唐玄宗，认为：“陛下枉信谗言，不信任主管官员，这不是作为君主治理民众让他们推诚感人的办法。以前陈平、邴吉是汉朝的宰相，他们尚且不去核对钱谷的数目，不审讯打斗而死的案子；更何况你是大唐的皇帝，怎么可以做让臣下铨选的事？凡是选举人的书判，都应该请求委任给主管官，废止现行的十铨政策。”唐玄宗尽管没有立刻采纳他的建议，但是第二年便恢复到之前了。

这一年，东都地区一斗米价为十五钱，青、齐州为五钱，粟的价格是三钱。

于阗王尉迟眺在暗中勾结突厥以及其他各胡族，准备施行计谋叛离大唐，安西副大都护杜暹发兵去抓获并把他杀了，于是就另外立了个国王。

资治通鉴卷第二百一十三　唐纪二十九

起丙寅（公元726年），止癸酉（公元733年），共八年。

【题解】本卷记录了公元726年至公元733年的史事，共八年，正当唐玄宗开元十四年到开元二十一年。这一时期是开元之治的中期，国家制度继续完善与规范。军人戍边，每五年一更换。户籍与赋税，每三年一次普查，定为九等。开元二十一年，唐玄宗在全国十道的基础上分置为十五道。京师繁盛，粮食供应不足，广置粮仓，用来储备江南谷物。但开元之治已从鼎盛悄悄发生转折，表现在大臣之间争权日益尖锐和公开化，唐玄宗纵容边将轻启事端，凉州都督王君㚟与吐蕃交恶，连年战争不断。北方突厥策应吐蕃侵扰边境。岭南獠人叛乱。此时唐朝国力强盛，边衅未酿成大祸，吐蕃纳贡求和亲。

玄宗至道大圣大明孝皇帝中之上

开元十四年（丙寅，公元726年）

春季，正月，癸未日（初四），唐玄宗下令改立契丹松漠王李邵固为广化王，奚饶乐王李鲁苏为奉诚王。还册封宗室外甥女陈氏为东华公主，嫁给邵固当妻子；之后封成安公主的女儿韦氏为东光公主，嫁给鲁苏做妻子。

张说上奏给唐玄宗说："现在的五礼这个规范，贞观、显庆时曾经做了两次修纂，前后有很多不同的地方，其中有些并没有折中，希望能和学士们讨论一下古今的礼，之后再删改施行。"唐玄宗下了制书采行他这个建议。

邕州封陵獠族梁大海等人占有宾州、横州进行叛乱；二月，己酉日（二月无此日），唐玄宗下令派内侍杨思勖出兵去讨伐他。

唐玄宗下令召见河南尹崔隐甫，想要重用他，中书令张说看不起他没有文学修养，给唐玄宗上奏说拟任他担任金吾大将军；前殿中监崔日知一向和张说交好，张说向唐玄宗推荐他任御史大夫；唐玄宗不恩准他的提议。丙辰日（初七），下令任崔日知为左羽林大将军；丁巳日（初八），又任崔隐甫为御史大夫。隐甫因为这件事跟张说他们之间有嫌隙。

张说很有才能智慧但是却贪图钱财，群官各事要是有不符合他的意愿的话，喜欢当着别人的面去驳斥他们，甚至对人家叱责骂人。他讨厌御史中丞宇文融的为人，而且害怕他权力太大，融所建议，多加压抑。中书舍人张九龄对张说说："宇文融他蒙受皇上的恩宠现在当权，口才好而且有很多谋略，所以你不可不防备。"张说说："他这些鼠辈能做什么！"夏季，四月，壬子日（初四），隐甫、融以及御史中丞李林甫一起上奏给唐玄宗弹劾张说："延请术士占候星象，问他关于朝廷里徇私及奢侈过度，接受贿赂的事。"唐玄宗于是下敕书命令源乾曜与刑部尚书韦抗、大理少卿明（或改为"胡"）珪同隐甫等一起在御史台审问他。林甫是李叔良（宗室）的曾孙；抗是韦安石的堂侄。

丁巳日（初九），唐玄宗下令让户部侍郎李元纮担任中书侍郎、同平章事。元纮由于清静俭朴而著名，所以唐玄宗便下令让他做宰相。

源乾曜等人审讯张说，他颇有事实，唐玄宗于是就派高力士去看望张说，高力士回来向唐玄宗奏报说："张说他蓬头垢面，坐在藁席上，吃饭的时候使用瓦器，害怕等待着责罚。"唐玄宗心里很可怜他。高力士因而给唐玄宗说张说他有功于国家，唐玄宗非常赞成高力士的说辞。庚申日（十二日），唐玄宗下令只免除张说中书令这一职位，其他的不改变。

丁卯日（十九日），太子太傅岐王李范逝世，唐玄宗赠谥为惠文太子。唐玄宗也因此减少膳食一连几十天。群臣上表一再恳求，之后才恢复了以前的膳食。

丁亥日（初十），太原尹张孝嵩给唐玄宗上奏："有个叫李子峤的人，自称为皇子，说是在潞州出生，他的母亲是赵妃。"唐玄宗下令用杖把他打死。

辛丑日（二十四日），唐玄宗在定、恒、莫、易、沧五个州设置军队以防备突厥的突然袭击。

唐玄宗想立武惠妃做皇后，但是有人上奏说："武氏与我们是不共戴天的仇家，怎么可以成为国母呢？民间多传言张说想争取到立皇后的功劳，想再次担任宰相的计谋。而且太子不是惠妃所生的，惠妃她又有自己的儿子，要是她成为皇后的话，太子以后必定会危险。"唐玄宗于是丢弃了这个想法。但是武惠妃在宫中的礼数，和皇后的礼数一样。

五月，癸卯日（二十六日），户部向朝廷奏报，全国今年有七百零六万九千五百六十五户，人口有四千一百四十一万九千七百一十二。

秋季，七月，黄河南、北岸发生了大水灾，淹死了数以千计的人民。

八月，丙午朔日（初一），魏州向朝廷报告了黄河泛滥这一消息。

九月，己丑日（十五日），唐玄宗下令让安西副大都护、碛西节度使杜暹担任同平章事。

从王孝杰收复四镇后，又在龟兹地区设置了安西都护府，用三万名大唐士兵守卫，百姓深受这徭役的苦；担任都护的官员只有田杨名、郭元振、张嵩以及杜暹他们取得了好的政绩，为人们所称赞。

冬季，十月，庚申日（十六日），唐玄宗驾临汝州广成温泉；己酉日（初五），起驾回宫。

十二月，丁巳日（十四日），唐玄宗驾临寿安，在方秀川进行打猎；壬戌日（十九日），返回皇宫。

杨思勖去征讨獠族的叛乱，将梁大海等三千多人活捉，还杀掉了两万人，然后回了京城。

这一年，黑水靺鞨派使臣入朝去晋见唐玄宗；唐玄宗将此国列为黑水州，仍替它设置长史镇守。

渤海靺鞨王武艺说："从黑水到大唐，需要经过我国的国境。从前向突厥请吐屯（领附从国官名）的时候，都会先通知我而跟我一起去；现在却不告诉我而就向大唐请求设置官吏，这一定是和大唐通谋，要从腹背来夹攻我。"于是派了他的同母弟门艺和他的舅舅任雅率兵去攻打黑水。门艺曾经将儿子送给大唐去当人质，于是谏言说："黑水向大唐请求设立官吏，而我们就因为这个原因去攻打它，这是背叛大唐的表现。唐是大国，之前高丽全盛的时代，有三十多万的强兵，因为不遵守大唐的命令，而遭受到了国亡的命运啊。现在何况我们的兵力还不如高丽的十分之一二，一旦和唐结怨的话，这是要亡国的趋势。"武艺不听从他的话，强制派他出兵。门艺到了边界的时候，再次用书信向武艺力谏。武艺因此发怒，派他的堂兄大壹夏代替他带兵，召他回来而想把他杀了。门艺抛弃了众人，从小路奔向了大唐，唐玄宗下制书任命他担任左骁卫将军。武艺派使臣上表给唐玄宗罗列门艺的罪状，请求唐玄宗杀掉他。唐玄宗在暗中派人送门艺去安西；并且拘留了他的使者，另外派人去向武艺回报，说已经把门艺流放到了岭南地区。武艺知道了这件事，向唐玄宗上表说："大国应该以信用示人，怎么可以做这等欺骗我们的事？"一再请求杀了门艺。唐玄宗因为鸿胪少卿李道邃、源复不能很好地监察所属的官员，导致消息泄露，所以都遭受连累降官。暂时要门艺去岭南以此来答复他。

◆臣司马光说：王者用来让四方蛮夷平服的，就是威信。门艺因为忠诚而得罪了他的国君，自己于是去归顺天子；天子应当明察他的是非曲直，奖赏门艺而去惩罚武艺，这是为政的原则。即使不能去讨伐，还应该正当地把门艺的没有罪过这些详细地告知武艺。现在明皇的威势不能让武艺震慑臣服，他的恩典不能使门艺得到庇护，只能效法小人说那些欺骗的话而被小国所困窘，还竟然加罪到鸿胪官的泄露消息上，这难道不是羞耻的吗！◆

杜暹担任安西都护，突骑施金河公主派牙官带了一千匹马到安西进行交易。这使者宣读下达公主的教命，暹生气地说："阿史那女，怎么能宣达教命给我！"于是用杖鞭打使者，拘留着不放他走；马遭遇下雪天气都被冻死了。突骑施可汗苏禄非常生气，于是发兵入侵四镇。恰巧杜暹回朝廷，赵颐贞代理安西都护，关闭城门自守着不出来；四镇的人畜财粮，都被苏禄掠劫走了，只有安西的完好无损。之后苏禄听说暹当了宰相，稍为撤退，没过多长时间就派了使臣前来进贡。

开元十五年（丁卯，公元727年）

春季，正月，辛丑日（二十八日），凉州都督王君㚟在青海的西方把吐蕃给打败了。

那个时候，吐蕃仗着自己强大，向唐朝致书说要用平等国的礼节，文字中显示出了悖理傲慢的态度，唐玄宗曾经因为这非常生气。从东方封禅返回后，张说对唐玄宗说："吐蕃他们无礼，实在是应该征讨，只是战争了十多年，甘、凉、河、鄯等地区，十分困弊，纵然军队经常取得胜利，所得到的不能抵偿所失去的。听到他知道悔过并且要求与朝廷和亲，请准许他的诚服，以解决边境人民的困难疲倦。"唐玄宗说："等我和王君㚟一起商议下这件事。"张说出来后对源乾曜说："君㚟有勇但是无谋，经常想要侥幸立功，如果两国和亲的话，他凭什么立功？我的话肯定不能被皇上采用了。"君㚟进入朝廷后，果然向唐玄宗请求深入去征讨吐蕃。

去年冬天，吐蕃大将悉诺逻进犯大斗谷，攻打甘州，烧杀劫略而去。君㚟料到他的士兵都觉得疲乏，于是就带领士兵跟在他的后面，遇到下大雪的天气，吐蕃被冻死了很多人，便从积石军向西回去了。君㚟先派了人由小路进攻番邦，并烧去路旁的草。悉诺逻到了大非川之后，想让军队的马匹休息一下，但是野草都没有了，超过一半的马都死掉了。君㚟和秦州都督张景顺去追他，在青海的西边追上了，从冰上渡过去的时候，悉诺逻已经走了，打败了他的殿后部队，掠夺了他的一万多辎重羊马回去了。君㚟因此立下了这个功劳而被升为左羽林大将军，任他父亲王寿为少府监而退休。唐玄宗因为此更积极于边境的战事。

之前，洛阳人刘宗器向唐玄宗上书，请求塞住汜水旧汴口，另外在荥泽引黄河水进入汴；唐玄宗提拔宗器为左卫率府胄曹。到现在这个时候，新开的渠却阻塞不能畅通，于是降宗器为循州安怀戍负责人。派将作大匠范安及征发河南、怀、郑、汴、滑、卫三万人共同疏浚以前的渠，十天便完成了这个工程。

御史大夫崔隐甫、中丞宇文融，害怕右丞相张说再次被唐玄宗重用，经常上奏去攻击他，双方各自结了朋党。唐玄宗十分厌恶他们。二月，乙巳日（初二），下制书让张说退休，罢免了崔隐甫的官职让他在家侍奉自己的母亲，宇文融调出去担任魏州的刺史。

乙卯日（十二日），唐玄宗下制书："各州逃亡到外地没有户籍的民户，在以前接受过劝农使检查核定户籍之后，再有逃到另外地方的，到达新的地方后即按平民之例缴纳当年的征税，如果有征役的话先派遣他们。"

夏季，五月，癸酉日（初一），唐玄宗让各皇子庆王李潭等全都担当州牧、刺史、都督、节度大使、大都护、经略使官衔，实际上并不外调到其他地区上任。

起初，太宗非常喜欢晋王，不让他出离禁中；豫王也因为是武后最小的儿子而不离禁中，后来从皇储担任为相王，才出离禁中。中宗时期，谯王不受皇上的宠爱重视，降居到外地州府；温王到了十七岁的时候，仍然住在宫禁内。唐玄宗即位之后，附内苑城建十王房舍，用来安置皇子，让宦官管理这个地方，在夹城参谒唐玄宗的饮食起居，从此以后便不再出禁中；虽然开府置了官属以及遥领藩镇（地方军政首长）官衔，但是仅在侍读时间进宫上课，其他的王府官属，只是逢年过节时用名帖来请安；藩镇的官属，连名帖也不用上。到了后来皇孙渐多，又建置了百孙院。太子也不住在东宫了，常常在唐玄宗驾临处的别院里居住。

唐玄宗下令让妃嫔以下的人在内宫里进行养蚕的活动，要让她们熟知裁衣缝纫这些技巧。丁酉日（二十五日），夏至，用丝赏赐贵近的人，每人一緉。

秋季，七月，戊寅日（初八），冀州境内黄河泛滥成灾。

己卯日（初九），礼部尚书许文宪公苏颋去世。

九月，丙子日（初七），吐蕃大将悉诺逻恭禄以及烛龙莽布支把瓜州给攻陷了，捉到刺史田元献还有河西节度使王君㚟的父亲，进攻了玉门军之后，释放了所掳的僧侣并且叫他们回到了凉州，对君㚟说："将军常常称忠勇为国，为什么不进行一战呢？"君㚟登上城垣向西遥望而泪流满面，但是竟然不敢出兵。

莽布支另外去攻打常乐县，县令贾师顺带领部众抗拒坚守。等到瓜州失陷之后，悉诺逻集合全部兵力会合而攻打他。进攻了十多天，吐蕃士兵精疲力竭，但是还不能攻下这个地方，派遣人来劝服他投降；不顺从。吐蕃人说："县令你既然不愿意投降，应当收取城中的财物赠给我，我们便带兵撤退。"师顺顺从他们的意愿脱下了士兵的衣服给他；悉诺逻知道这里没有财物了，于是引兵走了，拆毁了瓜州城。师顺立即打开城门，收集了许多兵器，还修缮防守设备，敌人果真派了精锐部队回来，到了后看到城中情况，知道他们有防备，于是才走。贾师顺是岐州人氏。

起初，突厥默啜在强盛时期，威胁压迫取得了铁勒的土地，因此回纥、契苾、思结、浑四个部落穿过沙漠迁居在甘州、凉州地区之间以此来躲避他。王君㚟没有显达之时，在四部中走动的时候，被他们看不起；等他担任河西节度使后，用法令去纠正治理他们。四部以这为羞耻而对他心怀怨恨，私下派人到东都去告知唐玄宗。君㚟马上派人乘驿马向唐玄宗上奏说："四个部落难以控制，私下里有叛离的计划。"唐玄宗派遣宫中的使臣去调查，各部落居然有理却不得伸。于是瀚海大都督回纥承宗被流放到瀼州，浑大德被流放到吉州，贺兰都督契苾承明被流放到藤州，卢山都督思结归国被流放到琼州；让回纥伏帝难担任瀚海大都督。己卯日（初十），贬右散骑常侍李令问做了抚州别驾，因为他的儿子同承宗交游而受累连坐。

丙戌日（十七日），突厥毗伽可汗派遣他的大臣梅录啜来朝廷朝贡。吐蕃入侵瓜州的时候，给毗伽写了封书信，要和他一同入侵，毗伽把这封书信一并呈献给唐玄宗。唐玄宗称赞嘉奖了他，准许在西受降城和中国之间互通商贸；每年带几十万匹缣帛到那里去购买战马，而且这些是监牧的马种，所以中国的马更加强壮肥大。

闰月，庚子日（初二），吐蕃赞普和突骑施苏禄一起包围安西城，安西副大都护赵颐贞把他们打败了。

回纥承宗的一个族侄瀚海司马叫护输的，集结党徒部众想替承宗报仇。正巧碰上吐蕃派出使者从小路去进攻突厥，王君㚟带领了精锐的骑兵在肃州对他进行拦截。回程到甘州南的巩笔驿，护输埋伏的军队突然出来，夺走了君㚟的旌旗符节，先将他的判官宋贞杀掉，剖他的心说："你是首谋。"君㚟带领左右几十人奋力战斗，从早上到申时，左右的人都死了。护输杀了君㚟，带着他的尸体逃到了吐蕃；凉州的军队追赶上了他，护输则抛弃了尸体逃跑了。

庚申日（二十二日），唐玄宗从东都出发；冬季（十二月），己卯日（十一日），到达西京。

辛巳日（十三日），唐玄宗任命左金吾卫大将军信安王李祎担任朔方节度等副大使。李祎是李恪的孙子。任命朔方节度使萧嵩担任河西节度等副大使。这时候王君㚟刚刚战败，河、陇都感到十分震惊。嵩延引刑部员外郎裴宽任命为判官，跟君㚟的判官牛仙客共同掌管军政事务，民心逐渐安定下来。宽是裴漼的堂弟。仙客原先是鹑觚县的小官，因为他的才干和军功，后来累积升到了河西节度判官这一职务，是君㚟的亲信。

嵩又向朝廷上奏请求用建康军使河北张守珪担任瓜州的刺史，带领其余的部众修筑原来的城。板筑刚刚建起来，吐蕃兵又突然来袭了，城中的人都相互看着对方，脸色都变了，失去了斗志。守珪说："他们人多我们人比较少，我们又都在受伤之后，所以不可以兵刃相接，应该用巧妙的计策取胜。"于是就在城上设置酒食饮酒作乐。蕃人到了后看到他们这样，怀疑他已经有准备，所以不敢贸然进攻就回去了。守珪派遣士兵攻打他们，敌人失败后逃跑了。守珪于是接着修复城市，集合那些四处流亡的人，还恢复了原业。朝廷奖励他的功勋，把瓜州设为都督府，任守珪担任都督。

悉诺逻他的威名很大，萧嵩向吐蕃使用反间计，说他跟中国合通并且在谋划着什么，赞普召见他后把他给杀了；吐蕃因为这件事后来稍微衰弱下去。

十二月，戊寅日（十一日），唐玄宗下制书，因为吐蕃在边境是一个大的忧患，于是让陇右道以及各军团兵总共五万六千人，河西道以及各军团结民兵四万人，还征集发派关中兵一万人集结在临洮这个地方，为了防护秋收朔方兵一万人在会州集结，到了冬初的时候，因为没有敌人进犯而解散了。打听到敌人进犯，就互相之间派兵从腹背对敌人进行夹攻。

乙亥日（初八），唐玄宗去了骊山温泉宫；丙戌日（十九日），返回宫中。

开元十六年（戊辰，公元728年）

春季，正月，壬寅日（初五），安西副大都护赵颐贞在曲子城打败了吐蕃。

甲寅日（十五日），唐玄宗让魏州刺史宇文融担任户部侍郎兼魏州刺史，代理河北道宣抚使。

乙卯日（十六日），春、泷等州的獠族陈行范、广州獠人冯璘、何游鲁发动叛乱，使四十多个城被攻陷了。行范自己称帝，游鲁称定国大将军，璘自称南越王，他们想占据岭南；唐玄宗于是下命内侍杨思勖征集派送桂州以及岭北附近各道的军队去对他们进行讨伐。

丙寅日（二十九日），让魏州刺史宇文融检校汴州刺史，同时代理河南、北沟渠堤堰开决九河使。宇文融向唐玄宗建议依照《禹贡》九河原道开稻田，并折换为陆地运费，公家收取了它的利息；不断有事役发动，很多都没有什么成就。

二月，壬申日（初六），唐玄宗任命尚书右丞相退休的张说兼集贤殿学士。张说虽然不是宰相，只是专门担任文史之类的职务，但是朝廷每次有重大的事情，唐玄宗经常派宫中使臣去询问他应该怎么办。

壬辰日（二十六日），唐玄宗下令改彍骑为左右羽林军飞骑。

秋季，七月，吐蕃大将悉末郎侵入瓜州，都督张守珪迎击并将他击退。乙巳日（十一日），河西节度使萧嵩、陇右节度使张忠亮在渴波谷把吐蕃打得落花流水；忠亮追打攻击，还攻下了吐蕃的大莫门城，缴获许多东西，并且烧了他们的骆驼桥才返回。

八月，乙巳日（八月无此日），特进张说呈上《开元大衍历》，唐玄宗下令颁布实行。

辛卯日（二十八日），左金吾将军杜宾客在祁连城下打败吐蕃。那时吐蕃又一次入侵，萧嵩派遣宾客带领强弩手四千人去攻打吐蕃，交战一直从上午持续到傍晚，最后吐蕃大败然后逃走了，捉住了他的大将一人；敌人四散逃跑进入了山谷，之后听到哭声四起。

冬季，十月，己卯日（十七日），唐玄宗再次驾临骊山温泉；己丑日（二十七日），返回皇宫。

十一月，癸巳日（初一），唐玄宗下令让河西节度副大使萧嵩担任兵部尚书、同平章事。

十二月，丙寅日（初五），唐玄宗下敕书："远征军他们不能定回家的日期，这是人情所难以忍受的；应该分为五个轮次，每年派一轮次让他们回家休息，五年给以功勋五转。"

这一年，唐玄宗下制书，户籍每三年定一次，并且分为九等。

杨思勖对陈行范进行讨伐，到达泷州后，打败了他，并且活捉了何游鲁、冯璘。行范逃去了云际、盘辽二洞，思勖一直在追捕他，后来活捉住了他，还把他杀了，总共杀了六万人。思勖这个人为人比较严肃，左右部将向他报告事情的时候都不敢抬头去看他，所以用兵所到的地方都能够立功。但是性格太残酷，被他所捉到的俘虏，有的被生剥了面皮，或者用刀裂割发际，并且掀掉头皮，蛮夷都非常害怕他。

开元十七年（己巳，公元729年）

春季，二月，丁卯日（初六），巂州都督张守素把西南蛮打败了，还攻下了昆明以及盐城，杀死并俘虏了一万名士兵。

三月，瓜州都督张守珪、沙州刺史贾师顺攻打吐蕃大同军，并且让他们输得很惨。

甲寅日（二十四日），朔方节度使信安王李祎去攻打吐蕃的石堡城，很快就攻下了。起初，吐蕃攻陷石堡城的时候，留下很多兵力据守那里，之后去侵犯骚扰河右，唐玄宗下令让李祎和河西、陇右一起讨论怎么攻取。其他各将都认为石堡城地险而且路途遥远，如果攻不下来的话，将没有办法回来；所以应该按兵不动去观察敌人等到存在可乘之机的时候再行动。祎不接受他们的建议，带兵深入城内，迅速战斗然后攻下来了，于是分派士兵占据守住形势险峻的地方，令敌人无法向前行动。从此以后河、陇各军都非常清闲游乐，还开拓了一千多里边境。唐玄宗得到这个消息，感到非常高兴，下命改石堡城为振武军。

丙辰日（二十六日），国子祭酒杨玚向唐玄宗上书，认为："省司上奏的，应该限定明经、进士及第的名额，每年最好不要超过一百人。臣发觉九品以外官吏出身的，每年达到两千多人，但是明经、进士出身的还达不到它的十分之一，那么那些服膺精勤于学术儒业的人却比不上小吏有机会出仕。臣害怕儒教会逐渐失落，廉耻渐渐衰落。假如认为出身人太多，则应该各种科目一起裁减，不应该单独压制明经、进士。"又上奏："诸（当为"主"）司用帖考试明经，不要求考试述作的要领，而是专出难解的，问一些生僻冷涩的经句，或者是考记年月日；请求从现在开始考帖经都帖试一般的经文。"唐玄宗认为他说得很对。

夏季，四月，庚午日（初十），在太庙举行禘祭。唐初之时，祫祭（合祭）便次序于昭穆，禘祭便各在各自的祖先之室举行。到现在，太常少卿韦縚等人上奏说："像这样，禘祭和平常的飨祭没有什么差别；所以请求禘、祫都次序于昭穆。"唐玄宗采行他的意见。韦縚，是韦安石的侄子。

五月，壬辰日（初三），唐玄宗下令又设置了十道还有京畿、都畿按察使。

那时，张说、张嘉贞、李元纮、杜暹相继担任宰相在朝当权，源乾曜以清廉谨慎自我约束管制，经常把事情让给张说他们去决定，只是承诺签名而已。元纮和暹谈论事情总是出现不同的意见，于是他们二人之间有嫌隙，相互争论而上奏。唐玄宗感到很不高兴，六月，甲戌日（十五日），下令贬黄门侍郎、同平章事杜暹为荆州的长史；中书侍郎、同平章事李元纮担任曹州刺史；免除源乾曜兼侍中的职务，仅让他担任左丞相。让户部侍郎宇文融担任黄门侍郎；兵部侍郎裴光庭担任中书侍郎，都是同平章事；萧嵩兼任中书令，遥领河西节度使之职。

开府王毛仲和龙武将军葛福顺他们是亲家。毛仲被唐玄宗宠信，他说的话唐玄宗都听，所以北门的将领有很多都拥护他，不论进退只听从他的指挥。吏部侍郎齐澣乘着机会向唐玄宗说："福顺掌管禁中兵马，不应当跟毛仲联姻。毛仲他是小人，唐玄宗您太宠爱他便会让他生奸心；如果不及早防备的话，恐怕会出现后患。"唐玄宗高兴地说："朕知道你很忠诚，这得慢慢想个合适的办法。"齐澣说："国君要是不保守秘密就会贻害到臣下，所以恳请陛下保密。"遇到大理丞麻察犯罪降职为兴州别驾，澣素来跟察很友好，于是出城给他饯行，因此说出了禁宫中这些谏语；察这个人性情轻率而且很奸险，马上上奏这件事。唐玄宗非常生气，召集澣来呵斥他说："你害怕朕不保守秘密，但是你却将这件事泄露给麻察知晓，他为你保守秘密了吗？况且察这个人一直以来就没有善行，你难道不知道这些吗？”瀚磕头谢罪。秋季，七月，丁巳日（二十九日），唐玄宗下制书：“齐瀚、麻察两人互相图谋想要陷害将相，离间君臣之间的关系。所以把瀚降为高州良德的县丞，察则降为浔州皇化县尉。”

八月，癸亥日（初五），这一天是唐玄宗的生日，唐玄宗在花萼楼下面设宴款待诸位大臣，左丞相源乾曜、右丞相张说带领百官上表奏章，建议把每年的八月五日设为千秋节，并且布告天下，都让他们宴会为乐。没过多久又改社日于千秋节。

庚辰日（二十二日），工部尚书张嘉贞去世。嘉贞没有置办家产，有人劝他让他购买田宅，嘉贞却说：“我贵为将相，还要忧愁会受冻挨饿！假如得罪圣上的话，即使有田地房舍，也没有什么用处。最近看到朝廷士大夫广置好田，等到身死之时，正好把这些田地供给那些无聊子弟酒色的花费，我才不要这样做。”听到这些话的人都觉得他的话很对。

辛巳日（二十三日），唐玄宗下敕书，因为民间很多人都私自铸钱，所以才禁止私自卖铜、铅、锡还有用铜做器皿；开采到铜、铅、锡，全部由公家收购。

宇文融他天资聪明，口才博辩思维敏捷，因为管理财税很好受到唐玄宗的宠爱，便开始大置各使，彼此竞相搜刮，因而众官逐渐失去他们的实权而唐玄宗更有奢侈的心。民众都非常怨恨而且认为很苦。他为人粗率并且浮躁多话，喜欢自我矜持夸耀，在宰相任期之内，对人说：“如果我做几个月宰相的话，那么天下便相安无事了。”

信安王李祎，因为立了战功而受到唐玄宗宠爱，宇文融十分妒忌他。祎入朝觐见，融指使御史大夫李寅弹劾他，但是泄露给亲信知道了这件事。祎听到这个消息了，先报告了唐玄宗。第二天，寅果然上朝（弹劾他），唐玄宗感到非常生气。九月，壬子日（二十五日），融受到连坐降职为汝州刺史，一共当了一百天宰相就被免职了。以后上书谈财利而获取高官显职的人，都是效仿融。

冬季，十月，戊午朔日（初一），出现了日偏食，剩余的那个部分像钩。

宇文融已经获罪，后来国家财用不够，唐玄宗又想起了他，对裴光庭说："你们都说融的过错罪恶，朕已经黜降他了，但是现在国家的用费不够，这要怎么办？你们有没有什么办法可以帮助朕？"光庭等人非常害怕但却无人回答。正好有人匿名告发融贪赃的事，于是又贬为平乐县尉。到岭外那一年多，司农少卿蒋岑向唐玄宗上奏说融在汴州吞没的官钱有上万数字，唐玄宗于是下制书追查这件事，融因此获罪并被流放岩州，在去往的路上死了。

十一月，辛卯日（初五），唐玄宗宫外出行顺次去祭拜桥、定、献、昭、乾五座陵寝，戊申日（二十二日），回到皇宫。下令大赦天下，老百姓当年的地税都被免除了一半。

十二月，辛酉日（初五），唐玄宗来到了新丰温泉。壬申日（十六日），起驾回到宫里。

开元十八年（庚午，公元730年）

春季，正月，辛卯日（初六），让裴光庭担任侍中。

二月，癸酉日（二十八日），唐玄宗首次下令让群官在春天十天休假一日，寻找美丽的风景去游玩宴乐，从宰相到员外郎，总共十二桌，每个人还各赐钱五千贯；唐玄宗有时候还在花萼楼邀请游玩回来的官员一起饮酒，并且叫他们轮流起舞，尽兴后才回去。

三月，丁酉日（十三日），下令恢复给京官职田。

夏季，四月，丁卯日（十三日），下令建筑西京外城，九十天就完成全部工程。

乙丑日（十一日），唐玄宗下令任裴光庭兼吏部尚书。在此之前，铨选单位拟注官吏，只是看他有没有才干，有的不依照资历而升职迅速，有的则一辈子就在低职位上，有的取得任官资格但是二十多年都没有得到一官半职；又州县也没有一定的次序，有的从高阶而出任低阶，有的刚开始任近地，后来又任远地，这些都没有一定的制度。光庭首先上奏请求用人按照资格，罢官以后，经选总计，各以多少作为次序而集中于吏部，官阶高的选得较少，低的选得比较多，不管有没有才能，选举满数，即行拟注，限定年资一级一级上升，不可以超越；不是因为犯罪降官的，都只升迁无降职；那些平庸愚笨而且长时间处在低位者都喜欢这项政策，把这奏折称为“圣书”，但是那些有才俊的官员没有不埋怨叹息的。宋璟力图争辩反对但是没有获得成功。光庭又下令九品以外代理官吏也需要经过门下省省察和审核。

五月，吐蕃派遣使者上书在边境，并且要求议和。

当初那个时候，契丹王李邵固派遣可突干来朝廷进贡，同平章事李元纮不以礼数招待他。左丞相张说对人说：“奚、契丹一定叛离。可突干他这个人狡猾并且心狠，把持国政已经很长时间了，人心都附从他，现在让他觉得不称心了，就必然不会来朝贡了。”己酉日（二十六日），可突干把邵固杀了，带领他的国人并且要挟奚各部众叛变唐而向突厥投降，奚王李鲁苏还有他的妻子韦氏、邵固的妻子陈氏都过来投靠他。唐玄宗下制书让幽州长史赵含章去讨伐他，又下令让中书舍人裴宽、给事中薛侃等，在关内、河东、河南、河北地区分别招募勇士。六月，丙子日（二十三日），唐玄宗任命单于大都护忠王李浚担任河北道行军元帅，任命御史大夫李朝隐、京兆尹裴伷先担任副帅，率领十八总管去征讨奚、契丹。此外还命令李浚和百官在光顺门碰面。张说在会后对学士孙逖、韦述说：“我曾经看见过太宗的画像，他跟忠王长得十分相像，这是国家的福气啊！”

可突干入侵平卢的时候，先锋使张掖人乌承玼在捺禄山这个地方打败了他。

壬午日（二十九日），洛水泛滥成灾，淹没了东都的一千多人家。

秋季，九月，丁巳日（初六），唐玄宗任忠王李浚兼河东道元帅，但是却没有去。

吐蕃军因为几次的战败而感到十分害怕，于是来朝廷求和通婚。忠王的友（属官）皇甫惟明所以向唐玄宗上奏长谈和亲有什么好处。唐玄宗说："赞普曾经在来文上言辞非常没有礼貌，这怎么可以不管？"回答说："赞普在开元初年，年龄尚且幼小，怎么可能制作那公文？很可能是边境地区的将领假造的，想要拿这件事刺激陛下让您生气。如果边境地区有战事，那么将领官吏便可以趁这个机会侵吞国家的财物，妄图报功劳以获得勋转爵位，这些都是奸臣们的好处，并不是国家的福利。战事一旦拖延不能解决，每天就会耗费千金，河西、陇右地区从此就会变得困苦凋敝。陛下实际上只需派一个使臣去探视公主，因而同赞普当面订下约定，让他俯首称臣，这样便可永久停止边患战争，这难道不是统治夷狄的好计划吗？"唐玄宗非常高兴，于是就派遣惟明和内侍张元方出使吐蕃。

赞普感到十分开心，将贞观以来所得到的敕书全都拿出来让惟明看。冬季，十月，派遣他的大臣论名悉猎跟随着惟明去朝廷进贡，向唐玄宗上表称："甥世世代代都娶公主，之间的情谊就像是一家人。其间张玄表等人先后发兵侵掠，于是这才使两国的边境交情恶化。甥深知尊卑的礼数，怎么敢失礼？只是由于边界守将交相结下怨恨，以至于得罪了舅舅，数次派遣使者进入朝廷，但都被边境的那些守将所阻止。现如今承蒙陛下远派使臣，来我那里探视公主，甥不胜欢喜非常感谢和爱戴你。倘若我们之间能重修旧好，就是死我也再无怨恨了！"打这以后吐蕃再次诚心归顺。

庚寅日（初九），唐玄宗驾临凤泉温泉；癸卯日（二十二日），起驾回京。

甲寅日（十月无此日），护密王罗真檀入朝觐见，留他在宿卫。

十一月，丁卯日（十七日），唐玄宗驾临骊山温泉；丁丑日（二十七日），返回皇宫。

这一年，各地区上报犯死罪的，全天下只有二十四人。

突骑施派遣使臣来朝进贡，唐玄宗在丹凤门楼设置宴席招待他，突厥来的使者也参加了这次宴会。二位使者争着要坐上座，突厥的使者说："突骑施是小国，原先是突厥的臣属，所以你不可以居我的上座。”突骑施说：“今天的这次宴会是为我而摆设的，我不能在下座。”唐玄宗于是下令设置东、西幕，突厥使者在东座，而突骑施在西座。

开府仪同三司、内外闲厩监牧都使霍国公王毛仲仗着唐玄宗的宠爱，骄傲放恣的姿态一日较一日严重，唐玄宗每次都优予并且宽容他。毛仲和左领军大将军葛福顺、左监门将军唐地文、左武卫将军李守德、右威卫将军王景耀、高广济这些人的关系很好，福顺等人也仗着毛仲的势力，做了很多不法之事。毛仲想担任兵部尚书但是没有成功，他不得意的情绪表现在脸上和言语上，唐玄宗为此非常不高兴。

这个时候，唐玄宗较为宠爱信任宦官，总是封他们为三品将军，官署门设棨戟（武器）；而且奉命出使经过各州，地方官阿谀奉迎他们害怕来不及，他们所得到的那些贿赂礼物，少的也不低于一千贯钱；因此在京城郊区附近地区的那些田园，三分之一或者一半，都是属于宦官的。杨思勖、高力士等人尤为贵显亲信，思勖数次带兵征讨敌人，力士常常居宫中侍卫。但是毛仲对贵近唐玄宗的宦官都瞧不上；品阶低下的宦官，有些稍稍违背他的意思，经常骂叱侮辱就像是对待僮仆一般。力士等都害怕他的被宠信而不敢向唐玄宗说这些事。

恰逢毛仲的妻子生孩子，第三日，唐玄宗派遣力士给他赐了很多的酒食、金钱、丝帛，并且授给他的儿子五品官。力士回到宫中，唐玄宗问他：“毛仲高兴吗？”回答说：“毛仲他抱着襁褓中的儿子让臣看说：‘这孩子难道不能当个三品官吗？’”唐玄宗非常生气，说：“以前杀韦氏，这贼心持两端，朕本来不想说；但是今日竟然敢因为给婴儿的封赐而埋怨我！”力士趁此机会说：“北门的那些奴隶，官位都太高，他们彼此一心相通，要是不早些将他除掉的话，以后一定会有大的灾祸发生。”唐玄宗忧虑他的党羽惊怕而兵变。

开元十九年（辛未，公元731年）

春季，正月，壬戌日（十三日），唐玄宗下制书，只是说王毛仲不忠诚而且还有怨恨的话，所以降为瀼州别驾，而葛福顺、唐地文、李守德、王景耀、高广济他们都降到了边远的州为别驾，毛仲的四个儿子都降职到边远州为参军，受这件事连累有罪的总共几十人。毛仲行到了永州后，就追赐他死。

从此以后宦官的势力就更强大。高力士尤其为唐玄宗所宠爱信任，曾经说："力士值班的时候，我可以睡得很安稳。"因此力士很多时候都留在禁中，很少有时间到外面的府第。四方各地上呈的表章奏书，都是先呈交给力士，然后通过力士呈给唐玄宗；小的事情由力士立即做裁决，他的权势压倒了朝内外的很多大臣。金吾大将军程伯献、少府监冯绍正和力士他们结拜为兄弟；力士的母亲麦氏去世，伯献等人披散头发受人来吊，捶胸顿足大声痛哭，表现出来的哀痛超过了亲生母亲逝世的哀痛。力士娶了瀛州吕玄晤的女儿做妻，把玄晤升为少卿，吕氏子弟都成为王府的傅官。吕氏死后，朝廷内外都致祭，从高府到墓地这段距离，车马在路上不断绝。但是力士为人很小心恭敬，因而唐玄宗一直亲信和倚重他。

辛未日（二十二日），唐玄宗派鸿胪卿崔琳出使吐蕃。琳是神庆的儿子。吐蕃使者说公主想要《毛诗》《春秋》《礼记》这些书。正字于休烈上奏禀报这件事，以为："东平王是汉帝的至亲，他要求《史记》、诸子，汉尚且不答应，更何况是吐蕃呢？它是国家的敌人，现在要是把书籍供给他们，让他们了解用兵的谋略，更生变诈，这不是中国的福利。"于是把这事批交中书门下商讨。裴光庭等人上奏："吐蕃他们顽劣不灵，长久叛离我们，最近才再次归服，可以趁着他们的请求，赐给他们《诗》《书》，希望能让他们受到声威教化的影响，沾化的广被能到达各个地方。休烈他只知道书中有权谋变诈的话，但是不知道忠、信、礼、义这些也都是从书中传出来的。"唐玄宗说："很有道理。"便把书赐给了他们。休烈是于志宁的玄孙。

丙子日（二十七日），唐玄宗在兴庆宫旁边亲自耕田，推完了三百步。

三月，突厥左贤王阙特勒去世，下令赐书信哀吊他。

丙申日（三月无此日），唐玄宗首次下令让两京各州分别设置（姜）太公庙，用张良为配享，选一些古代名将，以为十哲；分别在二月、八月上戊日致祭，就像是祭孔典礼。

◆臣司马光说：经纬天地是为文，平定祸乱是为武，古往今来二者不能兼备而被称为圣人的，是没有的。所以黄帝、尧、舜、禹、汤、文、武、伊尹、周公他们这些人没有一个不是有征伐的功勋，孔子他虽然没有功勋，但是尚且能让司马止莱夷（用兵劫鲁公），还有打退费人，说："我一打仗便能攻克敌人。"难道是因为孔子就只会文而太公只懂武吗？孔子奉祀那些在学宫的道理，这是礼上规定的祀圣先师的原因。自有人类以来，没有一个人能比得上孔子的，姜太公怎么能等同于孔子呢？古时候有军事行动的话，就命令大司徒教导士兵乘兵车穿上戎甲，把臂胫露出来，比赛射箭和御车这些，并且接受军事会议的决定，战胜呈献战果，没有不是在学宫。这道理就是要先讲究礼义再讲究勇力。君子有勇力但是没有义便会作乱，小人有勇力但是没有义便会成为盗贼；假如只教他们勇力而不能让他们知晓礼义，他们便什么都可以做得出来了！从孙武、吴起以下的，他们都是用勇力战胜对方，等待有机会便使用诈谋作为上策，这怎么能够列与圣贤之伦相比而称之为武呢！竟然又妄引来跟十哲的数目相对称，以此作为后代学者的师范，要是姜太公在天有灵的话，也一定会为和他们共同受享祀而觉得羞耻。◆

五月，壬戌日（十五日），首次下令建立五岳真君祠。

秋季，九月，辛未日（二十五日），吐蕃派遣他的宰相论尚它硉入朝晋见唐玄宗，并且请求把赤岭设为双方的交易地点；唐玄宗答应了他的请求。

冬季，十月，丙申日（二十一日），唐玄宗驾临东都。

有人向朝廷控告巂州都督解县人张审素贪污，唐玄宗降下制书派遣监察御史杨汪去追查这件事。总管董元礼带领士兵七百人包围住汪，杀害了原告，对汪说："上奏要说审素的好话，你便能活命，否则的话就会杀了你。”恰巧碰到救兵来了，攻击并且斩了他们。汪奏报审素预谋造反，十二月，审素被判斩罪，抄没他的所有家产。

疏浚苑中洛水河段，建了六十天而停工。

开元二十年（壬申，公元732年）

春季，正月，乙卯日（十一日），唐玄宗下令任朔方节度副大使信安王李祎为河东、河北行军副大总管，带兵攻打奚、契丹；壬申日（二十八日），让户部侍郎裴耀卿担任副总管。

二月，癸酉日（初一），出现日食。

唐玄宗忆起右骁卫将军安金藏忠烈，三月，下令赐爵为代国公，还在东、西岳建立碑石，以此来刻记他的功勋。金藏最后寿终正寝。

信安王李祎带领裴耀卿以及幽州节度使赵含章分路向契（或本“契”上有“奚”字）丹出击，含章和敌人遇到一起，敌人望风而逃。平卢先锋将军乌承毗于是向含章说：“奚、契丹他们是厉害的敌人。前天逃走，并不是因为怕我们，而是为了引诱我们，我们应该按兵不动以观察敌情的变化。”含章不听从他的建议，跟敌人在白山这个地方交战，果然被打败了。承玼另外带领士兵从他右边去出击敌人，把他们打败了。己巳日（二十六日），祎等大败奚、契丹，俘获并且斩首了很多，可突干带领部下远走，剩下的部众都逃隐到山谷中。奚国酋长李诗琐高带了五千多帐来投降归顺。祎领军返回朝廷。唐玄宗赐封李诗爵号归义王，代归义州都督，在幽州境内安置他的部落。

夏季，四月，乙亥日（初三），在上阳宫东洲宴请诸位官员，把衾褥赐给喝醉酒的人，并且用轿把他们送回家，一路上相继没有间断。

六月，丁丑日（初六），下令加封信安王李祎开府仪同三司。唐玄宗命令裴耀卿拿绢二十万匹去分别赐给那些立功的奚国官员，耀卿对属下说：“戎狄非常贪心，而今要是拿着大批贵重物品深入他们的国境，我们不可以不做防备啊。”于是命令在预定出发日期之前先去，并且分路齐进，在一天之内，赐颁完毕后返回朝廷。突厥、室韦他们果真出兵在狭隘的路上对他们进行拦截，要劫夺他们的东西，等他们到达时，耀卿已经回到了朝廷。

赵含章犯贪赃在万贯以上，在朝堂用杖狠狠地责打，并且流放到瀼州，在路途中便死去了。

秋季，七月，萧嵩向唐玄宗上奏："自从祭祀后土之后，数年都获得丰收，应当因此回到西京祭神感谢他们的恩惠。"唐玄宗采行了他的意见。

唐玄宗下敕书让裴光庭、萧嵩分别管领左、右厢兵。

八月，辛未朔日（初一），再次出现日食。

起初，唐玄宗命令张说和诸位学士对五礼进行勘定。张说去世，萧嵩接任了这份工作。起居舍人王仲丘建议依照《明庆礼》，求丰收、求雨、祀明堂，这些都祭祀昊天上帝；嵩又建议依照上元年间政书，父在为母服齐衰三年，对这些意见唐玄宗都采行了。以高祖配圜丘、方丘，太宗配雩祀以及神州地祇，睿宗配祀明堂。九月，乙巳日（初五），新礼纂成，呈给唐玄宗，号称《开元礼》。

渤海靺鞨王武艺派遣他的将领张文休率领海盗侵入登州，将刺史韦俊杀死，唐玄宗命令右领军将军葛福顺出兵去讨伐他。

壬子日（十二日），给河西节度使牛仙客加官六阶。之前，萧嵩在河西，令军事政治委任给了仙客；仙客为人清廉勤谨，尽职尽责，嵩向唐玄宗数次推荐他，之后取代嵩担任了节度使。

冬季，十月，壬午日（十二日），唐玄宗从东都出发；辛卯日（二十一日），到达了潞州；辛丑日（十月无此日），抵达了北都；十一月，庚申日（二十一日），在汾阴祭祀后土，下令大赦天下；十二月，辛未日（初二），回到了西京。

这一年，唐玄宗下令任幽州节度使兼河北采访处置使增领卫、相、洛、贝、冀、魏、深、赵、恒、定、邢、德、博、棣、营、鄚十六州以及安东都护府。

天下户总共七百八十六万一千二百三十六，人口达四千五百四十三万一千二百六十五。

开元二十一年(癸酉,公元733年)

春季,正月,乙巳日(初六),下令将肃明皇后合祀在太庙中,销毁废除了仪坤庙。

丁巳日(十八日),唐玄宗驾临到骊山温泉。

唐玄宗派遣大门艺发兵幽州,去征讨渤海王武艺;庚申日(二十一日),下令命太仆员外卿金思兰回到新罗国,发兵攻打武艺的南部边邑。遇到大雪天气下了一丈多高,山路阻塞不能通过,士兵死了一半以上,没有取得什么功劳就退回去了。武艺一直不停地埋怨门艺,暗中派人在天津桥南准备刺杀门艺,但是没刺死;唐玄宗下令命河南府搜索捕捉刺客一伙人,将他们全部杀掉。

二月,丁酉日(二十九日),金城公主请求在赤岭立碑以标识区分唐和吐蕃国境的分界,得到了唐玄宗的准许。

三月,乙巳日(初七),侍中裴光庭去世。太常博士孙琬建议道:"光庭用人只讲究年资,违背了奖励勤勉人才的道理,所以建议给他谥号为克。"他的儿子裴稹申诉这件事,唐玄宗赐他谥号为忠献。

唐玄宗询问萧嵩谁可以接任裴光庭的职务,嵩和右散骑常侍王丘的关系很好,于是就推荐他;王丘一再把这职位让给右丞韩休。嵩向唐玄宗说休可以胜任。甲寅日(十六日),下令任韩休为黄门侍郎、同平章事。

韩休这个人为人很严直,不追求名利;做到宰相的时候,非常合乎当时人们的期望。刚开始的时候,萧嵩觉得休非常恬静和气,认为他比较容易控制,所以才向唐玄宗推荐了他。等到之后和他同事,才发现休守持正道不阿谀附和,嵩逐渐地厌恶他。宋璟赞叹说:"没想到韩休竟然能这样!"唐玄宗有的时候在宫内宴会作乐以及在后苑游猎,稍微犯错后,就会向左右问:"韩休知道这件事吗?"话刚说完,谏书便已经呈过来了。唐玄宗曾经对着镜子默默地不开心,左右的人说:"韩休担任宰相,陛下比以前瘦很多,为什么不赶走他呢?"唐玄宗感叹说:"我的形貌虽然瘦了,但是天下一定肥。萧嵩上奏事顺从我的意思，退朝以后，我睡得很不安稳。韩休经常据理力争，退朝以后，我睡得很安稳。用韩休，是为了国家着想，不是为我的身体。”

有个侍候唐玄宗的侏儒（矮人）名叫黄𤓰，天生机警狡黠；唐玄宗经常靠着他行路，叫他为“肉几”，喜爱他并且赏赐他很多东西。有一天他迟到，唐玄宗感觉奇怪而问他，回答说：“臣刚刚入宫，路上遇到了捕捉盗贼的官员跟臣争路，臣掀着把他跌下马来，所以就迟到了。”因而下阶磕头。唐玄宗说：“只要是外面没有奏章呈报上来，你也就不用担忧这些。”没过多长时间，京兆府就上奏陈列他的罪状。唐玄宗马上让他出去，并把他交付主管部门用杖打死。

闰月，癸酉日（初六），幽州道副总管郭英杰和契丹在都山进行交战，战败而亡。当时节度（使）薛楚玉派英杰带领精骑一万人还有那些降服的奚人去进攻契丹，屯驻在榆（渝）关以外，可突干率领突厥的部众前来会战，奚族心怀两端，散逃保守在险塞处，唐军败下阵来，英杰战死了。剩余的六千多部下仍然不停地奋力战斗，敌人拿着英杰的头给他们看，他们也拒不投降，于是全部被敌人杀害了。楚玉是薛讷的弟弟。

夏季，六月，癸亥日（二十八日），唐玄宗下制：“从今以后那些候选人有才学操行的，都委付给吏部临时擢拔任用；九品以外的吏胥而奏用的不需要再经过门下省。”即便有这道制书，但是主管部门觉得依照资历对自己比较方便，所以依旧照以前一样施行。现在，官从三师（太师、太傅、太保）以下的有一万七千六百八十六员，吏从佐史以上的有五万七千四百一十六员，而入仕的途径有很多，不可胜纪。

秋季，七月，乙丑朔日（初一），出现日食。

九月，壬午日（十八日），下令立皇子李沔做信王，李泚做义王，李漼做陈王，李澄做丰王，李潓做恒王，李漎做梁王，李滔做汴王。

关中的雨下了很久，谷价昂贵，唐玄宗即将驾临东都，于是召集京兆尹裴耀卿一起商讨，回答说：“关中地区是帝业建立的基地，当百世不能够改易；但是因为那地方狭谷少，因此唐玄宗应该经常驾临东都以舒济它。臣听闻贞观、永徽年间，俸禄廪给的并不多，每年漕运关东一二十万石粮，这些就足够普遍赡给他们，唐玄宗也因此得以安居。而今用度逐渐比较广，运次比之前加倍，但是仍不能满足供给，所以陛下应该经常冒着寒暑来往此地，非常怜恤关西人。假如现在令司农寺把租米全部纳交给东都的话，从东都转漕运，可以稍为充实关中一下，如果关中有几年的储粮，便不会再忧虑水旱灾害了。况且吴人不熟悉黄河水运，在路上停留，时间一长，便可能发生暗中盗取之事。臣建议在汴水黄河交口地设立仓库，让吴船到那儿便马上交了米就返回。国家自雇船载运分别进入黄河、洛水。此外还在三门东西方各设立一仓，谷来便贮而纳入，水急险时停止，水畅通时便进行运输，或者开辟山路，用车运而过，这样的话便不会再有留滞的情况，可以省下上万费用。黄河、渭水的岸边，都有汉、隋旧仓，对它们进行修整也不难。”唐玄宗非常认可他的话。

冬季，十月，庚戌日（十七日），唐玄宗驾临到骊山温泉；己未日（二十六日），回到宫中。

十一月，戊子日（二十五日），左丞相宋璟退休了，回到东都。

韩休几次和萧嵩在唐玄宗面前进行争论，并且当面指斥嵩的缺短，唐玄宗非常不喜欢。嵩因而请求退休，唐玄宗说：“朕没有讨厌你，你为什么急着离开？”回答说：“臣承蒙厚恩，待罪在宰相的官位，已得到太多的富贵，在陛下不讨厌臣的时候，臣可以从容地引退；假如已经厌弃臣的话，臣的生命就不保了，怎么能自如愿退休呢？”因而流下了眼泪。唐玄宗因为他也非常感动，说：“你先回去，等朕再慢慢考虑看看。”丁巳日（二十四日），嵩被免职，任左丞相，休免职，担任为工部尚书。下令让京兆尹裴耀卿担任黄门侍郎，前中书侍郎张九龄当时在母丧守制中，下令让他出任中书侍郎，还兼任同平章事。

这一年，把天下分为京畿、都畿、关内、河南、河东、河北、陇右、山南东道、山南西道、剑南、淮南、江南东道、江南西道、黔中、岭南，共十五道，各自设置采访使，并且用六条规定检察非法；两畿让中丞来领任，其余的都选择品德良好的刺史进行领任。如果不是官有迁调免撤的话，则采访使不随意更换。只有改变原来有的法规，是必须要上报朝廷批可的，剩下的可以根据情况自己来处置，先施行然后再报告。

太府卿杨崇礼，是杨政道的儿子，在太府的二十多年，前后任太府卿的都比不上他。那时候很长时间都是太平日子，堆积如山的财粮物货，曾经由杨崇礼经手的，没有东西不是精美的；每年检查审核驳斥节省简便，多出的钱差不多有几百万贯。这一年，在户部尚书任内退休，年龄已经有九十多岁了。唐玄宗问宰相："崇礼他的儿子之中，谁能够承袭他父亲的职位？"回答说："崇礼有三个孩子，分别是慎馀、慎矜、慎名，他们都很清廉勤勉并且有才干，但是以慎矜最为优秀。"唐玄宗便从汝阳县令上提升慎矜担任监察御史，管太府出纳，慎名代理监察御史，知含嘉仓出给，他们都很称职；唐玄宗很喜欢他们。慎矜给唐玄宗上奏建议各州所缴交的布帛有水渍污损的，便都下令本州征取那些折合的钱，另外买绢补交，征调由此开始变得多起来了。

资治通鉴卷第二百一十四　唐纪三十

起甲戌（公元734年），止辛巳（公元741年），共八年。

【题解】本卷记录了公元734年至741年的史事，共八年，正当唐玄宗开元二十二年至二十九年。这八年是开元盛世的晚期，是唐玄宗个人由明转昏的过渡时期。开元后期，唐帝国的繁荣达到顶点。漕运通畅，又用和籴法储粮，京师繁盛，粮食供应充足。唐玄宗于是开始骄奢怠政，迷信神仙。特别是唐玄宗已经厌恶直谏，喜欢听奉承话。直疏谏言的张九龄被罢相，而让奸巧谄谀的李林甫独握大权，因后宫之宠而废立太子，这是唐玄宗由明转昏的标志。此时唐帝国强盛，而边将轻敌，唐帝国的东、北、西三面有警，吐蕃扰边，唐军虽胜，但已无绝对优势。

玄宗至道大圣大明孝皇帝中之中

开元二十二年（甲戌，公元734年）

春季，正月，己巳日（初七），唐玄宗从西京启程；己丑日（二十七日），到达东都。张九龄从韶州入朝拜见，恳请守完丧期，唐玄宗没有答应。

二月，壬寅日（初十），秦州接连几次地震，差不多公私房屋全被震坏，被压死的官民有四千多人；派左丞相萧嵩去救济安抚。

术士张果称本人有神仙法术，欺骗人们说在尧时他担任侍中，直至如今有几千岁；大都在恒山中往来，自则天时代至今，多次征他都不来。恒州刺史韦济推举引荐他，唐玄宗派中书舍人徐峤带了公文去欢迎他。庚寅日（二月无此日），到达东都，用轿抬入宫中，赏赐礼遇十分优渥。

张九龄谏言没必要禁止私铸钱。三月，庚辰日（十九日），下敕书令众多官员议论。裴耀卿等都说："此途一开，只怕小人舍弃农作而追求铸钱的利益，滥恶的钱比以前更加厉害。"秘书监崔沔说："假如折劳役为收铜，官方就能够用来铸钱，计算钱的成本和工资，那么私铸钱无利可图，这方法容易执行，而且是长久之计啊，不繁事而难欺罔。并且钱这东西，优点在流通货品，便利之处不在于钱的数目多，哪里需私铸然后才够用呢！"右监门录事参军刘秩说道："人富有便不能用赏赐物质来让他奋进，贫穷则不能用威刑禁止他违反法律。假如准许私铸钱，穷人一定无力去铸；臣担忧贫困的人更贫却被富人役使，富人愈富而放纵他的欲望。汉文帝时，吴王濞之富与天子齐，就是私铸钱的原因。"唐玄宗于是没有答应。秩是刘子玄的儿子。

夏季，四月，壬辰日（初一），派出朔方节度使信安王李祎兼关内道采访处置使，增领泾、原等十二个州。

吏部侍郎李林甫，谄媚巧言大多是狡猾的计谋，重厚交结宦官和妃嫔的娘家，探听唐玄宗的行踪，都非常明白，所以每次上奏答问，时常符合唐玄宗的心思，很讨唐玄宗的喜爱。那时武惠妃爱幸冠于后宫全部妃嫔，生寿王李清，他最受唐玄宗的喜爱，诸皇子都比不上，太子逐渐被疏远淡薄。李林甫就托宦官向惠妃说，愿意竭尽全力守护寿王；惠妃感他的德，秘密地帮助他，因而升为黄门侍郎。五月，戊子日（二十八日），任命裴耀卿为侍中，张九龄担任中书令，李林甫为礼部尚书、同中书门下三品。

唐玄宗在禁苑种麦，带领太子以下职位的人亲自去除草，对他们说："这些农作物是用来祭祀先人的，因此得亲自下田，并且也要你们知道耕种收割十分困难。"把收获赏赐给侍臣们看，说："最近派人去察看田地里收获，回报许多不实在，因此朕自己种些来观察。"

六月，壬辰日（初三），幽州节度使张守珪使契丹大败，派使者回朝报告喜讯。

薛王李业生病，唐玄宗忧虑发愁，颜容苍白头发憔悴。七月，己巳日（初十），去世，追封他谥号为惠宣太子。

唐玄宗派出裴耀卿担任江淮、河南转运使，在河口安置收纳场。八月，壬寅日（十四日），在收纳场东面建造河阴仓，西面建柏崖仓，三门的东面建集津仓，西面建盐仓；开凿漕运渠道十八里路用来逃避三门的水险。在此之前，船运江、淮的米到东都含嘉仓，换黄河船运至含嘉仓及太原仓，从太原仓抵达渭水输送至关中。三年之内，运送米粮七百万斛，节省了雇车钱三十万贯。有人劝说耀卿把所省下的钱奉献给唐玄宗，耀卿说："这是国家剩下的利钱，不可以拿来讨好啊。"上奏请求全部作为调节市场中粮价的经费。

张果坚定恳请要回到恒山去，下制书封为银青光禄大夫，号为通玄先生，送他回去而且给他丰厚的赏赐。之后去世了，相信奇异事的人启奏说他蜕尸而且飞升为仙，因此唐玄宗十分信任神仙。

冬季，十二月，戊子朔日（初一），日食。

乙巳日（十八日），幽州节度使张守珪斩了契丹王屈烈和可突干，传回来他们的头。

那时可突干连年以边境为患，赵含章、薛楚玉都不能使他顺服，守珪到任，多次打败他。可突干被逼困，派使者来假装投降，守珪派秘书王悔去安慰他。王悔抵达他的大本营，根据观察得知契丹上下都没有投降的意思，只是稍微把营帐向西北移动了一些，暗中派人去引来突厥，想杀害王悔而叛；王悔明白。契丹的牙官李过折跟可突干分掌兵马，因争权而不和，王悔说服过折要他图谋可突干。过折夜间部署将士把屈烈及可突干杀了，将他们的同党全杀了，率领余众来投降。守珪出兵至紫蒙州（他本"州"作"川"），大阅兵示威以压制安慰他们。把屈烈、可突干的头悬挂在东都天津桥南。

突厥毗伽可汗被他的大臣梅录啜下毒杀害，没有死亡，攻击杀害梅录啜和他的族人党羽。毗伽死后，他的儿子伊然可汗立，很快也死了，弟弟登利可汗即位。庚戌日（二十三日），报丧于朝廷。

在京城禁止乞丐沿街讨饭，设立病坊用公粮来接济他们。

开元二十三年（乙亥，公元735年）

春季，正月，契丹主管兵马中郎李过折来到朝中献捷；下制书封他为北平王，检校松漠州都督。

乙亥日（十八日），唐玄宗耕藉田，耕了九推（推，完一行）才舍得停止；公卿以下都推完一亩。天下大赦，都城中连续宴饮三日。

唐玄宗临五凤楼大宴会，观众热闹拥挤，音乐不能弹奏，金吾军的白梃挥动如雨，没有办法停止；唐玄宗担忧。高力士启奏说河南丞严安之治理十分严格，百姓怕他，提议用他来阻止他们；唐玄宗采纳了。安之抵达，用手上笏板绕着场子画地为线说道："越过这条线的便予以死刑。"便大宴整整三天，人们指着这线以为戒，没人敢侵犯。

那时命令三百里以内的刺史、县令各带领所属的乐团在楼下聚集，分别对比胜负。怀州刺史用车载了乐工几百人，都穿着花纹的锦衣，驾车的牛化装成虎、豹、犀牛、象的模样。鲁山县令元德秀仅仅派出乐工几人，连接着袖子唱《于蔿》歌。唐玄宗说："怀州的人民，遭到伤害了吧！"马上调刺史为无职官员。德秀生性耿直廉洁朴质，他的高风使士大夫都敬佩。

唐玄宗赞赏张守珪的功绩，要用他为宰相，张九龄谏言说："宰相是代理天子治理国事，不是赏赐有功的职位。"唐玄宗说："给他职称而不让他担任职务这样行吗？"答说："不行。唯有名义和权力不能给人，而由国君亲自管理。而且守珪才击溃契丹，陛下于是便用他做宰相；假如把奚、突厥都灭了，则用什么官嘉奖他呢？"唐玄宗才没这样做。二月，守珪抵达东都献捷，任命为右羽林大将军，兼任御史大夫，以官职赏赐他两个儿子，赏赐很多。

当初，殿中侍御史杨汪杀害了张审素，更名为万顷。审素两个孩子瑝、琇都小，连坐驱逐到岭南；很快逃回来，计划趁机报复。三月，丁卯日（十一日），在都城亲杀万顷，把表章系在斧上，陈述父亲蒙冤的形势；想去江外杀跟万顷一同谋害他父亲有罪之人，行至汜水，被主管部门捕获。评论的人大都说这两个孩子的父亲罪不至死却被杀害，幼年孝敬刚烈能为父报仇，应该对他们怜悯饶恕；张九龄也想援救他们。裴耀卿、李林甫以为这样使国法坏了，唐玄宗也认为如此，对张九龄说："孝子的亲情，是为义而置生死于度外；然而杀了人而宽赦他，不可开这例子。"便下敕书说："国家立法，是为了吓阻凶杀。每个人想要表达为人子的心意，有谁不是实践孝道的人？如果辗转报复，便不会有终止？咎繇为法官，法立一定要施行。曾参杀人，也不能谅解。应该交给河南府用杖打死。"士人和百姓都同情他俩，替他俩作了哀文诔词，张贴在交通的要道。市民聚钱在北邙山收葬他俩，忧虑万顷家人掘掉，因而做了好几个假的坟墓。

唐起初，公主实封仅有三百户，中宗时，太平公主册封到达五千户，大致上用七丁为限。开元之后，皇帝的妹妹仅仅封一千户，皇女缩减一半，都以三丁为限制；驸马都封为三品员外官，却不承担官职。公主封邑收入十分薄弱，甚至没办法供应车马衣服费用，唐玄宗的左右臣子说这收入少得可怜，唐玄宗说："人民的赋税，不是归我所有的。战士冒着生命危险力征，仅仅是以丝帛来赏赐；女孩子有什么功绩，而享受很多封户？将要使她们明白省俭而已。"秋季七月，咸宜公主将要出嫁，才加实封至一千户。公主是武惠妃的女儿，因而各公主都增加至一千户。

冬季，十月，戊申日（二十六日），突骑施侵入北庭和安西拔换城。

闰月，壬午朔日（初一），日食。

十二月，乙亥日（二十四日），册封故蜀州司户杨玄琰的女儿做寿王妃。玄琰便是杨汪的曾孙。

此年，契丹王过折被他的臣子涅礼杀害，而且杀了他的儿子们，有一个儿子剌乾逃亡至安东而免于一死。涅礼上奏说，过折刑罚残忍暴躁，百姓心中不宁，因此杀他。唐玄宗宽赦他的罪，因此任他担任松漠都督，而且赐书责怪他说："你们蕃法大多对君长不义，从之前就是如此，朕也明白。但是过折是你的君王，有恶于是杀他，为君王的不也太为难吗？只怕你做王，之后的人也效仿。永远无法自保，谁愿意为王呢？也该防守之后的事，怎么可以只图眼前之利！”突厥很快率兵向东入侵奚、契丹，涅礼和奚王李归国击溃他。

开元二十四年（丙子，公元736年）

春季，正月，庚寅日（初十），下达诏书：“天下逃户，在今年底前允许自首，有旧产业的让他们回到原处，没有的另外等候处置，越过时限不自首的，应当派专使搜查，分开配发给各军。”

北庭都护盖嘉运袭击突骑施，将其大败。

二月，甲寅日（初四），在朝堂上设宴款待新任县令。唐玄宗作了一篇《令长新戒》，赏赐给天下的县令。

庚午日（二十日），更改皇子们的名字：鸿为瑛，潭为琮，浚为玙，洽为琰，涓为瑶，滉为琬，涺为琚，潍为璲，沄为璬，泽为璘，清为瑁，回为玢，沭为琦，溢为环，沔为理，沘为玼，漼为珪，澄为珙，潓为瑱，漎为璿，滔为璥。

传统的制度，考功员外郎掌管考试贡举士人。有进士李权，侮辱员外郎李昂，评论的人认为员外郎职位小，不足以使众人顺服；三月，壬辰日（十二日），下达诏书从今起委任礼部侍郎主要管理考试贡举士人。

张守珪派平卢讨击使、左骁卫将军安禄山征讨奚、契丹的谋乱者，禄山依靠勇力轻易进攻，被敌人击溃。夏季，四月，辛亥日（初二），守珪上书请求杀他。禄山临刑时大嚷说：“大夫不想消灭奚、契丹吗？不能杀禄山！”守珪也珍惜他的骁勇，便转囚送达京师。张九龄在奏章上批阅说：“之前穰苴杀庄贾，孙武斩杀吴王姬。守珪军令如贯彻，禄山便不应该免于一死。”唐玄宗珍惜他的才华，下敕书罢免官衔，以百姓为将而领军。张九龄反复争奏，说：“禄山违反军令损兵，在法律上必须杀掉。并且臣看他相貌上有谋乱造反的征兆，如若不杀，以后必定会祸国。”唐玄宗说：“你不要用王衍看石勒的故事，冤枉并且把忠良杀害了。”最后还是宽赦了他。

安禄山原来是营州杂胡，原名阿荦山。他母亲是女巫；父亲死了之后，母带着他再嫁给突厥人安延偃。正逢部落四散，跟延偃哥哥的儿子思顺一起逃来，因此假装姓安氏，名禄山。还有个名叫史窣干的，与禄山互为邻里，俩人生日相差一天，成人之后，交情十分友好，都任互市牙郎（订价官），因为骁勇而出名。张守珪用禄山为捉生将，禄山次次跟几骑出去，总是把契丹数十人活捉回来。生性狡猾，善于揣测他人意图，为守珪欣赏，把他收为干儿子。

史窣干曾经欠官债逃往奚，被奚巡弋兵抓到，之后要杀他；窣干欺骗他们说：“我是唐国的和亲使者，如果你们把我杀死，灾难祸害将要降到你们国家来。”巡弋兵信了他，送他至大本营。窣干见奚王，仅仅拱手为礼但是却不下拜，虽然奚王生气，然而害怕唐，不敢杀，用待客人的礼节招待他。派出了一百人追随窣干入朝，窣干对奚王说道：“王爷派的人虽然多，在我看来他们才能都不足以拜见圣上。听闻王爷有优秀的号称琐高的将领，怎么不派他入朝？”奚王马上任命琐高与牙下三百人追随窣干入朝。窣干快要到达平卢，先派遣人去对军使裴休子说：“奚派了琐高带精锐骁勇一同前来，宣言入朝，事实是要暗中袭击军城，应该加强防守，先下手应对他。”休子便派了军队及仪仗队出来欢迎，抵达宾馆，活埋全部随来的兵，绑了琐高然后送到幽州。张守珪认为窣干有功劳，上疏任他为果毅，积累做官的资本升到将军。之后入朝廷上奏事情，唐玄宗与他谈话，喜爱他，赐名为思明。

故连州司马武攸望的儿子温眘，以为触犯了结交权贵罪，用棍棒打死。乙丑日（十六日），朔方、河东节度使信安王李祎降职担任衢州刺史，广武王李承宏贬黜房州别驾，泾州刺史薛自劝降职后为澧州别驾；因为都犯了跟温眘交际的罪行。承宏是李守礼的儿子。辛未日（二十二日），蒲州刺史王琚降职为通州刺史，是由于犯了跟李祎互通信件的罪。

五月，醴泉县妖人刘志诚暗中扰乱，驱使掳掠路上来来往往的人群，将往成阳，村民跑去告知县官，烧便桥封锁陆上交通来抵抗他，他的部下便溃散，几天之后，捉到全部而杀了。

六月，第一次按月发给百官俸禄。

起初，唐玄宗因为亲耕藉田便大赦天下，命令主管部门议论增加祭宗庙的笾豆祭品和服制法纪中的不适宜的礼俗制度。太常卿韦縚上疏提议宗庙每个灵座设笾豆十二。

兵部侍郎张均、职方郎中韦述讨论说："圣人明白孝子对父母的情义深厚而物类量又没有限制，因此订立节制。人的爱好本来就无依据，宴乐表述私恩的饮食随时代一起变化，因此圣人全都依据旧例。屈到喜爱吃芰，死后屈建不用芰为祭品，此由于不拿个人的喜好来违反国家的礼制。如今要拿甜美肥浓的货物，全部用于祭祀，如果逾越旧制，还会有什么局限！《尚书》说：'黍稷并不是馨香，而明德就是馨香的。'假如以为现代的珍美食物，是平时经常吃的，求神的办法无一定，不必拘泥旧制；于是筐、篚可以不用而盘、盂、杯、案应该在先帝座前了，《韶》乐、《濩》乐可以不奏响而箜篌、筝、笛应该在弹奏了。既然不是礼定的货物，后代靠什么瞻观礼数？神是用精魂神明来接感人的，没有追求丰富壮美；如果不符合礼仪，虽多也没用处！岂可废弃正义的礼制而随从一般的风俗？并且君子以礼来爱人，没有追求迎合；况且是在宗庙的事，不敢忘记原来的礼制！"

太子宾客崔沔讨论说："祭祀之起，源于太古时代，吞毛喝血之时，就有用毛血作祭祀的物品；在酒还没发明时，便有玄酒（水）作祭祀。传到后世的帝王，礼物逐渐完善；但是向神明致敬，物品是可备却不可废弃的。笾、豆、簠、簋、樽、罍所盛，周朝人当时的食物就是这些，用途和宴飨宾客一样，而周公礼法，一同把这些跟毛血、玄酒进献给鬼神。国家由礼设立教训，因此制定规范，宗庙四时祭飨，全部陈列出典礼规定的祭品，是由周代的制度采纳；向陵寝献上食物，如今的膳食全陈列，是遵循汉代的礼法。各地贡献土产来祭祀，是向远方呈现的物品。刚熟的食物一定献祭，是顺应时令。唐玄宗在内苑亲自耕种所收获，亲自打猎所射中的，都允献祭之后才食用，是充分表达忠诚的心思。假如到这种程度是十分孝敬的了，难道还有比这更孝敬的吗？如果重新申请敕命给主管部门，毫无简陋怠慢，那么鲜美肥浓的祭祀食物，都在这中间了，不用加添笾、豆的样数了。”

唐玄宗坚定要斟酌情况添加祭品，韦縚又上疏每室添加笾、豆各六，四时各装盛新鲜水果珍异食物；唐玄宗采纳了。

韦縚又启奏：“《丧服》‘舅，缌麻三月，姨母、外祖父母都小功五月’。外祖是至尊，竟然和姨母的服制一样；姨母、舅舅相等，而服制在轻重方面有不同。堂姨、堂舅，亲近不疏远，恩止却不给他们服丧；舅母从外族而来，不如同室人的礼。臣认为古时规定的礼制并不是全合常理，提议为外祖父母增加到服大功九月，姨母、舅父都是小功五月，堂舅、堂姨、舅母都加到服袒免。”

崔沔议论说：“治家的理念，不能有异同；统一的价值，理系维在祖宗上。因此内有齐缞、斩缞，外部全为缌麻，假如因是尊亲来加服丧礼，所加也仅仅是一等，这在先王那里是不变的道理。请守八年（开元七年）唐玄宗的敕旨，都依照古代的礼法，来作为万世明定的法制。”

韦述议论说：“《丧服传》说：‘禽兽知母却不明白父。野人说道：父母何等（算）焉（乡野人不分别父母的尊卑）！都邑人士（城市人）则知尊祢（先父），大夫和学士就明白尊祖（先祖父）了。’圣贤观察明白自然的道理而对已故的祖、父亲厚，以姓维系族人而让子孙亲厚，母氏娘家的人和本族互相比较，不可以等同，这是很显然的。如今如外祖父和舅父加服一等，堂舅与姨母在丧服条文中也有，关于内外的服制，便挺相近啦！废违礼制以跟随私人感情，是对于末疏十分专注。”“古代的制定礼法的人，知道容易改变的人情，只怕失礼的行为会产生影响，而分别同异，在亲疏方面相差大，要让后来的人永远不会混杂。精微的意思就在于这里，难道会什么意义都没有吗？如果可以加，也就可以减；先前的圣人可以非毁，则《礼经》可以销毁放弃了。先王的典礼制度，以常理来称，奉行以应世，只怕不能全做到，扰乱顺序，岂可止呢？提议依照《仪礼·丧服》为标准。”

礼部员外郎杨仲昌议论说：“郑文贞公魏征首先加为舅服到小功五月。虽然文贞公圣贤，而周公、孔子是圣人，用贤人来改变圣人的制作，让后世学者遵从谁的呢？臣恐怕内外违戾顺序，亲疏改易伦常，仅仅依照感情，所有情势都会发生！之前子路服姐的丧满而不除服，孔子说：‘这是先王定的礼法；要是行仁义的人，都得这样做。’子路便除服。此便为圣人取事理抑私情的显然事例。《礼记》说：‘莫轻易礼制。’理解表示礼是并存于天地，并且于日月中行，贤人遵守实行的不敢增减它啊！”

下敕书道：“姨、舅已服小功，舅母不应该全部行降除，应服缌麻，堂姨、堂舅应服袒免。”

张均是张说的儿子。

秋季，八月，壬子日（初五），千秋节（唐玄宗生日），群臣都进献宝镜。张九龄认为用镜子自照能看到相貌，用人自照可以看见吉凶。就述前代兴废的缘由，成书五卷，名为《千秋金镜录》，呈上；唐玄宗下达诏书褒扬赞赏他。

甲寅日（初七），突骑施派出他的大臣胡禄达干来降附，唐玄宗答应。

御史大夫李适之，是李承乾的孙子，由于拥有才能被唐玄宗所喜爱，他屡次替承乾辩解；甲戌日（二十七日），追赐李承乾为恒山愍王。

乙亥日（二十八日），汴哀王李璥去世。

冬季，十月，戊申日（初二），唐玄宗由东都出发。在此以前，下敕在明年二月二日摆驾西京，碰巧发现怪异在宫中，第二天，唐玄宗召唤宰相，马上讨论回西京。裴耀卿、张九龄说：“如今农作物收割还没有完成，恳请等到仲冬时再启程。”李林甫心里知道唐玄宗的意图，两位宰相走了之后，留下李林甫一人，对唐玄宗说：“长安、洛阳是圣上的东宫、西宫而已，互相来往交际，不必另择时日！假如对农人收割有阻碍，可以免除所经过地的租税来解决。臣建议向百官表明意图，立马回西京。”唐玄宗喜悦得很，于是答应了。途经陕州，因刺史卢奂有好的政治业绩，在他办公的地方题字称美之后离开。奂是卢怀慎的儿子。丁卯日（二十一日），到达西京。

朔方节度使牛仙客，之前在河西，能够在用费方面节约，勤勉尽职尽责，仓库充实，兵器精良锐利；唐玄宗知道后而嘉奖他，要升官为尚书。张九龄说：“不行。尚书为古代纳言官，自唐有天下以后，只有原来任职宰辅和名扬天下圣德盛名的才被任职。仙客原先为河湟节度使判官，如今突然担任清望枢要的职位，恐对朝廷是一种侮辱。”唐玄宗说：“那么这样只加实封可以吗？”答说：“不行。封爵是用来褒奖有功的人。边防的将领使仓库充实，修备兵器，是平常不过的事务了，不能称为功绩，陛下为他的勤劳赏赐，赐给他金钱丝帛是可行的；把爵位分封给他，恐不合适。”唐玄宗无言以对。李林甫向唐玄宗表明：“仙客有宰相的才能，为什么不可任尚书？张九龄是书生，对于大体不通。”唐玄宗喜悦，第二天，再次提及实封仙客的话，张九龄坚定没有改变。唐玄宗发怒，面色异常说：“事情都由你来管吗？”张九龄赶忙叩头抱歉说：“陛下不明白臣愚昧无知，使臣在宰相的官职上待罪；事有不妥当，臣只得详细说明。”唐玄宗说：“你嫌仙客出身卑微，不想你有名门望族？”张九龄说：“臣是岭外海边孤陋微鄙的人，不如仙客出生在中华；但是臣服务于台省，多年都掌理诰命，仙客在边陲担任芝麻小官，对文学丝毫不知，如大用他，恐怕与众人的期望不符。”李林甫在散朝之后说：“如有才能眼界，不必非得懂得文学！天子任用人才，有什么不可以的！”十一月，戊戌日（二十三日），赏赐仙客爵位为陇西县公，并且给予食邑实封三百户。

起初，唐玄宗要让李林甫任宰相，向中书令张九龄问，张九龄回答说："宰相与国家安危关系甚大，陛下用李林甫担任宰相，臣唯恐以后会导致国家的祸患。"唐玄宗不采纳。那时张九龄正因为有文学被唐玄宗重用，李林甫虽然记恨他，仍委曲伺机的心意服从他。侍中裴耀卿与张九龄交往甚好，李林甫连他一起恨。这时，唐玄宗在位时间很长，渐渐地就恣意奢侈，处理政事很松懈。而张九龄处临事情都竭力争辩而无论事情的大小，李林甫对于窥探唐玄宗的心意十分有办法，每天都想方法去中伤他。

唐玄宗担任临淄王时，赵丽妃、皇甫德仪、刘才人都受恩宠；丽妃生下太子瑛，德仪生鄂王瑶，才人生下光王琚。直至即帝位，宠爱武惠妃，对丽妃等的爱逐渐变淡；惠妃生寿王瑁，所有的皇子所受的宠爱都没他多。太子与瑶、琚在禁中会面，各因母亲失宠而有怨言的话。驸马都尉杨洄娶了咸宜公主，经常打听三位皇子的过错向惠妃汇报。惠妃哭着向唐玄宗诉道："太子私下里结交党羽，想要害我母子，也有话斥责皇上。"唐玄宗十分生气，向宰相讨论这件事，想要都加以罢黜。张九龄说："陛下登帝位快有三十年了，太子与诸王从没从深宫里离开过，每天受到陛下的训斥，天下的人都为陛下在位长久，子孙众多而庆幸。如今这三位皇子都已经长大成人，没犯过大的过失没法；陛下为什么突然因些无据的话，在发怒之时，把他们都废黜呢？况且太子是天下的本根，怎么能轻易动摇。之前晋献公听信了骊姬的谗言而杀害了申生，引起三代的战乱。汉武帝对江充妄告戾太子信任，却酿成京城流血事件。晋惠帝听信了贾后的谮毁而废弃了愍怀太子，其后果为中原的战乱死难。隋文帝听信独孤后的话罢免太子杨勇，却拥立炀帝，就失去了江山。由此可知，不能不慎（废立）。陛下决定如此行动，臣不敢执行诏令。"唐玄宗不高兴。李林甫那时沉默，退朝后暗中对宦官中为唐玄宗重用的人说："此乃陛下的家事，不必问外人。"唐玄宗犹豫不定。惠妃秘密派出公家的仆人牛贵儿对张九龄说："有废的必有立的，相爷帮帮忙，便可长久做宰相。"张九龄呵斥他，向唐玄宗上奏他的话；唐玄宗因而感动变色，因此到张九龄被撤去相位，太子也无变更。李林甫日日夜夜向唐玄宗说张九龄的敝处，唐玄宗便逐渐远离张九龄。

李林甫荐引萧炅为户部侍郎。炅原来没有学识，曾经面对中书侍郎严挺之把“伏腊”读成“伏猎”。于是挺之向张九龄说：“省中怎可容纳有‘伏猎侍郎’？”因而降炅出去做岐州刺史，因此李林甫对挺之充满怨恨。张九龄和挺之关系甚好，想要把他推荐做宰相；曾经对他说：“李林甫尚书正被唐玄宗重用，足下当去拜访他，联系情感。”挺之一直满含气节，对李林甫的为人看不起，一直不去。李林甫更加怨恨他。挺之先娶的妻子，离婚后，改嫁给蔚州刺史王元琰，元琰因为贪污由三司审讯，挺之想替他脱罪。李林甫乘机不断差人入禁中向唐玄宗汇报。唐玄宗对宰相说：“挺之替罪人请托所由的官司。”张九龄说：“此事仅仅是挺之已离婚妻子的缘故，不应有私人情感在内。”唐玄宗说：“虽离了婚还存在偏私。”

于是唐玄宗总是计较往事，以为耀卿、张九龄是阿附结党营私；壬寅日（二十七日），任裴耀卿担任左丞相，张九龄为右丞相，一起免除宰相的职位。任李林甫为中书令，牛仙客担任工部尚书、同中书门下三品，领朔方节度使没改变。严挺之降至洺州刺史，王元琰放逐至岭南。

唐玄宗即位之后，他所任用的宰相，姚崇崇尚豁达，宋璟崇尚法治，张嘉贞崇尚吏治，张说崇尚文学，李元纮、杜暹崇尚节约，韩休、张九龄崇尚正义，他们的长处都不太一样。张九龄既犯罪，自那时以来朝廷的官吏，都全身保禄位，不再直言不讳。

李林甫想混淆唐玄宗的视听，自己对大权独裁，公然聚集各谏官对他们说：“如今在位的皇帝很明智，全体臣下服从他都只怕赶不上，根本不必多说！诸位没看见朝廷上立的仪仗马吗？喂养它们三品粮食，只一叫鸣便革逐出去，根本来不及后悔！”补阙杜琎曾上奏，第二天，降职为下邽县令。在那以后不能走谏争的道路了。

牛仙客已为李林甫荐为担任宰相的人选，尸位附和罢了。但二人都对法令规定十分遵守，官员的迁升命任，各有各的常规，纵使有奇才高行的人，也逃不过终老于依资历调动；那些用巧言谄媚险恶奸诈而自钻营的人，便能不按级升职，有其他的捷径了。

李林甫颇有心计，心思深沉隐密，令人无法捉摸。善用赞赏使人尝到甜头，而却秘密地害他，不露声色。对于被唐玄宗重用而亲近的，起初亲近交结他，直至他的职位权力对他构成威胁，于是就谋划排挤他。纵使是老奸巨猾的人，都逃不过他的手段。

开元二十五年（丁丑，公元737年）

春季，正月，第一次设置玄学博士，年年照明经科考举。

二月，下敕书："进士把声韵当作学业，大多不了解古今事务；明经以试帖背诵最为有效，能通晓其意义的人很少。从今日起明经考问大义十条，对时事策三题；进士考大经（《礼记》《春秋左氏传》）十帖。"

戊辰日（二十四日），新罗王兴光去世，继位的是他的儿子承庆。

乙酉日（二月份无此日），幽州节度使张守珪在捺禄山打败契丹。

己亥日（二月份无此日），河西节度使崔希逸攻击吐蕃，打败了他们于青海西。

起初，希逸派使者对吐蕃乞力徐说："两国联姻友好，如今是一家，不必又部署兵力来防守，对人民耕种放牧都有妨碍！请都撤离。"乞力徐说："常侍忠厚，他的言论一定不会骗我。但是朝廷把边境事未必交付你一人，一旦有奸人挑拨两人，趁我不备来偷袭，那我追悔莫及！"希逸多次恳求，就杀白狗为盟誓，两国都撤离守军；在这时满野都是吐蕃的畜牲放牧。那时吐蕃向西攻击勃律，勃律来朝廷启禀危险，唐玄宗命令让吐蕃撤兵，吐蕃对诏命不听，于是打败了勃律；唐玄宗大怒。遇希逸的慊人（差使）孙诲回朝上奏相关事宜，本人想谋求功绩，上奏说吐蕃没防备，请偷袭，一定能大获成功。唐玄宗派内给事赵惠琮与诲一起前往，详细观察事情机宜。惠琮诸人到达，便假传圣旨要希逸袭击吐蕃。希逸不知如何是好，从凉州出兵自南入吐蕃两千多里，抵达青海西边，与吐蕃战，大败他们，两千多人被杀，乞力徐逃亡。惠琮、诲都被赏赐很优渥，从那以后吐蕃又不来朝见上贡。

夏季，四月，辛酉日（十七日），监察御史周子谅弹纠牛仙客没有学识，借用谶书的辞句来证实。唐玄宗十分愤怒，教侍从在殿庭中打他，昏倒之后又醒来；因为用杖责打他在朝堂里，放逐至滨州，抵至蓝田县却死了。李林甫说："子谅是张九龄荐举的人。"甲子日（二十日），降张九龄职位为荆州长史。

杨洄又谮太子李瑛、鄂王李瑶、光王李琚，说与太子妃的哥哥驸马薛锈秘密地联络计划不一般的行动。唐玄宗召宰相来，准备商议，李林甫回答说："此乃陛下的家务事，臣等人不宜参与。"唐玄宗的意图就定了。乙丑日（二十一日），派出宦官在宫中传达诏书，废瑛、瑶、琚为平民百姓，放逐锈到瀼州；瑛、瑶、琚很快便赐死在东驿，锈在蓝田被赐死。瑶、琚都好学有才华见闻，死于无辜，人们都为他俩感到可惜。丙寅日（二十二日），瑛舅家赵氏、妃子娘家薛氏、瑶舅家皇甫氏，有十几个人连坐流放降官，唯独瑶的妃家韦氏由于妃贤德而被宽赦。

五月，夷州刺史杨浚犯贪得赃款本应被处死，唐玄宗的命令却是打六十杖，放逐至古州。左丞相裴耀卿启奏疏，认为："判杖刑来救赎死刑，十分高厚的恩恕，解除衣衫后，准备接受鞭打，却是一件感到羞辱的事情，仅可对走卒奴隶之类的人施用，对于士大夫不该用此行。"唐玄宗采取接纳。

癸未日（初十），下敕书因天下安定，命令中书门下与各道节度使评估计量军镇的散漫、忙碌、形势的利弊，审查核算军防的定员，于诸多招人与寄籍户口中招募壮丁，为边防军很长时间，把田宅加给他，注重与加予优渥的待遇存恤。

辛丑日（二十八日），唐玄宗命令主管部门挑选宗室中有才学的孩子，把台省官、法官、京畿县官授予他们。下诏说：“专走歪道轻慢法度，在王法的大义下是没有庇佑的；尽到职分修养身心，国恩不可能比不是宗室的人薄施！期望能率先从公，对风气习俗予以鼓励。”

秋季，七月，己卯日（初七）；大理寺少卿徐峤启奏：“今年天下有五十八人判死刑，大理寺囚狱的院庭，一向传说杀气太盛，连鸟雀都不栖息停止，如今有鹊在院庭的树上筑窝。”群官便以几乎暂停用刑惩罚，上奏恭喜。宰相为唐玄宗归功的人，庚辰日（初八），李林甫被赐爵为晋国公，牛仙客被赐爵为豳国公。

唐玄宗命令李林甫、牛仙客与法官删减修订的《律令格式》完结，九月，壬申日（初一），颁布施行。

以往，西北边几十个州多驻扎着重兵，所需的地租营田都不够，就采用和籴（以买卖双方同意的价格，收购粮）的方法。名叫彭果的人，因为牛仙客的关系来献计献策，提议于关中施行和籴法。戊子日（十七日），下诏书因今年收获颇丰却是粮食价格低而农人吃亏，命令增加当时价格十分之二三，购得东畿、西畿粟各有几百万斛，今年停运江、淮的租税。在那之后关中的积粮充足，唐玄宗没有再摆驾东都。癸巳日（二十二日），下诏河南、河北租应该缴纳给含嘉、太原仓的，都在本州缴纳。

太常博士王玙上疏，提议为了迎春立青帝坛；唐玄宗采纳施行。冬季，十月，辛丑日（初一），下制书从今日开始立春日亲自前往东郊迎春。

那时唐玄宗十分喜欢祭祀鬼神，因此王玙专心致志地习得祭祀的礼仪来求迎合时尚。唐玄宗对他很喜爱，让他担任侍御史，同时统领祠祭使。玙祈祷常常焚烧纸钱，犹如巫师。懂礼仪的人替他感到羞辱。

壬申日（十月无此日），唐玄宗摆驾骊山温泉。乙酉日（十月份无此日），返回宫中。

己丑日（十月无此日），开府仪同三司广平文贞公宋璟去世。

十二月，丙午日（初七），惠妃武氏离世，追赠谥号为贞顺皇后。

同年，命将作大匠康訔素去东都把明堂拆毁。訔素启奏说："拆毁太费人力，提议仅仅拆除上层，比原来低九十五尺，复为乾元殿。"唐玄宗采纳。

第一次下令租庸调、租资课，都缴纳各地土产于京都。

开元二十六年（戊寅，公元738年）

春季，正月，乙亥日（初六），令牛仙客担任侍中。

丁丑日（初八），唐玄宗于浐水东岸迎接春气。

下诏说边地的长征兵，招募逐渐招满人了，从今日起镇兵不再派兵，已经在边地的放回。

下令天下的州、县、里另外设置学校。

壬辰日（二十三日），任用李林甫领陇右节度副大使，任用鄯州都督杜希望主持留后。

二月，乙卯日（十七日），用牛仙客同时担任河东节度副大使。

己未日（二十一日），于敬陵安葬贞顺皇后。

壬戌日（二十四日），下诏书河曲六个州的胡人因为康待宾罪遭受连累而散属各州的，允许返回原地，在盐、夏之间，设立宥州来安放他们。

三月，吐蕃侵入河西，节度使崔希逸把他们击败。鄯州都督，主持陇右留后杜希望攻击吐蕃新城，获得城池，用新城为威戎军，留下一千士兵守卫它。

夏季，五月，乙酉日（十八日），李林甫同时兼任河西节度使。

丙申日（二十日），让崔希逸担任河南尹。希逸自己以为于吐蕃失信，心中羞愧愤怒，不久便死了。

太子李瑛去世之后，李林甫屡次劝说唐玄宗立寿王李瑁为太子。唐玄宗以为忠王李玙年长，并且仁孝谦恭，还喜爱学习，有意图立他，犹豫不决了一年多都没确定。想到自己年纪逐渐变老，同一天杀了三个儿子，继承的人没确定，经常闷闷不乐，连睡眠饮食都减少了许多。高力士乘机会问，想明白其中的原因，唐玄宗说："你是我家的老仆人，难道不理解我的心思？"力士说："是做嗣君的儿子没决定吗？"唐玄宗说："是。"回答说："唐玄宗不必这样费尽心思，就依据年龄大的立他，还有谁敢和他抢夺呢？"唐玄宗说："你这话挺对！你这话挺对！"于是便决定了。六月，庚子日（初三），立李玙为太子。

辛丑日（初四），用岐州刺史萧炅担任河西节度使总管留后的事宜，鄯州都督杜希望为陇右节度使，太仆卿王昱担任剑南节度使，分开管理谋划吐蕃，因此毁去设立的赤岭碑。

突骑施可汗苏禄，节俭清廉奉行一生，每次战争所收获的，就与各部落分享，不独自一人享受，因而众人喜听他统领。已经娶唐公主，又秘密地连接突厥与吐蕃，突厥、吐蕃分别把女儿嫁与他。苏禄立三国女为可敦（王妃），又封几个儿子为叶护（大臣），花费逐渐增大，因而攻战所获得的东西，便不再分给部众。于晚年中风，瘫痪了一只手，各部不拥戴他了。酋长莫贺达干、都摩度两部落在其中最强。突骑施部落又划分为黄姓、黑姓，相互离间不和，莫贺达干便在夜晚部署兵力攻击苏禄，把他杀了。都摩度开始时与莫贺达干共同谋划，之后与他分裂，立苏禄的儿子骨啜担任吐火仙可汗以拥有他的部下群众，与莫贺达干互相攻打。莫贺达干派出使臣来告诉碛西节度使盖嘉运，唐玄宗下令嘉运聚集突骑施、拔汗那以西各个国家；吐火仙与都摩度占据碎叶城，黑姓可汗尔微特勒占据怛逻斯城，相互联兵来抵抗唐军。

太子将受到册封，礼仪中有中严（警备）、外办（骅警）与绛纱袍，太子嫌弃此类礼仪与天子名字相同，上奏请求更换。左丞相裴耀卿上书请暂停中严，外办改名为外备，绛纱袍更改为朱明服。秋季，七月，己巳日（初二），唐玄宗临御宣政殿，册封太子。依据旧法，太子乘大车抵达殿门。此时，太子并没有乘车，从宫中步行着入殿。同一天，天下大赦。己卯日（十二日），册封忠王妃韦氏为太子妃。

杜希望率领鄯州的部众攻取吐蕃河桥，在河的左岸建盐泉城，吐蕃发三万来迎战。希望兵少不能抵御，将领士卒都恐惧。左威卫郎将王忠嗣带领他部下首先冲到吐蕃阵地，所到之处的人都散退了，并且杀了几百人，敌人阵势完全乱了，希望全军都出来进行攻击，敌人便大败逃走了。唐玄宗在盐泉设置镇西军。忠嗣因为他的功勋而被升为左金吾将军。

八月，辛巳日（闰八月十五日），渤海王武艺去世，他的儿子钦茂之后即位。

九月，丙申朔日（初一），出现日食现象。

先前在仪凤年间，吐蕃攻陷了安戎城而之后占领它，当地地势非常险要，唐数次进攻都不能取得胜利。剑南节度使王昱在它的旁边修筑了两座城，并且驻军在蒲婆岭下，运送物资粮草以此来威胁安戎城。吐蕃大举出兵解救安戎城，昱的部众被打败了，还死了几千人。昱逃出来了，但是所有的粮草军械物资都被丢弃了。唐玄宗下令降昱为括州刺史，再一次降为高要县尉而死。

戊午日（二十三日），下令册立南诏蒙归义为云南王。

归义的祖先原先是哀牢夷，在姚州以西的地方，东南跟交趾交界，西北和吐蕃相接壤。蛮语把王叫作诏，先前有六诏：蒙舍、蒙越、越析、浪穹、样备、越澹，它们彼此之间兵力相当，不能够统一；历代皇帝都借此想要分散它们的力量。蒙舍在最南的地方，所以叫作南诏。高宗在位时，蒙舍细奴逻进朝上贡。细奴逻生逻盛，逻盛生盛逻皮，盛逻皮生皮逻阁。所以皮逻阁逐渐变得强大，而其他的五诏慢慢减弱；恰巧遇破洱河蛮有功劳，于是就去贿赂王昱，要求把六诏合到一起。昱代他向朝廷奏请，朝廷准许这件事，仍然还赐名归义。于是便用军力去威胁降服各蛮夷部落，不服从的便消灭它，这就样战败了吐蕃，之后迁居到大和城；最终构成了边境的祸患。

冬季，十月，戊寅日（十四日），唐玄宗驾临到骊山温泉；壬辰日（二十八日），唐玄宗起驾回宫。

同年，在从西京到东都的路上，修建了一千多间行宫。

唐玄宗下令分左右羽林军设置龙武军，让万骑营隶属于它。

润州刺史齐澣向朝廷上奏：“从瓜步渡长江距离为六十里，建议从京口埭下直接渡过长江，这样的话穿过伊娄河二十五里便可以到达扬子县，可以建伊娄埭。”唐玄宗采纳他的建议。

开元二十七年（己卯，公元739年）

春季，正月，壬寅日（初九），下令命陇右节度大使荣王李琬亲自到本道去巡视并且按处理各个部队，选拔并且招募关内、河东壮士三五万人，之后去陇右进行助防，到秋末的时候还没有敌寇，唐玄宗下令准许回来。

群臣上奏请求加唐玄宗尊号为圣文；二月，己巳日（初七），准许了大臣的建议，因此便赦免天下，而且免征百姓今年的田租。

夏季，四月，癸酉日（十二日），唐玄宗下敕书：“各阴阳术数，除了婚丧卜择之外，其他任何事都禁止使用。”

己丑日（二十八日），下令让牛仙客担任兵部尚书兼侍中，李林甫担任吏部尚书兼中书令，总管文、武选举事务。

六月，癸酉日（十二日），让御史大夫李适之兼任幽州节度使。

幽州将领赵堪、白真陁罗伪造节度使张守珪的命令，派遣平卢军使乌知义去攻打叛奚余党在横水的北面；知义不听从他的指挥，白真陁罗假称圣上制书而以此来强迫他。知义不得不出兵，之后和敌人遭遇，先获胜后来又失败了；守珪隐瞒了他的败状，而向朝廷奏报他战胜有俘获。

事情泄露后，唐玄宗下令让宫内谒者监牛仙童去查明这件事。守珪对仙童进行了厚重贿赂，把罪状推给了白真陁罗，并且迫令他自己上吊而死。仙童作为唐玄宗的宠信者，其他的众宦官都恨他，一起向唐玄宗举报这件事。唐玄宗非常生气，甲戌日（十三日），命令杨思勖用杖把仙童打死。思勖把他绑起来而且用鞭子鞭打他，打了几百下后，取出了他的心，并且割他的肉来吃。守珪被降为括州刺史。太子太师萧嵩曾经贿赂仙童给他城南几顷好的田地，李林甫举报了这事，嵩犯罪被贬为青州刺史。

秋季，八月，乙亥日（十五日），碛西的节度使盖嘉运活捉了突骑施可汗吐火仙。嘉运攻打碎叶城的时候，吐火仙出城迎战，之后战败逃走了，在贺逻岭这个地方抓获了他。后来分别派了疏勒镇守使夫蒙灵察和拔汗那王阿悉烂达干暗自带兵突然袭击怛逻斯城，捉到了那里的黑姓可汗尔微，后来便进入曳建城，把交河公主接回去了，还收集披发（非汉人）的人民几万人给了拔汗那王，这些举动威震了西方边境。

壬午日（二十二日），吐蕃进攻白草（白水）军、安人军，陇右节度使萧炅把他打败了。

甲申日（二十四日），唐玄宗下令追谥孔子为文宣王。在此之前，祭祀先圣先师的时候，周公的神位向南，孔子的神位向东。然后又下制书："从今以后孔子的神位向南安置，并且穿王爵的衣服，释奠礼用宫悬乐。"并且追赠孔门的弟子都为公、侯、伯。

九月，戊午日（二十九日），处木昆、鼠尼施、弓月等那些之前隶属于突骑施的部落，现在都带领着部众前来归顺，仍然请求希望能迁居到安西都护府管辖区内。

太子把名字改为绍。

冬季，十月，辛巳日（二十二日），下令修改东都明堂。

丙戌日（二十七日），唐玄宗驾临骊山温泉；十一月，辛丑日（十三日），起驾回宫。

甲辰日（十六日），东都明堂的修改工作已经完成。

剑南节度使张宥是文官，不了解军事，所以就把军政事全部交给团练副使章仇兼琼进行处理，兼琼进朝奏报这些事务，大谈安戎城能被攻取下来，唐玄宗听了这话后很高兴。丁巳日（二十九日），下令任张宥为光禄卿。十二月，让兼琼担任剑南节度使。

先前，为睿宗的服丧日期已满，大祫祭于太庙；从此以后三年举行一次祫祭，五年举行一次禘祭。这一年，夏天行了禘祭，冬天又应该举行祫祭。太常寺商讨认为祭祠如果太过频繁便显得很不尊敬，于是建议停止今年的祫祭，之后总计五年举行一次祫祭，一次禘祭；唐玄宗采行他们的建议。

开元二十八年（庚寅，公元740年）

春季，正月，癸巳日（初六），唐玄宗驾临到骊山温泉；庚子日（十三日），起驾回宫。

二月，荆州长史张九龄逝世。唐玄宗虽然因为张九龄违背了他的意愿，而把他降去出任地方官，然而还一直敬重他的为人。每次宰相推荐人选的时候，便会问："他的风度像不像张九龄？"

三月，丁亥朔日（初一），出现日食现象。

章仇兼琼私下和安戎城中吐蕃翟都局还有维州别驾董承晏共同计谋，派遣翟都局打开城门以迎接唐兵进城，之后把吐蕃的将领兵卒全部杀掉了，唐玄宗派遣监察御史许远带领军队来守城。远是许敬宗的曾孙。

甲寅日（二十八日），盖嘉运进朝报告好的消息。唐玄宗于是赦免了吐火仙的罪，让他担任左金吾大将军。嘉运向唐玄宗请求立阿史那怀道的儿子阿史那昕为十姓可汗；唐玄宗答应了他的请求。夏季，四月，辛未日（十五日），下令封阿史那昕的妻子李氏为交河公主。

六月，吐蕃把安戎城给包围了。

唐玄宗赞赏盖嘉运的功勋，让他担任河西、陇右节度使，并且派遣他经营谋划如何消灭吐蕃。嘉运仗着唐玄宗的恩遇，整日流连于京城的酒色中，没有按照规定日期上任。左丞相裴耀卿向朝廷上奏疏，以为："臣最近和嘉运一同在朝班中，我看他的行为，真的是勇烈有余，但是他的言语气概骄矜夸大，害怕以后不易成事。以前莫敖沉醉于蒲骚战役的胜利，结果导致战败丧失了大量的楚军；现如今嘉运有骄傲看不起敌人的态度，臣心中很是忧虑。更何况离秋季的防期已经不远了，他闭口不谈上任的日期，假如事情发生了才去上任，这样士兵都还不认识他，拿什么去降服敌人？还有将军接受到任命，开北门而出；现在却每天都在喝酒，恐怕没有一颗忧国爱民的心。如果不能改易任命的话，就应当催促他赶快上路，仍然请求圣上能够严加训诫加以勉励。”于是唐玄宗便催促嘉运出行。后来嘉运果真没有建立什么功绩。

秋季，八月，甲戌日（二十日），幽州向朝廷上奏说打败了奚、契丹。

冬季，十月，甲子日（十一日），唐玄宗驾临到骊山温泉；辛巳日（二十七日），下令起驾回宫。

吐蕃入侵安戎城还有维州；唐玄宗调关中强骑去进行营救，吐蕃便撤兵走了。于是把安戎城改名为平戎。

十一月，下令免除牛仙客朔方、河东节度使一职。

突骑施莫贺达干听说阿史那昕做了可汗，十分生气地说：“首先杀了苏禄，这是我谋划的；现在却立史昕，拿什么来奖赏我？”便带领各部落进行反叛。唐玄宗因此立莫贺达干为可汗，让他率领突骑施的部众；并且派遣盖嘉运招抚晓谕他。十二月，乙卯日（初三），莫贺达干归顺朝廷。

金城公主去世，吐蕃没有来朝廷报丧；而且要求缔和，唐玄宗不答应他们的请求。

这一年，天下总共有一千五百七十三个县，八百四十一万二千八百七十一户，四千八百一十四万三千六百零九人。西京、东都的米一斛还不到二百钱，一匹绢也是这个价钱。天下富庶安定，行路的人即使走万里远，也不需要带武器。

开元二十九年（辛巳，公元741年）

春季，正月，癸巳日（十一日），唐玄宗摆驾骊山温泉。

丁酉日（十五日），下诏书：“之前各州出现饥荒，都是直至奏折回批后，才开仓救济粮食。长远的路程，怎么能救急啊？从今日起托付州县长官与采访使商酌情赈济，事情做完再奏报。”

庚子日（十八日），唐玄宗返回宫中。

唐玄宗在梦中梦见玄元皇帝告知他说："我有像在京城西南方一百多里处，你派人去寻找，我会跟你在兴庆宫见面。"唐玄宗派出使者前去寻找，于盩厔县楼观山中找到。夏季，闰四月，欢迎至京城，在兴庆宫供着。五月，命令画玄元的遗像，分别放置在各州的开元观。

六月，吐蕃入侵四十万人，抵达安仁（人）军，浑崖峰骑将臧希液带领五千人部下使吐蕃溃败。

秋季，七月，丙寅日（十八日），突厥派出使者前来报登利可汗的丧事。起初，登利的两个堂叔分别掌控兵马，被称作左、右杀。登利忧心两杀的专断权力，跟他的母亲谋划，引诱右杀，把他斩杀了，自己统领右杀的部下。左杀判阙特勒指挥军队攻击登利，把登利杀了，把毗伽可汗的儿子立为可汗，很快被骨咄叶护杀害了，另外又立他的弟弟，很快又杀了他。骨咄叶护自己立自己为可汗。唐玄宗因为突厥内乱，癸酉日（二十五日），派出左羽林将军孙老奴去安抚通知回纥、葛逻禄、拔悉密等部落。

乙亥日（二十七日），东都洛水泛滥成灾，一千多人被淹死。

平卢兵马使安禄山，心性狡诈，善于阿谀奉承，人们多赞赏他。唐玄宗的侍从到平卢去，禄山都重重贿赂他们，因而唐玄宗更加认为安禄山贤能有才。御史中丞张利贞担任河北采访使，抵达平卢，禄山曲意侍奉利贞，甚至就连他的侍从都受到别人的贿赂。利贞返回朝中启奏，对禄山的优点大加赞赏。八月，乙未日（十七日），任禄山担任营州都督，代理平卢军使，两蕃（奚、契丹）、渤海、黑水四府经略使。

冬季，十月，丙申日（十九日），唐玄宗摆驾骊山温泉。

壬寅日（二十五日），把北庭、安西划分为两个节度。

十一月，庚戌日（初三），司空邠王李守礼去世。守礼刻板庸俗浅陋无学识，每天将下雨和晴天，守礼一定在先前说出，之后都应验。岐王、薛王等各诸位王爷都向皇上说："邠兄有道术。"唐玄宗询问他原因，回答说：“臣无任何道术。则天的时代因为章怀太子的因素，臣十多年都被幽禁在宫中，每年下令用杖打臣几次，背上的疤瘢十分厚重，快下雨时便觉得沉闷，快天晴时便觉得爽朗，臣因此而知道。”因此流泪把衣襟沾湿了；唐玄宗也替他感到悲伤。

辛酉日（十四日），唐玄宗返回宫中。

辛未日（二十四日），太尉宁王李宪去世。唐玄宗更加伤悲惋惜，说：“天下，原来是兄长的天下；兄长坚持把位子让给我，而成为唐代的太伯，普通的名号不足以赞颂他。”便谥为让皇帝。他的儿子汝阳王李琎，上奏追思怀念先人的意图，谦卑不敢当帝号；唐玄宗没有答应。殡敛那一天，用天子衣服，把亲手写的书放在灵座，书上称自己为“隆基白”；又把他的坟墓称为惠陵，追谥他的妃子元氏为恭皇后，合葬于惠陵。

十二月，乙巳日（二十八日），吐蕃在达化县屠杀，石堡城被攻陷；盖嘉运没办法抵抗。

资治通鉴卷第二百一十五　唐纪三十一

起壬午（公元742年），止丁亥（公元747年）十一月，共五年十一个月。

【题解】本卷记录了公元742年至747年十一月的史事，共五年又十一个月，正当唐玄宗天宝元年至六年十一月。此时期国家持久太平，社会仍呈现上升发展态势，而统治阶级日益走向腐败。天宝元年是中唐的起始点，也是唐朝政治由盛转衰，由治转乱的起始点。政治腐败，有三大原因：一是最高统治者唐玄宗疏于政事，专宠杨贵妃，喜逸乐，好声色。二是唐玄宗好大喜功，沿边设置十个节度使，常备边兵五十万。耗费大量国库资财，加上唐玄宗无节制的逸乐赏赐，增加了民众负担。边将轻启战端，特别是与吐蕃的关系日益恶化。三是奸相李林甫权势日盛，大权独揽。

玄宗至道大圣大明孝皇帝中之下

天宝元年（壬午，公元742年）

春季，正月，丁未朔日（初一），唐玄宗摆驾勤政楼，接受朝臣的庆祝。使天下大赦，更改年号为天宝。

壬子日（初六），分范阳节度使所管辖的地区，另设置平卢节度，用安禄山担任节度使。

此时，有三百三十一州朝廷的声威教化所施及，八百个州是武力所能控制驾驭，一共设立十个节度、经略使，来保护边区。安西节度抚绥西域，管辖龟兹、焉耆、于阗、疏勒四镇，在龟兹城设治所，有两万四千士卒。北庭节度防御突骑施与坚昆，统领管辖瀚海、天山、伊吾三军，屯驻在伊州、西州的地区，在北庭都护府设治所，有两万士卒。河西节度负责拒绝吐蕃与突厥，统领管辖赤水、大斗、建康、宁寇、玉门、黑离、豆卢、新泉八军与张掖、交城、白亭三守捉，驻扎于凉州、肃州、瓜州、沙州、会州五州境内，在凉州设治所，有七万三千士卒。朔方节度抵御突厥，统领管辖经略、丰安、定远三军与三个受降城与安北、单于两个都护府，驻扎于灵州、夏州、丰州三州的地区，在灵州设治所，有六万四千七百士卒。河东节度和朔方节度互为犄角以对突厥做出抵抗，统领管辖天兵、大同、横野、岢岚四军与云中守捉，于太原府忻州、代州、岚州三州境内驻扎，在太原府设治所，共有五万五千士卒。范阳节度临制奚与契丹，管辖经略、威武、清夷、静塞、恒阳、北平、高阳、唐兴、横海九军，于幽州、蓟州、妫州、檀州、易州、恒州、定州、漠州、沧州九州境内驻扎，在幽州设治所，有九万一千四百士卒。平卢节度镇压安抚室韦、靺鞨，统领平卢、卢龙二军，到榆关守捉和安东都护府，于营州、平州二州境内驻扎，治所设在营州，共有三万七千五百士卒。陇右节度抵御吐蕃，管辖临洮、河源、白水、安人、振威、威戎、漠门、宁塞、积石、镇西十军，与绥和、合川、平夷三守捉，于鄯州、廓州、洮州、河州境内驻扎，在鄯州设治所，一共七万五千士卒。剑南节度在西面抵御吐蕃，在南面抚慰蛮人与獠人，统辖天宝、平戎、昆明、宁远、澄川、南江六军，于益州、翼州、茂州、当州、嶲州、柘州、松州、维州、恭州、雅州、黎州、姚州、悉州十三州境内驻扎，在益州设治所，有三万九百士卒。岭南五府经略抚慰夷人与獠人，管辖经略、清海二军和桂府、容府、邕府、安南府四府，在广州设治所，共有一万五千四百士卒。以上的十个节度与经略除外，还有长乐经略，属于福州管辖，一共一千五百士卒。东莱守捉，属于莱州领导；东牟守捉，属于登州管辖；各一千士卒。藩镇共四十九万士卒，八万多匹马。在开元之前，年年供应守边将士衣服、粮秣的花费，仅仅二百万；直至天宝之后，边将上奏请求增加军队，人数逐渐增加，因此每年军装需要花费一千零二十万匹缎，需用粮秣一百九十万斛，官方和民间都被花费困扰，百姓的困苦生活便开始了。

甲寅日（初八），陈王府参军田同秀向唐玄宗说：“丹凤城门的上空曾经看到玄元皇帝，告知我说：‘我在尹喜的旧府之中，有灵符被藏在其中。’”唐玄宗派出使者于旧函谷关尹喜台的旁边把它找到了。

陕州刺史李齐物开凿了三门运渠，辛未日（二十五日），开通了渠道。李齐物，为淮安王李神通的曾孙。

壬辰日（正月无此日），诸臣向唐玄宗奏上表文，认为“函谷关获得灵符，私下里和年号相乘，在天时之前办事而天时在后不违，请求于尊号上面增加‘天宝’二字”。唐玄宗予以采纳。

二月，辛卯日（十五日），唐玄宗在重新安置的玄元庙里祭祀玄元皇帝。甲午日（十八日），祭祀太庙。丙申日（二十日），在南郊合祭天地神祇，使天下大赦。更改侍中担任左相，中书令担任右相，尚书左、右丞相又更改为仆射；东都、北都全部更改为京，州改称郡，刺史更改为太守；把桃林县更改为灵宝。田同秀升官为朝散大夫。

那时的人都认为灵符是田同秀所假造的。一年之后，清河人崔以清又上表说：“于天津桥北边看到玄元皇帝，据他所说在武城紫微山里藏的有灵符。”唐玄宗命令使臣前往找寻，也找到灵符了。东都留守王倕明白崔以清的欺骗不是事实，审讯他，果然自首而且认罪。向唐玄宗呈报，唐玄宗也没有治他很大的罪，只是把他驱逐远地而已。

三月，任命长安县令韦坚为陕郡太守，兼管江、淮两地的租庸转运使。

起初，宇文融失败之后，官吏言财利的慢慢平息。一直到杨慎矜得到唐玄宗的宠爱，于是韦坚、王鉷等人，都争先恐后地向唐玄宗说租赋财利的事情。政府各个主管财赋的机关，也慢慢地由专门负责的官员来管理这件事，以前的官员只能是虚有其位，没有事情可做了。韦坚，就是太子妃的哥哥，为官办事都是以干练精敏成名。唐玄宗让他监督和管理江、淮租税的一些转运工作，每年增加几万的收入。唐玄宗认为他十分有才干，所以才升他做这个官。王鉷，就是王方翼的曾孙，也是由于擅长征收赋税，因此被任命作为户部员外郎兼侍御史的官。

在李林甫当宰相的时候，凡是那些在才能、声望、功业等方面比自己厉害，以及与唐玄宗的关系好，并且势力、官位与自己接近的人，他一定会千方百计地除去他们；特别是忌恨有文学的人，有时候表面上和他们友好，用甜言蜜语来引诱他们，可是却在暗地里陷害他们。所以那时候的人都说李林甫“口蜜腹剑”。

唐玄宗曾经在勤政楼上设立乐工，拉下帘子观赏音乐。兵部侍郎卢绚以为唐玄宗已经离开了，所以便放下马鞭，拉住马缰，渐渐地从楼下横过。卢绚的风采清新并且纯静，唐玄宗一直看着他走过去，在心里深深地赞叹他的渊博和含蓄。李林甫经常用很多的金银财帛去贿赂唐玄宗身边的人，因此唐玄宗的一举一动他都十分清楚地了解，于是他就召集卢绚的子弟并且对他们说：“您一向名声清高，现在交州、广州需要德才兼备的人，圣上想要派您去，这个可以吗？假如怕到远的地方去，就将要降官；不然的话，就要作为太子宾客、詹事，分管东京洛阳，这个也是优先对待德才兼备的人的命令，你们觉得怎么样呢？”卢绚心中十分害怕，要求作为太子宾客、詹事。李林甫害怕违逆这些人的仰望之心，于是就任命他作为华州刺史。卢绚刚刚上任不久，就又诬指他生病，不能够治理州中的一些事情，于是就又任命他作为詹事、员外同正。

唐玄宗又去问李林甫：“严挺之现在哪里呢？这个人也可以加以任用。”当时严挺之在做绛州刺史。李林甫退朝，于是就把严挺之的弟弟严损之叫来，然后告诉他说：“唐玄宗对待您哥哥的恩意十分深厚，为什么不写一封觐见唐玄宗的奏折，说明自己已经得了风湿病，要求回京师去看大夫。”严挺之听从了他的建议。于是李林甫就把严挺之的奏文向唐玄宗禀告，然后说：“严挺之已经年老了，现在又得了风湿病，我们应该任命他做个闲散的官，让他能够方便看病吃药。”唐玄宗听了之后，叹息了很长时间。夏季，四月，壬寅日（二十八日），唐玄宗任命严挺之作为詹事；然后又任命汴州刺史、河南采访使齐澣作为少詹事；都是员外同正，在东京地区养病。齐澣也是朝廷之中有名望的一些老臣，所以李林甫也一样地忌恨他。

唐玄宗发兵送十姓可汗阿史那昕到突骑施去，行军到俱兰城，就被莫贺达干给杀死了。突骑施的大纛官都摩度前来投降。六月，乙未日（二十二日），唐玄宗就册封都摩度作为三姓叶护。

秋季，七月，癸卯朔日（初一），日食。

辛未日（二十九日），左丞相牛仙客去世了。八月，丁丑日（初五），任命刑部尚书李适之作为左丞相。

突厥拔悉密、回纥、葛逻禄三部一起攻打骨咄叶护，杀了他，推举拔悉密酋长为颉跌伊施可汗，回纥、葛逻禄各自做了左、右叶护。突厥余下的部众共同推立判阙特勒的儿子为乌苏米施可汗，推他的儿子葛腊哆为西杀。

唐玄宗派出大使通知乌苏，命令他归属于中国，乌苏不听从。朔方节度使王忠嗣在碛口盛陈大兵前来威胁他。乌苏感到十分害怕，请求投降并且要求归附，但是却一直拖延迟迟不来。王忠嗣看出了他的欺诈，于是就派人劝告拔悉密、回纥、葛逻禄前去攻打他。于是乌苏就逃跑了。王忠嗣于是派出士兵去追击他，虏获了他的西杀部士兵然后就回来了。

丁亥日（十五日），突厥西叶护阿布思和西杀葛腊哆、默啜的孙子勃德支、伊然的小老婆、毗伽登利的女儿率领部众一千多帐，相继前来投降，突厥因此就日益衰微了。九月，辛亥日（初九），唐玄宗到花萼楼摆设宴席去款待突厥过来投降的人，对他们的赏赐十分的优厚。

护密先归附了吐蕃，戊午日（十六日），他的国王颉吉里匐派大使要求投降。

冬季，十月，丁酉日（二十六日），唐玄宗来到骊山温泉，十一月，己巳日（二十八日），回到皇宫。

十二月，陇右节度使皇甫惟明向唐玄宗说攻破了吐蕃大岭等军。戊戌日（二十七日），又报告说攻破青海道莽布支军营三万多人，杀死了五千多人。庚子日（二十九日），河西节度使王倕上奏禀报说攻破了吐蕃渔海和游弈等一些军队。

就在这一年，天下一共有一千五百二十八个县，一万六千八百二十九个乡，八百五十二万五千七百六十三户，四千八百九十万九千八百人。

回纥叶护骨力裴罗派出使者前来进贡，唐玄宗奖赏给他奉义王的爵位。

天宝二年（癸未，公元743年）

春季，正月，安禄山前来京师拜见唐玄宗。唐玄宗的宠待十分优厚，并且允许他随时都可以前来觐见。于是安禄山就向唐玄宗报告说："去年的时候营州有虫去吃禾苗，于是臣就烧香并且祈祷上天说：'臣如果用心不良，侍奉国君不够忠心，就让虫前来吃臣的心；假如没有辜负天地神灵，就希望使虫散去。'立刻就有一群鸟从北方飞过来，一会儿就把虫子吃光了。请唐玄宗把这件事在朝廷上宣布并且交付史官。"唐玄宗听从了他的建议。

李林甫担任吏部尚书的职权，每天都在政事之中。选举的事务完全委任侍郎宋遥和苗晋卿。御史中丞张倚最近得到了唐玄宗的爱护，宋遥和苗晋卿都想要归附于他。在那时应选的总共有上万人，入选的有六十四个人。张倚的儿子张奭就是第一名。大家不断议论，并且喧腾不已。前任蓟县县令苏孝韫就把这件事儿告诉了安禄山，于是安禄山就进宫向唐玄宗禀报这件事儿。唐玄宗把入选的六十四个人全部都叫过去面试。张奭手里拿着考试纸，一整天都写不出来一个字，当时人们把他的这种情况称作"曳白"（交白卷）。癸亥日（二十三日），宋遥被贬为武当太守，苗晋卿被贬为安康太守，张倚被贬为淮阳太守。参与他们考试的判官礼部郎中裴朏等一些人都被贬为岭南官。苗晋卿，原本是壶关人。

三月，壬子日（十二日），追封玄元皇帝（老子）的父亲周朝的上御大夫作为先天太皇；然后又尊崇皋繇作为德明皇帝，凉武昭王（名暠，高祖七世祖）作为兴圣皇帝。

江、淮南租庸转运使韦坚引导浐水到达禁苑东边望春楼下然后在那儿积聚为潭，用来集合停泊江、淮运输的船只。劳役人民和工匠前来开凿运粮的渠道，并且挖掘了人民的坟墓，从江、淮一直到京城，民间十分萧条，人民愁苦并且怨恨。经过两年的时间，工程终于完成了。丙寅日（二十六日），唐玄宗到达望春楼前去视察新潭。韦坚把几百艘新的船只，分别题上各个郡的名字，并且把各郡出产的一些珍贵的货物都陈列在船的背面上；当时陕县的县尉崔成甫穿着锦坎肩，缺胯绿衫，并且袒露着一条胳膊，用红罗抹额头，在前面的船上唱着《得宝歌》，让一百个美丽的年轻少妇打扮得花枝招展来随声附和。桅杆相互连接着，有好几里的长度。韦坚跪着去进献各郡的一些轻货（绢帛），同时呈上百牙盘食。唐玄宗摆设宴席，吃了整整一天才罢休。观看的人积聚的好像大山一样。夏季，四月，升韦坚作为左散骑常侍，他的僚属官员和士兵，各自都有不同的褒奖；并且把潭命名为广运。当时的京兆尹韩朝宗也引渭水在西街开了一个潭，用来贮存木材。

丁亥日（十八日），皇甫惟明带领士兵出西平郡，进攻吐蕃。走了整整一千多里，去进攻洪济城，并且把城给攻下。

唐玄宗任命右赞善大夫杨慎矜主管御史中丞的一些事务。在那个时候李林甫专权，公卿的选拔和进用，假如有不是从他的门客中出身的，必定去诬陷他犯错进而罢黜了他。因此杨慎矜坚决地推辞，而不敢接受官位。五月，辛丑日（初三），任命杨慎矜作为谏议大夫。

冬季，十月，戊寅日（十三日），唐玄宗去骊山温泉；乙卯日（十一月二十日），返回到宫中。

天宝三年（甲申，公元744年）

春季，正月，丙申朔日（初一），修改年号为载。

辛丑日（初六），唐玄宗去骊山温泉。二月，庚午日（初六），返回皇宫。

辛卯日（二十七日），太子改名为李亨。

海盗吴令光等一些人抢夺了台州、明州地区人民的财物。唐玄宗命令河南尹裴敦复带领士兵前去讨伐他。

三月，己巳日（初五），任命平卢节度使安禄山兼任范阳地区的节度使，任命范阳节度使裴宽作为户部尚书。礼部尚书席建侯作为河北黜陟使，并且称赞安禄山为人公平正直；李林甫、裴宽都听从了唐玄宗的旨意去赞美安禄山。这三个人都是唐玄宗十分信任的人，于是唐玄宗对安禄山的宠幸更加稳定并且不会动摇。

夏季，四月，裴敦复将吴令光打败，并且俘获了他。

五月，河西节度使夫蒙灵察征讨突骑施莫贺达干，并且把他杀了，进一步请求立黑姓部族的伊里底蜜施骨咄禄毗伽。六月，甲辰日（十二日），任命骨咄禄毗伽作为十姓可汗。

秋季，八月，拔悉密攻打并且杀死了突厥的乌苏可汗，并把他的头传送到京城。突厥国的人拥护他的弟弟鹘陇匐白眉特勒，这个就是白眉可汗。由此造成突厥国内十分混乱。唐玄宗任命朔方节度使王忠嗣带领士兵前去乘机进行讨伐。大军走到萨河内山地区，攻破突厥左厢阿波达干等地区的十一个部落，右厢还没有攻下来。恰好碰上了回纥、葛逻禄一同攻打拔悉密颉跌伊施可汗，并且把他杀死了。回纥的主要骨干裴罗自立为骨咄禄毗伽阙可汗，并且派遣了使者向唐玄宗报告了详细的情况。唐玄宗任命裴罗作为怀仁可汗。于是怀仁可汗的南边有突厥的旧地，主帅的军营设立在乌德犍山，原来总共有药逻葛等九个姓别的部族，后来又加入拔悉密、葛逻禄，总共有十一个部落，各部落都设置了都督。每次出去作战，就让两个客部作为先锋。

李林甫由于杨慎矜向自己屈服，九月，甲戌日（十四日），又任命了杨慎矜作为御史中丞，代理各地的铸钱使。

冬季，十月，癸巳日（初四），唐玄宗去骊山温泉；十一月，丁卯日（初八），回到宫中。

术士苏嘉庆向唐玄宗上表说："在传说中的遁甲术中有九宫贵神，主要管理人间的水灾和旱灾，请在东边的郊区设立祭坛，在每年的孟春、孟夏、孟秋、孟冬四个孟月前来祭祀他。”唐玄宗采取了他的建议。祭祀的礼仪在昊天上帝之下，并且在太清宫和太庙之上；所用的牲畜和玉，都和祭天地所用的一样。

十二月，癸巳日（初四），在骊山温泉宫下设立了会昌县。

户部尚书裴宽一向被唐玄宗所器重，李林甫害怕他被任命作为宰相，嫉恨他。刑部尚书裴敦复打败了海盗之后回朝，接受了别人请托，多次序记军功，裴宽暗地里把这些事向唐玄宗上报了。于是李林甫就告诉了裴敦复，裴敦复说裴宽以前也把他的亲戚和朋友嘱托给自己。李林甫说：“您快点向唐玄宗奏明这件事儿，不要落在了别人的后面。”于是裴敦复就用了五百两黄金贿赂女道士杨太真的姐姐，请求她向唐玄宗说明这件事儿。甲午日（初五），裴宽因此被贬为睢阳太守。

起初，武惠妃去世了，唐玄宗十分伤心。后宫中那么多的嫔妃，没有一个人合乎唐玄宗的心意。有人说寿王的妃子杨氏十分美丽，举世没有第二个人可以与她相提并论。唐玄宗见了之后，十分喜欢，于是就让王妃自请为女道士，号太真。再替寿王娶左卫郎将韦昭训的女儿；暗中把太真迎接到了皇宫之中。太真肌肤丰满、姿态艳丽，精通音乐，才性警敏并且聪慧，善于奉承迎合唐玄宗的心意。不到一年的时间，她所得到的宠爱和待遇就和武惠妃一样，宫中的人称她为“娘子”，所有的礼仪和法式都与皇后一样。

癸卯日（十四日），任命宗室女子作为和义公主，并且让她嫁给了宁远奉化王阿悉烂达干。

癸丑日（二十四日），唐玄宗祭祀了九宫贵神，并且大赦天下。

第一次下令规定老百姓十八岁作为中男，二十三岁就为成丁。

起初，唐玄宗从东都返回之后，李林甫知道唐玄宗讨厌巡幸东都，就和牛仙客计划着增加靠近京城各个地区的粟米税赋以及购买民间米谷来充实关中地区。过了几年，蓄积的粮食开始慢慢丰足起来。唐玄宗在闲聊中对高力士说：“我没有离开长安大概有十年了，天下并没有发生任何混乱；我想高居君位，不管政事，并且把政事完完全全地委任给李林甫，你觉得怎么样？”高力士回答说：“天子巡狩天下，是自古以来就规定的制度。并且天下的大权，不可以借给别人；别人的威势成就以后，那么还有谁再敢议论他的是非呢？”唐玄宗听了之后十分不高兴。高力士用头叩地并且说道：“臣有疯病，随随便便地乱说话，罪该万死！”于是唐玄宗为高力士摆设了酒席，身边的人都高呼万岁。高力士从此再也不敢深切地谈论天下政事了。

天宝四年（乙酉，公元745年）

春季，正月，庚午日（十二日），唐玄宗就对宰相说：“我最近在甲子日（初六）于宫中设立了祭坛，替老百姓祈求福音。我亲自用黄色的丝绢写好祝祷文，并且把它们放在了桌子上，忽然飞起来升入了天空，然后就听到天空中说：‘圣寿延长。’后来我又在嵩山烧炼了仙药，并且也把它们放在了神坛上。等到夜晚的时候，身边的人想要把药收起来，就又听到空中说道：‘药不用收，在这儿自有守护。’直到天亮才收了起来。”太子、各个王爷和宰相都纷纷地上表表示祝贺。

回纥怀仁可汗攻打突厥的白眉可汗，并且把他杀死了，把头传送到了京城。突厥毗伽可敦带领着部众过来投降。于是北边平安无事，没有战乱再发生。

回纥开拓的土地越来越大了，东边一直到室韦，西面抵达金山，南面跨越了大沙漠，完全占领了突厥的旧地。怀仁可汗死去之后，儿子磨延啜即位，年号为葛勒可汗。

二月，己酉日（二十一日），任命朔方节度使王忠嗣兼任河东的节度使。王忠嗣年轻之时，仗着自己十分的勇敢，等到镇抚西北的边塞，一心一意把保持稳重安定边塞当作首要任务。他经常说：“太平时期的一些将领，只需要安慰训练士兵就可以了，不能消耗国家的力量来谋求功名。”有一张需一百五十斤力量才能拉开的漆弓，经常贮藏在弓袋里，表示不再来使用它。军中的士兵白天晚上都想着作战，王忠嗣派出了许多的间谍去侦察敌人的可乘之机，假如发现有可以取得胜利的机会，就立马派兵去进攻，所以每次出兵就必定有功。自打兼任两道的节度使之后，从朔方到云中，边地长几千里，一切险要之地，都相继建筑城堡，开拓疆土各有几百里远。边疆上的人认为自从张仁亶以后，没有哪一个将帅可以和他相比。

三月，壬申日（十四日），唐玄宗任命自己的外孙女独孤氏作为静乐公主，嫁给契丹王李怀节；外甥女杨氏作为宜芳公主，嫁给奚王李延宠。

乙巳日（十八日），任命刑部尚书裴敦复代理岭南五府经略等一些职务。五月，壬申日（十五日），裴敦复因为逗留在京师并且没有马上到任所去上任，于是被贬为淄川太守，另任命光禄少卿彭杲去代替他。唐玄宗嘉奖裴敦复把海盗平定的一些功劳，所以李林甫就想要去陷害他。

李适之和李林甫因为争夺权势而有了隔阂。李适之兼任兵部尚书的职位，驸马张垍作为兵部侍郎，因此李林甫也讨厌他，让人揭发兵部考选部门利用不法手段谋取利益的事情，逮捕官兵六十多人交给京兆尹和御史共同审理这件事。审理了多日，一直都未发现不法的事情。京兆尹萧炅使法官吉温过来审问。吉温进到院中之后，把兵部的官员都留在了外面，先从后厅提取两个罪重的囚犯过来审问，有时用杖去打他们，有时用重物去压他们，喊叫的声音，非常惨，让人不忍心听下去，都说："只要能够保存生命，就请拿纸来，全部都招认了。"兵部的官员一向知道吉温的残酷，他们被带进去之后，都诬指自己的不法行为并且承认自己有罪，没有人敢违背吉温的意思。一会儿的工夫，狱讼审理就完了，检验囚犯，他们也没有被打的一些痕迹。六月，辛亥日（二十五日），敕书责备了兵部前后主管考选事务的侍郎和吏部代理南曹选举事务的郎官并且宽容他们的过错。张垍，就是张均的哥哥；吉温，就是吉顼弟弟的儿子。

吉温刚开始做新丰县丞的时候，太子文学薛嶷推荐吉温，说他有才干，于是唐玄宗要求召见他。后来对薛嶷说："是一个不好的人，我不要任用他。”

萧炅做河南尹的时候，曾经犯罪。西京御史台派吉温前去审问他。吉温审理萧炅的时候非常严厉。等到吉温担任万年县丞的时候，过了不久萧炅做了京兆尹。吉温平时和高力士有来往，高力士从宫中回来之后，吉温猜测萧炅一定会去高力士家中向他表示感谢，于是就先去拜访了高力士，并且和他说笑握手，十分融洽。萧炅后来到的时候，吉温假装惊慌地躲避他。高力士叫道：“吉七，没有必要躲避。”然后又对萧炅说：“他也是我以前的老朋友啊。”于是就把吉温叫回来了，和萧炅一起坐着。萧炅待吉温非常恭敬，不敢因为先前的一些事情而对他怀有怨恨。有一天，吉温去拜见萧炅的时候说：“以前我不敢破坏国家的法律，从今以后愿意一心一意地侍奉先生。”萧炅因此和吉温非常的欢好，任命他做法曹。

等到李林甫想要除去那些不服从自己的人的时候，寻找那些审理狱讼的官吏，于是萧炅就把吉温推荐给了李林甫。李林甫得到吉温之后，十分高兴。吉温曾经说：“假如遇到了知己，就是把南山的白额虎捆绑起来，那也是件轻而易举的事情。”那个时候又有杭州人罗希奭，做事严密并且刻薄，于是李林甫就把他请过来，从御史台主簿两次提升到了殿中侍御史。两个人都随着李林甫所要加罪的深浅，严密地引用法条巧妙地给人定罪，没有一人能够幸免于此，当时的人称他们的这种行为为“罗钳吉网”。

秋季，七月，壬午日（二十六日），封韦昭训的女儿作为寿王妃。

八月，壬寅日（十七日），册命杨太真做贵妃，并且追封贵妃的父亲杨玄琰为兵部尚书，任命贵妃的叔父杨玄珪为光禄卿，堂哥杨铦为殿中少监，杨锜为驸马都尉。癸卯日（十八日），册命武惠妃的女儿作为太华公主，嫁给杨锜。贵妃的三个姐姐，都赏赐了京师第宅，尊崇贵幸，十分的荣耀。

杨钊，就是杨贵妃同曾祖父的哥哥，做人不学好，品德很坏，被宗族乡党的一些人所轻视。在蜀地当兵，当到了新都县的县尉；三年任期满了之后，家中十分贫穷，自己不能够回家，新政县的有钱人鲜于仲通曾经资助过他。杨玄琰在蜀地死了之后，杨钊经常和他的家中有来往，因此和他的第二个女儿私通。

鲜于仲通名向，以字号行于世，读过很多的书，有才能和智谋，剑南节度使章仇兼琼请他做采访支使，并且把他当作心腹加以任用。在一次的闲谈中对鲜于仲通说："如今只有我一个人被皇上所亲厚，如果没有宫中的援助，一定会被李林甫所伤害。听闻杨贵妃最近得到了皇上的宠爱，但是还无人敢归附于她。假如您能够替我到长安和她的家人相结识，我就没有忧虑了。"鲜于仲通说："仲通本来就是蜀人，从来没有游历过京城，害怕会败坏了先生的事情。现在为先生您另外去找一个人。"于是就把杨钊的事情从头到尾跟他说了一遍。章仇兼琼请杨钊来见面，见他仪表丰盈并且伟岸，言辞敏捷，十分高兴，立刻召他为推官，来往渐渐地亲密了起来。章仇兼琼于是就派他到京师去进献春彩。到分别的时候，就对杨钊说："我有很少的东西在郫县，充当您在路上的一些费用。在您经过郫县之时，可顺便拿走。"杨钊到了郫县之后，兼琼使亲信送给他很多精美的蜀货，大概值一万贯。杨钊十分高兴，日夜兼程赶路。到达了长安，到每一个妹妹的家里，就把蜀货送给了她们，然后说："这是章仇公送的。"这时杨元琰的二女儿刚刚死了丈夫，杨钊就住在她的公馆里，并且把他带来的蜀货分了一半给她。于是杨家的人都日夜称赞章仇兼琼。然后又说杨钊擅长玩樗蒲，带他去觐见唐玄宗，因此可以跟随着供奉官进出宫中，改为金吾兵曹参军。

九月，癸未日（二十九日），任命陕郡太守、江淮租庸转运使韦坚作为刑部尚书，并且撤除了他所有的职务，任命御史中丞杨慎矜取代他。韦坚的妻子姜氏，就是李林甫舅父姜皎的女儿，于是李林甫亲近他。等到韦坚因为挖通运粮渠道而得到了唐玄宗的宠爱，因此便有了入朝当上宰相的意图，并且又和李适之相好；所以李林甫就讨厌他，因而升任他一个很好的官职，实际上却是削夺了他的权力。

安禄山想要用守边的一些功劳来博得唐玄宗的恩宠，所以多次侵略奚和契丹。奚和契丹分别杀了公主最后叛变；安禄山带领士兵进行讨伐，并且把他们给打败了。

陇右节度使皇甫惟明和吐蕃在石堡城作战，被敌人给打败了，副将褚战死了。

冬季，十月，甲午日（初十），安禄山向唐玄宗上疏说：“臣讨伐契丹抵达北平郡，梦到了先朝的名将李靖、李勣向臣要食物吃。”唐玄宗因此让安禄山为李靖、李勣建立寺庙。安禄山又上疏说：“进献祭品祭奠的那一天，庙梁上生出了许多的灵芝。”

丁酉日（十三日），唐玄宗到了骊山温泉。

唐玄宗任命户部郎中王鉷做户口色役使，敕命允许百姓免除赋税。王鉷上奏，请求向百姓征收运输的一部分费用，来增加广开钱货的数量。又让百姓卖重要的货物，购买本郡的轻货，老百姓所捐输的财物，比不免除赋税的时候还多。以前的制度和规定，戍守边疆的人，不缴租、庸税赋，以六年为界限。当时戍守边疆的将领，觉得战败十分可耻，所以士兵战死了之后，他们都不造名册向朝廷申报，因此那些死去的士兵的户籍姓名并没有除去。王鉷一心一意地想聚敛钱财，把有户籍但是现在却不在的都看作逃避纳税，所以就依据户籍记载戍守边疆六年以上的，都征租庸税；有的人甚至连续征收三十年。人民无处去申诉痛苦。唐玄宗在位的时间长了，费用就越来越多了。后宫的赏赐是更加没有节制，但是又不愿常常从左藏、右藏支取那些赏赐人的财物。王鉷十分了解唐玄宗的心意，每年贡献多余的钱百亿万，并且把他们贮藏在宫中的仓库里，用来供给宫中的宴乐和赏赐，并且说：“这些钱财都不是租、庸、调征来的，不会影响国家的正常费用。”唐玄宗认为王鉷能让国家富足，对待他更加优待。王鉷一心一意地剥削百姓来讨好唐玄宗，朝中的百官和全国的百姓都叹息和怨恨他。丙子日（十月无此日），任用王鉷作为御史中丞、京畿采访使。

杨钊在宫中侍奉唐玄宗饮食，专管樗蒲（如今掷骰子）的记录簿，钩稽校核十分的精细。唐玄宗认为他精明能干，然后说："他是个很好的度支郎。"杨家的人多次向唐玄宗要求证实这句话，又请求王鉷；王鉷因此奏请唐玄宗让杨钊作为代理判官。

十二月，戊戌日（十五日），唐玄宗回到宫中。

天宝五年（丙戌，公元746年）

春季，正月，乙丑日（十三日），任命陇右节度使皇甫惟明兼任河西节度使。

李适之的个性粗疏率直，李林甫以前对他说："华山的上面有金矿，假如开采出来之后，可以让国家富足。唐玄宗并不晓得这件事。"有一天，李适之趁着呈报事情并且顺便向唐玄宗谈到了这件事。于是唐玄宗就问李林甫，李林甫就回答说："臣早就知道这件事了；但是华山是陛下您的本命，是王气所在之处，不适合开凿，所以不敢对皇上您说。"唐玄宗因此认为李林甫爱自己，并怪李适之对事情的思虑不够周详，于是告诉他说："从此以后，假如要向我报告事情，就应当先和李林甫商量商量，不能够轻易忽视。"李适之自此就十分困窘了。李适之已经失去了唐玄宗的恩宠，韦坚也失去了权势，两人更加亲密，李林甫更加厌恶他们。

起初，太子册立的时候，不是李林甫的意思。李林甫害怕太子即位之后，对自己没有好处，因此常常有更立太子的意思；而韦坚又是太子妃的哥哥。皇甫惟明以前做过忠王友，当时击破吐蕃，入朝献捷的时候，见到李林甫专权，他心里十分不安。所以就趁着觐见唐玄宗的机会，暗地劝唐玄宗将李林甫予以罢除。李林甫得知后，于是就派遣杨慎矜严密地伺察他的动向。恰巧碰上正月十五日的夜晚，太子出宫游赏，和韦坚见面，韦坚又和皇甫惟明在景龙观道士的房中见面。杨慎矜把这件事告发，认为韦坚是皇室的外戚，不应该和边将相互亲近。李林甫因此就上奏禀报韦坚与皇甫惟明结交定计谋，想要一同拥立太子。韦坚、皇甫惟明被囚禁监狱，李林甫让杨慎矜和御史中丞王鉷、京兆府法曹吉温一块儿审问。唐玄宗也怀疑韦坚和皇甫惟明有结谋，所以并没有显扬他们的罪过，因此下制书，责备韦坚不求上进，并且把他贬为缙云太守；皇甫惟明离间君臣关系，把他贬为播川太守；又另外下制书告诫朝中的官员。

任命王忠嗣作为河西、陇右节度使，管理朔方、河东节度使的一些事务。王忠嗣刚开始在朔方、河东郡，每次到达互市的时候，就把马的价格估得很高。少数民族知道这件事情之后，都争着把马卖给唐朝。于是王忠嗣就把马全部买了下来。因此胡人的马少了，但是唐朝的骑兵却是越来越强壮了。等到调任陇右、河西节度使的时候，又请求分朔方、河东的马九千匹来充实自己的兵力，因此他的军力也十分强壮。王忠嗣秉持着四个符节，控制着万里的疆域，天下的强大兵力和重要的城镇，都掌握在他的手中，和吐蕃在青海、积石作战，都获得重大的胜利。又在墨离军讨伐吐谷浑，并且俘获了他们的一干人马，然后回来了。

夏季，四月，癸未日（初一），立奚部酋长娑固作为昭信王，契丹酋长楷洛作为恭仁王。

己亥日（十七日），下制说："从今天开始，每一年四季的第一个月，都要选择好的日子来祭祀天地神祇和九宫的神明。"

韦坚等一些人被贬了之后，左丞相李适之十分害怕，自己要求退居到闲散的官位。庚寅日（初八），任命李适之作为太子少保，罢免了政事和职权。他的儿子卫尉少卿李雷，有一次盛设酒席请客，客人害怕李林甫，所以一整天没有一个人敢前去赴宴。

任命门下侍郎、崇玄馆大学士陈希烈作为同平章事。陈希烈原本是宋州人，凭着讲论《老子》《庄子》的学术才能够加以任用，专用神仙符瑞的说法去讨好唐玄宗。李林甫以为陈希烈是唐玄宗所喜欢的人，并且他的为人柔顺谗佞，十分好掌控，因此荐举他做左相；所有的政事都由李林甫决定，陈希烈只是唯唯诺诺地应承。以前的规定，宰相午后六刻（古时一昼夜分为一百刻）才退朝，李林甫上疏说：如今天下之间太平无事，巳时（上午九时至十一时）就可以回家。军中和国家重要的事情，都在李林甫自己的家里决定；主管文书的官员只需抱着定案的文书找陈希烈签名罢了。

五月份，壬子朔日（初一），日食。

乙亥日（二十四日），任命剑南节度使章仇兼琼作为户部尚书；他是因为杨家的人推荐的。

秋季，七月，丙辰日（初六），唐玄宗下达诏书说："那些被放逐的人，多在道路停留。自今以后，只要是贬逐的官员每天必须奔驰十个驿站以上的路程。"此后被放逐的那些人大多数都不能够保全。

杨贵妃正得宠，她每次骑马的时候，高力士就为她牵马拿着马鞭，专门为贵妃院织绣的工人就达七百人，朝廷内外都争先恐后地进献器物服饰和珍宝玩物。岭南的经略使张九章，广陵的长史王翼，由于进献的东西很好，张九章官阶加到了三品，王翼入朝作为户部侍郎。天下随风披靡。民间开始编成歌谣唱道："生男勿喜女勿悲，君今看女作门楣。"贵妃想要吃到新鲜的荔枝，每年荔枝成熟的时候就命令岭南用驿马飞奔着运过来，等到长安的时候，色泽和味道都还没有发生变化。

就在这个时候，贵妃因为嫉妒泼辣并且不恭顺，唐玄宗十分生气，就让送回他哥哥杨铦的家中。这一天，唐玄宗的心中十分不高兴，到中午还没有吃饭。身边的人稍微有不合他的心意的，就会枉遭棒打。高力士想要试探唐玄宗的心意，就请求用车装院中的储备器物全都送给贵妃，总共有一百多车；唐玄宗亲自分自己的饭给他吃。等到了晚上的时候，高力士跪在地奏请迎接贵妃回院，于是当天晚上就开禁门迎入。自此之后恩宠礼遇就更加的隆盛，后宫再没有一个人能够有这个荣幸了。

将作少匠韦兰、兵部员外郎韦芝替他们的哥哥韦坚诉讼冤屈，讼词中还提到了太子；于是唐玄宗更加生气了。太子十分害怕，就上表请求和韦妃离婚，乞求不能因为亲属关系而废除国家的法律。丙子日（二十六日），再次贬韦坚作为江夏别驾，韦兰、韦芝都被贬到了岭南。然而唐玄宗素来了解太子孝顺谨慎，因此并没有责怪他。李林甫因此说韦坚与李适之是同党，几日后，韦坚就被永远地放逐到了临封，贬李适之做了宜春太守，贬太常少卿韦斌做了巴陵太守，贬嗣薛王李琄做了夷陵别驾，贬睢阳太守裴宽做了安陆别驾，贬河南尹李齐物做了竟陵太守，韦坚的亲戚朋友由此被放逐贬官的一共有好几十个人。韦斌，就是韦安石的儿子。李琄，就是李业的儿子，韦坚的外甥。李琄的母亲也让她跟随李琄到任所去。

冬季，十月，戊戌日（二十日），唐玄宗到了骊山温泉；十一月，乙巳日（二十八日），回到宫中。

赞善大夫杜有邻，他的女儿是太子良娣。良娣的姐姐作为左骁卫兵曹柳勣的妻子。柳勣性格品行粗疏狂妄，他喜爱功名，喜爱结交豪杰才俊的人。淄川太守裴敦复把他推荐给北海太守李邕，李邕就与柳勣定交。柳勣到达京师的时候，和著作郎王曾等一些人结为朋友，这些人都是当时有名的人士。

柳勣和妻子家的人不和，于是想要陷害他们。就散布流言，告杜有邻妄说图谶，并且和太子交结，指出和斥责唐玄宗的是非。李林甫命令京兆士曹吉温和御史一块儿去审问他，原来柳勣是首谋。吉温教柳勣牵连王曾等一些人并下御史台狱。十二月，甲戌日（二十七日），杜有邻、柳勣以及王曾等一些人都被杖死。他们的尸首堆在大理寺，他们的妻子被放逐在远方；朝廷内外十分恐惧。贬嗣虢王李巨做了义阳司马。李巨就是李邕的儿子。另外派监察御史罗希奭前去审问李邕，太子也驱逐出了良娣而成为平民。

乙亥日（二十八日），邺郡太守王琚因为贪赃而被贬为江华司马。王琚生性豪放恣肆，他和李邕都认为自己是老臣，但是却长时间在外面做官，心里十分不高兴。李林甫嫌他恃才使气，因此借着这件事除掉了他。

六载（丁亥，公元747年）

春季，正月，辛巳日（初五），李邕、裴敦复都被杖死了。李邕的才艺超出了一般人，卢藏用以前对他说："您好似干将、莫邪两把宝剑，别人很难与您争锋芒，但是总是怕有缺损或者断折。"李邕不能够听从。

李林甫又上疏请求分别派遣御史到贬官处所赐皇甫惟明、韦坚兄弟等一些人死罪。于是罗希奭从青州到岭南地区，所到的地方，都把被贬逐的人杀死了，郡县都十分害怕。起马牌（安排驿马的文书）送到宜春的时候，李适之忧愁害怕，便服毒自杀了；送到江华的时候，王琚吃毒药却没有死，听闻罗希奭已经来到这里了，就自己上吊死了。罗希奭又绕路经过了安陆，想要吓唬并且杀害裴宽。裴宽向罗希奭叩头来乞求饶命，罗希奭没有住宿便走了，于是才能够免死。李适之的儿子李霅迎接父亲的灵柩来到东京，李林甫让人诬告李霅，在河南府把他用杖给打死了。给事中房琯由于与李适之关系比较好，所以就被贬为宜春太守。房琯就是房融的儿子。

李林甫十分痛恨韦坚，于是就派人在沿黄河、长江以及淮河两岸的一些州县寻求韦坚的罪状，逮捕纲吏（十船为一纲）以及挽船驾船的人，把他们带到牢狱之中，并且榨取人民所欠的税租，祸害蔓延到了乡野；他们都赤身露体死在了公府。他们的这种恐怖政策，一直持续到李林甫死后才能够停止。

丁亥日（十一日），唐玄宗去祭祀太庙；戊子日（十二日），在南郊合祭天地神祇，开始大赦天下。他下令免除了百姓今年的田租。然后又下令废除绞刑、斩刑的相关法条。因为唐玄宗贪慕好生的名义，所以就下令那些应当绞死、斩首的罪犯，都用杖重重地责打，然后放逐到岭南地区去；实际上主管的人员大多数都把他们给打死了。于是又下令天下的百姓替改嫁的母亲服丧三年。

唐玄宗想要广泛地吸收天下有才智的人，命令凡是那些精通一种道艺以上的人都要来到京师。李林甫害怕乡野的人在对策时指出和斥责他的不法和罪恶，于是就对唐玄宗提议说："应试的人大部分都卑贱和愚昧，恐怕有一些粗俗的言语污浊了圣上的听闻。"于是就命令郡县长官仔细考察训练，对于那些特别有才能的，就开具姓名送到省中，委任尚书去复试，御史中丞监试，选择名实相副的人就报告给唐玄宗。等到应试的时候送到，都拿诗、赋、论去考他们，所以没有一个人能够及格。李林甫就上表庆贺说民间没有遗漏任何的贤人。

戊寅日（初二），任用范阳、平卢节度使安禄山兼任御史大夫。

安禄山身体庞大，肚子下垂已经超过了膝部，曾经自己说自己的肚子重达三百斤。外表看起来好像忠诚和正直，内心却是非常的狡猾。曾经让他的部将刘骆谷在京师停留以窥伺朝廷的意向，一有动静就要报告给他；有的时候应当有表文的，刘骆谷就替他写好并且送到了朝中。每年进献俘虏和各类牲畜、奇禽异兽以及珍宝玩物等，道路不通，郡县为了替他运送这些东西，都异常疲惫。

安禄山在唐玄宗的跟前，应对十分敏捷，并且十分风趣。唐玄宗曾经指着他的肚子开玩笑地说："这个胡人的肚子里到底有些什么东西？竟然这么大！"安禄山回答说："除了赤心以外，再无别的东西了！"唐玄宗十分高兴。又曾经让他拜见太子，安禄山不拜。身边的人催促他拜，安禄山拱手站着说："我是胡人，对朝廷的礼节不熟习，不知道太子究竟是什么官职。"唐玄宗说："这是储君，是我死后代替我做你们君主的人。"安禄山说："微臣愚昧，以前仅仅知道有陛下一个人，不晓得另外还有储君。"没有办法，然后才拜。唐玄宗认为他的言行真实，更加喜欢他。唐玄宗曾经在勤政楼摆设宴席，大小官员都坐在楼下，并且在唐玄宗座位的东边单独为安禄山设立了金鸡帐，并且放置了坐榻，让安禄山坐在前面，又让他卷起帘子来表示荣耀和尊宠。命令杨铦、杨锜、贵妃的三个姐姐都和安禄山以兄弟的礼仪相待。安禄山可以任意地出入宫中，于是恳请当贵妃的儿子。唐玄宗和贵妃在一块儿的时候，安禄山先拜见贵妃。唐玄宗问他是什么原因，安禄山回答说："胡人的礼节是先拜母亲然后再拜见父亲。"唐玄宗十分高兴。

李林甫因王忠嗣功劳名望日益盛大，害怕他将要进入朝中作为宰相，便十分忌恨他。安禄山暗中和朝廷不一心，假托防御敌寇，建造雄武的城市，贮存了大量的武器。请求王忠嗣派兵帮忙建造，因此想要留下他的兵。王忠嗣在约定的时期先到达了，没有和安禄山会面就回去了；还多次上疏说安禄山一定会造反，李林甫就更加忌恶他。夏季，四月，王忠嗣坚决地辞去兼河东、朔方节度使，获得准许。

冬季，十月，己酉日（初七），唐玄宗到了骊山温泉，改温泉宫为华清宫。

河西、陇右节度使王忠嗣以部将哥舒翰作为大斗军副使，李光弼作为河西兵马使、代赤水军使。哥舒翰的父亲祖父原本就是突骑施别部酋长，李光弼就是契丹王李楷洛的儿子，都是因为他们有勇气和才略，所以被王忠嗣十分器重。王忠嗣让哥舒翰去进攻吐蕃，有同官阶的一位副将，态度傲慢并且不听他们的指使，哥舒翰用杖打死了他，军中很是害怕；积累功劳官位升到陇右节度副使。每年等到石军麦子成熟时，吐蕃就会过来收割，没有人能够阻拦他们，边境上的人称作“吐蕃麦庄”。哥舒翰预先在旁边埋伏下士兵，等吐蕃的军队来到的时候，就去切断他的后路，然后前后夹击他，无一人能够逃回去。自此之后，吐蕃再也不敢来收割麦子了。

唐玄宗想让王忠嗣带兵进攻吐蕃的石堡城。王忠嗣对唐玄宗说：“石堡城不但险要而且坚固，吐蕃用全国的兵力去守卫它。今日驻扎军队在城下，一定得杀死数万人才能攻下，臣害怕所得到的还不及所失去的多；倒不如暂时厉兵秣马，等到有机可乘的时候，然后再去攻取他。”唐玄宗不悦。将军董延光主动请求带领军队去攻取石堡城，唐玄宗命令王忠嗣分一部分的兵力去帮助他。王忠嗣不得已接奉了诏书，然而没有完全地符合董延光的心意，董延光非常怨恨他。

李光弼对王忠嗣说：“大夫为了爱护士兵，不想成就董延光的功劳，即便是迫于唐玄宗的命令，但这实在是扰乱了他的计划呀。怎么知道的呢？现在您把数万士兵给他却没有立下重大的赏赐来鼓舞士气，战士们怎么能够为他尽力呢！并且攻打石堡城是唐玄宗的本意，他假如不能够建功，一定会把罪过推到大夫身上的。大夫军中府库十分充实，为什么要爱惜数万匹缎帛却不用来堵塞他陷害您的口舌呢？”王忠嗣说：“如今用几万的军队去争夺一个城堡，得到了不能够制服敌人，得不到也对国家没有危害，因此忠嗣不愿意这样做。忠嗣今天受到责罚，唐玄宗也不过让我回去当个金吾将军或者羽林将军去防卫京城。其次，不过是把我贬到黔中地区做个长吏、司马；忠嗣怎么能够拿几万人的生命去替换一个官职呢！李将军，您确实是很爱我，可是我心意已决，所以就请您不用再多说了。”李光弼说：“以前害怕这件事儿会连累大夫，所以才说。现如今大夫能行古人的事迹，并非光弼我所能做得到的。”于是就很快地走了出去。

延光过了预定的期限却还没能够攻下石堡城，于是就向唐玄宗说王忠嗣沮丧阻挠军事计划。唐玄宗十分生气。李林甫因此就让济阳别驾魏林告说“王忠嗣以前亲自说我自幼养活在宫中，和忠王相亲相爱”，想要据兵来尊奉太子。于是唐玄宗下命令征召王忠嗣回朝，就委任三司前去审问他。

唐玄宗听到哥舒翰的英名之后，就在华清宫召来见他，与他会谈之后，十分喜欢他。十一月，辛卯日（十九日），任命哥舒翰掌管西平太守职务，代为陇右节度使；任命朔方节度使安思顺掌管武威郡的事务，代为河西节度使。

户部侍郎兼御史中丞杨慎矜是唐玄宗十分亲近的人，李林甫慢慢地对他忌恨起来，杨慎矜和王鉷的父亲王晋，是中表兄弟，年轻的时候在一块儿玩耍。王鉷能够入御史台当官，一定程度上是得力于杨慎矜的推荐。等到王鉷升任御史中丞，杨慎矜和他说话，还是直接叫他的名字。王鉷仗着自己跟李林甫关系很好，内心慢慢觉得不平。杨慎矜夺取了王鉷的职田；王鉷的母亲本来十分微贱，杨慎矜曾经对别人说起过这件事儿；王鉷怀恨不已。杨慎矜还用以前的心意待他，曾经与他私下谈论谶书。

杨慎矜和术士史敬忠关系很好，史敬忠说天下将来会有乱事发生，劝告杨慎矜在临汝山中买一个田庄作为躲避祸乱的地方。恰好杨慎矜父亲的墓地里的草木都在流血，杨慎矜十分厌恶，于是就去问史敬忠。史敬忠请求替他禳除灾凶，于是就在后园架设了道场。杨慎矜退朝回来之后，就赤身露体并且戴上脚镣手铐坐在当中。十天之后，血就不流了，杨慎矜十分感激他。杨慎矜有一个侍妾，叫作明珠，人长得很美，史敬忠多次注视她，于是杨慎矜就将她赠送给了史敬忠。当他们坐着车子经过杨贵妃姐姐柳氏楼下的时候，杨贵妃的姐姐请史敬忠上楼，并且求要车里坐的美人，史敬忠不敢拒绝她。第二天，贵妃的姐姐进宫的时候，带着明珠跟随进去。唐玄宗见到之后，觉得长得非比寻常，于是就询问她的来历，明珠把事实原原本本地告诉了唐玄宗。唐玄宗认为杨慎矜和术士作妖法，十分讨厌，因此含着怒意但是没有发泄出来。

杨钊把这件事告诉了王鉷，王鉷心里很高兴，因此就对杨慎矜侮辱不礼；杨慎矜十分生气。李林甫知道王鉷与杨慎矜有隔阂之后，秘密地引诱王鉷让他谋害杨慎矜。王就派人散布流言说：“杨慎矜原本是隋炀帝的孙子，和凶人来往，家中藏谶书，并且计划复兴祖先的帝业。”唐玄宗十分生气，于是就把杨慎矜逮捕，并且囚禁在了牢狱里，命刑部、大理寺和侍御史杨钊、殿中侍御史卢铉一同审问他。太府少卿张瑄，就是杨慎矜举荐的。卢铉诬指张瑄曾经和杨慎矜谈论谶书，百般地拷打，张瑄都不愿答辩。于是就把木头绑在他的脚上，让人牵着枷锁的把手，用力向前拉，身长增加了好几尺，腰细得就快要断了，眼睛和鼻子都在向外流血，张瑄也不愿意回答。

于是又派遣吉温到汝州去逮捕史敬忠。史敬忠和吉温的父亲一向关系不错，吉温年轻的时候，史敬忠经常抱着他并且爱抚他。等到逮到以后，吉温就不和他说话了，并且用枷锁锁着他的脖子，用布蒙着他的头，在马前赶着走。走到戏水的时候，吉温让一个小吏引诱他说：“杨慎矜已经老老实实地承认了罪过，现在只需要您做一番辩证。假如您了解人意就可以存活，要不然的话，必死无疑。再往前走，到了温泉宫下的会昌时，想要自首也是办不到的事了。”史敬忠回过头看着吉温说：“七郎，请求你给我一张纸。”吉温假装不理睬他。到了距会昌十多里路的时候，史敬忠恳求得悲哀而恳切，于是才在桑树下教他答辩了三张纸，辩词都符合吉温的心意。吉温缓慢地对他说：“还请老伯不要怪罪于我！”于是站起身来拜谢。

到了会昌的时候，他才开始去审问杨慎矜，让史敬忠做人证。杨慎矜都承认有了过错并且服罪，只是没有搜到谶书。李林甫认为事态严重，让卢铉到长安去搜杨慎矜的家。卢铉身藏着谶书走到黑暗的地方，然后骂着走出来说：“叛贼把秘书藏得真是太隐秘了。”会昌的时候，拿给杨慎矜看。于是杨慎矜叹息道：“我没有收藏谶书，这些书怎么会在我家呢？我应该死罢了。”丁酉日（二十五日），唐玄宗就赐杨慎矜以及他的哥哥少府少监杨慎馀、洛阳令杨慎名自杀；史敬忠打了一百杖，妻子都被放逐到岭南地区去了；张瑄打六十杖之后，就放逐到了临封，然后死在了会昌。嗣虢王李巨虽然和此事没有关系，但是因为和史敬忠认识，因此也被解除了官职，并且安置到了南宾。除此以外受到连累而得罪的还有好几十个人。杨慎名听到唐玄宗赐死的命令之后，神态并无改变，只是给姐姐写了一封告别信；杨慎馀合掌指着上天上吊自杀。

三司审问王忠嗣的时候，唐玄宗说：“我的儿子经常住在宫中，怎么能够和外面的人交结意图不轨，其中一定有虚假的地方。因此仅仅可以审问王忠嗣沮丧阻挠军功的一些罪过。”哥舒翰被征召进入朝廷的时候，曾经有人劝他多带些金银财帛，去救王忠嗣。哥舒翰说：“如果正道还存在的话，王公必然不会被冤死的；假如正道将要丧失的话，多带些贿赂又有什么用呢？”因此只是带着自己的行李包裹就离开了。三司向唐玄宗奏报说，王忠嗣罪有应得。哥舒翰刚获得了唐玄宗的赏识，竭尽全力说王忠嗣的一些冤屈，并且恳请把自己的官爵拿来赎回王忠嗣的死罪。唐玄宗站起来，走到了宫中，哥舒翰叩头跟随着进去了，一边说一边流泪。唐玄宗感动顿悟，己亥日（二十七日），就贬王忠嗣为汉阳太守。

李林甫多次兴起重大的刑案，另外还在长安设置了推事院。由于杨钊与杨贵妃有亲戚关系，可以随便出入宫门，他所讲的事情大多能够听从，所以把他拉拢过来充当援手，于是便提拔他做了御史。凡是与东宫太子稍微有一点关系的，都很快地指出他的罪过并且让杨钊去弹劾奏报，然后再交由罗希奭和吉温前去审问。杨钊因此才能够满足他的私心，所排挤陷害并且有好几百家都被杀死族灭，都让杨钊告发。所幸的是太子仁慈并且孝顺，谨慎而沉静，张垍、高力士往往在唐玄宗跟前加以保护，因此李林甫始终也不能离间他。

十二月，壬戌日（二十一日），征调冯翊、华阴二郡的成年男子去建筑会昌城，城内设置了各种各样的官署，王公也各自修建了宅第，每亩土地价格值千金。癸亥日（二十二日），唐玄宗回宫。

丙寅日（二十五日），任命大小官员到尚书省去看今年地方上贡的物品，然后全部用车装载赏赐给了李林甫家。唐玄宗有的时候不上朝视事，各部门的官员都聚集在李林甫的家门前，御史台和尚书省内都没有人办公。陈希烈虽然坐在相府办公，但是却没有一个人去觐见他。

李林甫的儿子李岫做将作监，因为他家中的权势太盛，所以感到很恐惧，曾经跟李林甫到后园游赏的时候，指着做工的劳役，然后对李林甫说："大人，长久以来大权在握，怨家仇人那么多。有朝一日祸患到来，想要做一个劳役恐怕都做不到呢！"李林甫很不高兴地说："情势已经这样，又能够怎么办呢？"

在以前，宰相都以道德气度自居，从来不用威权，骑马随从的也不过几个人，老百姓有的时候都不用躲避。李林甫自认为结下了太多仇怨，所以时时害怕有刺客，因此出门就有一百多名步兵骑士，分左右两翼来护卫，巡防京城的金吾卫为他清除街道上的行人，前行卫队走在几百步以前，公卿大人都匆忙地躲避；家居的时候就设置了重重的机关、双层的夹壁墙，并且用石头铺地，墙中间放置了厚板，好像预防大敌一样；一个晚上要多次迁移卧床，即使是自家的人也不知晓他睡在什么地方。宰相出行用很多人骑马跟随，就是从李林甫开始的。

起初，将军高仙芝，本来是高丽人，到安西从军。高仙芝矫健并且勇猛，擅长骑马和射箭，节度使夫蒙灵察多次推荐，官做到安西副都护、都知兵马使，担任四镇的节度副使。

吐蕃把女儿嫁给了小勃律王作为妻子，和小勃律旁边的二十几个小国，都归附了吐蕃，所以它们从来不进贡给唐朝。前后任的节度使曾经去讨伐他，都没有取得胜利。于是唐玄宗下令让高仙芝作为行营节度使，带领一万骑兵前去讨伐。从安西行军一百多天，就到达了特勒满川，于是把军队分为三路，约定于七月十三日在吐蕃连云堡下集合。连云堡有兵大约一万人，没有想到唐朝的大军突然来到，十分惊慌，都依仗着山险前来抵抗作战，炮石和檑木像雨点一样往下落。高仙芝让郎将高陵人李嗣业作为陌刀（长刀）将军，并且命令他说："等不到中午，一定要把敌人击败。"李嗣业手里拿着一杆大旗，并且带领陌刀手从险要的地方先爬上山来努力地作战，从早上辰时开始，一直到巳时以前，就把敌人击败了，斩了敌人五千人的头，俘获一千多个人，其余的人都四处溃散，然后逃走了。天子派来监军的使者边令诚认为已经进入敌人的领土很深远了，害怕而不敢再前进。高仙芝于是就让教边令诚用伤病虚弱的三千人来防守连云堡，然后再向前进兵。

走了三天的时间，才到达了坦驹岭，向下走了四十多里的陡峭山坡，前面看到阿弩越城。高仙芝担心士兵们畏惧危险，不愿意下山去攻城，先让人穿上胡人的衣服装作阿弩越城的守军来投降，然后说："阿弩越诚心想归顺唐朝，娑夷水的藤桥已经被砍断了。"娑夷水就是弱水，水流连草芥都不能够浮上来。藤桥就是通往吐蕃的桥梁。高仙芝假装着十分高兴，士兵们这才向山下进发了。然后又过了三天，阿弩越城投降的使者果然来到了这里。

第二天，高仙芝进到了阿弩越城，派遣将军席元庆率领一千骑兵在前面行进，对他说："小勃律听到大军将要到来，他们君臣同老百姓一定会逃到山谷里去的，您只管喊叫他们出来，拿缯和帛并且说明是唐玄宗的命令要赏赐给他们的；如果大臣出来了，就要一概绑起来等候我的发落。"席元庆按照吩咐去做了，然后就把大臣全部都捆绑起来。国王以及吐蕃公主逃进了石洞里，因此抓不到他们。高仙芝到达之后，就把附从吐蕃的几个大臣斩首了。

藤桥离城大约有六十里远，高仙芝赶忙派出席元庆去砍它；刚刚砍断了桥，吐蕃的大兵就已来到了，然而已经来不及了。藤桥宽有一箭之远，用力修筑，也要整整一年才行。

八月，高仙芝俘虏了小勃律王和吐蕃公主回来了。九月，到达了连云堡，和边令诚会合。月底的时候，到达了播密川，派出使者向唐玄宗上报经过。

走到白马河西的时候，夫蒙灵察因为高仙芝没有事先跟自己说就直接向唐玄宗上报，十分生气，没有任何的迎接和慰劳行为，然后就骂高仙芝说："吃狗屎的高丽奴才，你的官职都是因为谁才获得的？但是却没有等到我的处分就擅自向唐玄宗奏上捷书！高丽的奴才，你的罪过就应该去斩首，只不过由于你刚刚立下一些战功，我不忍心杀害你而已！"高仙芝只是自己承认有罪。边令诚向唐玄宗报告说高仙芝已经深入敌国万里，树立了很大的功劳，现在早晚都害怕被杀害了。

资治通鉴卷第二百一十六　唐纪三十二

起丁亥（公元747年）十二月，止癸巳（公元753年），共六年一个月。

【题解】本卷记录了公元747年十二月至753年的史事，共六年又一个月，正当唐玄宗天宝六年十二月到天宝十二年。天宝后期，唐朝社会表面上仍呈现升平发展，而上层政治在急速恶化。唐玄宗整日只知道安逸享乐，尽情挥霍，对国家大事毫不知情，更加迷信神仙求长生，只愿意听奉承话，不想听逆耳之言。此时期，府兵制败坏，募兵制也积弊丛生，劲兵都安置在沿边，边境不宁，中原空虚，武备废弛。唐军征南诏、讨西域、袭契丹，全线败没。政治上也一团混乱，杨国忠把持朝政，贪污枉法，滥授官职，与安禄山交恶，国家已处于动乱的边缘。

玄宗至道大圣大明孝皇帝下之上

天宝六年（丁亥，公元747年）

十二月，己巳日（二十七日），唐玄宗任命高仙芝作为安西四镇的节度使，征召夫蒙灵察进入了朝堂。夫蒙灵察十分害怕。高仙芝见到夫蒙灵察之后，仍然跟以前一样走得很快，夫蒙灵察更加害怕。副都护京兆程千里、押牙毕思琛以及行官王滔等一些人，都是平时在夫蒙灵察面前陷害高仙芝的人。高仙芝当面驳斥程千里和毕思琛，然后说："你们这些人面貌像个男子汉，心里面却跟个妇人一样，这是什么原因呢？"然后又抓过王滔等一些人，想要打他们，接着就又都把他们释放了，然后对他们说："我平时最恨你们，只是想不说出来，是怕你们心里害怕；今天既然已经说过了，这样就没事了。"军中的人心这时才安定下来。

刚开始的时候，高仙芝做都知兵马使，有一个猗氏地方的人叫封常清，他从小孤苦并且贫穷，身材矮小，两眼斜视，一条腿特别的短，要求做高仙芝的侍从，高仙芝没有同意。封常清每天等待着高仙芝出入，不离开他的大门，共有好几十天，高仙芝没有办法只好收留他。等到达奚部叛乱的时候，夫蒙灵察让高仙芝追击他，几乎把敌人全部杀死或者是俘获了。封常清私下写好报捷的文书拿去给高仙芝看，他写的那些都是高仙芝内心想说的话，因而全府的人都尤为器重他。高仙芝担任了节度使之后，就任命封常清作为判官，高仙芝外出作战，封常清经常做留后。高仙芝奶妈的儿子郑德诠作为郎将，高仙芝对待他如同自己的亲兄弟，让他主持管理自己家中的事务，他在军中非常有威势。有一次封常清外出的时候，郑德诠就骑着马从他的后面奔驰而过。封常清来到节度使办公的院中，让人叫郑德诠，每进入一道门，然后就把门给关闭了；等到郑德诠到达的时候，封常清就站起来，然后对他说："我封常清本来就出身不好，这是您所了解的。现在中丞命令我做留后，您为什么在大庭广众之下冒犯凌辱我！"因此责骂他说："必须立即打死你来严肃军中纪律。"于是就打了他六十大棍，面向地躺着，然后拉了出去。高仙芝的妻子和奶妈在门外大声哭叫着过来救他，可是已经来不及了，因此就把详情写成状子拿给高仙芝看。高仙芝看过之后，就惊讶地说："已经死了吗？"等见到封常清的时候，又没有提起此事，封常清也不去请罪。军中的人十分怕他。

自从唐朝建国到现在，守边的将帅都任用忠厚并且有名的大臣，并不长时间任职，不遥领远地，不兼统别的城镇，功名显著的人时常进入朝中作为宰相。四边的将领，即使是才智谋略像阿史那社尔、契苾何力也不让他独当大将的职务，都用大臣担任元帅以节制他。及至开元年间，天子有并吞四夷的想法，担任边将的人十几年都不调职，这时才开始长久任职了；皇子像庆王、忠王等一些人，宰相像萧嵩、牛仙客，已经开始遥领远地了；盖嘉运、王忠嗣独自节制好几个道，已经开始兼统其他的地方了。李林甫想将边帅入朝做官的道路堵绝了，因为胡人读书少，所以就向唐玄宗说："文臣担任将军，不会抵挡敌人的弓箭和炮石，倒不如用卑贱质实的胡人；胡人勇敢并且果决习惯作战，家族卑贱就孤立没有朋党，陛下如果能够用恩义去感召他们，他们一定会为朝廷效死命。"唐玄宗非常喜欢这番话，所以才重用了安禄山。这个时候，各个地方的节度使都任用胡人，精兵都在北边的国境上守卫，天底下的势力都侧重在北方，终于让安禄山颠覆天下，这都是由于李林甫想要独享恩荣、固守相位的计谋所造成的。

七载（戊子，公元748年）

夏季，四月，辛丑日（初二），左监门大将军、知内侍省事高力士加官作为骠骑大将军。高力士接受唐玄宗的恩宠已经很长时间了，朝廷内外的人都十分害怕他，太子称呼他哥哥，王公们都把他称作翁，驸马辈的官居然称呼他为爷爷。像李林甫、安禄山等一些人，都凭着他而取得大将和宰相的官位。他家中的财产非常多。在西京建造了宝寿寺，寺里的大钟铸成之时，高力士作素食来庆贺，全部的朝廷官员都过来参加。用杵敲钟一下，就要布施一百贯的钱。有讨好的人敲到了二十杵，敲的少的也没有低于十杵。可是他的性情温和而谨慎，几乎没有过失。又擅长观察当时的情势并且采取合适的举动，不敢骄傲和放肆，因此唐玄宗始终亲近并且信任他，士大夫也不痛恨和讨厌他。

五月，壬午日（十三日），大臣们上尊号称唐玄宗为开元天宝圣文神武应道皇帝，开始大赦天下，并且免除了老百姓第二年的租、庸税赋，挑选后魏的子孙一人作为三恪。

六月，庚子日（初一），并且赐铁券给安禄山。

度支郎中兼侍御史杨钊擅长观察唐玄宗心中的好恶并且迎合他的心意，因为擅于聚敛钱财而多次升官，一年当中担任朝廷中的十五个职位。甲辰日（初五），升到了事中，兼任御史中丞，专门管理钱财收支的情况，接受唐玄宗的恩宠渐渐隆盛。

苏冕评价说：朝廷设立官位分掌职事，各自都有专任的主管人员。政事有常度所以容易奉行，庶务各自归其根本因而很少有差错。经理国家让他长治久安，除了上述的一些办法之外，还有什么依据？等到奸臣们大谈财利来求取一些恩幸，朝廷大都任为使节来表示荣宠；对老百姓厚敛钱财，用夸大不实的数字呈报给唐玄宗；于是唐玄宗就心浮气动，所以越加奢侈，人民怨恨，终于酿成了大祸；让天子和朝廷中的百官身居其位但是却无所事事，享受厚禄并且把国家的有用之财损耗殆尽。宇文融首开其端，杨慎矜、王鉷接着遵行。杨国忠终于造成了大乱。仲尼说过："国家宁可有偷盗的臣子，也不能有聚敛的臣子。"这话说得真是太对了！前面的车子都已经翻倒了，后来的车子却仍然不知道悔改，要想做到教化流行这一根本的任务，不是太困难了吗？

冬季，十月，庚戌日（十三日），唐玄宗来到华清宫。

十一月，癸未日（十七日），就封杨贵妃嫁给崔家的姐姐作为韩国夫人，嫁给裴家的姐姐作为虢国夫人，嫁给柳家的姐姐作为秦国夫人。三个人都有才艺以及美色，唐玄宗就称呼她们为姨。她们进出皇宫，都接受唐玄宗的爱幸，权势凌驾于天下。每次三国夫人进宫拜见唐玄宗的时候，玉真公主（睿宗女）等一些人都谦让，不敢在座位上坐。贵妃的三位姐姐和杨铦、杨锜五家，一旦有请托郡、县争相奉承奉迎，这比唐玄宗的命令都要快速；各地的贿赂和馈赠，都在他们的家中聚集，害怕落在人后，从早上到晚上门庭若市。十王宅及百孙院如果有结婚或者嫁女的事情，都用一千缗钱去贿赂韩国夫人、虢国夫人，让她们向唐玄宗请求，没有不达成心愿的。唐玄宗的赏赐和各地进献的礼物，五家都一样的多。争着建造府第和宅舍，十分壮观华丽。一个厅堂的费用，就超过千万钱。建好房屋后，看到别人家有比自己好的，经常将自己的毁掉再建。尤其是虢国夫人特别奢侈，有一天，她领着工匠闯入韦嗣立的家中，拆除他家的房子，建自己的新宅，仅仅给韦氏十亩闲田作为补偿。中堂建造成功后，让工人粉刷墙壁，费用大概是二百万钱；工匠又要求奖赏技艺，虢国夫人打赏他们绛罗五百段。工匠连看都不看说："请您拿一些蝼蛄、蚂蚁和蜥蜴，记其数，置于中堂，如果丢一个，我们都不收钱。"

十二月，戊戌日（初二），有人说玄元皇帝在朝元阁显灵，因此唐玄宗下令改会昌县为昭应，将新丰县并入昭应。辛酉日（二十五日），唐玄宗回到宫中。

哥舒翰在青海旁设立神威军，吐蕃来犯，哥舒翰将其打败。在青海中的龙驹岛上又建筑一个城，称应龙城，吐蕃不敢靠近青海一步。

这一年，云南王归义死了，其子閤罗凤继位，任命他自己的儿子凤迦异为阳瓜州刺史。

八载（己丑，公元749年）

春季，二月，戊申日（十三日），唐玄宗率百官视察左藏，赏赐绢帛等。此时各个州、县都很富裕，仓库经常积聚的米粮和绢帛过万。杨钊上奏请求唐玄宗下令让各州县把所积聚的米粮变成轻货，和他们征收的丁租地税都转变为布帛上缴；并且多次上表说国库充足，古往今来鲜有能敌，因此唐玄宗才率领百官前来视察。赏赐杨钊紫衣金鱼。因为国家财力充足，因此唐玄宗视钱财如粪土，随意奖赏宠臣。

三月，朔方节度等使张齐丘在中受降城距离西北方五百多里的木剌山建立横塞军，让振远军使郑人郭子仪作为横塞军使。

夏季，四月，咸宁太守赵奉璋向唐玄宗状告李林甫罪过二十多条；状子还没有送到，李林甫已经得到消息了，暗示御史逮捕他，说他胡说八道，扰乱民心，将他乱棍打死。

以往，折冲府都有木契、铜鱼，如果朝廷想要调兵，就下敕书附带木契铜鱼，都督、郡府一共验证，如合一契，再派兵。自从建立彍骑，府兵靡费，主管官员也不征补死亡和逃跑的人数；六驮马（十人为伙，伙备六驮马）和牛、器械、干粮等，也即将消散。进入朝廷首位的，叫作侍官，也就是守卫唐玄宗的人。后来各卫所的长官经常将士兵借给其他人，被人像奴隶一样使唤；长安人觉得非常耻辱，以至于经常开玩笑嘲笑他们。而那些守卫边关的府兵，经常又被边关的将军奴役，巴不得他们死了好将他们的财产据为己有。因此应该当府兵的都想法逃离，就无法向朝廷交兵了。五月，癸酉日（初十），李林甫上奏请求中止折冲府和朝廷之间的铜鱼和敕书；从此，府兵就只剩官吏了。军中的折冲、果毅又是很久也不能升职，士大夫也以担任那个官职为耻。而彍骑的制度，到天宝以后，也慢慢废弛，应征的都是一些乡野肩担小贩和无业游民，从未学习过军事技能。天下太平久矣，谈到此事许多人都认为可以销毁中原的兵器了，因此禁止民间私藏兵器。如果谁家里有当兵的人，父兄就排斥看不起他。精兵良将都集聚在西北，中原地带军备不足。

太白山人李浑等上奏说看到神仙，称金星洞有玉板石记载着圣主福寿的符命。唐玄宗命令御史中丞王鉷到仙游谷去寻求，得到了。唐玄宗认为接连出现祥瑞，是祖先的功劳，六月，戊申日（十五日），尊圣祖的称号是大道玄元皇帝，尊高祖的谥号是神尧大圣皇帝，太宗谥号是文武大圣皇帝，高宗谥号是天皇大圣皇帝，中宗谥号是孝和大圣皇帝，睿宗谥号是玄真大圣皇帝，窦太后以下都加谥号是顺圣皇后。

辛亥日（十八日）由于贪赃枉法，刑部尚书、京兆尹萧炅被贬为汝阴太守。

唐玄宗让陇右节度使哥舒翰统率陇右、河西及突厥阿布思的军队，和朔方、河东的军队，一共六万三千人，进攻吐蕃石堡城。此城三面险要无比，只可以走一条小道上去。吐蕃只用几百人守卫，多贮蓄粮食，积聚檑木和炮石，唐朝的军队多次进攻，都失败了。哥舒翰进攻几日未竟，就叫来了副将高秀岩、张守瑜，要将他们杀了，他们请求给三天时间；结果确实拿下了，虏获吐蕃铁刃悉诺罗等四百人，唐朝死了几万士兵，确实像王忠嗣所说的那样。不久，哥舒翰又派出士兵在赤岭以西开垦屯田，用贬谪的两千士卒戍守龙驹岛；冬天河里结冰，吐蕃大军会集攻打，戍军全部战死。

闰六月，乙丑日（初三），将石堡城作为神武军，同时在剑南西山索磨川设立保宁都护府。

丙寅日（初四），唐玄宗到太清宫（老子庙）拜谒。丁卯日（初五），群臣上尊号为开元天地大宝圣文神武应道皇帝，大赦天下。禘祭、祫祭祖先，从此以后在太清宫圣祖前，依昭穆次序设置神位。

秋季，七月，册封突骑施移拨为十姓可汗。

八月，乙亥日（十四日），护蜜王罗真檀进入宫中，要求留下守卫，唐玄宗同意了，当左武卫将军。

冬季，十月，乙丑日（初四），唐玄宗到华清宫。

十一月，乙未日（初五），吐火罗叶护失里怛伽罗派使者上书："朅师王归附吐蕃，让守卫在小勃律的军队困窘，阻碍他们运粮。我想打败这些穷凶极恶的人，想调动安西的军队，在明年正月到小勃律，六月到大勃律。"唐玄宗同意了。

九载（庚寅，公元750年）

春季，正月，己亥日（初十），唐玄宗返回皇宫。

群臣多次上疏请求唐玄宗封西岳，唐玄宗同意了。

二月，杨贵妃违逆圣意，被送回杨家私宅。户部郎中吉温凭借宦官引荐向唐玄宗说："妇人见识短浅，有违圣意，陛下为何不将她赐死于宫中，怎么忍心将她放在宫外受辱？"唐玄宗也后悔，派遣宦官将唐玄宗的吃食送给她。贵妃哭泣着对使者说："臣妾罪该万死，陛下哀怜不杀而送回娘家。从今往后，将要永离宫闱，珍宝均为皇上所赐，不足以进献；唯有头发，是父母所生的，才敢进献，以表诚心。"就剪下一束头发献给唐玄宗。唐玄宗赶紧派遣高力士召她回宫，宠爱更甚。

那时皇亲国戚争相献食物入宫，唐玄宗让宦官姚思艺为检校进食使，水陆珍馐好几千盘，每盘都要花费中等人家十户的产业。有一次，中书舍人窦华下朝回家，适逢公主进献食物，列于官道上，窦华传呼前后，拉着缰绳在中间慢慢行走；好几百个宫苑小儿在面前举起木棍要打，窦华差点挨打。

安西节度使高仙芝击败朅师，俘虏了国王勃特没。三月，庚子日（十二日），立勃特没之兄素迦为朅师王。

唐玄宗命令御史大夫王鉷开辟上华山的道路，并且于山上建祭祀用的坛场。当年春天，关中大旱。辛亥日（二十三日），西岳祠庙有火灾，唐玄宗下制书停止封祭西岳。

夏季，四月，己巳日（十一日），御史大夫宋浑贪财数万，逐于潮阳。一开始，因为李林甫的引荐吉温才得以在朝中为官；一直到兵部侍郎兼御史中丞杨钊越来越受唐玄宗宠爱，吉温就离开李林甫归附杨钊，替杨钊谋划取代李林甫的计策。萧炅和宋浑，都是李林甫的亲信，寻得他们的罪过，让杨钊奏请唐玄宗放逐远地，借以除去李林甫的亲信，李林甫也难以相助。

五月，乙卯日（二十八日），将安禄山封为东平郡王。唐朝将帅封王就此开始。

秋季，七月，乙亥日（七月无此日），在国子监中设广文馆，来教将来考进士的学子。

八月，丁巳日（初一），让安禄山兼任河北道采访处置使。

因为朔方节度使张齐丘对军粮分配不均，军士们非常生气，群殴判官。兵马使郭子仪用身体护卫张齐丘，才免遭劫难。癸亥日（初七），降张齐丘为济阴太守，让河西节度使安思顺代理朔方节度使。

辛卯日（八月无此日），有一个叫崔昌的做过官的读书人上奏说："国家应该继承周朝、汉朝，以土德取代火德；北周和隋朝，君位都是多余，不应该把他们的子孙作为二王的后人。"就将这件事交与大臣商议。集贤殿学士卫包上奏："公卿讨论的那夜，有四星会集在尾宿上，天意明了。"于是唐玄宗就下令寻找殷朝、周朝和汉朝的后人以为三恪，废除韩公（元魏后）、介公（后周后）和酅公（隋后）；将崔昌封为左赞善大夫，卫包为虞部员外郎。

冬季，十月，庚申日（初五），唐玄宗到华清宫。

太白山人王玄翼说曾看到玄元皇帝，还说宝仙洞中有妙宝真符。唐玄宗命令刑部尚书张均等人去寻，得之。这个时候唐玄宗尊崇道教，羡慕长生，所以到处都说有灵符妙宝，大臣也一直上表庆贺。李林甫等人主动将自己的住宅捐献出来替唐玄宗祝寿。唐玄宗特别高兴。

安禄山多次诱使奚和契丹人，为他们举办宴会，请他们喝莨菪酒，醉后，将他们坑杀掉，经常一次坑杀好几千人，函其首交付朝廷，前后有好多次。此时，要求入朝。唐玄宗让主管官员先在昭应为他建宅。安禄山到达戏水，杨钊兄弟姐妹全部都去接他，冠盖蔽野；唐玄宗亲自到望春宫等他。辛未日（十六日），安禄山进献八千奚俘，唐玄宗说等到考察功绩的时候，记上上功。此前，允许安禄山在上谷设立五垆铸钱，因此安禄山进献钱的样品一千缗。

杨钊是张易之的外甥，向唐玄宗奏请为张易之兄妹沉冤得雪。庚辰日（二十五日），唐玄宗下制书，因为在房陵张易之兄弟迎立中宗的功劳，恢复他们的官爵，并且让一个人当官。

杨钊因为在图谶书中有“金刀”，请求更换姓名；唐玄宗赐他名国忠。

十二月，乙亥日（二十日），唐玄宗回到宫中。

关西游弈使王难得进攻吐蕃，攻克五桥，又攻取树敦城；唐玄宗命令王难得为白水军使。

安西四镇节度使高仙芝假装与石国修好，但是暗中却带兵去偷袭他；将石国的国王和一些士兵俘虏，将老幼全部杀死。高仙芝爱财，抢十多斛碧绿色的珠宝，五六骆驼的黄金；其余马匹杂货的价值，等价于黄金珠宝，皆收归已有。

杨国忠感激鲜于仲通，荐他做剑南节度使。鲜于仲通狭隘急躁，失去蛮夷的人心。

按照惯例，南诏的酋长经常和妻子一同进谒都督。途经云南，云南太守张虔陀都和他们的妻子奸宿，要求更多的钱财；南诏王罗凤不愿意，张虔陀派人去羞辱他，并密报他们的罪过给朝廷。罗凤非常愤怒，当年就叛变，克云南，杀张虔陀，夺取了归附唐朝的西南夷的三十二州。

十载（辛卯，公元751年）

春季，正月，壬辰日（初八），唐玄宗敬拜太清宫；癸巳日（初九），朝拜祭祀太庙；甲子日（胡注："上书壬辰、癸巳，下书丁酉，则甲子当作甲午。"译者注：正月无甲子日，甲午日初十），合祭天地神祇于南郊，赦免天下苍生，免除当年的地税。

丁酉日（十三日），任命李林甫为遥领朔方节度使，让户部侍郎李暐主管留后之事。

庚子日（十六日），杨铦、杨锜及韩国、虢国、秦国三夫人五家夜游，与广平公主（玄宗女）的随从人员争抢过西市门，杨家的奴仆的鞭子触及公主的衣服，公主掉下马。驸马程昌裔下来搀扶公主，也被鞭打。公主向唐玄宗哭诉，因此唐玄宗把杨家的奴仆处死。第二天，将程昌裔免官，不允许他们再来朝见。

唐玄宗命令主管官员在亲仁坊内替安禄山建造第宅，命令只要修得壮美，不管花多少钱。宅邸落成，拥有幄幕帷帐和各式器具，填满屋子。有两张镶贴白玉的檀木床，都是长一丈，宽六尺；一个银平脱屏风帐，有一丈六尺见方；连厨房和马房都是用金银装饰的，有两个金质的饭罂，两个银质的淘米盆，一次可以淘洗五斗米，用银丝编织的筐子和笊篱各一。其他的物件也都大致这样的规制。极尽豪奢，估计连皇宫里的东西也难以与之相比。唐玄宗经常让宫里的使者做安禄山的监工，建筑第宅及制造储备物和赏赐物品，经常对他说："胡人的眼光高，别让他说我们小气。"

安禄山迁新居，设宴席，请唐玄宗下墨敕（用墨笔书写之敕书）让宰相到宅中来。这一天，唐玄宗想在楼下打球（类今之踢足球），于是马上停止游戏，让宰相到他家去。每天都让杨家的人和他一起游山玩水，摆设宴饮，还让梨园子弟为他们助兴。唐玄宗一有好吃的，或者在后苑中打猎获得新鲜的禽鸟，就立即派使者送去，路上车马不断。

甲辰日（二十日），是安禄山的生辰，唐玄宗和杨贵妃赏赐给他丰厚的衣服、宝器、酒食。三天过后，召安禄山进宫，杨贵妃用锦绣做一个大襁褓，将安禄山包起来，让宫女用花轿抬着。听到后宫的笑闹，唐玄宗询问原因，近侍回答说是贵妃替禄儿洗三日澡。唐玄宗亲去观看，非常高兴，赏贵妃替孩子洗澡的钱，又重赏安禄山，玩尽兴了才散。自此以后，安禄山随意进出宫闱，有时和贵妃对坐吃饭，有时夜宿皇宫，丑闻渐渐传出，唐玄宗却一点也不在意。

安西节度使高仙芝回朝，进献所抓获的突骑施可汗、吐蕃酋长、石国王、朅师王。朝廷将高仙芝封为开府仪同三司。过了一段时间，又命高仙芝为河西节度使，来接任安思顺。安思顺讽示各部族胡人自残请求保全自身。因而唐玄宗下制书又把安思顺留在河西。

安禄山想要兼任河东节度使。二月，丙辰日（初二），唐玄宗任命河东节度使韩休珉做左羽林将军，让安禄山接任做河东节度使。

户部郎中吉温看到安禄山圣眷正浓，因此投靠他，约为兄弟。对安禄山说："李右丞相虽然及时侍奉亲近三哥，不一定想让你当宰相；虽然我听从于他，但最终还是不能得到提升。如果你向唐玄宗举荐我，那么我就立即对唐玄宗说你有任宰相的才能，如果我们共同打压李林甫，您就一定成为宰相了。"安禄山特别高兴，多次对唐玄宗说吉温有才干，唐玄宗也忘记了以前的话。恰逢安禄山为河东节度使，因此上奏让吉温为节度副使、管理留后事宜，任命大理司直张通儒做留后判官，河东道的事务由他全权负责。

这时，杨国忠是御史中丞，正受唐玄宗宠信，做事专权。安禄山上殿时，杨国忠常常搀扶他。安禄山与王鉷同是大夫，王鉷的权责仅在李林甫之下。安禄山见到李林甫，非常傲慢。李林甫假装有事和王大夫说，王鉷到面前，亦步亦趋向他行礼；安禄山才觉得自己傲慢，渐渐缓和神情。李林甫和安禄山交谈，经常猜他的心思，预先说出，安禄山非常吃惊。安禄山对几乎所有的大臣都很无礼，仅仅害怕李林甫，只要和他相见，即使天大寒，也常常汗流浃背。李林甫带领安禄山和他一起就座于中书省，用温婉的话抚慰他，脱下身上的长袍亲自披在他身上。安禄山尤为高兴，心情激动，将李林甫称作十郎。当他回范阳后，每次刘骆谷从长安来，必定问："十郎有什么话告诉我？"如果得到赞美就非常高兴；有的时候说："告诉安大夫，检点一点！"就把两手伸到背后靠着胡床说："啊，我快死了！"

安禄山同时任三镇节度使之后，自己决定功过奖惩，越来越放肆。因为自己以前不跪拜太子，如今唐玄宗又日益衰老，很是担忧，又注意到朝廷兵力不足，于是就对中原之地日渐轻视。孔目官严庄、掌书记高尚因而为他解说图谶的内容，劝他反叛。

安禄山拥有同罗、奚、契丹各部族投降的人马一共八千多，称为"曳落河"。所谓曳落河，即壮士。此外还有一百多家僮，都是骁勇善战的人，可以以一当百。又蓄养好几万匹战马，存有大量兵器。分派胡商到各道贩卖，每年都赚很多珍贵物资。秘密地制作以百万计绯、紫袍和各种鱼袋。让高尚、严庄、张通儒和孙孝哲将军为亲信，史思明、安守忠、李归仁、蔡希德、牛廷玠、向润容（据两《唐书安禄山传》，容当作客）、李庭望、崔乾祐、尹子奇、何千年、武令珣、能元皓、田承嗣、田乾真、阿史那承庆作为打手。高尚是雍权人，本名叫不危，颇有文采，在河朔一带做斗米小官，贫困不得志，经常感叹说："高不危本该因做大事而死，怎么可以吃着草而活？"安禄山将他请到帐下，可自由出入卧室。高尚主要管理笺表奏章，严庄主要管理簿籍。张通儒是张万岁的儿子；孙孝哲是契丹人。田承嗣世代都是卢龙军的小校尉，安禄山让他当前锋兵马使。有一天下大雪，安禄山巡视各军，到了田承嗣的营中，安静得好像入无人之地。当他进入营中巡视，没有一个人缺席，因此安禄山很重视他。

夏季，四月，壬午日（三十日），剑南节度使鲜于仲通征讨南诏蛮人，大败于泸水以南。当时鲜于仲通率兵马八万，兵分两路从戎州和巂州进军，到曲州、靖州，南诏王阁罗凤派使者谢罪，请求归还以往所夺，造好云南城退回南诏去，并说："现在吐蕃大兵压境，如果反对求和，我将归附吐蕃，云南就不属于大唐了。"鲜于仲通不愿意，还将南诏来的使者囚禁。进军到西洱河，与阁罗凤战斗，大败，死六万人，鲜于仲通仅仅免于一死。杨国忠隐瞒他战败的事实，仍然记他有功。阁罗凤替唐兵收尸，积成一个高台，随后臣服吐蕃。北方人的语言称弟弟为"钟"，吐蕃让阁罗凤作为"赞普钟"（吐蕃领袖称赞普），号称"东帝"，赐金印。阁罗凤在城门刻碑，称自己不得已才反叛，并且说："我们世代归附唐，接受唐朝的封爵，或许后世又归附唐朝，也可以让唐使看这个碑，让他知道并不是我想叛唐。"

唐玄宗大肆征河南河北的士兵进攻南诏；但人们听闻云南瘴气很盛，还没开打就有九成的士兵死去，没有人肯应征。杨国忠派遣御史到处抓人，用枷锁将抓到的士兵拉到军营去。按旧制，有功的人可以免兵役；但那时因为调遣军队已经很多，杨国忠上奏选功劳高的人当兵。因此被征募的人都非常不满，父母妻子都为他送行，哭声直上云霄。

高仙芝俘获石国王时，石国的王子逃亡各胡族部落，向胡人详述被高仙芝诱骗的情形。各胡族都非常生气，秘密想带大食军队一起进攻唐西北四镇。高仙芝闻之，率三万蕃兵和汉兵攻击大食，深入七百多里，到恒罗斯城，与大食军队相遇。对峙五天，葛逻禄部的军队叛变，与大食夹击唐军。高仙芝大败，只剩下几千人，其余几乎全部阵亡。右威卫将军李嗣业劝高仙芝趁天黑逃跑，道阻且长，前有拔汗那部的军马，人马挡道，于是李嗣业在前开路，人马都被打死，高仙芝才逃脱。

高仙芝逃脱后，和将士分散了，副将汧阳人段秀实听到李嗣业的声音，骂道："率先逃走，是为不勇；弃军保已，是为不仁。侥幸得偿所愿，不该感到羞愧吗！"李嗣业握着他的手告罪，留下来抵御追兵，收拾散众，才能脱身。回到安西，李嗣业向高仙芝汇报，高仙芝就任用段秀实兼任都知兵马使，做自己的判官。

八月，丙辰日（初六），武库失火，烧毁兵器三十七万件。

安禄山率领幽州、平卢、河东三道六万兵马征讨契丹，用两千奚部骑兵做向导。越过平卢一千多里，到达土护真水时，遇到大雨。安禄山率兵马日夜兼程三百多里，到达契丹的大本营帐前，契丹大惊。因为当时已下了很久的雨，弓弩的筋胶都变松了，大将何思德对安禄山说："我们虽人多势众，但从远处赶来非常疲倦，不适合作战，不如暂时休息下，让使者逼迫他，不过三天，敌人肯定要投降。"安禄山非常生气，要杀他，何思德自请当前锋杀敌而死。因为何思德和安禄山长得很相像，敌人争先进攻，将他杀死，都以为杀死了安禄山，勇气倍增。奚军又叛变，和契丹联合，夹击唐军，几乎全军覆没。契丹向安禄山射箭，射中马鞍，折断冠上的簪子，脱下鞋子，自己和他的二十多个下属一起逃走了。等到夜里，追赶的敌骑松懈散去，才得以逃回师州。安禄山把罪过加在突厥左贤王哥解和河东兵马使鱼承仙身上，将他们全部杀了。

平卢兵马使史思明非常害怕，逃跑躲到山谷中，二十多天后，收拾散失的士兵，得七百人。平卢守将史定方率两千精兵解救安禄山，契丹带领军队返回，安禄山才得脱身。到了平卢，部将没有存活的，不知如何是好。史思明走出山谷迎接安禄山，安禄山非常高兴，站起来握着他的手说："我得到了你，还愁什么！"史思明班师回朝后，对别人说："如果我老早就出来，估计现已经和哥解同时被杀了。"契丹围攻师州，安禄山派史思明将他们打退。

冬季，十月，壬子日（初三），唐玄宗到华清宫。

杨国忠教鲜于仲通上表请求自己遥领剑南。十一月，丙午日（二十七日），让杨国忠同时为剑南节度使。

十一载（壬辰，公元752年）

春季，正月，丁亥日（初九），唐玄宗摆驾回宫。

二月，庚午日（二十二日），让主管官员拿出粟米绢帛和国库里好几十万贯的钱，在两市之间换恶钱。此前，江、淮一带恶钱非常多，朝廷的贵戚和大商人经常用一个好钱换五个恶钱，运到长安来使用，百姓深受其害，因此李林甫上奏希望唐玄宗加以禁止，由政府限期一个月给他们交换，一个月后仍不把恶钱缴交朝廷换取好钱的，要治罪。于是商人很不满意，认为这样很不方便。他们将杨国忠的马拦住向他陈情，杨国忠向唐玄宗替他们求情，于是就更改命令，只要不是用铅、锡铸造及穿孔的，仍然可以使用。

三月，安禄山率领蕃、汉步兵和骑兵二十万人攻击契丹，想要一洗去年秋季的战败之耻。开始，突厥阿布思投降，唐玄宗待他很是优厚，赐名李献忠，连升到朔方节度副使，赐爵位是奉信王。李献忠有雄才大略，不情愿对安禄山以尊敬的礼节，因此安禄山很是恼火。此时，请求唐玄宗派李献忠带领数万同罗骑兵，与他共同攻击契丹。李献忠害怕被安禄山陷害，对留后张暐说，让他奏请唐玄宗让自己留下来，张暐不同意。李献忠率自己带领的军队抢掠仓库，反叛唐朝返回漠北，因此安禄山停止进军。

乙巳日（二十八日），将吏部改为文部，兵部改为武部，刑部改为宪部。

户部侍郎、御史大夫、京兆尹王鉷，权势日盛，同时管理二十多个节使。宅邸附近就是使院，文书堆积，管理想要让他签个字，都得等上好几天，甚至还没办法接近他；宫中使者来送赏赐物品，连绵不绝，甚至李林甫都畏他三分。李林甫的儿子李岫做将作监，王鉷的儿子王淮做卫尉少卿，他们都在宫里面做事。王淮欺侮李岫，李岫常常受委屈。但是王鉷对待李林甫很恭敬，因此李林甫虽然对于他的得宠很是怨恨，也不忍心陷害他。

王淮曾带他的下属去拜访驸马都尉王繇，王繇望着车驾以磕头礼迎接。王淮拿着弹弓打中王繇的帽子，将帽上的玉簪打断了来玩乐。接着王繇宴请王淮入座，王繇的妻子永穆公主，是唐玄宗很疼爱的女儿，亲自为王淮拿着刀匙。王淮走之后，有人告诉王繇说："他是无名鼠辈，依仗他父亲的势力而已，您却叫公主侍候他吃饭，如果让皇上知道了，这个不合规格啊？”王繇说：“即使皇上生气了，也没什么有害的；至于七郎，事关个人生死，不敢不这样。”

王鉷的弟弟户部郎中王銲，奸诈并且不守法，将术士任海川叫到家中问道：“我有当天子的命没？”任海川恐惧，逃离到远方藏起来了。王鉷害怕事情败露将他逮捕，借口别的过错将他打死。王府司马韦会，是定安公主之子、王繇的同母弟弟，私下和别人说起这件事。王鉷让长安尉贾季邻将韦会逮起来，关在监狱里，将他吊死。王繇不敢说什么。

王銲的好朋友邢縡，和龙武禁军万骑设计，要将龙武将军杀死，利用他的士兵反叛，将李林甫、陈希烈、杨国忠杀死。在准备起事的前两天，有人举报。夏季，四月，乙酉日（初九），唐玄宗亲自审案，将告发的状子当面交给王鉷，让他去抓获乱党。王鉷猜想王銲在邢縡住的地方，就派人先把他找来，傍晚的时候才让贾季邻等去逮捕邢。邢縡住在金城坊，季邻等人到了门口儿，邢縡和他的同伙好几十人带着弓箭和刀冲出去了。王鉷和杨国忠因此就带着士兵随后到了，邢縡的同伙说：“别伤了王大夫的人。”杨国忠的随从偷偷地告诉杨国忠说：“贼党有暗号，不能和他们战斗。”邢縡边战斗边逃走，等到了皇城的西南角，刚好高力士带领四百飞龙禁卫军人赶到，把邢縡杀死，还把他所有的同伙都抓住了。

杨国忠向唐玄宗详述当时情形：“王鉷肯定参与了这个计划。”唐玄宗认为王鉷所担任的职任和待遇很隆盛，不可能反叛；李林甫也替王鉷辩护解释。因此唐玄宗下特令对王銲免责，然而心中却希望王鉷上表请罪；就让杨国忠暗示他。王鉷不甘心，唐玄宗非常恼怒。刚好陈希烈竭力说王鉷大逆不道，应该被处死。戊子日（十二日），唐玄宗下敕书，让陈希烈和杨国忠一同审问他，还让杨国忠同时任京兆尹。因此任海川、韦会等人的事情都抖搂出来，狱讼审理完毕证据齐全，呈报唐玄宗。唐玄宗赐王鉷自杀，王銲在朝堂上杖责至死。王鉷之子王准、王偁，放逐到岭南，没过多久又把他们杀死。主管官员登录他的第宅房舍，登录了好久都没有登完。王鉷的门客和助手们都不敢到他的门前窥探，只有采访判官裴冕替他收尸并且将他埋了。

开始，李林甫认为陈希烈容易掌控，荐他做左相，有关政事经常随侍在李林甫左右，当他晚年与李林甫做敌人时，李林甫非常恐惧。待到李献忠叛变，李林甫才得以请求解除朔方节度使的副职，并且荐河西节度使安思顺接替自己。庚子日（二十四日），派安思顺为朔方节度使。

五月，戊申日（初三），庆王李琮去世，赠谥号靖德太子。

丙辰日（十一日），京兆尹杨国忠升职为御史大夫、京畿关内采访使等职，凡是王鉷统领的节使职务，全部归杨国忠管理。

开始，李林甫认为杨国忠还有些才能，并且又是贵妃的族兄，所以对他很好。杨国忠同王鉷都做中丞的官，因为王鉷靠李林甫推荐，做了大夫，所以杨国忠非常不痛快，因此就严格地审讯邢縡的案子，教他说出李林甫和王鉷兄弟以及阿布思暗中交往的事情，陈希烈、哥舒翰随后又证实他的罪状；因此唐玄宗疏远李林甫。杨国忠声势浩大，开始与李林甫为敌。

六月，甲子日（六月无此日），杨国忠向唐玄宗汇报吐蕃派兵六十万去救南诏，剑南的军队在云南将他击溃，收复隰州三个城，抓获六千三百个敌人，因为路途遥远，选择健壮的一千多人和投降的酋长进献给朝廷。

秋季，八月，乙丑日（八月无此日），唐玄宗又到左藏，赐群臣绢帛。癸巳日（十九日），杨国忠进言，在左藏仓库的房屋上有凤凰出现，出纳判官魏仲犀说凤凰落在仓库西边的通训门。

九月，阿布思入侵中原，围攻永清栅，栅使张元轨击退之。

冬季，十月，戊寅日（初五），唐玄宗到华清宫。

己亥日（二十六日），将通训门改为凤集门；魏仲犀升职做殿中侍御史，杨国忠的部下官员大多因为凤凰落在通训门的原因而加官晋爵。

南诏多次侵犯边境，蜀地的百姓希望杨国忠去镇守。左仆射兼右相李林甫上奏请求派遣他去。杨国忠即将上任，哭着向唐玄宗辞别，说肯定要被李林甫陷害，杨贵妃也替他求情。唐玄宗对杨国忠说："你先到蜀地处置军事，朕等着你，回来后将用你做宰相。"李林甫那时已经病重，心中忧愤，不知道该怎么办。巫医说如果见到圣上或许会有所好转；唐玄宗想到李林甫家去看他，侍从都劝他不要去。唐玄宗就让李林甫站到院子里，唐玄宗登上降圣阁从远处看望他，用红手帕向他招呼。李林甫没能力跪拜，让别人代拜。等杨国忠到了蜀地，唐玄宗派宫中使者让他回来，到了昭应，会见李林甫，在他的床前跪拜行礼。李林甫流泪对他说："我将要死了，您必定做宰相，以后就麻烦你了！"杨国忠辞谢不敢当，流汗遮蔽了脸面。十一月，丁卯日（二十四日），李林甫死了。

唐玄宗晚年，因为天下久无战事，认为天下不会再有担心的事，因而就深居宫中，专心用音乐美色来取乐，将政事全部委托给李林甫。李林甫讨好侍奉唐玄宗的侍从，迎合唐玄宗，借以稳固自己的恩宠；阻断臣民上谏的途径，遮掩唐玄宗的耳目，以满足自己的奸谋；厌恶贤臣，排挤压迫比自己强的人，来保自己的位置；多次掀起重大的刑案，杀戮放逐权贵大臣，来扩充自己的势力。从皇太子以下的人，都不敢和他对面站立。他总共做了十九年的宰相，养成天下大乱，但是唐玄宗并不知晓。

庚申日（十七日），任命杨国忠做右相，同时为文部尚书，以往兼任的判官和节使等官职，都照旧。

杨国忠为人爱强词夺理并且心浮气躁，无威仪。做宰相后，以天下之政事为己任，对机密重大事情的裁决，很是果断。在朝廷上，有时掀起衣袖，握着手腕，对公卿以下的臣子，皆颐指气使，没有一个不害怕服从的。从侍御史到做宰相，他总共兼领了四十多个节使。具有才能品德或好名声的御史台和中书省的官员，因为不愿受他指使，都被下放到外地去。

有人劝陕郡进士张彖去拜见杨国忠，说："只要见到他，你就可以飞黄腾达了。"张彖说："诸位先生依仗杨右相如同依靠泰山一样，但我认为他只是一座冰山！一旦太阳升起，你们不都失去依靠了吗？"因此就隐居在嵩山。

杨国忠让司勋员外郎崔圆做剑南节度留后，召唤魏郡太守吉温做御史中丞，充当京畿、关内采访等使。吉温到范阳向安禄山辞别，安禄山把他的儿子安庆绪送到边境，替吉温牵着马缰走出驿站好几十步。吉温到达长安，朝廷的所有动向，都向安禄山上报，消息来往不过一两天。

十二月，杨国忠想讨人们欢心，上谏说："今后文部所用官吏，不管才德，只管资历，依据资历和所阙的官职，注拟官爵。"深得那些多年不得升迁的人的称赞。杨国忠所有的措施，都顺应别人，因此备受称赞。

甲申日（十二日），任命平卢兵马使史思明同时为北平太守，还充任卢龙军使。

丁亥日（十五日），唐玄宗返回宫中。

丁酉日（二十五日），任命安西行军司马封常清做安西四镇节度使。

哥舒翰一直都与安禄山、安思顺不和，唐玄宗曾让他们讲和，让他们结为弟兄。这年冬天，三个人一起回京；唐玄宗让高力士在城东设宴款待。安禄山对哥舒翰说："我的父亲是胡人，母亲是突厥人；您的父亲是突厥人，母亲是胡人；我们的种族非常相像，怎么不相亲近呢？"哥舒翰说："以前有人说，狐狸对着窟穴号叫，不吉利，因为他忘本呀。如果我和你亲近，翰哪敢不尽心尽力呢？"安禄山认为哥舒翰是在讽刺他是胡人，很生气，骂哥舒翰说："你这个突厥人怎么敢这样！"哥舒翰想要反唇相讥，高力士向他使眼色，哥舒翰忍住了，假装醉酒。自此以后，他们两个人之间的仇恨更深了。

棣王李琰有两个侧室，相互争宠。有一个让巫者画符放在李琰的鞋子里希望得到青睐。李琰和监院的宦官有间隙，宦官知道了这件事，秘奏说李琰诅咒唐玄宗。唐玄宗派人乘其不备检查他的鞋子，得到符咒，很生气。李琰叩罪说："我真的不知道鞋里面有符。"唐玄宗派人审问他，结果是侧室放在鞋里的。唐玄宗还是怀疑李琰，将他囚禁在鹰狗坊里，禁止他朝见。李琰伤心而死。

按旧历，兵部和吏部尚书做宰相的，选举的事情全部任命侍郎以下的人主办，经过三次注拟三次唱名口试及格后，再送往门下省审核。从春天到夏天，事情才结束。等到杨国忠做宰相并且任文部尚书，想夸耀自己的文思敏捷，就让尚书省令史到他家中秘决姓名和所缺官职。

十二载（癸巳，公元753年）

春季，正月，壬戌日（二十日），杨国忠召左相陈希烈和给事中、诸司长官都集聚在尚书都堂，将选举合格的人唱名注拟官职，一天就结束了，说："今天左相和给事中（皆门下省官）都在，就等同于已经送去门下省审定了。"在选举合格的人员中有不少人资格不够，但是没有人敢说。自此以后选任新官员就不送门下省审定，侍郎仅仅负责考试书判。侍郎韦见素、张倚在宰相家中趋奉奔走，和主事小吏没差别。韦见素，是韦凑的儿子。

京兆尹鲜于仲通暗示被选上的人请求唐玄宗为杨国忠刻碑颂功，竖立在中书省的门前。唐玄宗让鲜于仲通撰写颂词，唐玄宗替他改了几个字。鲜于仲通在碑上将唐玄宗修改的字用黄金填写。

杨国忠让人劝说安禄山，诬告李林甫和阿布思图谋叛逆。安禄山让阿布思部落的降卒到朝廷诬陷李林甫和阿布思结为父子。唐玄宗当真了，交与法官审讯。李林甫的女婿谏议大夫杨齐宣担心受连累，顺应杨国忠的意思出面证明，因此将李林甫定罪。当时李林甫还没有被埋葬。二月，癸未日（十一日），命令削夺李林甫的官爵，有官职的子孙都被撤职，流放到岭南和贵州等地，仅仅容许携带随身衣服和粮食，其他财产均被没收。因为和他有亲缘关系或者和他亲近的原因，有五十多个人遭贬。将李林甫的棺材劈开，拿走嘴里的珍珠，夺去金鱼袋和紫袍，又用一口棺材将他像普通百姓那样埋葬。己亥日（二十七日），封陈希烈爵秩为许国公，杨国忠爵秩为魏国公，奖励他们判定李林甫的狱案。

夏季，五月，己酉日（初九），又将元魏、北周和隋代的后人作为三恪，这是杨国忠有意说李林甫的错。卫包因为帮助李林甫做坏事被贬官为夜郎县尉，崔昌贬谪为乌雷县尉。

阿布思被回纥打败，安禄山诱其部落而降之，所以，安禄山的精兵无人能敌。

壬辰日（五月无此日），任命左武卫大将军何复光带领岭南五府的军队去进攻南诏。

安禄山认为李林甫比自己还要狡诈，因此畏惧他，服从他。待杨国忠做宰相了，安禄山看不起他，因此两人就结下仇恨。杨国忠多次对唐玄宗说安禄山有谋反的形迹，唐玄宗都不听。

陇右节度使哥舒翰进攻吐蕃，攻克洪济和大漠门等城，将九曲地方的各部落全部收复。

刚开始，高丽人王思礼和哥舒翰都是押牙，在王忠嗣手下做官。后来，哥舒翰任节度使，王思礼任兵马使兼河源军使。哥舒翰进攻九曲，王思礼没有按时间到达；哥舒翰想要杀他，之后又将他唤来放了。王思礼慢条斯理地说：“要杀就杀，为什么又叫我来！”

杨国忠与哥舒翰交情很深，一起和安禄山对峙，就向唐玄宗上奏让哥舒翰同时担任河西节度使。秋季，八月，戊戌日（三十日），赐哥舒翰爵秩做西平郡王。哥舒翰上疏请求让侍御史裴冕做河西行军司马。

那时候中原势力正盛，自长安城安远门以西到一万两千里远的唐朝领土上，村庄房舍连绵不绝，桑麻遮蔽原野。所有被称为富庶的地方，都无法和陇右相比。每次哥舒翰派使者向朝廷奏事，经常骑白驼骆，可日行五百里。

九月，甲辰日（初六），让突骑施黑姓可汗登里伊罗蜜施做突骑施可汗。

北庭都护程千里追击阿布思到达碛西，写信告诉葛逻禄，让他来接应，阿布思到了穷途末路，投靠葛逻禄，葛逻禄叶护将他抓住，并且将他的妻子还有下属几千人，送交唐军。甲寅日（十六日），封赏葛逻禄叶护顿毗伽开府仪同三司，赐给金山王的爵位。

冬季，十月，戊寅日（十一日），唐玄宗到达华清宫。

杨国忠和虢国夫人住处离得很近，不论日夜都有往来，不论时日和期限；有时同骑上朝，丝毫不加遮挡。路人都不忍见，纷纷将眼睛遮住。

韩国、虢国、秦国三夫人即将和唐玄宗的车马一起到华清宫去，在杨国忠府邸集聚；他们的车马仆役和随从，填满了好几个街坊，锦绣和珠玉鲜艳华丽，光耀炫目。杨国忠对门客说："我原本出身贫寒，只是因为后宫的原因有今天这样的排场，我还没想过卸任，然而我想我大概一辈子也不能获得赞美，还不如及时行乐。"杨氏五户人家，每家一队穿着一种颜色的衣服，以区分。五家队伍集在一起，好像云彩一样绚丽。杨国忠还是用剑南节度使的旌旗和符节在前面引路。

杨国忠的儿子杨暄考明经，因为学识浅薄，没及格。礼部侍郎达奚珣慑于杨国忠的威势，派遣他的儿子昭应县尉达抚预先告诉他。达抚窥见杨国忠入朝上马，就匆匆跑到马前；杨国忠猜他儿子肯定考中了，有欣喜的神情。达抚说："我的父亲让我告诉您，令郎的考试不合录取的标准，却不敢让他落榜。"杨国忠非常生气地说："我的儿子还用担心得不到富贵，却被你们这些人欺负！"用鞭子打着马，头也不回。达抚害怕得发抖，写信对他父亲说："他仗恃挟持富贵权势，使人痛心嗟叹，根本没法和他讲理？"于是就将杨暄放上等。等到杨暄做了户部侍郎，那时，达奚珣才从礼部升到吏部。杨暄和他的亲信说话时，还说自己升官太慢，达奚珣升得太快。

杨国忠官居要地之后，朝堂内外送的物品从四面八方集聚，所积的缣多达三千万匹。

唐玄宗想要在华清宫夜游。龙武大将军陈玄礼劝他说：“宫外都是荒地，一旦有事，恐怕不能及时救援！如果您一定要夜游，请回到长安城中去。”唐玄宗因此又带人返回。

那年，安西节度使封常清攻打大勃律，抵达菩萨劳城，前锋多次打胜仗，封常清就乘胜追击。斥候府的果毅段秀实劝说：“敌兵疲羸而且老打败仗，是在诱敌深入，请您查看一下周围的山林。”封常清采纳，果然搜到很多伏兵，因而将敌人打得落花流水，接受他们投降以后才返回。

中书舍人宋昱主管选举事宜，进士广平人刘乃认为选举的法规不够完善，向宋昱上书，认为：“禹、稷、皋陶同为舜的大臣，尚且说在选取有九德事实的人，要考察九年的政绩。现在的考官，仅凭一篇判文来考察他的言辞，在一次拜揖之间来观察他的德行，为何以前和现在在选举试用人才的迟速不同而差别巨大呢？假如周公、孔子现在到吏部考选人才的处所来应考，如果考察他们的文采，肯定比不上徐陵和庾信；论口才，将比不上啬夫，还怎么会和他们谈论圣贤呢！”

资治通鉴卷第二百一十七　唐纪三十三

起甲午（公元754年），止丙申（公元756年）四月，共二年四个月。

【题解】本卷记录了公元754年至756年四月的史事，共两年又四个月，正当唐玄宗天宝十三年至十五年四月。本卷主要写了安禄山反叛前与反叛后初期的政治形势。安禄山反叛之心已经显露，求索无厌，唐玄宗加重恩赏更是激发了他的骄傲自大。权臣杨国忠与安禄山交恶更加快了他的造反速度。天宝十四年十一月初九甲子，安禄山在范阳造反。安禄山反叛后，因其准备充足，兵强马壮，麾师南下，河北、河南的土地取得了大半。官军仓促应战，先是惨败，之后河北颜杲卿、颜真卿兄弟，河南张巡起义兵杀贼，鼓舞了官军士气，战役不断取得胜利。洛阳丢失后，战局出现了相持局面。

玄宗至道大圣大明孝皇帝下之下

天宝十三载（甲午，公元754年）

春季，正月，己亥日（初三），安禄山进入朝堂。那时杨国忠说安禄山肯定会反叛，并且说："如果皇上诏他，他肯定不敢来。"唐玄宗派人唤安禄山，安禄山接到命令后立即赶回来了。庚子日（初四），在华清宫拜见唐玄宗，流泪说："臣本来是胡人，承蒙陛下抬举到现在，却遭到杨国忠嫉恨，我害怕哪天就身首异处了！"唐玄宗很可怜他，赏赐万万。这件事之后更加亲信安禄山，不再听信杨国忠的话了。太子也知晓安禄山肯定反叛，向唐玄宗禀报，唐玄宗不听。

甲辰日（初八），太清宫向唐玄宗禀告说："学士李琪见玄元皇帝坐在紫云上，告诉他国家的福禄长远昌盛。"

唐初，皇帝的诏书和敕书全部是让中书省和门下省有才能的官员撰写。乾封之后，才让文士元万顷、范履冰等人撰写各种文辞，他们经常在北门等待诏命，当时的人称为“北门学士”。中宗时代，上官昭容专管此事。直到现今的皇帝即位，才设立翰林院，紧挨着宫廷，延请有才学的人，下至于精通佛学、道学、书法、绘画、弹琴、弈棋、算数的人，都安排进去，称“待诏”。刑部尚书张均和他的弟弟太常卿张垍，都是翰林院供奉。唐玄宗想要升安禄山为同平章事，已经让张垍将制书写好了。杨国忠谏道：“虽然安禄山有军功，但是他不识字，哪里可以当宰相！如果颁下制书，我担心周围的异族耻笑我们。”唐玄宗因此作罢。乙巳日（初九），让安禄山做左仆射，赐他的一个儿子三品官，一个儿子四品官。

丙午日（初十），唐玄宗回到皇宫。

安禄山请求兼职闲厩及群牧使。庚申日（二十四日），派禄山兼职闲厩和陇右群牧等职务。安禄山又请求兼任总监；壬戌日（二十六日），让他兼管总监的事务。

安禄山又向唐玄宗奏请让御史中丞吉温做武部侍郎，代理闲厩副使，因此杨国忠对吉温很是讨厌。安禄山暗地里派遣亲信到马厩里挑选好几千匹强壮能战的马，放养在其他地方。

二月，壬申日（初六），唐玄宗拜祭太清宫，改圣祖尊号为大圣祖高上大道金阙玄元大皇太帝。癸酉日（初七），祭祀太庙，上高祖谥号是神尧大圣光孝皇帝，太宗谥号改为文武大圣大广孝皇帝，高宗谥号改为天皇大圣大弘孝皇帝，中宗谥号改为孝和大圣大昭孝皇帝，睿宗谥号改为玄真大圣大兴孝皇帝，这是因为汉朝各个皇帝的谥号上都有孝字。甲戌日（初八），群臣上尊号为开元天地大宝圣文神武证道孝德皇帝。大赦天下。

丁丑日（十一日），杨国忠升官做司空；甲申日（十八日），唐玄宗在轩槛宣读册文任命他。

己丑日（二十三日），安禄山进言：“我率领的将士，征讨奚、契丹、九姓、同罗等部族，功勋卓著，请不要因为旧制的束缚，加重赏赐，才好写告身（委任官职的文凭）付与臣军交给他们。”因此五百多人升为将军，两千多人升为中郎将。安禄山想要反叛，因此先用这个方法收揽人心。

三月，丁酉朔日（初一），安禄山回范阳。唐玄宗将身上的衣服赏给他，安禄山接受了以后很高兴。害怕杨国忠向唐玄宗说将他留在京城，就赶紧跑出潼关，乘船顺流而下，让船夫手执绳板在岸边拉船，十五里换一次班，日夜兼程，日行几百里，就算经过郡县也不下来。那时只要有人说安禄山要造反就被抓起来审问。所有人们都知道安禄山要造反，但是没人敢说。

安禄山自长安返回范阳时，唐玄宗让高力士在长乐坡替他饯行。待高力士回宫，唐玄宗问他："安禄山高兴了吗？"回答说："我看他怏怏不乐，肯定知晓要让他做宰相却中止的原因。"唐玄宗把这件事告诉杨国忠，杨国忠说："这个事没人知道，肯定是张垍兄弟说的。"唐玄宗非常恼火，将张均贬建安太守，张垍贬成卢溪司马，张垍的弟弟给事中张埱谪贬为宜春司马。

哥舒翰也为他的属下请求赏赐，唐玄宗敕命让陇右十将、特进、火拔州都督、燕山郡王火拔归仁做骠骑大将军，河源军使王思礼升职为特进，临洮太守成如璆、讨击副使范阳鲁炅、皋兰府都督浑惟明全部升官为云麾将军，陇右讨击副使郭英乂做左羽林将军。郭英乂，是郭知运的儿子。哥舒翰上奏请求将严挺之之子严武升职做节度判官，河东人吕諲做度支判官，前任封丘县尉高适做掌书记，安邑人曲环做别将。

程千里将阿布思抓获，献俘到京城，朝廷将他杀了。甲子日（二十八日），任命程千里做金吾大将军，让封常清掌管北庭都护、伊西节度使。

夏季，四月，癸巳日（二十八日），安禄山回报，打败奚，抓获奚王李日越。

六月，乙丑朔日（初一），出现日食，但没有食尽，只留钩一样的弧形。

侍御史、俞南留后李宓率七万兵攻打南诏。阁罗凤诱敌深入，等到了大和城，闭门不与他交战。李宓将粮食吃光了，十分之七八的士兵感染瘴疠及饥饿而死，因此就带兵返回。蛮兵在后面追杀，李宓被俘，全军覆没。杨国忠隐瞒李宓战败的事实，向唐玄宗报告说他战胜了，因此又增派人员去征讨南诏，大概总共有二十万人战死了，无人敢给唐玄宗说这件事。唐玄宗曾经对高力士说："朕老了，朝廷的事情都交与宰相，边疆的事情全都交给诸位将军，还担心什么！"高力士回答说："臣听说云南多次吃败仗，而且边疆的守将拥兵众多，陛下将如何掌控他们？臣害怕一旦事情有变，再也没有挽回的余地，怎么能不担心呢？"唐玄宗说："卿不要再说了，我再想想。"

秋季，七月，癸丑日（二十日），哥舒翰上奏：在他开辟的九曲地方建立洮阳、浇河两个郡与神策军，让临洮太守成如璆担任洮阳太守，代任神策军使。

杨国忠很不喜欢陈希烈，陈希烈多次上疏请求撤销左相的官位，唐玄宗想用武部侍郎吉温替换他。因为吉温心附安禄山，杨国忠向唐玄宗奏说他不能替代陈希烈；因为文部侍郎韦见素性情温顺容易掌控，因此推荐他。八月，丙戌日（二十三日），让陈希烈做太子太师，罢除政事；让韦见素做武部尚书、同平章事。

自去年以来，水灾旱灾接连出现，关中出现大饥荒。杨国忠对京兆尹李岘不归附自己感到恨怒，就将水旱灾的原因归于李岘，九月，贬为长沙太守。李岘，是李祎的儿子。唐玄宗担心雨水太多伤了庄稼，杨国忠进献良好的禾苗，说："虽然今年雨水多，但并没有伤着庄稼。"唐玄宗当真了。扶风太守房琯向唐玄宗汇报所辖的地区有水灾，杨国忠就派监察御史去审问他。那年，没人再敢说有涝灾了。高力士侍奉唐玄宗的身旁，唐玄宗说："阴雨不断，你可以说说你的看法。"高力士回答说："自您将大权赐予宰相，赏罚失调，阴阳无度，我敢说什么！"唐玄宗不说话了。

冬季，十月，乙酉日（二十三日），唐玄宗到华清宫。

十一月，己未日（二十八日），建立内侍监二人，正三品官爵。

河东太守兼本道采访使韦陟，是韦斌的哥哥，有温文儒雅的名声。杨国忠怕他将来可能入朝做宰相，让人告发韦陟贪污，交付御史查办。韦陟贿赂御史中丞吉温，让他向安禄山求救，又被杨国忠发现。闰十一月，壬寅日（闰十一月无此日），谪贬韦陟桂岭县尉，吉温澧阳郡长史。安禄山为吉温申冤，还说杨国忠爱用谗言冤枉好人。唐玄宗难以处置。

戊午日（闰十一月无此日），唐玄宗回到皇宫。

这年，户部上报：天下一共有三百二十一郡，一千五百三十八县，一万六千八百二十九乡，九百零六万九千一百五十四户，五千二百八十八万四百八十八人。

十四载（乙未，公元755年）

春季，正月，苏毗王子悉诺逻远离吐蕃降唐。

二月，辛亥日（二十二日），安禄山派遣副将何千年入朝上奏，希望用三十二蕃将代替汉将。唐玄宗命令中书省立刻下达敕书，由自己签署执行，发给委任状。韦见素对杨国忠说："安禄山一直有二心，如今又这样要求，他反叛的想法已经明了了。第二天见素将极力进谏；如果皇上不听从，您要接着进谏。"杨国忠同意了。壬子日（二十三日），杨国忠、韦见素入朝晋见，唐玄宗迎着他们说："你们有人怀疑安禄山的忠心吗？"因此韦见素竭力说安禄山反叛已经有苗头了，不可以满足他的请求，唐玄宗心中很不高兴；杨国忠畏缩不前不敢进谏，唐玄宗终于同意了安禄山的请求。有一天，杨国忠、韦见素对唐玄宗说："臣有一计能够消除安禄山的野心。如果现在任命安禄山为平章事，让他班师回朝，让贾循做范阳节度使，吕知诲为平卢节度使，杨光翔做河东节度使，那么势力自然就被瓦解了。"唐玄宗采纳了他们的建言。已经把制书写好了，唐玄宗放着没有发放出去，又遣派宫中使者辅琳拿着稀有的水果赐给安禄山，暗自查看他的变化动静。辅琳接受安禄山贵重的行贿，返回朝廷，尽力说安禄山忠心为国，毫无二心。唐玄宗和杨国忠等人道："安禄山，朕用至诚之心对待他，肯定没有二心。东北两方面的敌军，依仗他来镇压阻挡。朕自己承诺安禄山不会造反，卿等没有必要担忧！"事情因此罢休没有再商讨。贾循，是华原人，那时他是节度副使。

陇右、河西节度使哥舒翰入朝，在路上患了风湿病，于是就留在京师，待在家中不出来。

三月，辛巳日（二十二日），唐玄宗下令给事中裴士淹宣谕慰劳河北。

夏季，四月，安禄山上奏报告攻破奚和契丹。

癸巳日（初四），封苏毗王子悉诺逻为怀义王，赐姓名叫李忠信。

安禄山回到范阳，朝廷每次派使者去，都假称身体有恙，没有出来相迎；大量摆设武备，之后才出来会见。裴士淹抵达范阳二十几天才得到接见，没有人臣的礼仪。杨国忠昼夜寻找安禄山谋反的证据，让京兆尹围困他的宅院，抓捕安禄山的门客李超等人，押到御史台牢狱，悄悄地把他杀害。安禄山的儿子安庆宗婚匹宗室女荣义郡主，在京师当太仆卿，得随供奉官班见朝，悄悄地告诉安禄山，安禄山越来越惶恐。六月，唐玄宗由于他的儿子要大婚，亲手写诏书命令安禄山回朝观礼，安禄山以生病为借口托词不过去。秋季，七月，安禄山上奏请求献马三千匹，每匹马需要马童二人，派遣蕃将二十二人分部派送。河南尹达奚珣怀疑他有欺诈，上奏请求唐玄宗"安慰安禄山，进献车马本应等到冬季，朝廷自有马夫，没有必要麻烦自己的部队。"因此唐玄宗慢慢省悟，开始对安禄山怀疑。恰逢辅琳接受安禄山行贿的事件也暴露出来，唐玄宗假借其他罪过将他杀死。唐玄宗差遣宫中使者冯神威拿着亲自写的诏书明白地告诉安禄山，如达奚珣的计谋；还说："朕最近给卿做了一个温泉，到十月在华清宫里等着卿过来。"冯神威到范阳宣告圣旨，安禄山蹲坐在胡床上，轻轻起身，也不跪拜，说："圣上平安。"还说："马不进献也行，十月一定要到京师去。"就命令身边的人带着冯神威进入招待所，不再和他会面。几天过后，派冯神威回朝，也没有谢恩的表文。冯神威回去，看到唐玄宗流着泪说："臣差一点不能再见到皇上！"

八月，辛卯日（初四），免去今年老百姓的租、庸赋税。

冬季，十月，庚寅日（初四），唐玄宗驾临华清宫。

安禄山单独控制范阳、平卢、河东三道之地，私下蓄藏异志，差不多十年了。由于唐玄宗对待他非常优厚，想要等到唐玄宗逝世后再谋反。等到杨国忠和安禄山二人交情不好，多次说安禄山将要造反，唐玄宗不相信；杨国忠多次用事情刺激他，想要他快点谋反以便让唐玄宗相信。安禄山因此决定尽快造反，独自与孔目官、太仆丞严庄、掌书记、屯田员外郎高尚、将军阿史那承庆秘密商讨，其余的将军和佐官都不知道情况，仅仅是对于自八月以来，多次宴享士卒、秣马厉兵觉得诧异罢了。恰好碰到有给唐玄宗禀事的官员从京师返回，安禄山就制造一份假的唐玄宗制书，集合所有的将军展示给他们看，说："有机密的圣旨，下令禄山入朝讨平杨国忠，各位将军应该立刻从军出发。"大家你看我我看你特别惊异，没有一个人敢提出反对。十一月，甲子日（初九），安禄山发起所统领的队伍和同罗、奚、契丹、室韦等兵士，总共有十五万人，假称二十万，在范阳造反。下令范阳节度副使贾循坚守范阳，平卢节度副使吕知诲留在平卢守护，别将高秀岩留守大同；全部的将军都率兵深夜出发。

第二天早晨，安禄山抵达蓟城南，阅兵训话，把讨伐杨国忠当作借口，出榜告示军中说："有异议动摇军心的，杀戮全族！"于是领兵向南出发。安禄山坐着用铁制作的车子，步兵和骑兵都非常精良，烟雾和灰尘飞扬千里，鼓声和喧嚣的声音震天动地。此时天下长时间都处于和平时代，老百姓好几代都没有经历过战争，猛然听说安禄山从范阳带兵反叛，无论远处还是近处的人都非常震惊。河北道在安禄山管辖以内的地方，所途经的州县，只要看到他的风尘就崩溃了；守城的太守和县令，有的人大开城门，出来迎接，有的人放弃城池，逃跑隐藏，有的人被他俘虏杀害，没有人敢反抗他。安禄山先差遣将军何千年、高邈带领奚部的骑兵二十人，声称进献善于射箭的士卒，乘坐驿车走到太原。乙丑日（初十），北京副留守杨光翙出城相迎，因此就把他劫持了。太原把事情仔细报告给朝廷。东受降城也上奏安禄山已经造反。唐玄宗还以为是憎恨安禄山的人编造的流言，不愿意相信。

庚午日（十五日），唐玄宗听闻安禄山真的已经谋反，才召来宰相来商讨这件事。杨国忠一副得意的样子，说："如今反叛的，仅仅是安禄山自己，将军和兵士都不想谋反。不到十天，肯定把安禄山的首级传送到行在来。"唐玄宗把这当作了真的，大臣们面面相觑吓得脸色都变了。唐玄宗差遣特进毕思琛来到东京，金吾将军程千里去河东，各自挑选招集几万人，各随组织锻炼民兵来阻抗叛军。辛未日（十六日），安西节度使封常清入朝，唐玄宗问他讨伐逆贼的策略，封常清夸下海口说："如今和平时间太久了，于是人们看见叛贼的风尘就恐惧。可是事情有逆理顺理，情势有奇诡变动，臣恳请骑马赶到东京，打开府库金帛武器，招募英勇善战的人，挥舞着马鞭渡过黄河，不要几天就可以斩掉叛贼的头颅送到京城！"唐玄宗非常喜悦。壬申日（十七日），将封常清为范阳、平卢节度使。封常清那时就骑驿马到东京招募士兵，十天招到六万人；于是斩断河阳桥，当作防御的准备。

甲戌日（十九日），安禄山抵达博陵的南方，何千年等人绑着杨光翙来找安禄山，安禄山叱骂杨光翙亲近依附杨国忠，将他斩首示众。安禄山差遣他的将军安忠志率领精兵戍守在土门；安忠志是奚人，安禄山抚养作为义子。又让张献诚代理博陵太守；张献诚，是张守珪的儿子。

安禄山抵达藁城，常山太守颜杲卿没有力量阻挡，和长史袁履谦一起迎接他。安禄山就赏赐颜杲卿金鱼袋和紫袍，将他的子弟作为人质，让他依旧为常山太守。又让他的将军李钦凑率领好几千士兵坚守井陉口，用来防备从西方来讨平的军队。颜杲卿在回常山的途中，指着身上穿戴的金鱼袋和紫袍对袁履谦说："穿戴这种衣服饰品做什么？"袁履谦知道他的意思，就私下里和颜杲卿筹划讨伐安禄山。颜杲卿，是颜思鲁（之推之子，师古之父）的玄孙。

丙子日（二十一日），唐玄宗回宫。将太仆卿安庆宗斩首示众，赐荣义郡主自尽。任命朔方节度使安思顺作为户部尚书，安思顺的弟弟安元贞作为太仆卿。让朔方右厢兵马使、九原太守郭子仪为朔方节度使，右羽林大将军王承业为太原尹。设立河南节度使，统领陈留等十三郡，让卫尉卿猗氏人张介然做节度使。让程千里做潞州长史。并且在首先受到叛贼打击的诸郡，开始设立防御使。

丁丑日（二十二日），任命荣王李琬为元帅，右金吾大将军高仙芝为副元帅，统领各军东征，拿出宫中府藏的金钱和绢帛，在京师招集了十一万士兵，号称"天武军"，十天就集齐装备，应募的全是市井子弟。

十二月，丙戌日（初一），高仙芝带领飞骑、彍骑以及新招集的士卒和边疆兵士留在京师的，总共有五万人，从长安发动。唐玄宗差遣宦者监门将军边令诚监督他的军队，驻扎在陕郡。

丁亥日（初二），安禄山从灵昌渡过黄河，用大绳把破船和草木绑好连在一起渡过河流，当天夜晚，河水结冰把破船草木冻住了像浮桥一样，于是就攻破了灵昌郡。安禄山的步兵和骑兵都特别分散，人们不了解他到底有多少兵马。只要是他的军队路过的地区，都被杀害消灭。张介然到陈留才几天，安禄山就已经到达。张介然分发武器给士卒让他们登城防守，但是大家都十分害怕，无法防守。庚寅日（初五），太守郭纳献城投降。安禄山进到城北部，听闻安庆宗已被杀害，大哭道："我有什么罪过，却杀掉我的儿子！"此时陈留的将士站在路两旁投降的接近一万人，安禄山将他们全部杀死来发泄怨恨；在营门前将张介然斩首示众。任命他的部将李庭望作为节度使，留守陈留。

壬辰日（初七），唐玄宗下制书要亲自讨伐安禄山，全部朔方、河西、陇右的兵卒留守在城堡外面的，全部到节度使的军营，下令节度使亲自带领，限令在二十天之内全部到达。

起初，平原太守颜真卿了解安禄山将要反叛，就趁着天下连阴雨，修建城墙挖深壕沟，盘算壮丁人数，充满仓廪的米谷。安禄山觉得他是一个书生，不把他放在心上。等到安禄山谋反，牒命颜真卿让他用平原、博平的兵士七千人防守黄河的渡口，颜真卿差遣平原司兵李平抄近路到朝廷报告这件事。唐玄宗起初听到安禄山谋逆，河北的郡县都毫无斗志，叹气说："河北二十四个郡中，居然没有一个义士！"等到李平抵达京师，十分高兴地说："朕不知道颜真卿是什么模样，居然能够这样子！"颜真卿差遣亲信的宾客暗自带着悬赏搜求逆贼的文书到诸郡去，因此各郡有很多反响的。颜真卿，是颜杲卿的堂弟。

安禄山率领兵马向荥阳出发，太守崔无诐阻抗他；士卒登上城墙，听见战鼓和号角的声音，像下雨一般自己掉落下来。癸巳日（初八），安禄山攻破荥阳，把崔无诐杀掉，用他的部将武令珣防守荥阳城。安禄山的声势越来越盛大，用他的部将田承嗣、安忠志、张孝忠当作前锋。封常清所招集的士兵全是普通百姓，没有经过锻炼，戍守在武牢用来抵抗敌军。贼军用铁骑蹂躏，将朝廷的部队打得败退。封常清收集剩下的士兵，和他在葵园交战，还是失败；在洛阳上东门内交战，又打败。丁酉日（十二日），安禄山攻破东京，逆贼击鼓喧哗从四方的城门进入，纵容士兵杀人抢劫。封常清在都亭驿和敌军交战，又失败；后退守护宣仁门，又战败；就从御苑西边毁坏墙壁向西逃窜。

河南尹达奚珣向安禄山投降。留守李憕对御史中丞卢奕说："我们肩负国家的重任，即使知道力量不如他，一定要和他决一死战！"卢奕同意。李憕收集几百人的散兵，将要与叛贼作战，士兵都丢弃李憕散去。李憕孤独坐在留守府中。卢奕先打发妻子带着官印走近路急忙跑回长安，自己穿着朝服坐在御史台中，周围的人都已经离开。安禄山屯兵在闲厩，派人捆绑李憕、卢奕和采访判官蒋清，将他们全部都杀害。卢奕责骂安禄山，细数他的罪行，看着周围的贼兵说："只要是做人，应该知道什么是顺理什么是逆理。我死去了没有失去做人臣的操守，又有什么可惜的呢？"李憕，是文水人；卢奕，是卢怀慎的儿子；蒋清，是蒋钦绪的儿子。安禄山任命他的党徒张万顷做河南尹。

封常清率领残兵抵达陕城，陕郡太守窦廷芝已经逃窜到河东去，官吏和人民都已经离散。封常清对高仙芝说："常清连着好几天和敌人交战，敌人的锋头非常强盛，无法抵挡。而且潼关没有士兵把守，如果贼寇像野猪一般硬闯入关，那么长安就危险了。陕不可以固守，不如带兵先占据潼关来阻挡他。"高仙芝就率领现有的兵向西赶到潼关。叛贼没多久就到达了，官军狼狈逃匿，军队零乱不整，士兵和战马互相践踏，战死了很多人。到了潼关，修筑好了防备工事，逆贼到了，不可以攻进潼关而退去。安禄山让他的部将崔乾祐屯兵在陕，临汝、弘农、济阴、濮阳、云中诸郡，全部投降安禄山。此时，朝廷向诸道征兵，都还没有抵达，关中特别害怕。恰巧此时安禄山正在筹划自称为皇帝，驻扎在东京没有征兵向前攻打，因此朝廷可以有时间做准备，部队也慢慢聚集起来。

安禄山任用张通儒的弟弟张通晤当睢阳太守，和陈留长史杨朝宗率领胡族的骑兵一千多人一起向东攻取土地，各郡各县的官吏多数看到一点风头就投降或者逃匿，只有东平太守嗣吴王李祗、济南太守李随发动士兵阻挡他。李祗，是李祎的弟弟。各郡县不愿意投降逆贼的官吏和人民，全部依靠吴王为领袖。单父县尉贾贲率领官吏和人民向南攻打睢阳，杀死了张通晤。李庭望率领兵马要向东进攻，听闻此消息，不敢向前进攻就返回了。

庚子日（十五日），任命永王李璘为山南节度使，江陵长史源洧为节度副使；颍王李璬作为剑南节度使，蜀郡长史崔圆为节度副使。永王和颍王都不远离宫殿。源洧，是源光裕的儿子。

唐玄宗计划亲自出征，辛丑日（十六日），下制书令太子监国，对宰相说："朕在位接近五十年，疲惫厌烦于忧思勤劳。去年秋季就已经想传位给太子；正好碰到水灾旱灾接连不断，不想把余灾遗累子孙，因此停留很久，想要等到逐渐富足再传位。没有想到胡贼猛然造反。朕应该要亲自征讨，暂时叫太子监国。乱事平定的时候，朕将要过清净无为的日子。"杨国忠十分惶恐，退朝之后，对韩国、虢国、秦国三夫人说："太子一向讨厌我们杨家专权粗暴，如果有一天他得到了天下，我和姐妹们全部将要在朝夕之间一起被杀害了！"几个人集合在一起痛哭。让三位夫人劝告贵妃，让她向唐玄宗恳请；事情因此就结束了。

颜真卿征召募集勇士，十天以内来应召的就有一万多人。颜真卿对他们说明大义要起来征讨安禄山，说着说着，就悲伤地痛哭起来。勇士们非常感动，群情激愤。安禄山让他的党徒段子光带着李憕、卢奕、蒋清的头到河北诸郡去巡查，走到平原郡，壬寅日（十七日），颜真卿把段子光抓捕，拦腰将他斩断，传给百姓查看；并且把三个人的首级拿过来，用蒲草编制身体和头连在一起，用棺材收敛，将他们埋葬，祭奠哭泣并接纳别人吊祭。安禄山任命海运使刘道玄代理景城太守，清池县尉贾载、盐山县尉河内人穆宁合力把刘道玄杀害，收获他的盔甲武器五十多船；拿着刘道玄的头颅去会见长史李暐，李暐抓捕严庄宗族，把他们全部除掉，当天，就把刘道玄的头颅送到平原。颜真卿集合贾载、穆宁和清河县尉张澹到平原商讨事情。饶阳太守卢全诚占据郡城不接纳安禄山调过来代替郡守的人；河间司法李奂杀死安禄山所任命的长史王怀忠；李随差遣游弈将訾嗣贤横渡黄河，杀掉安禄山任命的博平太守马冀；每个人都有数千人或者一万人的士兵，一起推选颜真卿作为盟主，军中的事务全部禀告他。安禄山让张献诚带领上谷、博陵、常山、赵郡、文安五郡的团结民兵围攻饶阳。

高仙芝东征的时候，监军边令诚对事情多次提出建议，高仙芝多不接纳。边令诚进朝给唐玄宗报告事情，详细地描述高仙芝、封常清失败的情景，还说："封常清拿逆贼动摇军士的士气，而且高仙芝丢弃陕郡数百里的地方，又窃取减少军士的钱粮赏赐。"唐玄宗感到十分生气，癸卯日（十八日），差遣边令诚带着敕书就在军中把高仙芝和封常清杀死。起初，封常清打仗失败后，多次差遣使者奉表文说明叛贼的情形，唐玄宗都不和他见面。封常清就自己飞奔到京城，走到渭南，唐玄宗下敕书削掉他的官爵，命令他仍然回高仙芝军中，以平民身份尽力。封常清书写遗表说："臣去世之后，盼望陛下切勿小看了这个逆贼，不要忘掉臣所说过的话！"此时朝廷的讨论都认为安禄山嚣张叛逆，不需要几天就会被除去，因此封常清才向唐玄宗如此奏报。边令诚抵达潼关，先把封常清带到跟前，给他宣告敕书；封常清将遗表托附边令诚转交给唐玄宗。封常清去世了之后，尸体放在芦席上。高仙芝归来，到办公处，边令诚率领一百多个陌刀手，对高仙芝说："大夫也有恩命。"高仙芝马上下来。边令诚宣告敕书。高仙芝说："我碰到敌人而后退，真是该死。现在头顶皇天，脚踏后土，说我窃取减少军士的钱粮赏赐却是诬陷！"此时士兵在跟前，全部高声呼道冤屈，声音震天动地；于是就把高仙芝杀了。任命将军李承光代替率领他的部队。

河西、陇右节度使哥舒翰由于风湿病残疾而留在家中，唐玄宗想要借助他的威名，况且他又一直和安禄山交情不好，因此召见他，封为兵马副元帅，带领兵马八万去讨平安禄山；因此下敕书告命天下从四方进兵，一起进攻洛阳。哥舒翰由于生病，坚持辞谢，唐玄宗不答应；让田良丘为御史中丞，代理行军司马，起居郎萧昕为判官，蕃将火拔归仁等人各自率领本部落的兵马跟随出征，连同高仙芝旧有的兵士，号称二十万人，屯驻在潼关。哥舒翰由于生病，不可以管理事情，将军政完全交给田良丘；田良丘又不敢自己决定事情，让王思礼主管骑兵，李承光主管步兵，两个人互相争来夺去，军令没有办法统一。哥舒翰对士兵用法严苛却不懂得爱惜，士卒全部都松懈散懒，毫无斗志。

安禄山的大同军使高秀岩攻打振武军，朔方节度使郭子仪将他打败，郭子仪乘着胜利攻破了静边军。大同兵马使薛忠义攻打静边军，郭子仪差遣左兵马使李光弼、右兵马使高浚、左武锋使仆固怀恩、右武锋使浑释之等人迎面进攻，把敌人打得落花流水，坑杀敌人七千骑兵。进而围攻云中，差遣别将公孙琼岩带领两千骑兵攻击马邑，将它拿下，开通了东陉关。甲辰日（十九日），晋加郭子仪为御史大夫。仆固怀恩，是哥滥拔延的曾孙，世世代代为金微都督；浑释之，是浑部酋长，世世代代为皋兰都督。

颜杲卿将要起兵，参军冯虔、前真定县令贾深、藁城县尉崔安石、郡人翟万德、内丘县丞张通幽都参加计划。又让人告诉太原尹王承业，私下和他相互呼应。正好碰到颜真卿从平原派来颜杲卿的外甥卢逖跑去和颜杲卿秘说，想要联合两地的兵马断绝安禄山后退的道路，用来拖延他向西攻打的计谋。此时安禄山差遣他的金吾将军高邈到幽州去招募士兵，还没有回来，颜杲卿用安禄山的命令召集李钦凑，让他率领部下到郡下接纳犒劳赏赐。丙午日（二十一日），傍晚时刻，李钦凑来到，颜杲卿让袁履谦、冯虔等人拿着酒食妓女和乐团去安慰他，他的党羽都喝得酩酊大醉。于是就砍下李钦凑的首级，拿走他的盔甲和兵器，将他的党羽全部捆绑起来，第二日，将他们杀了，把屯扎在井陉口的兵士全部放走。没过多久，高邈从幽州返回，将到藁城，颜杲卿派冯虔去，把他逮捕。南部地区又告诉何千年从东京来，崔安石和崔万德骑快马赶到醴泉驿去迎击何千年，又把他抓住，在同一天送到郡下。何千年对颜杲卿说："如今太守想要效力于王室，开始时工作已经做得非常好，应该有一个好的结束。这一个郡里的兵士，都是应募而来的乌合之众，不能够临阵对敌；您应该把营外的河沟挖得深深的，把垒壁建得高高的，不要和他的强锋互相争斗。等到朔方的军队来到，合力一齐攻打，发送檄文到赵、魏，让他们拦截燕、蓟的腰膂。现在应该向外宣传说'李光弼率领一万人的步兵和骑兵途经井陉口'；并趁机使人劝告张献诚说'足下所带领的兵士大多是团练民兵，没有坚甲快刀，难以阻挡山西的强兵'，张献诚肯定解围逃跑。这也是一个好的办法。"颜杲卿非常高兴，采用他的计略，张献诚果然逃跑了，他所率领的团练民兵也都散了。颜杲卿就差遣人进入饶阳城，安慰将士。下令崔安石等人去经营各郡，并让他们转告各郡说："大军已攻破井陉口，迟早将要来到，先平复河北各郡。先归顺的有赏，后来投降的将被杀死！"于是河北各郡都响应号召，一起有十七郡都又归附朝廷，总共士兵有二十万人。依然归附安禄山的，仅仅有范阳、卢龙、密云、渔阳、汲、邺六郡而已。

颜杲卿又偷偷地派人到范阳去招服贾循，郏城人马燧劝告贾循说："安禄山身受国家大恩而却发动叛乱，虽然他攻破洛阳，最终还是要消亡。先生假使杀掉不听命的将军，以范阳依附国家，倾覆安禄山的根本，这是今世稀少的大功劳。"贾循觉得很对，可是犹豫不决，没有能够及时行动。别将牛润容听说了，报告安禄山，安禄山让他的党徒韩朝阳召贾循。韩朝阳抵达渔阳，带领贾循到无人处说话，让壮士勒死他，把他全族都杀光；任命别将牛廷玠主管范阳的军事。史思明、李立节带领蕃、汉步兵和骑兵一万人攻打博陵、常山。马燧逃跑到西山；隐士徐遇把他隐藏起来，得以免祸。

起初，安禄山要亲自带兵进攻潼关，抵达新安，听到河北有了变化就回去了。蔡希德带领士卒一万人从河内向北攻击常山。

戊申日（二十三日），荣王李琬去世，赠谥号为靖恭太子。

这一年，吐蕃赞普乞梨苏笼猎赞去世，他的儿子娑悉笼猎赞继立。

肃宗文明武德大圣大宣孝皇帝上之上

至德元载（丙申，公元756年）是年七月太子即位于灵武，始改年号为至德。

春季，正月，乙卯朔日（初一），安禄山自称为大燕皇帝，更改年号为圣武，以达奚珣为侍中，张通儒为中书令，高尚、严庄为中书侍郎。

李随到了睢阳，有兵士好几万人。丙辰日（初二），任命李随为河南节度使。任命以前的高要县尉许远为睢阳太守兼防御使。濮阳郡宾客尚衡起兵讨平安禄山，以本郡人王栖曜为衙前总管，攻破济阴，杀掉安禄山的将军邢超然。

颜杲卿差遣他的儿子颜泉明同贾深、翟万德到京师去进献李钦凑的头颅和何千年、高邈。张通幽哭泣着恳请说："通幽的哥哥陷于贼党，恳请和颜泉明一起进京，以挽救宗族。"颜杲卿非常哀怜他而答应了。抵达太原，张通幽想依托王承业，就让扣留颜泉明等人，更易表文，多更改自己的功劳，诋毁颜杲卿，另外差遣人进献朝廷。颜杲卿起兵才八天，守备尚且没有完善，史思明、蔡希德都带兵抵达城下。颜杲卿向王承业告急，王承业既已偷占了他的功勋，认为常山城被攻打对自己有利，因此坐拥大兵而不去救援。颜杲卿日夜作战，阻抗敌人，粮食吃光了箭也用完了；壬戌日（初八），城被攻破。逆贼纵兵杀死一万多人，抓捕颜杲卿和袁履谦等人送到洛阳。王承业的使者抵达京师，玄宗特别喜悦，任命王承业为羽林大将军，部下蒙受官爵的有一百多人。征集颜杲卿为卫尉卿。朝廷的诏命还没有抵达，常山就已经陷落了。

颜杲卿被送到洛阳，安禄山怒骂他说："你本不过是范阳户曹，我恳请皇上任命你为判官，没有几年升任到太守，有什么亏欠你的地方而你却叛逆我？"颜杲卿怒目而视骂他说："你本来是营州放羊的羯奴，天子提拔你做三道的节度使，非常宠爱，有什么亏待你的地方而你要反叛呢？我世世代代都是唐朝的臣子，俸禄和官位都是唐朝的，虽然曾经由你奏请，难道说就会随从你反叛吗？我代替国家讨伐叛贼，只怨恨没有能斩掉你的头颅，怎么能说是叛逆呢？腥臊的羯狗，为什么不赶紧杀死我！"安禄山感到十分恼火，连袁履谦等人一起绑在中桥的柱子上凌迟处死。颜杲卿和袁履谦临死前，还是不断地辱骂。颜氏一家被杀的有三十多人。

史思明、李立节、蔡希德攻打常山之后，带兵攻击各个不服从的郡县，所途经的地方都被残忍毁灭，于是邺、广平、巨鹿、赵、上谷、博陵、文安、魏、信都等郡又依附贼寇而为防守。饶阳太守卢全诚独自不依附，史思明等人围攻他。河间司法李奂带领七千人、景城长史李暐差遣他的儿子李祀带领八千人去援救他，都被史思明打败。

唐玄宗下令郭子仪停止围攻云中，回到朔方，再发兵进攻东京；选择一个优良的将官分领一部军队先出井陉口，平定河北。郭子仪推荐李光弼，癸亥日（初九），任命李光弼为河东节度使，把朔方的军队分给他一万人。

甲子日（初十），加哥舒翰左仆射、同平章事，剩余的官爵依旧不动。

设置南阳节度使，以南阳太守鲁炅担任使职，带领岭南、黔中、襄阳等郡子弟兵五万人驻守在叶县北方，以防备安禄山。鲁炅上表请以薛愿为颍川太守兼防御使，庞坚为副使。薛愿，是故太子李瑛的妃子的哥哥；庞坚，是庞玉的曾孙。

乙丑日（十一日），安禄山差遣他的儿子安庆绪进攻潼关，哥舒翰把他击退。

己巳日（十五日），加颜真卿户部侍郎兼本郡防御使；颜真卿以李暐为副使。

二月，丙戌日（初二），加李光弼魏郡太守、河北道采访使。

史思明等人攻打饶阳二十九日，没有攻打下来。李光弼带领蕃、汉步兵和骑兵一万多人、太原弓弩手三千人从井陉口东下。己亥日（十五日），抵达常山，常山民兵三千人杀掉胡兵，抓捕安思义出来降服。李光弼对安思义说："你自己知道该死吗？"安思义不回复。李光弼说："你在军中服役很长时间，经过许多战争，你看我这些部队，可以阻挡史思明吗！如今为我计划应该要怎么应战，你的方法假使可取，将不会杀你。"安思义说："大夫的兵马从远方赶来，特别疲惫，猛然碰到大敌，唯恐不容易抵挡；不如把军队带到城中，早做防备，先衡量成败，接着再出兵攻打。胡人的兵马虽然特别精锐，无法保持稳重，假使不能成功，士气低沉人心离散，此时就可攻击他了。史思明如今在饶阳，离这里不到二百里。昨日夜晚已经送加快文书去了，预算他的前锋队伍明天早上肯定来到，大军接着就抵达，不能够不留心。”李光弼非常喜悦，松解他身上捆绑的绳子，立刻把大军带进城中。史思明听闻常山失守，立即解除饶阳的包围；第二天天还未亮，先锋部队已经抵达常山，史思明的大军也随即来到，总共有两万多兵马，直接来到城下。李光弼差遣步兵五千人，从东门出来迎战，敌军坚守城门下不向后撤退。李光弼下令五百弓弩手从城上共同发箭射贼，贼兵逐渐后退；又差遣弓弩手一千人，分为四队，让他们一箭挨着一箭地发射，贼兵无法阻挡，收兵至道北。李光弼调派五千士卒在道南设立防备，枪戟森立和城墙一样，夹着呼沱水摆开形势；贼寇多次用骑兵搏杀，李光弼的部队用箭射他，人马被射中的有一大半，才后退；稍做休息用来等候步兵。有村民告诉说有贼人步兵五千人从饶阳赶来，昼夜行走一百七十里，抵达九门南面的逢壁，猜想如今正在休息。李光弼差遣步兵和骑兵各自两千人，把旌旗和战鼓隐藏起来，依靠着水边在黑暗中行进，抵达逢壁，逆贼正在吃饭，就纵兵猛然进攻，将贼兵杀得片甲不留。史思明听说了，明白大势已去，就后退到九门。那时常山郡总共有九个县，七个县依附官军，仅仅有九门、藁城两个县被敌人占领。李光弼差遣副将张奉璋率领五百个士兵驻扎石邑县，剩下各县都有三百人驻守。

唐玄宗任命吴王李祗为灵昌太守、河南都知兵马使。在之前贾贲到雍丘，有两千兵士。之前谯郡太守杨万石把全郡臣服于安禄山，强迫真源县令河东人张巡让他做长史，向西迎接逆贼。张巡抵达真源，带领官吏和人民到玄元皇帝庙悲痛地哭泣，然后带兵讨伐逆贼，官吏和人民有好几千人愿意跟随；张巡选择精兵一千人向西来到雍丘，和贾贲集合。

起初，雍丘县令令狐潮带着全县投降敌人，逆贼任用他做将军，让他向东到襄邑去进攻淮阳救援的兵士，把救兵打败，俘获一百多人，囚禁在雍丘，将要把他们杀死，就去拜见李庭望；淮阳的士兵因此杀死留守的人，令狐潮抛弃妻子逃跑，于是贾贲得以在这时间进入雍丘。庚子日（十六日），令狐潮率领叛贼的精兵攻打雍丘，贾贲出来迎战，失败而死。张巡努力作战，把敌人击退，因此兼领了贾贲的手下，自称为吴王先锋使。

三月，乙卯日（初二），令狐潮又和敌军将领李怀仙、杨朝宗、谢元同等四万多人突然来到城下；大家都非常惊恐，毫无坚守的志气。张巡说："敌军精良强盛，有蔑视我们的心态。现在出其不意地攻打他，他们肯定惊慌散乱。逆贼锐势碰到小挫折，然后这个城才能够守住。"就让一千人登上城墙；自己亲自带领一千人，分成好几队，开门猛然冲出。张巡身先士卒，直接朝向贼人的营阵冲去，人马都害怕得向后撤退，贼兵因此退去。第二日，又过来攻城，在城墙周围架设一百座炮，城楼和垛口全被打没了。张巡在城上建立木栅来阻抗。敌军像蚂蚁一般贴着城墙向上攀爬。张巡将草扎捆起来，用油脂浇灌，点燃后投向逆贼，贼兵没有办法爬上城。张巡时常窥伺贼兵，一有机会，就派兵出去攻击，有时夜晚悬城而下去突袭贼兵的阵营。一连六十多天，大小三百多次战役，军士们都穿戴着盔甲吃饭，包扎着伤口继续作战，贼兵因此逃跑。张巡乘胜追击，俘获胡兵两千人返回，军队的声势大为显扬。

起初，户部尚书安思顺了解安禄山谋逆的策略，因此上朝奏报。等到安禄山反叛，唐玄宗觉得安思顺之前已经奏报，并没有治他的罪过。哥舒翰一向和他有间隙，让人制造一封假的安禄山写给他的信，在潼关的关门上擒获而献给朝廷，并且指责安思顺七条罪行，让朝廷杀死他。丙辰日（初三），安思顺和他的弟弟太仆卿安元贞都因此被杀，家属迁移到五岭以南的地方。杨国忠没有办法救援，从此开始害怕哥舒翰。

郭子仪抵达朔方，更挑选精兵，戊午日（初五），进军到代州。

戊辰日（十五日），吴王李祗攻打谢元同，将他赶走，封为陈留太守、河南节度使。

壬午日（二十九日），任命河东节度使李光弼为范阳长史、河北节度使。加颜真卿河北采访使。颜真卿任用张澹为支使。

在这以前，清河客李萼，年龄二十几岁，代替郡中百姓对颜真卿借兵，说："先生首先倡导大义，河北各郡将先生当成长城一般地依恃。如今清河郡，是先生的西边邻居，国家在平常的时候，将江、淮、河南等地的钱财布帛都集合到这个地方以供给河北各军，因此称为'天下北库'；如今有三百多万匹布，八十多万匹帛，三十多万缗钱，三十多万斛的粮食。以前讨伐默啜，所用的盔甲和武器都储放在清河库里，如今有五十多万件物品。有七万户人家，十多万人口。私自计算财帛的富裕是平原郡的三倍，兵力的强盛是平原郡的两倍。先生果然可以借兵帮助他们，安慰他的人民而拥有他的土地，以这两个郡为腹心，其他各郡就像四肢一样，没有不可以随便指使的了。"颜真卿说："平原郡的兵才刚刚征集来，还没有训练，自保恐怕能力都没有达到，哪有剩下的力气顾及邻郡？即使这样子，如果我答应您的恳请，您将怎么做呢？"李萼说："清河郡之所以派鄙人领命来向先生乞师的原因，并不是力量不够，才来借用先生的军队去喂给逆贼，也只不过是想要瞻仰大贤的高义而已。如今我看尊意，没有决定的言辞和表情，鄙人又怎么敢贸然说该怎么做呢？"颜真卿认为他十分奇特，想要借兵给他。大家都认为李萼年龄小轻视敌人，白白分散兵力，必然不会有成就。颜真卿迫不得已就拒绝了他。李萼回到客馆，又写信劝告颜真卿，他认为："清河郡离开逆贼转而效力于官军，奉献米粮布帛和武器来帮助军队用需，先生却不收容而怀疑他。鄙人回去之后，清河郡没有办法孤立，肯定有所归附和依托，将要成为先生西面的强敌，先生能够不后悔吗？"颜真卿非常吃惊，立刻到他的客馆，借给六千士兵；将他送到边境，握手分别。颜真卿问他说："借给您的士兵已经出发了，可以说说您的做法吗？"李萼说："听闻朝廷差遣程千里带领精兵十万人从崞口出关讨平叛贼，贼兵据守险要来阻挡他，他没有办法前进。如今应该带兵先攻打魏郡，抓捕安禄山所任命的太守袁知泰，送回原任太守司马垂，让他做西南的主人；再分派一部分的兵马打开崞口，让程千里的部队得以出关，因此讨伐汲郡、邺郡以北一直到幽陵各个还没有攻下来的郡县；平原郡、清河郡带领各同盟部队，集合十万兵马，南到孟津，分兵巡行黄河，占据住要害之地，控制他们向北走的道路。大概官军向东征讨的不下二十万人，河南的义兵西向讨伐贼兵的也不少于十万人。先生只要上奏给朝廷，坚守营垒不与贼兵交战，不过一个多月，叛贼内部必然会有崩溃而互相谋害的动静。”颜真卿说：“非常好！”就让录事参军李择交和平原县令范冬馥带领自己的部队，和清河兵四千人、博平兵一千人，驻守在堂邑西南。袁知泰差遣他的将军白嗣恭等人带领两万多人来迎战，三郡的兵士和他打了一整天的仗，魏兵被打得大败，杀死一万多人，俘虏一千多人，收获战马一千匹和特别多的军需品；袁知泰逃窜到汲郡。因此就攻打下了魏郡，军队的声望大为显扬。

此时北海太守贺兰进明也起兵讨贼，颜真卿写信恳请他一起讨伐逆贼。贺兰进明带领步兵和骑兵五千人横渡黄河，颜真卿陈列大军欢迎他，相互作揖，在马上痛哭，悲伤的情绪感动全军。贺兰进明将兵驻扎在平原城南，让士兵和马匹休息，颜真卿每件事都和他商量讨论，于是军权逐渐转移给贺兰进明，颜真卿并没有介意。颜真卿把堂邑的战功让给贺兰进明，贺兰进明向唐玄宗上奏报告详细情况，随意取舍。朝廷下敕书加贺兰进明为河北招讨使，李择交和范冬馥只有稍微进升资格和官阶，清河、博平有战绩功劳的全部没有记录。贺兰进明攻打信都郡，很久都没有攻打下来；录事参军长安人第五琦劝告贺兰进明多用金银财帛招集勇敢之士，因此将它攻打下来。

李光弼和史思明相守了四十几天，史明思拦截了常山城运送粮食的道路。城中缺喂马的草料，马都吃地上或者床上所铺的干草或苫席。李光弼差遣五百辆车子到石邑去取草，拉车的人都穿戴着盔甲，用弓弩手一千人防备，排成方阵进行，贼兵没有办法夺取。蔡希德带兵攻击石邑，张奉璋将他打退。李光弼差使者向郭子仪告急，郭子仪带兵从井陉口向东进来，夏季，四月，壬辰日（初九），抵达常山，和李光弼聚集，蕃、汉步兵和骑兵总共有十多万人。甲午日（十一日），郭子仪和李光弼同史思明等人在九门城南作战，史思明失败。中郎将浑瑊箭射李立节，将他杀掉。浑瑊，是浑释之的儿子。史思明收集剩余的兵士逃到赵郡，蔡希德逃跑到巨鹿。史思明从赵郡到博陵，此时博陵已经投降官军，史思明就把郡府的官吏全部都杀死。河朔地区的人民苦于逆贼的残酷凶暴，在逆贼所抵达的地方，全部互相团结屯扎在一起，多的达到两万人，少的也有一万人，各自做成营垒来阻抗贼兵；等郭子仪、李光弼的军队一到，他们就抢着出来效力。庚子日（十七日），攻打赵郡；一天以内，郡城降附。士卒多抢夺财物，李光弼坐在城门上，收集虏获的东西，全部交还人民，人民十分欢喜。郭子仪活捉了四千人，全都释放；杀死安禄山的太守郭献璆。李光弼进兵围攻博陵，攻了十天，没有拿下，就带兵回恒阳以就地取食。

杨国忠向左拾遗博平人张镐和萧昕问朝士中哪个可以做将军，张镐和萧昕推荐左赞善大夫永寿人来瑱。丙午日（二十三日），任用来瑱为颍川太守。贼兵多次攻打他，来瑱前后击破贼兵特别多，因此加本郡防御使之官；人们都称他为“来嚼铁”。

安禄山让平卢节度使吕知诲诱骗安东副大都护马灵察，将他杀掉。平卢游奕让武陟人刘客奴、先锋使董秦以及安东将王玄志共谋讨平杀死吕知诲，差遣使者过海与颜真卿通风报信，并且请求攻打范阳来效力。颜真卿差判官贾载拿着粮食和军衣来给他帮助。颜真卿那时仅仅有一个儿子颜颇，才十几岁，让他到刘客奴处做人质。朝廷听闻后，任命刘客奴为平卢节度使，赐名为正臣；王玄志为安东副大都护，董秦为平卢兵马使。

南阳节度使鲁炅在滍水的南岸建立营栅，安禄山的将军武令珣、毕思琛去攻击他。

资治通鉴卷第二百一十八　唐纪三十四

起丙申（公元756年）五月，止九月，共五个月。

【题解】本卷记录了公元756年五月至九月的史事，共五个月，正当唐肃宗初即位到至德元年。这时期，政治军事发生了重大变化，安史之乱出现了拐点。官军由败退转入反攻，之后由于唐玄宗的错误指挥，迫使哥舒翰率兵出潼关，结果官军大败，安禄山入长安，河北官军全线败退。唐玄宗西逃入蜀，马嵬驿兵变，杨氏满门被诛，杨贵妃也香消玉殒。太子李亨灵武即位，史称肃宗。河西兵入援灵武，肃宗纳谏，君臣和谐，灵武新政权出现了新气象。唐玄宗听到太子即位，主动称太上皇。河南、河北义军奋起讨贼，双方形势转入相持。

肃宗文明武德大圣大宣孝皇帝上之下

至德元载（丙申，公元756年）

五月，丁巳日（初四），鲁炅的部队溃散，逃跑到南阳坚守，逆贼又到南阳把他围困起来。太常卿张垍推荐夷陵太守虢王李巨有勇有谋，唐玄宗召集吴王李祗为太仆卿，任用李巨为陈留、谯郡太守、河南节度使，兼统岭南节度使何履光、黔中节度使赵国珍、南阳节度使鲁炅。赵国珍，原来是牂柯夷人。戊辰日（十五日），李巨带兵自蓝田出发，直接赶往南阳。贼兵听见消息，解围逃跑。

令狐潮又带兵攻打雍丘。令狐潮和张巡是老朋友，在城下互相慰问辛苦，和平时一样。令狐潮因此劝告张巡说：“天下的大势已经丢失了，您坚守这座危在旦夕的城池，要替谁守护呢？”张巡说：“您平生以忠义自许，像今天的行动，忠义在哪里！”令狐潮羞惭而退。

郭子仪、李光弼回到常山，史思明收集溃散的士兵好几万人跟在身后。郭子仪挑选骁勇的骑兵轮番挑战。走了三天，抵达行唐，逆贼疲敝，才后退。郭子仪乘机追击，又在沙河将他们打败。蔡希德到了洛阳，安禄山又让他带领步兵骑兵两万人向北到史思明处与他集合；又让牛廷玠征调范阳等郡兵一万多人帮助史思明，总共有五万多人，而其中五分之一是同罗兵和曳落河（勇健之士）。郭子仪抵达恒阳，史思明也追随到达，郭子仪深挖壕沟，高筑营垒等候他；贼兵来攻打，就坚守不出；逆贼退去，就从后面追杀；白天就炫耀兵力，夜晚就偷袭逆贼阵营；贼兵没有办法休息。过了几天，郭子仪、李光弼商讨议论说："逆贼已经疲倦了，可以出城作战。"壬午日（二十九日），在嘉山交战，把逆贼打得大败，杀死四万多人，俘获一千多人。史思明掉下马来，露着发髻赤着脚徒步逃跑，等到傍晚，拄着断枪回到军营，逃到博陵去。李光弼到博陵把他围困起来，部队的声势大振。因此河北十多个郡都杀掉叛贼的守将而投降。逆贼往渔阳的道路又断绝了，贼兵来往的人都轻装骑马悄悄地溜过去，多被官军捕获。家在渔阳的将士们心意都有所动摇了。

安禄山十分恐慌，把高尚、严庄叫到跟前责骂道："你们多年来一直让我造反，认为万无一失。如今坚守潼关，几个月都不能够前进，北方的道路已经割断，各路兵马从四面八方集合攻打我们，我所拥有的只有汴州和郑州等几个州，万无一失在哪里？你们从今以后不要再来见我！"高尚、严庄非常恐惧，好多天不敢见安禄山。田乾真从潼关而来，代替高尚、严庄劝告安禄山说："自古以来，帝王经营大业，都有成功和失败，怎么能够一举而成功呢？如今四方的军营虽然非常多，但全部是一些新招集来的乌合之众，没有经过训练打过仗，怎能和我们蓟北坚强有力的军队相对抗，哪里值得深深地感到忧虑！高尚、严庄都是辅佐王命的元老功臣，陛下如果拒绝他们，让各将军听见了，哪一个内心里不恐惧？如果上下离心，臣私心觉得陛下这样做非常危险！"安禄山非常欢喜地说："阿浩，你能让我心事开通。"立刻召请高尚和严庄，摆设酒席大家一齐欢乐饮酒，自己做了歌来劝酒，像以前一样对待他们。阿浩，是田乾真的小字。安禄山他们商量讨论丢弃洛阳，奔回范阳去，策略没有决定。

此时，天下的人觉得是杨国忠骄傲放纵才招来这次大乱，没有不咬牙切齿痛恨他。况且，安禄山起兵时也是以杀掉杨国忠为名义，因此王思礼私下劝告哥舒翰，让他上表恳请杀掉杨国忠，哥舒翰不同意。王思礼又恳请用三十骑把杨国忠劫取来，到潼关再把他杀死。哥舒翰说："这样做，倒是哥舒翰谋逆，而不是安禄山反叛了。"有人劝告杨国忠："如今朝廷的大军全部在哥舒翰的手里，哥舒翰假使带兵向西来，对您来说不是非常危险吗！"杨国忠十分恐惧，于是就上奏说："潼关驻军即使非常盛大，可是后面没有接应，要是失败了，京师十分值得担忧，恳请选择监牧小儿三千人在苑中施以军事训练。"唐玄宗同意了让剑南道的军将李福德主持其事。又招集一万人驻守在灞上，任用他的亲信杜乾运带领他们，名义上是抵抗叛贼，事实上是防备哥舒翰的。哥舒翰知道了，也恐惧被杨国忠谋害，就上表恳请将灞上的驻军隶属潼关。六月，癸未日（初一），召请杜乾运到潼关，找个理由把他杀了。杨国忠越加惶恐。

正好碰到有人报告崔乾祐在陕，士兵不到四千人，而且都衰弱没有准备，所以唐玄宗派人催促哥舒翰进兵收复陕郡和洛阳。哥舒翰上奏说："安禄山长时间以来习惯于用兵，现在刚造反，怎么可能没有准备？这必然是有意用衰弱的士兵来引诱我们，假使前去攻打，恰好陷入他的计谋中。而且逆贼从远处来，最有利的计策就是速战速决；官军占领险要的地方扼阻他，最有利的计策就是坚守不战。而且叛贼残酷暴虐丢失民心，军事形势日渐消颓，不久之后将要发生内乱；乘机攻击他，就可以不战而逮住他。目标是在于成功，为什么力求快速！如今各道所征集的士兵大多还没有赶来，恳请暂时等候一会儿。"郭子仪、李光弼也上书说："恳请带兵向北攻击范阳，倾覆他的巢穴，把逆贼的妻子作为人质来招他们投诚，逆贼内部肯定会发生乱事。潼关的大军，只当坚守使贼兵疲敝，不可轻易出来攻击敌人。"杨国忠怀疑哥舒翰将谋害自己，向唐玄宗进言认为：叛贼现在正好没有准备，但是哥舒翰停留不进，将要丢失时机。唐玄宗觉得非常对，继续差遣宫中使者督促他，前后接连相望。哥舒翰迫不得已，拍打着胸膛痛哭。丙戌日（初四），领兵东出潼关。

己丑日（初七），在灵宝西原上和崔乾祐的部队遇见。崔乾祐占领险地等候着，南面接近大山，北面依靠黄河，狭窄的小路有七十里长。庚寅日（初八），官军和崔乾祐的军队交战。崔乾祐把士兵埋伏在险要的地区，哥舒翰和田良丘坐着船到河中央去观察军事形势，看见崔乾祐的兵士很少，督促各军让他们前进。王思礼等人带领五万精兵走在前面，庞忠等人带领剩余的十万士兵追随前进。哥舒翰让三万士兵登上黄河北岸的高丘去瞭望，击鼓来帮助声势。崔乾祐所出动的兵力不过一万人，十个一组五个一群，像天空的星星一般分散在各个地方；有的稀少有的稠密，有的前进有的后退，官军看见了就笑他们。崔乾祐整备精兵，陈列在后面。两军交战之后，逆贼收藏旗帜好像要逃跑的样子，于是官军松懈了，没有防备。忽然之间，埋伏的贼兵发动攻击，从高地往下面放檑木和石块，打死了许多官军。道路狭隘，士卒像被捆束一样没有办法动弹，枪和槊也没有用处。哥舒翰用毡裹车轮驾马在前面奔驰，想突击贼兵。中午之后，忽然刮起强烈的东风，崔乾祐把几十辆草车塞在哥舒翰的毡车前面，放火烧它。烟熏火烤，官军不能睁开眼睛，于是在混乱中自相残杀，觉得贼兵在烟雾中，就集合弓弩手射击他们。傍晚时分，箭用尽了，方才晓得烟雾里并无贼兵。崔乾祐差遣同罗的精锐骑兵从南山通过，绕到官军后方去进攻，官军惊慌失措，不知道怎么防备，因此大败。有的人丢弃盔甲逃到山谷中隐藏起来，有的人在相互推挤中掉进黄河里淹死，号叫的声音震天动地，贼兵又乘胜进逼。后方的军队看到前方的军队战败了，都自行溃散了；黄河北岸的军队看到后也溃败了。哥舒翰单独和数百名部下骑马逃走，从首阳山西渡黄河进入潼关。潼关外面预先凿了三道深沟，都是二丈宽一丈深，人马掉落到沟中，一会儿就把沟填满了；剩下的人马都踩着他们的尸体过去。得以逃进潼关的士卒只有八千多人。辛卯日（初九），崔乾祐攻打潼关，攻克了它。

哥舒翰逃跑到关西驿，贴出榜文收集散卒，想再把守潼关。蕃军将军火拔归仁等用一百多个骑兵包围驿站，进去对哥舒翰说："逆贼来了，请元帅上马。"哥舒翰上马走出驿站。火拔归仁率领官兵磕头说："元帅率领二十万士卒，一次战役就抛弃了他们，有什么脸面再见天子！况且元帅没有见过高仙芝和封常清的遭遇吗？请元帅向东走。"哥舒翰不答应，想要下马。火拔归仁就用毛绳把他的脚捆绑在马肚子上，连同各个不遵从的将军，都绑捆起来向东去了。碰见贼将田乾真，就投降了，他们全被送到洛阳。安禄山问哥舒翰说："你经常轻视我，今天到底怎么样？"哥舒翰跪趴在地上回复说："臣肉眼凡胎，不认识圣人。如今天下还没有平定，李光弼在常山，李祗在东平，鲁炅在南阳，陛下留下臣，让我写信安抚他们，不要几天就全部都要降服了。"安禄山十分高兴，任用哥舒翰为司空、同平章事。对火拔归仁说："汝叛逆主帅，不忠不义。"把他捆绑起来杀了。哥舒翰写信安抚各位将军，都回信怒骂他。安禄山了解没有效果，就把哥舒翰拘禁在苑囿中。潼关战败以后，于是河东、华阴、冯翊、上洛等郡的防御使都丢弃县郡逃跑，守兵都溃散了。

那天，哥舒翰的属下来告急，唐玄宗没有马上召见，只差遣李福德等人带领监牧兵到潼关去。等到夜晚，平安火没有传到京城，唐玄宗才感到害怕。壬辰日（初十），召集宰相讨论事情。杨国忠自己兼任剑南节度使，听闻安禄山造反，就下令节度副使崔圆暗中准备储蓄要用的东西，准备紧急时投靠他，因此这时首先提出向蜀地逃跑的计划。唐玄宗答应了。癸巳日（十一日），杨国忠召集全部官员到朝堂上，全部惊慌恐惧流泪不已；询问他们策略，都唯唯诺诺，不知道怎么回答。杨国忠说："有人告发安禄山有造反的形迹已经有十年了，皇上不相信。今天的事情，不是宰相的错误。"朝罢，警卫都下去休息。士人百姓都惊慌忙乱，不知逃跑何处好，市面上邻里间到处是萧条的景象。杨国忠让韩国夫人和虢国夫人进宫，劝唐玄宗逃到蜀地。

甲午日（十二日），百官上朝的十个当中不到一二人。唐玄宗抵达勤政楼，颁下制书，说要亲自出征。听说的人都不相信。任用京兆尹魏方进作为御史大夫兼置顿使；京兆少尹灵昌人崔光远作为京兆尹，兼任西京留守；将军边令诚管理宫门的钥匙。托词剑南节度大使颍王李璬将要到所驻守的地方去，下令剑南道收拾接待需要用的物品。这天，唐玄宗移动仪卫到大明宫。天黑之后，下令龙武大将军陈玄礼整编六军，给他们赏赐很多钱财布帛，从马厩中挑选出九百多匹马，外面的人都不了解。乙未日（十三日），黎明时候，唐玄宗只同贵妃姐妹、皇子、妃子、公主、皇孙、杨国忠、韦见素、魏方进、陈玄礼和亲密的宦官、宫人等从延秋门出宫，妃子、公主、皇孙在宫外的，都丢弃而去。唐玄宗路过左藏，杨国忠恳请把它烧了，说："不要保留给逆贼。"唐玄宗十分悲伤地说："敌人来了得不到财宝，必然搜刮抢掠民众；不如留给他们，不要再让我的百姓遭殃。"这一天，百官还有上朝的，到宫门口，还听到更漏的声音，左右三卫仪仗队站立非常整齐严肃。宫门开了之后，宫人通通向外跑，宫内宫外，扰扰攘攘，不知道皇上到哪里去了。因此王公百姓四下逃跑，山野的小百姓抢着到皇宫里和王公的家里，偷盗金银财宝，有的人骑着驴子直接上了大殿。又放火焚烧左藏大盈库。崔光远、边令诚带领人来救火，又征召人代理府、县官吏各自把守，杀了十几个人，才逐渐安定。崔光远差遣他的儿子向东去进见安禄山，边令诚也把锁钥进献给他。

唐玄宗途经便桥，杨国忠让人放火焚烧桥梁。唐玄宗说："老百姓分别要逃避逆贼寻找生路，为什么断绝他们逃生的道路！"留下内侍监高力士，让他扑没了火再回来。唐玄宗差遣宦官王洛卿在前面走，通知各郡县准备路途停顿所需要的东西。吃饭的时候，抵达咸阳望贤宫，王洛卿和县令都逃匿了。唐玄宗派宦官去招募，官吏和人民无人应征。等到中午，唐玄宗还没有吃东西，杨国忠亲自去买了蒸饼给唐玄宗。因此老百姓抢着进献粗米饭，掺杂着小麦和大豆。皇孙辈抢着用手捧着吃，很快就吃完了，还没有吃饱。唐玄宗给他们应得的价钱，并且安慰他们。大家都在哭泣，唐玄宗也掩面哭泣。有一个老先生郭从谨，对唐玄宗说："安禄山心怀为害天下之意，肯定不是一天；也有到京城说明他的诡计的，陛下经常把这些人杀死，使安禄山得以肆行其叛乱的谋略，因此使陛下流亡在外。先王之所以专心致志访求忠诚善良的人来扩大自己耳目视听的能力，就是由于这个原因。臣还记得宋璟当宰相时期，多次向皇上进献忠言，天下于是得以平安无事。自打近时以来，朝廷上的大臣全部都忌惮谏言，只恳求阿谀取容；因此宫门以外的事情，陛下都没有办法得知。身在草野的臣子，很久之前就知道肯定会有今天了。可是宫阙深邃严肃，这一番心意没有路途可以上达陛下。事情要是没有到今日的地步，臣又怎么能够看到陛下的颜面向陛下告诉心中的话呢！"唐玄宗说："这是朕的愚笨，后悔也来不及了。"慰劳告谕以后送他们回去。没有多久，管理皇上饮食的官员捧着唐肃宗的膳食来到，唐玄宗让先赐给跟随的官员吃，然后自己才吃。下令军士分散到各村落中去找食物吃，约好到未时（下午一时至三时）聚齐在一起以后再走。将要到半夜的时候，才到金城县。县令也逃走了，县里的人民都脱身逃跑，吃的喝的和器皿都还在，士兵们可以自己做饭吃。此时跟随的人大多数逃跑，内侍监袁思艺也逃跑了。驿站里没有灯火，大家互相枕着身体睡觉，高低贵贱就不能够再分辨了。王思礼从潼关来到，才了解到哥舒翰被俘虏；任用王思礼为河西、陇右节度使，让他立刻回到所镇守的地区，招集失散的兵士，等候向东出征。

丙申日（十四日），抵达马嵬驿，将士们又饥饿又疲倦，都特别恼怒。陈玄礼认为祸难是因为杨国忠而引发的，想要杀掉他，让东宫宦官李辅国告诉太子，太子迟疑没下决定。正好碰到吐蕃使者二十多人拦截杨国忠的马匹，对他苦诉没有粮食吃。杨国忠还没有来得及回答，军士们就高声吵闹说："杨国忠和胡虏造反！"有人拿箭射他，射中马鞍。杨国忠逃跑到西门内，军士们追上去将他杀死，分割了他的肢体，用枪挑着他的头竖立在驿站大门口，同时将他的儿子户部侍郎杨暄和韩国夫人秦国夫人全部杀死。御史大夫魏方进说："你们怎么敢杀掉宰相！"众人又把他杀掉。韦见素听见有乱事跑出来，被乱兵打伤，头上的血液都流到地上。大家说："不要伤害韦相公。"救助他，因此没有死掉。军士们把驿站围困起来。唐玄宗听到喧闹的声音，就询问外面发生了什么事情，周围的人将杨国忠叛逆的事情告诉他。唐玄宗拄着拐杖穿着麻鞋走出驿门，安慰军士，让他们将队伍收回营中，军士不遵从。唐玄宗让高力士询问他们，陈玄礼回复说："杨国忠计谋造反，贵妃不应该再皇上身边伺候，希望陛下割舍恩爱以正法典。"唐玄宗说："朕将会自己处置她。"进入驿门，倚靠着拐杖侧着头站在那儿。过了很长时间，京兆司录韦谔向前谏言说："现在众人的愤怒难以冒犯，安危就在一瞬间，期望陛下赶紧决定！"因此磕头到流血。唐玄宗说："贵妃常常住在深宫之中，怎么知道杨国忠造反的阴谋？"高力士说："贵妃确实没有罪过，可是将士们已经杀掉了杨国忠，而贵妃依然在陛下左右，他们心中如何能够安定！愿陛下仔细考虑，将士们心里安定，陛下就平安没有忧愁了。"唐玄宗才让高力士带贵妃到佛堂里，用带子吊死。把尸体抬到驿站的庭院中，召集陈玄礼等人进去看。陈玄礼等人才脱掉头盔和铠甲，磕头请罪。唐玄宗安慰他，让他向军士们说明。陈玄礼等人全部大呼万岁，再拜而走出。于是才整顿部队打算前进。韦谔，是韦见素的儿子。杨国忠的妻子裴柔同他的小儿子杨晞和虢国夫人及夫人的儿子裴徽，都已经走到陈仓，县令薛景仙率领官吏和士民追赶抓捕，把他们杀死。

丁酉日（十五日），唐玄宗将要从马嵬驿出发，朝臣只留下韦见素一个人，就让韦谔当御史中丞，代理置顿使。将士们都说："杨国忠密谋逆反，他的将军和官吏都留在蜀地，不可以到那里去。"有的人恳请去河、陇，有的人恳请去灵武，有的人请求去太原，有的人恳求回京师。唐玄宗想要到蜀地去，又害怕违反大家的意愿，一直没有说明去哪里。韦谔说："回京师，应该有防御敌人的准备。如今兵士太少，不便于向东返回京师。不如暂且先到扶风，再慢慢商讨去哪里。"唐玄宗询问众人的观点，众人都觉得很好，因此决定到蜀地去。等到临走的时候，父老乡亲都拦着路恳请唐玄宗留下来，说："宫阙，是陛下家庭居住的房屋；陵寝，是陛下先人的墓地。如今丢弃这些，将要去向哪里？"唐玄宗于是就勒住马缰停留很长时间，才让太子留在后面慰藉父老。父老因此说："至尊既然不愿意留下来，我们愿意带领子弟追随殿下东征破贼，光复长安。如果殿下和至尊全部到蜀地去，那么让什么人做中原人民的君王？"转眼之间，集合了好几千人。太子认为不行，他说："至尊冒犯艰难险阻到远方去，我怎么可以忍心旦夕离开他的身旁。况且我还没有当面告别，我应该回去向至尊报告，再禀承意旨用来决定去向。"一边说一边哭泣，勒转马头，想要向西走。建宁王李倓同李辅国牵着马勒劝告说："胡贼进犯宫阙，天下分崩离析。不依靠人心，怎么能够复兴！现在殿下要是跟着至尊到蜀地去，如果敌军把栈道烧断了，那么中原的土地就拱手让给逆贼了。人心离散之后，就不可以再复合，即使想要再回到这个地方来，怎么才能办得到呢？不如收集西北防守边境的军队，召回河北的郭子仪、李光弼，和他们一起向东讨伐逆贼，收复东京和西京，安定天下，让社稷从危险而恢复于和平，宗庙在毁坏中更加能够得以保存，打扫宫庭来迎接至尊，这不是孝道中的大孝吗？为什么要尽冬温夏清的小孝，和小儿女一样恋恋不舍呢！"广平王李俶也奉劝太子留下来。父老一起阻挡住太子的马，无法行走。太子就让李俶骑马飞驰向唐玄宗说明。唐玄宗揽辔等候太子，很长时间都不过来，就差人去查看，回来向唐玄宗说明详情。唐玄宗说："这是天意！"于是将后军两千人和飞龙厩的马分给太子，并且对将士们说："太子仁爱宽厚孝顺，可以供奉祭祀宗庙，你们要好好辅佐他。"又教导太子说："你尽管努力去做，不要挂念我。西北各胡族，我对待他们向来都非常优厚，你一定会得到他们的帮助。"太子只能向南方号叫哭泣罢了。唐玄宗又委派人把东宫内人（张良娣）赐给太子，而且宣读圣旨说要传位给太子，太子不肯接受。李俶、李倓，都是太子的儿子。

己亥日（十七日），唐玄宗到达岐山。有人说贼兵的前锋就要来了，唐玄宗马上过了岐山，留宿在扶风郡。士兵们心里都盘算着投奔到其他地方，经常散布谣言非常不尊敬。陈玄礼不能强力阻止，唐玄宗非常担心。恰好成都进贡春天织的五色彩缯十万多匹，等到了扶风，唐玄宗让都摆在庭院里，命将士进去，站立在门槛前对大家说："朕近来年老了，任用的人不良，而导致叛贼作乱，因此必须跑到远方躲避锋头。知道大家都是十分匆忙跟朕出来，来不及和父母妻子告别，远道奔波到达这个地方，实在非常辛苦，朕非常羞愧。前往蜀地的道路又长又艰险，地方又小，人马非常多，也许不能提供给养，现在任凭卿等各自回家，朕只与儿子、孙子和宦官赶去蜀地，也可以到得了。今天和卿等分开，大家可以一块儿把这些彩缯分割开拿走用来在路上换食品和用品。如果回到家乡，见到父母和长安的父老乡亲，代替我问候他们一下。请各位好好保重！"因此落泪沾湿了衣服。将士们都哭着说："臣等不管生死都要跟随皇上，不敢有其他心思！"唐玄宗停了非常长的时间说："要离开还是要留下，随卿等随意。"自此谣言才制止。

太子留下之后，不知道该去哪里。广平王李俶说："天即将晚了，此处不能够留宿，各位想要去哪里？"都不回答。建宁王李倓说："殿下之前曾经当过朔方节度大使，将军和官吏每年准时呈报笺记和书启，倓粗略还记得他们的姓名。但是现在河西和陇右的士卒大都战败投降贼兵，他们的父子兄弟多沦陷流落到反贼的统治地区内，担心会产生谋反的想法。朔方道路较近，军队齐全强盛，裴冕又是世世代代为官的有声望的家族，肯定不会有异心。贼兵进入长安正在抢劫，还没有时间占据土地。趁着这个机会赶快到北方去，细细计划大举讨伐贼兵，这是最上等的计策。"大家都说："非常好！"走到渭水旁边，碰到了潼关战争失败的散兵，错误地把他们当作敌人然后与他们作战，死伤非常多。这件事情之后，就召集剩下的士兵，选择渭水浅的地方，骑着马过河；没有马的士兵，伤心地回去了。太子从奉天向北走，直至到了新平，一整夜的时间一共奔跑行走了三百里，士兵和兵器失去了一大半，而剩下的不到几百个人。新平太守薛羽扔下全郡逃跑了，太子杀了他。同日，到达安定，太守徐瑴也逃跑，又杀了他。

庚子日（十八日），命令剑南节度留后崔圆为剑南节度等副大使。辛丑日（十九日），唐玄宗从扶风启程，留宿在陈仓。

太子抵达乌氏，彭原太守李遵出来迎接，进贡衣服和粮食。到了彭原，召集士卒，招到好几百人。当天又到平凉，检查监牧马，收获了好几万匹；又招募士兵，得到五百多人，军势逐渐兴盛。

壬寅日（二十日），唐玄宗抵达散关，把跟随扈驾的将士分为六个军队。让颍王李璬先到剑南，寿王李瑁等分别带领六军按着次序前进。丙午日（二十四日），唐玄宗到了河池郡。崔圆拿文书来迎接唐玄宗的车驾，详细叙述蜀地物产丰富，兵甲整齐强盛。唐玄宗非常高兴，当日就委任崔圆为中书侍郎、同平章事，蜀郡长史的职位依旧。委任陇西公李瑀为汉中王、梁州都督、山南西道采访及防御使。李瑀，是李琎的弟弟。

王思礼到达平凉，听说河西各胡族有叛乱，又回来，到了行在。起初，河西各胡族部落听人所说他们的都护都随从哥舒翰战死在潼关，因此争着独立，相互攻击；但是都护事实上是跟随哥舒翰在黄河北岸，并没有战死，也没有和火拔归仁向敌兵屈服。唐玄宗就委任河西兵马使周泌为河西节度使，陇右兵马使彭元耀做陇右节度使，和都护思结进明等人都到驻军防守的地方去，招安各部落。委任王思礼做行在都知兵马使。

戊申日（二十六日），扶风郡的平民康景龙等人各自带人攻打叛贼所委任的宣慰使薛总，斩下二百多头颅。庚戌日（二十八日），陈仓县令薛景仙杀死贼兵的将领，克复扶风而镇守住它。

安禄山没有预先设想到唐玄宗这么迅速跑到蜀地，派使者让崔乾祐把军队驻留在潼关。过了十天之后，才命令孙孝哲率兵进入长安。委任张通儒为西京留守，崔光远为京兆尹；让安忠顺率兵屯居在苑囿中，来安抚关中。孙孝哲被安禄山宠信，特别被委以重用，常和严庄争夺权势；安禄山叫他监管关中的每个将军，张通儒等人都受他的掌控。孙孝哲太过奢侈，好杀戮，贼党里的人都十分怕他。安禄山让他搜查追捕朝廷官员、宦官、宫女等，每搜到几百人，就派兵护送到洛阳。王、侯、将、相跟从唐玄宗驾车逃跑而家庭依然在长安的，连婴儿都不放过。陈希烈因为晚年丢失了宠爱，埋怨唐玄宗，和张均、张垍等人都投降了敌军。安禄山任命陈希烈、张垍为宰相，其他的朝廷官员，都授予官职。因此叛贼的声势浩大起来，西面威胁到凤翔一带和陇右等地，南面攻击长江、汉水一带，向北占据河东一半的土地。但是贼将都是有勇无谋的人，攻下长安之后，就心满意足，白天夜里随意喝酒，一心想去寻找声色的欢乐和珍宝钱财，没有了向西进军的意图，因此唐玄宗能够平安地到了蜀地，太子向北走也没有被紧迫的忧虑。

李光弼围攻博陵还没有攻下来，就听说潼关完全失守，就突围向南走。史思明跟在后面追打，李光弼把他击退，和郭子仪都带兵进入井陉口，留下常山太守王俌带领景城、河间的团练兵防守常山。平卢节度使刘正臣将攻击范阳，还没有到达，史思明领兵迎头攻击他，刘正臣失败，丢下妻子逃跑，士兵死了七千多人。起初，颜真卿听说河北节度使李光弼离开了井陉口，就收兵回平原，等候李光弼的任命。听到郭子仪、李光弼又向西进入井陉口，颜真卿才又处理河北的兵事。

太子到达平凉好几天，北方节度留后杜鸿渐、六城水陆运使魏少游、节度判官崔漪、支度判官卢简金、盐池判官李涵在一起商量说：“平凉是四散的地方，不是停留军队的地方。灵武的士兵齐整，粮食充足。假如迎太子到这里，北面征召各城兵马，西面调用河西、陇右强悍的骑兵，向南进攻收复中原，这是万世一时的业绩。”就派李涵奉送书信给太子，并且把北方的士卒马匹、甲胄兵器、米谷布帛和军需品的数目列成清单献给太子。李涵到了平凉，太子非常高兴。恰逢河西司马裴冕入朝做御史中丞，到平凉去谒见太子，也劝说太子到朔方去，太子听取了。杜鸿渐，是杜暹的远房侄子；李涵，是李道的曾孙。杜鸿渐、崔漪叫魏少游在后方修复太子来到之后所要住的房屋，收藏储备资粮和用品，亲身到平凉北方边境上去迎接太子，劝说太子道："朔方是全天下出现强兵的地方。现在吐蕃希望讲和，回纥内附中国，四方的郡县大多数坚持守护城邑抵抗贼兵来等候复兴。殿下如今到灵武训练兵，可以勒住马缰慢慢前行长驱直入，同时传檄到四方，征收忠义之士，那么叛贼是非常容易被消灭的。"魏少游大规模整治宫室，帷帐都模仿皇宫，饮食具有水中和陆上的珍馐。秋季，七月，辛酉日（初九），太子到了灵武，命令把这些全都撤走。

甲子日（十二日），唐玄宗到了普安，宪部侍郎房琯来拜见。唐玄宗从长安离开的时候，所有的大臣都不知道。到达咸阳，对高力士说："朝中大臣应该让谁来，不应该让谁来？"高力士回答："张均、张垍父子（'父子'，《旧唐书·张说传》作'兄弟'，是）受陛下的恩宠最多，并且又有婚姻关系，因此他们一定先来。当时舆论都认为房琯应该做宰相，但是陛下没有重用他，并且安禄山曾经又推荐过他，他应该不会来。"唐玄宗说："事实怎么样还不能预料到。"等到房琯来了，唐玄宗问他张均兄弟的情况。回答说："臣想带他们一起来，他们停不下来；看他的意思，似乎还有其他的图谋。"唐玄宗回头看着高力士说："朕之前就知道会是这样的情况。"就在那一天，委任房琯为文部侍郎，同平章事。

起初，张垍娶宁亲公主（玄宗女）作为妻子，可以随意地在宫中建造房子，得到了非常优厚的宠爱。陈希烈希望解除政务，唐玄宗到张垍家去，向他询问哪个人可以做宰相。张垍并没有回答。唐玄宗说："没有人比得上爱婿。"张垍下台阶跪拜。事情过后并没有任命他为宰相，因此张垍心里闷闷不乐，唐玄宗也察觉到了。那个时候张均、张垍兄弟和姚崇的儿子尚书右丞姚奕、萧嵩的儿子兵部侍郎萧华、韦安石的儿子礼部侍郎韦陟、太常少卿韦斌，都是凭借才能和声望做到大官。唐玄宗曾经说："我要委任宰相，应该从旧宰相的子弟中去挑选。"事后却都没有选拔任用。

裴冕、杜鸿渐等人向太子递交笺文，希望太子遵从唐玄宗在马嵬驿的命令，登上皇帝位。太子不答应。裴冕等人进谏说："将士全是关中人，白天夜里都想回家；他们因此翻山越岭跟随殿下跑到遥远的塞外沙漠地区，就是希望能够建立尺寸般的功绩。如果一旦分散了，便不能再聚集起来了。愿殿下勉为其难地跟随大众的心意，为社稷计划负责！"笺文一共呈上五次，太子才答应。那一天，唐肃宗在灵武城南楼登位，群臣手舞足蹈，唐玄宗流泪感叹。尊称玄宗为上皇天帝，大赦天下，修改年号为至德。委任杜鸿渐、崔漪一起主管中书舍人的事情，裴冕为中书侍郎、同平章事。更改关内采访使为节度使，把治所迁移到安化，用前任的蒲关防御使吕崇贲担任这个职位。委任陈仓县令薛景仙做扶风太守，兼任防御使；陇右节度使郭英乂做天水太守，兼任防御使。那个时候边塞上的精兵都挑选到边塞以内来讨伐敌兵，只留下一些老人和小孩守护边塞，朝中的文武官员不到三十人；大家分开杂草，建立朝廷，制度大略地创建，但是武夫却非常骄傲。大将管崇嗣在朝廷，背向宫殿坐着，谈笑自如；监察御史李勉弹劾他，囚困在主管官署。唐肃宗专门原谅他，感叹道："我有了李勉，天子开始受尊敬！"李勉，是李元懿的曾孙。在十几天里，归附的人逐渐多起来。

张良娣性情聪明伶俐，能获得唐肃宗的喜爱，跟随唐肃宗来到朔方。当时追随的士兵不多，良娣每一次睡觉，常常睡在唐肃宗的前面。唐肃宗说："抵挡敌人不是妇人能够做到的。"良娣说："在突发事件之间，妾用身体抵挡贼兵，殿下可从我身后逃跑。"到了灵武，生下一个儿子；过了三天，就起来缝补士兵穿的衣服。唐肃宗阻止她，她回答说："现在不是妾身保养享受的时刻。"唐肃宗因此更加疼惜她。

丁卯日（十五日），太上皇下命令说："委任太子李亨摄理天下兵马元帅，带领朔方、河东、河北、平卢节度都使，向南攻取长安、洛阳。委任御史中丞裴冕同时做左庶子，陇西郡司马刘秩试用代理右庶子的职位；永王李璘摄理山南东道、岭南、黔中、江南西道节度都使的职位，用少府监窦绍来做他的傅相，长沙太守李岘做都副大使；盛王李琦代理广陵大都督，接受江南东路及淮南、河南等路节度都使的职位，之前担任江陵都督府长史的刘汇做他的傅相，广陵郡长史李成式做都副大使；丰王李珙代理武威都督的职位，依然有河西、陇右、安西、北庭等路节度都使的官职，让陇西太守济阴人邓景山作为他的傅相，代理都副大使。所有所需的兵马、铠甲仪仗、粮食赏赐等物品，都由各路自己提供。各路原来的节度使虢王李巨等人都依然代理节度使。所任命的官属和本路的郡县官吏，都任凭自己选择，任命结束之后再进行上奏报告。”那个时候李琦、李珙都不离开宫殿，仅仅永王李璘到镇守的地方去。设立山南东道节度使，管理襄阳等九个郡。升迁五府经略使做岭南节度使，管理南海等二十二个郡。升迁五溪经略使做黔中节度使，管理黔中等各个郡县。分江南为东、西二道，东道管理馀杭郡，西道管理豫章等各郡。在此之前四方听说潼关沦陷，不知唐肃宗去哪里了；等到这一道制书颁布下来，才了解上皇所在的地方。李汇，是李秩的弟弟。

安禄山使孙孝哲在崇仁坊杀了霍国长公主（睿宗女）还有王妃、驸马等人，挖出他们的心，用来祭奠安庆宗。安禄山杀了和杨国忠高力士一伙的人和他平时厌恶的人，一共杀了八十三人；有时用铁棒撬开人的脑盖骨，满街都是血。己巳日（十七日），又杀了皇孙和郡主、县主二十多人。

庚午日（十八日），太上皇到达巴西，太守崔涣迎接拜见。上皇和他谈话，非常喜爱他，房琯又举荐他，当日，就委任他做门下侍郎、同平章事，韦见素任左相。崔涣，是崔玄暐的孙子。

起初，京兆人李泌，年幼的时候凭借才思敏慧闻名于世，玄宗让他和忠王在一起交谈游学。忠王被立为太子时，李泌已经长大了，上书给唐玄宗谈论天下事务。玄宗想重用他为官，因为杨国忠的陷害而没有能够成功；让他和太子为平民朋友，太子常常称作他为先生。杨国忠嫉妒他，上奏请求把他迁徙到蕲春，后来回乡，隐居在颍阳。唐肃宗从马嵬驿向北走，派使者请他，在灵武拜见唐肃宗。唐肃宗非常高兴，出去就骑马一块儿去，睡觉就对着床而睡，和之前当太子的时候相同，事情不论大小都咨询他，他所提出的意见全部都采用了，甚至连将相的任用也同他商议。唐肃宗要任命李泌做右相，李泌坚持推辞，说："陛下用宾客朋友的礼遇对待我，就比宰相还要尊贵了，为什么要我委屈自己的简单志向呢！"唐肃宗才放弃。

同罗、突厥跟随安禄山造反的时候，屯集兵力在长安苑囿中，甲戌日（二十二日），他们的酋长阿史那从礼带领五千骑兵，从马房里偷了两千匹马跑回朔方，计谋要约各胡族部落，趁此机会占领边疆地区。唐肃宗派使者去宣布诏谕安抚他们，投降依附的人非常多。

叛贼派兵攻打扶风，薛景仙把他们击退。

安禄山命令他的大将高嵩利用敕书和缯彩吸引诱惑河、陇的将士，大震关使郭英乂就把他擒获之后杀了。

同罗和突厥逃跑的时候，长安非常乱，官吏逃跑躲避，监狱里的犯人也全都逃跑出来。京兆尹崔光远本来以为叛贼即将要逃跑了，命令官吏和士兵看守住孙孝哲的房子。孙孝哲把情况告诉安禄山，崔光远就和长安县令苏震率领着京兆府和十多个长安府、万年县的人来投降。己卯日（二十七日），到达灵武，唐肃宗委任崔光远做御史大夫兼任京兆尹，让他到渭水以北征召官吏和人民；委任苏震为中丞。苏震，是苏瑰的孙子。安禄山命田乾真为京兆尹。侍御史吕諲、右拾遗杨绾、奉天令安平人崔器陆续到达灵武；唐肃宗委任吕諲、崔器做御史中丞，杨绾做起居舍人、管理制诰。

唐肃宗命河西节度副使李嗣业带领五千人前往行在，李嗣业和节度使梁宰商量议论，将暂时推迟出师来观看时局的变化。绥德府折冲段秀实责备李嗣业说："哪里有君父告急而臣子安静的样子不赶去的呢！特进常自谓大丈夫，今日视之，乃儿女子耳！”嗣业大惭，即白宰经悉数发兵，以段秀实为副将，率领士兵到行在。唐肃宗又向安西征召士兵，安西行军司马李栖筠派遣七千精兵，用忠言大义的话鼓励他们然后遣送他们出发。

唐肃宗下命修改扶风为凤翔郡。

庚辰日（二十八日），太上皇到达成都，跟随的官员及护驾的六军只有一千三百人。

令狐潮在雍丘包围攻击张巡，僵持四十多天，朝廷的信息不畅。令狐潮听别人说玄宗已经逃跑到了蜀地，又写信招安张巡。有六员大将，官职都是开府仪同三司、特进，告诉张巡兵力悬殊，而且也不知道皇上的生死，不如投靠贼兵。张巡装作应允。第二天，大厅上摆上天子画像，带领将士朝拜，人人都哭了。张巡带六位将军到前面，用大义责备他们，之后杀了他们。将士们的士气更加激昂。

城中的箭用完了，张巡捆扎了一千多个草人，穿上黑色的衣服，晚上把他们从城上悬放下来，令狐潮的士兵争着抢着射杀他们，射了非常长时间才发现是草人；张巡得到了好几十万支箭。之后又在晚上把人从城上悬放下来，贼兵笑而不加以防备，就用五百个敢死之士去偷袭令狐潮的军营。令狐潮的军营大乱，烧毁了军营就跑了。张巡追杀了十多里路。令狐潮觉得非常惭愧，又增加兵力包围张巡。

张巡让郎将雷万春在城墙上和令狐潮交流谈论，贼兵用弓箭射杀他，雷万春脸上被射中了六箭却纹丝不动。令狐潮怀疑他是木头人，让间谍打听，十分惊讶，从远方对张巡说：“刚刚看到雷将军，才了解您的军命的严格，但是怎么能够改变天道呢？”张巡对他说：“您连人伦都不了解，又怎么会懂得天道！”没有多长时间，打开城门出来战斗，抓获贼将十四人，砍下一百多个首级。贼兵因此晚上逃跑，收兵进入陈留，不敢再出来作战。

没有多长时间，贼人有七千多个步兵和骑兵驻扎在白沙涡，张巡晚上去偷袭，大败贼兵。回来之后，走到桃陵，碰到四百多贼人的救兵，全部把他们俘虏。将俘虏分别安排，妫、檀及胡兵，全都杀了；荥阳、陈留被逼迫当兵的，把他们解散，让他们回家去劳作。在十几天里，人民离开叛贼来依附的有一万多户。

河北各郡还是帮唐朝把守，常山郡太守王俌想要投靠叛贼，各个将军都非常十分生气，趁着打球的时机，放纵马践踏死他。当时信都太守乌承恩的部下有三千朔方士兵，各将军命令使者宗仙运带领父老到信都，邀请乌承恩来驻守常山。乌承恩由于没有皇上的命令而推脱。宗仙运规劝乌承恩道："常山的地方扼住着燕、蓟，道路可通到河、洛，有井陉的险要，可以控制住叛贼的要害。近来恰逢皇上向南迁移，李大夫（光弼）召集军队驻守晋阳，王太守暂时统领后军，想带领全城投降叛贼，众人不愿跟从，因此王太守被杀了。大将军士兵强悍纪律严明，远方和近处都没有人能够相匹敌。假如为国家计划，转移兵力驻守常山，和李大夫首尾呼应，那么所建立的盛大功业，没有人能比得上。如果犹豫不决，又不设立防备，常山沦陷之后，信都怎么能够得以保全！"乌承恩不接受。宗仙运又说："将军不接纳鄙人的劝告，一定是因为觉得我们兵少。现在人民无法生存，都想报恩效力国家，争着团结一致，驻扎在乡村，如果悬赏招募，到不了十天就可以得到十万人；和三千多朔方甲士配合使用，足够完成勤王的事业。假如关键的地方授给叛贼，居住在四通八达的地方来保证自己的安全，有如倒拿着剑戟，这是失败的道路。"乌承恩一直犹豫不决。乌承恩，是乌承玼同族的哥哥。

这个月，史思明、蔡希德带领一万兵马向南攻打九门。攻打了十天，九门装作投降，在城墙上隐藏甲士。史思明登上城楼，埋伏的甲士攻打他；史思明从城上摔下来，被埋藏在城墙外面的尖树枝扎伤了他的左肋，在晚上，逃到博陵去。

颜真卿用蜡丸把公文送到灵武去。唐肃宗委任颜真卿做工部尚书兼任御史大夫，依旧为河北招讨、采访、处置使，并且给他送文书，也用蜡丸送达。颜真卿把赦书颁发下河北各个郡县，又派人颁发给河南、江、淮。至此各个地方才了解到唐肃宗在灵武登基，谋国的志向更加坚定了。

郭子仪等人带领士兵五万人从河北到了灵武，灵武的军势才强大，人人都有了复兴的光明。八月，壬午朔日（初一），委任郭子仪为武部尚书、灵武长史，委任李光弼为户部尚书、北都（太原）留守；二人都做同平章事，剩余的官职依旧不变。李光弼率领景城、河间的士卒五千人赶到太原驻守。

在这之前，河东节度使王承业军队不整顿纪律，朝廷命令侍御史崔众查收缴获他的士卒，没过多久又派遣宫中使者把他杀了。崔众侮辱小看王承业，李光弼早就已感到不平衡。到这时，唐肃宗下达命令把士卒交付给李光弼。崔众见了李光弼，不向他行礼，又不抓紧时间交出士卒，李光弼十分生气，抓来把他杀掉。军中十分害怕。

回纥可汗、吐蕃赞普陆续命令使者请求帮助讨伐反贼，唐肃宗摆设宴席款待并加以赏赐，之后遣送回国。

癸未日（初二），太上皇下达制书，大赦天下。

北海太守贺兰进明命令录事参军第五琦到达蜀地上奏军事，第五琦向太上皇讲道："现在正在用兵战斗，最需要的就是财赋。财赋的出产，江、淮占大多数。请赏赐臣一个职位，可以让军事不缺少财用。"太上皇非常高兴，立刻委任第五琦做监察御史、江淮租庸使。

史思明再度攻打九门，辛卯日（初十），攻打下九门，杀了数千人；又领兵向东围攻藁城。

李庭望带领蕃、汉兵两万多人向东攻击宁陵、襄邑；晚上，在距离雍丘城三十里的地方扎下营垒。张巡带领着三千拿着短兵器的士兵去偷袭他，大败他，大部分被杀死和俘虏了。李庭望收集剩余的士兵连夜逃跑。

癸巳日（十二日），灵武的使者到了蜀地。太上皇非常高兴地说："我的儿子上应天道下从民意，登基做皇帝，我就没有什么可以担心的了！"丁酉日（十六日），太上皇下达命令说："从即刻起，改制书、敕书称作诰，上表上书一律称太上皇。天下的军国事务，都先呈报给皇帝做决定，再呈朕了解。等到光复长安，朕就不再管理军政和国家的事务。”己亥日（十八日），太上皇亲临到轩槛，让韦见素、房琯、崔涣奉拿着传国宝玺和玉册到灵武传承皇位。

辛丑日（二十日），史思明攻下藁城。

起初，太上皇每一次设宴赏赐臣民会饮作乐，先摆设太常雅乐坐部伎（在堂上坐着演奏者）和立部伎（在堂下站着演奏者），然后表演鼓吹乐、胡乐、教坊乐、府县散乐、表演杂戏；然后利用山车、陆船承载着乐工前来演奏；然后从后宫叫出宫女来跳《霓裳羽衣》舞；又让一百匹马舞蹈，口叼着酒杯向皇上敬酒祝寿；又拉着犀牛、大象进入场地，有时向内揖拜，有时跳舞。安禄山看了非常十分喜欢，之后攻下长安之后，下达命令搜捕乐工，运送乐器和舞衣，驱赶会跳舞的马、犀牛、大象一起运到洛阳。

◆臣司马光说：圣人凭借修养德行作为美善的事情，做仁义的事当作快乐，因此即便房屋是用茅草覆盖用泥土做台阶，身着粗糙的衣服吃廉价的食物，却不会因为生活的简朴而感到羞耻，只是担心自己俸禄太过奢侈因此劳累人民伤害财力。唐明皇凭借着天下太平，不去考虑之后会有什么灾难，穷尽耳目声色的玩乐，穷极音乐技艺的灵巧高妙，自己认为帝王的富贵都无法与自己相比，想要让前代的帝王比不上自己，后来的帝王也都不能超过；不仅仅使自己高兴，也用来向别人夸耀显示。根本就不知道大盗就在身边，已经有窥窃的心思。最后导致皇上的车驾颠沛流离，全国生灵涂炭。因此可以了解人君追崇奢华来向别人夸耀显示，确实会导致大盗作乱。◆

安禄山在凝碧池设宴款待群臣，大规模演奏各种乐曲。梨园弟子经常伤心哭泣，贼兵全部都显露出兵刃生气地看着他们。乐工雷海清控制不住自己的伤心愤慨心情，把乐器扔在地上，面向西面大哭。安禄山非常生气，把他绑在试马殿的前面，肢解他。

安禄山听说之前很多老百姓趁着兵乱偷盗库藏里的宝物，攻占下长安之后，下达命令全城搜索三天，就连老百姓的个人财产也都抢夺走了。又下达命令各郡县官府追查审问，一铢一两的财物，没有不治罪的。因为受牵连而被逮捕，如枝茎之蔓延没有止境。民间十分混乱，十分想念唐朝。

自从唐肃宗离开马嵬驿去北方，民间就相互传言太子到北方召集士卒来攻占长安，长安的百姓昼夜都在等候着。有时互相惊吓地说："太子的大军快来了！"因此大家都逃跑了，市街和闾里都没有一个人。贼兵看到北方尘土飞扬，就惊慌着想逃跑。京城周边的豪杰，经常杀死叛贼的官吏，和官军遥相呼应；贼兵把这个杀了，又有人继承之奋起，一个一个不曾断过，叛贼不能阻止。起初的时候，从京城附近到鄜、坊以至于岐、陇都回应依附，到现在长安西门之外，全部都是敌对的营垒了。贼兵的军队实力能够到达的地方，南面不超过武关，北面不超过云阳，西面不超过武功。长江、淮河一带，有所上奏请求或贡献要到蜀地或灵武的，全部都是从襄阳经过上津一路到达扶风。道路没有堵塞，全部是薛景仙的功绩。

九月，壬子日（初一），史思明包围攻打赵郡，丙辰日（初五），攻占赵郡；又包围攻打常山，攻打了十天，常山城沦陷，杀了好几千人。

建宁王李倓，性情英明果决，有智谋。跟随唐肃宗从马嵬驿北走，士兵贫弱，多次遇到强盗叛贼；李倓亲自挑选骁勇善战的士兵，在唐肃宗的前后，誓死保护唐肃宗。唐肃宗有时候错过了吃饭时间还没能吃上饭，李倓就伤心痛哭得不能停止，军中都看着他。唐肃宗想委任李倓做天下兵马元帅，让他带领各位将领东征，李泌说："建宁确实是做元帅的人才；只是，广平王是哥哥。如果建宁王成功了，难道是要让广平王做吴太伯吗？"唐肃宗说："广平王是承袭君位的太子，为什么要元帅才能提高身价？"李泌说："广平王还没有立为太子。现在天下正是艰难的时刻，众人心里中意的，就是元帅。如果建宁王真的成功了，陛下即便是不想立他为太子，和他一同立功的人怎么会善罢甘休！太宗和太上皇，都是非常好的例子。"唐肃宗就委任广平王李俶做天下兵马元帅，让他指挥所有的将官。李倓知道了，感谢李泌说："这样才是我心中所想的啊！"

唐肃宗和李泌一块儿出来探视军队。军士们指着他们，悄悄地说："穿黄衣服的人，是天子；穿白衣服的人，是山人。"唐肃宗听见了，对李泌说："在国家危难的时候，我不敢委屈您让您去做官，暂时穿上紫袍来破解大家的疑惑。"李泌不得已而为之，就接受了；穿上紫袍，到宫中去谢恩。唐肃宗笑着说："已经穿了这件紫袍，不可以没有官衔。"因此从怀中拿出诏书，委任李泌为侍谋军国、元帅府行军长史。李泌坚持谢绝。唐肃宗说："朕不敢让您做我的臣子，只想请您来救急救难罢了。等到平定了叛贼，您可随意，自由自在地追求高的志向。"李泌才答应了。在宫禁中设置元帅府，李俶进宫上奏事务，李泌就在元帅府等候；李泌入宫，李俶就在元帅府等候。李泌又向唐肃宗说："每个将军都害怕唐肃宗的威严，在陛下面前陈述军队事务，有时不能完全表露心迹；稍有差池，后果非常严重。请让各位将军与臣及广平王好好商量，臣和广平王再细细地向陛下报告，许可的就施行，不许可的就禁止。"唐肃宗应允。当时军队中的事务特别的多，从各个地方送过来的情报，从傍晚到天明，没有闲着的时刻，唐肃宗让全部都送到元帅府，李泌先打开看。遇到紧急的文书及烽火等军事情报，就重加封闭，隔着门旋转轮盘通报进去。剩下的就等到天明再送进去。宫门的钥匙和木契，全部都拜托李俶和李泌保管。

阿史那从礼说服诱惑九姓府和好几万六胡州的各个胡族部落，集聚在经略军的北方，将要占据朔方。唐肃宗下达命令让郭子仪带领天德军发兵攻打他。左武锋让仆固怀恩的儿子仆玢别领兵和敌人战斗，战斗失败，向敌人投降；没有多长时间又逃跑回来，仆固怀恩斥责他之后杀了他。将士都吓得两腿发抖，全部都以一当百，因此击败了同罗。

唐肃宗即便使用朔方的军队，但是还想向外夷借兵来扩张军队的势力，让豳王李守礼的儿子李承寀做敦煌王，与仆固怀恩做使者前去回纥请兵。又征召拔汗那的军队，并且让他转告西域每个建有城郭的国家，答应给他们丰厚的赏赐，让他们跟着安西士卒来支援。李泌劝说唐肃宗：“暂时前往彭原，等到西北的部队将要到达的时候，再前往扶风来和他们会师；到那个时候收齐了租庸调的赋税，可以补贴军用。”唐肃宗答应了。戊辰日（十七日），车驾从灵武出发。

内侍边令诚又从叛贼朝中逃跑出来，唐肃宗杀了他。

丙子日（二十五日），唐肃宗到了顺化。韦见素等人从成都赶来，进献传国宝玺和玉册。唐肃宗不接受，说：“最近因为中原还没有太平，暂时统领百官，不敢趁着国家危难的时候，就继承皇位！”群臣再三恳求，唐肃宗不答应。把传国宝玺和玉册安放在另外一个殿中，早晚供奉它，就好像昏定晨省的礼仪规矩。唐肃宗认为韦见素本来依附杨国忠，心里特别小看他；由于久闻房琯的名声，对待他特别谦虚。房琯觐见唐肃宗讨论当代局势，言论修辞意气奋发昂扬充满正气，唐肃宗因此而感动，从那个时候军国大事大多与房琯商讨议论。房琯也以天下为己任，只要是知道的，全部都尽力而为，各个将相全部都拱手回避他。

太上皇赏赐一个镶有七种宝物的马鞍给张良娣。李泌向唐肃宗说：“现在天下动乱，应当向别人宣示简约，良娣不应用这个马鞍。应该把上面镶的珠玉摘下来交给管仓库的官吏，等候来赏赐给有战功的人。”良娣从宫门中说：“我们自小同乡，为什么竟然这样做！”唐肃宗说：“李先生是为国家做计划。”立即下达命令把马鞍撤去。建宁王李倓在廊下啼哭，声音传到唐肃宗耳中。唐肃宗十分惊奇，叫来他询问，建宁王回答说：“臣最近担心患乱不能平定，现在陛下善于听从建议，过不了多久，就能够看见陛下迎接太上皇回长安，因此太高兴了就哭起来了。”张良娣因此就怨恨李泌和李倓。

唐肃宗之前和李泌闲聊，聊到李林甫，想要命令各将攻下长安，挖了他的坟墓，烧了他的骨骸，撒了他的骨灰。李泌说：“陛下正在收复天下，为什么要怨恨死人？他那枯骨又没有什么知觉，只能够表达出圣意不够宽大罢了。并且现在依附叛贼的人都是陛下的仇人，假如他们听到陛下这样的做法，恐怕会阻碍他们改过自新。”唐肃宗十分不高兴，说：“这个老贼之前想方设法地陷害朕，那个时候，朕朝夕不保。朕之所以能够获得全活，那是天意啊！李林甫也曾讨厌卿，只是还没有来得及害卿就死了，为什么可怜他！”李泌回答说：“臣怎么可能不知道呢！之前太上皇统御天下五十年，天下太平娱乐，结果一天失意，逃到遥远的巴蜀去。南方地理环境不好，太上皇年事又高，他如果听到陛下这个敕书，心里一定认为是由于韦妃的缘故，心里感到羞愧心情不高兴。万一感到羞愧忧虑生了病，那就是陛下在这么大的天下里容不下君亲。”话还没有说完，唐肃宗泪流满面，走下台阶仰天拜谢说：“朕没有想到这里，这是上天让先生解释说明白的！”因此抱着李泌的脖子不断地哭泣。

一夜，唐肃宗又对李泌说：“张良娣的祖母，是昭成太后（玄宗生母）的妹妹，太上皇惦念她。朕想要立她作为皇后，来安抚太上皇的心，卿认为怎么样？”李泌对答说：“陛下那时候在灵武，是因为群臣希望建功立业，因此才登基为皇帝，而不是为了自私。至于说家事，应该等候太上皇的命令，也只不过晚一年半载的时间罢了。”唐肃宗接受了。

南诏趁着唐朝的战争混乱，攻占越巂郡会同军，占领清溪关；寻传、骠国都依附他。

资治通鉴卷第二百一十九　唐纪三十五

起丙申（公元756年）十月，止丁酉（公元757年）闰八月，共十二个月。

【题解】本卷记录了公元756年十月至757年闰八月的史事，共十一个月，正当唐肃宗至德元年十月到二年闰八月。这是安史之乱战斗最激烈的一年，叛军气盛，处于进攻，官军稍弱，处于防守，战争波及广泛。官军方面，两攻长安不克，房琯、郭子仪先后兵败。河北官军全线败退，史思明占据河北全部土地。河南鲁炅守卫南阳，淮北张巡、许远守卫睢阳，保护了淮南与江东的安宁。唐室新政权肃宗已站稳脚跟，官军局部反攻，郭子仪收复河东。叛军内讧，安庆绪弑父自立，史思明在河北称雄。叛军开始走下坡路，官军日益占上风。

肃宗文明武德大圣大宣孝皇帝中之上

至德元载（丙申，公元756年）

冬季，十月，辛巳朔日（初一），日全食。

唐肃宗从顺化出发，癸未日（初三），到了彭原。

起初，李林甫做了宰相，谏官要先告知宰相要进谏事情，回去的时候又要告知宰相所进谏的事情；御史上书议论事务，也要大夫一并署名。到了现在，下达命令把以上的弊病全部清除，开通谏诤的途径。又让宰相在政事堂分别担任主笔和承旨的职位，十天轮换一次。这是有借鉴于李林甫和杨国忠专用职权的原因。

第五琦在彭原拜见唐肃宗，希望用江、淮租庸税收购买轻货，沿着长江、汉水上行到洋川，然后命令汉中王李瑀由陆路运送到扶风来弥补军用。唐肃宗接受了他的建议。没有多长时间就升第五琦的官职做山南等五道度支使。第五琦制定盐税法，国家的财用，因此富裕充足。

房琯喜爱宾客，喜欢讨论事理，推荐提拔一大批有名望的人，却看不起庸俗的人，因此有非常多人都埋怨他。北海太守贺兰进明到行在，唐肃宗命令房琯任命他做南海太守，兼做御史大夫，代理岭南节度使；房琯任命他为代理御史大夫。贺兰进明前往皇宫感谢皇恩，唐肃宗感到奇怪。贺兰进明因而就说同房琯有嫌疑，又说道："晋朝任命王衍做三公，开始尊崇虚浮不实的荣华富贵，导致中原混乱。现在房琯单单说一些迂阔而不符合事实的大话来建立虚名，他所举荐任命的人全部都是无用的人，真是王衍一样的人！陛下任用他做宰相，估计不是国家的福音。并且房琯在南方的朝堂上辅佐太上皇，让陛下和诸王分别带领各道节度使，但是把陛下安排在靠近沙漠的边塞空旷的地方，又把个人的同党分布在各道，让他们总掌大权。他的心思是不管太上皇的哪一个儿子做了皇帝，自己都不会失去荣华富贵，这难道是忠臣应该做的吗？"唐肃宗于是就疏远了他。

房琯上疏，希望亲自带兵收复长安洛阳。唐肃宗答应了他，加持节、招讨西京兼任防御蒲、潼两关兵马和节度等使。房琯希望自己选择参佐，让御史中丞邓景山做副使，户部侍郎李揖做行军司马，给事中刘秩做参谋。出发之后，又下达命令让兵部尚书王思礼当他的副手。房琯把军中事务全权委任李揖和刘秩，这两个人都是书生，不了解军事。房琯对别人说："贼兵精锐曳落河虽然很多，怎么能够战胜的过我的刘秩！"房琯把军队兵分三路：使副将杨希文带领南军，从宜寿前进攻打；刘贵哲带领中军，从武功前进攻打；李光进带领北军，从奉天前进攻打。李光进，是李光弼的弟弟。

委任贺兰进明做河南节度使。

颍王李璬到了成都的时候，崔圆欢迎接待他，在马前拜见，李璬没有停下脚步，崔圆埋怨他。李璬到任两个月，官吏和人民都非常安闲舒适。崔圆上奏请求罢免李璬的官位，让他回到行宫内宅居住；让武部侍郎李峘做剑南节度使，替代他。李峘，是李岘的哥哥。没有多长时间太上皇就命令李璥与陈王李珪到唐肃宗那里去安抚他，这个时候，在彭原和唐肃宗见面。延王李玢跟从太上皇到蜀地去，没有追赶上车驾；太上皇十分生气，想要杀他。汉中王李瑀救了他，就让李玢也到唐肃宗这里来。

甲申日（初四），令狐潮、王福德又带领一万多步兵和骑兵攻打雍丘。张巡出来战斗，大败他，好几千个首级被砍下，贼兵逃跑。

房琯用中军、北军做前锋，庚子日（二十日），到了便桥。辛丑日（二十一日），二军在咸阳的陈涛斜碰到贼将安守忠。房琯借鉴古人的战术，用车战斗，用两千辆牛车，让骑兵和步兵夹杂在牛车之中；贼兵顺着风的势力，击鼓喧嚣吵闹，牛都惊吓。贼兵纵火焚烧，士卒和牛马混乱，官军死伤了四万多人，只有几千人活下来了。癸卯日（二十三日），房琯亲自带领南军战斗，又战斗失败了，杨希文和刘贵哲都向贼兵投降了。唐肃宗听到房琯战斗失败了，十分生气。李泌营救他，唐肃宗才宽恕他，就像之前一样地对待房琯。

委任薛景仙做内节度副使。

敦煌王李承寀到达回纥主帅营中，回纥可汗把自己的女儿嫁给他，命令他的亲贵大臣与李承寀和仆固怀恩一块儿回来，到彭原拜见唐肃宗。唐肃宗非常优厚地接待他的使者并护送他回去，赏赐给回纥可汗的女儿封号为毗伽公主。

尹子奇包围攻打河间，攻打了四十多天都没有攻打下来，史思明又带兵和他会合。颜真卿命令他的将军和琳带领一万二千人去营救河间，史思明迎头截击，俘虏和琳，因此河间被攻陷；逮捕到了李奂送到洛阳，杀了他。攻占景城，太守李暐在湛水而死。史思明委派两人骑马带着书信去乐安招降，乐安立即全郡都投降依附。又命令他的将官康没野波带领先锋部队前进攻打平原，兵还没有到达，颜真卿知道力量不能阻挡，壬寅日（二十二日），扔下平原郡渡过黄河向南逃跑了。史思明就用平原的士兵去攻占清河、博平，都攻占下了。史思明就带领士兵到信都包围攻打乌承恩，乌承恩投降，亲自领着史思明进城，交付给他兵马和仓库，有三千匹马，一万士兵。史思明把乌承恩护送到洛阳，安禄山恢复了他的官位。

饶阳的裨将束鹿人张兴，能举起千钧的重量，为人又能够明辨事理。贼兵攻打饶阳，一年不能攻陷。等到各个郡县全部沦陷了，史思明合力包围攻打，外援都切断了，太守李系十分困窘急迫，投火自杀，城因此沦陷。史思明俘虏张兴，站在马前面，对他说："将军确实是英勇强壮的人，能够和我一起享受富贵吗？"张兴说："张兴是唐朝的忠臣，万万没有投降的理由。现在命在一瞬之间，愿能向您进献一些话再死。"史思明说："你倒是说说看。"张兴说："皇上对待安禄山，恩义就好像父子一样，在所有的大臣中，没有一个人比得上。不知报恩，反而兴兵叛乱，涂炭生灵。大丈夫不能消灭叛逆元凶，难道还能北面称臣吗！鄙人有个小小的计谋您能够接受吗？您之所以要跟从叛贼，也只不过是为了追求富贵；就好像燕子在帐幕上筑巢，怎么可能时间长久安宁！不如趁此机会杀死贼酋，转变祸灾为成为福禄，永久享受富贵，不是更加美好的事情吗？"史思明十分生气，让人把张兴的手脚绑在木头上，锯死他，张兴嘴里不停地大骂，一直到死才停止。

叛贼每一次攻占下一个城池，城中的衣服、财货和女人都被抢夺走了。男人，强壮的让他背负或担运东西，衰弱的、生病的、年老的、年幼的都用刀和槊像开玩笑一样把他们刺死。安禄山最开始把三千名士卒交给了史思明，让他平叛河北。直到如今，河北全都平稳安定了，每郡分派三千人驻守，其中夹杂有胡兵用来镇压。史思明回博陵。

尹子奇带领五千骑兵跨过黄河，攻占北海，想要向南攻下长江、淮河一带地方。恰逢回纥可汗派遣他的大臣葛逻支带领兵马来支援唐朝，先用两千骑兵忽然来到范阳城下。尹子奇听说了，急忙带兵回去。

十一月(一原误作二，此从十一行本；下文复出十二月份可为证)戊午日(初八)，回纥的兵马到了带汗谷，与郭子仪的军队集合；辛酉日(十一日)，与同罗及反叛的胡兵在榆林河北岸战斗，大败他们，三万多首级被斩下，一万人被俘虏，平定了河曲一带。郭子仪回兵将部队驻扎在洛交。

唐肃宗下令崔涣到江南去宣谕安抚，兼任选举的事务。

令狐潮带领一万多人驻扎营垒在雍丘城北，张巡截击他，大败他，贼兵因此逃跑。

永王李璘，自从小的时候失去母亲，被唐肃宗抚养，经常抱着他睡觉；他跟随太上皇到蜀地去。太上皇下令各个儿子分别统率天下节度都使。谏议大夫高适上谏，认为不可以。太上皇不接受。李璘统率四道节度都使，驻守江陵。那个时候江、淮的税赋在江陵堆积如山，李璘招募好几万勇士，每天花费非常多。李璘在深宫中生长，没有经历过人事。他的儿子襄城王李玚，有勇力，喜爱军事，有薛镠等人帮他策划。认为如今天下混乱，只有南方完好富裕；李璘掌控四道的兵力，几千里疆土，应当占领金陵，保有江东，像东晋一样。唐肃宗听说了，命令李璘回蜀地拜见太上皇，李璘不听。江陵长史李岘借生病辞别离开李璘前去行在，唐肃宗诏令高适和他商量议论。高适讲述江东的利弊，而且说李璘一定失败的形势。十二月，设立淮南节度使，统率广陵等十二郡，让高适做节度使；设立淮南西道节度使，统率汝南等五郡，让来瑱做节度使。让他们和江东节度使韦陟一同计划攻击李璘。

安禄山出兵攻打颍川。颍川城中兵力很少，没有后续力量。太守薛愿、长史庞坚全力以赴抵抗防守，消耗尽了城四周百里内的房屋林木。过了整整一年，没有救兵前来救援，安禄山让阿史那承庆增加兵力攻打，白天夜里死死战斗十五天，攻陷城池，把薛愿、庞坚俘虏送到洛阳，安禄山把他们捆绑在洛水岸边的冰块上，冻死他们。

唐肃宗问李泌说：“现今敌人这样强大，什么时候才能够平稳安定？”李泌回答说：“臣听说贼兵所掠夺的美女和财富，都输送到范阳去，这样的做法哪里有占据四海称霸天下的意图和决心呢！现在也只有胡虏的将军还在为他效力，中国人只有高尚等几个人罢了，其他的都是被逼迫效力的。根据臣的预计，过不了两年，天下就没有贼寇了。”唐肃宗说：“什么原因？”李泌回答说：“贼兵的骁勇善战的大将，只不过是史思明、安守忠、田乾真、张忠志、阿史那承庆等几个人罢了。如果现在让李光弼从太原出井陉口，郭子仪从冯翊进入河东，那么史思明、张忠志就没有胆量离开范阳、常山，安守忠、田乾真就没有胆量离开长安。这样就可以用两支军队控制住他四员大将，跟随安禄山的就只有阿史那承庆了。恳求陛下命令郭子仪不要攻占华阴，让两京的道路常常畅通无阻。陛下把所征召的部队驻扎在扶风，和郭子仪、李光弼相互出兵攻击他。他救援头部，我们就攻击他的尾部；他救援尾部，我们就攻击他的头部；让贼兵来往于几千里之中疲于奔命。我们常常以逸待劳，贼兵来了就躲避开他的锋头，离开的时候就趁着他的疲惫而攻击他，不攻打城池，不阻挡道路。明年春天再委任建宁王为范阳节度大使，依靠着边塞向北出兵，与李光弼南北掎角以攻占范阳，覆灭叛贼的巢穴。贼兵无路可退，停留原地又没有办法安宁。然后大军从四面会合而包围攻打他，一定可以俘虏他的。”唐肃宗非常高兴。

那个时候张良娣和李辅国里应外合，都怨恨李泌。建宁王李倓对李泌说：“先生向皇上举荐倓，能够施展作为臣子的功效，没有办法回报大德，请求替先生除去祸害。”李泌说：“什么祸害？”李倓说是张良娣。李泌说：“作为臣子这件事是不应该说的，希望王可以暂时放下这件事，不要先发制人。”李倓不接受。

甲辰日（二十五日），永王李璘自作主张带兵东巡，沿长江向下行，军势十分强盛，只是还没有显露出要占据一方的意图。吴郡太守兼任江南东路采访使李希言送给李璘一封平行牒文，责问他私自带兵东下的意图。李璘非常生气，分配出兵马命令他的将军浑惟明在吴郡攻打李希言，季广琛在广陵攻击广陵长史、淮南采访使李成式。李璘进攻到当涂，李希言派遣他的将军元景曜和丹徒太守阎敬之带兵抵抗他，李成式也派遣他的将军李承庆来抵制他。李璘打败了阎敬之并宣传给大家看他斩下阎敬之的首级，因此元景曜、李承庆都向李璘投降。江、淮一带十分震惊。高适同来瑱、韦陟在安陆会商，签订下盟约训练勉励军队来征讨他。

于阗王胜听说安禄山反叛，命令他的弟弟曜暂时管理国家政事，亲自带领五千人来支援。唐肃宗奖励他，委任他为特进，兼任殿中监一职。

令狐潮、李庭望攻打雍丘，好几个月都攻不下，因此设立杞州，在雍丘的北边建筑城池，来断绝雍丘的粮食援助。贼兵常常有几万人，张巡的士卒一千多人，但是每次作战都可以胜利。河南节度使虢王李巨屯扎在彭城，让张巡代理先锋使的职务。这个月里，鲁郡、东平郡、济阴郡都被贼兵攻占。贼将杨朝宗带领骑兵和步兵两万人，将要攻打宁陵，来断绝张巡的后方支援。张巡因此就离开雍丘，向东防守宁陵等候他，才可以和睢阳太守许远见到。那一天，杨朝宗到了宁陵城西北，张巡、许远与他战斗，昼夜一连打了几十次，大败杨朝宗，一万多敌人被斩下首级，尸体堵塞了汴水向下流，贼将整集残兵在夜里逃跑。唐肃宗下达命令让张巡做河南节度副使。张巡认为将士们都有功劳，就派遣人到虢王李巨那里向他请求还没有填写姓名的官吏委任状和赏赐物品。李巨只给了他折冲、果毅的委任状三十份，而且并无物品赏赐。张巡写信责怪李巨，李巨一直不回答。

这一年，设立北海节度使，统率北海等四个郡；上党节度使，统领上党等三个郡；兴平节度使，统率上洛等四个郡。

吐蕃攻占威戎、神威、定戎、宣威、制胜、金天、天成等军，和石堡城、百谷城、雕窠城。

起初，林邑王范真龙被他的大臣摩诃漫多伽独杀死，杀光了姓范的全族。国内的臣民就推选他们的国王头黎的女儿做王。女王不能管理国家，然后再拥立头黎姑母的儿子诸葛地，称其为环王，而且把女王嫁给他做妻子。

二载（丁酉，公元757年）

春季，正月，太上皇颁布诰文，委任宪部尚书李麟为同平章事，管理百官。命崔圆奉命到彭原。李麟，是懿祖光皇帝李天锡（太祖之父）的后人。

安禄山从起兵叛乱起，视力渐渐模糊，到最后什么也看不到了；并且又长了恶疮，性格更加粗暴。左右使唤的人，稍稍有不满意的地方，就用鞭子或木棒打，有时甚至把他杀了。等到称皇帝之后，在禁宫中深居，大将很少能见到他的面，全部都由严庄转报事情。严庄即便尊贵当权，也少不了挨打。宦官李猪儿被打的次数最多，左右的人都觉得不能自保。安禄山的爱妾段氏，生下一个儿子安庆恩，想要用他替代安庆绪做继承人。安庆绪经常害怕会死，不知道该怎么办。严庄对安庆绪说："有些事情不得不做，不能失去时机。"安庆绪说："只要是兄长要做的事，全部听从。"严庄又对李猪儿说："你前前后后被打，哪里还数得清呢！假如不举行大事，可能到哪一天就死了！"李猪儿也应允了。严庄和安庆绪夜里拿着兵器站在营帐外，李猪儿拿着刀一直走到帐中，把安禄山的肚子砍开。左右的人都非常害怕，没有胆量动弹。安禄山用手去摸枕头旁边的刀，摸不着，就摇晃着帐竿，说："肯定是家贼！"肚肠已流出好几斗来，然后就死了。在床下挖了好几尺深的坑，用毡包裹住了他的尸体，埋了他，告诫宫中的所有人不能够把消息泄露出去。乙卯日（初六）早上，严庄对外宣告说安禄山病情严重；立晋王安庆绪做太子，紧接着即位做皇帝，尊敬崇尚安禄山为太上皇，之后发布讣文举办丧事。安庆绪性情暗昧懦弱，语无伦次。严庄担心众人不服从，不让他见人。安庆绪每天尽兴吃喝玩乐，对待严庄像哥哥一样，委任他做御史大夫、冯翊王，无论事情大小，全都让他决定；优厚地加给诸将官职和爵位，来讨他们的欢心。

唐肃宗和李泌闲聊说："广平王担任一年多的元帅，如今想命令建宁王专注一方面的征讨，又担心分散了势力。将广平王立为太子，怎么样？"李泌回答说："臣之前就曾说过了，军事烦乱紧急，必须马上处理；至于家里的事务，应该等着太上皇处理。如果不这样，后世怎么可以明白陛下在灵武登基的用意呢！这肯定是有人想让臣和广平王结怨的，臣请求告诉广平王这件事，广平王也不一定敢承担。"李泌离开，告诉广平王李俶，李俶说："这是先生深刻理解我的心意，想尽可能地成就我的美德。"因此进入宫中，坚持辞决谢恩，说："陛下还没有能奉行晨省昏定的礼仪规矩，臣子怎么可以当储君！愿等到太上皇回宫再说，这是臣子的幸运！"唐肃宗奖励安抚了他。

李辅国之前是飞龙厩中提供差遣的仆卒，稍微了解书札及计算，在太子宫中做事，唐肃宗非常相信他。李辅国在表面上十分恭敬有礼说话比较少，可是内心却非常阴险狡诈。看到张良娣受唐肃宗宠爱，偷偷依附她，和她在宫庭里应外合。建宁王李倓多次在唐肃宗面前攻击他们两个人的罪恶，两人就向唐肃宗进谗言说他："李倓埋怨做不了元帅，要偷偷杀了广平王。"唐肃宗十分生气，赐死李倓。从此广平王李椒和李泌心里都特别害怕。李俶想设法剔除掉李辅国和张良娣，李泌说："不能这样做，王难道没有看到建宁王的祸患吗？"李俶说："我暗地非常替先生担心。"李泌说："泌已经跟皇上有约定，等到收复了京师，就会回到山中去，这样才得以免除灾难。"李俶说："先生离开了，那么俶就更加危险了。"李泌说："王尽管去尽人子的孝道。良娣也只是个妇道人家，王细心地顺从她，不会怎样的。"

唐肃宗对李泌说："现在郭子仪、李光弼已经当上了宰相，假如收复两京，平复天下，就再也没有官爵可以赏赐他们了，那可怎么办呢？"李泌回答说："古时候官职委派给有能力的人，用官爵俸禄来感谢有功劳的人。汉、魏之后，即便用郡县治理人民，可是有功劳就赐封土地，传给子孙，一直到北周和隋朝都是这样。唐朝初期，因为没有得到关东的土地，因此封赐的爵位都只是空衔。那些享受封地租税全部收入的人，也只不过给予缯布罢了。贞观年间，太宗想恢复古制，但是由于大臣的意见不一而终止。因此多用官爵赏赐有功的人。但是用官爵赏赐有功的人有两种弊病：如果赏赐了没有做官才能的人，就会荒废政事；如果赏赐给权势过大的人，就非常难控制。因此有功劳而位居大官的大臣，计划眼光都不会放长远，都只是想趁着一时的权力来谋取钱财，无论什么样的事都做得出来。如果之前安禄山有百里的封地，那么他会非常珍惜地传给子孙，而不会叛乱了。现在的方法，等到天下太平之后，最好是把功臣的爵位列出等级分别封给土地，即便是大国，也只不过二三百里，相当于现在的一个小郡，不难控制。对于功臣来说，应该说是万世的福音啊！”唐肃宗说：“非常好！”

唐肃宗听到安西、北庭和拔汗那、大食各个国家的兵马已经到了凉州和鄯州，甲子日（十五日），车驾赶到保定。

丙寅日（十七日），剑南士卒贾秀等五千人想要谋反，将军席元庆和临邛太守柳奕征讨杀了他。

河西兵马使盖庭伦同武威九姓胡商人安门物等杀了节度使周泌，召集六万士卒。七个小城在威武大城，胡人占据了其中的五个，坚守不下的只有两个小城。支度判官崔称和宫中使者刘日新利用两城的兵攻击他们，围攻了十七日，把他们平复了。

史思明从博陵，蔡希德从太行道，高秀岩从大同，牛廷介从范阳，分别领兵，共有十万人，攻打太原。李光弼手下的精兵全部都调到朔方去了，余下的地方民兵不到一万人的乌合之众。史思明认为太原非常简单地就可以攻打下，得到太原之后，将趁此机会长驱攻打朔方、河西和陇右。太原的所有将军都非常恐惧，计划修筑城墙以等候敌人前来攻击。李光弼说：“太原城周边有四十里长，贼兵将到的时候才开始修筑，那么在还没有见到敌人之前自己就已经先疲困了。”因此就带士兵和人民到城外挖掘壕沟来坚固防守。准备了好几十万个土砖，大家都不知道他要干吗。一直到贼兵在外面攻打城池的时候，李光弼在城内利用它增筑营垒，损坏了的立刻就修理好。史思明派人到山东去运送攻打城池的兵器，用三千胡兵护送。来到广阳，驻军在附近的将军慕容溢、张奉璋拦截攻打，全部消灭了他们。

史思明攻打太原，围攻了一个多月都没有攻打下来，然后就选拔骁勇善战精锐的士卒作为游兵，告诫他们说："我攻打北面，你们就偷偷跑到南面；我攻打东面，你们就跑到西面；一旦有时机，就趁此机会攻打。"但是李光弼的军令非常严厉整齐，即便贼兵没有到达，警戒和巡逻的工作也没有松懈过，因此贼兵，没有办法进入城。李光弼悬赏向军中召集人才，凡是拥有小技能，全部都要选取。按照他们的才能来派遣，所有的人都能尽他的才干去做事。得到三个安边军的铸钱工人，擅于挖掘地道。贼兵在城下仰着脸咒骂，李光弼派人在地道里抓住他的脚然后把他拉进地道，到城墙上杀死了他。之后贼兵走路都看着地面。贼兵用云梯冲车和土山攻打城池，李光弼就挖地道来与他对抗，云梯冲车一靠近城墙就落下去。贼兵刚开始进逼城墙非常急迫，李光弼制作大炮，发射大石块，发射出去一个大石就打死二十多人，贼兵的十分之二三都被打死了，因此退到好几十步之外去驻扎，围城和守卫愈加严密坚固。李光弼派人装作与贼兵订约，约定好日期投降，贼兵非常欢喜，不设置防备。李光弼让士兵在贼兵军营周围偷偷挖掘地道，之前用木柱支撑着。到了日期，李光弼分布军队在城墙上，派偏将带领三千人出城，看似是要投降的样子，贼兵全部都目不转睛地看着。突然贼兵营里土地塌陷，有一千多人死了，贼兵全部惊慌失措。官军击鼓喧噪趁此机会攻打，俘虏斩首上万人。恰好安禄山被杀，安庆绪让史思明回去守范阳，剩下蔡希德等攻打太原。

安庆绪委任尹子奇作为汴州刺史、河南节度使。甲戌日（二十五日），尹子奇率领归（妫）州、檀州和同罗、奚的士兵十三万人进攻睢阳。许远向张巡汇报紧急情况，张巡从宁陵率领士兵进入睢阳。张巡有三千兵马，和许远的士兵合并共有六千八百人马。贼兵用所有的人马进攻睢阳城，张巡督促鼓励士兵，昼夜苦苦战斗，有的时候一天打二十次仗。一共十六天，俘获六十多贼兵的将军，两万多士卒死了，大家士气倍增。许远对张巡说："远性情怯懦，又不擅于军事，先生智勇双全，远恳求代替先生留守，请先生代替我战斗。"至此之后，许远只运送军粮，修理战斗用的兵器，在城中接应罢了；战斗和计划的事情，全都由张巡决定。贼兵所以乘夜间逃跑。

郭子仪认为河东位在两京的中间，攻占下河东，两京才可以计划取得。那个时候贼将崔乾祐驻扎河东。丁丑日（二十八日），郭子仪偷偷地派人到河东，和陷落贼兵的唐朝官吏商议，等着官军到来，请求他们做内应。

起初，平卢节度使刘正臣因为战败从范阳回来，定东都护王玄志用毒酒杀了他。安禄山委任他的同党徐归道作为平卢节度使，王玄志又和平卢将领侯希逸偷袭杀了他；又派遣兵马让董秦率领士兵用芦苇筏渡海，和大将田神功攻击平原、乐安，把它们攻占下。防河招讨使李铣禀承唐肃宗的命令让董秦作为平原太守。

二月，戊子日（初十），唐肃宗车驾到达凤翔。

郭子仪从洛交率兵赶到河东，分一部分兵马攻占下冯翊。己丑日（十一日）晚上，河东司户韩旻等人翻越河东城反叛来迎接官军，杀了将近一千贼兵。崔乾祐翻过城墙逃跑，免得一死，调用城北的贼兵来攻打城池，同时抵制官军，郭子仪打败了他。崔乾祐逃跑，郭子仪追赶攻击他，四千人被斩下首级，五千士卒被捕获。崔乾祐到达安邑，安邑人开门收留他，在一半大军进入城内之后，就关闭城门攻打他，消灭了全部的贼兵。崔乾祐并没有进城，从白径岭逃跑。因此平复了河东。

唐肃宗抵达凤翔十天，陇右、河西、安西、西域的兵马全部都聚集齐了，江、淮庸调税赋也到了洋川、汉中。唐肃宗从散关发送表文到成都，运送的使者络绎不绝。长安地方的人听到唐肃宗来了，日夜不断地从贼兵手里脱身逃回。从西方来的军队驻扎安定之后，李泌恳求唐肃宗派遣安西和西域的兵马，按照之前所谋划的沿着边塞向东北进军，从归州、檀州向南攻占范阳。唐肃宗说：“现在大军已经聚集，庸调税赋也已经运送到，应该趁着军队锋头强大的时刻，直接攻打贼人的腹心；却要率兵向东北几千里远的地方先去攻占范阳，不是太曲折了吗？”李泌回答说：“如今用这些兵马直接攻占东、西二京，肯定可以攻占下来。可是贼兵肯定会再强大起来，我们肯定又要遭受到窘迫，这并不是长久安宁的战略。”唐肃宗说：“为什么？”李泌回答说：“现在所担心的，全部都是西北防守边塞和各胡族部落的兵，他们生来性情耐寒冷，害怕炎热。如果趁着他们刚刚来到的一股锐气，攻打安禄山已经疲倦的军队，在形势上看来肯定会打败他。东、西二京的天气几乎快到暮春的时候，假如贼兵召集他们散败的士兵，跑回老巢，关东那个地方天气炎热，官军一定感觉困倦而想回去，就没有留下来的办法了。叛贼休养士卒，战马被喂足，一看到官军回去，肯定再向南来，这样的战争形势就永远没有办法停止了。不如先利用他们在寒冷的地方战斗，扫荡叛贼的巢穴，这样的话叛贼没有可以回去的地方了，祸乱的根源就可以根除了。”唐肃宗说：“朕急迫想要攻占下京师迎接回太上皇来侍奉，万万不能采取这个办法。”

关内节度使王思礼驻守在武功，兵马使郭英乂驻守在东原，王难得驻守在西原。丁酉日（十九日），安守忠等人进犯武功，郭英乂作战失利，箭射穿了他的脸颊而逃跑；王难得在远处看到了，可是并没有去帮助他，也逃跑了。王思礼退后驻守在扶风。叛贼的游击部队到了大和关，距离凤翔五十里。凤翔十分吃惊，戒备森严。

李光弼带领敢死之士出城攻打蔡希德，大败他，七万多首级被斩首；蔡希德逃跑。

安庆绪委任史思明作为范阳节度使，兼管恒阳军的事务，封为妫川王；委任牛廷介统率安阳军的事务；张忠志作为常山太守兼任团练使，驻守井陉口；剩下的人都让他们回到原先的住所，召集士卒抵制官兵。之前安禄山攻占下东、西两京，珍宝财货全部都运送到范阳。史思明执掌大军，占据富贵，更加骄扈拔横，逐渐不听安庆绪的军令；安庆绪不能控制他。

戊戌日（二十日），永王李璘战斗失败死亡，他的党羽薛镠等人全部都因为获罪被杀。

那个时候李成式和河北招讨判官李铣，合兵征讨李璘。李铣几千人的军队，驻守在扬子；李成式派遣判官裴茂率领士兵三千人，驻军在瓜步，大张旗鼓，摆列在长江渡口。李璘和他的儿子李玚登上城墙望向远方，开始有害怕的神色。季广琛征召各将官对他们说："我们随着永王到这里来，天命还没有降临，人为的谋划已经败露，不如趁两军还没有交战之前，早做计划。如果在刀剑之下死了，永远都是叛逆的臣子了！"各将官都同意他的话。因此季广琛率领部下逃往广陵，浑惟明逃向江宁，冯季康逃向白沙。李璘忧愁担心，不知道该怎么办。这天晚上，江北的部队陈列很多火炬，火光映射到水中，一个就变成两个，李璘的部队又用火炬来相呼应。李璘认为官军已经渡过长江，立即带领家属和手下的人偷偷地逃跑。等到了天亮了，见不到渡江的官军，就到了城内召集剩下的士兵，准备好了船桨离开。李成式的部将赵侃等人越过长江到达新丰，李璘让李玚和他的部将高仙琦带领士兵攻击他。赵侃等人迎头攻打，李玚的肩膀被射中，李璘的军队因此溃散。李璘和高仙琦召集剩下的士兵，南逃向鄱阳，收拾仓库里的珍宝和兵器铠甲，往岭南逃去。江南西道采访使皇甫侁派遣士兵跟着征讨，把李璘俘获，在驿舍里偷偷把他杀死；李玚也在乱军中死了。

皇甫侁让人押遣李璘的家属回到蜀地，唐肃宗说："皇甫侁既然活捉了我的弟弟，为什么没有送到蜀地去却擅做主张杀了他呢！"因此就废弃皇甫侁不再重用。

庚子日（二十二日），郭子仪命令他的儿子郭旰和兵马使李韶光、大将王祚渡过黄河攻打潼关，攻占下潼关，五百个人被斩下首级。安庆绪派兵救援潼关，郭旰等人大败，一万多人都死了。李韶光和王祚都战死，仆固怀恩抱着马头浮游渡过渭水，退守保卫河东。

三月，辛酉日（十三日），委任左相韦见素做左仆射，中书侍郎、同平章事裴冕做右仆射，同时罢免政事。

起初，杨国忠讨厌宪部尚书苗晋卿。安禄山谋反的时候，恳请调出苗晋卿做陕郡太守，兼职陕郡和弘农郡的防御使。苗晋卿以年老生病作为缘由坚持推辞，太上皇生气，让他退休。直到长安失守了，苗晋卿悄悄到山谷里躲藏起来。唐肃宗到了凤翔，亲手写敕书征召他做左相，部队事务都和他商量。

太上皇想念有先见之明的张九龄，为他流下眼泪，命令宫中使者到曲江去祭奠他，以优厚的待遇来安抚他的家人。

尹子奇又率领大军攻打睢阳。张巡对将士们说："我承受国家恩惠，所操守的，只有死罢了。可是想到诸君牺牲生命，在战场死去，所得的赏赐回报的功劳却不能相抵，所以心里非常难过。"将士们都非常激动，恳求奋勇杀敌。张巡因此杀牛，大肆宴请士卒，全军出城作战。贼兵看到张巡的士卒非常少，嘲笑他们。张巡手拿着大旗，带领各将军直冲贼兵的阵营，大败贼兵，杀死了三十多个将军，三千多士卒，追赶了好几十里。第二天，贼兵又与大军在城下数战回合。张巡开城出来战斗，几十次昼夜交战，多次打败贼军的锋头，而贼兵攻围没有停止。

辛未日（二十三日），安守忠率领两万骑兵攻打河东，郭子仪打跑了他，八千个首级被斩获，五千人被俘获。

夏季，四月份，颜真卿自荆州、襄阳向北到了凤翔，唐肃宗委任他做宪部尚书。

唐肃宗委任郭子仪做司空、天下兵马副元帅，让他带兵到凤翔。庚寅日（十三日），李归仁用五千精锐骑兵在三原北边攻击他。郭子仪让他的大将仆固怀恩、王仲升、浑释之、李若幽等在白渠刘运桥埋伏攻击他，把他们几乎全部杀死或杀伤，李归仁游泳逃跑了。李若幽，是李神通的玄孙。

郭子仪与王思礼的部队在西渭桥集合，进军驻扎在涌水西边。安守忠、李归仁驻守在京城西边的清渠。两军僵持七天，官军不能向前进。五月，癸丑日（初六），安守忠装作后退，郭子仪带领全部军队追赶他。贼兵用九千骁勇的骑兵摆成长蛇阵，官军攻击他；首尾变成两翼，夹击官军，大败官军。判官韩液、监军孙知古都被贼兵俘获，抛弃了所有的军用物资和器械。郭子仪退到武功，行在内外戒备森严。

这时候府库里没有蓄积，朝廷专用官爵来奖赏有功的人。各位将军率兵征讨叛贼，都给予还没有填写姓名的委任状，从开府、特进、列卿、大将军，下到中郎、郎将，随意由将军暂时填上姓名。之后又随意由将军用牒文为委任书而援与官爵，甚至异姓封王的也有。各军只凭职责互相率领管理，不再计较官爵的高低。直到在清渠战败，又利用官爵来召集失散的士兵。至此之后，官爵非常轻贱但是财货贵重，一张大将军的委任状，也只是换得一醉。所有应募当兵的，全部穿着紫袍佩金鱼；有朝廷官员的僮仆竟然也穿紫袍佩金鱼，表面说是大官，却做着卑微的工作。爵号车服的滥用，这时候已到极致了。

房琯的性格高雅简谈，那个时候国家遭受到非常多的灾难，但是房琯大多数时候都以生病为借口不去上朝朝拜唐肃宗，而且职责并没有在心上放着，天天与庶子刘秩、谏议大夫李揖，放言讨论佛学、《老子》，有的时候聆听门下客董庭兰弹琴；董庭兰因为这样所以大胆招揽权势和财货。御史弹奏董庭兰贪污受贿，丁巳日（初十），罢免房琯的官职让他做太子少师。委任谏议大夫张镐做中书侍郎、同平章事。唐肃宗之前让几百个僧人在宫中建立起内道场，早晚念佛经。张镐上书说："帝王应当修养品德来平息战乱稳定人民，没有听说施舍物品给僧人就可以获得稳定的！"唐肃宗认为非常对。

庚申日（十三日），太上皇追加唐肃宗的生母杨妃为元献皇后。

山南东道节度使鲁炅驻守南阳，贼将武令珣、田承嗣陆续攻击他。城中食物被吃完了，一只老鼠值好几百钱，有很多人饿死了。唐肃宗命令宦官将军曹日升去宣示安抚，敌人包围得非常严实，没有办法进去。曹日升要求肚独自骑马进城传送唐肃宗的命令，襄阳太守魏仲犀不答应。恰好颜真卿从河北来了，说："曹将军不顾惜万死要传送皇帝的命令，为什么要阻止他！如果不能送达，也不过一个使者死了而已；假如能够送达，那么全城的人心都可稳定了。"曹日升和十个人骑马一块去，贼兵畏惧他们的锋锐，不敢靠近。城中的人都以为没有了希望，直到看见曹日升，十分欢喜。曹日升又代替他们到襄阳去取粮食，用一千人运粮食进城。贼兵不能阻止。鲁炅被包围在城中整整一年，白天夜里艰苦作战，力量用尽了不能再支持，壬戌日（十五日）晚上，带领着剩下的几千个士兵开了城门冲出去，向襄阳投奔。田承嗣追赶他，反反复复打了两天，没有办法取胜回来。那个时候贼兵想要南下侵犯长江、汉水，全靠鲁炅镇守住重要的道路，让南方的江汉一带能够安全。

司空郭子仪到宫阙恳求罢免官位；甲子日（十七日），以郭子仪做左仆射。

尹子奇增兵包围攻打睢阳更加急迫，张巡在城里晚上击鼓整顿队伍，做出要出城攻击的样子。贼兵听到了，警戒准备一直到天明。天亮之后，张巡才让士兵停下击鼓休息。贼兵用楼车窥视城中，见没有什么动静，就脱下铠甲休息。张巡和将军南霁云、郎将雷万春等十几个军官各率领五十个骑兵打开城门突然杀出，直接冲向贼兵军营。到了尹子奇的将旗下面，贼兵军营大乱，杀了五十多贼兵，五千多士卒。张巡想要射尹子奇但是不认识他，就把蒿草的干削尖了作为箭。被射中的人非常欢喜，认为张巡的箭已经用完了，跑去告诉尹子奇，才认出他的面貌，让南霁云射他，射瞎了他的左眼，差点把他逮捕。尹子奇就召集部队退回去了。

六月，田乾真包围攻打安邑。恰好陕郡贼将杨务钦秘密谋划向朝廷投诚，河东太守马承光接应他。杨务钦杀了城中所有不和自己投诚的将军，翻越城墙跑来投降。田乾真就解除安邑的包围，逃跑了。

将军王去荣因为个人的恩怨杀了本县的县令，法官判他死刑。唐肃宗因为他善于应用炮石，壬辰日（十六日），赦免他的死罪，让其用平民身份在陕郡做事。中书舍人贾至没有将诏书立即降下，上表文认为："王去荣不善，杀了本县县令。《易经》说：'臣下杀了国君，儿子杀了父亲，不是一朝一夕可以做的事情，是长时间慢慢形成的。'如果释放王去荣，可以说是产生犯上的祸源了。一般议论的人都认为陕郡刚刚恢复，如果没有这个人不能防守。这样说来，那么那些没有王去荣的郡县，为什么也能坚持防守呢？陛下假如凭借他擅长用炮石的一种才能就赦免他的死罪，现在有才能的人，也实在是太多了，一定会凭借着他的才能，随时随地冒犯长上，又如何能管理他！如果只赦免王去荣而杀了其他的人，那就是法律不能统一而引导人犯罪了。如今不杀王去荣因为爱惜他的才能，一定将要杀死十个像王去荣那样有才能的人，这样的损失不是更多！王去荣，是个犯上作乱的人。哪里有在此处违逆而在彼处顺从，在富平作乱而在陕郡平治，对县长违逆对天子就不违逆的呢！敬请明主顾全长远的、重大的，那么祸乱不要多久就可平定了。"唐肃宗把这件事情交下来，让百官去议论。

太子太师韦见素等人讨论的结果，认为："法律是天地间最大的常理，帝王还没有胆量随意杀人，而王去荣竟然敢随意杀县长，这是臣下的权力超越人主了。既然王去荣可以杀人不死，那么军中但凡是有技能的人，也自认为没有什么可以担心的，到处横行霸道。做郡守县令的人，做得太困难了？陛下是天下的君主，爱护臣民是不分亲疏，留下一个王去荣却失去天下的老百姓，没有什么好处。根据法律规定：杀死本县县长的人，列为十恶之一。假如陛下赦免他，王法就不能执行，人伦常理就不能扩展，臣等接到诏书，真的不知道该怎样遵守。国家是要运用法律管理的，军队需要纪律才能取得胜利；只有恩爱而没有威力，即便是慈母也不能召唤他的子女。陛下用非常优厚的待遇对待战士，但是每次打仗取得胜利非常少，这就是没有纪律的原因！如今陕郡即使重要，也不像法纪急迫。有法律法规那么天下就不用担心不能平复，况且是陕郡呢！没有法律那么陕郡也不能镇守，得到它也没有什么用处啊！而且王去荣那个小技，又不会影响到陕郡的存亡；王法是否存在，对国家却有非常大的关系。这就是臣等为什么迫切希望陛下遵守贞观年间所制定的法律。”唐肃宗最后还是赦免了王去荣的罪。贾至，是贾曾的儿子。

南充地方的强豪何滔犯上作乱，逮捕本郡防御使杨齐鲁，剑南节度使卢元裕派兵平定了他。

秋季，七月，河南节度使贺兰进明攻占高密、琅邪，杀了贼兵两万多人。

戊申日（初二）晚上，蜀郡士卒郭千仞等人谋反，六军兵马使陈玄礼、剑南节度使李岠征讨杀了他。

壬子日（初六），尹子奇又召集好几万人攻打睢阳、在此之前，许远在城中囤积米粮到六万石，虢王李巨让送给濮阳，济阴两个郡其中的一半，许远坚持争论也不行。济阴郡得到粮食之后，就立即带领全城叛乱，可是睢阳城到这时粮食已经吃完了。将士们每天每人发给一合米，和茶纸、树皮混在一起吃；但是贼兵的粮食补给畅通，贼兵失败了也可以再征召。睢阳城中的将士死了就不再增加，各军不来支援也不接济食米，士兵最后死得只剩下一千六百人，并且都饿得生病没有办法作战了，因此就被贼兵包围，张巡就修治守城的器械来抵制贼兵。贼兵做了云梯，像半个彩虹的架势，放了二百个精锐的士兵在上面，把它推到城墙旁边，想让他们跳到城里。张巡提前在城上挖凿三个洞穴，直到云梯将要来到的时候，从一个洞穴中伸出大木棒，在末端绑上一个铁钩，钩住云梯让他后退不得；从另一个洞穴中伸出一个木棒，拄住云梯让他前进不得；然后从另一个洞穴中伸出木棒，尾部装上铁笼，铁笼里装满了火来烧云梯；云梯从中央被烧断，上面的士卒全部都被烧死。贼兵之后又用钩车来钩城上的棚架和阁楼，凡是所钩到的地方，全部塌陷。张巡就用一根粗大的木棒，尾部安装上铁链，铁链的尾部安装上一个大铁环，套住钩头，用包裹着皮革的战车拉进城来，然后斩断它的钩头，最后再放车子回去。贼兵又制作木驴来攻城，张巡就用金属熔化的液体浇灌，所有铁浆浇到的立即就熔化了。贼兵又用沙土袋于城的西北角，底层用木柴堆积，作为阶梯通道，想要攻占下城池。张巡并不与他们争锋，每天晚上，把干枯而多油脂的松木和干枯的禾秸悄悄地放在阶梯通道下面的木柴中。连续十几天，贼兵都没有发现。接着就率领士兵出去战斗，让人顺风拿火去焚烧阶梯通道，贼兵无法挽救，一直烧了二十多天，火才熄灭。张巡所做的，全部都是随着事情的时机所宜而立即办妥对策，贼兵钦佩他的聪明才智，不敢再想攻占城池，因此就在城外挖了三层壕沟，树立栅栏来包围张巡，张巡也在城内挖壕沟来与之对抗。

丁巳日（十一日），贼将安武臣攻打陕郡，杨务钦战死，贼兵因此在陕郡进行大屠杀。

崔涣在江南主持选举，冒名顶替的人非常多。八月，罢除崔涣做馀杭太守、江东采访、防御使。

让张镐兼职河南节度、采访等使，替代贺兰进明。

灵昌太守许叔冀被贼兵包围，援兵没有到，就率领士兵撤退逃向彭城。

睢阳除了死伤的士卒之外，只余下了六百人。张巡和许远把城分作两部分来镇守，张巡驻守东北，许远驻守西南，和士兵们一块儿吃茶纸，然后不再下城墙。贼兵有攻击的，张巡就用逆、顺的道理来说服他们，经常有人离开叛贼来投降，为张巡拼命战斗，前后共有二百多人。

这个时候，许叔冀在谯郡，尚衡在彭城，贺兰进明在临淮，都领有大兵却不去支援。城中的情况日渐急迫，张巡就让南霁云率领三十骑兵冲出重围，向临淮告急。南霁云出城的时候，贼兵用好几万人阻拦他。南霁云直向贼兵冲过去，一面骑马飞驰，一面左右发箭射敌人，贼兵都撤退了，自己只损失两人。到达临淮之后，见到了贺兰进明，贺兰进明说：“现在睢阳不知道是否已经沦陷，救兵去了又有什好处呢？”南霁云说：“假如睢阳沦陷，霁云用死来向大夫谢罪。并且如果睢阳被贼兵攻占之后，就轮到临淮，就好像皮肤和毛发是相互依赖的，怎么能够不援助呢？”贺兰进明虽喜欢南霁云英勇强壮，却不听从他的建议，要强制留下他。准备好了食物和音乐，邀请南霁云入座。南霁云情绪激动愤慨哭着说：“霁云来的时候，睢阳城里的人已经有一个多月没吃东西了！霁云即便想要独自吃饭，也无法吃下去。大夫安坐一方占据有强兵，看着睢阳沦陷，可是没有分忧解难的心思，难道这是忠义之士应该做的吗？”因此咬下一个手指向贺兰进明表达决心，说：“霁云既然不能完成主将的目的，请留下一根手指当作信物好回去汇报。”在座的人多为他落泪。

南霁云看出贺兰进明迟迟没有出兵援助睢阳的意图，就离开了。到了宁陵，和之前张巡留下的守城使廉坦一同带领三千步兵和骑兵，闰八月，戊申日（初三）晚上，突破重围，边作战边前进，到了睢阳城下面，与敌兵大战，损毁了贼兵的兵营，除了死伤的人，只带得一千人进了城。城中的将军和官吏知道没有援助之后，都大哭。贼兵了解睢阳城已经没有后援，攻打更加急迫。

起初，房琯在做宰相的时候，讨厌贺兰进明，委任他做河南节度使，让许叔冀做贺兰进明的都知兵马使，并且同时兼职御史大夫。许叔冀凭借着自己的部下是精兵强将，并且官位又和贺兰进明一样，不接受他的节度掌控。因此贺兰进明没有胆量分兵援助睢阳，不仅仅是妒忌张巡、许远的功名，也害怕被许叔冀偷袭。

戊辰日（二十三日），唐肃宗犒劳宴请每个将军，派遣他们去攻打长安，对郭子仪说：“事情的成败，就在此一举了！”郭子仪回答说：“如果这次出征不能胜利，臣肯定会战死！”

辛未日（二十六日），御史大夫崔光远在骆谷击败贼兵。崔光远的行军司马王伯伦、判官李椿带领两千人攻打中渭桥，杀了一千多守桥的贼兵，乘胜攻打到长安苑门口。有之前驻扎在武功的贼兵听见了，跑回来，在苑北遇到，因此两军交战。贼兵杀了王伯伦，活捉了李椿前往洛阳。然而至此之后，贼兵不再驻守武功了。

贼兵多次攻打上党，常常被节度使程千里击败。蔡希德又率领士兵包围攻打上党。

资治通鉴卷第二百二十 唐纪三十六

起丁酉（公元757年）九月，止戊戌（公元758年），共一年四个月。

【题解】本卷记录了公元757年九月至公元758年的史事，共一年又四个月，正当唐肃宗至德二年九月至至德三年。唐肃宗向回纥借兵，收复长安、洛阳，河南、河东全部平定，叛军只占据河北。张巡、许远守卫睢阳，最后粮尽援绝，全军覆灭。太上皇唐玄宗返回长安，唐肃宗大赦天下，叛将史思明投降，残贼安庆绪盘据郑城。唐肃宗采纳李泌的谏言，立太子，定国本。唐肃宗与回纥和亲，命郭子仪讨伐贼兵，官军节节胜利，平叛指日可待。突然局势逆转，史思明复叛。

肃宗文明武德大圣大宣孝皇帝中之下

至德二载（丁酉，公元757年）

九月，丁丑日（初二），蔡希德用轻骑兵到城下挑衅。程千里带领一百骑兵开城门突然之间出来，想要活捉他。恰好援兵来了，就召集兵马退回去，不料桥坏了，坠落在河沟里，反而被蔡希德活捉。程千里仰脸对跟随的骑兵说："我非常不幸沦落到这个下场，简直是天意！回去告诉各位将军，好好镇守，宁可失去主帅，也不可失去城池。"蔡希德攻城，一直攻占不下，因此把程千里送往洛阳，安庆绪任命他做特进，软禁在客省。

郭子仪以为回纥的士兵精良，劝说唐肃宗多多征召他们的部队来攻击叛贼。怀仁可汗命令他的儿子叶护和将军帝德等带领精兵强将四千多人前往凤翔。唐肃宗见叶护，设宴犒劳，赏赐财宝，只要是他想要的，全部都答应。丁亥日（十二日），元帅广平王李俶带领朔方等地的部队以及十五万回纥和西域的士卒，号称二十万，从凤翔出发。李俶见到了叶护，相约为兄弟。叶护十分高兴，称李俶为哥哥。回纥的部队到达扶风，郭子仪挽留下来设宴款待三天。叶护说："国家有危难，我们从远方来援助，不能只顾吃。"宴会结束，立即出发。每天供应他的部队二百只羊，二十头牛，四十斛米。

庚子日（二十五日），所有的部队都出发了；壬寅日（二十七日），到了长安西边，在香积寺北的澧水东面展开阵势。李嗣业做前军，郭子仪做中军，王思礼做后军。叛贼的部队有十万人在北面展开阵势，李归仁出来挑衅，官军追赶他，靠近他的军阵。贼军全部向前进攻，官军就向后撤退，被贼兵趁此机会攻打，军中惊慌失措，贼兵争抢辎重。李嗣业说："若不是今天亲自吸引敌人和他死战，就要全军覆灭了。"因此光着上身，拿着长刀，站在阵前，大声嘶喊奋勇杀敌。他砍到的人，人和马都被砍碎；几十个人被杀了之后，阵势才逐渐稳定。因此李嗣业带领前军每人拿一把长刀，像墙壁一样前进；亲自冲锋在士卒前面，所有到的地方贼兵都被杀得落花流水。都知兵马使王难得为了营救他的副将，被贼兵射中了眼眉，眼皮垂下来遮住了眼睛。王难得自己拔去箭，眼皮被撕下，流了满脸的血，依然奋战不停。贼兵在他们阵局的东面埋伏下精锐的骑兵，准备偷袭官军的后面。侦探兵了解了，朔方左厢兵马使仆固怀恩率领回纥的兵马到那里去攻击他们，把他们几乎全部消灭。贼兵的势气因此就消减了。李嗣业又和回纥的兵马跑到贼兵的阵后，与大军两面夹击，从中午到傍晚，斩下六万贼兵的首级，陷入壕沟中死的人特别多，大败贼兵。余下的士卒跑进城里，直到夜深了，喊叫的声音仍然没有停止。

仆固怀恩对广平王李俶说："贼兵已经扔下长安城逃跑了，请求用二百骑兵追赶他，把安守忠、李归仁等捆绑回来。"李俶说："将军作战已经非常疲惫了，暂时休息休息，到了明天早上再谋划攻击他。"仆固怀恩说："李归仁、安守忠，是叛贼骁勇善战的大将，多次战争胜利可是突然间失败了，这是上天给我们的机遇，怎么可以放纵他们！

如果让他们再得到士卒，再一次成为我们的祸患，后悔都来不及！战争重在神速，怎么可以等到明天早上呢！”李俶坚持阻止他，让他回军营。仆固怀恩坚持请求，去了之后又回来，一个晚上跑了四五次。黎明的时候，谍报人员来汇报，安守忠、李归仁与张通儒、田乾真都已经跑了。癸卯日（二十八日），大军进入长安。

起初，唐肃宗想要得到京师，与回纥相约说：“攻下京城的时候，土地和老百姓归唐朝所有，金银财帛和美女都归回纥所有。”现在，叶护想要履行条约。广平王李俶在叶护马前叩拜说：“如今刚刚得到长安，假如立即就俘虏女子掠夺财物，那么洛阳的百姓全部都要替贼兵坚持守城了，就再也无法收复了。愿到了洛阳然后再履行条约。”叶护大吃一惊地跳下马来回拜，跪着然后两手捧着广平王的脚，说：“应该为殿下直接到洛阳。”立即和仆固怀恩率领回纥和西域的兵从长安城南路过洛阳，驻守浐水的东边。老百姓、士兵和胡虏兵见到广平王李俶跪拜叶护，都流着眼泪说：“广平王真堪是华夏和四夷的君主啊！”唐肃宗听到了，非常高兴地说：“朕都做不到呀！”李俶整顿军队进入京城，年老的年幼的百姓都站在道路旁边呼喊，激动地流下眼泪。李俶停留在长安，安抚三天，就率领大军向东出发。让太子少傅虢王李巨在西京驻守。

甲辰日（二十九日），捷报送达凤翔，百官入朝祝贺。皇帝泪流两颊，就在那一天，派遣宫中使者啖庭瑶到蜀地上奏报告太上皇；命令左仆射裴冕到京师，祭告天地神明和宗庙祖先，而且宣告诏谕安抚老百姓。

唐肃宗用良马把李泌从长安叫回来了。到达凤翔之后，唐肃宗说：“朕已经上书请太上皇东来回长安，朕即将回东宫再谨遵臣子的职位本分。”李泌说：“表追得回来吗？”唐肃宗说：“已经走得非常远了。”李泌说：“那么太上皇就不会回来了。”唐肃宗大惊，问为什么。李泌说：“道理和局势就是这样。”唐肃宗说：“那应该怎么办呢？”李泌说：“如今再写一封群臣的贺表，说从马嵬驿请留太子，灵武劝太子登基，到如今讨贼成功，圣上想念晨昏定省的奉养，请抓紧回京来完成圣上孝养的心思，就可以了。”唐肃宗马上让李泌写表。唐肃宗读了之后，流着眼泪说：“朕之前希望把政权交还太上皇是真心的。现在仔细听了先生的说法，才了解到自己错了。”立即派宫中使者到蜀地去递送表文，因此就到李泌住处一同饮酒，同睡一张床。李辅国请求拿木契钥匙交托给李泌，李泌请求让李辅国掌管，唐肃宗答应了。

李泌说：“臣现在报答恩德已经足够了，如果能再做一个闲散的人，是非常高兴的啊！”唐肃宗说：“朕与先生多年共患难，现在将要共同享受高兴的时候，为什么要马上离开呢？”李泌说：“臣有五个不能留下的理由，愿陛下任凭臣离开，来避免臣被杀害。”唐肃宗说：“这话是什么意思？”李泌回答说：“陛下赏识过早，陛下太过重用臣，太过宠爱臣，臣的功劳太大，行为太过不同寻常，这就是不能留下的原因。”唐肃宗说：“先睡觉吧，明天再讨论。”李泌回答说：“陛下现在在臣的床上睡，还不能请求，况且明天上朝时在香案前面呢！陛下不让臣离开，就相当于杀臣了。”唐肃宗说：“没有想到先生如此怀疑朕，哪有像朕这样却做出杀害先生的事情呢？这相当于是把朕比作勾践了！”李泌回答说：“陛下不会做出杀臣的事，因此臣才请求回山；假如陛下已经做了，臣又怎么敢再说！况且杀臣的人并不是陛下，是五个不可留下的理由。陛下之前这样对待臣，臣还是有不敢进谏的事情，况且已经平定了天下，臣敢再进谏吗！”

唐肃宗停了一会儿说：“卿认为朕不听从卿北伐的计谋吗？”李泌回答说：“不是的，不敢进谏的事情，就是杀建宁王的事。”唐肃宗说：“建宁王是朕心爱的儿子，性情英明做事果断，在困难的时候建功，朕怎么可能不了解呢！只是因此被小人唆使，想要杀了他的哥哥，想要计谋继嗣。朕为了国家大计，不得已才除掉他，卿不知道其中的内情吗？”李泌回答说：“假如他有这个意图，广平王应该埋怨他。广平王每次和臣说他的冤屈，就抽泣。臣因为如今必须辞别陛下离开，因此才敢进谏。”唐肃宗说：“建宁王曾经在夜晚摸广平王的门，想要杀了他。”李泌回答说：“这都是谗害他的人所说的，不会有像建宁王这样孝顺友爱并且聪明的人，肯做这样的事情的！并且陛下之前想要委任建宁王为元帅，臣请求任命广平王。建宁王假如有这样的意图，应当深深地怨恨臣；但是他却认为臣非常忠，对待臣却更加亲近友善，陛下仅仅凭借这一点就可以窥知他的心意了。”唐肃宗因此哭泣流泪说：“先生说的是正确的。过去的事情了，不要再责怪了，朕不想再听下去了。”

李泌说：“臣因此要提起这件事，并不是要责怪以前的事情，就是要让陛下以后警惕。之前则天皇后有四个儿子，长子是太子李弘，则天皇后正在图谋篡位，讨厌聪明的太子，毒死他，立次子雍王李贤为太子。李贤心里感到担心和害怕，就作了《黄台瓜辞》，愿可以感动则天皇后让她醒悟。则天皇后不听，李贤最后死在贵州。《黄台瓜辞》说：‘种瓜在黄台下面，瓜儿成熟了结了满地的果实。一次采摘可以使瓜长得更好，再次采摘瓜就要稀疏了，三次采摘还可以有剩余，四次采摘就只有抱着瓜秧回家了！’现在陛下已经采摘一次了，千万不要再次采摘！”唐肃宗非常惊讶地说：“竟然会有这种事！请卿记录下这首《黄台瓜辞》，朕以后把它抄写在绅带上。”李泌回答说：“陛下只需要记在心中就好了，没有必要表现在表面！”这个时候广平王功劳很大，张良娣非常嫉恨，偷偷散布流言栽赃他，因此李泌谈到这件事。

郭子仪率领蕃、汉的兵马追赶贼兵到潼关，敌人五千首级被斩下，收复华阴、弘农两个郡。关东进献一百多俘虏，唐肃宗下达命令全部斩首。监察御史李勉对唐肃宗说：“如今凶首还没有消灭，叛贼污染了一半的天下，听说陛下像潜龙一样地兴起，全部都想改邪归正来尊奉圣明的教化。如果现在杀了他们，正是驱赶他们追随叛贼呀。”唐肃宗立即让人赦免他们。

冬季，十月，丁未日（初三），啖庭瑶到了蜀地。

壬子日（初八），兴平军上奏章说：在武关击败贼兵，收复上洛郡。

吐蕃攻陷西平。

尹子奇包围攻打睢阳非常久，城中的食物已消耗完了，商量扔下城池向东逃跑。张巡和许远谋划，认为："睢阳城是长江、淮河一带的屏障，如果扔下睢阳逃跑，贼兵一定乘胜追击，那么江、淮一带就要失去了。并且我们的士卒饥饿疲弱，逃跑到达不了。古时候战国诸侯，还相互援助抚恤，况且各地主帅近在咫尺呢！还不如坚持防守来等候他们的援助。"吃光了茶纸，就吃战马；吃完了马，就用罗网捉鸟雀、从地下挖老鼠；吃光了鸟雀老鼠，张巡就带出来他的爱妾，杀了给士兵吃，许远也杀了他的奴仆；之后又搜求城中的妇女来吃，紧接着又吃男人中的老人和衰弱的人。每个人都知道一定要死，所以没有一个人反抗。这时只剩下四百人。

癸丑日（初九），贼兵登上城墙，将士们衰弱，不能战斗。张巡向西方叩拜说："臣已经用尽力量了，没有办法保全睢阳城；既然活着不能报答陛下的恩德，死之后也要做厉鬼来杀贼！"睢阳城至此陷落，张巡和许远都被捕获。尹子奇询问张巡说："听说您每次作战都裂开目眦咬破牙齿，是什么原因？"张巡说："我的愿望是要吞灭叛贼，可是力量不够。"尹子奇用刀撬开他的嘴来看，只剩下三四颗牙齿。尹子奇认为他的行为非常正当，不想杀他。他的部下说："他是坚守节操的人，始终不愿被我们重用。并且他能获得士卒的心意，如果让他活着，恐怕以后有害于我们。"因此和南霁云、雷万春等三十六个人都被杀死。张巡即将被杀的时候，神情完全都不慌张，意气扬扬和平常一样。许远活着被押送洛阳。

张巡刚刚驻守睢阳时，有将近一万士卒，近好几万城中市民，张巡见了面，询问了姓名，之后全部都认识。前后的大小战役共有四百多次，杀死十二万贼兵。张巡用兵不依照古人的法则，传授作战的阵势，也让各部队的将军按照自己的意思去教。有人问他原因，张巡说：

"如今和胡虏战斗，就好像云合鸟散，变化多端没有常道；在几步之间，就有不同的形势。临到时机适应突然的变化，是呼吸之间的事情；假使每件事都要询问大将，事情就无法来得及，这是不懂得军事上随机应变的道理。因此我要叫士兵知道主将的意图，主将了解士兵的实情，命令他，他就去，就好像手使用指头。士兵和主将相互了解，各人自成一个战斗体，不也是可以的吗？"从战争发生以后，军中所用的器械和武器，全部都是从敌人那里抢夺的，自己没有修造。每次战斗，将士假使有人向后退逃跑，张巡站在战场上，对将士们说："我就站在这里，你们给我回去决战。"将士们全部都回去了，拼死作战，最终能够打败敌人。又靠诚心待人，从不猜疑或隐瞒；直到与敌人作战随机应变，想出的奇招无穷尽；并且号令严明，赏罚分明，能够与部下同甘共苦，所以部下的将士都拼死效力。

张镐听说睢阳被包围攻打得非常急迫，就加速赶路迅速前进，而且送檄文到浙东、浙西、淮南、北海各个节使，以及谯郡太守闾丘晓，让他们一块儿去援助。闾丘晓向来桀骜不驯，不接受张镐的命令。直到张镐赶到，睢阳城已经沦陷三天了。张镐叫闾丘晓过去，用木杖打死了他。

张通儒等人召集剩下的士兵跑到陕郡坚守，安庆绪征集所有洛阳的士兵，让他的御史大夫严庄带领着，到张通儒那里去抵制官军，和以前就有的步兵骑兵一共还有十五万人。己未日（十五日），广平王李俶到了曲沃。回纥叶护派他的将军鼻施吐拨裴罗等人率领军队沿着南山搜寻叛贼的伏兵，因此驻守在岭北。郭子仪等人与贼兵在新店遇见，贼兵靠着大山展开阵势，郭子仪等人开始与贼兵战斗，失利，贼兵赶他们下山。回纥的兵从南山攻打他们的背后，从黄色的尘埃中发射了十几箭。贼兵惊慌失措地你看我我看你说："回纥的兵来了！"因此就溃散了。官军和回纥兵夹击，大败贼兵，尸横遍野。严庄、张通儒等人扔下陕郡向东逃跑，广平王李俶、郭子仪到了陕城，仆固怀恩等人兵分几路去追赶贼兵。

严庄先赶到洛阳告诉安庆绪。庚申日（十六日）晚上，安庆绪带领他的党羽从东都苑门出城，逃往河北，杀了所有俘虏的唐朝将军哥舒翰、程千里等三十多人才离开。许远死于偃师。

壬戌日（十八日），广平王李俶到了东京。回纥仍然不满足，李俶非常担心。父老们请求收敛一万匹绫罗绸缎来贿赂回纥，回纥才满足，不再提出要求。

派去前往成都的使者回来了，太上皇的诰文说："应该与我到剑南一同来养老，不再回来了。"唐肃宗忧虑担心，不知该怎么做。之后派去的使者回来，说："太上皇刚开始接到皇上希望回东宫依旧做太子的表文，徘徊不安，寝食难安，不想回来；直到群臣贺表到了，才十分高兴，叫拿饭来吃而且演奏音乐，颁布诰文安排动身的时间。"唐肃宗请李泌来对他说："全部都是卿的功劳呀！"

李泌不断地恳求回山，唐肃宗坚持挽留，不能改变他的心志，就任凭他回衡山。下达命令郡县替他在山里建造房屋，给他供给三品官的物资。

癸亥日（十九日），唐肃宗从凤翔出发，派遣太子太师韦见素前往蜀郡去欢迎太上皇。

乙丑日（二十一日），郭子仪命令左兵马使张用济、右武锋使浑释之领兵攻占河阳及河内；严庄来投降。陈留地方的人杀死尹子奇，全郡向朝廷投降。田承嗣在颍川包围攻打来瑱，也派使者来投降；郭子仪回应慢了些，田承嗣又反叛，和武令珣都逃往河北。唐肃宗委任来瑱为河南节度使。

丙寅日（二十二日），唐肃宗到了望贤宫，收到了平定东京的捷报。丁卯日（二十三日），唐肃宗到了西京。老百姓全部跑到都城大门外来欢迎，连续二十里不断，全部都手舞足蹈呼喊万岁，也有喜极而泣的人。唐肃宗进到大明宫。御史中丞崔器让朝廷大小官员曾经接受叛贼官爵的都脱下帽子赤着脚，在含元殿前面站着，拍着胸膛以头叩地来谢罪，用卫兵把守着，让所有的官员来观看。叛贼烧毁了太庙，唐肃宗穿着白色衣服，向太庙号哭了三天。那一天，太上皇从蜀郡出发。

安庆绪逃往邺郡去驻守，改邺郡为安成府，改年号为天成。跟着他的骑兵不超过三百人，步兵不到一千人。各大将像阿史那承庆等人都分别跑到了常山、赵郡、范阳。十几天以内，蔡希德从上党，田承嗣从颍川，武令珣从南阳，各自带领自己的部下归向他。又招募河北各个郡县的人马，士兵人数达到六万人，军队的声势又壮大起来了。

广平王李俶进入东京的时候，曾经接受安禄山父子官爵的陈希烈等三百多人大小官员，全部都穿着白色衣服悲伤哭泣请罪。李俶用皇上的命令把他们释放，没多长时间又把他们押解西京。己巳日（二十五日），崔器让他们到朝堂请罪，像西京百官请罪的仪式，之后囚禁在大理寺和京兆府的监狱里。各郡府县衙有职守和供差遣使唤因受叛贼驱使而被朝廷追捕的人，都逮捕囚困起来。

起初，汲郡甄济，有德行，在青岩山隐居，安禄山做采访使，上奏请求他做掌书记。甄济感觉安禄山有反叛的意图，装作得了中风的病，抬着回家。安禄山反叛，让蔡希德带着两个行刑的人和皇上所封的刀去召请他，甄济伸着头等着用刀斩首。蔡希德把他确实生病的事向安禄山上报。之后安庆绪也让人强制抬他到东京，一个月之后，恰好广平王李俶平复东京，甄济起身，到军门去拜见他。李俶把他送到京师，唐肃宗让他住在三司馆舍里，让接受过叛贼官爵的人排着队跪拜然后来侮辱他们，委任甄济做秘书郎。国子司业苏源明假装生病不接安禄山的官爵，唐肃宗提升他做考功郎中、管理制诰。壬申日（二十八日），唐肃宗车驾丹凤门，下达制书说："士子庶民接受贼人官爵俸禄，被贼人任用的，让三司分条开列事实向唐肃宗上报；由于战斗而被俘获，或居住的地方靠近叛贼，因此和叛贼来往的人，都任凭他们自首免除罪过；女儿被叛贼玷污的，不再追问。"

癸酉日（二十九日），回纥叶护从东京回来，唐肃宗下达命令朝廷百官到长乐驿去迎接，唐肃宗和他在宣政殿宴会。叶护上奏回报：

“军队中缺少马匹，希望把士兵暂时留在沙苑，自己回去取马，等回来之后再替陛下肃清范阳剩下的贼兵。”唐肃宗赏赐他非常多的东西送他回去。

十一月，广平王李俶、郭子仪从东京回来，唐肃宗抚慰郭子仪说：“我的家庭和国家，都是靠爱卿再一次成就的。”

张镐带领鲁炅、来瑱、吴王李祗、李嗣业、李奂五个节度使管理河南、河东各郡县，都平复了；只是还有能元皓占领北海，高秀岩占领大同。

己丑日（十五日），委任回纥叶护为司空、忠义王；每年赠送回纥绢两万匹，让他们到朔方军领受。

任命严庄为司农卿。

唐肃宗在彭原的时候，改用栗木做九庙的神主；庚寅日（十六日），在长乐殿合祭历代先祖。

丙申日（二十二日），太上皇到了凤翔，跟随的士兵六百多人，太上皇让把铠甲和兵器都上缴郡府的仓库。唐肃宗派遣精良的骑兵三千人去迎接。十二月，丙午日（初三），太上皇到了咸阳，唐肃宗准备天子的车驾到望贤宫去迎接。太上皇在望贤宫的南楼，唐肃宗把黄袍脱下来，穿上紫袍，望着楼阁下马，奔跑着进入，在楼下跪拜。太上皇下楼，抚摩着唐肃宗哭泣，唐肃宗双手捧着太上皇的脚，不停地哭泣哽咽。太上皇把黄袍要过来，亲自为唐肃宗穿上，唐肃宗趴在地上叩头坚持辞谢。太上皇说：“天命、人心都归向你，让我能够安度晚年，这是你的孝心。”唐肃宗没有办法，接受了。父老们在卫兵的仪仗旁边，边跪拜边欢呼。唐肃宗叫卫兵开放通过，一千多人被放进来拜见太上皇，说：“臣等今天又看到两位圣人相会，死而无憾！”太上皇不肯在正殿居住，说：“这是天子的位置。”唐肃宗坚持恳求，亲自把太上皇扶上正殿。主管天子饮食的官进献食物，唐肃宗自己尝试过之后才送上来。丁未日（初四），即将从行宫出发，唐肃宗亲自为太上皇调好了马才进献给太上皇。太上皇上马，唐肃宗亲自为太上皇抓着马勒。走了几步，太上皇让唐肃宗停下。唐肃宗就骑着马在前面做引导，不敢沿着驰道行走。太上皇对左右的人说："我做了五十年的天子，并不算尊贵；如今当天子的父亲，才算得上尊贵呢！"左右的人都喊万岁。太上皇从开远门到了大明宫，车驾含元殿，抚慰百官；在长乐殿向九庙神主谢罪，大哭了非常久。同日车驾兴庆宫，就住下了。唐肃宗多次上书恳求让位退回东宫依旧做太子，太上皇都不答应。

辛亥日（初八），委任礼部尚书李岘、兵部侍郎吕諲做详理使，和御史大夫崔器一同审问陈希烈等人的刑案。李岘让殿中侍御史李栖筠做详理判官；李栖筠处理刑案多公平宽恕，因此人人都埋怨吕諲、崔器的严厉尖酸刻薄，而李岘独自拥有美好的名声。

戊午日（十五日），唐肃宗亲自到丹凤楼，大赦天下，只是和安禄山一块儿叛乱的以及李林甫、王鉷、杨国忠的子孙，没有在赦免之内。册立广平王李俶做楚王，加郭子仪官职成为司徒，李光弼成为司空，其他的随从在蜀郡、灵武立功的大臣，全部进升官级，赏赐爵禄，加封食邑，各有各的等级。李憕、卢奕、颜杲卿、袁履谦、许远、张巡、张介然、蒋清、庞坚等人，都给他们的子孙加增官爵。在作战中死亡的家庭，免去两年的赋税和劳役。郡县第二年的租、庸税减免三分之一。最近改的郡名、官名，全部恢复以前的名称。以蜀郡为南京，凤翔为西京，西京为中京。以张良娣为淑妃。将皇子南阳王李係立为赵王，新城王李仅为彭王，颍川王李僩为兖王，东阳王李侹为泾王，李僙为襄王，李倕为杞王，李偲为召王，李佋为兴王，李侗为定王。

有些议论的人责怪张巡死死守护睢阳而不逃跑，与其吃人，不如保全人。张巡的朋友李翰为他写传，用表呈报给唐肃宗，认为："张巡利用少数的兵攻击多数的贼兵，用弱小的力量抵抗强大的叛贼，使江、淮得以保全，以等候陛下的军队，但是陛下军队到来的时候，张巡却已经被敌人杀死了，张巡的功劳非常大！但是有些议论的人，却利用张巡吃人的事情来责怪他，把张巡的死守睢阳当作是愚蠢。善行停止，恶行显露；记住他的瑕疵，扔掉他的大功，臣私下感到非常痛心。张巡之所以坚守睢阳，是想等候各军的救助；救兵不来可是食物吃完了，食物吃光之后而吃人，这是违背他平常的思想的。如果张巡在开始守城的时候就已经有吃人的意图，那么失去几百个人得以保全天下，臣都还要说他的功过相当，况且吃人并不是他平时的意图呢！如今在大难中死去，没有看到国家的清平盛世，他的荣耀和爵禄就只有美名了。假使不及时记载下来，担心时间久了就流传不下去了；让张巡活着和死后都没有遇到好的时机，确实是可悲的事。所以臣贸然编写传记一篇呈现给皇上，希望交付史官编列国史里。”众人的议论至此才停止。至此之后，朝廷的赦免令都会提到李憕等人，但是程千里却因为被活捉到贼人的朝堂上，无法享受褒扬和追赠。

甲子日（二十一日），太上皇车驾宣政殿，把传国的印玺交付给唐肃宗，唐肃宗才流着泪哭泣着接受了它。

安庆绪向北逃跑的时候，他的大将北平王李归仁和精兵勇士、同罗、六州胡好几万人都溃败跑回范阳，无论到哪个地方都俘虏人民掠夺财物，没有剩余人民和财务。史思明加强戒备，而且派遣使者欢迎他，把他迎接到范阳郡，精兵勇士、六州胡都投靠史思明。同罗不听从命令，史思明派军队攻击他，大败同罗。史思明全部夺下来他们所掳掠的人民财物，余下的士卒步行跑回本国。

安庆绪对于史思明的强盛心怀忌恨，派出阿史那承庆、安守忠前去征调部队，因而私底下意在谋取他。范阳节度判官耿仁智劝告史思明说：“大夫尊崇贵重，别人都不敢说话，仁智情愿一吐心中的言语而死。”史思明说：“什么事？”耿仁智说：“大夫之所以尽心竭力为安禄山打仗，只不过是由于为他的凶恶和威势所迫。而今唐朝中兴，天子仁爱圣明，大夫果真能率领部下向唐朝归顺，这就是转祸为福的计策。”偏将乌承玼也劝告史思明说：“如今唐朝又兴建起来，安庆绪只不过是叶上的露珠儿而已。大夫为什么跟他一起灭亡！如果向朝廷投诚，来洗刷自己先前的过错，是轻而易举的。”史思明觉得非常有道理。

阿史那承庆、安守忠带领五千名精锐的骑兵跟随在身边，到了范阳，史思明将全部士兵好几万人派遣过去迎接他们，相距一里左右，让人对阿史那承庆等人说："相公和王远道而来，敝处将士不胜欣喜。然而守边的士卒胆怯懦弱，对相公的大军心怀畏惧，不敢前进，希望能将弓弩解下来使他们的心中安定。"阿史那承庆等人听从了。史思明带领阿史那承庆到内厅饮酒作乐，另外派人把他们的铠甲兵器收走，发给米粮给各郡的士兵全部把他们遣送回去，愿意留下的赏赐丰厚，分别隶属于各军营。第二天，将阿史那承庆等人囚禁了起来，派遣他的将军窦子昂奉承表文把所统领的十三郡和士兵八万人前来投降，而且带领他的河东节度使高秀岩也率领部下前来投降。乙丑日（二十二日），窦子昂到达京师。唐肃宗大为高兴，任命史思明做了归义王、范阳节度使，任命他的七个儿子都当了大官。派遣在宫内侍奉的宦官李思敬和乌承恩前去宣谕慰问，让他带领部下前往讨伐安庆绪。

在此之前，安庆绪委任张忠志担任常山太守，史思明召请张忠志回到范阳，让他的部将薛萼代理恒州刺史，把井陉口的道路开通。把赵郡太守陆济招来，降服了他。任命他的儿子史朝义带着五千士兵代理冀州刺史，任命他的将军令狐彰担任博州刺史。乌承恩所到之地都宣布诏书的意旨，沧、瀛、安、深、德、棣等各州都降附，即使相州还没有降服，河北大都为唐朝所有了。

太上皇加唐肃宗尊号为光天文武大圣孝感皇帝。

郭子仪返回东都，经营河北各地。

崔器、吕諲向唐肃宗进言说："各个陷入贼寇的官员，背弃国家，跟随伪朝，依照律法都应该处以死刑。"唐肃宗想要采纳他们的意见。李岘认为："贼兵把东西二京攻克，天子在南方巡狩，人人都自谋生路。这些人都是陛下的亲戚或者是功臣的子孙，如果现在一概依照叛国法令判处他们死刑，恐怕同仁恕的道理相违背。况且河北还没有平定，还有许多臣子陷落在贼寇手中，假如宽恕他们，足以把他们改过自新之路打开；要是将他们全都杀死，就会使得他们归附叛贼的心志更加坚决了。《书经》上说：‘杀死罪魁祸首，胁迫相从的不予追究。’吕諲和崔器是墨守成规的人，不晓得为政的大道理，恳请陛下裁决。”争执了好几天，唐肃宗采纳了李岘的论见，按照六等定罪，罪行严重的在街市上刑戮，其次下令自杀，其次打一百杖，其次分三等放逐、贬谪。壬申日（二十九日），在城西南独柳树下斩杀达奚珣等十八个人，命令陈希烈等七个人在大理寺自杀；应该受杖打的则在京兆府门前施刑。

唐肃宗想要将张均、张垍的死罪予以赦免，太上皇说：“张均、张垍侍奉叛贼，都担任重要的职务。张均又替反贼把我们的家业毁坏，不能赦免他们的罪过。”唐肃宗叩头一再地拜请说：“没有张说父子的帮助，臣就不会活到今天。臣如果不能让张均、张垍活下来，若是死人有知，还有什么脸面在地下见到张说！”因而伏在地上哭泣。太上皇命令左右的人扶他起来，说道：“看在你的面上，张垍永远流放到五岭以南的地方，张均是无论如何不能活命的，你不可再救他。”唐肃宗哭着听从了命令。

安禄山所任命的河南尹张万顷只因为能在反贼叛乱区里使人民得以保全而没有判罪。没过多久，有人从叛贼地区回到京城，说：“唐朝的各个随从安庆绪在邺郡的大臣，听到广平王将陈希烈等人赦免了，都万分痛惜，非常遗憾自己失身于反贼的朝廷；等到听说陈希烈等人都被杀，反叛的决心又坚定了。”唐肃宗十分后悔。

◆臣司马光说：“为人臣子的人，既然已经宣誓就职，到死也不应该生出二心。陈希烈等人有的地位贵为公卿宰相，有的与皇室有极其亲密的关系。在太平时期，没有一句话规谏人主的过失，拯救社稷的危险，逢迎人主的心意只求暂时容身以谋取富贵；等到天下大乱，皇上还迁徙到别的地方，又苟且偷安以求不死，顾念妻子，谄媚地侍奉叛贼，向他称臣，替他们效力。此类行为就连市井小民都备感耻辱，狗马也不如。如果全都让他们活命，让他们恢复官爵，那就是无论谄媚阿谀的臣子怎么做都能使其私心计谋得逞了。如此一来，那些像颜杲卿、张巡一辈的人，国家太平之时就被摒弃在远方，屈居为下等小官；天下大乱之时就把他们丢弃在孤城之中，任凭他们粉身碎骨被敌人处死。为什么为善的人都遭遇不幸而为恶的人却获得幸运，朝廷如此刻薄地对待忠义而这般优厚地保护那些奸邪者呢！至于地位卑微的小臣，戍守边疆的士卒，无法参与到朝廷的谋划，清晨听到御驾亲征的诏命，到了夜晚就不晓得皇上到哪里去了，却又责怪他们没有跟随在侧护驾，不是太为难了吗！分成六个等级判刑，也是可以的，又有什么好后悔的呢！◆

先前的太子妃韦氏被废为尼姑后，在宫里居住，今年死去。

设立左、右神武军，选取曾经自马嵬驿随从唐肃宗北至灵武以及从灵武返回京师的大臣的子弟充任，其制度都跟左、右羽林及左、右龙武四军一样，总称为北牙六军。又选出一千名擅长骑马射箭的人作为殿前射生手，分为左、右两厢，称为英武军。

将河中防御使升为节度使，统领蒲、绛等七州；划分剑南为东、西川节度，东川统领梓、遂等十二州；又设立荆澧节度，统领荆、澧等五州；夔峡节度，统领夔、峡等五州；更改安西为镇西。

乾元元年（戊戌，公元758年）是年二月改年号为乾元。春季，正月，戊寅日（初五），太上皇驾临宣政殿，赐唐肃宗册命，加唐肃宗尊号为光天文武大圣孝感皇帝。唐肃宗坚决辞谢“大圣”的名号，太上皇没有应允。唐肃宗尊称太上皇为太上至道圣皇天帝。

在此之前，官军攻克并收复京城之后，宗庙里的器物和府库里的财帛大都散落在民间，就派人检查收集，发生了许多烦扰人民的事情。乙酉日（十二日），下达命令完全停止。于是命令京兆尹李岘前去抚慰市井百姓。

二月，癸卯朔日（初一），任命殿中监李辅国兼任太仆卿。李辅国依附于张淑妃，兼理元帅府行军司马的事务，权倾朝野。

安庆绪所任命的北海节度使能元皓率领全部属下前来投降，任命他做了鸿胪卿，代理河北招讨使。

丁未日（初五），唐肃宗驾临明凤门，大赦天下，改年号为乾元。把老百姓今年的租、庸税赋全部予以免除，又把载改为年。

庚午日（二十八日），任命安东副大都护王玄志担任营州刺使，代理平卢节度使。

三月，甲戌日（初二），徙封楚王李俶做成王。

戊寅日（初六），将张淑妃立为皇后。

镇西、北庭行营节度使李嗣业在河内屯兵。癸巳日（二十一日），北庭兵马使王惟良谋划叛乱，李嗣业和偏将荔非元礼讨伐并把他杀死。

安庆绪向北逃亡之时，他的平原太守王暕、清河太守宇文宽都把他的使者杀死前来投降；安庆绪派遣他的大将蔡希德、安太清将他们的郡城攻克，活捉了他们回去，在邺市凌迟处死。只要是有归国计划的，胡人把他的种族全部杀光，汉人就把其家族灭掉，以至于部下官兵、州县官属，遭到牵连而死的非常多。又和他的群臣在邺城以南歃血为盟，可是人心一天天离散。安庆绪听闻李嗣业在河内，夏季，四月，与蔡希德、崔乾祐带领两万步兵和骑兵，渡过沁水去进攻他，没有得胜而回去。

癸卯日（初二），派遣太子少师虢王李巨担任河南尹，代理东京留守。

辛卯日（按四月无辛卯，据《新唐书·肃宗本纪》当作辛亥，初十），把栗木做的神主送进太庙。甲寅日（十三日），唐肃宗祭奠于太庙，因而祭祀昊天上帝；乙卯日（十四日），驾临明凤门，大赦天下。

五月，壬午日（十一日），下达命令停止采访使，把黜陟使改为观察使。

张镐性情简素淡泊，无心在宫廷里执掌大权，听闻史思明请求投降，向唐肃宗进谏说："史思明凶险奸恶，趁着贼乱而盗取高位。力量强大众人就依附，权势失落人心就要离散。虽然他长了一副人的面孔，但是他的心却凶残得同野兽没什么两样。这样的人很难用恩德感动他，请不要给他威势和权柄。”又说：“滑州防御使许叔冀，生性狡猾内心奸诈，一旦遇到危难必定生变，请把他征召回宫庭宿卫。”当时唐肃宗已经惠允史思明的投降，又正碰上有宫中使者从范阳及白马回来，都说史思明、许叔冀忠诚可靠；唐肃宗觉得张镐与事务的机要不相切合，戊子日（十七日），将其河南节度使罢除，作为荆州防御使；任命礼部尚书崔光远担任河南节度使。

张皇后所生的兴王李佋，只有几岁大，皇后想要让他做继承人，唐肃宗犹豫没有决定。在闲谈之时问考功郎中、知制诰李揆说：“成王是长子，而且于国家有功，朕想把他立为太子，卿觉得怎么样？”李揆一再跪拜称贺说：“这是国家的福气，臣感到无限的幸福。”唐肃宗欢喜地说：“朕的心意已经决定了。”庚寅日（十九日），把成王李俶立为皇太子。李揆，是李玄道的玄孙。

乙未日（二十四日），任命崔圆担任太子少师，李麟担任少傅，都罢除政事。唐肃宗对鬼神之事非常喜好，太常少卿王玙专门依托鬼神来讨好唐肃宗，每次谈论礼仪，大都羼杂巫祝和乡野的仪节。唐肃宗十分喜欢他，就任命王玙担任中书侍郎、同平章事。

追赠前任常山太守颜杲卿做太子太保，谥为忠节，任命他的儿子颜威明担任太仆丞。颜杲卿过世之时，杨国忠听信了张通幽的谮害言语，居然没有褒扬和追赠。唐肃宗在凤翔，颜真卿担任御史大夫，向唐肃宗哭泣着诉说，唐肃宗就从朝中把张通幽遣出担任普安太守，把实际情形原原本本地向太上皇奏明，太上皇就用杖打死了张通幽。颜杲卿的儿子颜泉明被王承业扣留，因而就在寿阳寄居，被史思明俘获，用牛皮包裹，送到范阳。正赶上安庆绪刚刚即位，有赦免令，才得以免死。史思明投降，才得以回国，到东京找寻他父亲的尸体。找到了，就和袁履谦的尸体一同用棺材装敛运回。颜杲卿的姐姐、妹妹、女儿和颜泉明的儿子都流落在河北；颜真卿当时担任蒲州刺史，使颜泉明去找寻他们。颜泉明哭喊着访求，悲哀的心情连路人都被感动，过了很长时间才找到。颜泉明到亲戚朋友处要求钱财上帮助，依照所求得的多少来赎人，先将姑母、姐姐、妹妹赎回，后把自己的儿子赎回。姑母的女儿被叛贼掳去，颜泉明有二百缗钱，原本想要赎回自己的女儿，见到姑母忧愁憔悴，非常伤心，就先将姑母的女儿赎了回来。等到再得到金钱，访求自己的女儿，已经找不到居所。遇见很多远房的姐妹，和父亲在世之时的将军官吏袁履谦等人流落在外的妻子，跟他们一同返回，一共五十多家，三百多口人，平均分给每个人财物和粮食，都与亲戚一样。到了蒲州，颜真卿都向他们供给足够的财物和粮食。很长时间过后，按照他们意愿资助他们到哪里去。袁履谦的妻子怀疑袁履谦装敛时衣服衾被较少，打开棺木检视，同颜杲卿的丝毫没有差别，这才惭愧心服。

六月，己酉日（初九），修建太一坛于南郊的东面，这是听从王玙的请求而修建的。唐肃宗曾经感到身体不适，卜得的结果说是山川的神祇为祸，王玙请求派遣宫中使者和女巫骑驿马分别祭祷天下的名山大川。女巫倚仗朝廷势力，所经之地，都要烦扰各州各县，多所要求，收受贿赂。黄州有一个女巫，年轻貌美，有数十个无赖少年跟随着，为害甚大，到黄州以后，就在驿站的房舍中居住。黄州刺史左震清晨到驿舍，房门紧锁，无法打开。左震非常生气，破开了锁进去，把女巫拉到台阶下斩了，随从的少年也全都斩杀。将她所收受的贿赂登记下来，有数十万，将实际情形详细报告给唐肃宗，并且请求用她的赃款来替代贫民的租税，将宫中使者遣送回京师。唐肃宗不能怪罪他。

任命开府仪同三司李嗣业担任怀州刺史，代理镇西、北庭行营节度使。

山人韩颖改造新的历法，丁巳日（十七日），开始实行韩颖改造的历法。

戊午日（十八日），敕令：东、西两京陷落叛贼手中的官吏，三司尚未审理完毕的一概释放；被贬官、降职的继续处治。

太子少师房琯失职之后，快快不乐，时常借故生病不上朝，然而家中从早到晚都是宾客满座。他的党羽在朝廷上替他宣扬说："房琯有文、武才干，应当重用。"唐肃宗听到后很讨厌他，下制书列举房琯的罪过，贬为豳州刺史。贬前任祭酒刘秩做了阆州刺史，贬京兆尹严武做了巴州刺史，这几个人都属于房琯一派。

先前，史思明以普通军将的身份侍奉平卢军使乌知义，乌知义待他非常的优渥。乌知义的儿子乌承恩担任信都太守，把全郡投降给史思明，史思明感念旧恩而保全他。等到安庆绪失败，乌承恩劝说史思明投降唐朝。李光弼觉得史思明始终是要叛乱的，并且乌承恩又得史思明的亲近和信任，私下里叫他谋杀史思明；又劝谏唐肃宗任命乌承恩担任范阳节度副使，赐给阿史那承庆铁券，叫他们一起策划除掉史思明。唐肃宗接受了这个计划。

乌承恩花费许多私人财产来招募士卒，又多次身穿女人的衣服到各将军营中去游说引诱他们。诸位将军把此事报告给史思明，史思明心中疑虑但没有详细观察。正碰上乌承恩到京师去，唐肃宗派内侍李思敬跟他一起到范阳去宣旨慰问。乌承恩宣明圣旨之后，史思明把乌承恩留住于办公厅的公馆里，在他的床四周挂起帷幔，埋伏两个人在床底下。乌承恩的小儿子在范阳，史思明让他去探望他的父亲。半夜里，乌承恩悄悄地对他的儿子说："我受到朝廷命令要把这个反叛的胡贼除掉，将用我担任节度使。"事前在床底下埋伏的两个人大叫而出，史思明就逮捕乌承恩，搜索他的行李袋，获得铁券和李光弼的牒文，牒文上说："阿史那承庆事成之后就把铁券交给他；不然的话，就不能交给他。"又搜得一个有好几百张的小册子，上面所列的都是当初跟随史思明叛乱的将士姓名。史思明责问乌承恩说："我有什么地方对不起你，你却要这样做？"乌承恩谢罪说："有罪该死，这都是李光弼的计谋。"史思明就集合将军辅佐和官吏百姓，向西边大哭说："臣统率十三万兵马归降朝廷，有哪里对不起陛下的，却要杀臣！"于是就打死了乌承恩父子，有二百多人因受牵连获罪而死。乌承恩的弟弟乌承玼逃跑了，得以免死。史思明把李思敬囚禁起来，把详细情形写表进呈唐肃宗。唐肃宗派遣宫中使者安抚晓谕史思明说："这并非朝廷和李光弼的意思，都是乌承恩自己要做的，杀掉他很好。"

等到三司审议陷落反贼手中官员罪状的事传到范阳，史思明对各将军说："陈希烈等人都是朝廷的大臣，太上皇把他们抛下逃到蜀郡，而今还是无法免死，何况我们原本就是跟随安禄山造反的呢？"诸位将军请史思明上表奏章请求把李光弼杀死，史思明听从，就叫判官耿仁智与他的同僚张不矜写下表文说："陛下如果不替臣把李光弼杀死，臣就要自己带兵到太原去杀他。"张不矜写好表文草稿拿给史思明看，等到将要装入信函，耿仁智把那些话全部删去。誊写表文的报告史思明，史思明命令把两人捉来杀掉。耿仁智侍奉史思明已经很长时间了，史思明很喜爱他，想让他活命，又把他召进去，对他说："我任用你快三十年了，今天不是我对不起你。"耿仁智大声喊叫着说："人生都难免一死，能够尽进忠义，是死中最好的。假如今天跟随大夫作乱，不过是暂时拖延岁月，哪里如赶快早死的好呢！"史思明非常生气，用棒乱打他，脑浆流到地上而死。

乌承玼逃到太原，李光弼上表举荐他做昌化郡王，担任石岭军使。

秋季，七月，丙戌日（十六日），开始铸造价值十文的大钱，上面写有"乾元重宝"四个字，这是接受御史中丞第五琦的意见而铸的。

丁亥日（十七日），唐肃宗下册书将回纥可汗封为英武威远毗伽阙可汗，把唐肃宗的幼女宁国公主嫁给他。派遣殿中监汉中王李瑀做册礼使，右司郎中李巽做副使；命令左仆射裴冕把公主护送到国境上。戊子日（十八日），又派遣司勋员外郎鲜于叔明担任李瑀的副使。鲜于叔明，是鲜于仲通的弟弟。甲子日（七月无甲子日，子当从严校改作午，甲午是二十四日），唐肃宗为宁国公主送别于咸阳。公主跟唐肃宗辞别说："国家的事情重要，我就是死了也没有遗憾。"唐肃宗流着眼泪回来了。

李瑀等人到了回纥的大营，可汗身穿土红色的袍子戴着胡人的帽子，在营帐里的床上坐着，仪仗和卫士十分严整，带领李瑀等人在营帐外面站着。李瑀站在那里不跪拜，可汗说："我与天可汗是两国的君主，君臣之间有一定礼节，为什么不跪拜？"李瑀和鲜于叔明回答说："以前唐朝同各国通婚，都是拿宗室的女儿作为公主。而今天子因为可汗有功，就将自己亲生的女儿嫁给可汗。恩德和礼遇都极为隆重，可汗为什么以女婿的身份而对岳丈这样傲慢，坐在床上接受册命呢！"可汗的脸色改变，站起来接受册命。第二天，把公主立为可敦，全国都很欢喜。

乙未日（二十五日），郭子仪进入朝中奏事。

八月，壬寅日（初三），任命青、登等五州节度使许叔冀担任滑、濮等六州节度使。

庚戌日（十一日），李光弼进入朝中奏事。丙辰日（十七日），任命郭子仪担任中书令，李光弼担任侍中。丁巳日（十八日），郭子仪返回军营。

回纥派遣大臣骨啜特勒和帝德带领三千名勇壮的骑兵前来协助讨伐安庆绪，唐肃宗命令朔方左武锋使仆固怀恩统领他们。

九月，庚午朔日（初一），任命右羽林大将军赵泚担任蒲、同、虢三州节度使。

丙子日（初七），招讨党项使王仲升把党项酋长拓跋戎德斩杀，把他的首级传送到京师。

安庆绪刚刚到邺城之时，虽然各宗枝党派都已经分离了，但是还占据了七郡六十多个城池，铠甲兵器物资米粮都十分充足完备。安庆绪不亲自管理政事，专门把修治亭台沼池楼船和寻欢作乐作为主要事务。他的大臣高尚、张通儒等人因为争夺权力而不和睦，不再有纲纪可言。蔡希德具备才干谋略，所统领的兵士都很精良，可他性情刚直，好直言不讳，张通儒谮害将他杀死。他的部下数千人都逃散了，各个将军也怨恨生气，不愿为安庆绪所役使。就任用崔乾祐担任天下兵马使，总领内外大军。崔乾祐刚愎乖戾，爱好杀人，士卒对他并不亲附。

庚寅日（二十一日），命令朔方节度使郭子仪、淮西节度使鲁炅、兴平节度使李奂、滑濮节度使许叔冀、镇西及北庭节度使李嗣业、郑蔡节度使季广琛、河南节度使崔光远七个节度使和平卢兵马使董秦带领二十万步兵和骑兵征讨安庆绪；又命令河东节度使李光弼、关内及泽潞节度使王思礼两个节度使带领所统的兵马前去协助他们。唐肃宗认为郭子仪、李光弼都是国家的大功臣，难以相互统御从属，因而没有设置元帅，只是任命宦官开府仪同三司鱼朝恩担任观军容宣慰处置使。自此以后有了观军容的称谓。

癸巳日（二十四日），广州奏报说："大食、波斯围攻州城，刺史韦利见翻墙逃走。两国的士兵劫掠仓库，焚烧房屋，坐船从海上离去。"

冬季，十月，甲辰日（初五），册命太子，改名李豫。自打中兴建国之后，还没有赏赐过群臣钱财。直到此时，才有新铸的大钱，百官和六军赏赐各有差等。

郭子仪带领士卒从杏园渡过黄河，向东行到获嘉，将安太清击败，斩获四千首级，捉到五百名俘虏。安太清逃跑保守卫州，郭子仪进军将他包围；丙午日（初七），派遣使者报告捷音。鲁炅从阳武渡河，季广琛、崔光远从酸枣渡河，与李嗣业的士卒都在卫州和郭子仪相会。安庆绪调派邺地七万名所有的士卒前去援救卫州，分为三军，让崔乾祐率领上军，田承嗣率领下军，安庆绪亲自率领中军。郭子仪叫三千名善于射箭之人在营垒的墙垣里面埋伏，给他们下令说："我后退之时，贼兵必然追逐我，你们就爬上营垒的垣墙，击鼓喧噪而射击他们。"随后同安庆绪作战，假装败退。贼兵追击他，来到营垒下面，埋伏的士兵起来朝他们射起箭来，箭如雨点似的落下，贼兵往回跑。郭子仪又带领兵马到了，安庆绪大败。将他的弟弟安庆和捕获了，并杀死了他。因而将卫州攻下。安庆绪逃跑，郭子仪等人一直追赶到邺城，许叔冀、董秦、王思礼和河东兵马使薛兼训都接着率领兵马到了。安庆绪整合残余的兵士在愁思冈和官军抵抗，再次战败。前前后后斩获三万首级，俘虏一千多人。安庆绪就进入城内坚守，郭子仪等人围攻他。安庆绪窘困急迫，派遣薛嵩求救于史思明，而且愿意把位置让给他。史思明派遣十三万范阳士兵想去救援邺城，观望而不敢前进。先派遣李归仁带领一万步兵和骑兵在滏阳驻扎，在远处为安庆绪虚张声势。

甲寅日（十五日），太上皇驾临华清宫；十一月，丁丑日（初八），返回京师。

崔光远将魏州攻下。丙戌日（十七日），任命前任兵部侍郎萧华担任魏州防御使。正碰上史思明分军为三路，一路从邢、洛出发，一路从冀、贝出发，一路从洹水直趋魏州。郭子仪上奏请求让崔光远替代萧华，十二月，癸卯日（初五），唐肃宗下敕书让崔光远兼任魏州刺史。

甲辰日（初六），设立浙江西道节度使，统领苏、润等十个州，任命升州刺史韦黄裳担任节度使。庚戌日（十二日），设立浙江东道节度使，统领越、睦等八个州，任命户部尚书李峘担任节度使，并且兼任淮南节度使。

己未日（二十一日），群臣要求上尊号为乾元大圣光天文武孝感皇帝，唐肃宗允奏。

史思明乘崔光远刚刚到来之机，带兵大举到来，崔光远让将军李处崟抗拒他。贼兵势力强大，李处崟好几次战事失利，就调头奔向州城。贼兵追到城下，大声叫喊说："李处崟召我来此，为什么不出来！"崔光远信了他的话，腰斩了李处崟。李处崟是骁勇善战的大将，为众人所依恃；他死之后，众人斗志消退，崔光远脱身跑回汴州。丁卯日（二十九日），史思明攻下魏州，三万人被杀。

平卢节度使王玄志死去，唐肃宗派遣宫中使者去抚慰将士，同时察看军中所要拥立的人，就交给他旌旗符节。高丽人李怀玉担任偏将，把王玄志的儿子杀死了，推举侯希逸担任平卢军使。侯希逸的母亲，是李怀玉的姑母，因此李怀玉要拥戴他。朝廷因而就任命侯希逸担任平卢节度副使。自此以后节度使便由军士废立。

◆臣司马光说：人民天生有欲望，没有主君就会发生祸乱。因而圣人定出礼法来治理他们。从天子、诸侯到卿、大夫、士、庶民，尊贵卑贱，都有一定的身份，大大小小各有行辈，就好比大纲和条目互相维系，手臂指使手指，因此人民服侍君上，臣下没有篡夺君位的野心。《易经》上说："上面是天（乾三），下面是泽（兑三），就是《履卦》。"《象辞》说："天尊贵在上，地卑贱在下，君子效法这个道理，可以区分上下尊卑，正定人民的心志。"说的就是这个道理。大凡做人君主，之所以可以保有臣民，就是因为自己保有爵、禄、予、置、生、夺、废、诛八种权柄。一旦舍弃了它，那么君主和臣民的势权相等，又如何指使得了他的臣下呢！

肃宗遭遇唐朝中期的衰乱，幸运地复兴国家，因此应当正定上下的礼法作为治理天下的纪纲；但是一味求得暂时的安逸而不将永久的祸患思虑到。任命将帅，统制藩镇，原本是国家的大事，可是委派一个使臣，顺从军中的意思，不管贤能与否，只要他们所要拥立的就任命他。自此之后，逐渐成了惯例，国君和大臣都对此法遵照奉行，觉得是良策，只求眼前的安宁。甚至于偏将士卒，把元帅杀死了或驱逐走，也不惩治他的罪过，因而就授予他元帅之职。照此来看，爵、禄、废、置、杀、生、予、夺八种权柄，都不出自皇帝而出自臣下了。祸乱的发生，哪里会有到头的时候呢！

而且为人国君的，要奖励善良，诛杀凶恶，因此为善的人有所劝勉，为恶的人有所惩戒。那些为人部下的人把他们的上司或杀死或驱逐，哪里还有什么比这种恶行再大的呢！居然让他拥旌旗持符节，掌握生杀大权，充当一方面的君长，这是对他们的奖赏呀。用奖赏来鼓励恶行，那么还会有哪种恶事做不出来呢！《书经》上说："你要有长远的谋划。"《诗经》上说："因为国王的谋划不能久远，所以我才竭力进谏。"孔子说："人一旦没有长远的计划，一定会有眼前的忧虑。"主管天下的政事却专求暂时的安宁，他的忧患是无法计算的！因而为人臣下的常眯着眼窥视他的上司，一旦获得时机就攻击族灭他；为人君上的时常战战兢兢地对他的臣下心怀畏惧，一旦得到时机就在其不备之时将他杀死；都争相做先发制人的事来满足自己的私心，从不相互保养作为共同的利益以长久生存的计划。这样的做法却想求得天下平安，怎么能够办得到呢！探究此类祸乱的原因，都是由此事所引起的。

通常来说，古时候治军一定依照礼法。因而晋文公在城濮之战的时候，看到自己的部队中年少的和年长的都有礼节，就知晓他们能够用来作战。而今唐朝治军不遵守礼法，使士卒可以对偏将副将进行冒犯，偏将副将可以对大将元帅进行冒犯，那么大将元帅又对天子进行冒犯，也是自然的情势了。

因此，祸乱一拨连着一拨地兴起，战争也停止不了。人民的生活就好像坠落泥途炭火中，无处向人诉说，共有二百多年，之后大宋就承接天命而获得天下。太祖开始制定军法，使他们按照官阶的高低相互承受命令，稍有与军法相违背的，都要受到刑罚。因此上下有序，有命令就去做，禁止做就停下，向四方征讨不守礼法的诸侯，无人不服从的。天下治平安宁，百姓得以繁衍生息，直至今日，这都是用礼法治军的缘故。所遗留给后代子孙的谋划不是很长远吗？◆

在这一年，设立振武节度使，统领镇北大都护府和麟州、胜州两个州；又设立陕虢华和豫许汝两个节度使；安南经略使担任节度使，统领交、陆等十一个州。

吐蕃攻陷河源军。

资治通鉴卷第二百二十一　唐纪三十七

起己亥（公元759年），止庚子（公元760年），共两年。

【题解】本卷记录了公元759年至公元760年的史事，共两年，正当唐肃宗乾元二年至上元元年。此时期，唐朝内乱不断，边境不宁。肃宗不信任诸将，任用宦官监军，又让宦官李辅国逼迫太上皇玄宗迁出兴庆宫移居大内。郭子仪将安庆绪困围在邺城。李光弼为后援，原本只要进攻魏州，拖住史思明，邺城就指日可破，史思明也将不战而败。唐肃宗派宦官鱼朝恩监军，鱼朝恩不懂装懂，阻止李光弼进攻魏州，让官军会聚邺城，以致史思明控制官军粮道，最后官军因粮食短缺而大败，郭子仪被解职，李光弼退守河阳。史思明乘胜与安庆绪火并，自称大燕皇帝，在河阳大战李光弼。

肃宗文明武德大圣大宣孝皇帝下之上

乾元二年（己亥，公元759年）

春季，正月，己巳朔日（初一），史思明修筑坛场于魏州城的北面，自称为大圣燕王；让周挚做行军司马。李光弼说："史思明得到魏州却按兵不动，这是想让我们松懈怠惰，再用精锐的士卒趁我们没有防备之时前来攻击。请和朔方的军队一起朝魏城进逼，向他挑战。他因为嘉山战败的戒心，必然不敢草率出城应战。假如可以天长日久地相持下去，那么邺城必定攻得下来。安庆绪死去之后，他就没有借口来役使他的部下了。"鱼朝恩觉得不能这样做，计划就停下来了。

戊寅日（初十），唐肃宗拜祭九宫贵神，是采行王玙的意见。乙卯日（正月无此日），天子亲自到自己的田里耕地。（按：《新》《旧书》本纪并作丁丑日[初九]祀九宫贵神，戊寅日亲耕藉田）

镇西节度使李嗣业进攻邺城，被流矢射中，丙申日（二十八日），死去；兵马使荔非元礼代领他的军队。起初，李嗣业上表奏章推荐段秀实做怀州长史，主管留后之事。当时各军屯戍在外已经有很长时间了，钱财用尽了，粮食吃完了，段秀实单独运草料和米粮，募集兵士，购买战马来供应镇西的军营，道路上往来的人络绎不绝。

二月，壬子日（十五日），月全食。先前朝中百官请求给皇后加尊号为“辅圣”，唐肃宗拿此事向中书舍人李揆询问，李揆回答说：“从古至今皇后没有尊号，唯独韦后有，怎么值得效法！”唐肃宗大吃一惊，说：“这些庸人险些误了我！”正碰上发生月食，事情就停了下来。皇后和李辅国内外相互呼应，在宫中肆意横行，干涉朝廷政事，请求拜托事情没有止境，唐肃宗十分不高兴，可是却无可奈何。

郭子仪等九个节度使围攻邺城，修建了两层营垒，挖掘了三重壕沟，堵截漳水来灌它。城里面的井、泉水都往外涨溢，老百姓都搭起木架子来居住。从冬天到春天，安庆绪坚决防守以等待史思明前来援救。食物吃完了，一只老鼠就值四千钱，便将墙上泥土中的麦壳和马粪里的纤维淘洗了来喂马。人人都觉得攻下邺城是早晚的事了，然而各军队既没有统帅，进攻或退却都没有发号施令的人。城里的人想要投降的，由于水太深而受到阻碍，无法出城。久久攻不下城来，军队上下都松懈懒散了。

史思明于是从魏州带兵疾奔邺城，让各将军扎营于离城五十里之处，每营敲打三百面鼓，从远方来威胁官军。又让每营选出五百名精良的骑兵，天天到城下去劫掠。官军出来，就分散各自返回本营。每天官军各部队的人马牛车都会遭受损失，打柴割草也都十分不易。白天防范他，他就在夜晚到来；夜里防范他，他就在白天来袭。当时天下饥荒，辗转运送粮饷，南自长江、淮河，西自并州、汾州，车辆与船只连绵不绝。史思明派遣许多勇敢强壮的人盗取官军的服装和番号，督促运粮的人，责骂他们迟缓滞留，随意杀人。押运粮饷的人都十分惊慌恐惧；在车或船聚集之地，就偷偷地放火。他们来来往往，聚聚散散，各自能相互辨认，而官军巡逻想要逮捕他们却不能察知。由此各军营食物缺乏，人人都想自己逃走。史思明就带领大军直到城下，官军和他约定时日决战。

三月，壬申日（初六），六十万官军步兵和骑兵在安阳河北岸摆开阵势，史思明亲自带领五万人前来抵御。各军看见了，认为是游兵，没有放在心上。史思明径直向前奋勇攻击，李光弼、王思礼、许叔冀、鲁灵先和他战斗，杀死和杀伤的人数各占一半；鲁灵被流矢射中。郭子仪接着在后面迎战，阵势尚未摆好，突然刮起大风，吹起沙土，拔起树木，天地之间由白天一下子变成夜晚，咫尺之间无法辨别人与物。两方面的兵马都惊慌一片，官军溃散向南逃，贼兵溃散而向北逃，扔掉的武器和辎重堆满了道路。郭子仪让北方军队把河阳桥切断以护卫东京。一万匹战马，仅剩下三千匹；十万件武器，几乎全都抛弃。东京的士人和百姓惊慌恐惧，分别向山谷逃跑；东京留守崔圆、河南尹苏震等官吏向南逃奔襄州和邓州；各个节度使都逃回自己的镇所。士兵所经之地都要劫掠财物，官吏也禁止不了。过了十天才得以安定。唯有李光弼、王思礼严格地整饬部曲行伍，全军而返。

郭子仪到达河阳，将要计划登城防守，但是军中相互惊恐，又逃奔到缺门。各将军接连到达，士兵有好几万人，计划把东京舍弃，退后守卫蒲州和陕州。都虞候张用济说："蒲州和陕州连年遭遇灾荒，不如保守河阳。如果贼兵到来，我们能够联合起来抵抗。"郭子仪听从了他的建议，让都游弈使灵武人韩游瑰率领五百骑兵在前面疾趋河阳，张用济带领五千步兵在后跟随。周挚带领士兵争取河阳，因为来晚了，所以无法进城就回去了。张用济用他所率领的士兵在河阳的南、北修建了两座城进行守卫。段秀实带领着将士妻子和公家、私人的辎重从野戍渡过黄河，于河清的南岸等候命令，荔非元礼到来后就驻扎下来。诸将军各自上表谢罪，唐肃宗一概没有责问，只是将崔圆的官阶和封爵予以削除，贬苏震做了济王府长史，将银青光禄大夫的官阶予以削除。

史思明知道官军已经溃败退去了，就从沙河收集整合部队，还军在邺城的南面屯驻。安庆绪收集郭子仪营中的米粮，获得六七万石，与孙孝哲、崔乾祐计划关闭城门抗拒史思明。诸位将军都说：“今日还可以再背弃史王吗！”史思明不跟安庆绪联系，也不向南追逐官军，只是每天在军中宴飨士卒。张通儒和高尚对安庆绪说：“史王远道而来，臣等都应当前去迎接谢罪。”安庆绪说：“暂时由你们去吧。”史思明见到他们哭了，接待他们都用非常优厚的礼仪，然后再把他们送回去。三天过后，安庆绪没有来。史思明秘密地召请安太清教他引诱安庆绪。安庆绪困窘急迫，不知所措，就派遣安太清向史思明上表称臣，请求等到回城把盔甲脱掉之后，再奉上玺绶。史思明看了表文，说：“为什么要这样呢！”因而将表文传给每一个将军和士卒观看，将士都称万岁。于是就亲自写下疏文向安庆绪慰问，但是不称臣，并且说：“希望做兄弟之国，相互作为屏藩援助。鼎足而立，还差不多；北面称臣的礼节，绝对不敢接受。”连表文一同封好，送还给安庆绪。安庆绪十分高兴，因而请求同史思明歃血为盟。史思明答应了。安庆绪带领三百个骑兵到史思明的军营，史思明命令军士穿着铠甲手持兵器等待他，带领安庆绪和他的弟弟们进入营门到达庭下。安庆绪再拜叩头说：“臣没有抵挡住敌军，使东、西两个都城丢失，长久陷入重围，未曾想到大王为了太上皇的缘故，从遥远的边陲赶来救援，使臣本当死而又得以复生。臣即使是摩顶放踵，也不足以报答您的恩惠啊。”史思明突然非常生气地说：“你失去了东、西这两个都城，这件事有什么值得说的。你作为你父亲的孩子，如今却要杀死你的父亲，只为了夺取皇位，这是在天地之间所不能被容忍发生的事。我现在要替太上皇惩罚你这个叛贼，我怎么能被你的花言巧语所迷惑呢？”所以立马命令自己左右的人把他给拉出去了，把他以及他的四个弟弟还有高尚、孙孝哲、崔乾祐都给杀死了。之后给张通儒、李庭望等人授予官职爵位。然后史思明整理军队攻进邺城，获取了安庆绪的士兵和马匹，紧接着把安庆绪府库里的钱财和布帛赏赐给了那些将士。安庆绪之前所统治的州、县以及士兵，现在全归史思明所有。史思明还派遣安太清率领五千名士卒去攻取怀州，他因而留下来镇守邺城。刚开始的时候史思明想要接着再向西进攻，但是担心现在的情况还不太牢固，于是把他的儿子史朝义留下来镇守相州，他自己就带兵回到了范阳。

甲申日（十八日），回纥地区的将军骨啜特勒、帝德等十五个人从相州返回到西京，唐肃宗在紫宸殿那里设置宴席盛情款待他们，对他们的赏赐每个人都不相同。庚寅日（二十四日），骨啜特勒等人告别唐肃宗又回到了行营。

辛卯日（二十五日），任命荔非元礼担任怀州地区的刺史，同时还兼任镇西、北庭行营节度使。荔非元礼又让段秀实做节度判官。

甲午日（二十八日），唐肃宗把兵部侍郎吕諲任命为同平章事。乙未日（二十九日），唐肃宗还任命原来的中书侍郎、同平章事苗晋卿担任太子太傅，让王玙成为刑部尚书，把他们这些人都从政事罢除出去。让京兆尹李岘代理吏部尚书，中书舍人兼礼部侍郎李揆担任中书侍郎，他们和户部侍郎第五琦一起担任同平章事。唐肃宗对于李岘的恩情特别深厚，同时李岘也把促进国家经济发展、百姓过上好日子当作自己的责任，军中和国家的许多大事都由李岘单独做决定。这时候京师出现了许多盗贼，李辅国向唐肃宗请求选择羽林军中的五百名骑士用来加强巡逻。李揆向唐肃宗上奏说："以前西汉用南、北两军彼此之间互相牵制，因此周勃由南军进入北军，因为这样做才把刘氏的天下安定下来。大唐朝廷以前设立南、北牙（金吾卫属南牙、羽林卫属北牙），把文兵武将分开，让他们互相伺机观察。而我们现在要是用羽林卫代替金吾卫在夜间巡逻的话，一旦发生重大的变故，我们该用什么来制止他！"于是这件事就这样停止了。

丙申日（三十日），唐肃宗任命郭子仪担任东畿、山东、河东诸地区的元帅，暂理东京并留守在那里。用河西节度使来填补兼任陕州刺史，并同时代理陕州、虢州、华州地区的节度使。

夏季，四月，庚子日（初四），泽潞节度使王思礼在潞城的东面方向击败了史思明手下的将军杨旻。

太子詹事李辅国，从唐肃宗在灵武地区的时候，就兼任元帅府行军司马这一职务，负责在唐肃宗身边值勤侍奉，同时宣布并向下传达诏书以及皇帝的命令，还有四面八方呈交的文书和奏章，宝印符契，连早上和夜晚的军中号令，也全部由他来管理。等到回到了京师，他专门掌管禁卫军这一块，常常居住在禁中办公厅的住宅里。朝廷中的制书和敕旨，都一定要有李辅国的签名和盖章后才能去施行；当宰相和文武百官有时有事情要向唐肃宗奏明的时候，也都由李辅国一个人禀告，还有唐肃宗裁决下发的意见也经李辅国转告给众大臣。他曾经在银台门判定裁决天下各种事务，不论是大事还是小事，李辅国在口头上草拟制定诏书和敕旨，写好了之后，就直接交给外面的官员去施行，等到事情都办完以后再向唐肃宗报告。他还设置几十名察事，在暗中教他们怎么到民间去查明探访那些细小的事情，查明之后很快就会施行审判；假如有所追究索求，各部会也没有人胆敢抗拒他。御史台和大理寺的一些重大囚犯，有的囚犯的审判还没有结束，李辅国便追究到银台，一时间把他们这些人都释放了。三司和京兆府、长安县、万年县这些地区的审讯讼案，都先上报到李辅国他那里去询问并请示，对犯案者的刑罚的轻重都任意听从他的意思，他口口声声说那些是按照唐肃宗的制书和敕命来施行的，于是就没有一个人敢违背他。宦官他们也不敢直呼他的官衔，都称他为五郎。李揆这个人是山东的大族，他见了李辅国后就对他奉行子弟的礼节，称呼他为五父。

等到李岘做宰相的时候，在唐肃宗面前恭敬地叩头，议论陈述制书和敕命这些都应该交给中书省颁布，并且向唐肃宗详细陈述了李辅国专权扰乱政事的情况。唐肃宗非常感动并觉醒了，奖励赞赏他的正直品质；对李辅国之前所兼任的职务，做出了很多的变更，还罢除了由他所设立的察事这个职位。李辅国也因此辞去了元帅府行军司马的所有职务，但是请求能够回返太子詹事这个官位。唐肃宗没有答应他的这个请求，并下制书说：“近年来由于军中和国家的事务过于繁忙，所以有时候让人在口头上宣布一些命令来处理政事。之前的各种名目的索求以及杖刑刺配囚徒等这些命令，从今往后一律废除停止，假如不是正宣（有存底在中书省可查者），其他的一律都不能施行。宫廷内外的各种不同的事务，各自归他们应该所属的主管官员来掌理。英武军的虞候以及北门六军诸使、诸司等，近些时日以来可能因为主管官员之间的争论不断，导致很多讼案在那里得不到解决，所以之前就有越权代为审判的事情发生，从现在开始以后的案件必须都经由御史台和京兆府来审判管理。假如审判不够公平，可以自由地把需要用的状词准备齐全上奏皇上。之前的各种法令除了十恶、杀人、奸淫、窃盗和造伪这些之外，其他那些烦琐杂乱的条文一概废除，之后仍然要委任中书省、门下省和法官，在仔细审定之后，再上奏皇上。”李辅国由于这些十分忌恨李岘。

甲辰日（初八），唐肃宗设置陈州、郑州、亳州节度使，让邓州的刺史鲁炅来担任；还任命徐州刺史尚衡担任青州、密州等七州地区的节度使；令兴平军节度使李奂兼任豫、许、汝三州的节度使；但是他们每个人仍然需要在边境上巡守和防御。

九个节度使在相州溃败后，鲁炅所统率的士兵互相抢夺得非常厉害。他听说郭子仪退兵驻扎在黄河的岸边，李光弼回到了太原，觉得很惭愧忧虑和恐惧，然后吃毒药自杀了。

史思明自己称自己为大燕皇帝，改年号为顺天。封他的妻子辛氏为皇后，他的儿子史朝义为怀王。还任命周挚担任宰相，李归仁为大将。令范阳更名为燕京，各州改称呼为郡。

戊申日（十二日），让鸿胪卿李抱玉担任郑州、陈州、颍州、亳州节度使。李抱玉，是安兴贵的后人，曾经担任过李光弼的副将，屡次建立战功，他曾经讲述觉得和安禄山同姓很耻辱，所以唐肃宗便赐姓李氏。

回纥毗伽阙可汗去世了，他的长子叶护在之前已经被杀害了，国人便拥立他的小儿子为王，就是登里可汗。回纥想用宁国公主来殉葬。公主说："回纥很是羡慕中原地区的礼节风俗，所以要娶中国的女子为妻。假如想遵从本国的风俗的话，又何必去万里以外的地区结婚姻呢？"但是仍然为他割破颜面而哭泣。

凤翔管押马坊的官吏去抢劫，天兴县尉谢夷甫抓捕他并且把他给杀了。他的妻子为他告状申诉冤情。李辅国本来就出身于飞龙厩，于是就敕命监察御史孙蓥来审讯这件事，结果查明并没有什么冤屈。之后又让御史中丞崔伯阳、刑部侍郎李晔、大理寺卿权献等人来审讯，审讯的结果和孙蓥的结果是相同的。他的妻子对此结果还是觉得不服气。于是又让侍御史太平人毛若虚来审问。毛若虚是个倾斜巧佞的小人，为了迎合李辅国的意思，就把这件事归罪于谢夷甫。崔伯阳对此感到非常生气，就把毛若虚叫过来责问他，想要向唐肃宗奏明此事。毛若虚在崔伯阳之前跑到唐肃宗那里，唐肃宗把他藏在帘幕后面。崔伯阳不久之后也到达了，向唐肃宗说毛若虚附会迎合宦官，审理判别狱讼的不公平合理。唐肃宗对此非常生气，把崔伯阳叱责了一顿拉出去。崔伯阳因此被贬成高要县的县尉，权献也被贬为桂阳县尉，李晔和凤翔府尹严向他们俩都被贬为岭南各县县尉，孙蓥被除名，并且被永久放逐到播州。吏部尚书、同平章事李岘向唐肃宗上奏陈述崔伯阳并没有什么罪过，对他的处罚太过严厉了。唐肃宗认为他们结党营私，五月，辛巳日（十六日），唐肃宗下令贬李岘为蜀州刺史。右散骑常侍韩择木为了回答唐肃宗的问话而来到宫中，唐肃宗对他说："李岘想专权，现在已经被我贬谪到了蜀州，但是朕觉得自己的做法还是太宽大了些。"韩择木回答说："李岘他这个人说话正直，并不是专权。陛下您宽待他，这样可以增加您的圣德。"毛若虚在不久之后就被任命为御史中丞，他的威势令朝廷内外感到震惊。

壬午日（十七日），任用滑州、濮州节度使许叔冀担任汴州刺史，代管滑州、汴州等七州节度使；任命暂且试用为汝州刺史的刘展担任滑州刺史，代理节度副使。

六月，丁巳日（二十三日），分划朔方，设置邠州、宁州等九州节度使。

观军容使鱼朝恩憎恶郭子仪，趁着这次他打败仗的机会，在唐肃宗前面揭他的短。秋季，七月，唐肃宗召唤郭子仪回京，用李光弼取代他为朔方节度使、兵马元帅之位。将士都哭泣，拦住宫中使者请求郭子仪留下。郭子仪欺骗他们说："我是要饯别宫中使者的，并不是要走啊。"因此跳上马就走了。

李光弼期望派亲王为主帅，他为副元帅，辛巳日（十七日），用赵王李系为天下兵马元帅，李光弼担任副元帅，仍然以李光弼管理各节度使的军营。李光弼率领河东骑兵五百人奔往东都，乘着夜晚，潜进朔方军营中。李光弼管理军队十分严肃，甫一抵达，一发号命令，士卒、壁垒、旌旗和精神光彩全变化了。这时朔方的将士喜爱郭子仪的宽缓，而恐惧李光弼的严厉。

左厢兵马使张用济驻扎在河阳，李光弼用檄文召唤他。张用济说："朔方军，并不是叛贼，却乘着夜间潜入军中，为什么有这么深的怀疑呢？"和各将军商量后，决定用精兵突袭东京，驱赶李光弼，请郭子仪返回。命令他的将士都穿上盔甲上马，衔枚等待。都知兵马使仆固怀恩说："邺城战败，郭公先逃跑。朝廷责备主帅，所以撤除他的军权。如今驱逐李公而勉强请郭公，就是谋反了。这绝对不行啊！"右武锋使康元宝说："您用兵请郭公，朝廷肯定猜疑是郭公暗示您如此行事的，这样就破坏他的亲族了。郭公一家百口人没有对不起你啊！"张用济这才暂停。李光弼率领数千骑兵东行至汜水县，张用济独自一个人骑着马来晋见。李光弼责怪张用济被召而没准时赶到，就把他杀了。任用部下将军辛京杲代替率领他的队伍。

仆固怀恩接着赶到，李光弼领着他就坐，与他说话。一会儿后，守门的人报告说："蕃族和浑族的五百人马抵达了。"李光弼的脸色变了。仆固怀恩走出来，把部下将军叫过来，大声责怪他们说："告知你们不要来，为什么有意违背！"李光弼说："士卒追随将帅，不应该怪罪啊！”下令供应他们牛肉和酒。

任用潞沁节度使王思礼同时担任太原尹，代替管理北京留守、河东节度使。

起初，在潼关溃败之时，王思礼的马中箭后死去，有一个骑兵盩厔人张光晟下马，把马给了王思礼，问他的名字，不告知就走了。王思礼私下里记得他的体形相貌，没有找到。直至到河东，有人谗害代州刺史河西人辛云京，王思礼对他十分愤怒。辛云京非常害怕，不知所措。张光晟当时是辛云京的属下，说："光晟曾经于王公有恩，从来不敢说出来的理由，对于因为这样而取得赏赐而羞愧。如今刺史有危机，光晟恳请前去拜见王公，肯定替刺史化解危机。"辛云京十分开心地派他去。张光晟拜见王思礼，还没有来得及说话，王思礼已经辨认出他了，说："咦！您不是我的旧恩人吗？为什么如此晚才相见呢！"张光晟把真实的形势告诉了他。王思礼很开心，握着他的手，淌着泪说："我能够有今天，都是您的功绩。我寻找您很长时间了。"带着他与自己坐在同一张坐床上，约定为兄弟。张光晟因此在闲谈中说出辛云京的委屈。王思礼说："辛云京的过错也不小，如今看在老朋友面上宽赦他。"那天就拔擢张光晟担任兵马使，赏赐给他很多的金银财产田地屋舍。

辛卯日（二十七日），任命朔方节度副使、殿中监仆固怀恩同时担任太常卿，进爵位为大宁郡王。仆固怀恩追随郭子仪担任前锋，勇冠三军，前后功绩很大，因此给他赏赐。

八月，乙巳日（十二日），襄州将军康楚元、张嘉延占领本州作乱，刺史王政逃亡到荆州。康楚元自封为南楚霸王。

回纥由于宁国公主没有生儿子，听从回国；丙辰日（二十三日），抵达京师。

戊午日（二十五日），唐肃宗派出将军曹日升前去襄州安抚劝谕康楚元，把王政贬谪为饶州长史，以司农少卿张光奇担任襄州刺史；康楚元不顺从。

壬戌日（二十九日），以李光弼同时担任幽州长史、河北节度等使。

九月，甲午日（九月无此日），张嘉延击破荆州，荆南节度使杜鸿渐抛下州城逃亡，澧、朗、郢、峡、归等各州的官员听到后，都争先恐后地逃亡到山谷里隐藏起来。

戊辰日（初五），再命令绛州铸造乾元重宝大钱，边缘加上重轮，一个大钱可当五十个钱。在京城里的朝廷所有官员，之前由于军事开支太多都没有领过薪俸，认为应当用新铸的大钱给他们冬季应该获得的俸禄。

丁亥日（二十四日），任用太子少保崔光远为荆、襄招讨使，同时担任山南东道处置兵马都使；把陈、颍、亳、申节度使王仲升任为申、沔等五州节度使，同时管理淮南西道行营兵马。

史思明教他的儿子史朝清防守范阳，命令各郡太守各带领士兵三千人跟随自己攻击河南，分为四路兵：教他的将军令狐彰带领五千士兵从黎阳渡过黄河攻击滑州，史思明从濮阳，史朝义从白皋，周挚从胡良渡过黄河，在汴州会合。

李光弼正在黄河沿岸巡察各营垒，听到这个消息，就返回汴州，告诉汴滑节度使许叔冀说："大夫假使能够防守汴州十五天，我就领兵来援助。"许叔冀答应。李光弼返回东京。史思明到达汴州，许叔冀和他作战，被打败了，于是和濮州刺史董秦及自己的将军梁浦、刘从谏、田神功等人向他屈服。史思明任用许叔冀为中书令，和他自己的将军李详据守汴州；礼待董秦，收取他的妻子，安放在长芦作为人质；教自己的大将南德信与梁浦、刘从谏、田神功等几十个人去攻击江、淮一带。田神功，是南宫人，史思明任用他为平卢兵马使。不久，田神功攻击南德信，将他杀死。刘从谏逃亡脱身。田神功率领自己的军队来投降。

史思明乘着胜利向西攻击郑州，李光弼整理军队缓缓行进，抵达洛阳，对留守韦陟说："贼兵乘胜追击，对我们而言，按兵不动有益，速战无好处。洛城防守又不好，您看如何是好？”韦陟恳求把部队安置在陕城，自己退守潼关，据守险要来使他的锐势受挫。李光弼说：“两方敌对，势力相差不大，贵在前进，忌讳后退。如今没有原因而放弃五百里的土地，那么贼兵的气焰就更加嚣张了。还不如把军队迁徙到河阳，北边接着泽潞，有利就攻击，不利则退守；内外相连接，使贼兵不敢向西侵犯。这种形势好像猿猴的手臂，可长可短，随意伸缩。辨别朝廷的礼仪，光弼比不上您；衡量军事机宜，您比不上光弼。”韦陟无话可说。判官韦损说：“东京是皇帝府第所在的地方，侍中有什么原因不防守呢？”李光弼说：“假如防守东京，那么汜水、崿岭、龙门都应该派出大军，您做兵马判官，能防御吗？”便送公文给东京的留守韦陟，教他带领东京官吏西入关中。又送一封公文给河南尹李若幽，教他带领官吏和百姓逃亡至城外去躲避逆贼，把东京变成空城。李光弼带领军队运输油和铁等各种物品到河阳预备防守，用五百骑兵在后方压阵。那时史思明的游兵已经抵达石桥。各将军请示说：“如今是从洛阳向北去呢，还是直接向石桥前往呢？”李光弼说：“对着石桥前进。”直至傍晚，李光弼举着火炬缓慢向前行进，各部的军队都十分坚定持重。逆贼带着士兵在后面追击，但是不敢靠得十分近。李光弼到达河阳时已是夜晚，有士兵两万，粮食只能维持十天。李光弼检查防备，分配将士，都办理得很严谨。庚寅日（二十七日），史思明抵达洛阳，城内空虚，一无所获。害怕李光弼抄他的后路，不敢进入宫中，退兵驻扎在白马寺的南面，在河阳南方建筑月城，来抵御李光弼。郑、滑等各州便都接着沦陷了。韦陟和李若幽都寄居在陕州处理公事。

冬，十月，丁酉日（初四），唐肃宗下制书要亲自讨伐史思明，群臣上奏谏言，才终止。

史思明率兵攻击河阳，派勇敢矫健的将军刘龙仙到达城下挑战。刘龙仙自认为勇敢，把右脚抬起来放在马鬣上，辱骂李光弼。李光弼回头盯着各位将军问道：“有谁能杀了他？”仆固怀恩要求去杀他。李光弼说："这不是大将应该做的事。"随从的人说："偏将白孝德可以前去。"李光弼把他叫过来询问他。白孝德请求前去。李光弼问："多少人马才够用？"白孝德回复说："请允许我一人去杀他。"李光弼认为他的志气很雄壮，但还是坚定问他需要什么。白孝德回应说："期望挑选五十个骑兵，到营门外面作为救援，而且恳请大军击鼓喧噪来帮助，来增强我的勇气。"李光弼拍拍他的背而且派他出营。白孝德举着两把长矛，用鞭子打着马直渡过河流向前进。在渡过河水一半之时，仆固怀恩向李光弼恭贺说："胜了！"李光弼说："还没交战，怎么知道胜了呢？"仆固怀恩说："看他牵着马缰闲适自若的样子，就知道他一定会赢。"刘龙仙看见白孝德一个人前来，很蔑视他。逐渐靠近，刘龙仙将要采取动作。白孝德摇摇手向他示意，仿佛不是来对敌的。刘龙仙不明白他的意思，就停下来了。白孝德走到相差十步的地方，才和他说话。刘龙仙依然和先前一样在辱骂。白孝德停下马许久，因此怒目而视地对他说："逆贼认识我吗？"刘龙仙说："你是谁呀？"白孝德说："我？我是白孝德。"刘龙仙说："你是什么地方的猪狗！"白孝德大喊一声，挥舞着双矛飞马向前和他搏击。城上敲鼓呐喊，接着五十个骑兵向前进攻。刘龙仙的箭根本来不及射出，围着河堤奔跑。白孝德追上去，砍下他的首级，带着回来了，逆贼都被惊呆了。白孝德，原本是安西的胡人。

史思明有良马一千多匹，天天把它们带到黄河南岸的沙洲上去洗澡，反复不止，来表明他的马多。李光弼教把军中的母马都牵出来，一共有五百匹，把它们生的小马都拴在城中。直至史思明的马到达水边，则把五百匹母马都牵出去，母马连续地鸣叫，史思明的马都浮水渡过黄河，一起被逐进河阳城里。史思明十分恼怒，排列好几百艘战船，面前漂浮着燃烧的火船，战船跟在后方，向前行进，想顺着水流来焚烧浮桥。李光弼事先储备了好几百支长竿，用巨大的木头支住长竿的根部，用毡包着铁叉置放在竿头上，迎接着火船而把它叉住。火船不能向前漂移，一会儿就自己焚烧光了。又用叉子来拴住战船，从桥上发射炮石击打它。被打中的船都淹没到水里。贼兵不能得胜而退回去。

史思明的将士出现在河清，想要阻断李光弼的运粮路途。李光弼屯驻在野水渡防备他。天黑之后，回河阳去，留守士卒一千人，教部下将军雍希颢守护营栅，说："贼将高庭晖、李日越、喻文景，全是力敌万人的勇猛大将，史思明一定会派出其中的一个人来截击我。我暂且离去，你在这里等候他。假如贼兵来了，不要和他打仗。假使他要投降，就和他一起来见我。"各将军都不明白他的意思，都在暗中笑他。接下来史思明果然对李日越说："李光弼善于守城，如今驻军在野外，这样就成为俘虏了。你率领精良的骑兵在夜晚渡河，把他给我捉来；捉不来他，就不用返回。"李日越带领五百骑兵，第二天一早就抵达野水渡的营栅下面。雍希颢的士兵都隐藏在壕沟的后面休息，看着他们歌唱吹口哨。李日越感到十分怪异，问道："司空在军营里吗？"雍希颢说："夜间回去了。"李日越又问："营里有多少士卒？"雍希颢说："一千人。""将军是谁？"回复说："是雍希颢。"李日越静静地计算了很久，向他的部下说："如今失去了李光弼，获得雍希颢返回，我一定会死，不如投降。"所以恳请投降。雍希颢和他一起去见李光弼，李光弼对他待遇优渥，好像亲信一样地信任他。高庭晖听闻后，也来投降。有人问李光弼："使两员大将降服，为什么如此简单呢？"李光弼说："这是人的常情。史思明时常后悔的是不能同我在野外作战。今日听说我在野外，认为肯定可以将我俘虏，李日越得不到我，一定不敢回去。高庭晖才略果敢都比李日越卓越，听到李日越被宠幸重用，一定想来争宠了。"那时高庭晖为五台府果毅，己亥日（初六），任用高庭晖担任右武卫大将军。

史思明又攻击河阳，李光弼对郑陈节度使李抱玉说："将军有能力替我把守南城两天吗？"李抱玉说："过了两天又如何？"李光弼说："如若过了两天救兵还不来，任由你处置。"李抱玉允许了，便设置士兵拒敌守城。城快陷落了，李抱玉欺骗逆贼说："我的食物吃完了，明日即将投降。”贼兵十分开心，收军等候他投降。李抱玉修理好城墙安置完备，次日，请求再战。贼兵十分愤怒，急急攻击。李抱玉派出一支奇兵，内外两面进攻，很多贼兵都被杀死或杀伤。

董秦追随史思明攻击河阳，夜间，带领他的部下五百人，拔下栅栏突出围堵，向李光弼投降。那时李光弼亲自带领士卒驻扎在中潬城，城外置放栅栏，栅栏外面挖凿壕沟，深和宽全是二丈。乙巳日（十二日），贼将周挚放弃南城，共同攻击中潬。李光弼命令荔非元礼带领精兵出城到羊马城去阻抗贼兵。李光弼自己在城东北角插上一幅小红旗来远望贼兵。贼兵依靠人多势大，径直进逼城下，跟随在后面的是装载攻城工具的车子，催促士卒填壕沟，从三面各分为八路使士兵经过，又打开栅栏作为门。李光弼看着贼兵进逼城下，便问荔非元礼说：“中丞看着贼兵填壕沟开栅门使士兵通过，却一动不动，这是什么原因呢？”荔非元礼说：“司空是要防御呢，还是开战呢？”李光弼说：“要开战。”荔非元礼说：“既然要打仗，那么叛贼代替我们填平壕沟，为何要禁止呢？”李光弼说：“很好，这是我比不上的，好好干！”荔非元礼等到栅门开了，带领敢死之士冲出去攻击贼兵，叛贼向后退了好几百步。荔非元礼预想到贼兵势力强大，不容易击败，便又率兵退回，直至敌人怠慢以后再攻击他。李光弼看到荔非元礼退回，十分愤怒，派侍从去叫他，要杀他。荔非元礼说：“战斗正在危急关头，叫我做什么？”就退回栅栏里，贼兵也不敢逼近。许久，击鼓呐喊冲出栅门，奋勇进攻贼兵，把他们击败。

周挚又率兵前往北城。李光弼马上带领士兵进入北城，登上城墙眺望贼兵说：“敌人虽然很多，但吵吵闹闹不整齐，不必畏惧。不到中午，我确保替诸君把他击败。”便命令各将军出城迎战。直至中午，胜负仍没确定，就把各将军叫来询问道：“从你们作战之后，贼兵的架势，哪方面最坚强？”各将军答复说：“西北角。”李光弼就派出他的大将郝廷玉去应对；郝廷玉恳请骑兵五百人，给了他三百人。又问其次坚强的区域，答复说：“东南角。”李光弼就派他的大将论惟贞去应对；论惟贞恳请精锐的骑兵三百人，给他了二百人。李光弼下令至各将军说："你们看着我的旗号打仗，我摇旗缓慢，随你们选择有利的机会打仗；我赶紧摇旗三次到地面，就要万众一齐攻击，无论生死，稍有退缩就要斩杀！"又把短刀放在靴子中，说："战争，是极其危险的事情。我是国家的三公，不能死在贼人手里。万一我军溃败，诸君在前面被敌人杀害，我在后面自杀，绝对不教诸君单独死亡。"各将军都出城应战。不久，郝廷玉跑回来。李光弼见到了，慌忙地说："郝廷玉退缩，我的事情危险了。"下令随从的人去斩杀郝廷玉的头。郝廷玉说："我的马被敌人的箭射中，不是有意退却呀！"使者跑回汇报。李光弼教换一匹马，使他出去打仗。仆固怀恩和他的儿子开府仪同三司仆固玚作战稍有退却，李光弼又教斩取他的首级。仆固怀恩父子回头看到使者提着刀走来，再向前决战。李光弼接连摇晃他的旗子，各将军一起拼命向前攻击，呼喊的声音惊天动地。贼兵溃败四散，斩首一千多人，俘虏的有五百人，淹死一千多人。周挚仅仅与几个人骑马逃亡，他的大将徐璜玉、李秦授被俘，叛贼的河南节度使安太清逃亡至怀州坚守州城。史思明不晓得周挚战败，还在攻击南城。李光弼把俘虏赶到黄河岸边让他看，才逃跑。

丁巳日（二十四日），任用李日越担任右金吾大将军。

邛、简、嘉、眉、泸、戎等州的蛮族谋乱。

十一月，甲子日（初一），任用殿中监董秦为陕西、神策两军兵马使，赏赐姓李氏，名忠臣。

康楚元等人的士兵有一万多人，商州刺史兼代荆、襄等道租庸使韦伦发兵征讨他，驻军在邓州之内，招抚晓谕投降的人，很优渥地安抚他们。等待他稍有松懈，进兵去攻击他，使康楚元被活捉了，他的部卒就溃败四散了。韦伦的部队获得他所抢劫的租庸税赋二百万缗，荆、襄一带完全平定。韦伦，是韦见素的堂弟。

征调安西、北庭士兵驻扎在陕州，用来抵御史思明。

第五琦铸造乾元钱、重轮钱，和开元钱三种一起通用，民间争先恐后偷铸，钱币的价值减少，物价贵重，谷类的价格飞速上涨，饿死的人很多。向唐肃宗谏言的人都归罪于第五琦，庚午日（初七），把第五琦降官位至忠州长史。御史大夫贺兰进明贬为溱州员外司马，因为他是第五琦的党羽。

十二月，甲午日（初二），吕𬤇理度支使。

乙巳日（十三日），韦伦把康楚元送回京城，朝廷把他斩杀了。

史思明派出他的大将李归仁带领五千精强的骑兵侵犯陕州，神策兵马使卫伯玉用几百个骑兵在礓子阪把他击败，收获战马六百匹，李归仁逃亡。任用卫伯玉担任镇西四镇行营节度使。李忠臣和李归仁等人在永宁、莎栅之间作战，多次把他击溃。

上元元年（庚子，公元760年）是年闰四月始把年号改为上元。

春，正月，辛巳日（十九日），任用李光弼为太尉兼中书令，剩余的人职位依旧。

丙戌日（二十四日），任用于阗王胜的弟弟曜担任同四镇节度副使，代理本国政事。

党项等羌族部落入侵边区，将进逼京城周围区域，于是就把邠、宁等州节度分为鄜坊、丹延节度，也称作渭北节度。任用邠州刺史桑如珪兼任邠宁节度副使，鄜州刺史杜冕同时担任鄜坊节度副使，分道招抚征讨。戊子日（二十六日），任用郭子仪统率两道节度使，驻留京师，假借他的威名来威震二道。

唐肃宗祭祀九宫贵神。

二月，李光弼攻击怀州，史思明去救援。癸卯日（十一日），李光弼在沁水旁边迎战史思明，把他击败，斩杀收获三千多首级。

忠州长史第五琦已经出发上任，有人告他接受他人黄金二百两，朝廷派出御史刘期光追去询问他。第五琦说："琦身为宰相，二百两黄金不可能提在手里；假使授受有证据，请按照法规判罪。"刘期光就向唐肃宗表报说第五琦已经认罪。庚戌日（十八日），第五琦因为这从官吏的名册上被除去姓名，永远被放逐到夷州。

三月，甲申日（二十三日），更改蒲州为河中府。

庚寅日（二十九日），李光弼在怀州城下击败安太清；夏，四月，壬辰日（初二），在河阳西边的沙洲上使史思明溃败，斩杀收获一千五百多首级。

襄州将军张维瑾、曹玠杀死节度使史翙，据守州境造反。唐肃宗下制书任命陇州刺史韦伦担任山南东道节度使。那时李辅国专权，节度使都从他的门下出来。既然韦伦是朝廷任命的，还不去拜见李辅国，因此很快就改任为秦州防御使。己未日（二十九日），以陕西节度使来瑱担任山南东道节度使。来瑱到襄州，张维瑾等人都屈服投降了。

闰四月，丁卯日（初七），使河东节度使王思礼的官位升为司空。从武德年间到如今，王思礼是没有做宰相而被任用为三公的第一个人。

甲戌日（十四日），改赵王李系为越王。

己卯日（十九日），大赦天下，更改年号为上元。

追加姜太公吕望为武成王，挑选历年的名将为亚圣、十哲。其他中祀、下祀和杂祀都终止。

同一天，史思明抵达东京。

五月，丙午日（十七日），派出太子太傅苗晋卿代理侍中。苗晋卿熟习做官的事务，而且持身严谨，能稳居官位，那时的人都把他与胡广相比。

宦官马上言受贿，替别人向兵部侍郎、同中书门下三品吕諲恳请官位，吕諲替他补了官。事情被发现之后，马上言被唐肃宗处死。壬子日（二十三日），吕諲罢官转而成为太子宾客。

癸丑日（二十四日），任命京兆尹南华人刘晏担任户部侍郎，代理度支、铸钱、盐铁等使。刘晏擅长理财谋利，因此任用他。

六月，甲子日（初六），桂州经略使邢济向唐肃宗上奏章说：击败了那些西原蛮族二十万人，还杀死了他们的元帅黄乾曜等人。

乙丑日（初七），凤翔节度使崔光远向唐肃宗呈递奏章说击败了泾州、陇州的羌族和浑族这些民族的人马十多万。

三品钱通行了很长时间，恰逢年末的时候闹饥荒，一斗米粮的价格高达七千钱，到了人吃人的地步。京兆尹郑叔清抓捕了一些私自铸造钱币的人，在几个月的时间，就杖责死了八百多人，但是这种情况还是不能禁止。于是唐肃宗就下令说京城附近的地方，开元钱和乾元小钱一个可以当十个用，重轮钱一个可以当三十个用；其他各州等待之后的命令再做具体的规定。这时史思明也在私自铸造顺天钱、得一钱，一钱就可以当开元钱一百。贼人占领的地区内物价更加昂贵。

甲申日（二十六日），兴王李佋去世了。李佋是张皇后的长子，幼子是定王李侗。张皇后为了兴王的位置，好多次想伤害太子，太子常常以恭敬和谦逊的态度去侍奉君父，他这样的做法让他得以保留他的太子地位。等到李佋死后，由于李侗的年龄还比较小，所以太子的位置才得以安定。

乙酉日（二十七日），凤翔节度使崔光远在普润这个地区打败了党项羌人。

平卢兵马使田神功向唐肃宗上奏说在郑州击败了史思明的军队。

太上皇非常喜欢兴庆宫，他从四川回来后，就一直住在兴庆宫里。唐肃宗常常从夹城去向太上皇问候他的饮食起居；太上皇偶尔也会到大明宫去。左龙武大将军陈玄礼、宦官头子高力士很久以来一直侍奉着太上皇；唐肃宗又让玉真公主、如仙媛，宦官王承恩、魏悦以及一些梨园弟子，常常在他的身旁侍奉和娱乐他。太上皇常常去长庆楼，经过的父老百姓看见后，总是下拜，并高呼万岁。太上皇有时候在楼下摆设酒席去请他们饮用；又曾经叫将军郭英乂等人到楼上去赏赐给他们酒席。曾经有一个剑南奏事官经过楼下时向上跪拜，太上皇叫玉真公主和如仙媛做东道主摆酒席请他吃饭。

李辅国一直以来地位都很卑微，虽然现在他突然间地位显贵手握大权，但是太上皇身边的人还是都看不起他。李辅国在心中非常忌恨他们，而且他又很想建立大功，以此来固守唐肃宗的恩宠，于是就对唐肃宗说："太上皇现在住在兴庆宫，天天都和外面的人交往，陈玄礼、高力士这些人又图谋不轨，这样对陛下很不利。现在朝廷六军的将士都是灵武的功臣，他们现在都很怀疑恐惧不得安心。臣向他们说明但是也不能了解具体情况，所以不敢不向皇上报告这件事啊。"唐肃宗听后哭泣着说："圣皇那么慈爱仁厚，怎么可能会有这种事呢？"李辅国回答唐肃宗说："太上皇他自己绝对没有这个意思，可是他又怎么能够禁止得了手下的一些小人不去这样做呢！陛下您是天下的君主，应当制订为国家的大计划，把那些乱事在没有发生之前消除掉，怎么能光想着尽个人的孝道呢！况且兴庆宫靠近闾巷，垣墙又非常矮，行事很容易显露出来，不是太上皇他所适宜居住的地方。皇宫深邃把守又很严密，请太上皇进来居住，这样与住在兴庆宫又有什么不同，也可以断绝小人的蛊惑。如果这样的话，太上皇也可以享受万岁的安宁，陛下您也可以每天有三次朝见太上皇的乐趣，这样又有什么可伤心的呢？"唐肃宗不听从他的意见。兴庆宫原先有三百匹马，李辅国假传唐肃宗的旨令把马带走了很多，就只留下十匹。太上皇对高力士说："我的儿子被李辅国给迷惑了，不能够有始有终地尽孝了。"

李辅国又叫六军将士号啕大哭给唐肃宗叩头，请求迎接太上皇去西内（即太极宫）居住。唐肃宗只是哭泣，但是不答应将士们的请求。李辅国觉得非常畏惧。正好赶上唐肃宗生病，秋季，七月，丁未日（十九日），李辅国假传唐肃宗的口谕，迎接太上皇到西内去游玩。到了睿武门的时候，李辅国带领射生骑士五百人，拔刀出鞘拦住道路说："皇帝因为兴庆宫太潮湿以及狭窄，所以特此迎接太上皇迁居到皇宫内。"太上皇很惊慌失措，差点从马上摔下来。高力士说："李辅国你怎么能如此无礼！"叱责他并让他下马。李辅国不得已便从马上下来。高力士接着向将士们宣谕太上皇的诰命说："将士们要各自好自为之！”将士便都把刀插进刀鞘，一次又一次地叩头，高声呼叫万岁。高力士于是又责骂李辅国，叫他和自己一起牵着太上皇的马勒，侍奉太上皇到西内，让太上皇居住在甘露殿。李辅国则带领官兵退下去了。所留下来的侍卫兵，只有几十个老弱的。陈玄礼、高力士还有以前的宫人都不能留在太上皇的身边侍候他。太上皇说：“兴庆宫这个地方是我成就帝王事业时候所居住的，我曾经数次让给皇帝，皇帝都不接受。今天的这次迁徙，其实也是我的意愿。”那天，李辅国和北门六军的大将都身穿白色的衣服去拜见唐肃宗，请求唐肃宗降罪于他们。唐肃宗又受诸将军的逼迫，于是便安慰他们说：“南宫和西内之间又有什么区别呢！诸卿害怕小人迷惑太上皇，是为了杜绝祸乱的根源，安定社稷，这有什么值得畏惧的！”刑部尚书颜真卿首先率领属下的官员上表，请求问候太上皇的生活起居。李辅国非常厌恶他，于是上奏请求唐肃宗将他贬为蓬州长史。

癸丑日（二十五日），唐肃宗敕令天下重稜钱都可以当三十个钱来使用，所有的地区和京城附近地区一样。

丙辰日（二十八日），高力士被放逐到了巫州地区，王承恩被放逐到了播州，魏悦被流放到了溱州，陈玄礼被唐肃宗勒令退休。除此之外，还把如仙媛安置到归州，玉真公主被逐出禁宫居住在了玉真观。唐肃宗另外从后宫挑选了一百多个宫女，将她们放置在西内，以备洒水扫地之用。还命令万安、咸宜二位公主去服侍太上皇的衣服和膳食；另外四方所进献给朝廷的那些珍贵奇异的东西，也都先进献给太上皇用。然而太上皇却一天比一天地不开心，因此不吃荤腥，排除五谷，慢慢地生了病。唐肃宗起初的时候还去问安，但是没多长时间唐肃宗也生了病，只是派人去问候太上皇的生活状况。后来唐肃宗逐渐后悔并觉悟了，非常厌恶李辅国，想杀了他，但是害怕他掌握的兵权，竟然犹豫不能立即做决定。

起初，哥舒翰在临洮西关磨环川地区击败了吐蕃，在那个地方设置了神策军。等到后来安禄山造反的时候，神策军使成如璆派出他的将军卫伯玉带领一千人马来解救国家所面临的危难。之后不久神策军的地盘就让吐蕃给攻陷了。卫伯玉留守驻扎在陕州地区，官做到右羽林大将军。八月，庚午日（十三日），唐肃宗任命卫伯玉担任神策军节度使。

丁亥日（三十日），唐肃宗下令追赠兴王李佋谥号为恭懿太子。

九月，甲午日（初七），唐肃宗下令在荆州设置南都，设荆州为江陵府，依然设置永平军团练兵三千人，用以扼守吴、蜀等地的要害地区，这些是遵从节度使吕諲的要求而设立的。

有人向朝廷上书说："天下至今还不太平，不应该把郭子仪安放在闲散的位子上。"乙未日（初八），唐肃宗命令郭子仪去镇守邠州地区；党项于是就逃走了。戊申日（二十一日），唐肃宗下制说："郭子仪统率各路兵马从朔方直接去攻取范阳，之后回来再平定河北地区，还征调射生英武军等禁军，以及朔方、鄜坊、邠宁、泾原等各路的蕃兵和汉兵总共有七万人，这些人都统一受郭子仪节制和调度。"制书颁布的第十天，又被鱼朝恩所阻挠，导致这些事情都不能照计划实行。

冬季，十月，丙子日（十九日），唐肃宗设置青州、沂州等五州的节度使。

十一月，壬辰日（初六），在泾州地区打败了党项。

御史中丞李铣、宋州刺史刘展他们俩都兼任淮西的节度副使。李铣这个人贪婪暴虐，而且还不遵守法令，刘展他这个人性情很是刚强，师心自用，所以他的上司都非常讨厌他。节度使王仲升在之前就奏明李铣的罪状并且已经把他给杀了。所以当时有谣言说："手执金刀起东方。"王仲升让监军使、内左常侍邢延恩进入朝廷给唐肃宗奏报："刘展这个人生性倔强，而且还不服从命令，除此之外，他的姓名又和谣言相呼应，所以请求皇上下令把他除掉。"

邢延恩因而劝谏唐肃宗说："刘展和李铣他们是一伙的。现在李铣他被杀，刘展心里肯定疑虑恐惧不安。要是不把他除去的话，恐怕他会作乱。但是刘展现在正在掌握着强大的兵力，应该用计谋除掉他。所以请改任刘展为江淮都统，代替李垣的位置。等到他放下兵权去上任的时候，在半路上抓捕他，这样的话以一个武士的力量就已经足够了。”唐肃宗听从他的建议，于是就改任刘展为都统淮南东、江南西和浙西三道的节度使；暗中秘密命令原任都统李峘和淮南东道节度使邓景山谋杀他。

邢延恩把唐肃宗的制书交给刘展的时候，刘展就很怀疑，说：“我自陈留参军，不到几年的光景就已经做了刺史，可以说是突然蒙恩显贵了。江、淮一带是向朝廷供应租税的地方，是现在担当国家重任的地方。我既没有功劳，也不是皇亲的贤人，一旦蒙受皇恩这般地宠幸提拔我，这能够说是没有谗佞小人在从中进行离间吗？”因而便流下眼泪来。邢延恩觉得很畏惧，说：“您一向很有才能和威望，皇上非常担心江、淮地区的事务，所以才特别提拔您担任这个职务。但是您反而起了疑心，这是因为什么呢？”刘展回答说：“事情如果是真的，印绶和节符可以先给我看看吗？”邢延恩说：“好的。”接着就快马加鞭飞奔回广陵，同李峘一同商议这件事，于是解下李峘的印绶和符节交给刘展。刘展得到了这些印绶符节，就向唐肃宗上奏表示谢恩，还写文书召请江、淮地区的亲戚朋友，把他们当作心腹，三道的官吏都派使者向他表示欢迎庆贺，还申报地图簿籍，以至于在道路上奔走的人前后也都可以看得见。刘展带领宋州所有的七千兵马准备奔赴广陵。

邢延恩了解到刘展已经得悉了他的计谋，于是又掉头跑到广陵，与李峘、邓景山一起发兵来对抗他。而且送檄文到各州县，上面说刘展准备造反。刘展同时也发送檄文说李峘将要造反，各州县被弄糊涂了，不知道具体应该要听从哪一方面的话。李峘他带兵渡过长江，和节度副使润州刺史韦儇、浙西节度使侯令仪一起驻扎在京口，邓景山带领一万人屯驻在徐城这个地方。刘展一向都很有威名，治军非常严格整齐，江、淮一带的人望见他的风尘就非常害怕。刘展一路兼程预先赶到目的地，于是派人去问邓景山说：“我奉皇上的诏书到这地方上任，但是这里的兵是做什么的？”邓景山不回答他的问题。刘展于是又派人到阵前大声地喊叫说：“你们这些人都是我的百姓，所以你们不要冒犯我的部队。”紧接着派他的大将孙待封、张法雷进攻广陵，邓景山的部队溃散失败，和邢延恩一起逃奔到寿州。刘展于是就带兵进入了广陵，之后派遣他的大将屈突孝标统率三千士卒去进攻濠州、楚州，王晅带领四千士卒去攻打淮西地区。

李峘把北固山开辟成军事用地，在这里插下木桩以此来堵塞江口。刘展驻扎在白沙的时候，在瓜洲设置了很多疑兵，还张罗摆设了许多火把和战鼓，装作好像要进攻北固山的样子，之后的好几天也都是同样的状态。李峘于是用所有的精锐士卒来把守京口，在那里等待着刘展的进攻。但是刘展却从长江的上游渡江，去进攻下蜀。李峘的部队听到这个消息后，就自动溃散了。李峘于是逃奔到了宣城。

甲午日（初八），刘展攻下了润州这个地方。升州军士一万五千人按照原定的计划响应了刘展，然后进攻金陵城，但是没有攻下来就逃跑了。侯令仪非常畏惧害怕，所以把接下来的事务交给了兵马使姜昌群，然后就丢下城池逃跑了。姜昌群派遣他的将军宗犀去拜见刘展让他投降。丙申日（初十），刘展又攻下升州，让宗犀担任润州司马、丹杨军使，还让姜昌群摄理升州刺史，令自己的侄儿刘伯瑛去辅助他。

李光弼去进攻怀州，攻了有一百多天，才攻下来，并且活捉了安太清。

史思明派他手下的大将田承嗣带领五千兵马攻打淮西；王同芝统领三千兵马攻打陈州；许敬江统率两千人马进攻兖州、郓州地区；薛鄂（鄂，上卷至德二载、《新唐书》并作萼）率领五千人马去攻打曹州这个地方。

十二月，丙子日（十二日），党项进攻美原、华原、同官地区，大肆抢掠然后就逃跑了。

贼兵的将帅郭恽等人诱导羌族和胡族各部落的兵马打败了秦陇

防御使韦伦，并且杀死了监军使。

兖郓节度使能元皓去攻打史思明的部队，把他击败了。

李岠逃离润州的时候，节度副使李藏用曾经对李岠说："你居处在高贵的官位，享受着皇上所给的优厚的俸禄，一遇到困难就马上逃走，这是非常不忠心的体现；依靠数十州的兵马和粮食，三江、五湖的这些险要坚固，却连一支箭都还没有发射就立即抛弃了它，这是没有勇气的表现。如果一个人失去了他的忠心和勇气，他又该如何去侍奉君主！藏用请求收取剩余的兵马，尽全力去抵抗他。"于是李岠就把自己的后事托付给了李藏用。李藏用收集了一些散兵，总共有七百人；向东还到苏州地区去招募勇士，得到了差不多两千人，于是便设立栅栏来抵抗刘展的进攻。

刘展派遣他的手下大将傅子昂和宗犀去向宣州进攻，宣歙节度使郑炅之丢弃宣城自己逃跑了，李岠没办法又逃奔到了洪州。

李藏用和刘展的大将张景超、孙待封在郁墅这个地方交战，但是战败了，于是就逃奔到了杭州。张景超因此占领了苏州，孙待封又进兵把湖州攻陷了。刘展任命他的将军许峄担任润州地区的刺史，把李可封为常州的刺史，杨持璧任苏州刺史，孙待封兼管湖州地区的事务。张景超之后又带兵逼近杭州，李藏用让他手下的将军温晁率兵驻扎在余杭。刘展任用李晃为泗州刺史，宗犀担任宣州的刺史。

傅子昂驻扎在南陵，想要沿着长江一直向下然后攻下江州，进而再攻打江南西道。这时候屈突孝摽攻下了濠州、楚州，王晅攻下舒、和、滁、庐等一些州，他们所到的地方没有不被摧败披靡的，总共聚集了士兵一万人，马匹三千，军队横行于长江、淮河一带。寿州刺史崔昭发动军队去抵抗他，所以王晅不能再向西进军了，只好驻扎在庐州这个地方。

起初，唐肃宗下令让平庐兵马使田神功带领手下的五千精兵驻扎在任城；邓景山被打败后，和邢延恩一起上奏请求唐肃宗下令让田神功去解救淮南，但是没有得到唐肃宗的回应。邓景山又派人去催促田神功，并且答应用淮南地区的金银财帛和美女作为贿赂的条件。田神功和他的部下听了之后都很高兴，于是就带领他手下所有的人马向南方进发。到了彭城的时候，唐肃宗下令让田神功去征讨刘展。刘展听到了这个消息后，才露出了畏惧的表情。于是就从广陵率领八千名士卒来抵抗他，还选择了两千名精兵渡过淮河，在都梁山这个地方攻打田神功。刘展战败了，便逃到了天长；让五百骑兵凭借着桥去抵抗作战，又战败了。刘展只好单独和一个骑兵逃亡渡过了长江。田神功进入广陵及楚州地区之后，便开始大肆抢掠，杀死上千个经商的胡人，这些地方城中的土地也差不多被挖掘了一遍。

这一年，廓州被吐蕃攻陷了。

资治通鉴卷第二百二十二　唐纪三十八

起辛丑（公元761年），止癸卯（公元763年）六月，共二年六个月。

【题解】本卷记录了公元761年至763年六月的史事，共两年又六个月，正当唐肃宗上元二年到唐代宗宝应二年六月。此时期政治多变，唐玄宗、肃宗两代皇帝相继去世，宦官李辅国发动政变，诛杀张皇后，拥立代宗李豫，嚣张跋扈，代宗反击，诛除李辅国。宦官程元振掌权，朝纲依然混乱。官军讨伐贼军，宦官鱼朝恩再次干预军事，迫使李光弼盲目决战，邙山大败。史朝义杀父自立，官军得以喘息。代宗向回纥借兵，任用仆固怀恩为副元帅，收复洛阳，平定河北，史朝义投降，长达八年的安史之乱终于结束了。

肃宗文明武德大圣大宣孝皇帝下之下

上元二年（辛丑，公元761年）

春季，正月，癸卯日（十七日），史思明更改年号为应天。

张景超带兵去进攻杭州，在石夷门打败了李藏用手下的部将李强。孙待封从武康地区向南进发，想要和张景超他们会合并一起去进攻杭州，温晁凭借着险要的地势打败了他们；但是孙待封得以脱身逃奔到了乌程，李可封用常州向他投降。丁未日（二十一日），田神功让特进杨惠元等人带领一千五百名士兵向西去攻打王暅。辛亥日（二十五日）夜晚，田神功首先派特进范知新等人带领四千人马从白沙渡江出发，西向下蜀快速进军；邓景山统领一千人马从海陵地区渡江，东向常州疾速进军；田神功和邢延恩带领着三千人驻扎在瓜洲这个地方，壬子日（二十六日），他们一起渡过长江。刘展带领一万多名步兵和骑兵在蒜山这里摆设好方阵等待他们的进攻；田神功用船运的方式让士兵飞快地赶往金山。正好碰到刮大风，五只大船很快就漂到金山下面，于是刘展便消灭了他的两只船，还使另外的三只船沉没到了江底。田神功没有办法渡江，只好回来又驻扎在瓜洲这里。这时候范知新这些人的士兵已经抵达了下蜀，刘展于是就开始攻打他，但是没有取得成功。刘展的弟弟刘殷劝说刘展率兵逃到了海上，这样的话可以拖延一些时日。刘展却说："假如事情不能成功的话，何必又要多杀害人家的父子呢！死亡，早或晚都是一样的！"因此又率领他手下的士兵尽力作战。将军贾隐林用箭射中了刘展的眼睛，刘展痛苦地倒在了地上，于是就被杀了。刘殷和许峄这些人也都死了。贾隐林，他是滑州人。杨惠元等人在淮南打败了王晅后，王晅率领部队向东逃跑，到了常熟的时候，就被迫投降了。孙待封向李藏用投降了。张景超把士卒聚集到一起，差不多有七千人，他们听说刘展死了的消息，于是就把军队全部交给了张法雷，让他去进攻杭州，张景超逃到海里去了。张法雷到杭州之后，李藏用把他给打败了，其余的党徒也都已经平定。平卢军队便开始大肆掳掠了十几天。安禄山、史思明等人的叛乱，乱兵也不曾到过长江、淮河一带，直到现在，江、淮地区的人民才遭受到了战争的残害。

荆南节度使吕諲向唐肃宗上奏，请求唐肃宗下令让江南的潭州、岳州、郴州、邵州、永州、道州、连州和黔中的涪州这些地区，都隶属于荆南；唐肃宗听从了他的提议。

二月，奴刺、党项又开始进攻掠夺宝鸡，还焚烧了大散关，之后南下进侵凤州这个地方，并且杀死了刺史萧，进行了一番大肆抢夺之后回到西方去了。凤翔的节度使李鼎之后追赶并攻打他们，把他们全部都击败了。

戊辰日（十三日），新罗王金嶷来到朝廷朝拜唐肃宗，顺便还请求能够留在京城做守卫。

有人说："史思明屯兵驻扎在洛阳附近的士卒都是燕州一带的人，那些士兵长时间戍守在外面，一定非常想回家。将士和士兵上下的心志分离，这时迅速去攻打，则可以把他们打败。”陕州观军容使鱼朝恩认为的确如此，数次向唐肃宗劝说这件事，唐肃宗于是就命令李光弼等人进军去攻取东京。李光弼上奏给唐肃宗说：“叛贼的锋头现在还非常坚强，不可以轻易地进攻。”朔方节度使仆固怀恩，虽然勇敢但刚愎自用，他的部下都是蕃族和汉族的强兵，仗着自己的功劳显赫，很多都不听从法纪。郭子仪这个人性情非常宽厚，尽量去容忍他，每逢遇到敌人要打仗的时候，都要依靠他来完成战事。李光弼的性情比较严厉，他完全依据军队的法纪来判定事情，没有一丝的宽容。仆固怀恩很害怕李光弼，在心里非常讨厌他，于是就附和着鱼朝恩，说可以把东都给攻下来。在这样的情况下，宫中派来的使者来往不断地督促李光弼让他派军去进攻东京。李光弼被逼得没有办法，只好叫郑陈节度使李抱玉把守河阳，然后就和仆固怀恩一起率领士兵和鱼朝恩以及神策军节度使卫伯玉相会合，共同去进攻洛阳。

戊寅日（二十三日），在邙山排列好方阵。李光弼凭借险要的地势摆列好阵势，仆固怀恩在平原地区摆列阵势。李光弼告诉他说：“凭借着险要的地势，不仅可以进攻，同时也可以退守；假如在平地上的话，战争的形势一旦处于不利地位就可能导致全军覆没。史思明这个人是不可以轻视的。”于是就下令让他转移到险要的地方。仆固怀恩就是停扎在那里不动。史思明乘着他军队的阵势还没有安排妥当，就率兵去进军逼迫他。朝廷的军队大败，不仅死了好几千人，而且军中的物资和器械全部被丢弃了。李光弼和仆固怀恩一起渡过黄河，逃到闻喜这个地方坚守；鱼朝恩和卫伯玉逃回到陕州，李抱玉也丢弃河阳逃走了。河阳、怀州于是又都落入了贼兵的手中。朝廷听到了这个消息，非常害怕，于是便再加派军队去驻扎在陕城。

李揆和吕諲同时担任宰相，但是两人相处得很不愉快。后来吕諲被罢免了宰相一职，在荆南节度使任内期间以善政而著名，李揆害怕他会再次入朝担任宰相，于是就上奏唐肃宗说在湖南置军不便利，然后又暗中派人到荆南、湖南去查询吕諲的过失。吕諲上疏向唐肃宗诉说李揆的罪过。癸未日（二十八日），唐肃宗下令把李揆贬为袁州长史，任命河中节度使萧华担任中书侍郎、同平章事。

史思明这个人性情容易猜忌而且残忍又喜欢杀人，他的很多手下的人只要稍微有让他不如意的地方，往往就会遭到灭族的惨祸，每个人都不能自保。史朝义，是他的长子，常常跟随史思明率兵打仗，非常谦恭和谨慎，爱惜体恤士卒，将士们很多归附于他，但是他却得不到史思明的宠幸和喜爱。史思明非常喜爱他的小儿子史朝清，让他留守在范阳；很多时候他都想杀了史朝义，让史朝清当太子，他左右的人稍微泄露了他的计谋。史思明在打败李光弼以后，想乘胜攻入关中，于是让史朝义带兵打前锋，从北道向陕城进攻，史思明从南道率大军继而进攻。三月，甲午日（初九），史朝义的部队进入礓子岭，遭到卫伯玉迎头痛击，把他给打败了。史朝义数次进兵攻击，但都被陕州的官军打败了。史思明于是就退兵驻扎在永宁，他认为史朝义非常怯懦不敢进攻，说："你终究还是不能够成就我的事业！"于是就要按照军法把史朝义和他手下的各将军都杀死。戊戌日（十三日），又命令史朝义建筑三隅城，想用这些隅城来储存军队的粮食，并且限期一天让他建筑完毕。史朝义刚建筑完毕，还没有来得及把墙壁泥平，史思明就到了这里，很生气并且还骂他；让自己身边的人骑马站在那儿监视他让他把墙壁泥平，没过多长时间就把墙弄完了。史思明又说："等到攻下陕州的时候，一定要杀死这个贼东西！"史朝义非常忧思恐惧，不知道该怎么办才好。

史思明在鹿桥驿这里，让他的心腹曹将军在外守卫；史朝义就住在旅馆里。他手下的将军骆悦和蔡文景劝服史朝义说："悦等和王要不了多久就要去世了！从古代以来就有废立的事情，请求王召请曹将军一起来商议这件事。"史朝义一直低着头没有说话。骆悦等人说："王您假如不允许的话，悦等现在就要向李家投降了，这样王您也不能够保全了。"史朝义哭着说："你们好好去做这件事，不要惊动了圣人！”骆悦等就让许叔冀的儿子许季常去召请曹将军；曹将军到了之后，就把他们的计划都告诉了他。曹将军知道各位将军都十分怨恨史思明，害怕祸害连累到自己，所以便不敢去违抗。当天晚上，骆悦等带领史朝义部下的三百名士兵，每个人都身穿铠甲，悄悄来到鹿桥驿。守卫的士兵们都感到很奇怪，但是都畏惧曹将军，所以不敢随意行动。骆悦等带领士兵到达了史思明休息的地方，正好赶上史思明去上厕所。问他左右的人，还不等他们回答，就已经杀死了好几个人。左右的人于是就给他们指示。史思明听说有叛变的事情发生，于是就翻越垣墙进入马厩，自己套好马骑着就逃走了。骆悦的卫兵周子俊用箭射中了他的胳膊，史思明痛得从马上掉了下来，于是他们就把他给逮捕了。史思明问道："作乱的是哪个人？"骆悦回答说："我们这些人是奉怀王的命令行事的。"史思明说："我早上的时候说错了话，确实应该有这样的下场。但是现在杀我是有些太早了吧，为什么不等到我攻下长安之后再杀我呢！现在事情不能成功了。"骆悦等于是就把史思明送回到柳泉驿，并把他囚禁起来。回来后向史朝义报告说："事情已经成功了。"史朝义说："没有惊动到圣人吧？"骆悦说："没有。"当时周挚、许叔冀带领后军驻扎在福昌这个地方，骆悦等让许季常去告诉他们这件事。周挚惊恐地跌倒在了地上。史朝义率领部队回来，周挚、许叔冀他们前来迎接。骆悦等劝说史朝义应该抓捕周挚，并把他杀死。等大军到达柳泉的时候，骆悦等害怕大家的心志不一致，于是就用绳子把史思明给勒死了，并用毡包裹了他的尸体后，用骆驼把尸体驮回了洛阳。

史朝义即皇帝之位，更改年号为显圣。并且秘密地派人回到范阳，下令让散骑常侍张通儒等，杀了史朝清和史朝清的母亲辛氏以及其他一些不附从自己的人，总共好几十个。贼党自己互相攻击，在城中差不多战斗了好几个月，死了几千人，这样范阳才得以安定。史朝义任命他的部将柳城人李怀仙担任范阳尹、燕京留守。当时洛阳四面几百里以内的地区，州、县基本上都成了废墟。而且史朝义所率领的节度使都是之前安禄山手下的将领，他们和史思明是平辈，所以史朝义召请他们，很多人都不到，史朝义只好稍加安抚他们，但是不能够使用他们。

李光弼向朝廷上表，坚决请求唐肃宗贬谪降低自己的官职爵位。唐肃宗于是下制书任命他担任开府仪同三司、侍中兼任河中节度使。

有一个术士长塞镇将朱融和左武卫将军窦如玢等人计划尊奉岐王（李隆范，睿宗子）的继子李珍去作乱，金吾将军邢济向朝廷告发了他。夏季，四月，乙卯朔日（初一），唐肃宗下令废李珍为平民百姓，把他安置在溱州这个地方，他的其他的党羽都被杀了。李珍，是李业（睿宗子，玄宗弟）的儿子。丙辰日（初二），左散骑常侍张镐被贬谪为辰州司户。因为以前张镐曾经购买李珍的宅子。

己未日（初五），唐肃宗下令任用吏部侍郎裴遵庆担任黄门侍郎、同平章事。

乙亥日（二十一日），青密节度使尚衡击败史朝义的士兵，并且斩下了五千多名士兵的首级。

丁丑日（二十三日），兖郓节度使能元皓击败了史朝义的士兵。

壬午日（二十八日），梓州刺史段子璋开始造反。段子璋这个人非常健壮勇猛，以前跟随太上皇在蜀郡立下了很多功劳，东川节度使李奂上奏给唐肃宗，请人去代替他。段子璋带兵，到绵州地区去攻打李奂。路过遂州的时候，刺史虢王李巨急忙修治属郡的礼仪以此来迎接他，但是段子璋把他给杀死了。李奂战败之后，便逃到了成都，段子璋自称为梁王，改年号为黄龙，把绵州当成龙安府，设置很多官员。紧接着又攻陷了剑州。

五月，己丑日（初五），李光弼从河中地区回到了朝廷。

起初，李辅国与张皇后一起计划要把太上皇迁徙到西内去居住。当天正好是端午节，有一个山人李唐来朝廷晋见唐肃宗。唐肃宗当时正抱着幼女，对李唐说：“朕非常眷念她，请卿不要见怪。”李唐回答说："太上皇想见到陛下的心情，想来也就和陛下思念公主的心情是一样的。"唐肃宗听后流泪哭泣，但是因为畏惧张皇后，还是不敢随意到西内去。

癸巳日（初九），党项向宝鸡地区进军。

起初，史思明任命他的博州刺史令狐彰担任滑、郑、汴等地区的节度使，带领几千名士兵在滑台进行防守。令狐彰在暗中拜托宫中的使者杨万定送表请求投降，之后迁徙到了杏园度屯扎。史思明心中十分怀疑他，于是便派遣他的大将薛岌把他给包围住了。令狐彰和薛岌交战，把他打得落花流水，因此就跟随杨万定一起入朝。甲午日（初十），唐肃宗任命令狐彰担任滑、卫等六州节度使。

戊戌日（十四日），平卢节度使侯希逸开始攻打史朝义在范阳的军队，很快就把他们击溃了。

乙未日（十一日），西川地区的节度使崔光远和东川节度使李奂一起进攻绵州，庚子日（十六日），便攻克了绵州，并且斩杀了段子璋。

之后唐肃宗又任命李光弼担任河南副元帅、太尉兼侍中，统领河南、淮南东西、山南东、荆南、江南西、浙江东西八道的行营节度使，并且出朝镇守临淮郡。

六月，甲寅日（初一），青密（按：当作兖郓）节度使能元皓打败了史朝义手下的大将李元遇。

江淮都统李峘害怕失于守土的罪过，便归罪于浙西节度使侯令仪，丙子日（二十三日），侯令仪因为这个罪过被除名，放逐到康州这个地方。给田神功加官衔为开府仪同三司，迁为徐州的刺史。之后征召李峘、邓景山返回京师。

戊寅日（二十五日），党项这一次带兵进犯好畤县。

秋季，七月份，癸未朔日（初一），出现日全食，大星都显现出来。

任命暂时试用为少府监的李藏用担任浙西节度副使。

八月，癸丑朔日（初一），加开府仪同三司李辅国的官职担任兵部尚书。乙未日（八月无此日），李辅国到省上任，宰相和朝中大臣都与他送别，唐肃宗的厨房准备酒宴，太常寺准备音乐。李辅国骄傲放肆一日超过一日，要求当宰相。唐肃宗说："就凭借爱卿的功劳，什么官不能做。可是在朝廷的威望还不是太足！"李辅国就暗地里劝仆射裴冕等人让他们推荐自己。唐肃宗暗地里对萧华说："李辅国请愿希望当宰相，如果公卿推荐他的奏章送过来，就不能不让他当宰相。"萧华出去，询问裴冕；裴冕说："根本就没有这回事。我的手臂可以折断，但是推荐他做宰相是绝对不可能的事情！"萧华进去报告唐肃宗，唐肃宗非常高兴。李辅国怀恨在心。

己巳日（十七日），李光弼前往河南行营就职。

辛巳日（二十九日），下命令任用殿中监李若幽担任镇西、北庭、兴平、陈郑等节度行营及河中节度使，驻军防守绛州，恩赐他的名为国贞。

九月，甲申日（初三），是天成地平节（唐肃宗生日），唐肃宗在三殿布置道场，让宫女扮成佛菩萨，武士扮成金刚神王，召集大臣围绕在四周匍匐在地参拜。

壬寅日（二十一日），唐肃宗颁布制书除去尊号，只称作皇帝；除去年号，只称为元年；用建子月做一年中的第一个月，每个月都用斗柄所指的星辰运行的次序为该月的名次；由此大赦天下。不再实行京兆、河南、太原、凤翔四京和江陵南都的名号。从这往后，每次新任命五品以上的清望京官及郎官、御史、刺史，教他举荐一个人来代替他的原任官职，观察他们所推荐的人，然后来决定他们先后的名次。

长江、淮河流域出现了大饥荒，人吃人。

冬季，十月，江淮都统崔圆任用李藏用担任楚州刺史。正碰上支度租庸使因为刘展作乱之时，使各州所消耗使用的仓库物品没有了标准和原则，上奏给唐肃宗，请求查证检验。当时匆促征召募集士兵，有很多物品散失，征收还是不够，各将军大多靠出卖产业来弥补。李藏用深恐此事会牵连到自己，曾经和人谈到过，有很深的悔恨之意。他的副将高干心怀着先前的仇怨，让人到广陵去诬陷状告李藏用要谋反，并且先派兵去进攻他。李藏用逃走，高干追赶上李藏用并把他杀掉了。崔圆就用登记事项的本子审问李藏用手下的将军和官吏并且记录下来作为证据。李藏用手下的将军和官吏很胆小怕事，都顺从高干的意思而证明李藏用确实有谋反的情况。唯独孙待封坚持说李藏用并无谋反之意，崔圆命令下属把他带出去杀了。有人对孙待封说："您为什么不跟随大众来保全自己的性命呢？"孙待封说："我之前跟随刘大夫奉诏书到镇来上任，别人说我造反；李公出兵消灭了刘大夫，现在又认为李公造反。如果像这样的话，哪一个人不是造反的，怎么有尽头呢！我宁可被杀死，也不能把人家没有的罪过枉加在人家身上。"于是就被杀了。

建子月（十一月），壬午朔日（初一），唐肃宗上朝接受百官朝拜祝贺，如同正月初一早晨的礼仪一样。

有人秘密上告鸿胪寺卿康谦和史朝义暗中勾结，此事连累到司农卿严庄，他们都被囚禁在监狱。京兆尹刘晏派官吏把守严庄的住宅。没过多久唐肃宗就下令放严庄出狱，带去觐见。严庄仇恨刘晏，所以就说刘晏与臣在谈话中，经常谈起宫中的事，自夸功劳，埋怨唐肃宗。丁亥日（初六），贬刘晏做了通州刺史，严庄做难江县尉，康谦认罪被杀。戊子日（初七），御史中丞元载为户部侍郎，代理句当度支、铸钱、盐铁并且兼任江淮转运等使。元载之前担任度支郎中，反应聪敏快捷，擅长对答唐肃宗的问话。唐肃宗喜爱他的才能，就任命他负责江淮一带的粮食和财帛的运输工作；几个月的时间，就取代刘晏，专门管理国家的钱财。

戊戌日（十七日），冬至。己亥日（十八日），唐肃宗到西内去朝见太上皇。

神策军节度使卫伯玉进攻史朝义，拔取永宁，战胜敌人渑池、福昌、长水等县的部队。

己酉日（二十八日），唐肃宗赴太清宫去朝拜祭奠；庚戌日（二十九日），祭奠太庙和元献庙。建丑月（十二月），辛亥朔日（初一），祭祀圜丘和太一坛。

平卢节度使侯希逸和范阳好几年来都相互攻击，救援既然已经断绝，又遭到奚族的侵袭，于是就率领所有的部众大约两万人去进攻李怀仙，然后把他击溃了，因而就带领士兵向南边行进。

宝应元年（壬寅，公元762年）是年四月以楚州上表言上帝赐宝玉，把年号改为宝应。

建寅月（正月），甲申日（初四），追封靖德太子李琮（玄宗长子）为奉天皇帝，并追封太子妃窦氏为恭应皇后，丁酉日（十七日），把他们安葬在了齐陵。

甲辰日（二十四日），吐蕃派遣使者过来求和。

李光弼攻下了许州，并且活捉了史朝义所任命的颍川太守李春；史朝义的将军史参前来援救他，丙午日（二十六日），双方在城下相互交战，然后又把他击溃了。

戊申日（二十八日），平卢节度使侯希逸在青州的北方渡过了黄河，到达兖州并且和田神功、能元皓来相会。

租庸使元载认为江、淮一带虽然经历过一些兵荒马乱，但是当地的人民和其他各地的人民比起来，财产还是较多的，于是他就依据户籍检举出了八年来欠税和逃税的一些人家，然后估计一个很大的数目加以征收；他选择一些有权势的官员让他们来做县令，然后教他们去督促人民缴税。他们不管人民欠了多少税，家里的资产有多少，只要发现人民有米谷和财帛的，就派人包围起来，把他一切的财产都给登记了下来，然后都平均分取了资产的一半，甚至有的取走了十分之八九，被称为“白著”（无故却破财的意思）。倘若有不服从的，他们就用严酷的罪罚来威胁他。倘若人民有十斛米谷的积蓄的，就只能战战兢兢地等待命令；他们中有的就聚集在山林湖泽间去做强盗，州县的政府不能禁止。

建卯月（二月），辛亥朔日（初一），唐肃宗大赦天下。又任命京兆作为上都，封河南为东都，封凤翔为西都，封江陵为南都，封太原为北都。

奴剌进攻和冒犯了成固。

起初，王思礼作为河东的节度使，粮草储备得十分丰富，他除了供给军队上所用的一些物资以外，还积存了一百万斛米粮，就上奏请求运送五十万斛去京师。王思礼死后，管崇嗣代替了他的职位，他行使政务非常宽松，相信身边的人，几个月的时间，资产就快被消耗完了，只剩下一万多斛陈旧和腐烂的米。唐肃宗听说之后，就教邓景山去代替他的职位。邓景山上任了以后，就核对了米粮的一些收支情况，将士有很多隐瞒被他们吞没的一些事情，都非常害怕。有一个副将按照他所犯的罪过应该被杀死，各个将军替他求情，邓景山都不允许；他的弟弟要求代替哥哥去死，也没有被允许；请求进献一匹马来代替他死，邓景山就允许了。各位将军十分生气，说："我们还不如一匹马吗？"因而发动变乱，癸丑日（初三），他们杀死了邓景山。唐肃宗认为是邓景山安抚驾驭士兵的方法不恰当，所以才引起叛乱，不再去追究那些造反的人，于是就派遣了使者带去唐肃宗的旨意来安抚他们。各位将军请求让都知兵马使、代州刺史辛云京升为节度使。辛云京还向唐肃宗推荐了张光晟作为代州刺史。

绛州是一向没有储蓄的，百姓中又存在着饥荒，所以不能征敛，将士们的食粮和赏赐的都不够，朔方等诸道行营都统李国贞多次把这里的情形向朝廷报告，朝廷都没有回复。因此军队之中叹息怨恨。率领骁勇驰突兵士的将军王元振将要发动叛乱，向士兵假传命令说："明天要修理都统住的房子，每个人都要准备畚箕和铁铣等一些工具，然后在门口等候命令。"士兵们都很气愤，说："朔方的壮士难道说都是一些修理住宅的工人吗？"乙丑日（十五日），王元振就带领他的部下发动叛乱，烧了主帅所驻节的城门。李国贞逃到了监狱里，但是王元振把他给逮捕了，把士兵的饭菜放在他的面前，然后说："吃这种饭却要役使他们，这样可以吗？”李国贞说：“修理住宅是绝对没有的事；军中的饭食倒是多次奏请但都没有被理睬，这是大家都知道的。”士兵想退回去。但是王元振却说：“今天的事情，没有必要再问！假若都统不死，那么我们就要被杀害了。”因此就拔刀把他给杀害了。镇西、北庭行营的士兵驻扎在翼城，也杀死了他们的节度使荔非元礼，并且推举了副将白孝德作为节度使。朝廷因此就任命了他。

戊辰日（十八日），淮西的节度使王仲升和史朝义的大将军谢钦让在申州城下交战，但是被贼兵俘虏，淮西十分恐慌。恰好碰上侯希逸、田神功、能元皓去进攻汴州，于是史朝义就召谢钦让的部队去进行救援。

绛州各军不断地在各地抢劫，朝廷担心他们会和太原的乱军联合起来，然后和贼兵联络，这个不是新兴起的各个将军所能够镇服的，辛未日（二十一日），任命郭子仪为汾阳王，主要管理朔方、河中、北庭、潞泽节度行营并且还担任兴平、定国等部队的副元帅，发给京师的四万匹绢、五万段布、六万石米用来供给绛州这里的军队。

建辰月（三月），庚寅日（十一日），郭子仪将要出发前去任职，但是恰巧碰上唐肃宗身体不舒适，各位大臣都不能去觐见。郭子仪就请求说：“老臣接奉皇上您的诰命，将要死在外地；如果不能去觐见陛下，臣是死不瞑目的！”唐肃宗把他召入卧房内，然后对他说：“河东的一些事情，由卿全权负责处理。”

史朝义派兵到泽州包围了李抱玉，郭子仪就派遣定国军前去援救，史朝义便逃走了。

唐肃宗召山南东道节度使来瑱回到京城。但是来瑱却喜欢待在襄阳，他的将军和士兵也喜欢襄阳，于是就暗示他的部下将军和官员上表请求把他留在这里。来瑱走到邓州，又命令他返回到镇所。荆南节度使吕諲、淮西节度使王仲升和宫中使者从山南东道回来的人都说：“来瑱这是在刻意收买部下的心，时间长了恐怕是难以控制的。”于是唐肃宗就分割商州、金州、均州、房州然后另外设置了观察使，让来瑱只管辖了六个州。等到谢钦让在申州围攻王仲升好几个月的时候，来瑱心里怨恨他，于是就按兵不动，故意不去援救他。王仲升终于战败被俘。但是来瑱的行军司马裴茙谋划夺取来瑱的位置，于是暗中上表说，来瑱个性倔强，很难被控制，请求调用士兵偷袭和逮捕他。唐肃宗认为这个主意不错。癸巳日（十四日），就任命来瑱作为淮西、河南十六州的节度使，表面上是表示尊宠信任，实际上却是要计划除掉他。同时秘密下敕书任命裴茙取代来瑱作为襄、邓等州的防御使。

甲午日（十五日），奴剌进攻梁州，观察使李勉丢弃了城池然后逃走了。于是任命邠州刺史河西人臧希让作为山南西道节度使。

丙申日（十七日），党项进攻了奉天。

李辅国因为要求做宰相却一直没有如愿以偿，所以怨恨萧华。庚午日（三月无此日），任命户部侍郎元载作为京兆尹。元载拜见了李辅国，坚辞京兆尹，李辅国知道他这样做的意图；壬寅日（二十三日），任命司农卿陶锐作为京兆尹。李辅国对唐肃宗说萧华专权，请求唐肃宗罢免他的宰相职位。唐肃宗没有同意。李辅国不断地坚决要求，唐肃宗才听从。于是李辅国就趁机推荐元载代替萧华的职位。戊申日（二十九日），萧华罢除了宰相的职位而作为礼部尚书，任命元载为同平章事，他所兼任的度支、转运使照原来的样子。

建巳月（四月），庚戌朔日（初一），泽州刺史李抱玉在城下击败了史朝义的部队。

壬子日（初三），楚州刺史崔侁向唐肃宗上表说，有一个尼姑，她的名字叫真如，恍恍惚惚地升到了天上，然后见到了上帝，上帝赏赐了她十三块宝玉，然后说："如果中国有灾，就用这个来镇压它。"朝中的各位官员都上表表示庆贺。

甲寅日（初五），太上皇在神龙殿那边去世，享年七十八岁。乙卯日（初六），就把神座迁到了太极殿。唐肃宗因为当时卧病在床，于是就在大明宫的寝殿里号啕大哭，各位大臣就在太极殿号啕大哭。蕃族宦吏割破脸割去耳朵的有四百多个人。丙辰日（初七），就任命了苗晋卿摄行冢宰的职务，带领百官，治理天下。唐肃宗从二月开始，一直卧病在床，听说太上皇已经去世，悲哀思慕，病情因此变得越来越严重，于是就命令太子暂时监国。甲子日（十五日），就下达诏书改年号为宝应；又把建寅月改为正月，每月的次序都和原来一模一样，然后大赦天下。

起初，张皇后和李辅国在宫廷内外互相勾结，专权用事。但是到了晚年之后，彼此却有了仇恨。统领射生手的宦官三原人程元振去归附李辅国。此时唐肃宗病情十分严重，于是皇后就召见太子，然后对他说："李辅国长期以来都掌管禁卫军，唐肃宗的大部分制敕都经由他去发布，他竟然敢擅自逼迫太上皇迁居到西内，他的罪过十分重大，他所忌恨的就是我和你两个人。现在唐肃宗的病情如此严重，李辅国与程元振却暗中计划着发动叛乱，一定得把他给杀了。"但是太子却哭着说："陛下病情十分的危险，而他们两个人都是陛下以前的功臣，一旦不跟皇上禀告，而把他们给杀了，陛下一定会受到惊恐，我害怕陛下受不了这个惊吓。"皇后说："那么太子你暂且回去，让我再仔细想想。"太子刚走出宫，皇后就召见了越王李係，然后对他说："太子仁慈并且很懦弱，不能杀死那些作乱的大臣，你能杀死他们吗？"李係回答道："能。"李係于是就让内谒者监段恒俊挑选两百多个有勇力的宦官，然后在长生殿的后面把武器和铠甲发给了他们。乙丑日（十六日），皇后就用唐肃宗的命令去召太子。程元振知道了他们的计谋之后，就暗中报告了李辅国，于是他们就在凌霄门埋伏士兵等待着。等太子来到之后，他们把作乱的事情告诉了他。但是太子说："绝对没有这回事的。皇上病情加重了，于是他们召唤了我，我怎么能因为害怕死而不去见皇上呢！"程元振说："国家的事情十分重大，太子您是绝对不可以进去的。"于是就派兵把太子送到了飞龙厩，并且动用甲士去守护着他。当天晚上，李辅国和程元振在三殿布勒士兵，他们逮捕了越王李係、段恒俊以及主管内侍省事务的朱光辉等一百多号人，把他们给囚禁了起来。他们冒充用太子的命令，让皇后去了别的宫殿。当时唐肃宗住在长生殿，使者逼迫皇后走下宫殿，然后连同身边的几十个人一同囚禁在后宫，宦官和各个宫女都因为十分惊慌害怕而四处逃跑。丁卯日（十八日），唐肃宗驾崩。李辅国等杀死了皇后和李係以及兖王李僩，并且在那一天，李辅国才带领太子穿着白色的丧服在九仙门和宰相见面了，叙述了自从太上皇去世后的一些经过，跪拜在那里，并且痛哭流涕的，然后才施行了监国的命令。戊辰日（十九日），在两仪殿给大行皇帝举行丧事，宣布了唐肃宗的遗诏。己巳日（二十日），代宗即位。

高力士得到唐肃宗的赦免，回来时，走到朗州，就听说太上皇死了，于是十分悲痛，最后吐血而死。

甲戌日（二十五日），任命了皇子奉节王李适作为天下兵马元帅。

李辅国认为自己的功劳很大，所以更加骄横，竟然在大庭广众之下对唐肃宗说："大家（唐肃宗）只管住在宫中就可以了，外面的事情就交由我来处理好了。"唐肃宗内心觉得十分不舒服，因为他正在掌管着禁卫军，在表面上是很尊敬礼遇他的。乙亥日（二十六日），于是称呼李辅国叫尚父，从来不称呼他的名字。不管是大事还是小事，都去征求他的意见，各位大臣出入都先去觐见李辅国；李辅国对此也觉得十分自然。他还任命了内飞龙厩副使程元振作为左监门卫将军。主管着内侍省事务的朱光辉和内常侍啖庭瑶、山人李唐等二十多个人都被流放到了贵州的中部地区。

起初，李国贞治理军队十分严格，朔方那边的将士十分不快乐，都十分思念郭子仪，所以王元振趁这个机会去发动变乱。郭子仪到达了军队之后，王元振认为自己有功劳，郭子仪说："你接近敌人的军营，却擅自杀死了主将，如果敌人乘这个机会来进攻我们，今天就没有绛州这个地方了。我是一名朝廷的宰相，怎么能接受一个士兵的私情呢！"五月，庚辰日（初二），收罗搜捕了王元振以及和他同谋的四十人，都把他们给杀害了。辛云京听到这个消息之后，也去审问了杀死邓景山的几十人，并且把他们给诛杀了。从此河东各个地区都遵纪守法。

壬午日（初四），任命李辅国作为司空兼中书令。

党项进攻了同官、华原两个地区。

甲申日（初六），任命平卢节度使侯希逸作为平卢、青、淄等六州的节度使；因此青州节度使从此便有了平卢的称号。

乙酉日（初七），封奉节王李适为鲁王。

追封唐代宗的亲生母亲吴妃作为皇太后。

壬辰日（十四日），礼部尚书萧华被贬成了峡州的司马。这是元载为了去迎合李辅国的心情，故意加一些莫须有的罪过去陷害他的。

敕令不论乾元大钱和小钱，统统都当一个钱使用，这样人民才慢慢地得到了一丝安定。

史朝义自己亲自带领士兵去围攻宋州，已经有好几个月了。城中所有的食物都被吃光了，城区也将要遭受陷落的危险。刺史李岑不知道该怎么办。遂城果毅开封人刘昌说：“我们的仓库里还有几千斤的酒曲，请你们把它们捣碎了，这样就可以食用了；不会超过二十天，李太尉就一定会派人来营救我们。城市的东南角是最危险的地方，我愿意防守这个地方。”李光弼到了临淮之后，各位将军都认为史朝义的士兵还十分强盛，于是请求向南挺进去保守扬州。李光弼说：“朝廷的安危全依靠我。假如我也退缩，朝廷里还有什么希望呢？况且假如我们出其不意地去进攻他们，他们怎么会知道我们有多少人呢？”因此直接带兵奔向了徐州，并且命令兖郓节度使田神功去进军攻打史朝义，击败了史朝义的军队。在击败史朝义的军队以前，田神功打败刘展以后的这段时间，留连在扬州而没有回去，太子宾客尚衡与左羽林大将军殷仲卿在兖州、郓州这两个地方相互地攻打，他们听说李光弼来了，害怕他威严的名声，田神功就立刻回到了河南，尚衡和殷仲卿先后回到了朝廷。

李光弼驻扎在徐州的时候，只有军中的一些事务由自己去做决定，其余的一切事务，都任命判官张傪来加以处理。张傪对于为官的一些事务都十分精练和敏捷，对各项事务都处理得十分快速。各个将军要报告自己军中的情况，李光弼大多数的时候都让他们和张傪商议。各位将军对待张傪和对待李光弼一样，因此军队之中的纪律都十分的严肃整齐，东夏地区因此得到了安宁。起初，田神功由刚开始的偏将，后来做到了节度使，并且留下和任用了以前节度使的判官刘位等一些人在幕府，田神功平时都平身接受他们的跪拜但是从来不回礼。等到他看见李光弼和张傪用平等礼仪对待他，他才感到十分诧异，于是就遍拜了刘位等每一个人，然后说："神功在军队中出生，不知道各项礼仪，你们为什么不对神功说，从而导致神功铸成了大错呢？"

丁酉日（十九日），赦免天下。

并且册立了唐代宗的儿子益昌王李邈作为郑王，李延作为庆王，李迥作为韩王。

来瑱听说自己将要被调遣到淮西，内心感到十分害怕，于是就上书说："淮西这边没有米粮，请求等候这边收割了小麦之后，微臣再去那边。"又尽力地劝阻将军和官员请求他们挽留自己。唐代宗认为现在平安无事，于是在壬寅日（二十四日），又任命来瑱作为山南东道的节度使。

飞龙副使程元振想要夺取李辅国的权势，然后就秘密地告诉唐代宗，请求渐渐地削减和限制李辅国的一些权力。六月，己未日（十一日），就解除了李辅国元帅行军司马以及兵部尚书的相关职务，其他的职务和以前一模一样。又任命程元振代理元帅行军司马的职务。借此就把李辅国迁移到宫外的一个宅第中，让他住在了那里。于是就连在道路上行走的路人都相互地庆贺。李辅国这时才感觉害怕，于是就上书请求让出自己的职位。辛酉日（十三日），唐代宗就罢除了李辅国中书令的职务，然后封他的爵位为博陆王。李辅国上朝谢恩的时候，十分气愤，然后哽咽地说："老奴侍奉不了皇上您了，就请让老奴到地下去侍莪奉先帝好了！”唐代宗还是安慰了他，然后把他送走了。

壬戌日（十四日），任命兵部侍郎严武作为西川节度使。

襄邓防御使裴莪驻军城，即然得到了肃宗的密敕，就率领自己的部下两千人沿着汉水去襄阳；己巳日（二十一日），在谷水的北岸整顿军队。来瑱就带领着自己的部队去迎接他，然后问他为什么来这里。裴莪说：“因为尚书您不接受朝廷的命令，所以我才来。倘若您让我替代您的职位，我将撤出自己的士兵。”来瑱说：“我已经接受了皇上的恩赐，再次留在这里镇守，为什么要由你替代我的职位呢？”因此他拿出了唐代宗的敕书和任命状给他看。裴莪惊讶而疑惑。来瑱和节度副使薛南阳大肆出兵两面夹攻，把裴莪打得很惨，他们追到申口之后把裴莪给逮获了，然后把他送到了京师；唐代宗赐他自杀。

乙亥日（二十七日），任命通州刺史刘晏为户部侍郎和京兆尹，并且让他代理度支、转运、盐铁、铸钱等一些职务。

秋季，七月壬辰（十五日），代宗任命郭子仪总领朔方、河东、北庭及潞、仪、泽、沁、陈、郑等节度使行营，以及兴平等军副元帅。

癸巳日（十六日），剑南兵马使徐知道发动了叛乱，派兵防守一些特别重要的地区，去抵抗严武，使严武不能向前挺进。

八月，桂州刺史邢济去讨伐西原这个地方的贼兵元帅吴功曹等人，于是就把他们给平定了。

己未日（十三日），徐知道就被他部下的将军李忠厚给杀死了，剑南地区就完全被平定了。

乙丑日（十九日），山南东道节度使来瑱回到朝廷向唐代宗谢罪，于是唐代宗就用优厚的礼仪去对待他。

己巳日（二十三日），郭子仪从河东地区回到朝廷。在那个时候程元振专权管事，他十分嫉妒郭子仪的功劳太大，嫉恨他管的事务都十分重要，于是多次在唐代宗的面前说他的坏话。这使郭子仪的心里十分不安，于是就向唐代宗上表请求解除他兵马副元帅和节度使的职务。于是唐代宗就安慰他，郭子仪因此就停留在了京城。

台州叛贼的主帅袁晁攻占了浙江东部的各州，并且把年号改为宝胜；因为受不了横征暴敛的老百姓都归向他。所以李光弼就派兵到衢州去攻打了袁晁，把他给打败了。

乙亥日（二十九日），改封鲁王李适为雍王。

九月，庚辰日（初四），任命来瑱作为兵部尚书、同平章事，同时兼任山南东道的节度使。

乙未日（十九日），加封程元振的官职作为骠骑大将军同时兼任内侍监。

左仆射裴冕作为山陵使，议论政事的时候，在有的地方与程元振的意见不一样，丙申日（二十日），把裴冕贬为施州刺史。

唐代宗派遣宦官刘清潭去回纥那边当使者，力求敦睦建立一些邦交关系，并且征集了回纥的士兵前来讨伐史朝义。当刘清潭到了回纥的朝堂，回纥地区的登里可汗已经早就被史朝义给引诱了，然后说："唐朝接连有不好的事情发生，现在中原地区没有君主，可汗您应该尽快来我们这边，然后我们共同收取他府库里的一些财物。"回纥的可汗相信了他的话。于是刘清潭送上了敕书，然后说："先帝虽然已经离开我们了，现在的皇上已经即位了，他就是以前的广平王啊，就是那个和回纥叶护一块儿收复东京和西京的人。"这时回纥已经派遣了一些士兵去到了三个已经接受投降的城市，他们看到各州、县都已经成了废墟，就有了看不起唐朝的意思，于是他们就侮辱了刘清潭，并且使他困窘。刘清潭派人回来报告了一些详细的情况，并且说："回纥已经让全国十万人马去进攻中国了！"京城的人都非常震惊。唐代宗派遣殿中监药子昂到忻州的南面去犒劳他们。起初，毗伽阙可汗为登里求婚，于是肃宗就把仆固怀恩的女儿嫁给了他，并且称她为登里可敦。于是登里可汗要求和仆固怀恩相互见面，当时仆固怀恩居住在汾州，于是唐代宗就教他去见他。并且仆固怀恩向登里可汗说唐朝的恩德和诚信是不可以背弃的。登里可汗心里十分高兴，派使者前去上表，恳求让他帮助国家去讨伐史朝义。登里可汗想从蒲关地区进军，从沙苑经过潼关然后向东进攻。于是药子昂就劝他说："关中多次遭遇到战乱，各个州县都很空虚，什么都没有，不能供给军中所需要的东西，恐怕会使可汗失望的。敌人都驻扎在洛阳，请求可汗从土门地区攻取邢、洺、怀、卫等州并且向南边征讨，俘获了他们的资粮和财物然后来作为军中所需的物资。"登里可汗不听从他的建议；所以，他就再一次地请求可汗，说"我们只需从太行山向南边挺进，然后攻占河阴，以掐住敌人的咽喉"，登里可汗也不听从；他就第三次请求可汗说"从陕州大阳津渡过黄河，取太原仓的米谷作为我们的食物，和各个地区的军队一同进攻"，登里可汗这下才听从了他的建议。

袁晁攻陷了信州。

冬天，十月，袁晁攻下了温州和明州。

以雍王李适作为天下兵马元帅。辛酉日（十六日），李适请求离开，任命兼御史中丞药子昂、魏琚作为左右厢兵马使，任命中书舍人韦少华作为判官，任命事中李进作为行军司马，在陕州同各个地区的节度使以及回纥的部队会合，率领军队去征讨史朝义。唐代宗想任命郭子仪作为李适的副元帅，程元振和鱼朝恩等一些人从中进行阻挠和破坏，因此才肯罢休。晋升朔方节度使仆固怀恩官爵为同平章事兼绛州刺史，统领各军节度行营去做李适的副元帅。

当唐代宗在东宫做太子的时候，因为当时李辅国专权霸道，所以他的心里感觉很不平衡。等到即位的时候，他因为李辅国有杀张皇后的功劳，所以不愿意在大庭广众之下把他给杀了。壬戌日（十七日）夜里，就有刺客暗暗地潜入李辅国的家，偷偷地割了他的头和一只手臂，然后逃走了。于是唐代宗就下令主管官员去追捕凶手，并且派了宫中使者到他的家里去慰问，并且用木头替他雕刻了一个人头，然后就把他给埋葬了，仍然赠送他太傅的爵位。

丙寅日（二十一日），唐代宗命令仆固怀恩和他的母亲、妻子都一块儿到行营，这样可以与登里可敦相会并且谈论往事。

雍王李适到达了陕州地区，回纥可汗驻扎在河北，李适和部下官员就带领几十个骑兵前去拜见他。当时可汗责备李适不向他进行跪拜，药子昂回答说依据礼法，李适不应当跪拜。但是回纥的将军车鼻说："唐朝的皇帝和回纥已经结为兄弟，可汗对于雍王李适来说，就是他的叔父，这怎么能说不应当跪拜？"药子昂说："雍王是皇帝的长子，现在又做了大元帅，怎么有中国的储君向外国的可汗跪拜的道理呢？并且太上皇和大行皇帝现在都还没有下葬，所以不应该手舞足蹈地进行跪拜。"这样争了很长时间，最后车鼻就打了药子昂、魏琚、韦少华、李进他们每人各一百鞭，认为李适年轻并且不太懂事儿，于是放他回到军营去了。魏琚和韦少华两人仅仅过了一夜就死了。

戊辰日（二十三日），各个部队从陕州地区出发。仆固怀恩与回纥的左杀作为前锋，陕西节度使郭英乂、神策观军容使鱼朝恩作为殿军，他们纷纷从渑池进军；潞泽节度使李抱玉便从河阳进军；河南等道地区副元帅李光弼从陈留地区进军；雍王留守在了陕州。辛未日（二十六日），仆固怀恩等军队驻扎在同轨地区。

史朝义听说官军将要来到这里，于是就赶紧和各位将军商量。阿史那承庆说："唐朝的部队如果只有汉人的士兵来进攻，那么我们就应该出动全部士兵来同他们进行决战；如果和回纥的兵一块儿来，他们的锋头不能抵挡，我们就应该退守到河阳坚守来躲避他们。"史朝义不听从他的劝告。壬申日（二十七日），官军就到达了洛阳北边的一个郊区，并且分出了一支部队去攻占怀州地区；癸酉日（二十八日），他们便攻下了怀州。乙亥日（三十日），官军在横水摆开了阵势。敌人有好几万人，他们竖立着栅栏来巩固自己的营垒。仆固怀恩列阵在西原来对抗他。同时派遣十分勇猛而快捷的骑兵和回纥的士兵沿着南山然后绕到营栅的东北部，内外夹攻，把贼兵打得落花流水。史朝义就率领他的全部十万精兵前来救援，在昭觉寺摆开了阵势。官军快速地去进攻他们，杀死的和杀伤的人都非常的多，可是敌人的阵势一点也没有变。鱼朝恩派遣射生手五百人去奋勇作战，敌人虽然死了非常多的人，所列阵势仍然和以前一样。镇西节度使马璘说："事情十分紧急了！”因此就一个人骑马去奋勇攻打敌兵，并且夺下了两面盾牌，杀入万人的军队之中。贼兵溃不成军，唐朝大军乘机攻进去，贼兵大败；辗转退到了石榴园、老君庙再次作战，贼兵又被打败了；人与马互相践踏，坠入尚书谷；一共斩获了六万人的头，并且逮捕和俘虏了两万人，于是史朝义率领了几百个轻快的骑兵向东边逃走了。仆固怀恩就率领军队攻克了东京和河阳城，俘获了史朝义的中书令许叔冀和王伷等一些人，遵守唐代宗的命令又把他们释放了。仆固怀恩留下了回纥可汗驻扎在了河阳地区，并且让他的儿子右厢兵马使仆固玚和朔方兵马使高辅成带领一万多名步兵和骑兵乘胜去追赶史朝义；一直追到郑州，再一次作战，都取得了胜利。史朝义逃到了汴州，但是他的陈留节度使张献诚关闭城门不允许他进入。史朝义逃奔去了濮州，张献诚打开城门出来投降。

回纥兵攻进东京之后，任意地杀人放火，到处抢劫财物，被杀死的有一万多人，火连续烧了几十天都没有熄灭。朔方军和神策兵也全部都把东京、郑州、汴州、汝州当作敌人的地盘，凡是他们所到的地方都要抢夺别人的子女和财务，三个月之后才平静了下来。老百姓的家产都被抢完了，士人和百姓全部都用纸来做成衣服穿。回纥士兵把所抢夺的好多珍宝财货都放在河阳，并且留下大将安恪来守护。

十一月，丁丑日（初二），向唐代宗报告胜利的文书就送到了京师。

史朝义从濮州出发向北渡过黄河，仆固怀恩率领部队去攻打滑州，于是就把滑州给攻下了，一直追赶着史朝义到卫州的时候又把他给打败了。史朝义的睢阳节度使田承嗣等一些人率领四万多的士兵和史朝义会合，又来进行抵抗，仆固玚把他给打败了，率领军队直接进入昌乐东方。随后史朝义又率领魏州的士兵前来迎战，再次被打败，然后逃走了。于是史朝义的邺郡节度使薛嵩用相、卫、洺、邢四州地区，向陈郑、泽潞两地的节度使李抱玉投降；恒阳节度使张忠志率领赵、恒、深、定、易五州向河东节度使辛云京投降。薛嵩，就是薛楚玉的儿子。李抱玉和辛云京已经带领士兵进入了薛嵩和张忠志的军营之中，前去检阅他们的部队，并且薛嵩和张忠志也都非常愿意被替代。时间过了不久，仆固怀恩就命令他们都保持原先的职位。因此李抱玉、辛云京都怀疑仆固怀恩跟他们不一心，各自上表向唐代宗报告情况，朝廷也在暗中准备，防止他发动叛乱。仆固怀恩也开始上书陈述理由，于是唐代宗安慰并且勉励他。辛巳日（初六），下达诏令说：“东京和河南、河北一带接受伪官的人，全部都不再进行追问。”

己丑日（十四日），任命户部侍郎刘晏兼任河南道水陆转运都使。

丁酉日（二十二日），以张忠志为成德军节度使，统一管理恒、赵、深、定、易五州，赐他的姓为李，赐他的名为宝臣。起初，辛云京带领兵将从井陉口进行进攻，常山副将王武俊劝告李宝臣说：“现在黄河东部的兵马精良坚强，但是离开本地到更远的地方去进行战斗，是没有办法进行抵抗的。并且我们用少数对抗多数，用无理去对抗有理，那么进行战斗一定要离散，守城一定会溃不成军，从而失败，请您好好地打算一下吧。”于是李宝臣就撤除了全部的防守和准备，用全部五个州的土地来向朝廷投降。等到再一次被任命为节度使，认为王武俊的策划非常好，所以就提拔他做先锋兵马使。王武俊，本来是契丹人，原来的名字叫沿诺干。

郭子仪认为仆固怀恩有平定河朔的功劳，所以就请求把兵马副元帅的职位让给他。己亥日（二十四日），以仆固怀恩为河北副元帅，晋加他的官衔为左仆射兼中书令、单于、镇北大都护和朔方节度使。

史朝义逃到贝州地区之后，就和他的大将薛忠义等两个节度使进行会合，仆固玚追赶着他们到达了临清。于是史朝义就从衡水带领了三万兵马回来再一次攻打他，仆固玚埋设伏兵，再一次把他给打败了。回纥的兵再次赶到，官军的声势更加浩大，因此就又开始追逐他；在下博的东南部大战，敌人大败，尸体堆积在河水里，然后向下游流去了，于是史朝义就逃到了莫州。仆固怀恩的都知兵马使薛兼训、兵马使郝庭玉与田神功、辛云京在下博地区进行会合，进军莫州，并且包围了史朝义；青淄节度使侯希逸接着也马上赶到了。

十二月，庚申日（十六日），开始用太祖配享祭祀天地。

代宗睿文孝武皇帝上之上

广德元年（癸卯，公元763年）是年七月改年号为广德。

春季，正月，己卯日（初五），追封吴太后称为章敬皇后。

癸未日（初九），任命国子祭酒刘晏作为吏部尚书、同平章事，他所掌管的度支等使的职位照旧。

起初，来瑱在襄阳，程元振有事去请求他，来瑱不愿意听从；等到来瑱作为宰相的时候，程元振陷害来瑱，并且说他的言辞有很多不恭顺的地方。王仲升陷入敌人的部队之中，因为委屈服从才得以生存。等到敌人的叛乱平定之后，他们才能够回朝，和程元振十分要好。然后上奏说来瑱和反贼合谋，才导致王仲升陷落在贼人的手中。壬寅日（二十八日），来瑱因此被削除了官位，放逐到了播州地区，在路上的时候被赐令自杀。从此以后，藩镇都十分痛恨程元振。

史朝义多次出兵进行作战，都被打败了。田承嗣劝告史朝义，让他亲自到幽州地区去征调一些军队，然后回来拯救莫州，田承嗣自己请求留下来防守莫州。史朝义听从了他的意见，挑选了精锐的骑兵五千人从北门突围出去。史朝义离开之后，田承嗣就献出莫州城投降，并且把史朝义的母亲、妻子、儿子送交给了官军。于是仆固玚、侯希逸、薛兼训等人带领三万士兵去追赶史朝义，一直追到归义之后才赶上了他，并且和他进行交战，史朝义被打败之后逃走了。

这时史朝义的范阳节度使李怀仙已经通过宫中使者骆奉仙要求投降，并且派遣兵马让李抱忠带领三千士兵镇守范阳县。史朝义到达了范阳之后，不能够进去。官军快要追到他们了，史朝义就派人向李抱忠说明了大军已经留在了莫州，自己带骑兵前来征调军队进行救援的意思，并且用君臣大义责备他。李抱忠说：“上天不保佑大燕，唐朝又要复兴了。现在既然已经归顺了唐朝，怎么能够再三心二意颠倒无常呢，难道说不觉得对不起三军吗！大丈夫最可耻的就是用狡诈的手段去图谋别人，希望您尽快地决定去处以谋求自我保全的方法。而且我觉得田承嗣一定已经背叛你了，否则的话，官军怎么能够到达这儿！”史朝义十分惊恐和害怕。然后就说：“我从早上一直到现在都还没有吃饭，难道说就不能招待我们吃顿饭吗？”李抱忠就派人把食物送到了城东。于是范阳人在史朝义麾下的，都拜别史朝义，然后离开了。史朝义只有哭泣而已，独自一个人和几百个少数民族的士兵吃完饭后骑马离去。向东边逃到了广阳地区，广阳也不愿意收留他；想向北逃到奚和契丹，刚走到温泉栅，李怀仙就派兵追上了他。史朝义穷困窘迫，万般无奈之下只好在树林里上吊而死。李怀仙割取了他的头，然后呈献给了朝廷。仆固怀恩与各个地方的军队都返回。

甲辰日（三十日），史朝义的头被送到了京师。

闰正月，己酉日（初五）夜晚，有回纥兵十五人进入了含光门，直接进入鸿胪寺，守门的官员不敢禁止。

癸亥日（十九日），以史朝义的投降的将军薛嵩作为相、卫、邢、洺、贝、磁六州的节度使，田承嗣为魏、博、德、沧、瀛五州的都防御使，李怀仙则仍然留在了原地作为幽州、卢龙节度使。在那个时候河北各州地区都已经投降了，薛嵩等一些人迎接仆固怀恩，跪拜在他的马前，请求留在他的身边效力；仆固怀恩也害怕敌人平定了宠幸衰微，所以上奏请求留下了薛嵩等一些人以及李宝臣分别作为河北各个地区的节度使，让他们作为自己的党羽和助力。朝廷也十分厌恶连年的战争，只希望能够平安无事，因此就授权任命了他们节度使的职务。

回纥登里可汗回国的时候，他的部队在所经过的一些地区，都任意抢夺和掳掠，各地官府只要供给的稍微不合他们的心意，他们就要杀人，一点儿都不害怕和忌讳。陈郑、泽潞节度使李抱玉想要派遣属下的官员为他们准备停留时所需要的一些物资，人们都十分害怕，然后都加以推辞，唯独只有赵城县尉马燧请求去担任这个任务。等到回纥将要来到的时候，马燧就先派人去贿赂他们的主帅，并且和他们约定不能够凶暴掠夺。于是主帅就送给了他一面旗子，然后说："如果有违背命令的，您就可以自己决定是否杀他。"马燧带领死囚让他们当作自己身边的随从人员，只要稍微有一点儿违背命令的，就立即斩首。回纥兵见到了之后，吓得你看我我看你，连脸色都变了，所以从境内经过的人都十分害怕地遵守约束。李抱玉觉得他很与众不同。马燧因此劝告李抱玉说："燧在和回纥谈话的过程中，获得了相当多的实情。仆固怀恩仗着自己有功，所以态度十分傲慢，他的儿子仆固玚喜欢斗勇并且轻佻。并且现在他在国内树立了四个节度使，在国外和回纥结交友好关系，必定有想要夺取河东和泽潞的意图，我们应该谨慎戒备他。"李抱玉认为他说得很对。

起初，长安人梁崇义由羽林军射生手跟随来瑱去镇守襄阳，一路升任右兵马使。梁崇义十分勇敢，并且很有力量，能够卷曲铁叶，可以拉直铁钩；他沉静坚毅，很少说话，所以得到士兵们的敬重和喜爱。来瑱入朝当宰相的时候，就命令各位将军分别戍守在各州；来瑱被杀害了之后，在各州戍守的将军都跑回到了襄阳。行军司马庞充带领两千士兵到河南地区去，刚刚走到汝州，就听到来瑱死了，于是就带兵回来袭击襄州；左兵马使李昭前去抵抗他，庞充逃跑到了房州。于是梁崇义就从邓州带领戍守的一些士兵回来，和李昭、节度副使薛南阳相互推让为主帅。但是他们争了很久都不能决定，大部分的人都说："士兵非要是梁卿作为主帅才行。"于是他们就推举梁崇义作为主帅。梁崇义不久之后就杀死了李昭和薛南阳，并且把实际的情形报告给了唐代宗。唐代宗不能去讨伐。三月份，甲辰日（初一），就任命梁崇义作为襄州刺史、山南东道节度留后。梁崇义向唐代宗请求改葬来瑱，要求为他建立祠堂，他一直不敢使用来瑱的办公厅和正堂。

辛酉日（十八日），安葬了至道大圣大明孝皇帝在泰陵，把庙号称为玄宗。庚午日（二十七日），安葬文明武德大圣大宣孝皇帝在建陵，以庙号为肃宗。

夏季，四月，庚辰日（初七），李光弼上奏并且报告逮捕了袁晁，浙东地区已经被完全平定了。在那个时候袁晁集合了大约二十万的徒众，几次攻打各个州县。李光弼让部下将军张伯仪率领士兵把他讨平。张伯仪，是魏州人。

郭子仪多次上书说："吐蕃和党项这两个问题是不能被忽视的，应该提前做好准备。"辛丑日（二十八日），派遣兼御史大夫李之芳等一些人出使吐蕃，结果被吐蕃给扣留了，过了两年之后才回来。

群臣多次上表请求设立太子；五月份，在癸卯日（初一），唐代宗下诏允许等待秋天收割以后再来讨论这件事儿。

丁卯日（二十五日），下制书划分河北地区的各州：把幽、莫、妫、檀、平、蓟六个地区划为幽州管辖；把恒、定、赵、深、易五个地区划为成德军管辖；把相、贝、邢、洺四个地区划为相州管辖；魏、博、德三个地区划为魏州管辖；把沧、棣、冀、瀛四个地区划为青淄管辖；把怀、卫、河阳三个地区划为泽潞管辖。

六月，癸酉日（初一），礼部侍郎华阴人杨绾向唐代宗上书，认为："以前选拔士子，一定要选取那些有德行和实学的人，近代十分崇尚文辞。自从隋炀帝时期就开始设置进士，并且还是只考策文。等到了高宗时期，考功员外郎刘思立这才向皇上上疏请求进士要加考杂文，明经要加考帖经。从此以后积弊成习，然后就逐渐变成了俗尚。朝廷上的公卿就是用这个方法去考选士子的，各个家庭中的父母和兄弟就是用这个方法去教训子弟的，考明经的那些人于是就背诵帖括经书来希望能够侥幸考取；并且，应举的人都教他们投递文书应该贡举，像他们这样的，要想使他们重新归返淳真朴实，并且崇尚廉洁和礼让，这个如何能够办得到呢？请求命令各个地方的县令应该留意观察孝顺父母、操行廉洁的人，选择那些在德行上乡里间非常著名的人，并且在学术上通晓经术的人，就推荐给州里。经过州刺史考试之后，就再把他们给送到朝廷的尚书省。任意让他们各自去选择一经，朝廷就选择那些有儒学的人，然后考问他们二十条经书义理和三道对策。对于那些考中上等的人就马上给他们以官职，考取中等的人，就获得了做官的资格，对于那些下等的人，然后就让他们回去。还有道教的科举，也不是治理国家所必需的，所以希望应该和明经、进士同时停止。”于是唐代宗命令各个相关的官员来共同议论这件事儿，给事中李栖筠、左丞贾至和京兆尹严武，他们所议论的也都和杨绾的观点相似。贾至的观点认为：“现在考试儒学主要是用考好帖括经书才作为精通，考试文艺主要是以是否懂得声病作为是非，风俗如此败坏，确实是应该加以改正。但是自从东晋到现在，有很多寄居在他乡；士人居住在自己故乡的，还不到百分之一二。所以请求同时广泛地设立学校；对于那些居住在自己故乡的人就由乡里的人推荐，对于那些寄居在他乡的人就由学校推荐。”唐代宗命令礼部拟好详细的做法呈报上来。后来杨绾又上奏请求设置五经秀才科。

庚寅日（十八日），就任命魏博都防御使田承嗣作为节度使。于是田承嗣就根据他辖区内的户口以及名册，把所有年轻力壮的人都收编，让他们去当兵，只让那些年老体弱的人去种地，几年之间就有了十万人的士兵；后来又挑选了其中一万个勇猛强健的人当作自己的卫兵，被称为牙兵。

同华节度使李怀让被程元振陷害，十分害怕，自杀而死。